ALIVE IN CHRIST

VIVOS EN CRISTO

NIVEL F / LEVEL F

vivosencristo.osv.com / aliveinchrist.osv.com

La Palabra de Dios en el Antiguo Testamento | The Word of God in the Old Testament

OurSundayVisitor

El Subcomité para el Catecismo de la Conferencia de Obispos Católicos de los Estados Unidos consideró que este texto, copyright 2015, está en conformidad con el *Catecismo de la Iglesia Católica*; podrá ser usado únicamente como complemento a otros textos catequéticos básicos.

Níhil Óbstat
Rvdo. Esaú Garcia
Census Librorum

Imprimátur
✠ Rvdmo. John Noonan
Obispo de Orlando
18 de mayo de 2015

Our Sunday Visitor Curriculum Division
200 Noll Plaza, Huntington, Indiana 46750
1-800-348-2440

Additional acknowledgments appear on page 674.

Vivos en Cristo Nivel F Student Book
ISBN: 978-1-61278-440-3
Item Number: CU5411

1 2 3 4 5 6 7 8 015016 19 18 17 16 15
Webcrafters, Inc., Madison, WI, USA; July 2015; Job# 123463

Vista general del contenido

Vista detallada del contenido

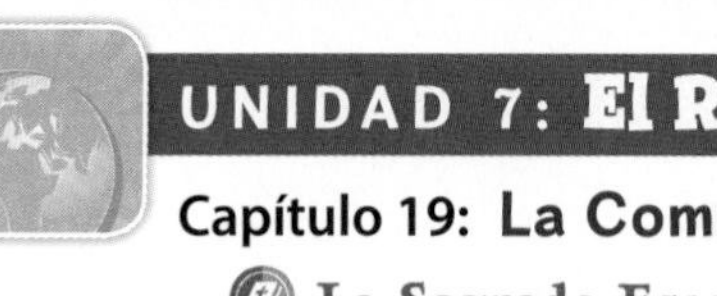

UNIDAD 7: El Reino de Dios 512

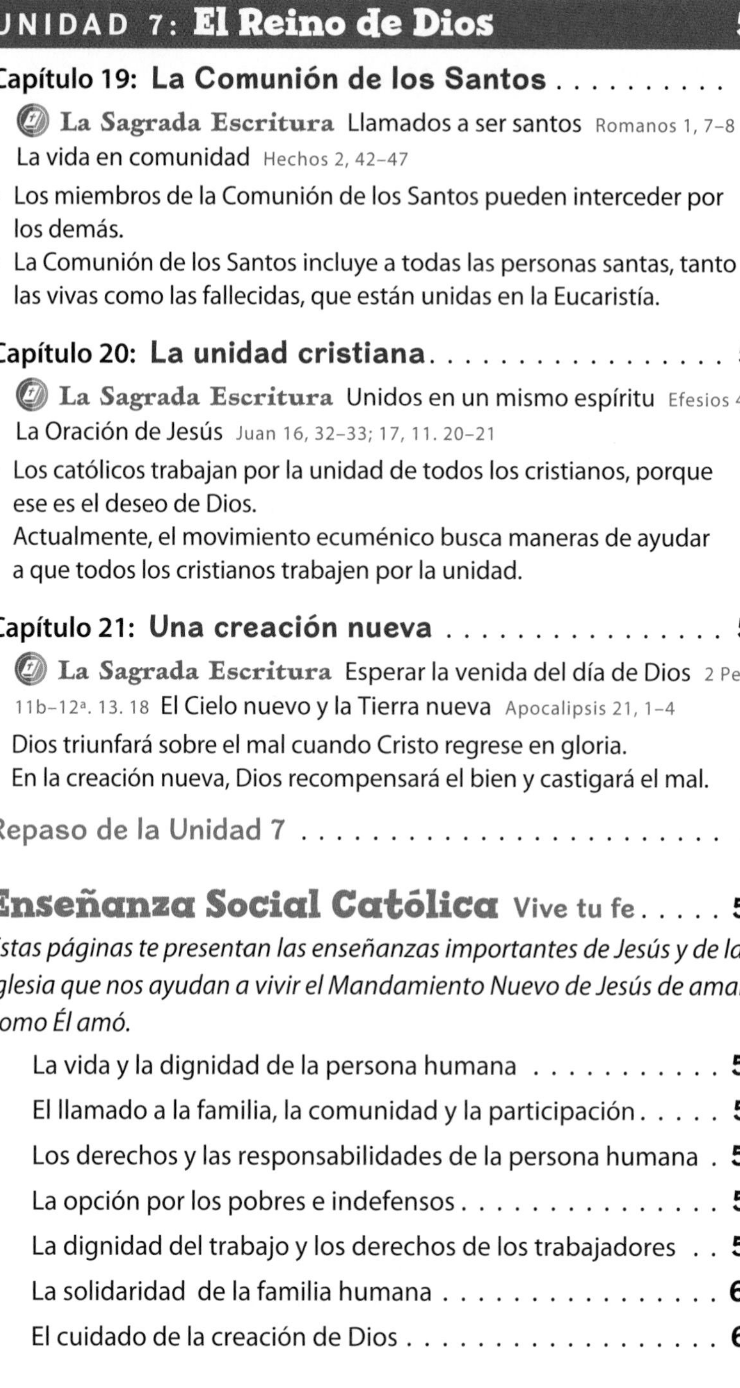

Enseñanza Social Católica Vive tu fe. 580

Estas páginas te presentan las enseñanzas importantes de Jesús y de la Iglesia que nos ayudan a vivir el Mandamiento Nuevo de Jesús de amar como Él amó.

Nuestra Tradición Católica

Esta sección de referencia presenta información acerca de nuestros Credos, los Sacramentos, las oraciones y las prácticas de nuestra fe católica.

GRADE 6

Contents at a Glance

Contents in Detail

Un año nuevo

Oremos

Líder: Dios amoroso, tú creaste todo lo que existe y tienes un plan para cada uno de nosotros. Guíanos para que oigamos tu voz y conozcamos tu voluntad.

"Para mis pasos tu palabra es una lámpara,
una luz en mi sendero.
He hecho un juramento y lo mantendré,
de guardar tus justos juicios".

Salmo 119, 105-106

Todos: Te alabamos, oh Dios, por alumbrarnos el camino y permitirnos conocerte a ti y conocer tu plan para nosotros.

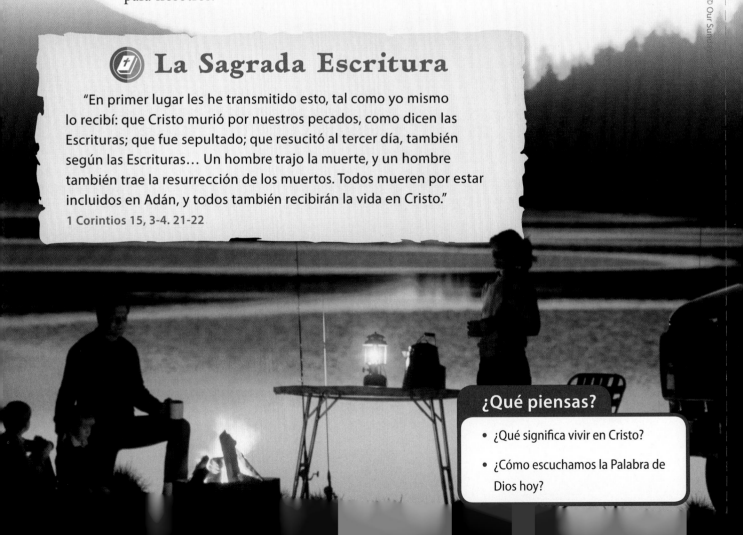

La Sagrada Escritura

"En primer lugar les he transmitido esto, tal como yo mismo lo recibí: que Cristo murió por nuestros pecados, como dicen las Escrituras; que fue sepultado; que resucitó al tercer día, también según las Escrituras... Un hombre trajo la muerte, y un hombre también trae la resurrección de los muertos. Todos mueren por estar incluidos en Adán, y todos también recibirán la vida en Cristo."

1 Corintios 15, 3-4. 21-22

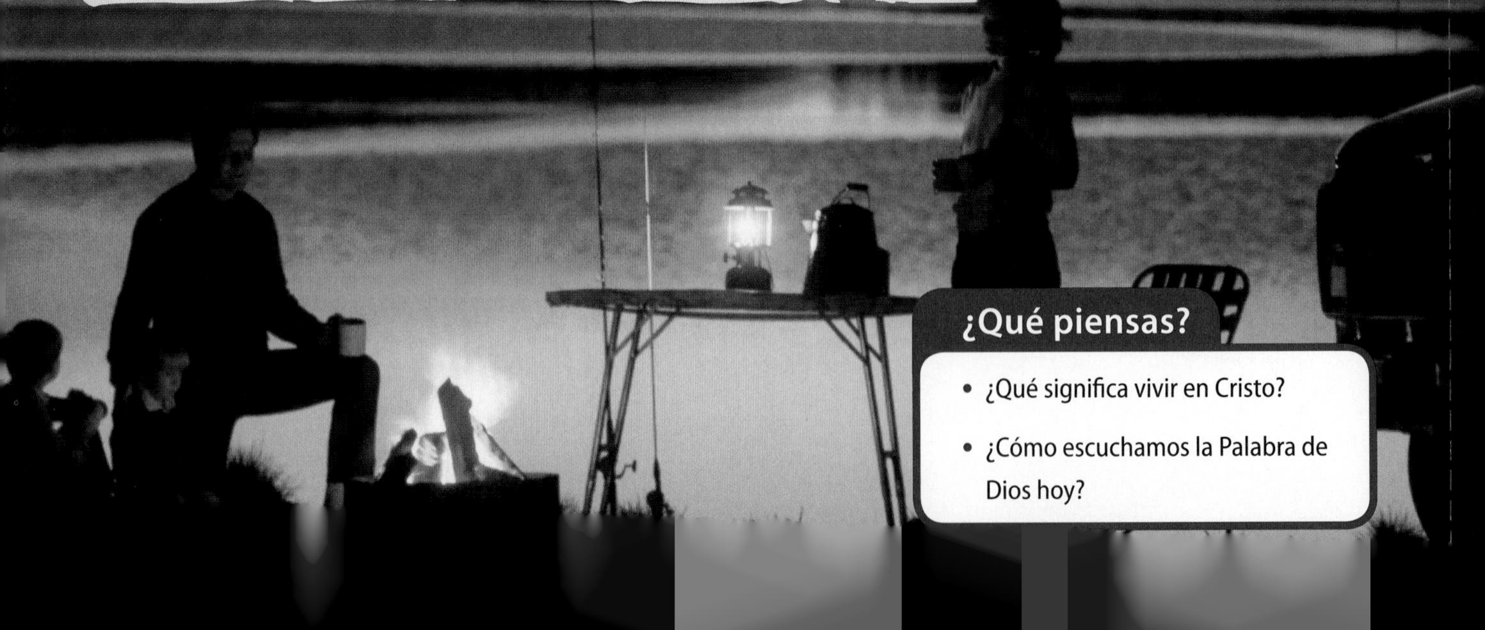

¿Qué piensas?

- ¿Qué significa vivir en Cristo?
- ¿Cómo escuchamos la Palabra de Dios hoy?

A New Year

Let Us Pray

Leader: Loving God, you created all that exists and have a plan for each of us. Guide us to hear your voice and know your will.

"Your word is a lamp for my feet,
a light for my path.
I make a solemn vow
to observe your righteous judgments."

Psalm 119:105–106

All: We praise you, O God, for lighting the way and making yourself and your plan known to us.

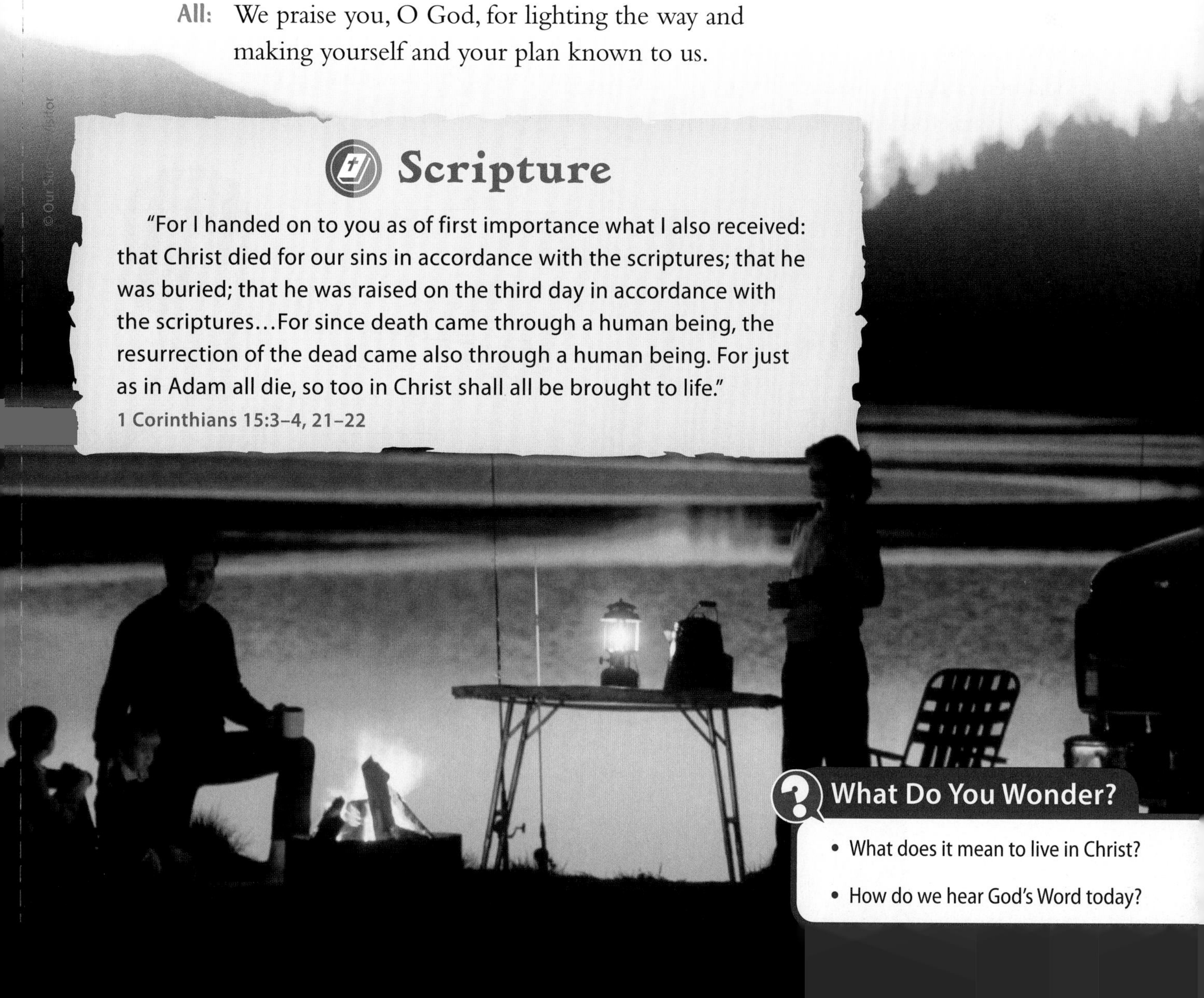

Scripture

"For I handed on to you as of first importance what I also received: that Christ died for our sins in accordance with the scriptures; that he was buried; that he was raised on the third day in accordance with the scriptures...For since death came through a human being, the resurrection of the dead came also through a human being. For just as in Adam all die, so too in Christ shall all be brought to life."

1 Corinthians 15:3–4, 21–22

What Do You Wonder?

- What does it mean to live in Christ?
- How do we hear God's Word today?

Mirando hacia adelante

¿Adónde nos llevará este año?

Un año nuevo está por delante. Es una especie de viaje.

Este símbolo te indica que la historia o el relato que sigue está tomado de la Biblia. En todas las lecciones pasarás un tiempo con la Palabra de Dios en la Sagrada Escritura.

Visitarás Egipto, la antigua tierra de los faraones. Viajarás por la Tierra Santa, donde vivieron reyes y profetas, y por donde Jesús caminó en esta Tierra. Y zarparás con los Apóstoles cuando proclamen la Buena Nueva de Jesús al mundo. Harás todo este viaje para acercarte más a Jesús y a la Iglesia.

Comenzarás y terminarás cada lección con una oración. Cada vez que estás reunido con tu grupo, tienes la oportunidad de dar gracias a Dios, pedir su ayuda, orar por las necesidades de los demás y alabar a Dios por ser Dios. Dios Espíritu Santo te ayuda a orar.

Cantarás canciones para alabar a Dios y celebrar nuestra fe. Durante este año, explorarás las festividades y los tiempos del año litúrgico, y conocerás muchas figuras bíblicas importantes, así como Santos de la Iglesia.

Cada capítulo incluye herramientas para ayudarte a interactuar con lo que está escrito y comprender mejor la enseñanza. Puedes subrayar, encerrar en un círculo, escribir, formar parejas y muchas cosas más.

La historia del Pueblo de Dios que está registrada en la Biblia se desarrolló en la Tierra Santa y sus alrededores.

Looking Ahead

Where will this year take us?

A new year is ahead of you. It's sort of like a journey.

This symbol lets you know that the story or reading that follows is from the Bible. In every lesson you will spend time with God's Word in Scripture.

You will visit Egypt, the ancient land of the pharaohs. You will travel through the Holy Land, where kings and prophets lived and where Jesus walked the Earth. And you will set sail with the Apostles as they proclaim the Good News of Jesus to the world. All of this journeying is to help you grow closer to Jesus and the Church.

You will begin and end each lesson with a prayer. Each time you are together, you have the chance to thank God, ask for his help, pray for the needs of others, and praise God for being God. God the Holy Spirit helps you pray.

You will sing songs to praise God and celebrate our faith. During the year, you'll explore the feasts and seasons of the Church year, and you will meet many important Biblical figures as well as Saints of the Church.

Every chapter includes tools to help you interact with what's written and better understand what's being taught. You may be underlining, circling, writing, matching, or more.

The story of God's People recorded in the Bible took place in the Holy Land and its surroundings.

Moisés entrega los Diez Mandamientos a los israelitas.

Descubrir nuestras raíces

Este año te concentrarás en la historia de la relación de Dios con su Pueblo y en la **salvación** que Él ha ofrecido a través de los tiempos. Las palabras resaltadas en amarillo son Palabras católicas. Son importantes para la comprensión de la lección y para nuestra fe. Estas palabras también están definidas en recuadros, a los costados de las páginas.

Recordarás que Dios es fiel y verdadero con su Pueblo a lo largo de la historia. Volverás a familiarizarte con estas personas de la Biblia y tendrás la oportunidad de conocer otras. Aprenderás más sobre el Reino de Dios y su amor por su Pueblo.

Tu familia y tu parroquia te apoyarán mientras descubres más acerca de tu fe y creces como miembro de la Iglesia.

En cada capítulo verás las letras verdes que están abajo. Esto significa que es hora para una actividad. Harás una pausa para pensar en tu fe y en las personas especiales de tu vida; para relacionar lo que haces en tu casa, con tus amigos y en la Iglesia, y para que veas cómo vivir tu fe puede cambiar el mundo.

Palabras católicas

salvación el acto amoroso de Dios de perdonar los pecados y de restaurar la amistad con Él, que viene de Jesús

Subraya una cosa sobre la que quieres aprender más este año.

Comparte tu fe

Reflexiona ¿Qué sabes acerca del Reino de Dios? ¿Qué enseñó Jesús sobre el Reino?

____

____

____

Comparte tus ideas con un grupo pequeño.

Discovering Our Roots

This year you will be concentrating on the history of God's relationship with his People and the **salvation** that he has offered over the ages. Words highlighted in yellow are Catholic Faith Words. They are important for your understanding of the lesson and our faith. These words are also defined in boxes on the sides of the pages.

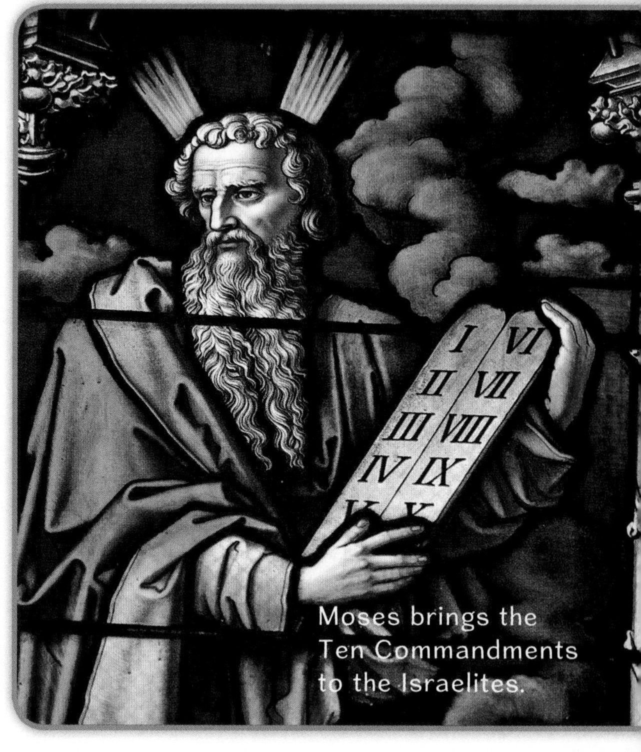

Moses brings the Ten Commandments to the Israelites.

You will recall that God is faithful and true to his People throughout history. You will become reacquainted with these people from the Bible, and you will have the chance to meet many new ones. You will learn more about God's Kingdom and his love for his People.

Your family and parish will support you as you discover more about your faith and grow as a member of the Church.

In each chapter you'll see the green words below. This means it's time for an activity. You'll take a break to think about your faith and special people in your life; make connections to what you do at home, with friends, and at Church; and see how living your faith can make a difference.

Catholic Faith Words

salvation the loving action of God's forgiveness of sins and the restoration of friendship with him brought by Jesus

Underline one thing you want to learn more about this year.

Share Your Faith

Reflect What do you know about the Kingdom of God? What did Jesus teach about the Kingdom?

____

____

____

Share In small groups share your thoughts.

La Sagrada Escritura

Palabras católicas

Sagrada Escritura otro nombre para la Biblia; la Sagrada Escritura es la Palabra de Dios inspirada por Él y escrita por los seres humanos

La historia de la salvación comienza con la creación, alcanza su punto más alto en Cristo y dura hasta el final de los tiempos. Este es el relato que se cuenta en la Biblia —el relato de las acciones salvíficas de Dios por los seres humanos— y que se vive hoy.

Entre los sucesos importantes en la historia de la salvación, el Antiguo Testamento incluye:

- la promesa de Dios a Abrahán
- el Éxodo
- la alianza concedida a Moisés
- la entrada de los israelitas en la tierra de Canaán y
- el establecimiento del Reino de Israel con David.

En el Nuevo Testamento, la historia de la salvación está unida a la vida, Muerte y Resurrección de Jesús. La Iglesia continúa participando en la historia de la salvación.

Otro nombre para la Biblia es **Sagrada Escritura**. Esta es la Palabra de Dios inspirada por Él y escrita por los seres humanos. El canon católico, o versión autorizada, de la Biblia contiene setenta y tres libros: cuarenta y seis en el Antiguo Testamento y veintisiete en el Nuevo Testamento.

El Pentateuco

Estos son los cinco primeros libros de la Biblia: Génesis, Levítico, Deuteronomio, Éxodo y Números.

Los Libros Históricos

Estos libros son Josué, Jueces, Rut, 1 Samuel, 2 Samuel, 1 Reyes, 2 Reyes, 1 Crónicas, 2 Crónicas, Esdras, Nehemías, Tobías, Judit, Ester, 1 Macabeos y 2 Macabeos.

Los Libros Proféticos

Estos libros son Isaías, Jeremías, Lamentaciones, Baruc, Ezequiel, Daniel, Oseas, Joel, Amós, Abdías, Jonás, Miqueas, Nahúm, Habacuq, Sofonías, Ageo, Zacarías y Malaquías.

Los Libros Sapienciales

Estos libros son Job, Eclesiastés, Cantar de los cantares, Salmos, Sirácides (Eclesiástico), Proverbios y Sabiduría.

Sacred Scripture

The history of salvation begins with creation, reaches its highest point in Christ, and lasts until the end of time. It is the story told in the Bible—the story of God's saving actions for humans—and lived out today.

Important events of salvation history in the Old Testament include:

- God's promise to Abraham
- the Exodus
- the covenant given to Moses
- the Israelites' entering the land of Canaan, and
- the establishment of the Kingdom of Israel under David.

In the New Testament, salvation history is seen as coming together in the life, Death, and Resurrection of Jesus. The Church continues to participate in salvation history.

Another name for the Bible is **Sacred Scripture**. It is the inspired Word of God written by humans. The Catholic canon, or authorized version, of the Bible contains seventy-three books—forty-six in the Old Testament and twenty-seven in the New Testament.

Catholic Faith Words

Sacred Scripture another name for the Bible; Sacred Scripture is the inspired Word of God written by humans

The Pentateuch

This is the first five books of the Bible— Genesis, Leviticus, Deuteronomy, Exodus, and Numbers.

The Historical Books

These books include Joshua, Judges, Ruth, 1 Samuel, 2 Samuel, 1 Kings, 2 Kings, 1 Chronicles, 2 Chronicles, Ezra, Nehemiah, Tobit, Judith, Esther, 1 Maccabees, and 2 Maccabees.

The Prophetic Books

These books include Isaiah, Jeremiah, Lamentations, Baruch, Ezekiel, Daniel, Hosea, Joel, Amos, Obadiah, Jonah, Micah, Nahum, Habakkuk, Zephaniah, Haggai, Zechariah, and Malachi.

The Wisdom Books

These books are Job, Ecclesiastes, Sirach, Psalms, Song of Songs (Ecclesiasticus), Proverbs, and Wisdom.

El Antiguo Testamento

La primera parte de la Biblia trata acerca de la relación de Dios con el pueblo hebreo antes del nacimiento de Jesús. Incluye las leyes, la historia y los relatos del Pueblo de Dios.

El Nuevo Testamento

La segunda parte de la Biblia habla del amor de Dios por el pueblo después de la venida de Jesús. Trata acerca de la vida y las enseñanzas de Jesús, sus seguidores y la Iglesia primitiva.

Los **Evangelios**—Mateo, Marcos, Lucas y Juan— son los cuatro primeros libros del Nuevo Testamento. Cuentan la vida de Jesús en la Tierra y cómo murió y resucitó para salvarnos.

Los **Hechos de los Apóstoles** relatan cómo la Iglesia creció después de que Jesús regresó a su Padre.

Las **Epístolas**, o cartas, les dicen a los primeros seguidores de Cristo cómo deben vivir su fe. Una de las lecturas de la Misa proviene de una carta de San Pablo o de otro líder de la Iglesia primitiva. Las Epístolas son Romanos, 1 Corintios, 2 Corintios, Gálatas, Efesios, Filipenses, Colosenses, 1 Tesalonicenses, 2 Tesalonicenses, 1 Timoteo, 2 Timoteo, Tito, Filemón, Hebreos, Santiago, 1 Pedro, 2 Pedro, Judas, 1 Juan, 2 Juan, y 3 Juan.

Los líderes de la Iglesia primitiva enviaron cartas a los cristianos de distintas tierras.

El **Apocalipsis** es un ejemplo de literatura apocalíptica. *Apocalíptica* significa "revelada" o "descubierta". Las escrituras apocalípticas revelan los secretos del Cielo o del futuro por un ángel o por el Cristo Resucitado. Fueron escritas para dar esperanzas a los que sufren. Esta forma de escritura comenzó en la época del Antiguo Testamento y continuó durante el siglo I d. de C.

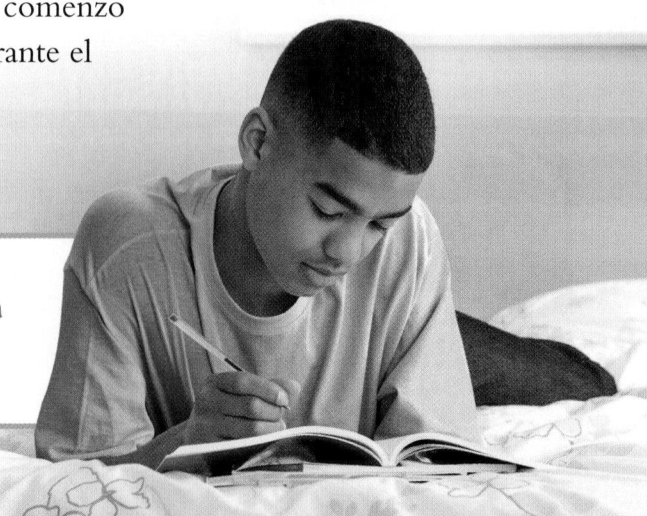

Practica tu fe

Identifica un relato de la Sagrada Escritura

¿Hay algún relato que haya tenido un significado especial para ti en tu viaje de fe? Resume ese relato a un compañero.

The Old Testament

The first part of the Bible is about God's relationship with the Hebrew people before Jesus was born. It includes the laws, history, and stories of God's People.

The New Testament

The second part of the Bible tells of God's love for people after the coming of Jesus. It is about the life and teaching of Jesus, his followers, and the early Church.

The **Gospels**—Matthew, Mark, Luke, and John—are the first four books of the New Testament. They tell about Jesus' life on Earth and how he died and rose to save us.

The **Acts of the Apostles** tells how the Church grew after Jesus returned to his Father.

The **Epistles**, or letters, tell Christ's first followers how to live their faith. One reading at Mass comes from a letter of Saint Paul or another early Church leader. The Epistles include Romans, 1 Corinthians, 2 Corinthians, Galatians, Ephesians, Philippians, Colossians, 1 Thessalonians, 2 Thessalonians, 1 Timothy, 2 Timothy, Titus, Philemon, Hebrews, James, 1 Peter, 2 Peter, 1 John, 2 John, 3 John, and Jude.

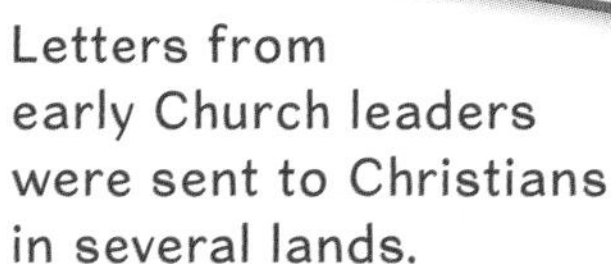

Letters from early Church leaders were sent to Christians in several lands.

The **Book of Revelation** is an example of apocalyptic literature. *Apocalyptic* means "revealed" or "unveiled." Apocalyptic writings reveal the secrets of Heaven or the future by an angel or the Risen Christ. They were written to give hope to a suffering people. This form of writing began in Old Testament times and continued through the first century A.D.

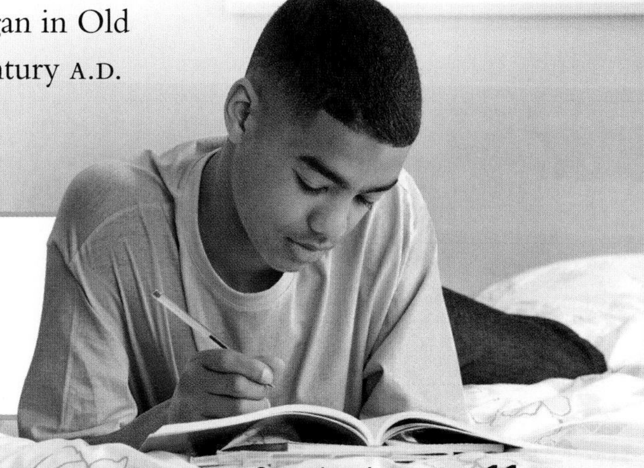

Connect Your Faith

Identify a Scripture Story Is there a Scripture story that has had a special meaning to you on your journey of faith? Summarize that story to a partner.

Nuestra vida católica

Cada capítulo de tu libro tiene la sección Nuestra vida católica. Esta sección amplía el contenido del capítulo y se centra de una manera especial en lo que significa ser católico. Los textos, las imágenes y las actividades te ayudan a entender mejor cómo acercarte más a Jesús y a la Iglesia.

Para cada acción de la columna izquierda, añade un ejemplo de cómo podrías realizarla. Ya tienes un ejemplo resuelto.

Crecer como discípulos de Jesús	
Aprender más sobre nuestra fe	____________________
Comprender los Sacramentos y participar de ellos	____________________
Vivir como Jesús nos pide que vivamos	____________________
Conversar con Dios y escucharlo en la oración	____________________
Ser un miembro activo de la Iglesia	____________________
Ayudar a los demás a conocer a Jesús mediante nuestras palabras y acciones	Difundir el Evangelio a través de la manera como vivimos y actuamos con familiares, amigos y demás personas

Gente de fe

También conocerás a Gente de fe, mujeres y hombres virtuosos que amaban mucho a Dios y que hicieron su obra en la Tierra. Ellos son reconocidos oficialmente por la Iglesia como Venerables, Beatos o Santos.

Vive tu fe

Menciona a alguien que sea un modelo de fe para ti. Explica por qué.

____

____

____

Our Catholic Life

Each chapter in your book has an Our Catholic Life section. It builds on what's in the chapter and focuses in a special way on what it means to be Catholic. Text, images, and activities help you better understand how to grow closer to Jesus and the Church.

For each action listed in the left column, add an example of how you can do it. One has been done for you.

Growing as Disciples of Jesus	
Know more about our faith	______________________
Understand and take part in the Sacraments	______________________
Live as Jesus calls us to	______________________
Talk and listen to God in prayer	______________________
Be an active member of the Church	______________________
Help others know Jesus through our words and actions	Spread the Gospel through how we live and act with our families, friends, and others

People of Faith

You will also be introduced to People of Faith, holy women and men who loved God very much and did his work on Earth. They are officially recognized by the Church as Venerables, Blesseds, or Saints.

Live Your Faith

Name someone who is model of faith for you. Explain why.

____

____

____

Oremos

Oremos juntos

Cada capítulo tiene una página de oraciones. Durante el año, orarás de diferentes maneras. Puedes proclamar la Palabra de Dios, rezar por las necesidades de los demás, pedir a los Santos que rueguen por nosotros y alabar a Dios Padre, Dios Hijo y Dios Espíritu Santo con palabras y canciones.

Reúnanse y comiencen con la Señal de la Cruz.

Líder: Bendito seas, Señor.

Todos: Bendito seas por siempre, Señor.

Líder: Oremos.

Inclinen la cabeza mientras el líder ora.

Todos: Amén.

Líder: Lectura de la segunda carta de Timoteo.

Lean 2 Timoteo 3, 14-16.

Palabra de Dios.

Todos: Te alabamos, Señor.

Canten "Estamos Vivos en Cristo"

Estamos vivos en Cristo, Estamos vivos en Cristo
Él es quien nos libró
Estamos vivos en Cristo, Estamos vivos en Cristo
Él se entregó por mí
Y nuestra vida es Él, Y nuestra vida es Él

Let Us Pray

Pray Together

Every chapter has a prayer page. Over the course of the year, you'll pray in different ways. You may proclaim God's Word, pray for the needs of others, call on the Saints to pray for us, and praise God the Father, Son, and Holy Spirit in words and song.

Gather and begin with the Sign of the Cross.

Leader: Blessed be God.

All: Blessed be God forever.

Leader: Let us pray.

Bow your heads as the leader prays.

All: Amen.

Leader: A reading from the second letter of Timothy.

Read 2 Timothy 3:14–16.

The word of the Lord.

All: Thanks be to God.

Sing "Alive in Christ"

We are Alive in Christ, We are Alive in Christ
He came to set us free
We are Alive in Christ, We are Alive in Christ
He gave his life for me
We are Alive in Christ, We are Alive in Christ

FAMILIA + FE

VIVIR Y APRENDER JUNTOS

SUS HIJOS APRENDIERON >>>

Esta página los anima a compartir su fe y a identificar las numerosas maneras en que ustedes ya viven su fe en la vida familiar diaria.

En esta sección, hallarán un resumen de lo que su hijo ha aprendido en el capítulo.

La Sagrada Escritura

Esta sección les presenta la Sagrada Escritura inicial y les da una guía de otras lecturas.

Lo que creemos

La información en viñetas resalta los puntos principales de la doctrina en el capítulo.

Gente de fe

Aquí conocen a la persona santa presentada en Gente de fe.

LOS NIÑOS DE ESTA EDAD >>>

Esta sección les da una idea de cómo es probable que su hijo, a esta edad en particular, pueda comprender lo que se le enseña. Sugiere maneras en que pueden ayudar a su hijo a comprender, vivir y amar mejor su fe.

Cómo comprenden Los niños de esta edad se encuentran en la cumbre de la escuela elemental o en el nivel más bajo de la jerarquía de la escuela media. Los niños de once y doce años de edad están pasando a la pubertad con sus rápidos cambios físicos y emocionales.

Los niños de esta edad, generalmente están apegados a sus compañeros y les preocupa la conformidad social. Es probable que deba ayudar a su hijo a valorar la inconformidad al apoyar sus creencias y valores. Son capaces de ir más allá de sus preocupaciones personales para ofrecer su servicio y actuar en nombre de la justicia. A esta edad, su hijo piensa acerca del futuro y, a veces puede que se preocupe o se sienta ansioso. Muéstrenle con palabras y con el ejemplo que pueden confiar en Dios para que los cuide.

CONSIDEREMOS ESTO >>>

Esta pregunta los invita a reflexionar sobre su propia experiencia y a considerar cómo la Iglesia les habla de su viaje de fe.

HABLEMOS >>>

Aquí hallarán algunas preguntas prácticas que estimulan a conversar sobre el contenido de la lección, a compartir la fe y a hacer conexiones con su vida familiar.

- ¿Qué ansía su familia este año? ¿Hay algún relato de la Sagrada Escritura que se refiera a sus metas y esperanzas?

OREMOS >>>

Esta sección invita a una oración familiar relacionada con el ejemplo de nuestros Siervos de la fe.

Hombres y mujeres santos, ustedes son un modelo de fe y confianza en Dios. Rueguen por nosotros mientras recorremos este año. Amén.

Visiten **vivosencristo.osv.com** para encontrar un glosario multimedia de Palabras católicas, lecturas dominicales, y recursos de Santos y tiempos festivos.

FAMILY+FAITH

LIVING AND LEARNING TOGETHER

YOUR CHILD LEARNED >>>

This page encourages you to share your faith and identify the many ways you are already living the faith in daily family life.

In this section, you will find a summary of what your child has learned in the chapter.

Scripture

This introduces you to the opening Scripture, and provides direction for more reading.

Catholics Believe

Bulleted information highlights the main points of doctrine of the Chapter.

People of Faith

Here you meet the holy person featured in People of Faith.

CHILDREN AT THIS AGE >>>

This feature gives you a sense of how your child, at this particular age, will likely be able to understand what is being taught. It suggests ways you can help your child better understand, live, and love their faith.

How They Understand Children this age may find themselves at the pinnacle of the elementary school or the lowest level of the middle school pecking order. Eleven and twelve year olds are transitioning into puberty, with its rapid physical and emotional changes.

Children of this age are usually very attached to their peer group and are concerned with social conformity. You may have to help your child see the value in nonconformity when it supports their beliefs and values. They are capable of reaching beyond their personal concerns to be of service and to act for justice. At this age your child does wonder about the future and sometimes can be worried or anxious. Show them in words and example that they can trust in God to take care of them.

CONSIDER THIS >>>

This question invites you to reflect on your own experience and consider how the Church speaks to you on your faith journey.

LET'S TALK >>>

Here you will find some practical questions that prompt discussion about the lesson's content, faith sharing, and making connections with your family life.

- What is your family looking forward to this year? Is there a Scripture passage that speaks to your hopes and goals?

LET'S PRAY >>>

Encourages family prayer connected to the example of our People of Faith.

Holy men and women, you model faithfulness and trust in God. Pray for us as we journey through this year. Amen.

For a multimedia glossary of Catholic Faith Words, Sunday readings, seasonal and Saint resources, and chapter activities go to **aliveinchrist.osv.com**.

La Presentación de la Santísima Virgen María

Oremos

Líder: Santa María, Madre de Dios,
ruega por nosotros mientras buscamos dedicar nuestra vida a tu Hijo, Jesús.

"Canta, gozosa, oh hija de Sión,
pues mira que yo vengo para quedarme contigo,
dice Yavé". Zacarías 2, 14

Todos: Amén.

La Sagrada Escritura

"¡Bendito sea Dios, Padre de Cristo Jesús nuestro Señor, que nos ha bendecido en el cielo, en Cristo, con toda clase de bendiciones espirituales! En Cristo Dios nos eligió, antes de que creara el mundo, para estar en su presencia santos y sin mancha. En su amor nos destinó de antemano para ser hijos suyos en Jesucristo y por medio de él. Así lo quiso y le pareció bien sacar alabanza de esta gracia tan grande que nos hacía en el Bien Amado." Efesios 1, 3-6

¿Qué piensas?

- ¿Qué son las bendiciones espirituales?
- ¿Cómo se siente saber que eres bendecido?

The Presentation of the Blessed Virgin Mary

Let Us Pray

Leader: Holy Mary, Mother of God
pray for us, as we seek to dedicate our
lives to your Son, Jesus.

"Sing and rejoice, daughter Zion!
Now, I am coming to dwell in
your midst [says] the LORD." Zechariah 2:14

All: Amen.

Scripture

"Blessed be the God and Father of our Lord Jesus Christ, who has blessed us in Christ with every spiritual blessing in the heavens, as he chose us in him, before the foundation of the world, to be holy and without blemish before him. In love he destined us for adoption to himself through Jesus Christ, in accord with the favor of his will, for the praise of the glory of his grace that he granted us in the beloved." Ephesians 1:3–6

What Do You Wonder?

- What are spiritual blessings?
- What does it feel like to know you are blessed?

La Presentación de María

El 21 de noviembre, durante el Tiempo Ordinario, la Iglesia celebra la Memoria de la Presentación de la Santísima Virgen María. Los padres de María eran personas religiosas que practicaban la fe judía. Una costumbre judía era presentar a los jóvenes en el Templo y dedicarlos al servicio de Dios. De acuerdo con la tradición, Ana y Joaquín llevaron a María al Templo para esta ceremonia.

Dedicación

Desde hace mucho tiempo, María ha sido honrada como un modelo de fe. No conocemos los detalles de la infancia de María. Pero sabemos que, cuando Dios le pidió que fuera la Madre de su Hijo, ella dijo "sí". Su "sí" cambió el mundo. ¿Por qué María estaba tan dispuesta a hacer lo que Dios le pedía? El Ángel Gabriel se dirigió a ella con estas palabras: "Dios te salve, María, llena eres de gracia". María estaba llena de la gracia de Dios. Su corazón estaba abierto para recibir plenamente la vida y el amor de Dios.

Tiempo Ordinario

La vida y el ministerio de Jesús son el centro del Tiempo Ordinario.

- En el Tiempo Ordinario, el sacerdote usa vestiduras verdes.
- También se recuerda a María y los Santos a lo largo del año, en lo que se conoce como el ciclo santoral.
- El sacerdote usa vestiduras blancas en las festividades de María.

Presentation of Mary

On November 21 in Ordinary Time, the Church celebrates the feast of the Presentation of the Blessed Virgin Mary. Mary's parents were religious people who practiced the Jewish faith. One Jewish custom was to present a young child in the Temple and dedicate him or her to God's service. According to tradition, Anne and Joachim took Mary to the Temple for this ceremony.

Dedication

Mary has long been honored as a model of faith. We do not know the details of Mary's childhood. But we do know that when she was asked by God to be the Mother of his Son, she said "yes." Her "yes" changed the world. Why was Mary so willing to do as God asked? The Angel Gabriel addressed Mary with these words: "Hail, Mary, full of grace." Mary was filled with God's grace. Her heart was open to fully receive God's life and love.

Ordinary Time

The life and ministry of Jesus are the focus of Ordinary Time.

- In Ordinary Time, the priest wears green vestments.
- Mary and the Saints are also remembered throughout the year in what is known as the sanctoral cycle.
- The priest wears white vestments on Mary's feast days.

Actividad

Halla el significado

Para aprender más sobre lo que está escrito en la Biblia acerca de la dedicación, lee uno de los siguientes pasajes cada día de la próxima semana. Escribe el significado de cada pasaje.

1. Cantar de los Cantares 8, 6-7

____

____

2. Isaías 44, 1-5

____

____

3. Colosenses 3, 1-4

____

____

4. Hechos, 4, 32-35

____

____

5. Mateo 11, 25-30

____

____

6. Lucas 10, 38-42

____

____

7. Juan 17, 20-26

____

____

Esta gracia y su dedicación a Dios la ayudaron a hacer Su voluntad. La ceremonia de dedicación en el Templo fue solo el comienzo de su viaje de fe. A medida que crecía, ella debió haber pasado mucho tiempo orando y sirviendo a los demás. Esto hizo que su dedicación a Dios se fortaleciera aún más.

Tú has sido dedicado a Dios a través de tu Bautismo. Tú también estás llamado a llevar una vida llena de gracia, una vida de oración y servicio. El ejemplo de María te ayudará a crecer en la amistad y en la gracia de Dios.

María dijo "sí" a ser la Madre de Dios. Dios te pide que le digas "sí" a Él en tu vida diaria. Él te pide que te dediques a Él como lo hizo María.

➔ **¿Quién te ha animado a decirle "sí" a Dios?**

➔ **¿Cuáles son algunas maneras prácticas en que puedes dedicarte a Dios?**

This grace and Mary's dedication to God helped her to do his will. The dedication ceremony in the Temple was just the beginning of her journey of faith. As she grew up, she must have spent much time praying and serving others. This made her dedication to God grow even stronger.

You have been dedicated to God through your Baptism. You, too, are called to a life filled with grace, a life of prayer and service. Mary's example will help you as you grow in God's friendship and grace.

Mary said "yes" to being the Mother of God. God asks you to say "yes" to him in your daily life. He asks you to dedicate yourself to him as Mary did.

➔ **Who has encouraged you to say "yes" to God?**

➔ **What are some practical ways to dedicate yourself to God?**

Activity

Find Meaning To learn more about what is written in the Bible about dedication, read one of the following passages on each day of the coming week. Write what meaning you get from each passage.

1. Song of Songs 8:6–7

____

____

2. Isaiah 44:1–5

____

____

3. Colossians 3:1–4

____

____

4. Acts 4:32–35

____

____

5. Matthew 11:25–30

____

____

6. Luke 10:38–42

____

____

7. John 17:20–26

____

____

Gente de fe

Capítulo	Persona	Festividad
1	Santa Teresa de Jesús, o de Ávila	15 de octubre
2	San Fiacrio	1 de septiembre
3	Beato Peter To Rot	17 de julio
4	Santa Mónica	27 de agosto
5	Santa Teresa Benedicta	9 de agosto
6	Santa Hilda de Whitby	17 de noviembre
7	San Luis IX, Rey de Francia	25 de agosto
8	Santo Tomás de Aquino	28 de enero
9	Beata Jacinta Marto	20 de febrero
10	San Ignacio de Loyola	5 de enero
11	San Timoteo	26 de enero
12	San Judas Tadeo	28 de octubre
13	Beato Pier Giorgio Frassati	4 de julio
14	Beata María Vicenta	30 de julio
15	Santa Margarita de Cortona	22 de febrero
16	Santa Rosa Filipina Duchesne	18 de noviembre
17	San Juan Neumann	31 de julio
18	San Enrique	13 de julio
19	Santa Maria Faustina Kowalska	5 de octubre
20	San Carlos Borromeo	4 de noviembre
21	San Juan Evangelista	27 de diciembre

People of Faith

Chapter	Person	Feast Day
1	Saint Teresa of Ávila	October 15
2	Saint Fiacre	September 1
3	Blessed Peter To Rot	July 17
4	Saint Monica	August 27
5	Saint Teresa Benedicta	August 9
6	Saint Hilda of Whitby	November 17
7	King Saint Louis IX of France	August 25
8	Saint Thomas Aquinas	January 28
9	Blessed Jacinta Marto	February 20
10	Saint Ignatius of Loyola	January 5
11	Saint Timothy	January 26
12	Saint Jude	October 28
13	Blessed Pier Giorgio Frassati	July 4
14	Blessed Maria Vicenta	July 30
15	Saint Margaret of Cortona	February 22
16	Saint Rose Philippine Duchesne	November 18
17	Saint John Neumann	July 31
18	Saint Henry II	July 13
19	Saint Mary Faustina Kowalska	October 5
20	Saint Charles Borromeo	November 4
21	Saint John the Evangelist	December 27

Honrar a María

Oremos

Reúnanse y comiencen con la Señal de la Cruz.

Líder: Bendito seas, Señor.

Todos: Bendito seas por siempre, Señor.

Líder: Oremos.
Inclinen la cabeza mientras el líder ora.

Todos: Amén.

Escucha la Palabra de Dios

Lector: Lectura del profeta Isaías.
Lean Isaías 61, 10-11.

Palabra de Dios.

Todos: Te alabamos, Señor.

Después de cada intercesión, la respuesta es Te rogamos, Señor.

Líder: Digamos juntos la oración que Jesús nos enseñó.

Todos: Padre nuestro…

¡Evangeliza!

Líder: Pueden ir en paz para seguir la voluntad de Dios, como María lo hizo.

Todos: Demos gracias a Dios.

Canten "Madre de la Iglesia"

Honor Mary

Let Us Pray

Gather and begin with the Sign of the Cross.

Leader: Blessed be God.

All: Blessed be God for ever.

Leader: Let us pray.
Bow your heads as the leader prays.

All: Amen.

Listen to God's Word

Reader: A reading from the prophet Isaiah.
Read Isaiah 61:10–11.

The word of the Lord.

All: Thanks be to God.

After each intercession, the response is Lord, hear our prayer.

Leader: Let us pray the prayer that Jesus taught us.

All: Our Father …

Go Forth!

Leader: Go forth now to follow God's will as Mary did.

All: Thanks be to God.

Sing "Let It Be Done"

FAMILIA + FE

VIVIR Y APRENDER JUNTOS

HABLAMOS DEL TIEMPO ORDINARIO >>>

El Tiempo Ordinario es el más largo del año eclesiástico. Abarca entre treinta y tres y treinta y cuatro domingos. Está dividido en dos partes. La primera parte comprende las semanas que están entre Navidad y el Miércoles de Ceniza. La segunda parte empieza al final del tiempo de Pascua y sigue hasta el primer Domingo de Adviento, el cual da comienzo al ciclo siguiente o un nuevo año litúrgico. El color litúrgico de los domingos del Tiempo Ordinario es el verde. El blanco es el color litúrgico de las celebraciones de la Santísima Virgen.

La Sagrada Escritura

Lean **Efesios 3, 1–14**, epístola que fue escrita a los gentiles que se habían convertido al cristianismo recientemente. La carta los anima en su transformación y socialización a los propósitos de Dios.

AYUDEN A SUS HIJOS A COMPRENDER >>>

María

- A esta edad, los niños sentirán curiosidad por las tradiciones religiosas judías y los rituales que fueron parte de la educación de María.
- Generalmente, los niños de esta edad entenderán que María era una mujer que tenía una relación muy cercana con Dios.
- Como regla general, los niños a esta edad pueden comparar lo que se expresa de María en diferentes formas de arte.

COSTUMBRES DE LA FAMILIA CATÓLICA >>>

Memoria de la Presentación de María

La Memoria de la Presentación de la Santísima Virgen María se celebra el 21 de noviembre, durante el segundo período del Tiempo Ordinario. Se honra la decisión de los padres de María, Ana y Joaquín, de dedicarla, desde niña, en el Templo al servicio de Dios. El significado de esta festividad es que María estuvo completamente dedicada a Dios a lo largo de su vida, de la misma manera en que nosotros somos llamados a hacerlo.

La Memoria de la Presentación de María, celebra la dedicación al servicio de Dios, que en nuestra vida diaria ocurre a través del servicio a los demás. Su familia puede celebrar la Presentación de María con su propio ritual de acción de gracias y re-dedicación. El 21 de noviembre, reúnanse alrededor de la mesa familiar (decorada con una imagen de María y una vela encendida, si así lo desean) y dediquen tiempo a nombrar y apreciar las bendiciones que Dios les haya dado.

ORACIÓN EN FAMILIA >>>

Amado Padre:

Envía al Espíritu Santo sobre nosotros para que nos guíe a vivir en amor y a compartir las bendiciones de nuestro Bautizo con los demás. Te lo pedimos en el nombre de tu Hijo, Jesús. Amén.

Visiten **vivosencristo.osv.com** para encontrar un glosario multimedia de Palabras católicas, lecturas dominicales, y recursos de Santos y tiempos festivos.

FAMILY + FAITH

LIVING AND LEARNING TOGETHER

TALKING ABOUT ORDINARY TIME >>>

Ordinary Time is the longest season of the Church year. It covers thirty-three to thirty-four Sundays. It is divided into two parts. The first part extends through the weeks between Christmas and Ash Wednesday. The second part begins at the end of the Easter season and extends until the first Sunday of Advent, which begins the next cycle, or a new liturgical year. The liturgical color for the Sundays of Ordinary Time is green. White is the liturgical color for feasts of the Blessed Virgin.

Scripture

Read **Ephesians 3:1–14**, which was written to Gentiles who had recently converted to Christianity. The letter encourages them in their transformation and socialization into God's purposes.

HELPING YOUR CHILD UNDERSTAND >>>

Mary

- At this age, children will be curious about the Jewish religious traditions and rituals that were a part of Mary's formation.
- Usually children at this age will understand that Mary was a woman who had a very close relationship with God.
- As a rule, children at this age are capable of comparing what is being expressed about Mary in different art forms.

CATHOLIC FAMILY CUSTOMS >>>

Feast of the Presentation of Mary

The Feast of the Presentation of Mary occurs on November 21, during the second period of Ordinary Time. It honors the decision of Mary's parents Anne and Joachim to dedicate her, as a child, at the Temple to God's service. The significance of this feast is that Mary was completely dedicated to God throughout her life, as we are called to be.

The Feast of the Presentation of Mary celebrates dedication to God's service, which in our everyday lives occurs through service to others. Your family can celebrate the Presentation of Mary with your own rite of thanksgiving and rededication. On November 21, gather around the family table—set with an image of Mary and a lighted candle, if you wish—and take time to name and appreciate the blessings that God has given your family.

FAMILY PRAYER >>>

Loving Father,

Send your Holy Spirit upon us to guide us to live in love and share the blessings of our Baptism with others. We ask this in the name of your Son, Jesus. Amen.

For a multimedia glossary of Catholic Faith Words, Sunday readings, seasonal and Saint resources, and chapter activities go to **aliveinchrist.osv.com**.

Anticipación

Oremos

Líder: Dios Padre nuestro,
envíanos la fuerza del Espíritu Santo para que no tengamos miedo de vivir siempre como tus hijos.

"Díganles a los que están asustados:
'Calma, no tengan miedo,
porque ya viene su Dios...'" **Isaías 35, 4a**

Todos: Amén.

La Sagrada Escritura

"Tengan paciencia, hermanos, hasta la venida del Señor. Miren cómo el sembrador cosecha los preciosos productos de la tierra, que ha aguardado desde las primeras lluvias hasta las tardías. Sean también ustedes pacientes y no se desanimen, porque la venida del Señor está cerca. Hermanos: no se peleen unos con otros, y así no serán juzgados; miren que el juez está a la puerta. Consideren, hermanos, lo que han sufrido los profetas que hablaron en nombre del Señor y tómenlos como modelo de paciencia." **Santiago 5, 7-10**

¿Qué piensas?

- En una escala de 1 a 10, ¿cuánta paciencia tienes tú?
- ¿Qué hacen tus amigos o tus familiares cuando se ponen impacientes por esperar?

Anticipation

Let Us Pray

Leader: God our Father,
Send us the strength of the Holy Spirit
that we will be without fear to live as your children always.

"Say to the fearful of heart:
Be strong, do not fear!
Here is your God …" **Isaiah 35:4a**

All: Amen.

Scripture

"Be patient, therefore, brothers, until the coming of the Lord. See how the farmer waits for the precious fruit of the earth, being patient with it until it receives the early and the late rains. You too must be patient. Make your hearts firm, because the coming of the Lord is at hand. Do not complain, brothers, about one another, that you may not be judged. Behold, the Judge is standing before the gates. Take as an example of hardship and patience, brothers, the prophets who spoke in the name of the Lord." **James 5:7–10**

What Do You Wonder?

- On a scale of 1–10, how patient are you?
- What do your friends or family members do when they get impatient waiting?

Esperamos con ilusión

Adviento significa "venida". Como muestra el diagrama, el Adviento celebra las venidas de Jesús.

Adviento, el primer tiempo del año litúrgico, es un tiempo de preparación. Durante las cuatro semanas de Adviento, la Iglesia usa el color morado para acordarte que te arrepientas y recuerdes que Cristo es tu rey. El tiempo también te llama a confiar en el amor infinito de Dios pidiéndole perdón por tus pecados y te invita a tender una mano a los necesitados, como Jesús lo hizo.

Además de prepararnos para celebrar la venida al mundo de Jesús, el Hijo de Dios, como uno de nosotros, el Adviento nos ayuda a esperar y a prepararnos para la Segunda Venida de Cristo, al final de los tiempos.

1. **Subraya para qué nos preparamos durante el tiempo de Adviento.**
2. **Encierra en un círculo qué estamos llamados a hacer durante el Adviento.**

La Palabra se hizo carne.

En el principio era la Palabra.

Vivió, murió y resucitó a la vida nueva.

Él vendrá de nuevo.

We Look Forward

Advent means "coming." As the diagram shows, Advent celebrates the comings of Jesus.

Advent, the first season of the Church year, is a season of preparation. During the four weeks of Advent, the Church uses purple to remind you to repent and remember that Christ is your king. The season also calls you to trust in God's infinite love by asking forgiveness for your sins, and invites you to reach out to those in need as Jesus did.

Besides preparing to celebrate Jesus, the Son of God, coming into the world as one of us, Advent also helps us anticipate and prepare for the Second Coming of Christ at the end of time.

1. **Underline what we prepare for during the season of Advent.**
2. **Circle what we are called to do during Advent.**

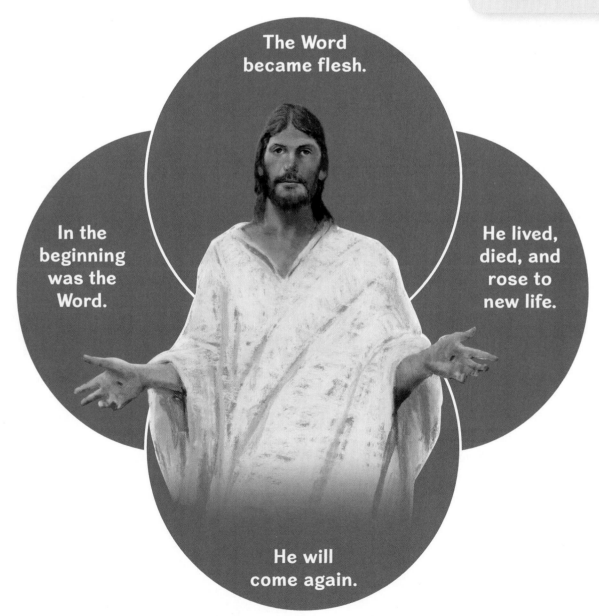

The Word became flesh.

In the beginning was the Word.

He lived, died, and rose to new life.

He will come again.

La Segunda Venida

Jesús les dijo a sus discípulos que un día volvería con gloria. "Enviará a los ángeles para reunir a sus elegidos de los cuatro puntos cardinales, desde el extremo de la tierra hasta el extremo del cielo" (**Marcos 13, 27**).

La Segunda Venida de Jesús ocurrirá el último día de la historia de la humanidad. Ese día, aquellos que no hayan amado a Dios y a su prójimo quedarán apartados para siempre del amor de Dios. Aquellos que hayan llevado una vida buena serán aceptados. Y todos los que hayan muerto creyendo en Jesús resucitarán para recibirlo. Habrá un Cielo nuevo y una Tierra nueva. Esperamos con ilusión este día, porque nos reuniremos con nuestros seres queridos en presencia de Dios. Todo estará bien.

Prepárate para la Venida de Jesús

Durante el Adviento, la Iglesia dirige tu atención hacia el nacimiento de Jesús en el pasado, a su Segunda Venida en el futuro y a su presencia contigo ahora. Mientras te preparas para celebrar la Navidad, prepárate también para el regreso de Jesús con gloria al final de los tiempos. Nadie sabe cuándo sucederá esto. La Segunda Venida podría ser mañana o podría ser dentro de miles de años.

➔ **Si la Segunda Venida ocurriera hoy, ¿cómo sería el examen que Jesús haría de tu vida?**

Actividad

En el centro El Tiempo de Adviento te recuerda que hacer que Jesús sea el centro de tu vida. Con un compañero, comenta las cosas que puedes hacer para que Jesús sea la parte más importante de tu vida diaria. Comparte tus ideas con el grupo. Elige una cosa para hacerla cada semana de Adviento.

Second Coming

Jesus told his disciples that there would come a day when he would return in glory. "[H]e will send out the angels and gather [his] elect from the four winds, from the end of the earth to the end of the sky" (**Mark 13:27**).

Jesus' Second Coming will be the last day of human history. On that day, those who have not loved God and neighbor will be forever separated from God's love. Those who have led good lives will be embraced. And all who have died believing in Jesus will rise to greet him. There will come a new Heaven and a new Earth. We look forward to this day, because we will be reunited with our loved ones in God's presence. All will be well.

Prepare for Jesus' Coming

During Advent, the Church directs your attention to the birth of Jesus in the past, his Second Coming in the future, and his presence with you now. As you prepare to celebrate Christmas, also prepare to be ready for Jesus' return in glory at the end of time. No one knows when this will happen. The Second Coming could be tomorrow, or it could be thousands of years from now.

➔ **If the Second Coming happened today, what would Jesus' review of your life be like?**

Activity

At the Center The Season of Advent reminds you to make Jesus the center of your life. With a partner, discuss things you can do to make Jesus the most important part of your daily living. Share your ideas with the group. Choose one thing to do for each week of Advent.

Prepara el camino

La celebración de la Palabra es un momento de oración con la Iglesia, usando las Sagradas Escrituras.

Oremos

Reúnanse y hagan la Señal de la Cruz.

Líder: Nuestra ayuda está en el Nombre del Señor.

Todos: Que hizo el cielo y la tierra.

Líder: Oremos.

Inclinen la cabeza mientras el líder ora.

Todos: Amén.

Escucha la Palabra de Dios

Lector 1: Lectura del profeta Isaías.

Lean Isaías 40, 1-5. 9-11.

Palabra de Dios.

Todos: Te alabamos, Señor.

Guarden un momento de silencio para que la Palabra de Dios hable a su corazón y a su mente.

Lado 1: Quiero escuchar lo que dice el Señor, pues Dios habla de paz.

Lado 2: A su pueblo y a sus servidores.

Prepare the Way

A celebration of the Word is a moment of prayer with the Church, using the Scriptures.

Let Us Pray

Gather and pray the Sign of the Cross.

Leader: Our help is in the name of the Lord.

All: Who made Heaven and Earth.

Leader: Let us pray.
Bow your heads as the leader prays.

All: Amen.

Listen to God's Word

Reader 1: A reading from the prophet Isaiah.
Read Isaiah 40:1–5, 9–11.

The word of the Lord.

All: Thanks be to God.

Take a moment of silence to let the Word of God speak to your heart and mind.

Side 1: I will listen for the Word of God; surely the LORD will proclaim peace.

Side 2: To his people, the faithful, those who trust in him.

Lado 1: Cerca está su salvación de los que le temen y habitará su Gloria en nuestra tierra.

Lado 2: La Gracia y la Verdad se han encontrado, la Justicia y la Paz se han abrazado.

Basada en Salmo 85, 9-11

Lector 2: Lectura de la Segunda Carta de Pedro.

Lean 2 Pedro 3, 8-14.

Palabra de Dios.

Todos: Te alabamos, Señor.

Dialoga

¿Qué mensaje de esperanza recibes de estas lecturas? ¿Qué puedes hacer para prepararte para la Segunda Venida de Jesús?

¡Evangeliza!

Inclinen la cabeza mientras el líder ora.

Líder: Pueden ir en paz para preparar un lugar en su corazón para Jesús y alistarse para su Segunda Venida, cuando todos serán llamados a participar del amor divino e infinito de Dios.

Todos: Demos gracias a Dios.

Canten "Preparen el Camino"

Side 1: Near indeed is salvation for the loyal; prosperity will fill our land.

Side 2: Love and truth will meet; justice and peace will kiss.

Based on Psalm 85:9–11

Reader 2: A reading from the Second Letter of Peter.

Read 2 Peter 3:8–14.

The word of the Lord.

All: Thanks be to God.

Dialogue

What message of hope do you get from these readings? What can you do to prepare for Jesus' Second Coming?

Go Forth!

Bow your heads as the leader prays.

Leader: Go forth and prepare a place for Jesus in your heart and make ready for his Second Coming, when all will be called to share in God's infinite, divine love.

All: Thanks be to God.

Sing "Find Us Ready"

FAMILIA + FE

VIVIR Y APRENDER JUNTOS

HABLAMOS DEL ADVIENTO >>>

El tiempo de Adviento, que ocurre durante las cuatro semanas anteriores a la Navidad, nos llama a vivir en el pasado, presente y futuro de la vida cristiana. Recordamos la promesa de Dios de un mesías y su llegada a la historia como Jesús, el único Hijo de Dios. Durante los días de Adviento, también anticipamos la Segunda Venida de Cristo al final de los tiempos y deseamos con ansias el cumplimiento del Reino de Dios de justicia, amor y paz.

La Sagrada Escritura

Lean **Santiago 5, 7–10**, en el que Santiago anima a la Iglesia primitiva, que creía en el pronto regreso de Jesús, a ser paciente en la espera y a seguir el Nuevo Mandamiento de Jesús.

AYUDEN A SUS HIJOS A COMPRENDER >>>

El Adviento

- Los niños generalmente sienten fascinación y curiosidad por las historias, juegos de video y películas acerca del fin del mundo. Recuérdeles la verdad: que cuando llegue ese momento, participaremos del amor de Dios.
- Este es un tiempo en la vida de los niños en el que cada vez están más conscientes de su mortalidad y puede ser atemorizante para ellos. Necesitan escuchar el mensaje de esperanza de que a nosotros también se nos ha prometido la Resurrección como seguidores de Cristo.

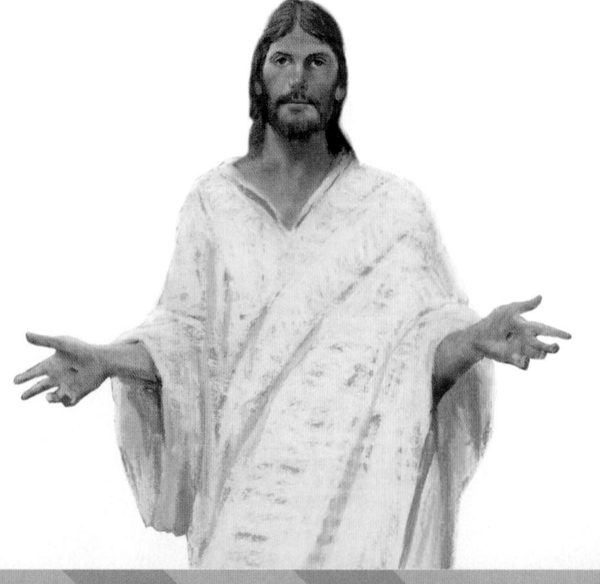

FIESTAS DEL TIEMPO >>>

Nuestra Señora de Guadalupe

12 de diciembre

En el siglo XVI, la Santísima Virgen se apareció como Nuestra Señora de Guadalupe a Juan Diego, un indio azteca que estaba encaminado en la búsqueda de las cosas de Dios. Ella le dijo que le pidiera al obispo de la Ciudad de México que construyera una iglesia en la colina para ayudar en la conversión de la nación y para que fuera una fuente de consuelo para las personas. El obispo le pidió una señal, que recibió en la forma de la aparición milagrosa de rosas en la colina, durante el invierno, y en la imagen de la Santísima Virgen en la tilma de Juan Diego. Estos eran tiempos difíciles para los grupos indígenas de México y la aparición de Nuestra Señora de Guadalupe como uno de ellos es un recordatorio poderoso del amor e identificación de Dios con aquellos que sufren.

ORACIÓN EN FAMILIA >>>

Recen esta oración cada semana durante el Adviento, mientras encienden la corona de Adviento.

Sabemos que nuestro Redentor vive, y que en el último día al final de los tiempos, su voz nos pedirá que volvamos a levantarnos. Amén.

Visiten **vivosencristo.osv.com** para encontrar un glosario multimedia de Palabras católicas, lecturas dominicales, y recursos de Santos y tiempos festivos.

FAMILY + FAITH

LIVING AND LEARNING TOGETHER

TALKING ABOUT ADVENT >>>

The Season of Advent, which occurs during the four weeks before Christmas, calls us to live in the past, present, and future of Christian life. We remember God's promise of a Messiah and his coming into history as Jesus, God's only Son. During the days of Advent, we also anticipate Christ's Second Coming at the end of time and long for the fulfillment of God's reign of justice, love, and peace.

Scripture

Read **James 5:7–10**, in which James is encouraging the early Church, who believed Jesus was returning soon, to be patient with the wait and to keep Jesus' New Commandment.

HELPING YOUR CHILD UNDERSTAND >>>

Advent

- Children are usually curious about and fascinated with stories, video games, and movies about the end of the world. Remind them of the truth: that we will share in God's love at that time.
- This is a time in children's lives when they are becoming more aware of mortality. It can be frightening for them. They need to hear the message of hope that we, too, have a promise of Resurrection as followers of Christ.

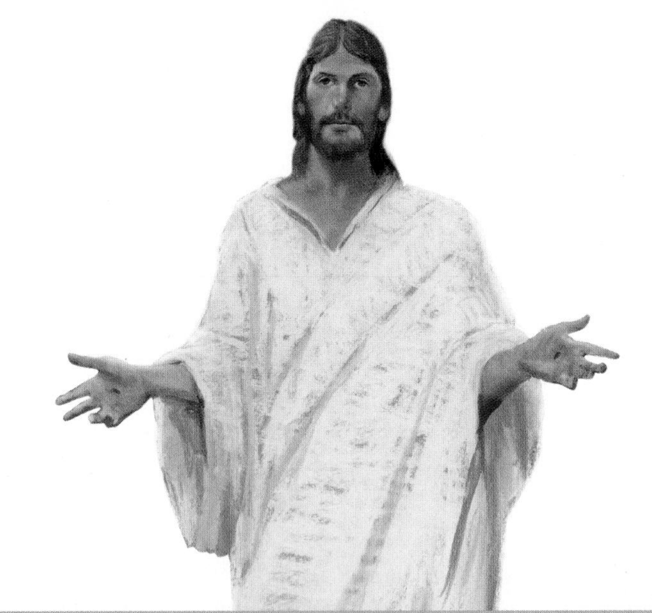

FEASTS OF THE SEASON >>>

Our Lady of Guadalupe

December 12

In the sixteenth century, the Blessed Virgin appeared as Our Lady of Guadalupe to Juan Diego, an Aztec Indian on his way to pursue the things of God. She told him to ask the bishop of Mexico City to build a church on the hill to assist in the conversion of the nation and be a source of consolation to the people. The bishop asked for a sign, which was given in the miraculous appearance of roses on the hill during winter, and the Blessed Virgin's image on Juan Diego's cloak. The times in Mexico were hard for the indigenous groups, and Our Lady of Guadalupe's appearance as one of them is a powerful reminder of God's love for and identification with those who suffer.

FAMILY PRAYER >>>

Pray this prayer each week during Advent while lighting the Advent wreath.

We know that our Redeemer lives,
And on that final day of days,
His voice shall bid us rise again. Amen.

For a multimedia glossary of Catholic Faith Words, Sunday readings, seasonal and Saint resources, and chapter activities go to **aliveinchrist.osv.com**.

Tiempo de paz

Oremos

Líder: Dios fiel,
Tú nos enviaste a tu Hijo único para que nos diera el don de la paz. Haz que seamos mensajeros de la paz con nuestros familiares y amigos.

"Así la paz de Cristo reinará en sus corazones, pues para esto fueron llamados y reunidos". **Colosenses 3, 15**

Todos: Amén.

La Sagrada Escritura

"... 'Miren cómo lo reconocerán: hallarán a un niño recién nacido, envuelto en pañales y acostado en un pesebre.' De pronto una multitud de seres celestiales aparecieron junto al ángel, y alababan a Dios con estas palabras: 'Gloria a Dios en lo más alto del cielo y en la tierra paz a los hombres: ésta es la hora de su gracia.'" **Lucas 2, 12-14**

Jóvenes representan el Nacimiento durante la Misa de Vísperas de Navidad.

¿Qu´piensas?

- ¿De cuántas maneras puedes darle paz a tu familia?
- ¿Por qué las personas no pueden vivir en paz?

Season of Peace

Let Us Pray

Leader: Faithful God,
You sent your only Son to bring us the gift of peace.
May we be messengers of peace with our families and friends.

"And let the peace of Christ control your hearts, the peace into which you were also called in one body." Colossians 3:15

All: Amen.

Scripture

"... 'And this will be a sign for you: you will find an infant wrapped in swaddling clothes and lying in a manger.' And suddenly there was a multitude of the heavenly host with the angel, praising God and saying: 'Glory to God in the highest and on earth peace to those on whom his favor rests.'" Luke 2:12–14

Young people reenact a Nativity scene during a Christmas Eve Mass.

What Do You Wonder?

- How many ways can you bring peace to your family?
- Why can't people live in peace?

Jesús, Príncipe de la Paz

Mientras el pueblo judío esperaba por el Mesías, escuchó muchas profecías. Supieron de que una virgen daría a luz a un hijo llamado Emmanuel. Él sería conocido como "Consejero admirable, Dios fuerte, Padre que no muere, príncipe de la Paz" (**Isaías 9, 5**). El reino de este niño sería vasto y siempre próspero (ver Isaías 9, 6). La Navidad celebra la llegada de este Príncipe de la Paz.

Navidad

La Navidad es un tiempo de esperanza y de paz.

- Durante las semanas entre la Navidad y la Fiesta del Bautismo del Señor, a menudo oyes esas palabras —esperanza y paz— en las lecturas y en los himnos.
- Las vestiduras blancas o doradas, los colores del tiempo de Navidad, te invitan a crecer en paz y esperanza.

Mensaje de Paz

Cuando Jesús nació, los seres celestiales alabaron a Dios y proclamaron: "Gloria a Dios en lo más alto del cielo y en la tierra paz a los hombres: ésta es la hora de su gracia" (**Lucas 2, 14**). Después de su Resurrección, Jesús saludó a las personas con estas palabras: "¡La paz esté con ustedes!" (**Juan 20, 19**). La paz que Jesús ofrece está arraigada en la promesa de que, sin importar lo que suceda, puedes confiar en que Dios está siempre contigo.

Una manera de celebrar el nacimiento de Jesús es comprometiéndote a ser un mediador de paz. Te conviertes en un mediador de paz cuando resuelvas problemas con bondad y la justicia, rezando por la armonía y pidiéndole a Dios que ponga fin a los conflictos entre los prójimos y las naciones. Haces que haya más paz en el mundo cuando trabajas por la justicia en tu casa, en la escuela y en la comunidad.

➜ **¿Cómo puedes ser un mediador de paz?**

Jesus, Prince of Peace

As the Jewish people waited for the Messiah, they heard many prophecies. They learned that a virgin would give birth to a son called Immanuel. He would be known as "Wonder-Counselor, God-Hero, Father-Forever, Prince of Peace" (**Isaiah 9:5**). This child's reign would be vast and forever peaceful (see Isaiah 9:6). Christmas celebrates the arrival of this Prince of Peace.

Message of Peace

When Jesus was born, the heavenly host praised God and proclaimed, "Glory to God in the highest and on earth peace to those on whom his favor rests" (**Luke 2:14**). After his Resurrection, Jesus greeted people with the words "Peace be with you" (**John 20:19**). The peace Jesus offers is rooted in the promise that no matter what happens, you can trust that God is always with you.

One way to celebrate Jesus' birth is to commit yourself to peacemaking. You become a peacemaker by settling problems with kindness and justice by praying for harmony and by asking God to end conflicts between neighbors and nations. You make the world more peaceful by working for justice in your home, school, and community.

➔ **How can you be a peacemaker?**

Christmas

Christmas is a season of hope and peace.

- During the weeks between Christmas and the Feast of the Baptism of Jesus, you often hear those words—hope and peace—as you listen to the readings and the hymns.
- White or gold vestments, the colors of the Christmas season, invite you to grow in peace and hope.

Celebremos la paz

Oremos

Reúnanse y hagan la Señal de la Cruz.

Líder: Bendito sea el nombre del Señor.

Todos: Ahora y siempre.

Líder: Oremos.
Inclinen la cabeza y oren en silencio. Luego escuchen mientras el líder ora.

Todos: Amén.

El Padre Nuestro y el Rito de la paz

Líder: Fieles a la recomendación del Salvador
y siguiendo su divina enseñanza,
nos atrevemos a decir:

Todos: Padre nuestro…

Líder: Dense fraternalmente la paz.

¡Evangeliza!

Líder: Pueden ir en paz. Que el amor y la bondad de Jesús los acompañen mientras comparten su paz con todos.

Todos: Amén.

Canten "Vamos, Pastores, Vamos"

Celebrate Peace

Let Us Pray

Gather and pray the Sign of the Cross.

Leader: Blessed be the name of the Lord.

All: Now and forever.

Leader: Let us pray.
Bow your heads in silent prayer. Then listen as the leader prays.

All: Amen.

The Lord's Prayer and Sign of Peace

Leader: At the Savior's command
and formed by divine teaching,
we dare to say:

All: Our Father ...

Leader: Let us offer each other a sign of peace.

Go Forth!

Leader: Go forth in peace. May the love and kindness of Jesus be with you as you share his peace with all you meet.

All: Amen.

Sing "Go Tell It on the Mountain"

FAMILIA + FE

VIVIR Y APRENDER JUNTOS

HABLAMOS DE LA NAVIDAD >>>

El tiempo de Navidad que abarca desde la Vigilia de la Víspera de Navidad hasta la Fiesta del Bautismo del Señor, es un tiempo lleno de alegría y esperanza. Los colores litúrgicos blanco y dorado, y las decoraciones festivas de la iglesia, elevan nuestro corazón para escuchar el mensaje de los ángeles: "... paz a los hombres: ésta es la hora de su [Dios] gracia" (**Lucas, 2:14**).

La Sagrada Escritura

Lean **Lucas 2, 1–14** en el que vemos que una de las funciones de los ángeles es ser mensajeros de Dios. ¿Cómo se imagina que un ángel dio el mensaje de este pasaje?

AYUDEN A SUS HIJOS A COMPRENDER >>>

Paz

- Generalmente, los niños de esta edad están conscientes de la necesidad de paz en el mundo. De hecho, situaciones de desasosiego suelen ser perturbadoras para ellos.
- La mayoría de los niños de esta edad no son mediadores de paz naturales cuando están involucrados en un conflicto. A veces es difícil para ellos ver opciones diferentes de lo que quieren o necesitan. Se les debe enseñar varias opciones.

FIESTAS DEL TIEMPO >>>

Fiesta de la Solemnidad de Santa María, Madre de Dios

1 de enero

La fiesta de la Solemnidad de la Santa María, Madre de Dios, es un Día Santo de Precepto. En algún momento durante el día, reúnan a su familia para orar por la paz a través de la intercesión de María y su Hijo, el Príncipe de la Paz, para que traiga paz a las naciones y familias afectadas por conflictos. En la tradición ucraniana, los niños lanzan cuidadosamente puñados de trigo (que simboliza la nueva vida en Cristo) a sus padres, mientras les desean un Año Nuevo lleno de salud y bendiciones.

ORACIÓN EN FAMILIA >>>

Oración de San Francisco

Señor, hazme un instrumento de tu paz.

Donde haya odio, que siembre yo amor;
donde haya injuria, perdón;
donde haya duda, fe;
donde haya desesperación, esperanza;
donde haya tinieblas, luz;
y donde haya tristeza, alegría.

Amén.

Visiten **vivosencristo.osv.com** para encontrar un glosario multimedia de Palabras católicas, lecturas dominicales, y recursos de Santos y tiempos festivos.

FAMILY + FAITH

LIVING AND LEARNING TOGETHER

TALKING ABOUT CHRISTMAS >>>

The Christmas Season, which lasts from the Christmas Eve Vigil until the feast of the Baptism of the Lord, is a joy-filled and hopeful season. The liturgical colors of white and gold and the festive decorations in church raise our hearts to hear the angels' message: "Peace to those on whom [God's] favor rests" (**Luke 2:14**).

Scripture

Read **Luke 2:1–14**, in which we see that one function of the angels is as messengers of God.

How do you imagine an angel delivered the message from this passage?

HELPING YOUR CHILD UNDERSTAND >>>

Peace

- Usually children this age are aware of the need for peace in the world. In fact, situations of unrest are often unsettling for them.
- Most children at this age are not naturally peacemakers when they are personally involved in a conflict. It is sometimes difficult for them to see options other than what they want or need. They need to be shown various options.

FEASTS OF THE SEASON >>>

Feast of the Solemnity of the Blessed Virgin Mary

January 1

The feast of the Solemnity of the Blessed Virgin Mary, Mother of God, is a Holy Day of Obligation. At some point during the day, gather your family to say prayers for peace by asking for the intercession of Mary and her Son, the Prince of Peace, to bring peace to nations and families torn by conflict.

In the Ukrainian tradition, children gently toss handfuls of wheat (which symbolizes new life in Christ) at their parents, while wishing them a healthy and blessed New Year.

FAMILY PRAYER >>>

Prayer of Saint Francis

Lord, make me an instrument of your peace:

where there is hatred, let me sow love;
where there is injury, pardon;
where there is doubt, faith;
where there is despair, hope;
where there is darkness, light;
where there is sadness, joy.

Amen.

For a multimedia glossary of Catholic Faith Words, Sunday readings, seasonal and Saint resources, and chapter activities go to **aliveinchrist.osv.com**.

Tiempo de escrutinio

Oremos

Líder: Señor Dios, envía a tu Espíritu Santo
para que podamos conocerte mejor.
Que podamos reconocer lo que nos impide
amarte con todo el corazón.

"... así Israel confíe en el Señor;
porque junto al Señor está su bondad,
y la abundancia de sus liberaciones... " **Salmo 130, 7**

Todos: Que podamos regresar a ti y pedir perdón,
Por Cristo, nuestro Señor.
Amén.

La Sagrada Escritura

"Esta es la alianza que yo pactaré con Israel en los días que están por llegar, dice Yavé: pondré mi ley en su interior, la escribiré en sus corazones, y yo seré su Dios y ellos serán mi pueblo. Ya no tendrán que enseñarle a su compañero, o a su hermano, diciéndoles: 'Conozcan a Yavé.' Pues me conocerán todos, del más grande al más chico ... yo entonces habré perdonado su culpa, y no me acordaré más de su pecado." **Jeremías 31, 33-34**

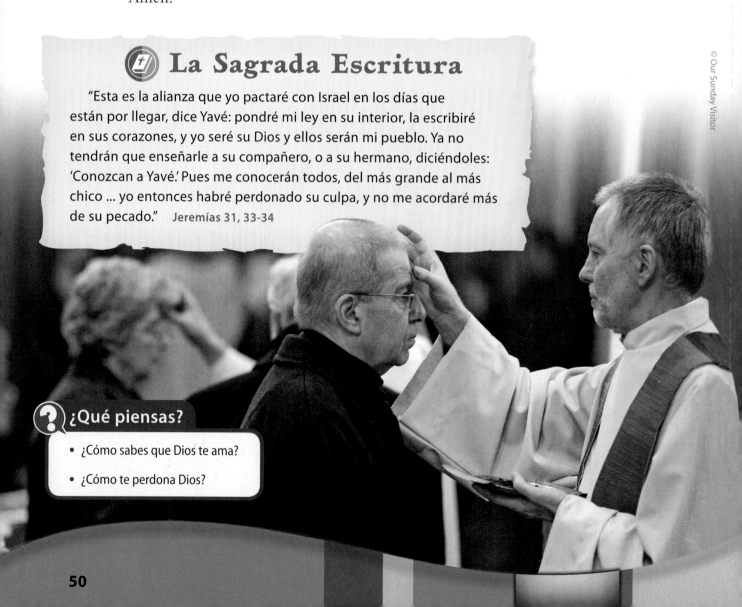

¿Qué piensas?

- ¿Cómo sabes que Dios te ama?
- ¿Cómo te perdona Dios?

Time for Scrutiny

Let Us Pray

Leader: Lord, God, send your Holy Spirit
that we may come to know you better.
May we come to know what holds us back from
loving you with all our heart.

"… hope in the LORD,
For with the LORD is mercy,
with him is plenteous redemption …" **Psalm 130:7**

All: May we return to you and ask forgiveness.
Through Christ, our Lord,
Amen.

Scripture

"But this is the covenant I will make with the house of Israel after those days, [says] the LORD: I will place my law within them, and write it upon their hearts; I will be their God, and they shall be my people. They will no longer teach their friends and relatives, 'Know the LORD!' Everyone, from least to greatest, shall know me … for I will forgive their iniquity and no longer remember their sin." **Jeremiah 31:33–34**

What Do You Wonder?

- How do you know that God loves you?
- How does God forgive you?

Preparación para la Cuaresma

Cuaresma

La oración es una parte importante de la Cuaresma.

- Ora por fe para que puedas apreciar verdaderamente el maravilloso don de vida que trae la Pascua.
- Ora por esperanza para que no dejes que tus problemas o tus miedos te abrumen.
- Ora por caridad para tener la generosidad de ayudar a los necesitados.
- Y ora por los demás, incluyendo a las personas de tu parroquia que se preparan para el Bautismo, pidiéndole a Dios que los bendiga y los proteja de todo mal.

La Cuaresma comienza el Miércoles de Ceniza y termina al atardecer del Jueves Santo. El morado, el color litúrgico del tiempo, nos recuerda que necesitamos arrepentirnos. Los cuarenta días de Cuaresma son un tiempo para reflexionar sobre los sufrimientos y la Muerte de Jesús. La Cuaresma también es un tiempo para prepararnos para celebrar la Resurrección de Jesús el Domingo de Pascua. Los miembros de la Iglesia dedican más tiempo a la oración. Realizan obras de penitencia, como ayunar, orar y dar limosna a los pobres o a los necesitados. También participan en el Sacramento de la Reconciliación.

En estos domingos de Cuaresma, escuchamos relatos evangélicos cuaresmales importantes: Jesús y la samaritana (ver Juan 4, 3-42), Jesús sana a un ciego de nacimiento (ver Juan 9, 1-41) y La resurrección de Lázaro (ver Juan 11, 1-44).

La Sagrada Escritura

Jesús y la samaritana

Cuando pasaba por el país de Samaría, Jesús se sentó a descansar al borde de un pozo. Una mujer samaritana llegó para sacar agua, y Jesús le dijo: "Dame de beber." La samaritana le dijo: "¿Cómo tú, que eres judío, me pides de beber a mí, que soy una mujer samaritana?". Jesús le dijo: "Si conocieras el don de Dios, si supieras quién es el que te pide de beber, tú misma le pedirías agua viva y él te la daría." ... "El que beba de esta agua volverá a tener sed, pero el que beba del agua que yo le daré nunca volverá a tener sed. El agua que yo le daré se convertirá en él en un chorro que salta hasta la vida eterna." La mujer le dijo: "Señor, dame de esa agua, y así ya no sufriré la sed ni tendré que volver aquí a sacar agua." Juan 4, 4-15

→ **¿Qué necesitas realmente en este momento de tu vida? ¿Cómo puede dártelo Jesús?**

Lenten Preparation

Lent begins on Ash Wednesday and ends on the evening of Holy Thursday. Purple, the liturgical color of the season, reminds us that we need to repent. The forty days of Lent are a time to reflect on the sufferings and Death of Jesus. Lent is also a time to prepare to celebrate Jesus' Resurrection on Easter Sunday. Members of the Church dedicate more time to prayer. They perform works of penance, such as fasting, praying, and almsgiving to people who are poor or in need. They also participate in the Sacrament of Reconciliation.

On these Sundays of Lent, we hear important Lenten Gospel accounts: The Woman at the Well (see John 4:3–42), The Man Born Blind (see John 9:1–41), and The Raising of Lazarus from the Dead (see John 11:1–44).

Lent

Prayer is an important part of Lent.

- You pray for faith that you may truly appreciate the wonderful gift of life that Easter brings.
- You pray for hope that you will not let your problems or fears overwhelm you.
- You pray for charity that you will have the generosity to help others in need.
- And you pray for others, including those in your parish preparing for Baptism, asking God to bless them and keep them safe from all harm.

Scripture

The Samaritan Woman

While passing through Samaria, Jesus stopped to rest at a well. A woman of Samaria came to draw water from the well, and Jesus said to her "Give me a drink." The Samaritan woman said to him, "How can you, a Jew, ask me, a Samaritan woman, for a drink?" Jesus said to her, "If you knew the gift of God and who is saying [this] to you, you would have asked him and he would have given you living water ... Everyone who drinks the water I shall give will never thirst; the water I shall give will become in him a spring of water welling up to eternal life." The woman said to him, "Sir, give me this water, so that I may not be thirsty." **John 4:4–15**

➔ **What do you really need in your life right now? How can Jesus provide it?**

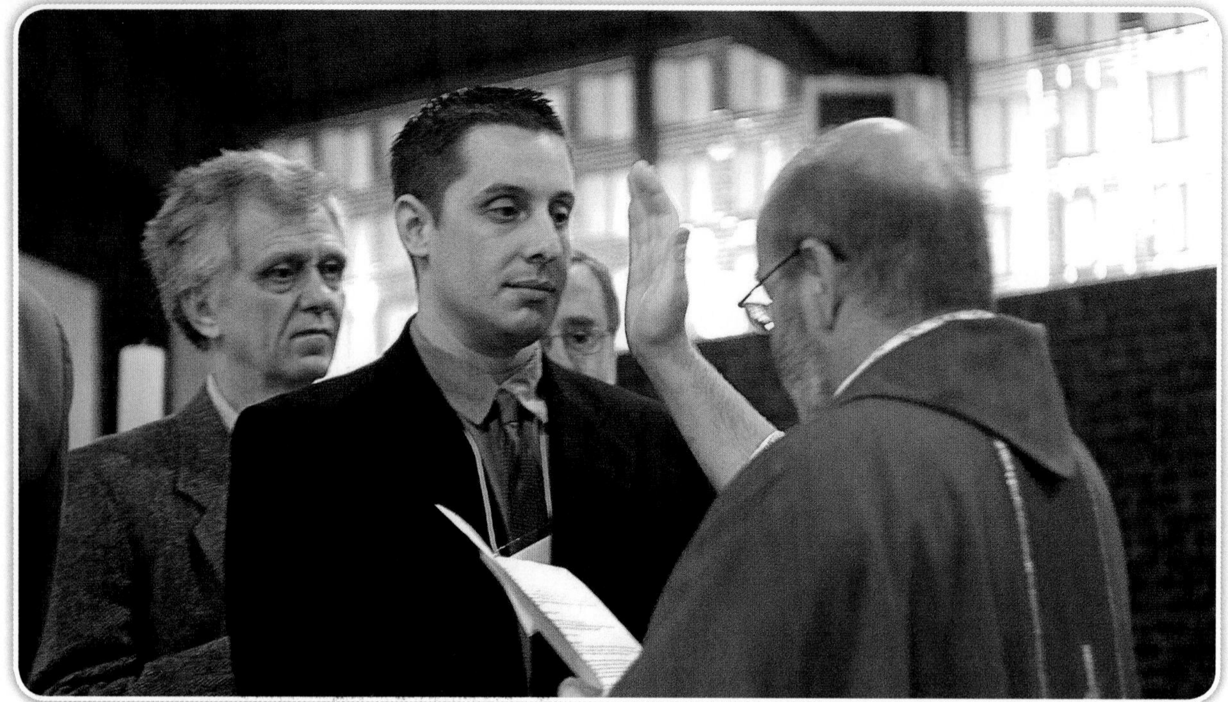

Los escrutinios

Subraya qué hace la comunidad de la Iglesia durante los escrutinios.

Durante la Cuaresma, aquellos que recibirán los Sacramentos de la Iniciación, los elegidos, entran en un tiempo de reflexión para profundizar su compromiso de seguir a Cristo. Para favorecer este proceso, la Iglesia celebra rituales llamados escrutinios. Los escrutinios se celebran el Tercer, Cuarto y Quinto Domingo de Cuaresma.

Durante los escrutinios, los elegidos pasan al frente en la Misa. El sacerdote los saluda y les pide que se arrodillen. Extiende las manos sobre sus cabezas y ora para que Dios los cure y los fortalezca. La comunidad reza con el sacerdote y pide a Dios que proteja del mal a los elegidos. La comunidad también pide a Jesús que les dé fuerza y fe a todos sus seguidores.

Mientras los elegidos se preparan para el Bautismo, la Confirmación y la Eucaristía, la comunidad entera se renueva. Cada semana contribuye a que la comunidad piense más a fondo en el poder del mal en nuestra vida. ¿Cómo nos tienta el mal? ¿Qué necesitamos hacer para rechazar el mal y evitar el pecado? A través de estos ritos, la Iglesia entera admite nuestra necesidad de Jesús, nuestro Salvador.

Actividad

Convertirse en miembros Escribe una nota a una de las personas de tu parroquia que se unirá a la Iglesia en esta Pascua para decirle que orarás por ella de una manera especial los domingos de escrutinio.

Scrutinies

During Lent, those who will receive the Sacraments of Initiation, the elect, enter a time of reflection to deepen their commitment to follow Christ. To help bring about this process, the Church celebrates rituals called scrutinies. There are scrutinies on the Third, Fourth, and Fifth Sundays of Lent.

During the scrutinies, the elect come forward at Mass. The priest greets them and asks them to kneel. He lays his hands on their heads and prays that God will heal and strengthen them. The community prays with the priest and asks God to protect the elect from evil. The community also asks Jesus to give strength and faith to all his followers.

As the elect prepare for Baptism, Confirmation, and the Eucharist, the entire community is renewed. Each week helps the community to think more deeply about the power of evil in our lives. How are we tempted by evil? What do we need to do in order to reject evil and avoid sin? Through these rituals, the whole Church admits our need for Jesus, our Savior.

Underline what the Church community does during the Scrutinies.

Activity

Becoming Members
Write a note to one of the people in your parish who will join the Church this Easter, telling that person that you will pray for him or her in a special way on the scrutiny Sundays.

Celebremos la Cuaresma

En esta forma de oración, la celebración de la Palabra, escuchamos la Palabra de Dios y reflexionamos sobre ella.

Oremos

Reúnanse y hagan la Señal de la Cruz.

Líder: Oh, Señor, abre mis labios.

Todos: Para que mi boca proclame tu alabanza.

Líder: Señor, concédenos tu perdón y tu paz, para que, limpios de nuestros pecados, podamos servirte con el corazón tranquilo. Te lo pedimos por Cristo, nuestro Señor.

Todos: Amén.

Escucha la Palabra de Dios

Líder: Lectura del santo Evangelio según Lucas.
Lean Lucas 15, 1-7.

Palabra del Señor.

Todos: Gloria a ti, Señor Jesús.

Dialoga

¿Cuándo te has sentido como una oveja perdida? ¿Quién te ayudó a encontrar el camino? ¿Cuándo has ayudado a otros a encontrar su camino?

Celebrate Lent

In this prayer form, a celebration of the Word, you listen to and reflect on God's Word.

Let Us Pray

Gather and pray the Sign of the Cross.

Leader: O Lord, open my lips.

All: That my mouth shall proclaim your praise.

Leader: Lord, grant us your pardon and peace, so that, cleansed of our sins, we may serve you with untroubled hearts. We ask this through Christ our Lord.

All: Amen.

Listen to God's Word

Leader: A reading from the holy Gospel according to Luke.
Read Luke 15:1–7.

The Gospel of the Lord.

All: Praise to you, Lord, Jesus Christ.

Dialogue

When have you felt like a lost sheep? Who helped you find your way? When have you helped others find their way?

Oración de los fieles

Líder: Pidamos a Dios que nos haga fieles seguidores de Jesús.

Todos: Te rogamos, Señor.

Líder: Reunamos en una sola oración nuestros pedidos a Dios.

Todos: Padre nuestro…

Acto penitencial

Arrodíllense en silencio mientras el líder ora.

Líder: Padre amoroso,
libera a estos jóvenes
de cualquier cosa que pueda apartarlos de ti
y ayúdalos a caminar siempre en tu luz.

Todos: Queremos caminar con Jesús,
que entregó su vida por nosotros.
Padre, ayúdanos a seguirlo.
Del Rito Penitencial, RICA.

¡Evangeliza!

Líder: Pueden ir en paz para compartir la luz y la paz de Cristo.

Todos: Demos gracias a Dios.

Canten "Cristo Sáname"

Prayer of the Faithful

Leader: Let us ask God to make us faithful followers of Jesus.

All: Lord, hear our prayer.

Leader: Let us gather what we ask of God into a single prayer.

All: Our Father …

Penitential Act

Kneel silently as the leader prays.

Leader: Loving Father,
free these young people from whatever could
make them turn from you and help them to
walk in your light.

All: We want to walk with Jesus,
who gave his life for us.
Help us, Father, to follow him.

From the Penitential Act, RCIA.

Go Forth!

Leader: Let us go forth to share Christ's light and peace.

All: Thanks be to God.

Sing "Through My Fault"

FAMILIA + FE

VIVIR Y APRENDER JUNTOS

HABLAMOS DE LA CUARESMA >>>

La Cuaresma es un recorrido de cuarenta días que comienza el Miércoles de Ceniza. Recibir las cenizas en la frente marca la promesa de arrepentirnos o cambiar para acercarnos más a Dios y a la Iglesia. La Cuaresma es un tiempo de cambio interior. Es, tradicionalmente, un tiempo de penitencia. Durante este tiempo, incluya las costumbres de ayuno, oración y caridad o limosna a nuestra vida familiar.

La Sagrada Escritura

Lean **Jeremías 31, 33–34** y reflexionen sobre la alianza de Dios y su perdón. ¿Cómo se muestran perdón los miembros de la familia mutuamente?

AYUDEN A SUS HIJOS A COMPRENDER >>>

La Cuaresma

- La mayoría de los niños de esta edad comprende que la Cuaresma es un tiempo para "sacrificar" cosas en vez de cambiar. Ayúdelos a pensar primero en algo que necesite cambiar y luego encontrar un sacrificio que los ayude a recordar la necesidad mas profunda de conversión.
- Muchos niños de esta edad han desarrollado un aprecio por el arte. Es probable que se beneficien reflexionando sobre diferentes representaciones artísticas de la Pasión y Muerte de Jesús.

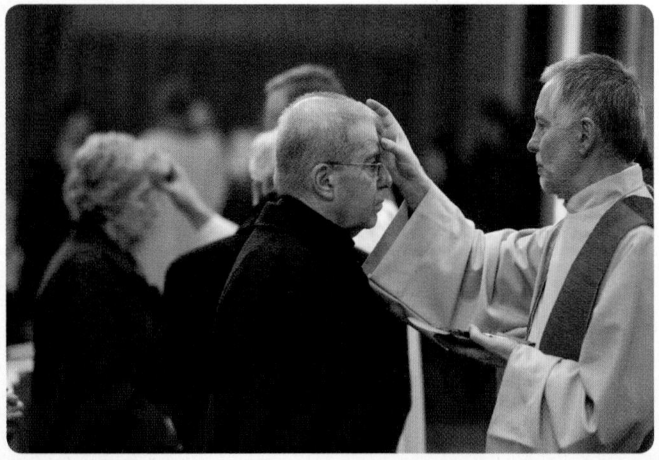

COSTUMBRES DE LA FAMILIA CATÓLICA >>>

La Cuaresma es un buen tiempo para ampliar nuestra conciencia de los Sacramentos y nuestro compartido viaje en la fe. Durante el tiempo de oración en familia, oren por los niños que, durante la Cuaresma, estarán recibiendo la Reconciliación por primera vez. Hablen con sus hijos acerca de cómo este Sacramento nos lleva a un nuevo comienzo espiritual. También incluyan una oración por los candidatos del RICA en su parroquia.

ORACIÓN EN FAMILIA >>>

Usen esto como una oración de bendición vespertina para la familia:

Que el Señor nuestro Dios envíe al Espíritu Santo para que nos guíe en nuestro recorrido Cuaresmal. Que Él nos dé fuerzas para cambiar lo que necesitemos cambiar y así poder ser mejores seguidores de Jesús. Amén.

Visiten **vivosencristo.osv.com** para encontrar un glosario multimedia de Palabras católicas, lecturas dominicales, y recursos de Santos y tiempos festivos.

FAMILY + FAITH

LIVING AND LEARNING TOGETHER

TALKING ABOUT LENT >>>

Lent is a forty-day journey that begins on Ash Wednesday. The receiving of ashes on one's forehead marks one's promise to repent or change to grow closer to God and the Church. Lent is a time of inner change for us. It is traditionally a time of penance. During this season, incorporate customs of fasting, prayer, and charity into your family life.

Scripture

Read **Jeremiah 31:33–34** and reflect on God's covenant and forgiveness. How do family members show forgiveness to one another?

HELPING YOUR CHILD UNDERSTAND >>>

Lent

- Most children this age understand Lent as a season to "give up" things rather than to change. Help them to first think of something that needs to change, and then find a sacrifice that helps them to remember the deeper need for conversion.
- Many children this age have developed an appreciation for art. They would likely benefit from reflecting on different art portrayals of Jesus' Passion and Death.

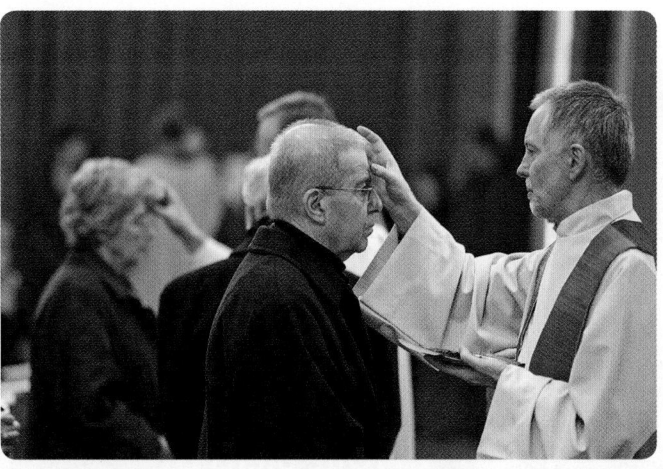

CATHOLIC FAMILY CUSTOMS >>>

Lent is a good time to broaden our awareness of the Sacraments and our shared faith journey. During family prayer time, pray for the children who will be receiving Reconciliation for the first time during Lent. Talk with your children about how this Sacrament helps us make a fresh spiritual start. Also include a prayer for the RCIA candidates in your parish.

FAMILY PRAYER >>>

Use this as an evening blessing prayer for the family:

May the Lord our God send his Holy Spirit to guide us in our Lenten journey. May he strengthen us to change what needs to be changed in order to be better followers of Jesus. Amen.

For a multimedia glossary of Catholic Faith Words, Sunday readings, seasonal and Saint resources, and chapter activities go to **aliveinchrist.osv.com**.

Triduo Pascual

Oremos

Líder: Señor, Dios, has salvado a tu Pueblo una y otra vez. No somos dignos de ti y estamos agradecidos. Mantennos cerca de ti.

"Venga, Señor, tu amor sobre nosotros,
como en ti pusimos nuestra confianza". **Salmo 33, 22**

Todos: Amén.

La Sagrada Escritura

"Busquen a Yavé ahora que lo pueden encontrar,
llámenlo ahora que está cerca.
Que el malvado deje sus caminos,
y el criminal sus proyectos;
vuélvanse a Yavé, que tendrá piedad de ellos,
a nuestro Dios, que está siempre dispuesto a perdonar.
Pues sus proyectos no son los míos,
y mis caminos no son los mismos de ustedes, dice
Yavé." **Isaías 55, 6-8**

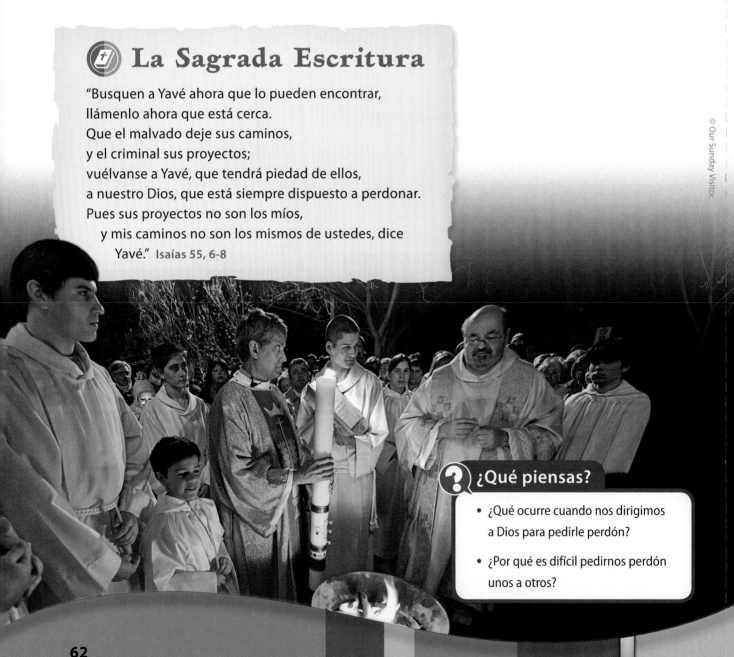

¿Qué piensas?

- ¿Qué ocurre cuando nos dirigimos a Dios para pedirle perdón?
- ¿Por qué es difícil pedirnos perdón unos a otros?

Triduum

Let Us Pray

Leader: Lord, God, you have saved your People over and over again. We are unworthy and we are grateful. Keep us close to you.

"May your mercy, LORD, be upon us;
as we put our hope in you." Psalm 33:22

All: Amen.

Scripture

"Seek the LORD while he may be found,
call upon him while he is near.
Let the wicked forsake their way,
and sinners their thoughts;
Let them turn to the LORD to find mercy;
to our God, who is generous in forgiving.
For my thoughts are not your thoughts,
nor are your ways my ways [says] the LORD." Isaiah 55:6–8

What Do You Wonder?

- What happens when we turn to God to ask for forgiveness?
- Why is it hard for us to forgive each other?

De la vida a la muerte; de la muerte a la vida

En los primeros capítulos de la Biblia, los relatos exploran los comienzos del género humano y los orígenes del pecado. En la Sagrada Escritura, Dios crea a nuestros primeros padres, Adán y Eva, para que vivan siempre en amistad con Él. Pero Adán y Eva eligen violar su amistad con Dios y seguir su propio camino. Al hacerlo, pierden el paraíso y la Santidad Original que Dios compartía con ellos. La muerte reemplaza a la vida eterna como destino para los seres humanos.

Sin embargo, Dios interviene en la historia de la humanidad para que su Pueblo regrese a Él. Esto se ve en los sucesos clave que aparecen a continuación, y en el establecimiento del reino de David y en las palabras de los profetas.

La historia de la salvación en el Antiguo Testamento llega a su culminación con los sucesos del Nuevo Testamento que también se muestran a continuación. La historia de la salvación se cumple en Jesús. Los relatos y los sucesos se unen en la vida de Jesús. El Triduo Pascual celebra toda la historia de la salvación, que culmina en el Misterio Pascual.

➔ **Describe algunos relatos del Nuevo Testamento que muestran cómo Jesús trae la salvación.**

El Triduo Pascual

- Los últimos tres días de la Semana Santa se llaman Triduo Pascual, palabra que significa "período de tres días".
- Durante este tiempo, la Iglesia celebra la Misa Vespertina de la Cena del Señor el Jueves Santo, la Pasión del Señor el Viernes Santo, la Vigilia Pascual la noche del Sábado Santo y la Misa y la Oración Vespertina del Domingo de Pascua.
- Durante estos tres días se proclama y se celebra en la liturgia la historia completa de la salvación.

◄ La elección de Adán y Eva

La promesa de Dios a Abrahán, Sara y todo Israel ►

From Life to Death; From Death to Life

In the opening chapters of the Bible, stories are told to explore the beginning of the human race and the origin of sin. In the Scripture, God creates our first parents, Adam and Eve, to live in friendship with him forever. Adam and Eve choose instead to violate God's friendship and follow their own path. By doing this, they lose paradise and the Original Holiness God shared with them. Death replaces eternal life as the destiny of humans.

However, God acts in human history to bring his People back to himself. This is seen in key events below, and in the establishment of David's kingdom, and the words of the prophets.

The story of salvation in the Old Testament reaches its fulfillment in the New Testament events also shown below. The history of salvation is fulfilled in Jesus. The stories and events come together in the life of Jesus. The Triduum celebrates the whole of salvation history that culminates in the Paschal Mystery.

➔ **Describe some New Testament accounts that show how Jesus brings salvation.**

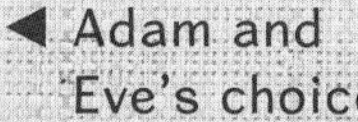

◀ Adam and Eve's choice

Triduum

- The last three days of Holy Week are called the Triduum, a word that means "a period of three days."
- During this time, the Church celebrates the Evening Mass of the Lord's Supper on Holy Thursday, the Lord's Passion on Good Friday, the Easter Vigil on the night of Holy Saturday, and Easter Sunday Mass and Evening Prayer.
- During these three days the entire story of salvation is proclaimed and celebrated in the liturgy.

God's promise to Abraham, Sarah, and all of Israel ▶

La salvación en Cristo

Los tres días del Triduo Pascual resumen y cumplen la historia de salvación del Antiguo Testamento. Al participar en las liturgias de los tres días más sagrados, estás celebrando tu propia salvación y la de todos los que viven en Cristo.

Las liturgias de estos días nos ayudan a recordar el viaje de la Muerte y Resurrección de Jesús. Hay mucho que ver, oír y hacer en las liturgias del Triduo Pascual, y todo esto revive el significado de los sucesos de la Última Cena, la Pasión, la Muerte, la Resurrección y la Ascensión de Jesús.

Actividad

Los Tres Días Ilustra un tríptico que cuente la Historia de la Salvación con palabras o imágenes en los tres paneles. Piensa en cómo se relacionan los días y qué sucede en cada uno.

▲ La Resurrección de Jesús

La Última Cena ▶

◀ Moisés guía a los israelitas de la esclavitud a la Tierra Prometida

◀ La Crucifixión de Jesús

Salvation in Christ

The three days of the Easter Triduum summarize and fulfill the Old Testament's story of salvation. By participating in the liturgies on the three most holy days, you are celebrating your own salvation and that of all who live in Christ.

The liturgies of these days help us recall the journey of Jesus' Death and Resurrection. There is much to see, hear, and do at the liturgies of the Triduum, and all of it brings to life the meaning of the events of Jesus' Last Supper, Passion, Death, Resurrection, and Ascension.

Activity

The Three Days Illustrate a triptych that tells the Story of Salvation in words or images in the three panels. Think about how the days are connected and what happens during each.

The Last Supper ▶

▲ The Resurrection of Jesus

◀ Moses leading the Israelites from slavery to the Promised Land

◀ The Crucifixion of Jesus

Celebremos el Triduo Pascual

Esta celebración incluye una sección del Pregón Pascual, que es proclamado durante la Vigilia Pascual.

Oremos

Reúnanse y hagan la Señal de la Cruz.

Líder: Dios, ven a mi ayuda.

Todos: Señor, apresúrate a ayudarme.

Líder: Gloria al Padre
y al Hijo
y al Espíritu Santo.

Todos: Como era en el principio,
ahora y siempre,
por los siglos de los siglos. Amén.

Líder: Oremos.
Inclinen la cabeza mientras el líder ora.

Todos: Amén.

Escucha la Palabra de Dios

Lector: Lectura del Libro del Génesis.
Lean Génesis 1, 1. 26-31a.

Palabra de Dios.

Todos: Te alabamos, Señor.
Guarden unos momentos de silencio para reflexionar sobre la Palabra de Dios.

Celebrate Triduum

This celebration includes a section from the *Exsultet*, which is proclaimed during the Easter Vigil.

Let Us Pray

Gather and pray the Sign of the Cross.

Leader: God, come to my assistance.

All: Lord, make haste to help me.

Leader: Glory be to the Father
and to the Son
and to the Holy Spirit,

All: as it was in the beginning
is now, and ever shall be
world without end. Amen.

Leader: Let us pray.
Bow your heads as the leader prays.

All: Amen.

Listen to God's Word

Reader: A reading from the Book of Genesis.
Read Genesis 1:1, 26–31a.

The word of the Lord.

All: Thanks be to God.
Take a few moments of silence to reflect on God's Word.

Dialoga

¿Cómo participas de la Pasión, Muerte y Resurrección de Jesús? ¿Cómo puedes vivir por Dios en Cristo Jesús?

Pregón

Líder: Durante la Vigilia Pascual, un cantor puede entonar:

Lector: Alégrense, por fin, los coros de los ángeles, alégrense las jerarquías del cielo, y, por la victoria de un rey tan poderoso, que las trompetas anuncien la salvación.

Goce también la tierra, inundada de tanta claridad, y que, radiante con el fulgor del rey eterno, se sienta libre de la tiniebla que cubría el orbe entero.

Líder: Oremos.

Inclinen la cabeza mientras el líder ora.

Todos: Amén.

¡Evangeliza!

Líder: Pueden ir en paz para glorificar al Señor con su vida.

Todos: Demos gracias a Dios.

Canten "Tu Cruz Adoramos"

Dialogue

How do you participate in Jesus' Passion, Death, and Resurrection? How can you live for God in Christ Jesus?

Proclamation

Leader: During the Easter Vigil, a cantor may sing:

Reader: Exult, let them exult, the hosts of heaven,
exult, let Angel ministers of God exult,
let the trumpet of salvation sound aloud our mighty
King's triumph!
Be glad, let earth be glad, as glory floods her,
ablaze with light from her eternal King,
let all corners of the earth be glad,
knowing an end to gloom and darkness.

Leader: Let us pray.
Bow your heads as the leader prays.

All: Amen.

Go Forth!

Leader: Go forth to glorify the Lord by your life.

All: Thanks be to God.

Sing "Radiant Light Divine"

FAMILIA + FE

VIVIR Y APRENDER JUNTOS

HABLAMOS DEL TRIDUO PASCUAL >>>

La Semana Santa es la semana más importante del año litúrgico. Empieza con el Domingo de Ramos y continúa hasta la Oración Vespertina del Domingo de Pascua. El Triduo Pascual, o "tres días", señala el momento más sagrado de la Semana Santa. Empieza al atardecer del Jueves Santo y termina al atardecer del Domingo de Pascua. Durante estos tres días, toda la Iglesia ayuna y ora con expectativa y esperanza. El Sábado Santo, la Iglesia se reúne a oscuras para esperar la Resurrección de la Luz del Mundo. El Cirio Pascual es encendido con una nueva llama; esta llama es compartida con todos los presentes. Las lecturas comienzan con la creación y muestran el plan de Dios para nuestra salvación. Los Sacramentos de la Iniciación Cristiana son una parte importante del Servicio de Vigilia; nuevos miembros son bautizados, confirmados y se les da la Eucaristía.

La Sagrada Escritura

Lean **Isaías 55, 1–11** para aprender acerca de la versión de Isaías sobre la alianza de Dios como una experiencia nutritiva para los hambrientos y sedientos seres humanos.

AYUDEN A SUS HIJOS A COMPRENDER >>>

El Triduo Pascual

- La mayoría de los niños de esta edad llegan a tener un mejor entendimiento del significado de esta semana si practican en las liturgias o se concentran en los símbolos.
- A esta edad , los niños con frecuencia están interesados particularmente en el drama de la Semana Santa y el Triduo Pascual. Es probable que muestren un interés en el significado histórico y las semejanzas con la Pascua Judía.

COSTUMBRES DE LA FAMILIA CATÓLICA >>>

El Sábado Santo

El Sábado Santo es un día de espera, recordando que Cristo estaba en el sepulcro. Hagan que este sea un día solemne en su casa, un día de calma y reflexión. También es un día de preparación.

- Cuando esté lista toda la comida de Pascua, reúnan a la familia para bendecirla, dando gracias por los alimentos y por la Pascua.
- Durante la cena, enciendan velas. La luz de Cristo nos antecede en la oscuridad, alejando las sombras y reemplazando la oscuridad con la misericordia y el amor de Dios.
- Pida a un miembro de la familia que lea en voz alta las palabras cantadas durante la Vigilia de Pascua (ver abajo).

ORACIÓN EN FAMILIA >>>

Del Pregón Pascual

Esta noche santa ahuyenta los pecados,
lava las culpas, devuelve la inocencia a
los caídos,
la alegría a los tristes,
¡Qué noche tan dichosa,
en que se une el cielo con la tierra,
lo humano con lo divino! ...
Que el lucero matinal lo encuentre ardiendo...

Amén.

Visiten **vivosencristo.osv.com** para encontrar un glosario multimedia de Palabras católicas, lecturas dominicales, y recursos de Santos y tiempos festivos.

FAMILY+FAITH

LIVING OUR CATHOLIC FAITH

TALKING ABOUT TRIDUUM >>>

Holy Week is the holiest week of the Church year. It begins on Palm Sunday and continues until Evening Prayer on Easter Sunday. The Triduum, or "three days," marks the most sacred time of Holy Week. It begins at sundown on Holy Thursday and ends at sundown on Easter Sunday. During these three days, the whole Church fasts and prays with anticipation and hope. On Holy Saturday, the Church gathers in darkness to await the Resurrection of the Light of the World. The Paschal Candle is lit with new fire; its flame is shared with all present. The readings begin with creation and show God's plan for our salvation. The Sacraments of Initiation are a prominent part of the Vigil Service; new members are baptized, confirmed, and given the Eucharist.

Scripture

Read **Isaiah 55:1–11** to learn about Isaiah's rendering of God's covenant as a nourishing experience for hungry and thirsty human beings.

HELPING YOUR CHILD UNDERSTAND >>>

Triduum

- Most children this age come to a better understanding of the meaning of this week if they participate in the liturgies or focus on the symbols.
- At this age, children are often interested in the drama of Holy Week and the Triduum in particular. They may also show an interest in the historical significance and parallels with the Jewish Passover.

CATHOLIC FAMILY CUSTOMS >>>

Holy Saturday

Holy Saturday is a day of waiting, remembering that Christ was in the tomb. Make it a solemn day in your home, a day of quiet and reflection. It is also a day of preparation.

- When all of the Easter foods are prepared, gather as a family to bless them, giving thanks for the food and for Easter.
- At supper, light candles. The Light of Christ precedes us into the dark, chasing away the shadows, replacing darkness with God's mercy and love.
- Have a family member read aloud the words sung during the Easter Vigil (see below).

FAMILY PRAYER >>>

From the Exsultet

The sanctifying power of this night dispels wickedness, washes faults away, restores innocence to the fallen, and joy to mourners, drives out hatred, fosters concord, and brings down the mighty. . . . O truly blessed night, when things of heaven are wed to those of earth, and divine to the human. May this flame be found still burning by the Morning Star . . . Amen.

For a multimedia glossary of Catholic Faith Words, Sunday readings, seasonal and Saint resources, and chapter activities go to **aliveinchrist.osv.com**.

Los testigos

Oremos

Líder: Señor, Dios, envía a tu Espíritu Santo para que nos dé el valor de ser testigos de la Buena Nueva de la Resurrección ante los demás.

"¡Bendito sea
el que viene en el nombre
del Señor!" **Salmo 118, 26a**

Todos: Amén.

La Sagrada Escritura

"Ese mismo día, el primero después del sábado, los discípulos estaban reunidos por la tarde con las puertas cerradas por miedo a los judíos. Llegó Jesús, se puso de pie en medio de ellos y les dijo: '¡La paz esté con ustedes!' Dicho esto, les mostró las manos y el costado. Los discípulos se alegraron mucho al ver al Señor. Jesús les volvió a decir: '¡La paz esté con ustedes! Como el Padre me envío a mí, así los envío yo también.' Dicho esto, sopló sobre ellos y les dijo: 'Reciban el Espíritu Santo: a quienes descarguen de sus pecados, serán liberados, y a quienes se los retengan, les serán retenidos.'" **Juan 20, 19-23**

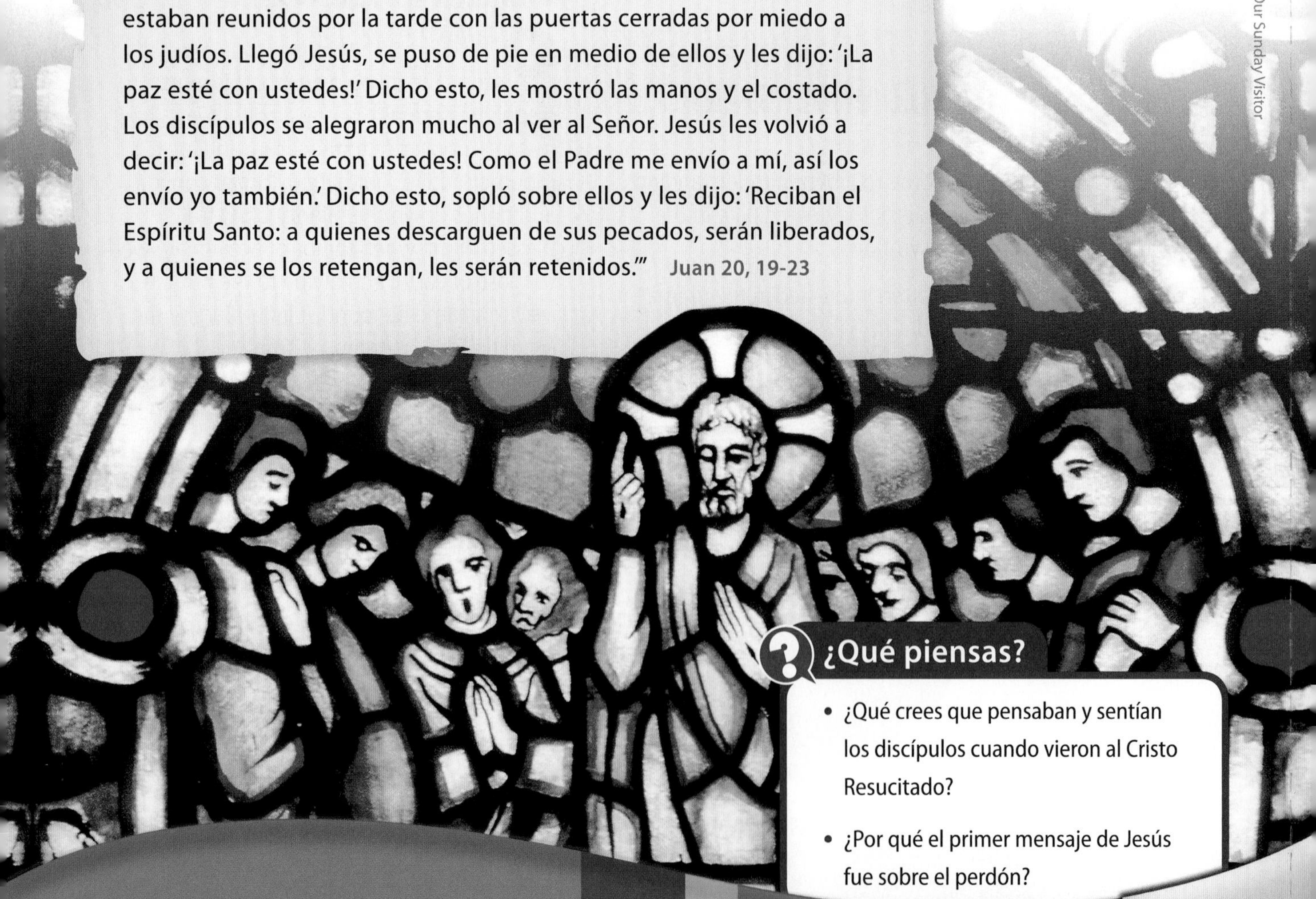

¿Qué piensas?

- ¿Qué crees que pensaban y sentían los discípulos cuando vieron al Cristo Resucitado?
- ¿Por qué el primer mensaje de Jesús fue sobre el perdón?

Witnesses

Let Us Pray

Leader: Lord, God, send your Holy Spirit
to give us the courage to witness to others
the Good News of the Resurrection.

"Blessed is [the one]
who comes in the name
of the LORD." **Psalm 118:26a**

All: Amen.

Scripture

"On the evening of that first day of the week, when the doors were locked, where the disciples were, for fear of the Jews, Jesus came and stood in their midst and said to them, 'Peace be with you.' When he had said this, he showed them his hands and his side. The disciples rejoiced when they saw the Lord. [Jesus] said to them again, 'Peace be with you. As the Father has sent me, so I send you.' And when he had said this, he breathed on them and said to them, 'Receive the holy Spirit. Whose sins you forgive are forgiven them, and whose sins you retain are retained.'" **John 20:19–23**

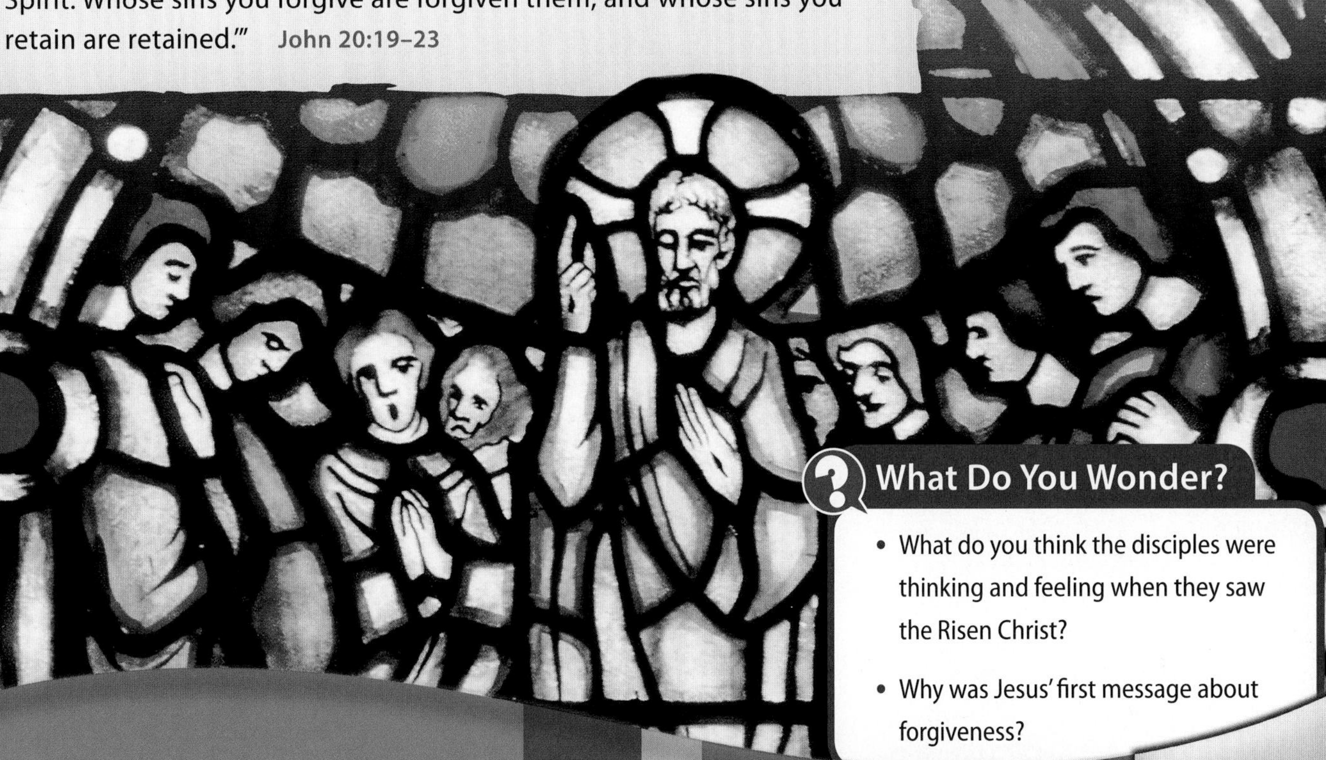

What Do You Wonder?

- What do you think the disciples were thinking and feeling when they saw the Risen Christ?
- Why was Jesus' first message about forgiveness?

Pascua

- La Pascua es el Memorial de la Resurrección de Jesús.
- Es la celebración más antigua e importante del calendario de la Iglesia.
- El Tiempo de Pascua empieza el Domingo de Pascua y continúa hasta Pentecostés, cincuenta días después.
- Durante la Pascua, el sacerdote usa vestiduras blancas.

Compartir el mensaje

Tres días después de su muerte, Jesús resucitó de entre los muertos. Algunas mujeres fieles habían ido al sepulcro, pero Él no estaba allí. Entonces Él se les apareció y les dijo: "No tengan miedo. Vayan ahora y digan a mis hermanos que se dirijan a Galilea. Allí me verán" (**Mateo 28, 10**). En el Evangelio según Juan, Jesús se le aparece primero a María Magdalena, quien informa a los discípulos: "He visto al Señor..." (**Juan 20, 18**).

Jesús glorificado se les apareció también a los discípulos en el camino a Emaús y a los once Apóstoles y otros seguidores. Los discípulos y los Apóstoles que vieron a Cristo glorificado se convirtieron en sus testigos. Por sus palabras y acciones difundieron la noticia por el mundo como Jesús les dijo que hicieran. (Ver Hechos 1, 8.) Cuando te reúnes para celebrar el mensaje de Pascua, eres testigo de la Resurrección de Jesús hoy.

➔ **¿De qué otra manera eres hoy testigo de la Resurrección de Jesús?**

➔ **¿Cómo celebra la Pascua tu parroquia?**

Sharing the Message

Three days after his death, Jesus rose from the dead. Some faithful women had gone to the tomb, but he was not there. He then appeared to them, saying, "Do not be afraid. Go tell my brothers to go to Galilee, and there they will see me" (**Matthew 28:10**). In the Gospel according to John, Jesus first appears to Mary Magdalene, who reports to the disciples, "I have seen the Lord" (**John 20:18**).

The glorified Jesus also appeared to the disciples on the road to Emmaus and to the eleven Apostles and other followers. The disciples and Apostles who saw the glorified Christ became his witnesses. By their words and actions they spread the news around the world just as Jesus told them to do. (See Acts 1:8.) By gathering to celebrate the Easter message, you are a witness of Jesus' Resurrection today.

➔ **How else are you a witness of Jesus' Resurrection today?**

➔ **How does your parish celebrate Easter?**

Easter

- Easter is the Feast of the Resurrection of Jesus.
- It is the oldest and most important celebration in the Church's calendar.
- The Easter Season starts on Easter Sunday and continues until Pentecost, fifty days later.
- The priest wears white vestments during Easter.

Celebremos la Pascua

Oremos

Reúnanse y comiencen con la Señal de la Cruz.

Líder: Luz y paz en Jesucristo, nuestro Señor, aleluya.

Todos: Demos gracias a Dios, aleluya.

Líder: Oremos.
Inclinen la cabeza mientras el líder ora.

Todos: Amén.

Escucha la Palabra de Dios

Líder: Lectura del santo Evangelio según Juan.
Lean Juan 20, 1–9.

Palabra del Señor.

Todos: Gloria a ti, Señor Jesús.

¡Evangeliza!

Líder: Pueden ir en paz y vivir la esperanza que viene del Jesús Resucitado, aleluya, aleluya.

Todos: Demos gracias a Dios, aleluya, aleluya.

Canten "Resucitó"

Celebrate Easter

Let Us Pray

Gather and begin with the Sign of the Cross.

Leader: Light and peace in Jesus Christ our Lord, Alleluia.

All: Thanks be to God, Alleluia.

Leader: Let us pray.
Bow your heads as the leader prays.

All: Amen.

Listen to God's Word

Leader: A reading from the holy Gospel according to John.
Read John 20:1–9.
The Gospel of the Lord.

All: Praise to you, Lord Jesus Christ.

Go Forth!

Leader: Go forth and live the hope that comes from the Risen Jesus, Alleluia, Alleluia.

All: Thanks be to God, Alleluia, Alleluia.

Sing "Behold the Glory of God"

FAMILIA + FE

VIVIR Y APRENDER JUNTOS

HABLAMOS DE LA PASCUA >>>

La celebración del tiempo de Pascua abarca los cincuenta días siguientes al Triduo Pascual. Las liturgias de la Pascua reflejan la alegría de la salvación. Se canta nuevamente el Aleluya. Las letras de los himnos celebran la victoria de la vida sobre la muerte, el amor sobre la derrota, la salvación sobre el pecado. El Pueblo de Dios renueva su compromiso bautismal cuando se lo rocía con el agua bendita. Los Evangelios descubren el significado del suceso de la Pascua y ayudan a la asamblea a celebrar el poder salvador de Dios. Desde la celebración de la Pascua, se envía al pueblo de Dios a difundir la Buena Nueva.

La Sagrada Escritura

Lean **Juan 20, 19–23**. que vuelve a contar la primera aparición de Jesús ante los discípulos reunidos.

AYUDEN A SUS HIJOS A COMPRENDER >>>

La Pascua

- A esta edad, los niños generalmente desean con entusiasmo ser testigos. Sin embargo, necesitan de guías adultos o consejeros.
- La mayoría de los niños de esta edad están interesados y pueden investigar las costumbres culturales de la era de Jesús, que tengan que ver con la muerte y los ritos funerales.
- Generalmente, los niños de esta edad disfrutan los relatos y acciones de la Iglesia primitiva, que se encuentran en los Hechos de los Apóstoles.

FIESTAS DEL TIEMPO >>>

Domingo de la Divina Misericordia

El domingo de la Divina Misericordia es el domingo después de Pascua. Esta es una fiesta relativamente nueva que fue establecida por el Papa San Juan Pablo II en la canonización de Santa Maria Faustina Kowalska, en 2000. El Evangelio que se lee durante la Divina Misericordia es sobre la institución del Sacramento de la Reconciliación, uno de los grandes dones de la misericordia de Dios.

ORACIÓN EN FAMILIA >>>

Querido Señor:

Queremos ser testigos de Tu mensaje de Pascua. Muéstranos maneras de traer la paz a los demás y a nuestros lugares de juego y trabajo. Danos el valor para perdonar a aquellos que nos han herido esta semana, y para abrir nuestro corazón y pedir perdón a aquellos que hemos herido con palabras o acciones. Te lo pedimos en Tu nombre. Amén.

Visiten **vivosencristo.osv.com** para encontrar un glosario multimedia de Palabras católicas, lecturas dominicales, y recursos de Santos y tiempos festivos.

FAMILY + FAITH

LIVING AND LEARNING TOGETHER

TALKING ABOUT EASTER >>>

The celebration of the Easter season includes the fifty days following the Triduum. The Easter liturgies reflect the joy of salvation. The Alleluia is sung once again. The words of the hymns celebrate the victory of life over death, love over loss, salvation over sin. The People of God renew their baptismal commitment when they are sprinkled with holy water. The Gospels unpack the meaning of the Easter event and help the assembly to celebrate God's saving power. The People of God are sent out from the Easter celebrations to spread the Good News.

Scripture

Read **John 20:19–23**, which recounts Jesus' first appearance to the gathered disciples.

HELPING YOUR CHILD UNDERSTAND >>>

Easter

- At this age children are usually very willing to be witnesses; however, they need adult guides or mentors.
- Most children at this age are interested in and capable of researching the cultural practices of Jesus' times regarding death and burial.
- Usually children at this age enjoy the stories and actions of the early Church found in the Acts of the Apostles.

FEASTS OF THE SEASON >>>

Divine Mercy Sunday

Divine Mercy Sunday is the Sunday following Easter. This is a relatively new feast; it was established by Pope Saint John Paul II at the canonization of Saint Mary Faustina Kowalska in 2000. The Gospel read on Divine Mercy Sunday is about the institution of the Sacrament of Reconciliation, one of the great gifts of God's mercy.

FAMILY PRAYER >>>

Dear Lord,

We want to witness to your Easter message. Show us ways to bring peace to each other and to the places we work and play. Give us the courage to forgive those who have hurt us this week, and open our hearts to ask forgiveness of those whom we may have hurt in word or deed. We ask this in your name. Amen.

For a multimedia glossary of Catholic Faith Words, Sunday readings, seasonal and Saint resources, and chapter activities go to **aliveinchrist.osv.com**.

Ascensión

Oremos

Líder: Señor Jesucristo,
Venimos ante ti como tus serviciales discípulos.
Queremos hacer tu obra aquí en la Tierra.

"Aplaudan, pueblos todos,
aclamen a Dios con voces de alegría..." **Salmo 47, 2**

Todos: Envía tu Espíritu Santo como nuestro guía y auxilio.
Oramos en tu nombre.
Amén.

La Sagrada Escritura

"'Pero recibirán la fuerza del Espíritu Santo cuando venga sobre ustedes, y serán mis testigos en Jerusalén, en toda Judea, en Samaría y hasta los extremos de la tierra.' Dicho esto, Jesús fue levantado ante sus ojos y una nube lo ocultó de su vista. Ellos seguían mirando fijamente al cielo mientras se alejaba. Pero de repente vieron a su lado a dos hombres vestidos de blanco, que les dijeron: 'Amigos galileos, ¿qué hacen ahí mirando al cielo? Este Jesús que les han llevado volverá de la misma manera que ustedes lo han visto ir al cielo.'" **Hechos 1, 8-11**

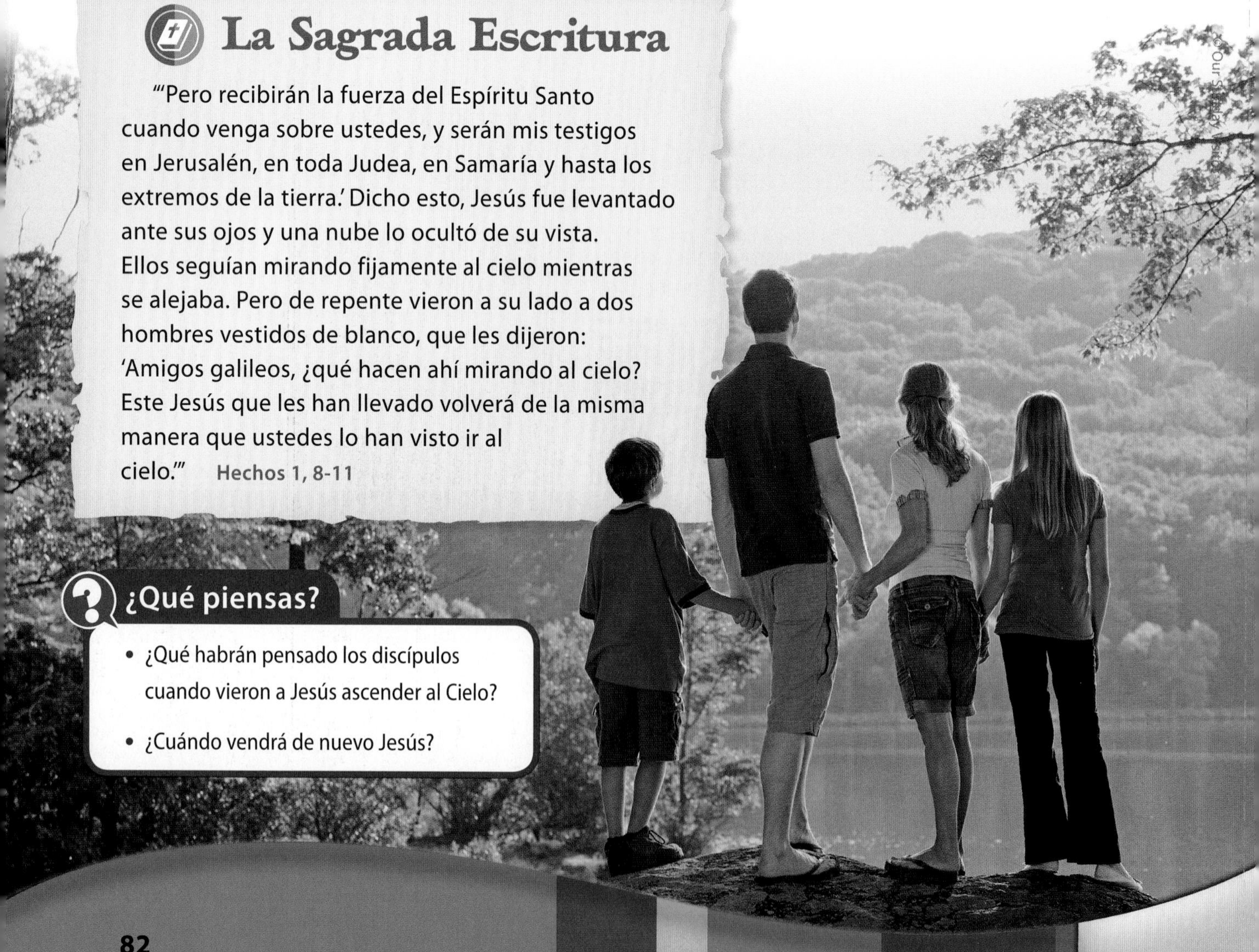

¿Qué piensas?

- ¿Qué habrán pensado los discípulos cuando vieron a Jesús ascender al Cielo?
- ¿Cuándo vendrá de nuevo Jesús?

Ascension

Let Us Pray

Leader: Lord Jesus Christ,
We come before you as your willing disciples.
We want to do your work here on Earth.

"All you peoples, clap your hands;
shout to God with joyful cries." **Psalm 47:1**

All: Send your Holy Spirit as our guide and helper.
In your name, we pray,
Amen.

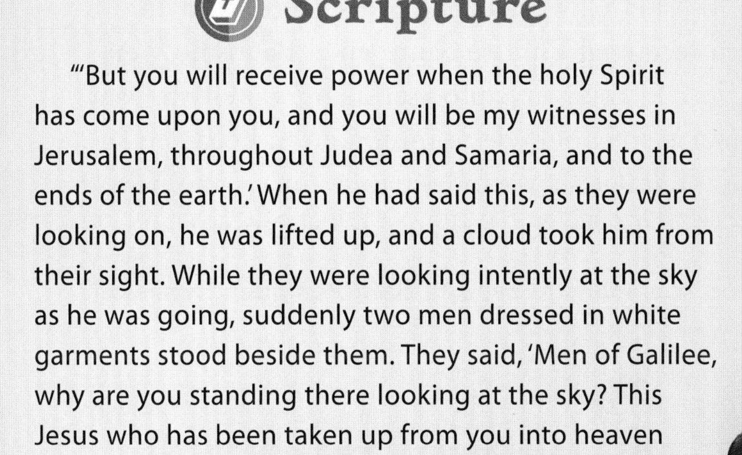

Scripture

"'But you will receive power when the holy Spirit has come upon you, and you will be my witnesses in Jerusalem, throughout Judea and Samaria, and to the ends of the earth.' When he had said this, as they were looking on, he was lifted up, and a cloud took him from their sight. While they were looking intently at the sky as he was going, suddenly two men dressed in white garments stood beside them. They said, 'Men of Galilee, why are you standing there looking at the sky? This Jesus who has been taken up from you into heaven will return in the same way as you have seen him going into heaven.'" **Acts 1:8–11**

What Do You Wonder?

- What might the disciples have thought when they saw Jesus ascend to Heaven?
- When will Jesus come again?

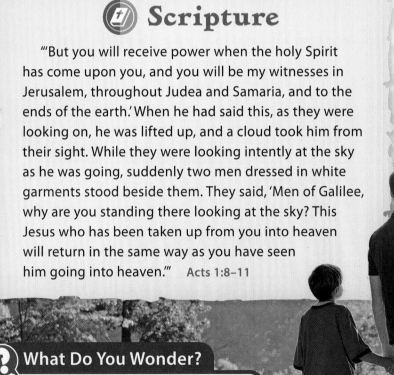

La comisión

El día de la Ascensión, Jesús regresó a su Padre en el Cielo y se sentó a su derecha. La comunidad de la Iglesia primitiva se quedó con la promesa de la venida del Espíritu Santo, que los fortalecería para ir y continuar la obra de Cristo de difundir la Buena Nueva y contribuir al crecimiento del Reino de Dios.

La Ascensión

- En la Solemnidad de la Ascensión, la Iglesia celebra el regreso de Jesús a su Padre en el Cielo.
- La Ascensión del Señor ocurre cuarenta días después de Pascua. En algunas diócesis y parroquias, se celebra el Séptimo Domingo después de Pascua.
- El sacerdote usa vestiduras blancas porque es una festividad de Jesús.
- En la Solemnidad de la Ascensión, la Iglesia recuerda su misión.

La misión

En el Bautismo, todos los católicos son llamados a una misión. Tener una misión significa "ser enviado". En la Confirmación, eres enviado a continuar la obra de Dios. No eres demasiado joven para hacerlo. Cuando Jeremías le dijo a Dios que era demasiado joven para ser profeta, Dios le dijo: "... No me digas que eres un muchacho. Irás adondequiera que te envíe, y proclamarás todo lo que yo te mande. No les tengas miedo, porque estaré contigo para protegerte, palabra de Yavé" (Jeremías 1, 7-8).

Así como los discípulos recibieron al Espíritu Santo en Pentecostés, tú recibes al Espíritu Santo en el Bautismo y en la Confirmación. El Espíritu Santo está siempre presente para ayudarte y guiarte en la obra de tu misión en tu hogar, en la escuela o con tus amigos, cuando les tiendes una mano para incluir, reparar o defender los derechos de los demás.

➔ **¿Cómo nos acompaña el Espíritu Santo en nuestra misión?**

The Commission

On the day of Ascension, Jesus returned to his Father in Heaven to sit at his right hand. The early Church community was left with the promise of the coming of the Holy Spirit, who would strengthen them to go out and continue Christ's work to spread the Good News and help God's Kingdom grow.

Mission

At Baptism, all Catholics are called to mission. Mission means "to be sent." At Confirmation, you are sent to continue God's work. You are not too young to do this. When Jeremiah told God he was too young to be a prophet, God said: "Do not say, 'I am too young.' To whomever I send you, you shall go; whatever I command you, you shall speak. Do not be afraid of them, for I am with you to deliver you" (Jeremiah 1:7–8).

Just as the disciples received the Holy Spirit on Pentecost, you receive the Holy Spirit at Baptism and Confirmation. The Holy Spirit is always there to help and guide you in the work of the mission at home, in school, or with your friends when you reach out to include, to heal, and to stand up for the rights of others.

➔ **How is the Holy Spirit with us on our mission?**

The Ascension

- On the Feast of the Ascension, the Church celebrates Jesus' return to his Father in Heaven.
- Ascension Thursday occurs forty days after Easter. In some dioceses and parishes, it is celebrated on the Seventh Sunday after Easter.
- The priest wears white vestments because it is a feast of Jesus.
- On the Feast of Ascension, the Church is reminded of its mission.

Celebremos la Ascensión

Oremos

Reúnanse y comiencen con la Señal de la Cruz.

Renovación de las promesas bautismales

Líder: Por el agua y el Espíritu Santo, ustedes recibieron los dones de la fe y de la vida nueva, y fueron llamados a una misión. Recordemos hoy juntos esas promesas.

Todos: Pasen al frente y reúnanse alrededor del agua y de la vela. Después de cada pregunta, respondan "Sí, renuncio" o "Sí, creo".

Líder: ¿Renuncian ustedes al pecado para vivir en la libertad de los hijos de Dios?
¿Creen ustedes en Dios, Padre todopoderoso?
¿Creen en Jesucristo, su Hijo único y Señor nuestro?
¿Creen en el Espíritu Santo?
Esta es nuestra fe. Esta es la fe de la Iglesia,
que nos gloriamos de profesar en Jesucristo, nuestro Señor.

Todos: Amén.

Pasen al frente, mojen los dedos en agua bendita y hagan la Señal de la Cruz.

¡Evangeliza!

Líder: Dios amoroso, envíanos a llevarle tu amor a los demás. Te lo pedimos por Cristo, nuestro Señor.

Todos: Amén.

Canten "No Queden Tristes"

Celebrate the Ascension

Let Us Pray

Gather and begin with the Sign of the Cross.

Renewal of Baptismal Promises

Leader: By water and the Holy Spirit, you received the gifts of faith and new life and were called to mission. Today, let us remember those promises together.

All: Come forward and gather around the water and candle. After each question, answer "I do."

Leader: Do you say "no" to sin, so that you can live always as God's children?
Do you believe in God, the Father almighty?
Do you believe in Jesus Christ, his only Son, our Lord?
Do you believe in the Holy Spirit?
This is our faith. This is the faith of the Church.
We are proud to profess it in Christ Jesus.

All: Amen.

Come forward, dip your finger in the holy water, and make the Sign of the Cross.

Go Forth!

Leader: Loving God, send us forth to bring your love to others. We ask this through Jesus Christ our Lord.

All: Amen.

Sing "Cry the Gospel"

FAMILIA + FE

VIVIR Y APRENDER JUNTOS

HABLAMOS DE LA ASCENSIÓN >>>

Los católicos celebran la Solemnidad de la Ascensión del Señor un jueves, cuarenta días después de Pascua. En algunas diócesis y parroquias, la solemnidad se pasa del jueves al séptimo domingo de Pascua. La Solemnidad de la Ascensión celebra al Jesús Resucitado regresando a su Padre en el Cielo. En Estados Unidos, la Ascensión del Señor es un Día Santo de Precepto.

La Sagrada Escritura

Lean **Hechos 1, 8–11** que describe la Ascensión. ¿Cómo se imaginan el regreso de Jesús?

AYUDEN A SUS HIJOS A COMPRENDER >>>

La Ascensión

- Generalmente, los niños de esta edad entienden el concepto de ser enviado a una misión.
- En su mayoría, los niños de esta edad apreciarán proyectos diseñados para ayudar a los pobres.

COSTUMBRES DE LA FAMILIA CATÓLICA >>>

Consideren pagarle a su hijo para que haga tareas en del hogar. Donen el dinero o los objetos que compraron a una organización que ayude a los pobres. Permitan que su hijo vaya con usted a hacer la donación.

ORACIÓN EN FAMILIA >>>

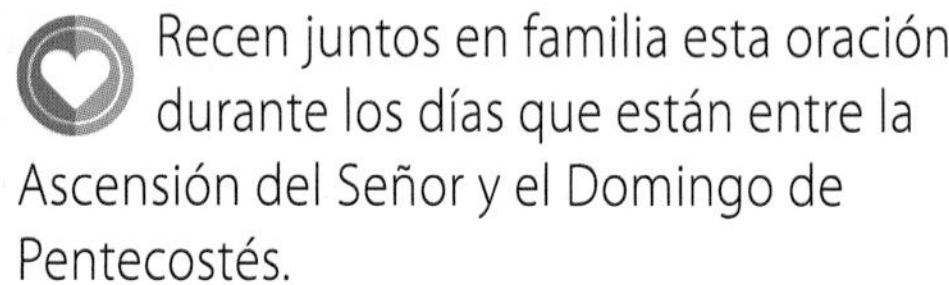

Recen juntos en familia esta oración durante los días que están entre la Ascensión del Señor y el Domingo de Pentecostés.

Ven Espíritu Santo, llena los corazones de tus fieles con los dones que necesitamos para continuar la obra de Jesús en nuestra vida diaria. Te lo pedimos en Su nombre.

Amén.

Visiten **vivosencristo.osv.com** para encontrar un glosario multimedia de Palabras católicas, lecturas dominicales, y recursos de Santos y tiempos festivos.

FAMILY + FAITH

LIVING AND LEARNING TOGETHER

TALKING ABOUT ASCENSION >>>

Catholics celebrate the Feast of Ascension Thursday forty days after Easter. In some dioceses and parishes the feast is moved from Thursday to the seventh Sunday of Easter. The Feast of the Ascension celebrates the Risen Jesus returning to his Father in Heaven. In the United States Ascension Thursday is a Holy Day of Obligation.

Scripture

Read **Acts 1:8–11**, which describes the Ascension. How do you imagine that Jesus will return?

HELPING YOUR CHILD UNDERSTAND >>>

Ascension

- Usually children this age understand the concept of being sent on a mission.
- For the most part, children this age will appreciate projects aimed at outreach to the poor.

CATHOLIC FAMILY CUSTOMS >>>

Consider having your child earn money doing household tasks. Donate the money or goods purchased with it to an organization that helps the poor. Allow your child to go with you to make the donation.

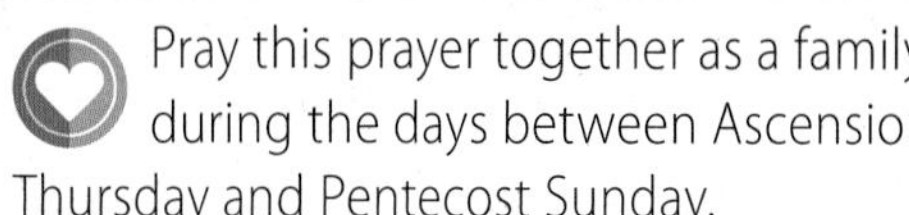

FAMILY PRAYER >>>

Pray this prayer together as a family during the days between Ascension Thursday and Pentecost Sunday.

Come, Holy Spirit, fill the hearts of your faithful with the gifts we need to continue the work of Jesus in our daily life. We ask this in his name.

Amen.

For a multimedia glossary of Catholic Faith Words, Sunday readings, seasonal and Saint resources, and chapter activities go to **aliveinchrist.osv.com**.

Pentecostés

Oremos

Líder: Señor, envíanos los Dones del Espíritu Santo
para que podamos crecer en la unidad y en fortaleza
como tus seguidores y testigos.

"Al Señor quiero cantar toda mi vida,

Todos: salmodiar para mi Dios mientras yo exista".
Salmo 104, 33
Amén.

La Sagrada Escritura

"En ese momento Jesús se llenó del gozo del Espíritu Santo y dijo: 'Yo te bendigo, Padre, Señor del cielo y de la tierra, porque has ocultado estas cosas a los sabios y entendidos y se las has dado a conocer a los pequeñitos. Sí, Padre, pues tal ha sido tu voluntad...' Después, volviéndose hacia sus discípulos, Jesús les dijo a ellos solos: '¡Felices los ojos que ven lo que ustedes ven! Porque yo les digo que muchos profetas y reyes quisieron ver lo que ustedes ven y no lo vieron, y oír lo que ustedes oyen y no lo oyeron.'" **Lucas 10, 21. 23-24**

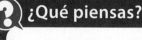

¿Qué piensas?

- ¿Por qué Dios revela sus verdades a los que son como niños?
- ¿Oyes y ves las cosas de manera diferente por tu fe?

Pentecost

Let Us Pray

Leader: Lord, send us the Gifts of the Holy Spirit that we may grow in unity and in strength as your followers and witnesses.

"I will sing to the LORD all my life;

All: I will sing praise to my God while I live."

Psalm 104:33

Amen.

Scripture

"At that very moment [Jesus] rejoiced [in] the holy Spirit and said, 'I give you praise, Father, Lord of heaven and earth, for although you have hidden these things from the wise and the learned you have revealed them to the childlike. Yes, Father, such has been your gracious will.'

Then turning to the disciples in private he said, 'Blessed are the eyes that see what you see. For I say to you, many prophets and kings desired to see what you see, but did not see it, and to hear what you hear, but did not hear it.'" Luke 10:21, 23–24

What Do You Wonder?

- Why does God reveal his truths to those who are like children?
- Do you hear and see things differently because of your faith?

Los dones del Espíritu Santo

Pentecostés se celebra cincuenta días después de Pascua, cuando la Iglesia recuerda el día en que el Espíritu Santo descendió sobre los Apóstoles y sobre María. Durante Pentecostés, la Iglesia también recuerda que continuamos hoy la misión de Jesús en el mundo. La Solemnidad de Pentecostés te recuerda que, como los Apóstoles y María, has recibido dones del Espíritu Santo a través de los Sacramentos del Bautismo y de la Confirmación. Estos dones —sabiduría, entendimiento, consejo, fortaleza, ciencia, piedad y temor de Dios— son cualidades duraderas que te ayudan a crecer en tu vida espiritual y moral, y en tus relaciones con Dios y con los demás. A medida que usas los Dones del Espíritu Santo, te vuelves más abierto a presencia del Espíritu Santo en tu vida.

➜ **¿Cuáles son algunas maneras en que has visto a los demás vivir los Dones del Espíritu Santo?**

Gifts of the Spirit

Pentecost is celebrated fifty days after Easter, when the Church celebrates the day the Holy Spirit came down on the Apostles and Mary. During Pentecost, the Church is also reminded that we continue the mission of Jesus in the world today. The Feast of Pentecost reminds you that, like the Apostles and Mary, you have received gifts from the Holy Spirit through the Sacraments of Baptism and Confirmation. These gifts—wisdom, understanding, counsel, fortitude, knowledge, piety, and fear of the Lord—are lasting qualities that help you grow in your spiritual and moral life, and in your relationships with God and with others. As you use the Gifts of the Holy Spirit, you become more open to the presence of the Holy Spirit in your life.

➔ **What are some ways you have seen others live out the Gifts of the Holy Spirit?**

Guiados por el Espíritu Santo

Aquellos que son guiados por el Espíritu Santo muestran los Frutos del Espíritu Santo en su vida.

Describe cómo se ve en tu vida cada Fruto del Espíritu Santo.

Frutos del Espíritu Santo

Frutos del Espíritu Santo	Comó se muestra en mis palabras y mis acciones
Caridad	______________
Alegría	______________
Paz	______________
Paciencia	______________
Longanimidad	______________
Bondad	______________
Mansedumbre	______________
Fidelidad	______________
Modestia	______________
Continencia	______________
Castidad	______________

Actividad

Los Dones del Espíritu Santo En el espacio en blanco, di cómo muestras en palabras y acciones la manera como compartes uno de estos Dones del Espíritu Santo.

sabiduría **entendimiento** **consejo** **fortaleza** **ciencia** **piedad** **temor de Dios**

____

____

Led by the Spirit

Those who are led by the Holy Spirit show the Fruits of the Spirit in their lives.

Describe how each Fruit of the Spirit is seen in your life.

Fruits of the Spirit

Fruit of the Spirit	How it is shown in my words and actions
Charity	
Joy	
Peace	
Patience	
Kindness	
Goodness	
Gentleness	
Faithfulness	
Modesty	
Self-Control	
Chastity	

Activity

Gifts of the Spirit In the space below, tell how you show in your words and actions the way you share one of these Gifts of the Holy Spirit.

wisdom **understanding** **counsel** **fortitude** **knowledge** **piety** **fear of the Lord**

Celebremos al Espíritu Santo

Hoy orarán por los Dones del Espíritu Santo en una celebración de la Palabra.

Oremos

Reúnanse y canten juntos el estribillo.
Hagan juntos Señal de la Cruz.

Líder: Luz y paz en Jesucristo, nuestro Señor, aleluya.

Todos: Demos gracias a Dios, aleluya.

Líder: Oremos.
Inclinen la cabeza mientras el líder ora.

Todos: Amén.

Escucha la Palabra de Dios

Lector: Lectura de los Hechos de los Apóstoles.
Lean Hechos 2, 1-11.
Palabra de Dios.

Todos: Te alabamos, Señor.
Guarden un momento de silencio para escuchar al Espíritu Santo en la Palabra de Dios.

Dialoga

¿Cómo piensas que se sintieron los Apóstoles en Pentecostés? ¿Qué ejemplos puedes dar para ilustrar cómo siguen vivos los Dones del Espíritu Santo en la Iglesia de hoy?

Celebrate the Holy Spirit

Today you will pray for the Gifts of the Spirit in a celebration of the Word.

Let Us Pray

Gather and sing together the refrain.

Pray the Sign of the Cross together.

Leader: Light and peace in Jesus Christ our Lord, Alleluia.

All: Thanks be to God, Alleluia.

Leader: Let us pray.

Bow your heads as the leader prays.

All: Amen.

Listen to God's Word

Reader: A reading from the Acts of the Apostles.

Read Acts 2:1–11.

The Word of the Lord.

All: Thanks be to God.

Take a moment to listen for the Spirit in the Word of God.

Dialogue

How do you think the Apostles felt on Pentecost? What examples can you find to illustrate the Gifts of the Holy Spirit alive in the Church today?

Elegir un Don

Respondan a cada oración con estas palabras.

Todos: Ven, Espíritu Santo, guíanos en el camino a Jesús.

Lector: Espíritu Santo, haz que el camino a Jesús sea nuestra alegría y únenos en cada paso de nuestro viaje.
Espíritu Santo, que seamos como árboles plantados cerca de las corrientes y que crezcamos fuertes en la fe, alimentada por tus dones.
Espíritu Santo, ayúdanos a recordar siempre que el Padre nos cuida mientras seguimos el camino de su Hijo.

Todos: Mientras se acercan a la mesa, canten "Ven, Espíritu de Dios".

Líder: Fieles a la recomendación del Salvador
y siguiendo su divina enseñanza,
nos atrevemos a decir:

Todos: Padre nuestro…

¡Evangeliza!

Inclinen la cabeza mientras el líder ora.

Líder: Pueden ir en paz con la confianza de que el Espíritu Santo está con ustedes y les da lo que necesitan para recorrer el camino de la fe.

Todos: Demos gracias a Dios.

Canten "Ven, Espíritu de Dios"

Choosing a Gift

Respond to each prayer with these words.

All: Come, Holy Spirit, lead us in the way of Jesus.

Reader: Holy Spirit, let the way of Jesus be our joy and join us on every step of our journey.
Holy Spirit, may we be like trees planted near streams and grow strong in faith, nourished by your gifts.
Holy Spirit, help us always remember that the Father watches over us as we follow the path of his Son.

All: As you proceed to the table, sing "Send Out Your Spirit."

Leader: At the Savior's command
and formed by divine teaching,
we dare to say:

All: Our Father …

Go Forth!

Bow your heads as the leader prays.

Leader: Go forth with the confidence that the Holy Spirit is with you and is giving you what you need to walk the path of faith.

All: Thanks be to God.

Sing "Send Out Your Spirit."

FAMILIA + FE

VIVIR Y APRENDER JUNTOS

HABLAMOS DEL PENTECOSTÉS >>>

El día de Pentecostés marca el fin del tiempo de Pascua. Ocurre cincuenta días después de Pascua. La palabra *Pentecostés* proviene del griego y significa "día cincuenta". Esta festividad, que conmemora la llegada del Espíritu Santo a los Apóstoles y la Virgen María, también celebra tradicionalmente el nacimiento de la Iglesia. En este día celebramos los dones que el Espíritu Santo nos ha dado a cada uno en el Bautismo y la Confirmación, para que nos fortalezcamos y continuemos dando testimonio del Señor Resucitado en nuestra vida diaria.

La Sagrada Escritura

Lean **Lucas 10, 21–24** en el que Jesús señala que Dios revela sus secretos a los jóvenes y a aquellos con la mente y corazón abiertos. Esos secretos son valiosos para aquellos que los conocen.

AYUDEN A SUS HIJOS A COMPRENDER >>>

Pentecostés

- La mayoría de los niños de esta edad se identifican muy bien con el poder del Espíritu Santo.
- Generalmente los niños se interesan en los Dones y Frutos del Espíritu Santo en la medida en que ellos individualmente se identifican con aquellos.
- Dado que los niños de esta edad experimentan con frecuencia cambios y crecimiento en sus amistades, pueden identificarse con la idea de una relación con Dios que crece.

COSTUMBRES DE LA FAMILIA CATÓLICA >>>

Sellados con los Dones

Recen juntos en familia por todos aquellos que recibieron la Confirmación y que han sido sellados con los Dones del Espíritu Santo. Por nueve días, recen una oración corta al Espíritu Santo pidiéndole cada día que venga a sus corazones, familias y vidas, fortaleciendo en ellos y en nosotros dones o frutos diferentes.

ORACIÓN EN FAMILIA >>>

Durante la semana que abarca de Pentecostés a la Solemnidad de la Santísima Trinidad, recen juntos esta oración diariamente:

Ven, Espíritu Santo, enciende el fuego
en nuestro corazón,
y úngenos con tu Espíritu Santo.
Guíanos para usar tus dones
y continuar la misión de Jesús.

Amén.

Visiten **vivosencristo.osv.com** para encontrar un glosario multimedia de Palabras católicas, lecturas dominicales, y recursos de Santos y tiempos festivos.

FAMILY + FAITH

LIVING AND LEARNING TOGETHER

TALKING ABOUT PENTECOST >>>

The Feast of Pentecost marks the end of the Easter Season. It occurs fifty days after Easter. The word Pentecost comes from the Greek word that means "fiftieth day." This feast, which commemorates the coming of the Holy Spirit to the Apostles and the Virgin Mary, is also traditionally celebrated as the birth of the Church. On this day, we celebrate the gifts that the Holy Spirit has given each of us in Baptism and Confirmation, so that we can be strengthened to continue witnessing to the Risen Lord in our daily lives.

Scripture

Read **Luke 10:21–24**, in which Jesus points out that God reveals his secrets to the young and to those with open minds and hearts. Those secrets are precious to those who know them.

HELPING YOUR CHILD UNDERSTAND >>>

Pentecost

- Most children this age relate very well to the power of the Holy Spirit.
- Usually children are interested in the Gifts and Fruits of the Holy Spirit as they relate to them as individuals.
- Because children this age often experience changes and growth in their friendships, they can relate to the idea of a growing relationship with God.

CATHOLIC FAMILY CUSTOMS >>>

Sealed with the Gifts

Pray together as a family for all who have received Confirmation and been sealed with the Gifts of the Holy Spirit. For nine days, pray a short prayer to the Holy Spirit, each day asking the Holy Spirit to come into their hearts, families, and lives, strengthening in them and us a different Gift or Fruit of the Holy Spirit.

FAMILY PRAYER >>>

During the week between Pentecost and the Feast of the Most Holy Trinity, pray this prayer together daily:

Come Holy Spirit, set our hearts on fire,
anoint us with your Spirit.
Guide us to use your gifts
to continue the mission of Jesus.

Amen.

For a multimedia glossary of Catholic Faith Words, Sunday readings, seasonal and Saint resources, and chapter activities go to **aliveinchrist.osv.com**.

Vista general de las unidades

Units at a Glance

UNIDAD 1

Revelación

Nuestra Tradición Católica

- Sabemos cómo es Dios a partir de la Sagrada Escritura y la Sagrada Tradición. (CIC, 97)
- En ambas, Dios se revela a sí mismo y revela su deseo de que vivamos en amistad con Él. (CIC, 74, 80)
- A través de los relatos de la creación y el establecimiento de la alianza, aprendemos que Dios es fiel. (CIC, 346)
- Al enviar a su Hijo, Jesús, Dios Padre se nos revela de maneras que nunca hubiéramos podido conocer. (CIC, 151)

¿Por qué es importante estudiar y orar la Palabra de Dios escrita en el Antiguo Testamento?

El Papa Francisco celebra su Misa inaugural dentro de la Capilla Sixtina, en el Vaticano.

UNIT 1

Revelation

Our Catholic Tradition

- We come to know what God is like from Sacred Scripture and Sacred Tradition. (CCC, 97)
- In both, God reveals himself and his desire for us to live in friendship with him. (CCC, 74, 80)
- Through the accounts of creation and the establishment of the covenant, we learn that God is faithful. (CCC, 346)
- By sending his Son, Jesus, God the Father reveals himself to us in ways we never would have known. (CCC, 151)

Why is it important to study and pray God's written Word in the Old Testament?

Pope Francis celebrates his inaugural Mass inside the Sistine Chapel at the Vatican.

La Revelación Divina

Oremos

Líder: Tu Palabra, oh Señor, es luz y vida. Tu Palabra habla fuerte al corazón.

"…mas la palabra de nuestro Dios permanece para siempre". **Isaías 40, 8**

Todos: Llénanos de alegría y esperanza por tu Palabra, oh Señor. Amén.

La Sagrada Escritura

Pues recta es la palabra del Señor,
y verdad toda obra de sus manos.
Él ama la justicia y el derecho,
y la tierra está llena de su gracia.
Por su palabra surgieron los cielos,
y por su aliento todas las estrellas.
Junta el agua del mar como en un frasco,
y almacena las aguas del océano.
Tema al Señor la tierra entera,
y tiemblen ante él sus habitantes,
pues él habló y todo fue creado,
lo ordenó y las cosas existieron.

Salmo 33, 4-9

¿Qué piensas?

- ¿Por qué es importante compartir relatos de fe?
- ¿Cómo puedes abrir tu corazón para oír la Palabra de Dios?

Divine Revelation

Let Us Pray

Leader: Your Word, O Lord, is light and life. Your Word speaks volumes to the heart.

"The word of our God stands forever." Isaiah 40:8

All: Fill us with joy and anticipation for your Word, O Lord. Amen.

Scripture

The LORD's word is upright;
all his works are trustworthy.
He loves justice and right.
The earth is full of the mercy of the LORD.
By the LORD's word the heavens were made;
by the breath of his mouth all their host.
He gathered the waters of the sea as a mound;
he sets the deep into storage vaults.
Let all the earth fear the LORD;
let all who dwell in the world show him reverence.
For he spoke, and it came to be,
commanded, and it stood in place.
Psalm 33:4–9

What Do You Wonder?

- Why is it important to share stories of faith?
- How can you open your heart to hear God's Word?

Dios se da a conocer

¿Cómo aprendemos acerca de Dios y su plan?

Los relatos ayudan a las familias a recordar lo que las une. Los relatos pueden hacer lo mismo por las comunidades y las naciones. Anna es una niña indígena americana que vive con sus abuelos en un pueblo cerca de Santa Fe, Nuevo México. Los abuelos le están mostrando a Anna las tradiciones del pueblo navajo.

La narradora

A Anna le encantaba oír los relatos que sus abuelos contaban acerca de los navajos. A partir de estos cuentos vívidos, ella obtuvo conocimiento sobre sus raíces, respeto por toda la creación y sabiduría para vivir. ¡Ese día la abuela estaba por enseñarle algo único acerca de su pueblo!

La abuela dijo: "A nuestro pueblo siempre le gustaron los relatos. Lo demuestran haciendo muñecos narradores. Hagamos uno".

La abuela continuó: "La figura principal del narrador es una mujer. Tiene abierta la boca porque está hablando, y los ojos pueden estar cerrados, como si estuviera recordando experiencias de un tiempo anterior. Unidos a la mujer hay muchos niños. Reunidos alrededor de la Narradora, escuchan los relatos de la historia y de las maravillas de la creación".

➔ **¿Por qué es importante para una familia o una nación recordar sus relatos?**

Frecuentemente, las muñecas narradoras navajas están hechas a mano y se comparten en las familias para mantener viva su tradición.

God Makes Himself Known

How do we learn about God and his plan?

Stories help families remember what binds them together. Stories can do the same thing for communities and nations. Anna is a Native American girl who lives with her grandparents in a pueblo near Santa Fe, New Mexico. Her grandparents are introducing Anna to the traditions of the Navajo people.

The Storyteller

Anna loved to hear the stories that her grandparents told about the Navajo people. From these colorful tales, she gained knowledge about her roots, respect for all creation, and wisdom for living. Today her grandmother was going to teach her something unique about her people!

Grandmother said, "Our people have always loved stories. They show this by making storyteller figures. Let's make one."

Grandmother continued, "The main figure of the Storyteller is that of a woman. Her mouth is open because she is speaking, and her eyes may be closed as if she is remembering experiences from an earlier time. Attached to the woman are many children. Crowding around the Storyteller, they listen to the stories of history and of the wonders of creation."

➔ **Why is it important for a family or a nation to remember its stories?**

Navajo storyteller dolls are often handmade and shared in families to keep their tradition alive.

Relatos de nuestra fe

Los relatos de nuestra fe católica están narrados en la Biblia y continúan en la Iglesia. Muchos de los relatos de la Biblia se transmitieron oralmente de generación en generación antes de que Dios inspirara a los autores humanos para que los escribieran.

La Biblia, **Sagrada Escritura**, es la Palabra de Dios, escrita por humanos que actuaban bajo la inspiración y la guía del Espíritu Santo. El Espíritu Santo sigue guiando a la Iglesia, para preservar y enseñar la Revelación de Dios. La Iglesia interpreta y transmite el mensaje de la Palabra de Dios para las futuras generaciones a través de su **Sagrada Tradición** para que todos puedan conocer y aplicar la sabiduría de Dios en su vida.

La Sagrada Escritura y la Sagrada Tradición juntas, son la fuente de la **Revelación Divina**, de Dios, o la comunicación sobre sí mismo. Dios, el principal autor de la Biblia, inspiró a los autores humanos.

Palabras católicas

Sagrada Escritura la Palabra de Dios escrita por seres humanos que actuaron bajo la inspiración y la guía del Espíritu Santo; otro nombre para la Biblia

Sagrada Tradición la Palabra de Dios a la Iglesia, salvaguardada por los Apóstoles y sus sucesores, los obispos, y transmitida verbalmente a las futuras generaciones, en los Credos, Sacramentos y otras enseñanzas

Revelación Divina el proceso por el que Dios se da a conocer a sí mismo. Las fuentes principales de Revelación Divina son la Sagrada Escritura y la Sagrada Tradición.

Aprender acerca del Plan de Dios

A través de palabras y acciones, Dios se ha dado a conocer gradualmente y en etapas. Dio a los escritores de la Sagrada Escritura el don del Espíritu Santo para que escribieran fielmente sobre esta verdad salvadora.

La Biblia presenta el relato de la presencia de Dios y de su plan amoroso de bondad y acciones para su pueblo. Después de muchos siglos, Dios reveló completamente su plan de salvación al enviar a su Hijo, Jesús, y luego, al enviar al Espíritu Santo, como Jesús prometió a sus discípulos.

Comparte tu fe

Reflexiona Nombra uno de tus relatos preferidos de la Biblia.

____

____

Comparte este relato con un compañero. Explica por qué es tu preferido y qué te dice acerca de Dios.

Stories of Our Faith

The stories of our Catholic faith are told in the Bible and continued in the Church. Many of the stories in the Bible were passed down orally from generation to generation before God inspired the human authors to write them down.

The Bible, or **Sacred Scripture**, is God's Word, written by humans acting under the Holy Spirit's inspiration and guidance. The Holy Spirit continues to guide the Church, to preserve and teach God's Revelation. The Church interprets and hands down the message of the Word of God for future generations through her **Sacred Tradition** so all can know and apply God's wisdom to their lives.

Sacred Scripture and Sacred Tradition together are the source of God's **Divine Revelation**, or communication about himself. God, the principal author of the Bible, inspired its human authors.

Learning about God's Plan

By words and actions, God has made himself known gradually and in stages. He gave the Scripture writers the gift of the Holy Spirit to write faithfully about his saving truth.

The Bible presents the story of God's presence and of his loving plan of goodness and actions for his People. After many centuries, God fully revealed his plan of salvation by sending his Son, Jesus, and then, by sending the Holy Spirit as Jesus promised his disciples.

Catholic Faith Words

Sacred Scripture the Word of God written by humans acting under the Holy Spirit's inspiration and guidance; another name for the Bible

Sacred Tradition God's Word to the Church, safeguarded by the Apostles and their successors, the bishops, and handed down verbally—in her Creeds, Sacraments, and other teachings—to future generations

Divine Revelation the process by which God makes himself known. The chief sources of Divine Revelation are Sacred Scripture and Sacred Tradition.

Share Your Faith

Reflect Name one of your favorite Bible stories.

____

____

Share this story with a partner. Explain why it is your favorite and what it tells you about God.

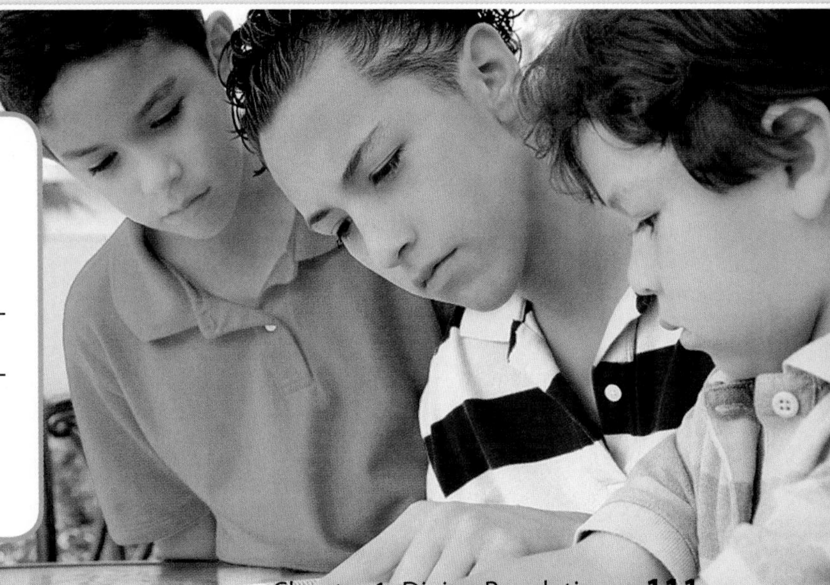

Diferentes tipos de escritos en la Biblia

¿Cuáles son algunas de las formas literarias usadas en la Biblia?

Los escritores de la Biblia usaron diferentes formas literarias, o estilos de escritos, para contar la verdad que Dios quería compartir con nosotros. Algunos escritores compusieron poemas y algunos escribieron relatos históricos. Otros registraron dichos sabios o mensajes de Dios, que habían transmitido los profetas.

Las formas son nombres que se dan a los diferentes estilos de escritos que se encuentran en la Biblia. A continuación hay algunos de los diferentes tipos de escritos que se encuentran en la Biblia. Las descripciones dan las características del estilo de escrito, y los ejemplos son los libros o relatos de la Biblia que demuestran la forma literaria.

Encierra en un círculo cuál de estas formas literarias te gusta leer. Explica tus elecciones.

Relatos cortos
Relatos narrados para demostrar cómo viven las personas virtuosas
Ejemplo: José y sus hermanos

Parábolas
Relatos cortos que se cuentan para responder a una pregunta o ilustrar un punto más profundo
Ejemplos: El hijo pródigo, El sembrador

Salmos y cánticos
Poemas y canciones que, alguna vez, fueron cantados
Ejemplo: El Libro de los Salmos

Relatos históricos
Relatos escritos para revelar la actividad de Dios en el mundo
Ejemplos: Los libros de Crónicas, Reyes y Hechos

Cartas
Mensajes dirigidos a los primeros cristianos por los Apóstoles y sus seguidores
Ejemplo: Las cartas de Pablo

Relatos tradicionales
Los escritores bíblicos cambiaron y ampliaron los relatos antiguos para enseñar ciertas verdades acerca de Dios
Ejemplo: El libro de Rut

Literatura apocalíptica
Una forma de escritos que describe la destrucción del mal y la venida del Reino de Dios
Ejemplo: El Apocalipsis

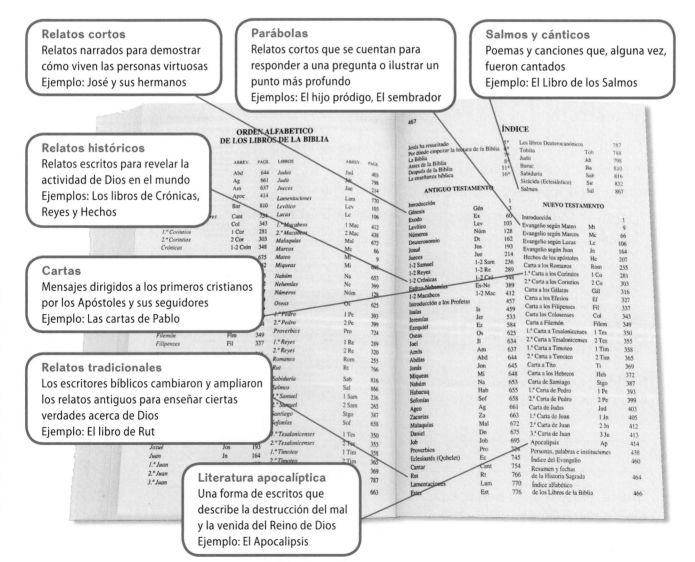

Different Types of Writing in the Bible

What are some of the literary forms used in the Bible?

The Bible writers used different literary forms, or styles of writing, to tell the truth God wanted to share with us. Some writers composed poems, and some wrote historical accounts. Others recorded wise sayings or messages from God that had been spoken by the prophets.

Forms are names given to the different styles of writing found in the Bible. Here are some of the different kinds of writing found in the Bible. The descriptions tell the characteristics of the writing style, and the examples are books or stories in the Bible that demonstrate the literary form.

Circle which of these literary forms you like to read. Explain your choices.

Short Stories
Stories told to show how virtuous people live
Example: Joseph and his brothers

Letters
Messages addressed to early Christians by the Apostles and their followers
Example: The Letters of Paul

Apocalyptic Literature
A form of writing that describes the destruction of evil and the coming of God's Reign
Example: The Book of Revelation

CONTENTS

Psalms and Canticles
Poems and prayers that were once sung
Example: The Book of Psalms

Historical Accounts
Accounts written to reveal God's activity in the world
Examples: The Books of Chronicles, Kings, and Acts

Parables
Short stories told to answer a question or illustrate a deeper point
Examples: The Prodigal Son, The Sower

Traditional Stories
Old stories changed and expanded by biblical writers to teach certain truths about God
Example: The Book of Ruth

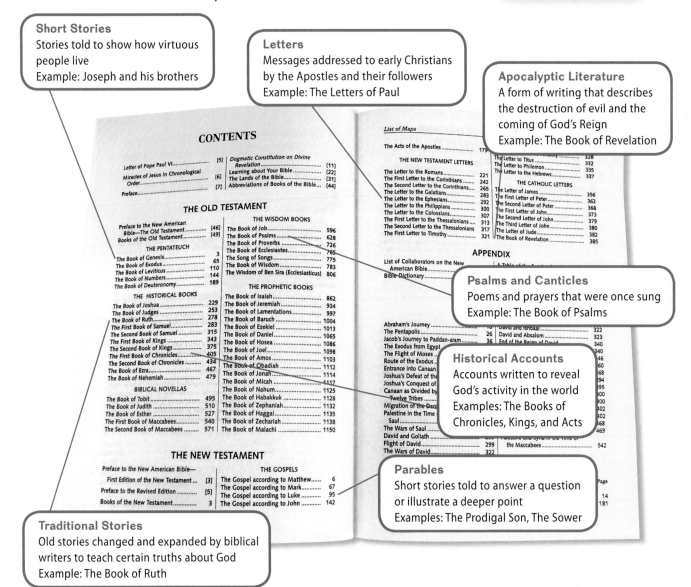

El mensaje de Dios

Dios habla a través de todas las formas literarias de la Biblia. Una verdad muy importante que contienen la Sagrada Escritura y la Sagrada Tradición es que Dios es fiel y quiere que vivas con Él para siempre. La Sagrada Escritura y la Sagrada Tradición contienen las verdades que guían tu vida. Este pasaje trata sobre cómo una mujer llega a creer en Dios.

La Sagrada Escritura

Rut y Noemí

Noemí y su esposo dejaron la tierra de Judá y se instalaron en Moab. Su esposo murió y sus dos hijos se casaron con mujeres de Moab. Finalmente, también murieron los hijos de Noemí. Entonces, ella decidió regresar a Judá.

Sus nueras, Rut y Orfa, querían ir con ella, pero Noemí les dijo: "Creo que es mejor que ustedes se vayan a sus casas. Que el Señor les recompense todo lo bueno que han hecho con mis hijos y conmigo". Orfa regresó a su casa, pero Rut se quedó.

Rut le dijo a Noemí: "No me obligues a dejarte yéndome lejos de ti, pues a donde tú vayas, iré yo; y donde tú vivas, viviré yo; tu pueblo será mi pueblo y tu Dios será mi Dios". **Basado en Rut 1, 1-16**

➔ **¿Qué te enseña la decisión de Rut de quedarse con Noemí?**

Practica tu fe

Aprende sobre Dios Lee los siguientes pasajes. ¿Cuál es la forma literaria de cada pasaje? ¿Cuál es el mensaje de Dios para ti en cada pasaje?

Éxodo 19, 1-7 ______________________________

____

Lucas 12, 16-21 ______________________________

____

Apocalipsis 11, 15-19 ______________________________

____

God's Message

God speaks through all of the literary forms of the Bible. A very important truth of both Scripture and Tradition is that God is faithful and wants you to live with him forever. Scripture and Tradition contain the truths that guide your life. This passage is about one woman's coming to believe in God.

Scripture

Ruth and Naomi

Naomi and her husband left the land of Judah and settled in Moab. Her husband died and her two sons married women from Moab. Eventually, Naomi's sons also died. So she decided to return to Judah.

Her daughters-in-law, Ruth and Orpah, wanted to go with her, but Naomi told them, "Go back, each of you to your mother's house. May the LORD show you the same kindness as you have shown to the deceased and to me." Orpah went to her home, but Ruth remained.

Ruth said to Naomi, "Do not press me to go back and abandon you! Wherever you go I will go, wherever you lodge I will lodge. Your people shall be my people, and your God, my God."

Based on Ruth 1:1–16

➔ **What does Ruth's decision to remain with Naomi teach you?**

Connect Your Faith

Learn About God Read the passages below. What is the literary form of each passage? What is God's message to you in each passage?

Exodus 19:1–7 ______________________

____

Luke 12:16–21 ______________________

____

Revelation 11:15–19 ______________________

____

Nuestra vida católica

¿Cómo se aplica la Biblia a tu vida cotidiana?

Es importante que conviertas a la Biblia en parte de tu vida diaria. Una manera de hacerlo es dedicando un momento breve cada día para la oración y la lectura de la Biblia. Si lo deseas, puedes hacerlo en la mañana, antes de ir a la escuela, o en la noche, antes de ir a dormir.

El siguiente ejercicio se basa en la práctica de la Iglesia de la *Lectio Divina*, que significa "lectura divina". Es una lectura reflexiva de la Sagrada Escritura, que nos conduce a la oración.

Un sencillo plan de lectura

Obtén una lista de las lecturas de la Iglesia de la Sagrada Escritura para cada día que aparecen en el boletín parroquial. Busca las lecturas para el día.

Comienza tu tiempo con Dios con una oración breve, pidiéndole al Espíritu Santo que te guíe.

Abre la Biblia en los pasajes indicados para el día.

- La primera lectura durante la semana puede ser del Antiguo Testamento, Hechos de los Apóstoles, una de las cartas del Nuevo Testamento o el Apocalipsis.
- Los domingos la primera lectura es, generalmente, del Antiguo Testamento y la segunda lectura, de una de las Cartas.
- La lectura final es de uno de los Evangelios. Te hablará acerca de Jesús. Elige una de las lecturas.

Ponte dentro de la lectura. Cuando la lectura sea de una Carta, imagina que la carta te la escribieron a ti. Cuando leas de los Evangelios, imagina que formas parte de la escena.

Termina tu momento con una oración de agradecimiento y alabanza a Dios por lo que hayas aprendido de la Biblia.

Haz el compromiso de seguir este plan de dos días durante esta semana. ¿Cómo se aplicaron la lectura y la oración en tu vida?

Our Catholic Life

How does the Bible apply to your daily life?

It is important that you make the Bible a part of your daily life. One way to do this is to devote a short time each day to prayer and Bible reading. You may wish to do this in the morning before going to school, or in the evening before going to bed.

The exercise below is based on the Church's practice of *Lectio Divina*, which means "divine reading." It is a reflective reading of Scripture that leads us to prayer.

A Simple Reading Plan

Obtain a list of the Church's Scripture readings for each day from your parish bulletin. Look up the readings for the day.

Begin your time with God with a short prayer, asking the Holy Spirit to guide you.

Open the Bible to the passages indicated for the day.

- The first reading during the week may be from the Old Testament, the Acts of the Apostles, one of the letters in the New Testament, or Revelation.
- On Sundays, the first reading is usually from the Old Testament and the second reading from one of the Letters.
- The final reading is from one of the Gospels. It will tell you about Jesus. Choose one of the readings.

Put yourself into the reading. When the reading is from a Letter, imagine that the Letter is written to you. When you read from the Gospels, imagine that you are a part of the scene.

End your time with a prayer of thanksgiving and praise to God for what you have learned from the Bible.

Make a commitment to follow this plan for two days this week. How did your reading and prayer apply to your life?

Gente de fe

15 de octubre

Santa Teresa de Ávila, 1515–1582

Santa Teresa nació en España. Después de haber sido monja en un monasterio carmelita durante veinte años, se dedicó a reformar muchos conventos carmelitas, que no eran tan santos como debían ser. Una de las primeras cosas que hizo fue escribir nuevas reglas basadas en la Palabra de Dios de la Sagrada Escritura, particularmente las enseñanzas de Jesús y los Mandamientos. Teresa comprendió que era importante escuchar la Palabra de Dios y aprender de ella, para llevar una vida buena y santa. Ella se tomaba seriamente a Dios, pero también sabía que era importante reír y divertirse. Solía bailar en los conventos para hacer felices a las otras hermanas.

Comenta: ¿Cuándo escuchas la Palabra de Dios y aprendes de ella?

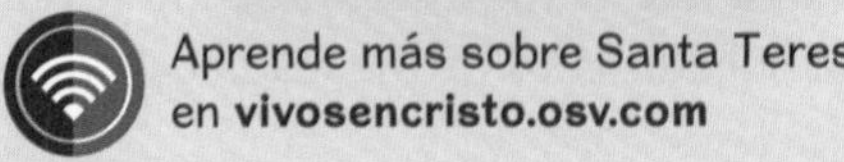

Aprende más sobre Santa Teresa
en vivosencristo.osv.com

Vive tu fe

Piensa acerca de una verdad que hayas aprendido de la Biblia, que te haya ayudado a saber más acerca de quién es Dios o cómo quiere Él que vivas. Explica, con palabras o ilustraciones, de qué manera saber si esto establece una diferencia en cómo actúas con tu familia o tus amigos.

People of Faith

October 15

Saint Teresa of Ávila, 1515-1582

Saint Teresa was born in Spain. After she had been a nun in a Carmelite monastery for twenty years, she dedicated herself to reforming many Carmelite convents, which were not as holy as they could be. One of the first things she did was write new rules based on God's Word in Scripture, particularly the teachings of Jesus and the Commandments. Teresa understood that it was important to listen and learn from God's Word in order to lead a good and holy life. She was serious about God, but also knew it was important to laugh and have fun. She used to dance in the convents to make the other sisters happy.

Discuss: When do you listen and learn from God's Word?

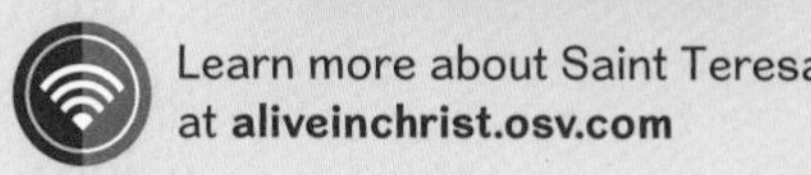

Learn more about Saint Teresa
at aliveinchrist.osv.com

Live Your Faith

Think about a truth you've learned from the Bible that has helped you know more about who God is or how he wants you to live. Explain, with words or illustration, how knowing this makes a difference in how you act with family or friends.

Oremos

Celebrar el don de la Palabra de Dios

Al empezar este nuevo año, celebramos el don de la Palabra de Dios para nosotros en la Sagrada Escritura, un antiguo y precioso don que hoy vive en nuestra vida.

Reúnanse y comiencen con la Señal de la Cruz.

Líder: Nos reunimos para celebrar uno de los dones de Dios para nosotros: su Palabra escrita para nosotros en la Sagrada Escritura. Basado en el Salmo 19, 8-11

Lector 1: Nuestro tesoro está envuelto en papel rústico para recordarnos que es un libro antiguo, uno que abarca tres mil años. Algunas partes son tan antiguas que se narraban incluso antes de que las personas supieran leer y escribir. Nos preguntamos qué significaron los relatos que están en este libro para las primeras personas que los oyeron. ¿Qué significan hoy para nosotros los relatos de nuestra Biblia?

Lector 2: Alabemos a Dios por este tesoro y sus relatos de nuestra fe.

Todos: Alabamos y agradecemos a Dios por nuestra Biblia.

Lector 3: Pensamos que el oro es una de las cosas más valiosas que existe, pero este tesoro es más valioso que el oro porque es la Palabra y la guía de Dios para nuestra vida. Incluso el oro no puede comprar estas cosas.

Lector 4: Alabemos a Dios por este valioso tesoro.

Todos: Alabamos y agradecemos a Dios por nuestra Biblia.

Líder: Nos reunimos para celebrar uno de los más grandes dones de Dios para nosotros: su Palabra escrita para nosotros en la Sagrada Escritura.

Lean Mateo 13, 1-9.

Palabra del Señor.

Todos: Gloria a ti, Señor Jesús.

Canten "Tu Palabra Me Da Vida "

 Let Us Pray

Celebrating the Gift of God's Word

As we begin this new year, we celebrate the gift of God's Word to us in Scripture, an ancient and precious gift that is alive in our lives today.

Gather and begin with the Sign of the Cross.

Leader: We gather to celebrate one of God's gifts to us: his Word written to us in Scripture. Based on Psalm 19:8–11

Reader 1: Our treasure is wrapped in brown paper to remind us that this is an old book, one that spans three thousand years. Some parts are so old that they were told even before people knew how to read and write. We wonder what the stories inside this book meant to the first people who heard them. What do the stories in our Bible mean for us today?

Reader 2: Let us praise God for this treasure and its stories of our faith.

All: We do praise and thank God for our Bible.

Reader 3: We think of gold as the most valuable thing there is, but this treasure is more valuable than gold because it is God's Word and guidance for our lives. Even gold cannot buy these things.

Reader 4: Let us praise God for this valuable treasure.

All: We do praise and thank God for our Bible.

Leader: We gather to celebrate one of God's great gifts to us: his Word written to us in Scripture.

Read Matthew 13:1–9.

The Gospel of the Lord.

All: Praise to you, Lord Jesus Christ.

 Sing "Your Words Are Spirit and Life"

FAMILIA + FE

VIVIR Y APRENDER JUNTOS

SUS HIJOS APRENDIERON >>>

Este capítulo explica la Revelación Divina y que la Biblia revela el plan de Dios de bondad y salvación para nosotros, un plan realizado por Jesús.

La Sagrada Escritura

Lean **Salmo 33, 4–9** para aprender acerca de la Palabra de Dios y qué significa para nosotros.

Lo que creemos

- Dios se revela a Sí mismo y revela su plan de salvación a través de la Sagrada Escritura, la Palabra inspirada por Dios y escrita por humanos.
- Una verdad muy importante de la Sagrada Escritura y la Sagrada Tradición es que Dios es fiel y quiere que ustedes vivan con Él para siempre.

Para aprender más, vayan al *Catecismo de la Iglesia Católica* 51–55, 214 en **usccb.org**.

Gente de fe

Esta semana, su hijo aprendió acerca de Santa Teresa de Ávila, quien estableció reglas prácticas en sus conventos, basada en la Palabra de Dios.

LOS NIÑOS DE ESTA EDAD >>>

Cómo comprenden la Sagrada Escritura Su hijo es capaz de comprender que la Sagrada Escritura es la Palabra de Dios inspirada y escrita en lenguaje humano. Su creciente comprensión de la historia y la cultura ayudan a su hijo a poner en contexto la Sagrada Escritura, y cuando los niños de esta edad conocen a diversos escritores bíblicos, son capaces de ver cómo la personalidad, la circunstancia y los recursos literarios influyen en el estilo de cada libro de la Biblia.

CONSIDEREMOS ESTO >>>

¿Cuándo fue la última vez que necesitaron que alguien los salvara de una situación que ustedes crearon?

Sin importar la edad, nuestras palabras y acciones a veces pueden ponernos en situaciones que no podemos resolver solos. Necesitamos pedir ayuda. Como católicos, sabemos que "cada uno de nosotros hereda el Pecado Original, pero no es una falta personal nuestra… Debido a la unidad del género humano, todos estamos afectados por el pecado de nuestros primeros padres (Adán y Eva), al igual que, a su vez, la correcta relación entre la humanidad y Dios es restablecida por Jesucristo" (*CCEUA, pp. 77, 76*).

HABLEMOS >>>

- Pídan a su hijo que describa maneras en que Dios se revela a Sí mismo en nuestra vida.
- Comenten maneras en que su familia se conecta con la Sagrada Escritura en la comunidad parroquial y en el hogar.

OREMOS >>>

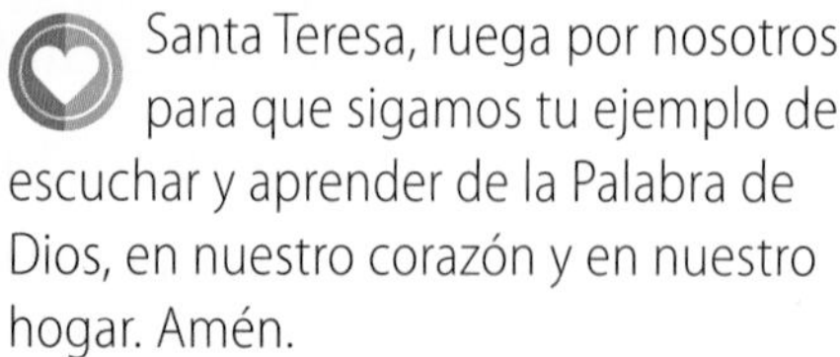

Santa Teresa, ruega por nosotros para que sigamos tu ejemplo de escuchar y aprender de la Palabra de Dios, en nuestro corazón y en nuestro hogar. Amén.

Visiten **vivosencristo.osv.com** para encontrar un glosario multimedia de Palabras católicas, lecturas dominicales, y recursos de Santos y tiempos festivos.

FAMILY+FAITH
LIVING AND LEARNING TOGETHER

YOUR CHILD LEARNED >>>

This chapter explains Divine Revelation and that the Bible reveals God's plan of goodness and salvation for us, a plan fulfilled by Jesus.

Scripture

Read **Psalm 33:4–9** to find out about God's Word and what it means to and for us.

Catholics Believe

- God reveals himself and his plan of salvation through Sacred Scripture, the inspired Word of God written by humans.
- A very important truth of both Sacred Scripture and Sacred Tradition is that God is faithful and wants you to live with him forever.

To learn more, go to the *Catechism of the Catholic Church* #51–55, 214 at **usccb.org**.

People of Faith

This week, your child learned about Saint Teresa of Ávila, who was very practical in establishing rules for her convents, based on God's Word.

CHILDREN AT THIS AGE >>>

How They Understand Sacred Scripture Your child is able to understand that Scripture is the inspired Word of God written in human language. His or her growing understanding of history and culture assists your child in placing Scripture in context, and when children this age know about various biblical writers, they are able to see how personality, circumstance, and literary form influenced the style of each book of the Bible.

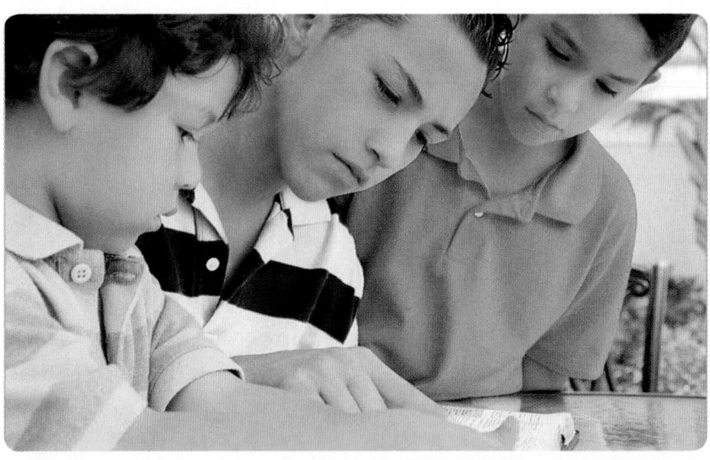

CONSIDER THIS >>>

When did you last need someone to save you from a situation that you created?

Whatever our age, our words and actions can sometimes get us into situations we cannot fix alone. We need to ask for help. As Catholics, we know that "each of us inherits Original Sin, but it is not a personal fault of ours… Because of the unity of the human race, everyone is affected by the sin of our first parents [Adam and Eve], just as, in turn, humanity is restored to a right relationship with God by Jesus Christ [our Savior]" (*USCCA, p. 70*).

LET'S TALK >>>

- Ask your child to describe ways God makes himself known to us in our lives.
- Discuss ways your family connects with Sacred Scripture in your parish community and at home.

LET'S PRAY >>>

Saint Teresa, pray for us that we may follow your example of listening and learning from God's Word, in our hearts and in our homes. Amen.

For a multimedia glossary of Catholic Faith Words, Sunday readings, seasonal and Saint resources, and chapter activities go to **aliveinchrist.osv.com**.

Capítulo 1 Repaso

A Trabaja con palabras **Completa cada enunciado.**

1. Los escritores de la Biblia usaron diferentes ____________ para contar la verdad que Dios quería compartir.
2. La Sagrada Escritura y la ____________ contienen las verdades que guían tu vida.
3. La Sagrada Escritura y la Sagrada Tradición son las fuentes de la ____________ de Dios.
4. Los nombres de las dos nueras de Noemí son ____________ y ____________.
5. ¿Cuáles son algunas de las maneras en que Dios se revela a sí mismo?
____
____
____

B Confirma lo que aprendiste **Encierra Verdadero en un círculo si un enunciado es verdadero, y encierra Falso en un círculo si un enunciado es falso. Corrige cada enunciado falso.**

6. El proceso por el cual Dios se da a conocer a las personas en la Sagrada Escritura y la Sagrada Tradición se llama Revelación Divina. **Verdadero/Falso**
____
7. El relato de la acción salvadora de Rut se encuentra en la Biblia. **Verdadero/Falso**
____
8. Muchos relatos de la Biblia se transmitieron oralmente de generación en generación antes de que fueran escritos. **Verdadero/Falso**
____
9. Una manera de hacer que la Biblia sea parte de tu vida es hacer una oración diaria mientras se ayuna. **Verdadero/Falso**
____
10. El Espíritu Santo te ayuda a abrir la mente y el corazón para que puedas vivir las verdades de la Sagrada Escritura y la Tradición. **Verdadero/Falso**
____

Chapter 1 Review

A Work with Words Complete each statement.

1. The Bible writers used different ________________ to tell the truth God wanted to share.
2. Scripture and ________________ contain truths that guide your life.
3. Sacred Scripture and Sacred Tradition are the sources of God's ________________.
4. The names of Naomi's two daughters-in-law are ________________ and ________________.
5. What are some ways in which God reveals himself?

____

____

____

B Check Understanding Circle True if a statement is true, and circle False if a statement is false. Correct each false statement.

6. The process by which God makes himself known to people in Sacred Scripture and Sacred Tradition is called Divine Revelation. **True/False**

____

7. The story of Ruth's saving action is found in the Bible. **True/False**

____

8. Many stories in the Bible were passed down orally from generation to generation before they were written. **True/False**

____

9. One way to make the Bible part of your life is to have daily prayer while fasting. **True/False**

____

10. The Holy Spirit helps you open your mind and heart so that you can live the truths of the Sacred Scripture and Tradition. **True/False**

____

Los relatos de la creación

Oremos

Líder: Misericordioso Creador, ¡qué maravillosas son tus obras! ¡Qué generoso es tu amor!

"¡Que la gloria del Señor dure por siempre
y en sus obras el Señor se regocije!" **Salmo 104, 31**

Todos: Padre amoroso, acepta nuestro agradecimiento por toda tu creación y por amarnos siempre desde el principio hasta el final. Amén.

La Sagrada Escritura

¡Oh Señor, nuestro Dios, qué grande es tu nombre
en toda la tierra!
Y tu gloria por encima de los cielos.
Al ver tu cielo, obra de tus dedos,
la luna y las estrellas que has fijado,
¿qué es el hombre, para que te acuerdes de él?
¿qué es el hijo de Adán para que cuides de él?
Un poco inferior a un dios lo hiciste,
lo coronaste de gloria y esplendor.
Has hecho que domine las obras de tus manos,
tú lo has puesto todo bajo sus pies:
ovejas y bueyes por doquier,
y también los animales silvestres,
aves del cielo y peces del mar,
y cuantos surcan las sendas del océano.
Salmo 8, 2. 4-9

¿Qué piensas?

- ¿Dónde ves la gloria de Dios en el mundo?
- ¿Qué crees que significa estar hechos a imagen de Dios?

The Creation Accounts

Let Us Pray

Leader: Gracious Creator, how wonderful your works!
How generous your love!

"May the glory of the LORD endure forever;
may the LORD be glad in his works!" **Psalm 104:31**

All: Loving Father, accept our thanks for all your creation and for loving us always from beginning to end. Amen.

Scripture

O LORD, our Lord,
how awesome is your name through all the earth!
I will sing of your majesty above the heavens
with the mouths of babes and infants.
When I see your heavens, the work of your fingers,
the moon and stars that you set in place—
What is man that you are mindful of him,
and a son of man that you care for him?
Yet you have made him little less than a god,
crowned him with glory and honor.
You have given him rule over the works of your hands,
put all things at his feet:
All sheep and oxen,
even the beasts of the field,
The birds of the air, the fish of the sea,
and whatever swims the paths of the seas.

Psalm 8:2–3a, 4–9

What Do You Wonder?

- Where do you see God's glory in the world?
- What do you think it means to be made in the image of God?

En el principio

¿Cuáles son las diferencias entre los dos relatos de la creación?

El Génesis, el primer libro del **Antiguo Testamento**, tiene dos relatos del inicio del mundo y cómo apareció la vida.

Palabras católicas

Antiguo Testamento la primera parte de la Biblia, acerca de la relación de Dios con el pueblo hebreo antes del nacimiento de Jesús. Incluye las leyes, la historia y los relatos del pueblo de Dios.

alma la parte espiritual del ser humano que vive para siempre

dignidad humana el valor que cada persona tiene porque está hecha a imagen de Dios

La Sagrada Escritura

Primer relato de la creación

En el principio, cuando Dios creó los cielos y la tierra, todo era confusión y no había nada en la tierra. Las tinieblas cubrían los abismos mientras el espíritu de Dios aleteaba sobre la superficie de las aguas.

Dijo Dios: "Haya luz", y hubo luz. Dios vio que la luz era buena, y separó la luz de las tinieblas. Dios llamó a la luz "Día" y a las tinieblas "Noche". **Génesis 1, 1-5**

En este relato, Dios separó las aguas para crear orden y límites. Luego separó la tierra del agua y una clase de planta de otra. (Ver Génesis 1, 6-13.)

Dios creó el sol, la luna y las estrellas. Creó a las criaturas vivientes, liberando las aves en el cielo y los peces en los mares. Luego hizo que hubiera animales en la tierra. Dios creó todo lleno de bondad. (Ver Génesis 1, 14-25.)

Sin embargo, además de todo lo que había creado para llenar la Tierra, Dios creó una criatura más que sería como Él y que compartiría su vida y su obra creativa. Dios creó a los humanos, hombre y mujer, y puso toda la creación a su cuidado. (Ver Génesis 1, 26-30.)

Dios hizo a los humanos a su imagen y semejanza, con un **alma** que vive por la eternidad, o para siempre, y la capacidad para amar y elegir. Por eso, todas y cada una de las personas tienen valor y **dignidad humana**.

Subraya por qué Dios creó la vida humana.

In the Beginning

What are the differences between the two creation accounts?

Genesis, the first book of the **Old Testament**, has two accounts of the beginning of the world and how life came to be.

 Scripture

First Account of Creation

In the beginning, when God created the heavens and the earth, the earth was without form or shape, with darkness over the abyss and a mighty wind sweeping over the waters.

Then God said: Let there be light, and there was light. God saw that the light was good. God then separated the light from the darkness. God called the light "day," and the darkness he called "night." Genesis 1:1–5

Catholic Faith Words

Old Testament the first part of the Bible, about God's relationship with the Hebrew people before Jesus was born. It includes the laws, history, and stories of God's People.

soul the spiritual part of a human that lives forever

human dignity the worth each person has because he or she is made in the image of God

In this account, God separated the waters to create order and boundaries. Then he separated land from water and one kind of plant from another. (See Genesis 1:6–13.)

God created the sun, the moon, and the stars. He created living creatures, releasing birds into the sky and fish into the seas. Then he brought animals into being on the land. God created everything full of goodness. (See Genesis 1:14–25.)

Yet, in addition to all that he had created to fill the Earth, God created one more creature that would be like him and would share in his life and creative work. God created humans, male and female, and placed all of creation in their care. (See Genesis 1:26–30.)

God made humans in his own image and likeness with a **soul** that lives for eternity, or forever, and the ability to love and choose. Because of this, each and every person has value and **human dignity**.

 **Underline why God created human life.**

Un orden diferente

El relato del segundo capítulo del Génesis te cuenta más acerca de la creación de la vida humana por parte de Dios. Dios crea al hombre antes de crear a las demás criaturas. Luego crea a la mujer.

La Sagrada Escritura

El segundo relato

Primero Dios creó los cielos y la tierra. En ese momento, la tierra era como un desierto reseco, así que Dios hizo surgir agua del suelo. Luego Dios tomó algo de polvo del suelo y formó un hombre. Dios sopló vida en el hombre, y el hombre vivió.

Dios plantó un maravilloso jardín llamado Edén. Dios le pidió al hombre que trabajara en el jardín y que lo cuidara. Pronto Dios vio que no era bueno que el hombre estuviera solo. Entonces Dios creó muchas criaturas, llevándolas al hombre para que les pusiera nombre. Cada criatura era buena, pero ninguna era la compañera perfecta para el hombre. Entonces, Dios hizo que el hombre se durmiera y le sacó una de las costillas. A partir de esta costilla, Dios formó una mujer como la verdadera compañera del hombre. **Basado en Génesis 2, 4-25**

Detalle de *The World's First Morning* de Nikos Hadjikyriakos-Ghikas

➜ **¿Qué cualidades de Dios se revelan en este pasaje?**

Comparte tu fe

Reflexiona Piensa en los dos relatos de la creación. ¿En qué se parecen? ¿En qué se diferencian?

Comparte Con un compañero, completa el diagrama de Venn con las semejanzas y las diferencias que hay entre los dos relatos. Comparte lo que recuerdes de lo que aprendiste sobre los relatos de la creación.

Primer relato

Segundo relato

A Different Order

The account in the second chapter of Genesis tells you more about God's creation of human life. God creates the man before he creates the other creatures. Then he creates the woman.

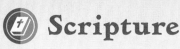

Scripture

The Second Account

First God created the heavens and the earth. At that time the earth was like a parched desert, so God made a stream come out of the ground. Then God took some of the clay from the ground and formed a man. God breathed life into the man, and the man came to life.

God planted a wonderful garden called Eden. God asked the man to work in the garden and to take care of it. Soon God saw that it was not good for the man to be alone. So God created more creatures, bringing them to the man to be named. Each creature was good, but none was the right companion for the man. So God caused the man to sleep and removed one of the man's ribs. From this rib, God formed a woman as the man's true partner. **Based on Genesis 2:4–25**

Detail from *The World's First Morning* by Nikos Hadjikyriakos-Ghikas

➔ **What qualities of God are revealed in this passage?**

Share Your Faith

Reflect Think about the two creation accounts. How are they similar? How are they different?

Share With a partner, fill in the Venn diagram with the similarities and the differences between the two accounts. Share your memories of learning about the creation accounts.

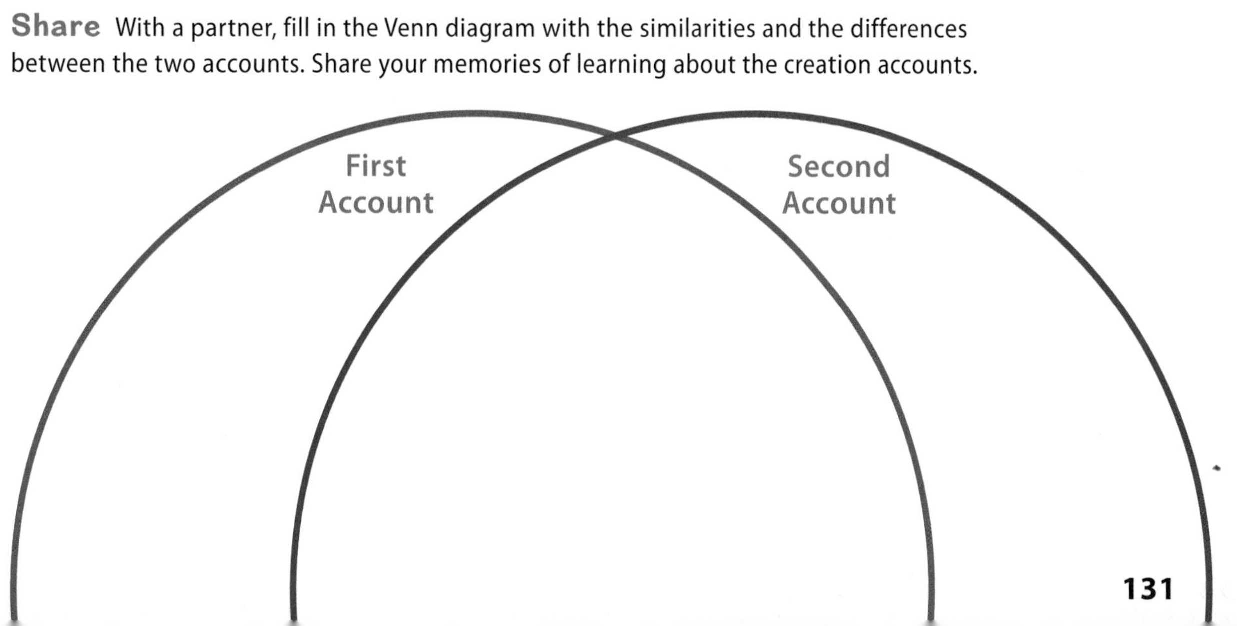

Dios creó a los hombres y a las mujeres para que fueran compañeros de Él y entre sí.

Enseñanzas de la creación

¿Cuáles son las enseñanzas de los dos relatos de la creación?

En los dos relatos de la creación, leemos acerca de cómo Dios es el poderoso creador que reconoce la bondad de todo lo que ha hecho. Ambos relatos de la creación te ayudan a comprender el amor de Dios por los humanos.

El primer relato de la creación te dice que solo Dios creó el universo. En el segundo relato de la creación, Dios muestra su profunda preocupación por la soledad del hombre al crear a una mujer para que fuera su verdadera compañera. Este relato muestra que los hombres y las mujeres fueron creados para trabajar juntos y participar de la vida de Dios. Los humanos son seres sociales; se necesitan los unos a los otros. Por esa razón, las personas se reúnen en familias y comunidades. Todo esto forma parte del plan de Dios.

Todos y cada uno de nosotros estamos creados a imagen de Dios y participamos de la misma dignidad humana. Por consiguiente, debemos respetar la vida misma, lo que incluye proteger a los niños no nacidos, a los ancianos y a los enfermos. Esto también forma parte del plan de Dios.

Dios creó a Adán y a Eva, como es el nombre de nuestros primeros padres, en un estado de **Santidad Original**, o gracia. Ellos participaron de la vida de Dios. Vivieron en armonía con el otro, con Dios y con la creación. Adán y Eva eran puros de corazón y generosos, y se deleitaban cuidando el jardín.

➔ **¿Cuáles son algunas de las maneras en que los hombres y las mujeres trabajan bien juntos para cumplir el plan de Dios?**

Men and women were created by God to be partners with him and each other.

Lessons of Creation

What are the lessons of the two creation accounts?

In the two creation accounts, we read about how God is the powerful Creator who recognizes the goodness of all that he has made. Both accounts of creation help you understand God's love for humans.

The first creation account tells you that God alone created the universe. In the second creation account, God shows his deep care for the man's loneliness by creating a woman to be the man's true partner. This account shows that men and women were created to work together and share in God's life. Humans are social beings; they need one another. That is why people gather in families and communities. This is all part of God's plan.

Each and every one of us is created in God's image and shares the same human dignity. Therefore, we must respect all life, including protecting the unborn, the elderly, and the sick. This is part of God's plan, too.

Adam and Eve, as our first parents are called, were created by God in a state of **Original Holiness**, or grace. They shared in God's life. They lived in harmony with each other, with God, and with creation. Adam and Eve were pure of heart and generous, and they delighted in caring for the garden.

➔ **What are some ways that men and women work well together to fulfill God's plan?**

Verdades acerca de Dios

Los dos relatos de la creación enseñan que solo Dios es el Creador y que los humanos son sus criaturas. Dios es todopoderoso y creó todo lo que existe. Esto significa que tu actitud más importante hacia Dios es una respuesta de alabanza y adoración. Dios te dio la vida, te abraza amorosamente todos los días y te da todo lo que necesitas para tener, un día, vida eterna: la vida eterna con Dios.

Papel de los humanos

Hay otras enseñanzas en los dos relatos de la creación. Dios puso al hombre y a la mujer a cargo de la Tierra, pero eso no significaba que pudieran hacer lo que quisieran. Dios los hizo administradores, o cuidadores, de la creación. Participaron de la **providencia**, de Dios, de su cuidado amoroso por todo lo que Él había hecho.

Tú también eres un administrador responsable cuando proteges el ambiente y tratas amablemente a otras criaturas vivas. Otra parte del cuidado de la creación es cuidar de ti mismo: tu cuerpo, tu mente y tu espíritu.

Palabras católicas

Santidad Original el estado de bondad que la humanidad disfrutó antes de que nuestros primeros padres, Adán y Eva, eligieran pecar contra Dios

providencia el cuidado amoroso de Dios por todas las cosas; la voluntad de Dios y su plan para la creación

Subraya tres cosas que aprendemos acerca de Dios a partir de los relatos de la creación.

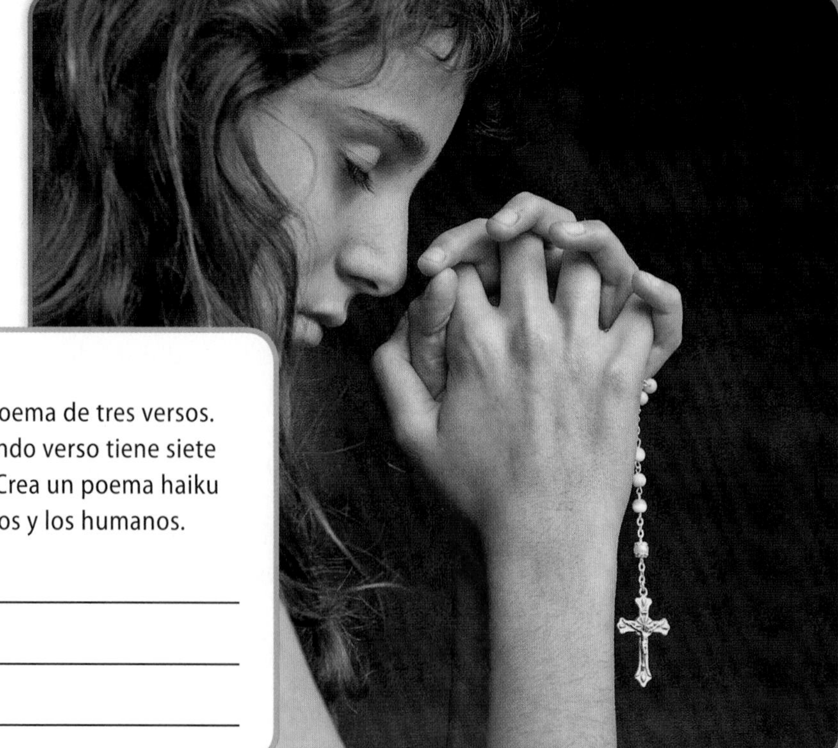

Practica tu fe

Escribe un Haiku Un Haiku es un poema de tres versos. El primer verso tiene cinco sílabas. El segundo verso tiene siete sílabas. El tercer verso tiene cinco sílabas. Crea un poema haiku que describa cómo ves la relación entre Dios y los humanos.

____

____

____

Truths about God

The two accounts of creation teach that God alone is the Creator and that humans are his creatures. God is all-powerful, and he created everything that exists. This means that your most important attitude toward God is a response of praise and adoration. God gave you life, embraces you lovingly every day, and gives you everything you need to one day have eternal life—everlasting life with God.

Catholic Faith Words

Original Holiness the state of goodness that humanity enjoyed before our first parents, Adam and Eve, chose to sin against God

providence God's loving care for all things; God's will and plan for creation

Role of Humans

There are other lessons in the two creation accounts. God placed the man and the woman in charge of the Earth, but that did not mean they could do whatever they wanted. God made them stewards, or caretakers, of creation. They shared in God's **providence**, his loving care for everything that he had made.

Highlight three things we learn about God from the creation accounts.

You, too, are a responsible steward when you protect the environment and treat other living creatures with kindness. Taking care of yourself—your body, your mind, and your spirit—is another part of caring for creation.

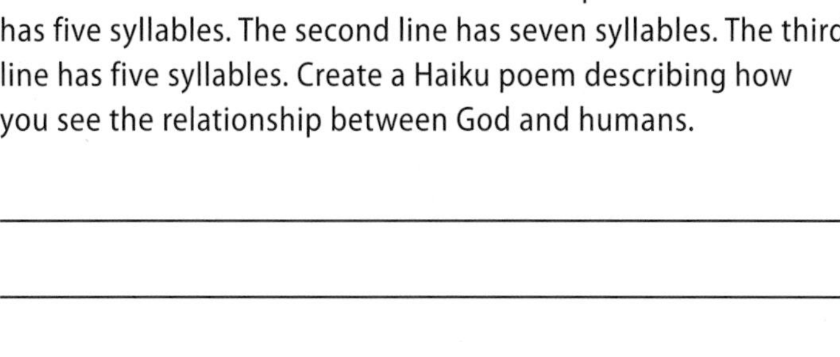

Connect Your Faith

Write a Haiku A Haiku is a three-line poem. The first line has five syllables. The second line has seven syllables. The third line has five syllables. Create a Haiku poem describing how you see the relationship between God and humans.

____

____

____

Nuestra vida católica

¿Cómo demuestras respeto por los demás?

La dignidad humana es muchas cosas. Pero, sobre todo, es el valor y el honor que Dios ha dado a todos los humanos. Todos los humanos tienen dignidad y mérito porque todos están hechos a imagen y semejanza de Dios. La dignidad también significa tener respeto por sí mismo y por los demás.

Aquí tienes ocho ideas para ayudarte a respetar la dignidad humana de los demás.

Marca dos ideas que pondrás en práctica esta semana.

Dignidad Humana		
Hacer cosas con los **D**emás	☐	Trabaja con los demás. Combina tus fortalezas con sus fortalezas.
Incluir a los demás	☐	Recuerda que Dios nos hizo seres sociales. Haz amigos y tiende la mano con bondad a los demás, reconociendo que cada uno de nosotros es único y está dotado a su manera.
Aco**G**er y aceptar	☐	Recibe a los demás y sé paciente con ellos y contigo mismo.
Observar lo que es bue**N**o	☐	Di a los demás cuando hayan hecho algo bien. Hazte también comentarios buenos.
Invitar al respeto	☐	Respétate a ti mismo y respeta a los demás. Evita hablar mal de ti o de los demás, y evita insultarte o insultar a los demás.
Tratar **D**e sonreír	☐	Sonreír puede ayudarte y ayudar a los que te rodean a estar mejor, aun cuando existan problemas.
Ayudar a los demás	☐	Sé solidario con los necesitados, los pobres, los enfermos y los ancianos.
¡Sí! **D**i sí a la vida	☐	Ve la vida como un don para celebrar. Aprende cosas nuevas. Desarrolla destrezas nuevas. Conoce personas nuevas.

Our Catholic Life

How do you demonstrate respect for others?

Human dignity is many things. Most importantly, it is the God-given value and worth of every human. All humans have dignity and worth because all are made in the image and likeness of God. Dignity also means having self-respect and respect for others.

Here are seven ideas to help you respect the human dignity of others.

Check off two ideas you will put into practice this week.

Human Dignity

D o things together	☐	Work with others. Combine your strengths with their strengths.
I nclude others	☐	Remember that God made us social beings. Make friends and reach out in kindness to others, recognizing that each of us is unique and gifted in our own ways.
G ive acceptance	☐	Welcome others and be patient with them, and with yourself.
N otice what is good	☐	Tell others when they have done something well. Give yourself good feedback, too.
I nvite respect	☐	Respect yourself and others. Avoid putting down yourself or others, and avoid calling yourself or others names.
T ry smiling	☐	Smiling can help you and those around you feel better, even when you face problems.
Y es! Say yes to life	☐	See life as a gift to celebrate. Learn new things. Develop new skills. Meet new people.

Gente de fe

1 de septiembre

San Fiacrio, siglo VII

Una de las maneras en que podemos ser cuidadores de la creación es plantar flores, vegetales y árboles. San Fiacrio es el Santo patrón de todos los jardineros. Quería vivir solo en su casita con un huerto donde cultivar plantas como alimento y medicina. Pero los viajeros se detenían y le pedían quedarse con él, así que les construyó un refugio especial. Cada vez más personas que necesitaban ayuda iban a ver a San Fiacrio y, finalmente, se desarrolló todo un pueblo alrededor de su casa y su huerto. San Fiacrio ayudaba a todos los que iban, pero también siguió cultivando su huerto.

Comenta: ¿Cómo puedes ser un administrador de la creación?

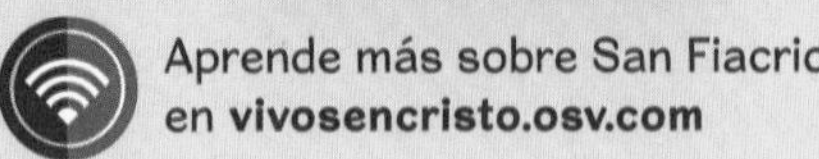

Aprende más sobre San Fiacrio
en **vivosencristo.osv.com**

Piensa en las cosas que puedes hacer para ser un cuidador de la creación. Encierra en un círculo las cosas que ya haces y agrega tus propias ideas a la lista.

alimentar a las aves

conservar el agua

cuidar un jardín

reciclar

pasear a las mascotas

____

____

People of Faith

September 1

Saint Fiacre, Seventh Century

One of the ways we can be caretakers of creation is by planting flowers, vegetables, and trees. Saint Fiacre is the patron Saint of all gardeners. He wanted to live alone in his little house with a garden where he grew plants for food and medicine. But travelers would stop and ask to stay with him, so he built a special shelter for them. More and more people who needed help came to see Saint Fiacre and eventually a whole town grew up around his house and garden. Saint Fiacre helped all who came, but he also always kept growing his garden.

Discuss: How can you be a steward of creation?

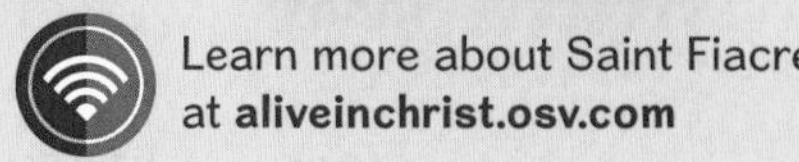

Learn more about Saint Fiacre
at **aliveinchrist.osv.com**

Live Your Faith

Think about the things you can do to be a caretaker of creation. Circle the items that you already do, and add your own ideas to the list.

feed the birds

conserve water

take care of a garden

recycle

exercise pets

____

____

Oremos

Oración de adoración

Reúnanse y comiencen con la Señal de la Cruz.

Líder: ¡Oh Señor, nuestro Dios, qué grande es tu nombre en toda la tierra! ¡Has puesto tu gloria por encima de los cielos!

Todos: ¡Qué grande es tu nombre en toda la tierra!

Líder: Al ver tu cielo, obra de tus dedos, la luna y las estrellas que has fijado.

Todos: ¡Qué grande es tu nombre en toda la tierra!

Líder: ¿Qué son los humanos, para que te acuerdes de ellos, simples mortales para que cuides de ellos?

Todos: ¡Qué grande es tu nombre en toda la tierra!

Líder: Un poco inferior a un dios los hiciste, los coronaste de gloria y esplendor.

Todos: ¡Qué grande es tu nombre en toda la tierra! Amén.

Basado en el Salmo 8, 2. 4-6

Líder: Oremos.

Inclinen la cabeza mientras el líder ora.

Todos: Amén.

Canten "Canto de Toda Criatura"

Cantan todos tus santos
con amor y bondad,
cantan todos alegres,
te vienen a adorar.

Prayer of Adoration

Gather and begin with the Sign of the Cross.

Leader: O LORD, our Lord,
how awesome is your name through all the earth!
You have set your majesty above the heavens!

All: How awesome is your name through all the earth!

Leader: When I see your heavens, the work of your fingers,
the moon and stars that you set in place—

All: How awesome is your name through all the earth!

Leader: What are humans that you are mindful of them,
mere mortals that you care for them?

All: How awesome is your name through all the earth!

Leader: Yet you have made them little less than a god,
crowned them with glory and honor.

All: How awesome is your name through all the earth!
Amen.

Based on Psalm 8:2, 4–6

Leader: Let us pray.

Bow your heads as the leader prays.

All: Amen.

Sing "Bless the Lord"

Bless the Lord, O my soul,
bless God's holy name.

FAMILIA + FE

VIVIR Y APRENDER JUNTOS

SUS HIJOS APRENDIERON >>>

Este capítulo explica qué aprendemos de las dos versiones de la creación. Solo Dios es el Creador, todo lo que Él hizo es bueno y los humanos están hechos a Su imagen y semejanza.

La Sagrada Escritura

Lean **Salmo 8, 2–3a. 4–9** para aprender del amor de Dios por toda la creación, especialmente los humanos.

Lo que creemos

- Las versiones de la creación del Libro del Génesis revelan que solo Dios creó el universo.
- Dios creó al hombre y la mujer a su propia imagen para que vivieran en armonía con Él por toda la eternidad.

Para aprender más, vayan al *Catecismo de la Iglesia Católica* 279–289, 355–361 en **usccb.org**.

Gente de fe

Esta semana, su hijo aprendió acerca de San Fiacrio, Santo patrono de los jardineros.

LOS NIÑOS DE ESTA EDAD >>>

Cómo comprenden la creación Su hijo está aprendiendo cada vez más sobre ciencia y teorías científicas. Si toma demasiado literalmente las versiones de la creación, puede tener dificultad para reconciliar lo que ha aprendido sobre la evolución y otros procesos científicos con lo que leemos en la Sagrada Escritura. Por otro lado, los niños de esta edad son lo suficientemente grandes como para saber y aprender que, incluso en la Sagrada Escritura, hay dos versiones de la creación con diferencias notables, lo que significa que la "Palabra de Dios" en esas versiones no trata acerca de cuántos días tardó la creación o en qué orden se crearon las cosas, sino cómo Dios creó todas las cosas y creó a los humanos a su imagen.

CONSIDEREMOS ESTO >>>

¿Qué hace valiosa a una persona?

Las maravillas de la creación —las olas rugientes del océano, las montañas o la abundante vida silvestre— dan testimonio de un Creador formidable. Pero la verdad es que las personas son la mayor creación de Dios. Como católicos, sabemos que "el primer hombre y la primera mujer eran cualitativamente diferentes y superiores de todos los otros seres vivientes de la tierra. Habían sido creados de una manera única a imagen de Dios, como lo son todos los seres humanos, sus descendientes" (*CCEUA, p. 73*).

HABLEMOS >>>

- Pídan a su hijo que mencione dos cosas que aprendemos acerca de Dios y de los humanos con las versiones bíblicas de la creación.
- Hablen de cómo su familia confía en la providencia de Dios, su cuidado amoroso y su plan para nosotros.

OREMOS >>>

Querido Dios, ayúdanos a siempre cuidar bien de los dones de tu creación como lo hizo San Fiacrio, cuidando de las plantas, los animales y las personas. Amén.

Visiten **vivosencristo.osv.com** para encontrar un glosario multimedia de Palabras católicas, lecturas dominicales, y recursos de Santos y tiempos festivos.

FAMILY+FAITH

LIVING AND LEARNING TOGETHER

YOUR CHILD LEARNED >>>

This chapter explains what we learn from the two creation accounts. God alone is the Creator, all he made is good, and humans are made in his image and likeness.

Scripture

Read **Psalm 8:2–3a, 4–9** to find out about God's love for all creation, especially humans.

Catholics Believe

- The accounts of creation from the Book of Genesis reveal that God alone created the universe.
- God created man and woman in his own image to live in harmony with him for all eternity.

To learn more, go to the *Catechism of the Catholic Church* #279–289, 355–361 at **usccb.org**.

People of Faith

This week, your child learned about Saint Fiacre, who is the patron Saint of gardeners.

CHILDREN AT THIS AGE >>>

How They Understand Creation Your child is learning more and more about science and scientific theories. If he or she takes the creation accounts too literally, it may be a struggle to reconcile what he or she has learned about evolution and other scientific processes with what we read in Scripture. On the other hand, children this age are old enough to know and learn that even in Scripture, there are two accounts of creation with notable differences, meaning that the "Word of God" found in the creation accounts is not about how many days creation lasted or in what order things were created, but about how God created everything and created humans in his image.

CONSIDER THIS >>>

What makes a person valuable?

The wonders of creation—roaring ocean waves, mountains, or abundant wildlife—give witness to an awesome Creator. But the truth is that people are God's greatest creation. As Catholics, we know that "the first man and woman were qualitatively different from and superior to all other living creatures on earth. They were uniquely made in the image of God, as are all human beings, their descendants" *(USCCA, p. 67)*.

LET'S TALK >>>

- Ask your child to name two things we learn about God and humans from the biblical creation accounts.
- Talk about how your family trusts in God's providence, his loving care, and his plan for us.

LET'S PRAY >>>

Dear God, help us always to take good care of the gift of your creation as Saint Fiacre did, by caring for the plants, the animals, and people in it. Amen.

For a multimedia glossary of Catholic Faith Words, Sunday readings, seasonal and Saint resources, and chapter activities go to **aliveinchrist.osv.com**.

Capítulo 2 Repaso

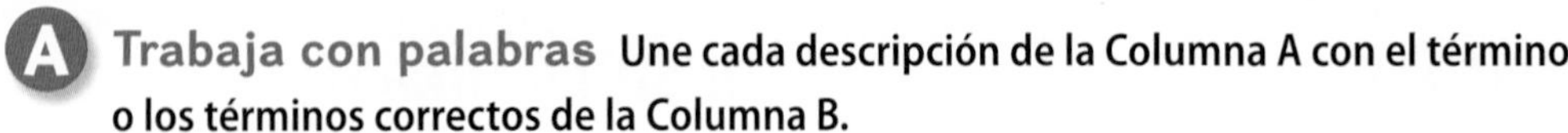

A **Trabaja con palabras** **Une cada descripción de la Columna A con el término o los términos correctos de la Columna B.**

Columna A	Columna B
1. los humanos fueron creados para ser cuidadores de la creación	Adán y Eva
2. nuestros primeros padres, que fueron creados con Santidad Original	primer relato de la creación
3. describe que todo lo que Dios creó era bueno	administradores
4. describe la creación, por parte de Dios, del hombre antes que las demás criaturas y, finalmente, de la mujer como su compañera	providencia
5. el cuidado amoroso de Dios para todo su voluntad y plan para la creación	segundo relato de la creación

B **Confirma lo que aprendiste** **Completa cada oración con el término correcto del Vocabulario. No se usarán todos los términos.**

6. Dios creó el alma de cada humano para que viva con Él por la ____________________.

7. Los dos relatos de la creación de la Biblia se encuentran en el Libro del ____________________.

8. Dios creó a cada persona con valores y ____________________ humana.

9. Los humanos son ____________________; es decir, están hechos para relacionarse con los demás.

10. Como Dios es el Creador y tú eres el creado, tu actitud más importante hacia Dios debe ser de ________________________.

Vocabulario

- dignidad
- seres sociales
- Éxodo
- Génesis
- eternidad
- independiente
- alabanza y adoración

Chapter 2 Review

A **Work with Words** **Match each description in Column A with the correct term or terms in Column B.**

Column A	Column B
1. humans were created to be caretakers of creation	Adam and Eve
2. our first parents, who were created with Original Holiness	first creation account
3. describes how all that God created was good	stewards
4. describes God's creation of man before other creatures, and finally woman as his partner	providence
5. God's loving care for everything; his will and plan for creation	second creation account

B **Check Understanding** **Complete each sentence with the correct term from the Word Bank. Not all terms will be used.**

Word Bank

dignity
social beings
Exodus
Genesis
eternity
independent
praise and adoration

6. God created each human soul to live with him for ____________________.

7. The two accounts of creation in the Bible are found in the Book of ____________________.

8. God created each person with value and human ____________________.

9. Humans are ____________________; that is, they are made to relate to one another.

10. Because God is the Creator and you are the created, your most important attitude toward God should be ________________________.

La fidelidad de Dios

Oremos

Líder: Dios fiel, llévanos a una fe cada vez más profunda.

"¡Aleluya! ¡Alaben al Señor en todas las naciones,
y festéjenlo todos los pueblos!
Pues su amor hacia nosotros es muy grande,
y la lealtad del Señor es para siempre."

Salmo 117, 1-2

Todos: Señor de la fidelidad, aumenta nuestra fe. Ayúdanos a ser lo bastante fuertes para depender de ti. Amén.

La Sagrada Escritura

Que el Dios de la paz los haga santos en toda su persona. Que se digne guardarlos sin reproche en su espíritu, su alma y su cuerpo hasta la venida de Cristo Jesús, nuestro Señor. El que los llamó es fiel y así lo hará. **1 Tesalonicenses 5, 23-24**

¿Qué piensas?

- La profundidad de tu fe, ¿depende de ti o de Dios?
- ... ¿cuál es la señal más grande

God's Faithfulness

Let Us Pray

Leader: Faithful God, lead us to faith and deeper faith.
"Praise the LORD, all you nations!
Extol him, all you peoples!
His mercy for us is strong;
the faithfulness of the LORD is forever.
Hallelujah!" Psalm 117:1–2

All: Lord of all faithfulness, increase our faith. Help us to be strong enough to depend on you. Amen.

Scripture

May the God of peace himself make you perfectly holy and may you entirely, spirit, soul, and body, be preserved blameless for the coming of our Lord Jesus Christ. The one who calls you is faithful, and he will also accomplish it. 1 Thessalonians 5:23–24

What Do You Wonder?

- Does the depth of your faith depend on you or on God?
- To you, what is the greatest sign of God's faithfulness?

Los humanos se alejan de Dios

¿Cómo responde Dios a la desobediencia humana?

Cuando maduramos, aprendemos que todas las acciones tienen consecuencias. Cuando elegimos cosas pecaminosas, nos dañamos a nosotros mismos, dañamos a los demás y nuestra relación con Dios. Este es el relato de la primera vez que las personas fueron tentadas por Satanás, el enemigo de Dios y su Pueblo.

La Sagrada Escritura

El primer pecado

La vida en el jardín del Edén era perfecta. Nadie quería cambiar nada hasta el día en que la serpiente le habló a Eva. La serpiente era astuta y quería causar problemas. Le preguntó a la mujer acerca del árbol de la conocimiento del bien y del mal. Ella le explicó que el solo hecho de tocarlo significaba la muerte. La serpiente discrepó. "Si comen de ese árbol —le dijo—, serán como Dios". A pesar de la advertencia de Dios, la mujer comió el fruto y también le dio a Adán para que comiera. **Basado en Génesis 3, 1-6**

El hombre y la mujer habían elegido no obedecer a Dios. Su relación con Dios se rompió. Su desobediencia también rompió la relación entre Dios y todos los demás humanos que iban a existir. Debido a sus acciones egoístas, en el mundo habría partos difíciles, dolor y muerte.

Subraya lo que sucedió como resultado de que Adán y Eva comieran el fruto del árbol.

Humans Turn From God

How does God respond to human disobedience?

As we mature, we learn that all actions have consequences. When we choose sinful things we harm ourselves, others, and our relationship with God. Here is the account of the first time people were tempted by Satan, the enemy of God and his People.

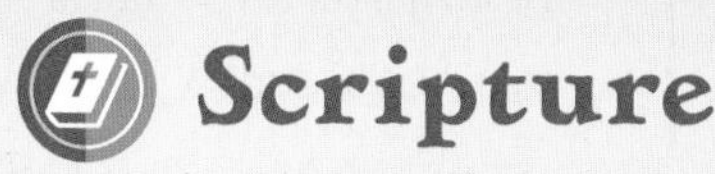

The First Sin

Life in the Garden of Eden was perfect. No one wanted to change a thing until the day the serpent spoke to Eve. The serpent was clever and wanted to make trouble. He asked the woman about the tree of the knowledge of good and evil. She explained that just touching it meant death. The serpent disagreed. "If you eat from the tree," he told her, "you will be like God." Despite God's warning, the woman ate the fruit and also gave some to Adam to eat. Based on Genesis 3:1–6

The man and the woman had chosen not to obey God. Their relationship with God was broken. Their disobedience also broke the relationship between God and all other humans who were to come into existence. Because of their selfish actions, there would be hard labor, pain, and death in the world.

Underline what happened as a result of Adam and Eve eating the fruit of the tree.

Dios hace una alianza

La Biblia continúa contando el relato del efecto del pecado y el mal en el mundo. El hombre y la mujer permanecieron fuera del jardín. Tuvieron dos hijos, Caín y Abel. Caín era granjero y su hermano, Abel, era pastor. Ambos hacían ofrendas a Dios, pero solo la ofrenda de Abel agradaba a Dios. Abel daba sus mejores ovejas a Dios, pero Caín solo entregaba los peores productos de su campo. Cuando Dios le dijo a Caín que no tuviera resentimiento hacia su hermano, Caín no lo escuchó. Enojado y celoso, mató a Abel.

Sin embargo, Dios nunca dejó de amar a los humanos, aun cuando pecaran. En el siguiente pasaje, aprendemos cómo Dios hizo una **alianza**, o acuerdo solemne, con los humanos. Dios siempre ha permanecido fiel a su alianza. Su **fidelidad** es para siempre.

Palabras católicas

alianza una promesa o acuerdo sagrado entre Dios y los seres humanos

fidelidad la lealtad y determinación que Dios muestra a todos los seres humanos, incluso cuando pecan. Dios nunca retira su amistad.

Comparte tu fe

Reflexiona Piensa acerca de las acciones o las características de Dios que muestran su fidelidad para contigo.

Comparte Con un compañero, usa dos letras de la palabra *fiel* para comenzar una palabra o frase que mencione una acción o característica de Dios que demuestra su amistad contigo.

La Sagrada Escritura

El diluvio

Como nacía más gente, el pecado continuó. Dios estaba afligido con los humanos debido a tanta maldad. Decidió destruir a todas las criaturas con un diluvio. Pero Noé era un hombre recto. Así que Noé, su familia y cierto número de criaturas fueron puestas a salvo en un arca. Después del diluvio, Dios hizo una alianza, un acuerdo solemne y sagrado que une a Dios y a los humanos. Su alianza fue con Noé y toda la creación. Como signo de la alianza, Dios puso un arcoíris en el cielo. Era una señal de su promesa de que nunca más volvería a destruir la tierra con un diluvio.

Basado en Génesis 3, 1-24; 4, 1-15; 7, 1-4; 9, 8-11

God Makes a Covenant

The Bible continues to tell the story of the effect of sin and evil in the world. The man and woman remained outside the garden. They had two sons, Cain and Abel. Cain was a farmer, and his brother Abel was a shepherd. Both made offerings to God, but only Abel's offering pleased God. Abel gave his best sheep to God, but Cain gave only poor products from his field. When God told Cain not to be resentful toward his brother, Cain did not listen. In his anger and jealousy, he killed Abel.

Still, God never stopped loving humans, even when they sinned. In the following passage, we learn how God made a **covenant**, or solemn agreement, with humans. God has always remained faithful to his covenant. His **faithfulness** is forever.

Catholic Faith Words

covenant a sacred promise or agreement between God and humans

faithfulness the loyalty and steadfastness that God shows to all humans, even when they sin. God's offer of friendship is never withdrawn.

Scripture

The Great Flood

As more people were born, sin continued. God was grieved with humans because of so much evil. He decided to destroy all creatures in a great flood. But Noah was a righteous man. So Noah, his family, and a certain number of creatures were brought to safety in an ark. After the flood, God made a covenant, a solemn, sacred agreement joining God and humans together. His covenant was with Noah and all of creation. As a sign of the covenant, God set a rainbow in the sky. It was a sign of his promise that he would never again destroy the earth with a flood.

Based on Genesis 3:1–24, 4:1–15, 7:1–4, 9:8–11

Share Your Faith

Reflect Think about God's actions or characteristics that show you his faithfulness to you.

Share With a partner, use two letters of the word *faithful* to begin a word or phrase that states an action or characteristic of God that shows his friendship with you.

El pecado y la fidelidad de Dios

¿Quién es el "nuevo Adán"?

El Libro del Génesis te da otro relato de cómo los humanos pecaron y se separaron unos de otros.

Palabras católicas

Pecado Original el pecado de nuestros primeros padres, Adán y Eva, que llevó a la condición pecadora del género humano desde sus principios

tentación una atracción hacia el pecado, aquellas acciones u omisiones que van en contra de la recta razón y en contra de la ley de Dios

nuevo Adán un título de Jesús. Por su obediencia al Padre y su disposición a entregar su vida, Jesús reparó la desobediencia de Adán, venció el pecado y nos trajo vida eterna.

La Sagrada Escritura

La torre de Babel

En el principio, todos hablaban el mismo idioma. Los descendientes de Noé se establecieron en un hermoso valle. Allí decidieron construir una ciudad y una torre que llegaría al cielo. Hicieron esto porque estaban llenos de orgullo y querían exhibir su poder.

Dios vio lo que las personas estaban haciendo e hizo que sus lenguas fueran diferentes, para que nadie pudiera entender lo que los demás estaban diciendo. El lugar se hizo conocido como Babel, porque fue allí donde las personas hablaban sin que las entendieran. Luego Dios dispersó a las personas por toda la Tierra, y fueron incapaces de comunicarse unas con otras porque tenían idiomas diferentes. **Basado en Génesis 11, 19**

Libre albedrío

Cuando nuestros primeros padres, Adán y Eva, desobedecieron a Dios, cometieron el **Pecado Original**. Debido a su libre elección de hacer el mal, todos los humanos nacen con el Pecado Original. La tendencia a pecar, así como el sufrimiento y la muerte, forman parte de la experiencia humana. La **tentación** de pecar formar parte del ser humano. Con la ayuda de Dios, se puede superar la tentación.

➔ **¿Cuál es una tentación que los jóvenes de tu edad enfrentan hoy?**

Sin and God's Faithfulness

Who is the "New Adam"?

The Book of Genesis gives yet another account of how humans sinned and became separated from one another.

Scripture

The Tower of Babel

In the beginning, everyone spoke the same language. Noah's descendants settled in a beautiful valley. There they decided to build a city and a tower that would reach to the sky. They did this because they were filled with pride and wanted to display their power.

God saw what the people were doing and made their languages different so that no one could understand what anyone else was saying. The place became known as Babel, because it was there that people spoke without being understood. Then God scattered the people all over Earth, and they were unable to communicate with one another because of their different languages. **Based on Genesis 11:1–9**

Catholic Faith Words

Original Sin the sin of our first parents, Adam and Eve, which led to the sinful condition of the human race from its beginning

temptation an attraction to sin, those actions and omissions that go against right reason and against God's law

new Adam a title for Jesus. By his obedience to the Father, and willingness to give his life, Jesus made amends for Adam's disobedience, overcame sin, and brought us eternal life.

Free Will

When our first parents, Adam and Eve, disobeyed God, they committed **Original Sin**. Because of their free choice to do wrong, all humans are born with Original Sin. The tendency to sin, as well as suffering and death, are part of the human experience. The **temptation** to sin is part of being human. With God's help, you can overcome temptation.

➔ **What is one temptation that young people your age face today?**

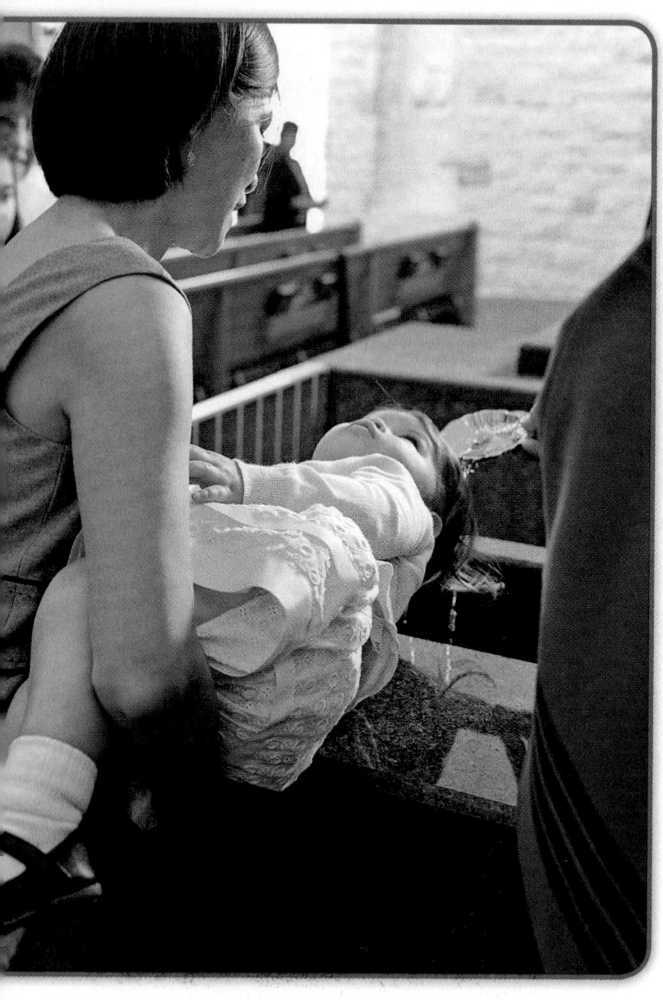

La alianza nueva

A través de su desobediencia, Adán y Eva trajeron el pecado y la muerte al mundo. Una y otra vez, el pueblo de Dios rompió su alianza con Él. Pero un Dios siempre fiel hizo una alianza nueva con los humanos.

Dios Padre se reveló completamente y reveló su fidelidad al enviar a su propio Hijo para que nos enseñara y nos salvara. Jesucristo es la más completa y perfecta revelación del Padre de su amor por su pueblo. La alianza que Dios hizo con Noé y con su pueblo elegido, los israelitas, señalaba a Jesús y se realiza en Él.

El nuevo Adán

A Jesús se le llama el "**nuevo Adán**". Jesús hace cambios por la desobediencia de Adán. Jesús conquistó el pecado y trajo la vida eterna. Cuando te bautizaron, Jesús, a través de su Pasión, su Muerte y su Resurrección, te liberó del Pecado Original y te llevó a una vida nueva, la misma vida de Dios.

Practica tu fe

¿Qué has aprendido? Explica algo que hayas aprendido acerca de Dios Padre a través de la vida, la Muerte y la Resurrección de su Hijo.

____

____

____

____

____

____

____

The New Covenant

Through their disobedience, Adam and Eve brought sin and death into the world. Time after time, God's people broke their covenant with him. But an ever-faithful God made a new covenant with humans.

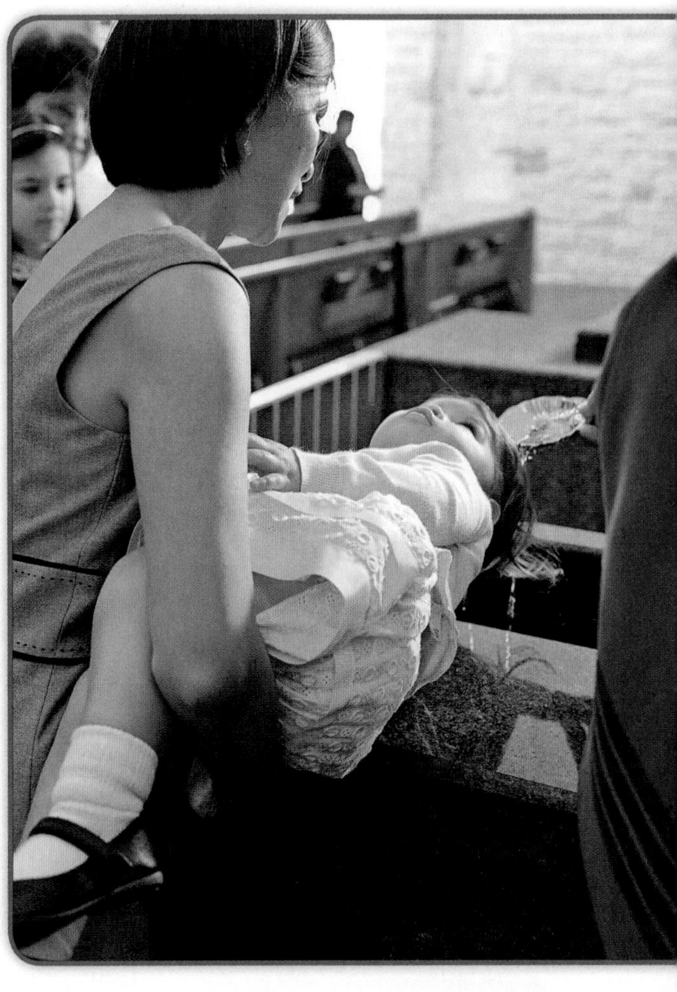

God the Father fully revealed himself and his faithfulness by sending his own Son to teach us and save us. Jesus Christ is the Father's most complete and perfect revelation of his love for his people. The covenant that God made with Noah and with his chosen People, the Israelites, pointed toward Jesus and is fulfilled in him.

The New Adam

Jesus is called the "**new Adam**." Jesus makes amends for the disobedience of Adam. Jesus conquered sin and brought everlasting life. When you were baptized, Jesus, through his Passion, Death, and Resurrection, freed you from Original Sin and brought you into new life, the very life of God.

Connect Your Faith

What Have You Learned? Explain one thing you have learned about God the Father through the life, Death, and Resurrection of his Son.

____

____

____

____

____

____

____

Nuestra vida católica

¿Cómo puedes aumentar tu fidelidad?

El enunciado "Dios es fiel" tiene varios significados. Primero, significa que Dios honra la alianza que hizo con su Pueblo; Dios es leal. También significa que Dios es confiable. Puedes confiar en lo que Él dice. Cuando tantas cosas a tu alrededor cambian y son inciertas, solo Dios te ofrece una seguridad y una certidumbre completas.

Para los demás es importante saber que pueden contar contigo. Estas son algunas formas de ayudarte a saber que estás siguiendo el ejemplo de fidelidad de Dios.

Agrega tus propios ejemplos en las burbujas vacías.

Sigues siendo leal a un amigo del que sabes que es justo, aun cuando tu lealtad pueda hacer que no seas popular.

Crees y actúas de una forma que sigue el ejemplo de Jesús, aun cuando esto pueda hacer que no te comprendan y se burlen de ti.

Pones a Dios en el centro de tu vida y mantienes tu corazón y tu mente concentrados en Él.

Dices la verdad.

Te pueden confiar responsabilidades importantes.

Cumples tus promesas.

Our Catholic Life

How can you grow in faithfulness?

The statement "God is faithful" has several meanings. First, it means that God honors the covenant that he made with his People; God is loyal. It also means that God is reliable. You can trust what he says. When so much around you is changing and uncertain, only God offers you complete security and certainty.

It is important for others to know that they can count on you. Here are some ways to help you know that you are following God's example of faithfulness.

Add your own examples in the empty bubbles.

You remain loyal to a friend who you know is right, even though your loyalty may cause you to be unpopular.

You believe and act in ways that follow Jesus' example, even though this may result in your being misunderstood and teased.

You place God at the center of your life and keep your heart and mind focused on him.

You tell the truth.

You can be trusted with important responsibilities.

You keep your promises.

Gente de fe

7 de julio

Beato Pedro To Rot, 1912–1945

El Beato Pedro To Rot nació en la isla de Papúa, Nueva Guinea. Sus padres fueron unos de los primeros católicos de la región. Pedro fue a la Escuela de la Misión de San Pablo para ser catequista. Pronto, fue un líder reconocido y lo asignaron a la misión de su propia aldea. Cuando los japoneses invadieron la isla, prohibieron el culto cristiano y todas las reuniones religiosas. El Beato Pedro era fiel a la Iglesia, aun cuando lo castigaban con frecuencia. Finalmente, fue arrestado por practicar su fe. Lo encarcelaron, pero siguió siendo fiel a Dios aun cuando sabía que moriría por esta causa.

Comenta: ¿Cómo puedes demostrar tu fidelidad a Dios hoy?

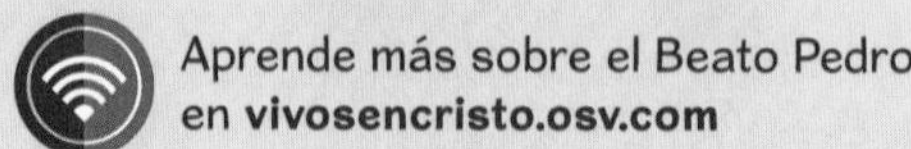

Aprende más sobre el Beato Pedro
en vivosencristo.osv.com

Vive tu fe

Explica una manera en que alguien que admiras ha sido ejemplo de fidelidad en Dios.

___

Si estuvieras haciendo una búsqueda en internet sobre estas características, ¿qué palabras clave escribirías?

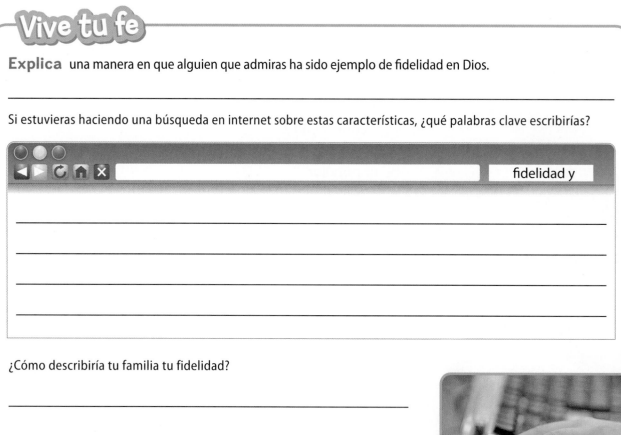

fidelidad y

___

___

___

___

¿Cómo describiría tu familia tu fidelidad?

___

___

___

___

___

People of Faith

July 7

Blessed Peter To Rot, 1912–1945

Blessed Peter To Rot was born on the island of Papua, New Guinea. His parents were among the region's first Catholics. Peter went to Saint Paul's Mission School to become a catechist. Soon, he was a recognized leader and was assigned to the mission in his own village. When the Japanese invaded the island, they forbade Christian worship and all religious gatherings. Blessed Peter was faithful to the Church, even though he was often punished. Finally, he was arrested for practicing his faith. He was put in prison, but he continued to be faithful to God even though he knew he would die because of it.

Discuss: How can you show your faithfulness to God today?

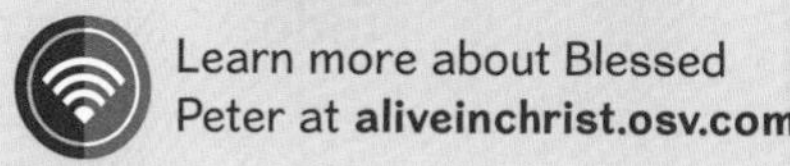

Learn more about Blessed Peter at **aliveinchrist.osv.com**

Live Your Faith

Explain one way that someone you admire has modeled his or her faithfulness in God.

____

If you were doing an internet search on these traits, what key words would you enter?

faithfulness and

____

____

____

____

How would your family describe your faithfulness?

____

____

____

____

____

Oremos

Letanía de perdón

Esta letanía de perdón nos ayuda a reflexionar sobre nuestra vida a través de los ojos de la fidelidad y el amor constantes de Dios. Dios siempre cree en nosotros.

Reúnanse y empiecen con la Señal de la Cruz.

Líder: A veces la vida puede ser confusa. Sufrimos las consecuencias de nuestras elecciones y, a veces, soportamos las consecuencias de las elecciones de otros. Sin embargo, solo una verdad es constante. **Basado en el Salmo 139**

Todos: Nuestro Dios es un Dios compasivo, que siempre nos ama.

Lector 1: ¿Subestimo a mi familia? ¿Les demuestro respeto?

Todos: Dios es siempre fiel; Dios es compasivo y está cerca.

Lector 2: ¿Tiene influencia en muchas de mis decisiones la presión de los pares? ¿Me ayudan a crecer mis amistades?

Todos: Dios es siempre fiel; Dios es compasivo y está cerca.

Lector 3: ¿Busco el tiempo para orar? ¿Es importante para mí el nombre de Jesús?

Todos: Dios es siempre fiel; Dios es compasivo y está cerca.

Lector 4: ¿Son mi escuela y mi ambiente un lugar mejor gracias a mí?

Todos: Dios es siempre fiel; Dios es compasivo y está cerca.

Siéntense en silencio para hacer un momento de reflexión.

Líder: Dios amoroso, ayúdanos a mirarte siempre en busca de esperanza.

Todos: Dios es siempre fiel; Dios es compasivo y está cerca.

Canten "Dios Es Amor"

 Let Us Pray

Litany of Forgiveness

This litany of forgiveness helps us to reflect on our lives through the eyes of God's constant faithfulness and love. God always believes in us.

Gather and begin with the Sign of the Cross.

Leader: Sometimes life can be confusing. We suffer the consequences of our choices, and we sometimes bear the consequences of others' choices. Yet, one truth is constant. Based on Psalm 139

All: Our God is a compassionate God, always loving us.

Reader 1: Do I take my family for granted? Do I show them respect?

All: God is always faithful; God is compassionate and near.

Reader 2: Does peer pressure influence many of my decisions? Are my friendships helping me to grow?

All: God is always faithful; God is compassionate and near.

Reader 3: Do I take time to pray? Is Jesus' name important to me?

All: God is always faithful; God is compassionate and near.

Reader 4: Is my school and environment a better place because of me?

All: God is always faithful; God is compassionate and near.

Sit quietly for a time of reflection.

Leader: Loving God, help us to always look to you for hope.

All: God is always faithful; God is compassionate and near.

 Sing "You Are Near"

FAMILIA + FE

VIVIR Y APRENDER JUNTOS

SUS HIJOS APRENDIERON >>>

Este capítulo enseña que, a pesar del Pecado Original y la lucha constante de los humanos por la tentación del pecado, Dios establece Su alianza y se mantiene fiel a ella, prometiendo amarnos y protegernos siempre.

La Sagrada Escritura

Lean **1 Tesalonicenses 5, 23–24** para aprender sobre la fidelidad de Dios.

Lo que creemos

- Dios revela por completo su fidelidad a los humanos enviando a su único Hijo, Jesús, para conquistar el pecado y dar vida eterna.
- Los humanos tienen la capacidad de vivir en amistad con Dios.

Para aprender más, vayan al *Catecismo de la Iglesia Católica* 396–411, 1468, 1730 en **usccb.org**.

Gente de fe

Esta semana, su hijo aprendió acerca del Beato Pedro To Rot, un líder misionero indígena de Nueva Guinea, que fue martirizado por los invasores japoneses en 1945.

LOS NIÑOS DE ESTA EDAD >>>

Cómo comprenden las promesas y la fidelidad de Dios Es probable que mantener la palabra sea muy importante para su hijo. Los niños de esta edad generalmente ya han desarrollado amistades cercanas basadas en la confianza y la lealtad. Su creciente comprensión del anuncio profético como un recurso literario los ayuda a ver cómo Dios se revela a Sí mismo y revela Su plan en el transcurso del tiempo, y cómo Dios es fiel a sus alianzas.

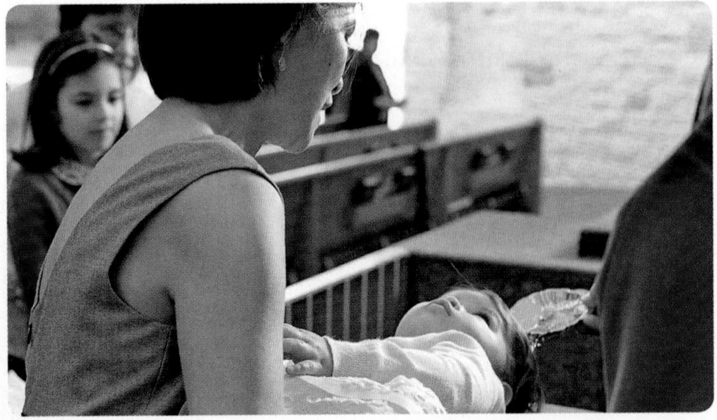

CONSIDEREMOS ESTO >>>

Como padres, amamos a nuestros hijos más de lo que imaginamos que era posible. ¿Cómo es posible que cada día los amemos aún más?

Un maestro de preescolar dijo una vez: "Con el nacimiento del primer hijo, aprendemos lo profundo que es nuestro amor. Con el segundo hijo, aprendemos lo ancho que es nuestro amor". Los niños llegan a comprender el amor incondicional de Dios al experimentar el amor incondicional de los padres. Como católicos, sabemos que "mediante las historias de la creación en los capítulos 1 y 2 de Génesis, Dios se revela a sí mismo como Creador de todo lo que existe, particularmente demostrando un amor tierno por la cima de su creación, el hombre y la mujer" (*CCEUA, p. 60*).

HABLEMOS >>>

- Pídan a su hijo que explique qué es la alianza de Dios.
- Comenten maneras en que sus familiares o amigos cercanos han demostrado ser fieles.

OREMOS >>>

Querido Dios, ayúdanos a bendecir el ejemplo de liderazgo y amor del Beato Pedro viviendo como tus fieles servidores. Amén.

Visiten **vivosencristo.osv.com** para encontrar un glosario multimedia de Palabras católicas, lecturas dominicales, y recursos de Santos y tiempos festivos.

FAMILY+FAITH

LIVING AND LEARNING TOGETHER

YOUR CHILD LEARNED >>>

This chapter teaches that, despite Original Sin and the ongoing struggle of humans tempted to sin, God establishes and remains faithful to his covenant, promising to always love and be there for us.

Scripture

Read **1 Thessalonians 5:23–24** to find out about God's faithfulness.

Catholics Believe

- God fully revealed his faithfulness to humans by sending his only Son, Jesus, to conquer sin and bring everlasting life.
- Humans have the ability to live in friendship with God.

To learn more, go to the *Catechism of the Catholic Church* #396–411, 1468, 1730 at **usccb.org**.

People of Faith

This week, your child learned about Blessed Peter To Rot, a mission leader and native of New Guinea, who was martyred by Japanese invaders in 1945.

CHILDREN AT THIS AGE >>>

How They Understand God's Promises and Faithfulness Keeping one's word is likely very important to your child. Children this age have often developed close friendships based on trust and loyalty. Their emerging understanding of the literary device of foreshadowing helps them to see the ways in which God reveals himself and his plan over time, and how God is faithful to his covenants.

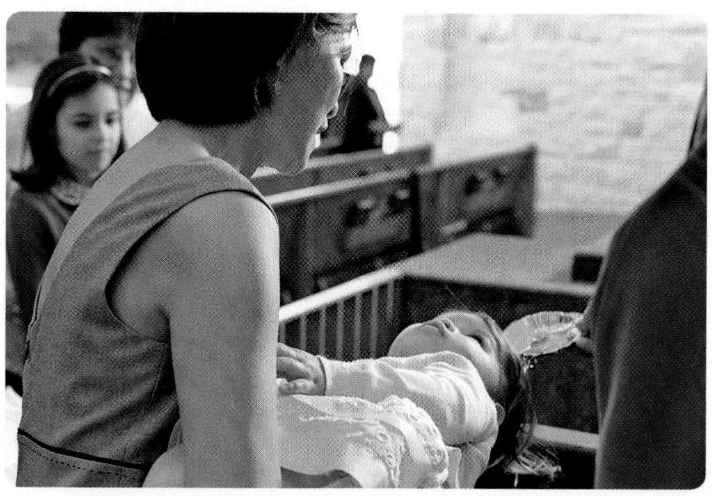

CONSIDER THIS >>>

As a parent, we love our children more than we imagined possible. How do we end each day loving them even more?

An early childhood teacher once said, "With the birth of our first child we learn the depth of our love. When our second is born we learn the breadth of our love." Children come to understand the unconditional love of God by experiencing the unconditional love of a parent. As Catholics, we know that "through the stories of creation in Chapters 1 and 2 of Genesis, God reveals himself as the Creator of all that exists, showing particularly a tender love for the high point of his creation, man and woman" *(USCCA, p. 56)*.

LET'S TALK >>>

- Ask your child to explain what God's covenant is.
- Talk about some ways in which your family or close friends have demonstrated faithfulness.

LET'S PRAY >>>

Dear God, help us to follow Blessed Peter's example of leadership and love by living as your faithful servants. Amen.

For a multimedia glossary of Catholic Faith Words, Sunday readings, seasonal and Saint resources, and chapter activities go to **aliveinchrist.osv.com**.

Capítulo 3 Repaso

A **Trabaja con palabras** **Rellena el círculo que está junto a la respuesta correcta.**

1. El pecado ha estado presente en el mundo desde que Adán y Eva eligieron _____.
   - ◯ **resistir la tentación**
   - ◯ **desobedecer a Dios**
   - ◯ **nombrar los animales**
   - ◯ **dejar el jardín del Edén**

2. Caín mató a su hermano, Abel, porque _____.
   - ◯ **sus padres preferían a Abel**
   - ◯ **se sentía enojado y celoso**
   - ◯ **era un mal hermano**
   - ◯ **creía que Abel tenía más ovejas**

3. El acuerdo sagrado que Dios hizo con Noé se llama _____.
   - ◯ **arcoíris**
   - ◯ **confianza**
   - ◯ **milagro**
   - ◯ **alianza**

4. Dios Padre se reveló completamente al _____.
   - ◯ **enviar a su Hijo, Jesús**
   - ◯ **salvar a Noé del diluvio**
   - ◯ **dar los Diez Mandamientos**
   - ◯ **crear todas las cosas**

5. Como el nuevo _____, Jesús conquista el pecado y nos lleva a la vida eterna.
   - ◯ **Adán**
   - ◯ **Noé**
   - ◯ **Abel**
   - ◯ **Moisés**

6. La alianza que Dios hizo con los israelitas señalaba hacia _____.
   - ◯ **Noé**
   - ◯ **Jesús**
   - ◯ **Adán**
   - ◯ **David**

7. Nuestros primeros padres desobedecieron a Dios, condujo a _____ la condición de pecado de toda la raza humana.
   - ◯ **la perfección**
   - ◯ **la Santidad Original**
   - ◯ **el Pecado Original**
   - ◯ **la pureza**

8. Dios confundió las palabras de los descendientes de Noé en _____.
   - ◯ **Edén**
   - ◯ **Jerusalén**
   - ◯ **Babel**
   - ◯ **Belén**

9. Como ofrenda a Dios, Abel ofrecía lo mejor de sus _____.
   - ◯ **productos agrícolas**
   - ◯ **ovejas**
   - ◯ **camellos**
   - ◯ **vacas**

10. Eva comió el fruto del árbol de la _____.
   - ◯ **felicidad**
   - ◯ **vida**
   - ◯ **bendición**
   - ◯ **conocimiento**

Chapter 3 Review

A **Work with Words** Fill in the circle next to the correct answer.

1. Sin has been present in the world since Adam and Eve chose to _____.
   - ○ resist temptation
   - ○ disobey God
   - ○ name the animals
   - ○ leave the Garden of Eden

2. Cain killed his brother, Abel, because Cain _____.
   - ○ thought his parents favored Abel
   - ○ felt anger and jealousy
   - ○ thought Abel was a bad brother
   - ○ believed Abel had more sheep

3. The sacred agreement that God made with Noah is called a _____.
   - ○ rainbow
   - ○ trust
   - ○ miracle
   - ○ covenant

4. God the Father revealed himself fully by _____.
   - ○ sending his Son, Jesus
   - ○ saving Noah from the flood
   - ○ giving the Ten Commandments
   - ○ creating all things

5. As the new _____, Jesus conquers sin and brings us everlasting life.
   - ○ Adam
   - ○ Noah
   - ○ Abel
   - ○ Moses

6. The covenant God made with the Israelites pointed toward _____.
   - ○ Noah
   - ○ Jesus
   - ○ Adam
   - ○ David

7. Our first parents disobedience to God led to _____, the sinful condition of the whole human race.
   - ○ perfection
   - ○ Original Holiness
   - ○ Original Sin
   - ○ purity

8. God confused the speech of Noah's descendants at _____.
   - ○ Eden
   - ○ Jerusalem
   - ○ Babel
   - ○ Bethlehem

9. As an offering to God, Abel offered the best of his _____.
   - ○ farm products
   - ○ sheep
   - ○ camels
   - ○ cattle

10. Eve ate the fruit from the tree of _____.
    - ○ happiness
    - ○ life
    - ○ blessing
    - ○ knowledge

Repaso de la Unidad

A Trabaja con palabras Resuelve el crucigrama con las pistas dadas.

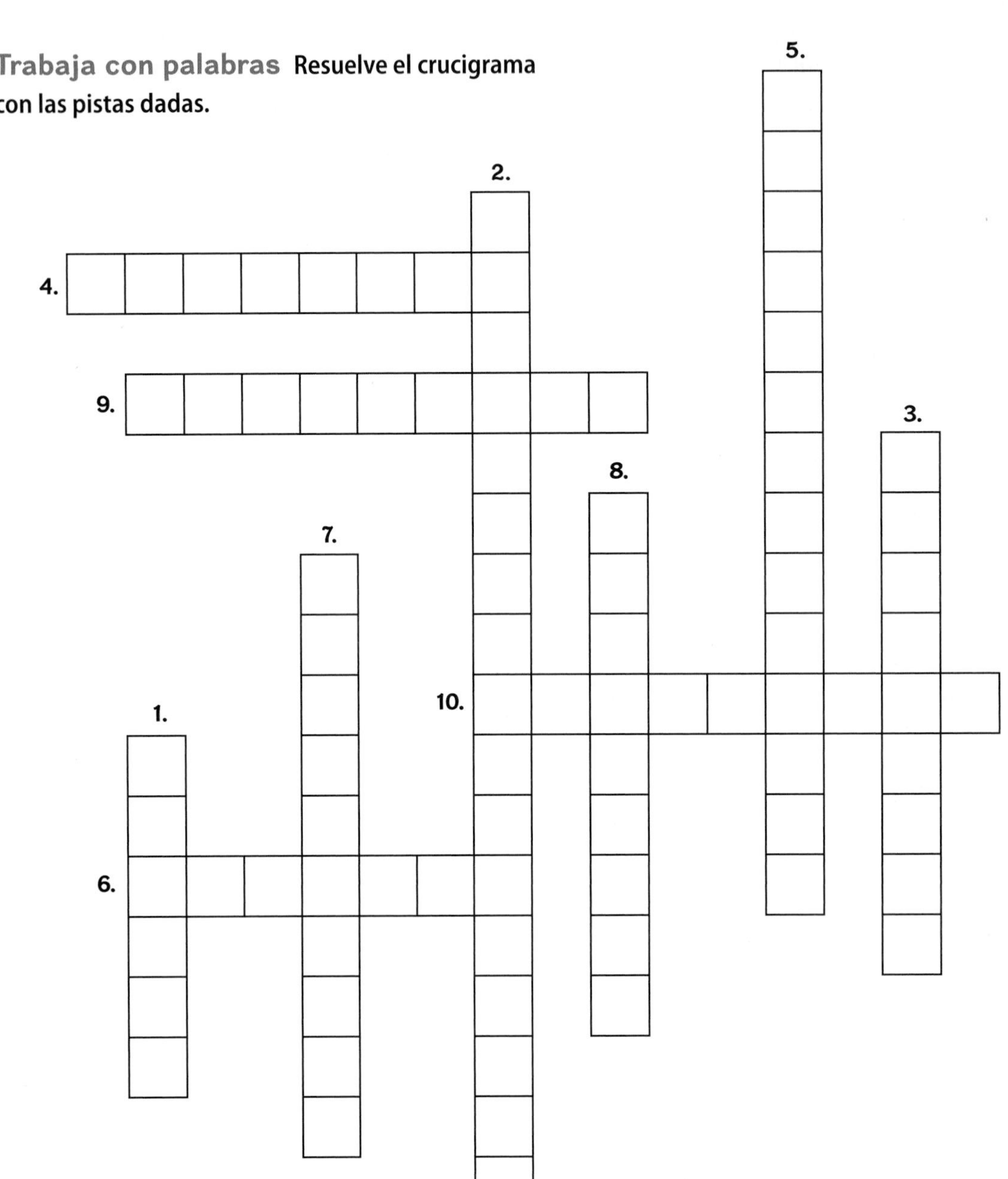

Horizontales

4. el acto de Dios de dar existencia a todas las cosas

6. acuerdo sagrado entre Dios y los seres humanos

9. perdón y amistad de Dios

10. tiempo sin fin; para siempre

Verticales

1. el estado de santidad en el cual Dios creó a Adán y Eva

2. primera parte de la Biblia

3. atracción por el pecado

5. primera desobediencia contra Dios

7. Sagrada Escritura y Sagrada Tradición

8. determinación de Dios

Unit Review

A Work with Words **Solve the puzzle using the clues provided.**

Across

4. God's act of bringing all things into being

6. a sacred agreement between God and humans

9. God's forgiveness and friendship

10. time without end; forever

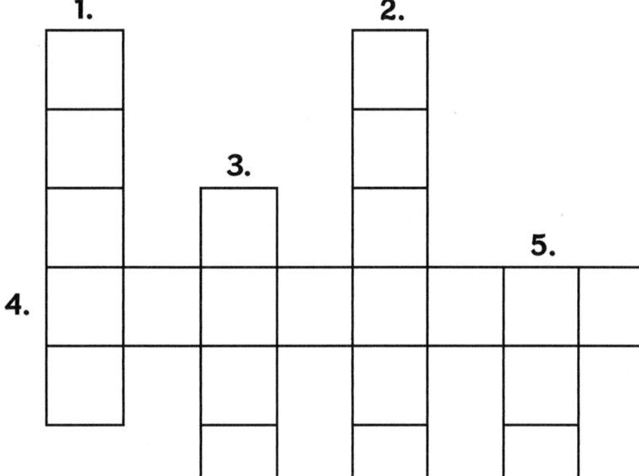

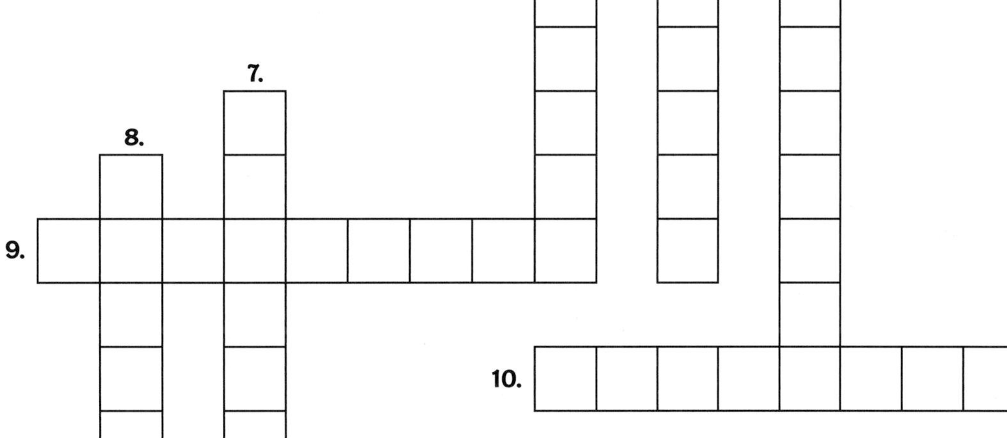

Down

1. the state of holiness in which God created Adam and Eve

2. first part of the Bible

3. attraction to sin

5. first disobedience against God

7. Sacred Scripture and Sacred Tradition

8. God's steadfastness

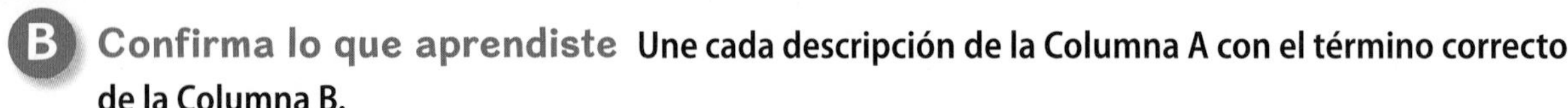

Repaso de la Unidad

B **Confirma lo que aprendiste** **Une cada descripción de la Columna A con el término correcto de la Columna B.**

Columna A	Columna B
11. Dios reveló plenamente su plan de salvación al enviarlo	Santidad Original
12. En el Libro del Génesis, el relato de la primera creación te dice que Dios creó esto	arcoíris
13. Adán y Eva fueron creados en este estado	nuevo Adán
14. Este fue un signo de la promesa de Dios a Noé	Jesús
15. Como conquistó el pecado y la muerte, a Jesús lo llaman así	universo

C **Relaciona** **Escribe una respuesta para cada pregunta.**

16. ¿Qué es la dignidad humana?

____

____

____

____

____

____

____

B Check Understanding

Match each description in Column A with the correct term in Column B.

	Column A	Column B
11.	God fully revealed his plan of salvation by sending him	Original Holiness
12.	In the Book of Genesis, the first creation account tells you that God created this	rainbow
13.	Adam and Eve were created in a state of this	New Adam
14.	This was a sign of God's promise to Noah	Jesus
15.	Because he conquered sin and death, Jesus is called this	universe

C Make Connections

Write a response to each question.

16. What is human dignity?

____

____

____

____

____

____

____

Repaso de la Unidad

17. ¿Cómo afecta el Pecado Original a todos los humanos?

18. ¿Qué aprendiste acerca de la manera en que Dios se revela a sí mismo?

19. ¿Cuáles son, para ti, dos maneras de seguir el ejemplo de la fidelidad de Dios?

20. ¿De qué manera crees que la lectura de la Biblia te ayuda como católico?

17. How does Original Sin affect every human?

18. What have you learned about how God reveals himself?

19. What are two ways for you to follow God's example of faithfulness?

20. How do you think reading the Bible helps you as a Catholic?

UNIDAD 2

La Trinidad

Nuestra Tradición Católica

- Dios invita a todos los humanos a la amistad y el amor, y nosotros respondemos con un viaje de fe. (CIC, 142)
- El Antiguo Testamento revela la manera en que Dios actuó en la vida de su Pueblo para mostrar su amor salvador. (CIC, 122)
- Dios Padre continúa su obra salvadora al enviar a su Hijo, Jesús. Jesús nos enseña a amar como Él ama. (CIC, 293)
- Jesús establece una nueva alianza en la Última Cena y, por su Misterio Pascual, lleva a cabo la alianza establecida con los israelitas. (CIC, 613, 762)

¿Qué pueden enseñarte las relaciones de Abrahán y Moisés con Dios acerca de tu relación con Dios?

Our Catholic Tradition

- God invites all humans to friendship and love, and we respond with a journey of faith. (CCC, 142)
- The Old Testament reveals the way God acted in the lives of his People to show his saving love. (CCC, 122)
- God the Father continues his saving work by sending his Son, Jesus. Jesus teaches us to love as he loves. (CCC, 293)
- Jesus establishes a new covenant at the Last Supper, and by his Paschal Mystery fulfills the covenant established with the Israelites. (CCC, 613, 762)

What can Abraham and Moses' relationships with God teach you about your relationship with God?

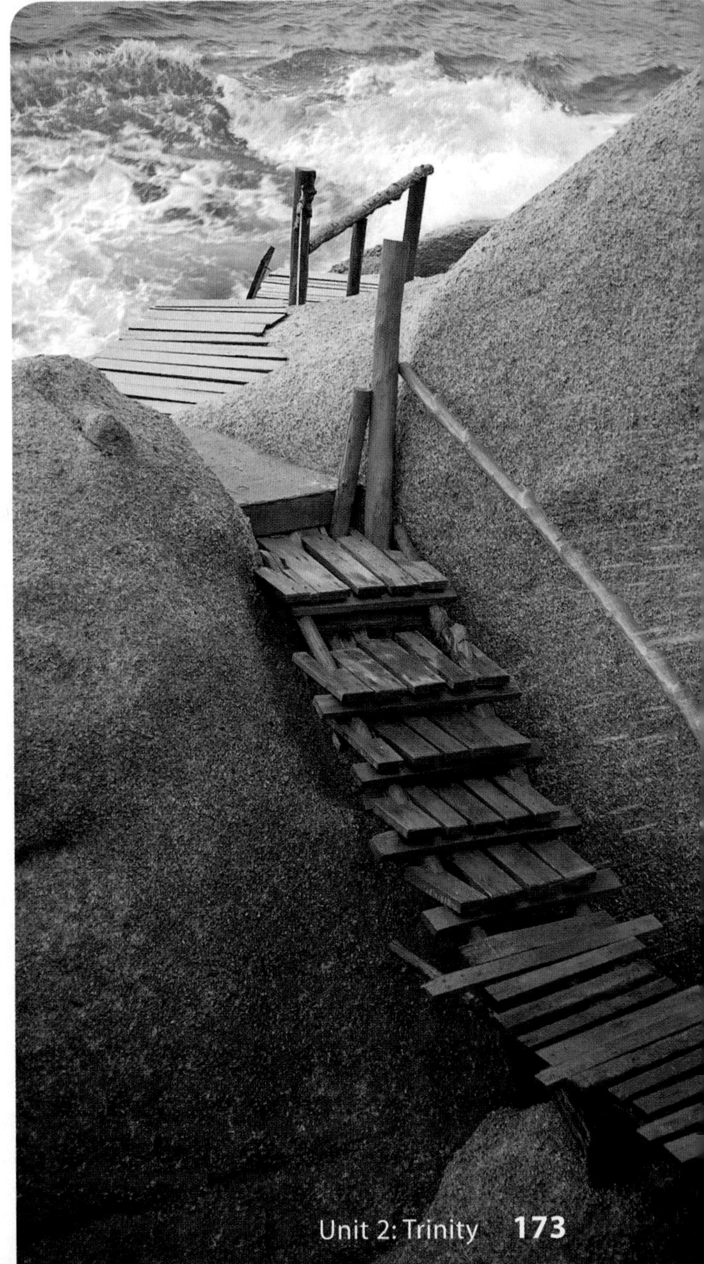

Los viajes de la fe

Oremos

Líder: Señor de toda fidelidad, mantennos fieles a Ti.

"Confía en el Señor con todo el corazón,
y no te fíes de tu propia sabiduría.
En cualquiera cosa que hagas, tenlo presente:
él aplanará tus caminos."

Proverbios 3, 5-6

Todos: Guíanos, oh Señor, en nuestra peregrinación de fe. Recorre con nosotros nuestro camino. Te lo pedimos en nombre de Jesús. Que nuestro viaje continúe en Él. Amén.

La Sagrada Escritura

"Sé valiente y firme, tú entrarás con este pueblo en la tierra que Yavé, hablando a sus padres, juró darles... Yavé irá delante de ti. Él estará contigo; no te dejará ni te abandonará. No temas, pues, ni te desanimes". **Deuteronomio 31, 7-8**

La Catedral Basílica de los Santos Pedro y Pablo, consagrada en 1890, se eleva por encima de Filadelfia.

¿Qué piensas?

- ¿Como es la fe similar a un viaje?
- ¿Cuál es tu forma preferida de orar?

Journeys of Faith

Let Us Pray

Leader: Lord of all faithfulness, keep us faithful to you.

"Trust in the LORD with all your heart,
on your own intelligence do not rely;
In all your ways be mindful of him,
and he will make straight your paths."
Proverbs 3:5–6

All: Guide us, O God, on our pilgrimage of faith. Walk with us on our way. This we pray in Jesus' name. In him, may our journey continue. Amen.

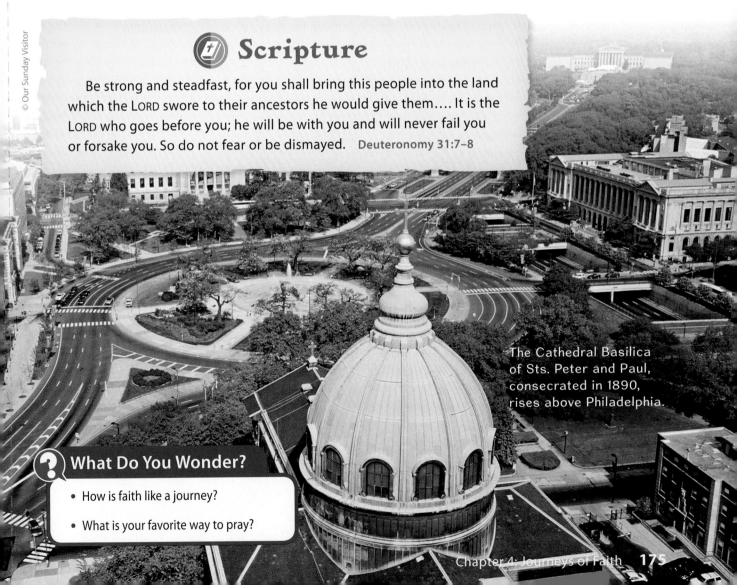

Scripture

Be strong and steadfast, for you shall bring this people into the land which the LORD swore to their ancestors he would give them.... It is the LORD who goes before you; he will be with you and will never fail you or forsake you. So do not fear or be dismayed. Deuteronomy 31:7–8

The Cathedral Basilica of Sts. Peter and Paul, consecrated in 1890, rises above Philadelphia.

What Do You Wonder?

- How is faith like a journey?
- What is your favorite way to pray?

El viaje de Abram y Saray

¿Quién es Abrahán?

Los riesgos que implica un viaje no dan tanto miedo si sabes que Dios está contigo. Abram y Saray aprendieron que Dios estaba con ellos siempre. Siguieron siendo fieles a Dios, y Él los bendijo de muchas maneras.

La Sagrada Escritura

El llamado a Abram

Abram y Saray estaban envejeciendo y no tenían hijos. Un día, Dios le dijo a Abram: "Deja tu país, a los de tu raza y a la familia de tu padre, y anda a la tierra que yo te mostraré. Haré de ti una gran nación y te bendeciré".

Tal como Dios le dijo, Abram y Saray tomaron todas sus posesiones y se fueron hacia la tierra de Canaán. Después de atravesar el país hasta un lugar sagrado, Abram tuvo una visión de Dios, quien le dijo: "Le daré esta tierra a tu descendencia". Entonces Abram construyó allí un altar para honrar a Dios y continuó el viaje con Saray.

Basado en Génesis 12, 1-9

➔ **¿Por qué las palabras de Dios habrían sorprendido a Abram y Saray?**

Abram and Sarai's Journey

Who is Abraham?

The risks involved in a journey are not so scary if you know that God is with you. Abram and Sarai learned that God was with them always. They remained faithful to God, and he blessed them in many ways.

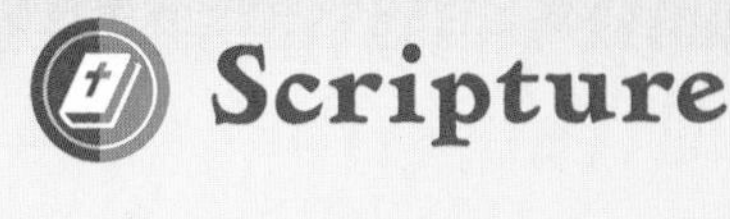

Abram's Call

Abram and Sarai were getting old and had no children. One day God said to Abram, "Go forth from your land, your relatives, and from your father's house to a land that I will show you. I will make of you a great nation, and I will bless you."

As God directed, Abram and Sarai took all of their possessions and set out for the land of Canaan. After traveling through the land to a sacred place, Abram had a vision of God, who said, "To your descendants I will give this land." So Abram built an altar there to honor God and continued on the journey with Sarai.

Based on Genesis 12:1–9

➔ **Why would God's words have surprised Abram and Sarai?**

El viaje continúa

Dios volvió a aparecérsele a Abram y le dijo que sus descendientes serían tan numerosos como las estrellas del cielo y que tendrían una tierra propia. Aunque todavía no tenía hijos, Abram puso su fe en Dios. Dios cambió el nombre de Abram a Abrahán, y el nombre de Saray a Sara, como una señal de la alianza que había hecho con ellos.

 **La Sagrada Escritura**

Los visitantes de Abrahán

Un día, tres hombres visitaron a Abrahán y a Sara. La pareja preparó rápidamente una comida para sus invitados. Los hombres le dijeron a Abrahán que Sara tendría un hijo, como Dios había prometido. Sara estaba escuchando y se rió para sí misma porque era demasiado vieja para tener hijos. Pero en un año, Sara dio a luz un hijo y lo llamó Isaac, que significa "el que ríe." **Basado en Génesis 18, 1-14; 21, 1-6**

➔ **¿Cómo cumplió Dios la promesa que hizo a Abrahán y Sara?**

Comparte tu fe

Reflexiona Piensa en virtudes importantes que comparten las personas de fe. Ordena las siguientes letras para descubrir tres de ellas.

1. E F ____ 2. Z A P E S E R A N __________ 3. O M R A _______

Comparte Con un compañero, hablen acerca de cómo demostraron Abrahán y Sara estas virtudes. Elige una y escribe una manera en que esta virtud es importante para nosotros hoy.

____

The Journey Continues

God appeared again to Abram and told him that his descendants would be as numerous as the stars in the sky and that they would have a land of their own. Although he still had no children, Abram put his faith in God. God changed Abram's name to Abraham and Sarai's name to Sarah as a sign of the covenant he made with them.

Scripture

Abraham's Visitors

One day three men visited Abraham and Sarah. The couple quickly prepared a meal for their guests. The men told Abraham that Sarah would have a son, as God had promised. Sarah was listening and laughed to herself because she was too old to have children. But within a year, Sarah did give birth to a son and named him Isaac, which means "one who laughs." **Based on Genesis 18:1–14; 21:1–6**

➔ **How did God keep his promise to Abraham and Sarah?**

Share Your Faith

Reflect Think about important virtues that people of faith share. Unscramble the letters below to discover three of them.

1. F I T A H ________ **2. O P E H** ________ **3. V E L O** ________

Share With a partner, talk about how Abraham and Sarah showed these virtues. Choose one and write one way this virtue is important to us today.

____

El plan de Dios para la salvación

¿Qué significa tener fe?

El viaje que comenzó con Abrahán continuó con su hijo Isaac y el hijo de Isaac, Jacob. Estos tres hombres son los patriarcas, los antepasados masculinos de Israel que aparecen en el Libro del Génesis antes y después del diluvio. La nación de Israel tomaría su nombre de Jacob. En el Génesis, a Jacob le cambiaron el nombre a *Israel* después de luchar con un ángel. El nombre significa "el que lucha con Dios".

Palabras católicas

salvación la acción amorosa de Dios de perdonar los pecados y de restaurar la amistad con Él, realizada a través de Jesús

Siete Sacramentos signos eficaces de la vida de Dios, instituidos por Cristo y confiados a la Iglesia. En la celebración de cada Sacramento, hay signos visibles y acciones divinas que conceden la gracia y permiten que participemos de la obra de Dios.

fe la Virtud Teologal que hace posible que creamos en Dios y las cosas que Él nos ha revelado. La fe nos lleva a obedecer a Dios. Es tanto un don de Él como algo que elegimos.

La Sagrada Escritura

La historia de José

Jacob fue padre de doce hijos, pero José era su preferido. Los hermanos de José estaban celosos de él y planearon librarse de él. Lo vendieron a una caravana de viajeros, y José se convirtió en esclavo. Como podía interpretar sueños, José salvó a Egipto de morir de inanición durante una gran hambruna. Los hermanos de José llegaron a Egipto para comprar alimentos y se reunieron con José, que los perdonó y los invitó a establecerse allí.

Basado en Génesis 37-45

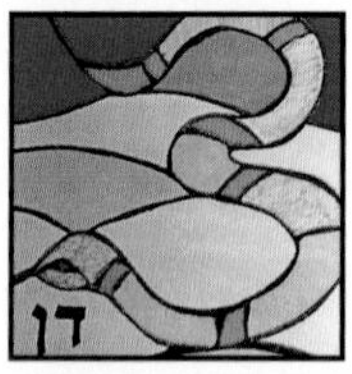

Símbolos de las doce tribus de Israel.

God's Plan of Salvation

What does it mean to have faith?

The journey that began with Abraham continued with his son Isaac and Isaac's son Jacob. These three men are the patriarchs, the male ancestors of Israel who appear in the Book of Genesis both before and after the flood. It is from Jacob that the nation of Israel would take its name. In Genesis, Jacob was renamed *Israel* after wrestling with an angel. The name means "one who struggles with God."

Scripture

The Story of Joseph

Jacob became the father of twelve sons, but Joseph was his favorite. Joseph's brothers were jealous of him and plotted to get rid of him. They sold him to a caravan of travelers, and Joseph became a slave. Because he could interpret dreams, Joseph saved Egypt from starvation during a great famine. Joseph's brothers arrived in Egypt to buy food and were reunited with Joseph, who forgave them and invited them to settle there.

Based on Genesis 37–45

Catholic Faith Words

salvation the loving action of God's forgiveness of sins and the restoration of friendship with him brought by Jesus

Seven Sacraments effective signs of God's life, instituted by Christ and given to the Church. In the celebration of each Sacrament, there are visible signs and Divine actions that give grace and allow us to share in God's work.

faith the Theological Virtue that makes it possible for us to believe in God and the things that he has revealed to us. Faith leads us to obey God. It is both a gift from him and something we choose.

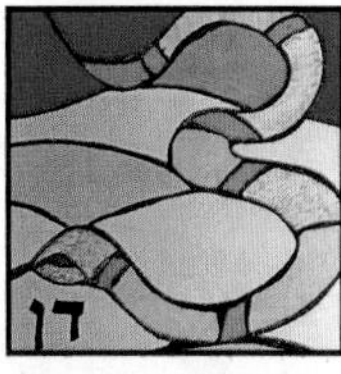

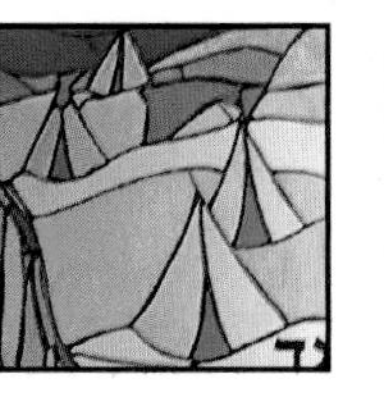

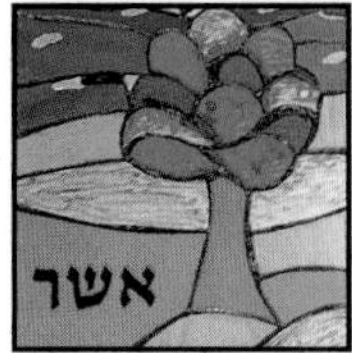

Symbols of the twelve tribes of Israel.

Dios invita

Como se ve a lo largo de las historias de fe de Abrahán, Sara y sus descendientes, Dios cumple su promesa de **salvación**, del perdón de los pecados y la restauración de la amistad con Él

Hoy encuentras a Dios en la Biblia, los **Siete Sacramentos** y la Iglesia. El Hijo de Dios, Jesús, es el camino de salvación para ti. Jesús envió al Espíritu Santo para que te ayude en tu viaje de fe. A donde vayas, Dios Padre está contigo.

Dios te invita a responderle de la misma manera en que Abrahán y Sara lo hicieron: con **fe**. Esto significa que eliges libremente creer en Dios y en todo lo que Él ha revelado. Cuando respondes a Dios con fe, le ofreces tu corazón y tu mente. Empiezas tu propio viaje de fe, como lo hicieron Abrahán y Sara. Tienes fe en que Dios te guiará y cumplirá las promesas que te hizo.

Fe y oración

Dios sigue hablando hoy a las personas, y las personas pueden comunicarse con Dios. Esto se hace a través de la oración. La oración comienza y termina escuchando a Dios. Puedes fortalecer tu fe con la oración, usando una de estas formas: bendición y adoración, petición por las necesidades propias, intercesión (orar por las necesidades de los demás), acción de gracias o alabanza. Puedes orar en cualquier momento.

➔ **¿Cuándo y dónde te sientes más cómodo orando?**

➔ **¿Qué te ayuda a escuchar la voz de Dios?**

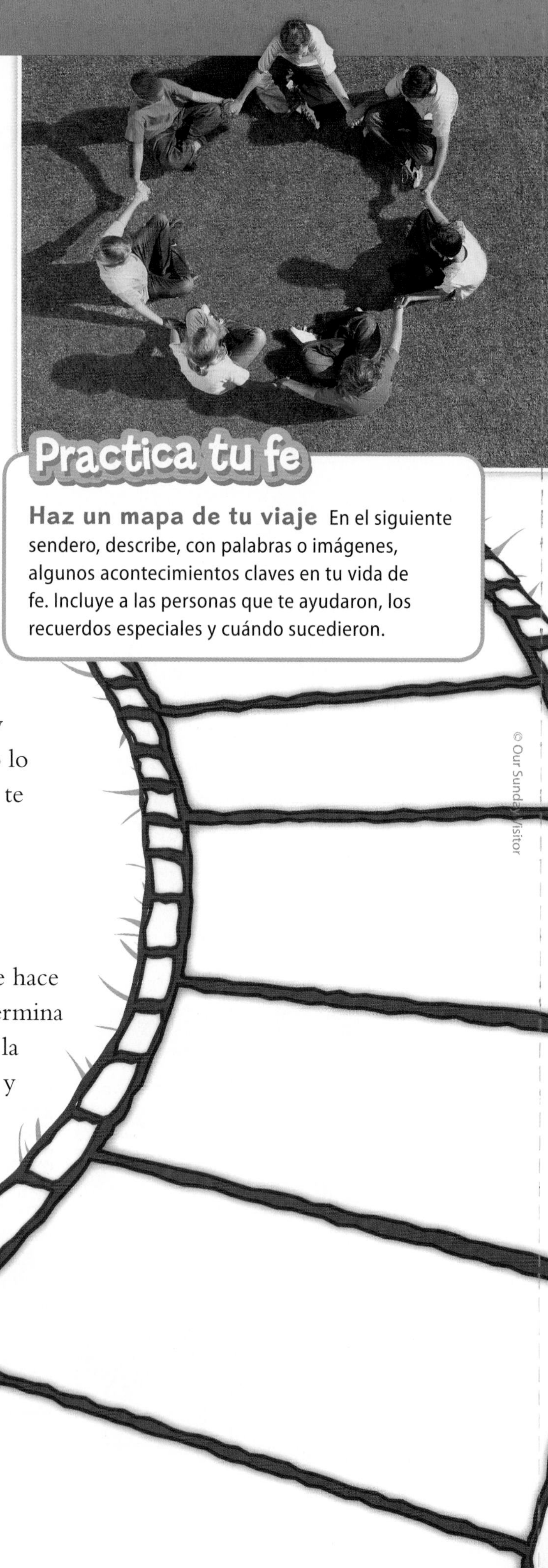

Practica tu fe

Haz un mapa de tu viaje En el siguiente sendero, describe, con palabras o imágenes, algunos acontecimientos claves en tu vida de fe. Incluye a las personas que te ayudaron, los recuerdos especiales y cuándo sucedieron.

God Invites

As seen through the faith stories of Abraham, Sarah, and their descendants, God keeps his promise of **salvation**, of forgiveness of sins and restoration of friendship with him

You encounter God today through the Bible, the **Seven Sacraments**, and the Church. God's Son, Jesus, is the way of salvation for you. Jesus sent the Holy Spirit to help you on your faith journey. Wherever you go, God the Father is with you.

God invites you to respond to him in the same way that Abraham and Sarah did—with **faith**. This means that you freely choose to believe in God and all that he has revealed. When you respond to God with faith, you offer your heart and mind to him. You begin your own journey of faith, as Abraham and Sarah did. You have faith that God will guide you and keep his promises to you.

Faith and Prayer

God still speaks to people today, and people can communicate with God. This is done through prayer. Prayer begins and ends with listening to God. You can strengthen your faith with prayer, using one of these forms: blessing and adoration, petition for your own needs, intercession (praying for the needs of others), thanksgiving, or praise. You can pray at any time.

➜ **When and where are you most comfortable praying?**

➜ **What helps you listen for God's voice?**

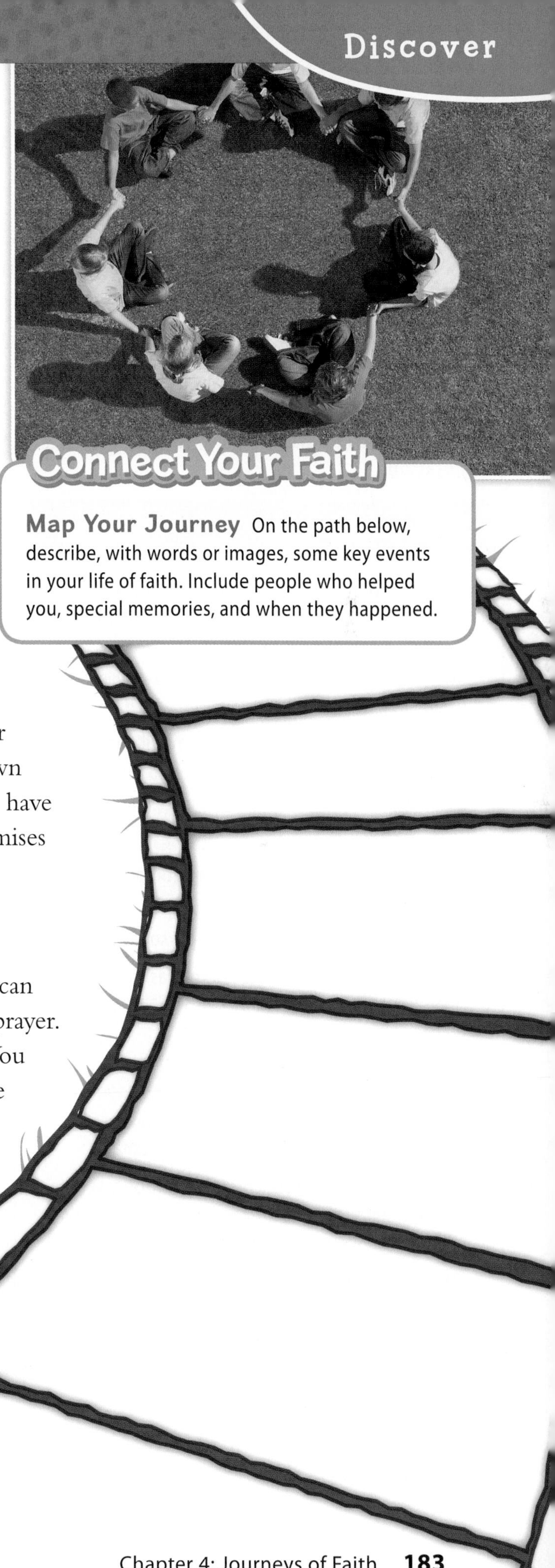

Connect Your Faith

Map Your Journey On the path below, describe, with words or images, some key events in your life of faith. Include people who helped you, special memories, and when they happened.

Nuestra vida católica

¿Cuáles son algunas formas de desarrollar nuestra vida de oración?

En el espacio provisto, di cuándo se usa en la Misa cada forma de oración.

Una manera importante de desarrollar nuestra vida de oración es rezar los tipos de oraciones que se encuentran en la Biblia. Como la Biblia es la Palabra de Dios para los humanos, contiene enseñanzas sobre la oración que te ayudarán a crecer como católico. Los siguientes ejemplos de oración te ayudarán a fortalecer tu vida de oración.

Formas de oración

Alabanza Por medio de esta forma de oración, reconoces que Dios es Dios y lo glorificas, no por lo que hace, sino simplemente porque Él es.

- Cuando alabas a Dios, en oración y en canción, glorificas a Dios como sus hijos.
- Alabas a Dios por su amistad, su amabilidad y su bondad.
- ______________________________

Intercesión Usas esta forma de oración para rezar por la Iglesia o por el mundo entero.

- Le pides a Dios que ayude a otra persona.
- Intercedes en nombre de los demás así como Jesús intercede por nosotros con su Padre.
- ______________________________

Petición En momentos de necesidad, buscas a Dios, le pides su ayuda y reconoces que lo necesitas.

- Puedes orar por la misericordia, el perdón y la guía de Dios cuando estás triste, enfermo, preocupado, confundido, o en un estado de pecado.
- También le pides a Dios que ayude a otros.
- ______________________________

Bendición y adoración Bendices a Dios, quién te bendice a ti. También bendices a los demás, que están hechos a imagen de Dios.

- Una bendición es una oración de respuesta a todos los dones de Dios para nosotros.
- Adoración es rendirle homenaje respetuoso a Dios, honrando la grandeza del Señor.
- ______________________________

Acción de gracias Expresas tu gratitud a Dios por las cosas buenas de tu vida.

- Cuando experimentas alguna causa especial de alegría, como buenas calificaciones, recuperar la salud o un día maravilloso, le das gracias a Dios por eso.
- ______________________________

Our Catholic Life

What are some ways to develop your prayer life?

An important way to develop your prayer life is to pray the types of prayers found in the Bible. Because the Bible is God's Word to humans, it contains teaching on prayer that will help you grow as a Catholic. The following examples of prayer will help strengthen your prayer life.

In the space provided, tell when each prayer form is used during the Mass.

Forms of Prayer

Praise Through this form of prayer, you acknowledge that God is God, giving glory not for what he does, but simply because he is.

- When you praise God, in prayer and in song, you give glory to God as his children.
- You give God praise for his friendship, his kindness, and his goodness.
- ______________________________

Intercession You use this form of prayer to pray for the Church or the whole world.

- You ask God to help someone else.
- You intercede on behalf of others as Jesus intercedes for you with his Father.
- ______________________________

Petition In times of need, you turn to God, ask for his help, and acknowledge that you need him.

- You might pray for God's mercy, forgiveness, and guidance when you are sad, sick, troubled, confused, or in a state of sin.
- You also ask God to help others.
- ______________________________

Blessing and Adoration You bless God, who blesses you. You also bless others who are made in God's image.

- A blessing is a prayer of response to all of God's gifts to us.
- Adoration is giving respectful homage to God by honoring the greatness of the Lord.
- ______________________________

Thanksgiving You express your gratitude to God for the good things in your life.

- When you experience some special cause for rejoicing, such as good grades or restored health or a wonderful day, you thank God for it.
- ______________________________

Gente de fe

27 de agosto

Santa Mónica, c. 331–387

Santa Mónica vivió en el norte de África. Era una mujer de gran fe, y muchos miembros de su familia se hicieron cristianos gracias a su ejemplo. Mónica tenía un hijo llamado Agustín. En su juventud, Agustín llevó una vida escandalosa. Mónica quería que se bautizara, pero él se negó. Durante muchos años, Mónica oró constantemente por su conversión. Finalmente, después de mucha perseverancia, sus oraciones fueron respondidas. Agustín se dio cuenta de la verdad del cristianismo y dio un giro a su vida. Se convirtió en sacerdote y luego en obispo, así como en uno de los más grandes maestros de la fe. A él y a su madre se les honra como santos.

Comenta: Habla acerca de una ocasión en que Dios haya respondido a tu oración.

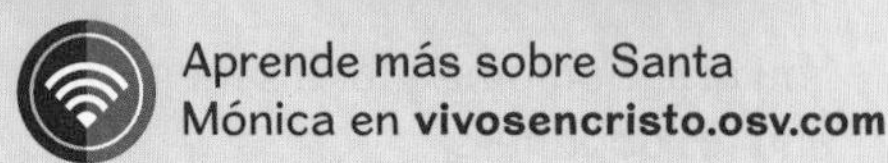

Aprende más sobre Santa Mónica en **vivosencristo.osv.com**

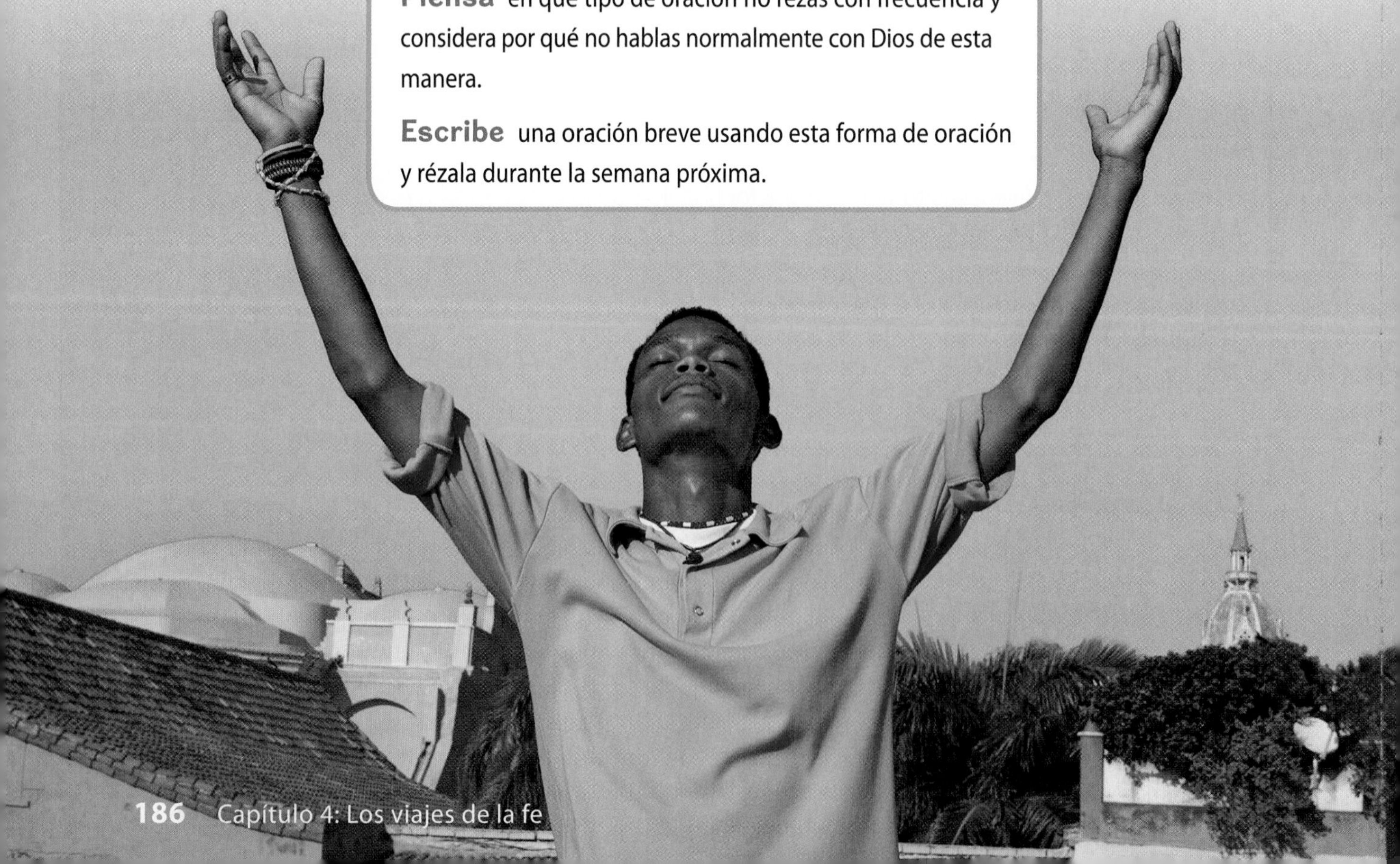

Vive tu fe

Piensa en qué tipo de oración no rezas con frecuencia y considera por qué no hablas normalmente con Dios de esta manera.

Escribe una oración breve usando esta forma de oración y rézala durante la semana próxima.

People of Faith

August 27

Saint Monica, c. 331–387

Saint Monica lived in North Africa. She was a woman of great faith, and many members of her family became Christian because of her example. Monica had a son named Augustine. In his youth, Augustine led a disgraceful life. Monica wanted him to be baptized, but he refused. For many years, Monica prayed constantly for his conversion. Finally, after much persistence, her prayers were answered. Augustine realized the truth of Christianity and turned his life around. He became a priest and then a bishop as well as one of the great teachers of the faith. Both he and his mother are honored as Saints.

Discuss: Talk about a time when God answered your prayer.

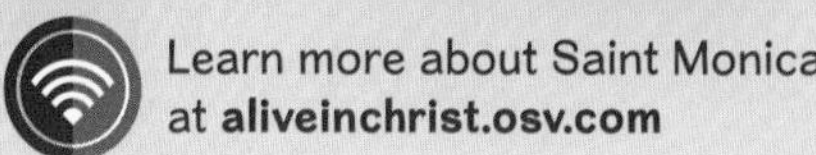

Learn more about Saint Monica at **aliveinchrist.osv.com**

Live Your Faith

Think about which type of prayer you don't pray often, and consider why you don't usually talk to God in this way.

Write a short prayer using this form and pray it during the next week.

Oremos

Reflexión guiada

Esta es una reflexión bíblica guiada, durante la cual recordamos un acontecimiento de la vida de Jesús o una de sus enseñanzas. Podemos imaginar nuestra vida en el relato.

Reúnanse y comiencen con la Señal de la Cruz.

Líder: Hoy nos reunimos en oración, atentos una vez más a la Palabra de Dios.

Lean Juan 10, 14-17. 27-29.

La Palabra de Dios es una palabra viva. Aunque fue escrita hace mucho tiempo, el Espíritu Santo hace que la Palabra de Dios cobre vida en nuestro corazón este mismo día. Y por eso oramos,

Todos: Espíritu Santo, guíanos.

Líder: Cerremos los ojos, quedémonos quietos e imaginemos.

Después de la reflexión guiada:

Este pasaje de la Sagrada Escritura nos recuerda el cuidado que Jesús da a aquellos que están en el viaje de fe. Sigamos orando.

Lado 1: Te damos gracias, Jesús, el Buen Pastor,

Lado 2: por tu cuidado incesante y tu guía amorosa.

Lado 1: Confiamos en ti.

Lado 2: Te seguiremos siempre.

Todos: Gracias por dejarnos estar cerca de ti, en tus manos, como una familia. Amén.

Let Us Pray

Guided Reflection

This is a guided scriptural reflection, during which we remember an event in Jesus' life or one of his teachings. We can imagine ourselves in the story.

Gather and begin with the Sign of the Cross.

Leader: We gather today in prayer, attentive once again to God's Word.

Read John 10:14–17, 27–29.

The Word of God is a living word. Although it was written long ago, the Holy Spirit makes God's Word come alive in our own hearts this very day. And so we pray,

All: Holy Spirit, guide us.

Leader: Let us close our eyes, be very still, and imagine.

After the guided reflection:

This Scripture passage reminds us of the care that Jesus gives to those who are on the journey of faith. Let us continue to pray.

Side 1: We thank you, Jesus, the Good Shepherd,

Side 2: for your unceasing care and loving guidance.

Side 1: We trust you.

Side 2: We will always follow you.

All: Thank you for keeping us close to you, in your hands, as one family. Amen.

FAMILIA + FE

VIVIR Y APRENDER JUNTOS

SUS HIJOS APRENDIERON >>>

Este capítulo explica cómo la oración profundiza nuestra fe y nos ayuda confiar en Dios durante nuestro viaje, así como confiaron Abraham y Sara.

La Sagrada Escritura

Lean **Deuteronomio 31, 8** para aprender quién nos acompañará en nuestro viaje de fe.

Lo que creemos

- Dios te llama a hacer un viaje de fe a la salvación.
- El camino a la salvación está pavimentado con oración, lo que le permite al Espíritu Santo alejarte del pecado.

Para aprender más, vayan al *Catecismo de la Iglesia Católica* 176–184, 2558–2565 en **usccb.org**.

Gente de fe

Esta semana, su hijo aprendió acerca de Santa Mónica, cuya persistencia en la oración finalmente logró la conversión de su famoso hijo, San Agustín.

LOS NIÑOS DE ESTA EDAD >>>

Cómo comprenden la oración Es probable que su hijo sea mucho más articulado que cuando era menor, y que sea más capaz de mantener una verdadera conversación. Las implicaciones de esto para la oración es que la habilidad de los niños para usar un estilo de oración espontáneo y familiar aumenta, si se les ha enseñado a hacerlo. Como la oración es, esencialmente, una "conversación con Dios", en este tiempo los niños que han sido bien formados pueden crecer verdaderamente en su vida de oración.

CONSIDEREMOS ESTO >>>

¿En qué invierten el mayor tiempo de oración: en dar gracias, en pedir o en alabar?

Aunque descubramos que nuestra oración más frecuente es hacer peticiones, la oración es necesaria para crecer en nuestra relación con Dios. Usando una variedad de formas de oración, podemos expresarle a Dios lo que está en nuestro corazón. Como católicos, sabemos que "el Espíritu Santo enseñó a la Iglesia la vida de oración y la llevó a descubrir entendimientos más profundos sobre las formas básicas de la oración, adoración, petición, intercesión: acción de gracias y alabanza" (*CCEUA*, *p. 500*).

HABLEMOS >>>

- Pidan a su hijo que describa cómo la oración y los Sacramentos son parte de nuestro viaje de fe.
- Compartan con su hijo una experiencia de vida que los ayudó a crecer en la fe.

OREMOS >>>

Santa Mónica, ayúdanos a seguir tu gran ejemplo de fe y oración constante y persistente, en especial por los miembros de nuestra familia. Amén.

Visiten **vivosencristo.osv.com** para encontrar un glosario multimedia de Palabras católicas, lecturas dominicales, y recursos de Santos y tiempos festivos.

FAMILY+FAITH

LIVING AND LEARNING TOGETHER

YOUR CHILD LEARNED >>>

This chapter explains how prayer can deepen our faith, and help us trust in God during our journey, just as Abraham and Sarah did.

Scripture

Read **Deuteronomy 31:8** to find out who will walk with us on our faith journey.

Catholics Believe

- God calls you on a journey of faith toward salvation.
- The path toward salvation is paved with prayer, which allows the Holy Spirit to lead you away from sin.

To learn more, go to the *Catechism of the Catholic Church #176–184, 2558–2565* at **usccb.org**.

People of Faith

This week, your child learned about Saint Monica, whose persistent prayer eventually led to the conversion of her famous son, Saint Augustine.

CHILDREN AT THIS AGE >>>

How They Understand Prayer Your child is probably remarkably more verbally articulate than when he or she was younger, and more capable of true conversation. The implication of this for prayer is that children's ability to use spontaneous, conversational styles of prayer grows if they have been taught how to do this. Because prayer is essentially "conversation with God," children who have been well-formed in prayer can really grow in their prayer lives during this time.

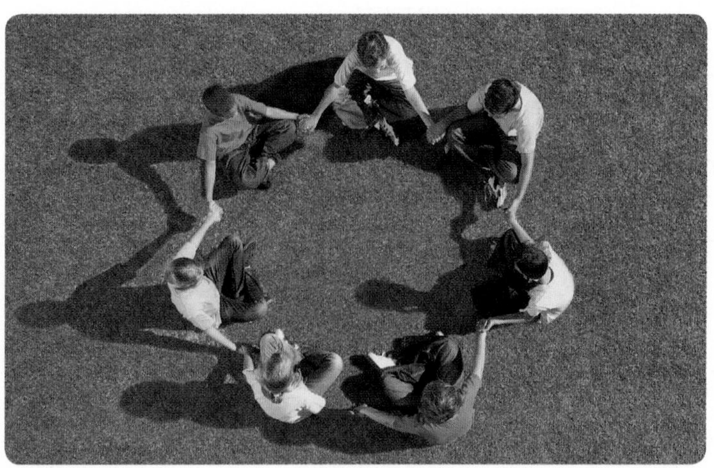

CONSIDER THIS >>>

Where do you spend the most time in prayer: in thanksgiving, asking, or praise?

While we may find our prayer is frequently petition, or asking, prayer is necessary to grow in relationship with God. Using a variety of ways to pray, we can express to God what is in our hearts. As Catholics, we know "the Holy Spirit taught the Church the life of prayer and led her to deeper insights into basic ways of praying: adoration, petition, intercession, thanksgiving, and praise" *(USCCA p. 467)*.

LET'S TALK >>>

- Have your child describe how prayer and the Sacraments are part of our faith journey.
- Share with your child an experience in your life that helped you grow in faith.

LET'S PRAY >>>

Saint Monica, help us follow your strong example of faith and constant, persistent prayer, especially for members of our family. Amen.

For a multimedia glossary of Catholic Faith Words, Sunday readings, seasonal and Saint resources, and chapter activities go to **aliveinchrist.osv.com**.

Capítulo 4 Repaso

A Trabaja con palabras **Completa cada oración con el término correcto del Vocabulario. Los términos se pueden usar más de una vez.**

Vocabulario

fe	Raquel	doce	salvación
alianza	oración	Sara	Benjamín
Jerusalén	José	Egipto	

1. La esposa de Abrahán se llamaba ________________.
2. De los doce hijos de Jacob, su preferido era ________________.
3. Los hermanos celosos vendieron a ________________ para que fuera esclavo en ________________.
4. La ________________ es la Virtud Teologal que hace posible que creamos en Dios y las cosas que Él nos ha revelado.
5. Dios sigue hablando a nosotros hoy y nos comunicamos con Él a través de la ________________.

B Confirma lo que aprendiste **Completa cada enunciado.**

6. Dios prometió que haría una gran ________________ de Abram y sus descendientes.
7. Sara dio a luz a un hijo cuyo nombre era ________________.
8. Jacob recibió el nombre de ________________, que significa "el que lucha con Dios".
9. El viaje que Dios te llama a hacer es un viaje de ________________.
10. La bendición y adoración, la ________________, la intercesión, la acción de gracias y la alabanza son todas formas de oración.

Chapter 4 Review

A **Work with Words** **Complete each sentence with the correct term from the Word Bank. Terms may be used more than once.**

Word Bank			
faith	Rachel	twelve	salvation
covenant	prayer	Sarah	Benjamin
Jerusalem	Joseph	Egypt	

1. Abraham's wife was named ______________.
2. Of Jacob's twelve sons, ______________ was his favorite.
3. ______________ was sold into slavery in ______________ by his jealous brothers.
4. ______________ is the Theological Virtue that makes it possible for us to believe in God and all that he has revealed.
5. God continues to speak to us today, and we communicate with him through ______________.

B **Check Understanding** **Complete each statement.**

6. God promised that he would make a great ______________ from Abram and his descendants.
7. Sarah gave birth to a son whose name was ______________.
8. Jacob received the name ______________, which means "one who struggles with God."
9. The journey that God calls you to make is a journey of ______________.
10. Blessing and adoration, ______________, intercession, thanksgiving, and praise are all forms of prayer.

La acción salvadora de Dios

Oremos

Líder: Salvador misericordioso, nosotros recordamos tu amor. Confiamos en ti.

"El Señor es mi luz y mi salvación,
¿a quién he de temer?" **Salmo 27, 1**

Todos: Dios que no puedes olvidarnos, te damos gracias por salvarnos a nosotros, tu pueblo. Amén.

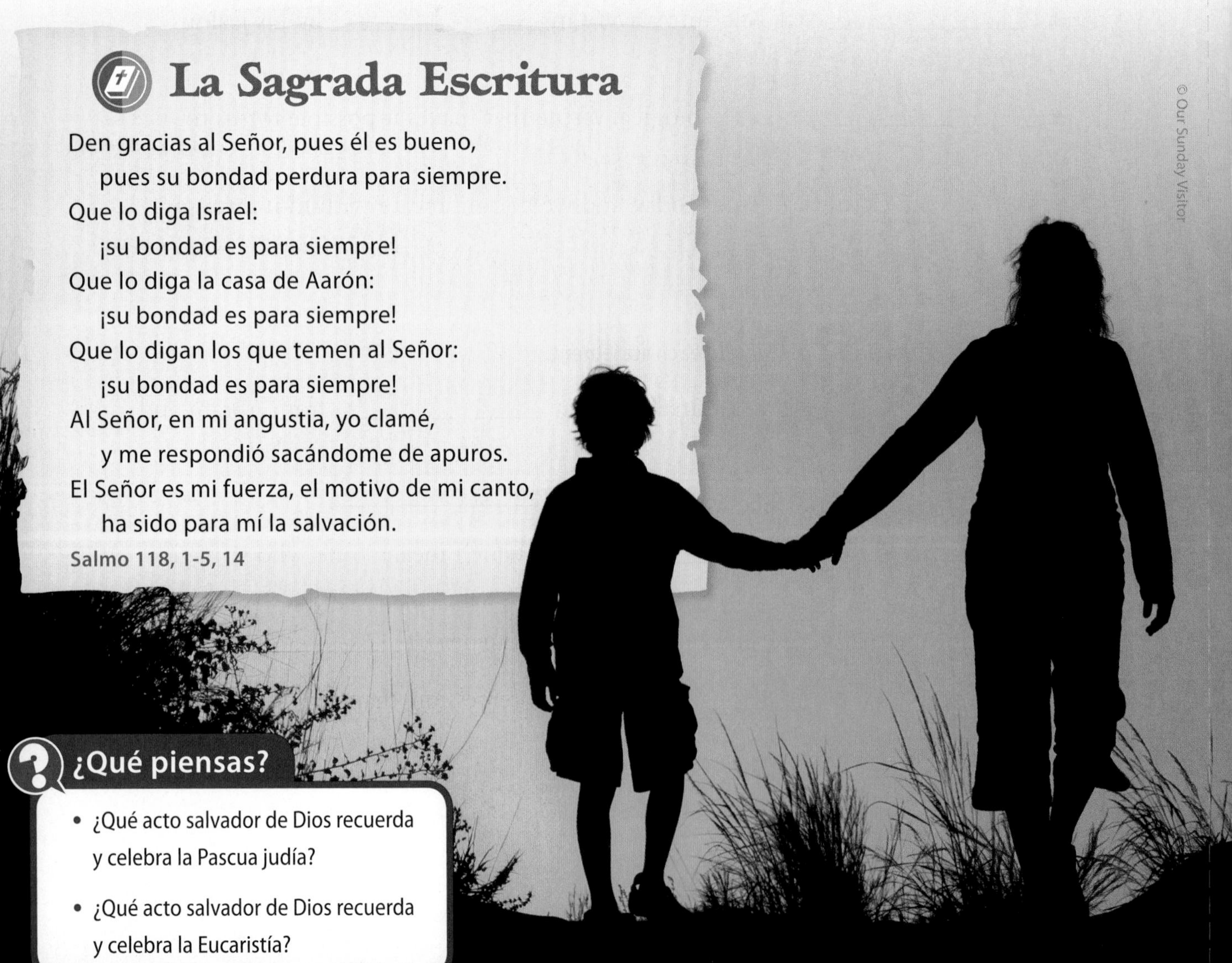

La Sagrada Escritura

Den gracias al Señor, pues él es bueno,
pues su bondad perdura para siempre.
Que lo diga Israel:
¡su bondad es para siempre!
Que lo diga la casa de Aarón:
¡su bondad es para siempre!
Que lo digan los que temen al Señor:
¡su bondad es para siempre!
Al Señor, en mi angustia, yo clamé,
y me respondió sacándome de apuros.
El Señor es mi fuerza, el motivo de mi canto,
ha sido para mí la salvación.

Salmo 118, 1-5, 14

¿Qué piensas?

- ¿Qué acto salvador de Dios recuerda y celebra la Pascua judía?
- ¿Qué acto salvador de Dios recuerda y celebra la Eucaristía?

CHAPTER 5

God's Saving Action

Let Us Pray

Leader: Merciful Savior, we remember your love.
We trust in you.

"The LORD is my light and my salvation;
whom should I fear?" Psalm 27:1

All: God who cannot forget us, we give you thanks for saving us, your people. Amen.

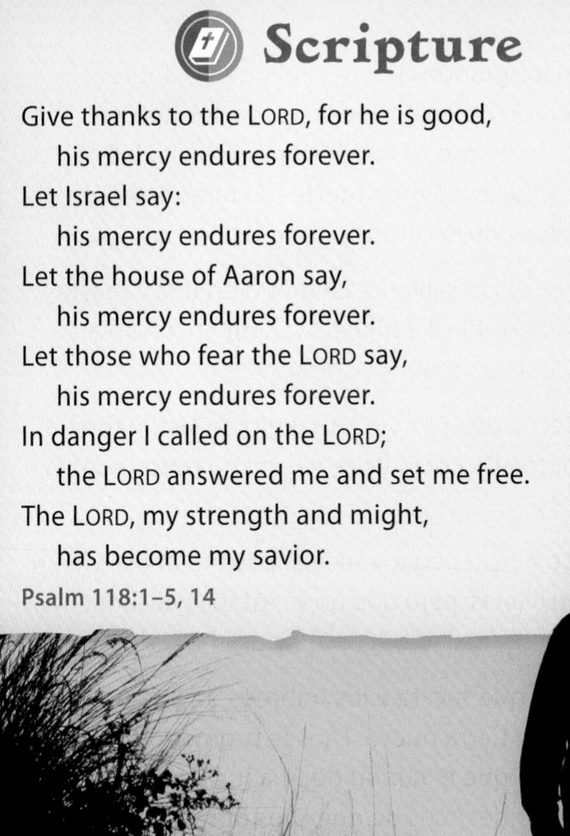

Scripture

Give thanks to the LORD, for he is good,
his mercy endures forever.
Let Israel say:
his mercy endures forever.
Let the house of Aaron say,
his mercy endures forever.
Let those who fear the LORD say,
his mercy endures forever.
In danger I called on the LORD;
the LORD answered me and set me free.
The LORD, my strength and might,
has become my savior.
Psalm 118:1–5, 14

What Do You Wonder?

- What saving act of God does Passover remember and celebrate?
- What saving act of God does Eucharist remember and celebrate?

Dios libera a su Pueblo

¿De qué manera es Moisés un instrumento de la acción de Dios?

Dios llama a las personas comunes a realizar cosas extraordinarias. Desde los tiempos bíblicos hasta el presente, Dios ha llamado a las personas en el lugar donde estén para que cumplan su obra. Moisés fue una de estas personas. A través de él, puedes ver como trabaja el poder salvador de Dios. A través de Moisés, Dios llevó a los israelitas de la esclavitud a la libertad. Este fue el comienzo del viaje de los israelitas, llamado el **Éxodo**.

Palabras católicas

Éxodo el viaje de los israelitas, alcanzado y dirigido por Dios, de la esclavitud en Egipto a la libertad de la Tierra Prometida

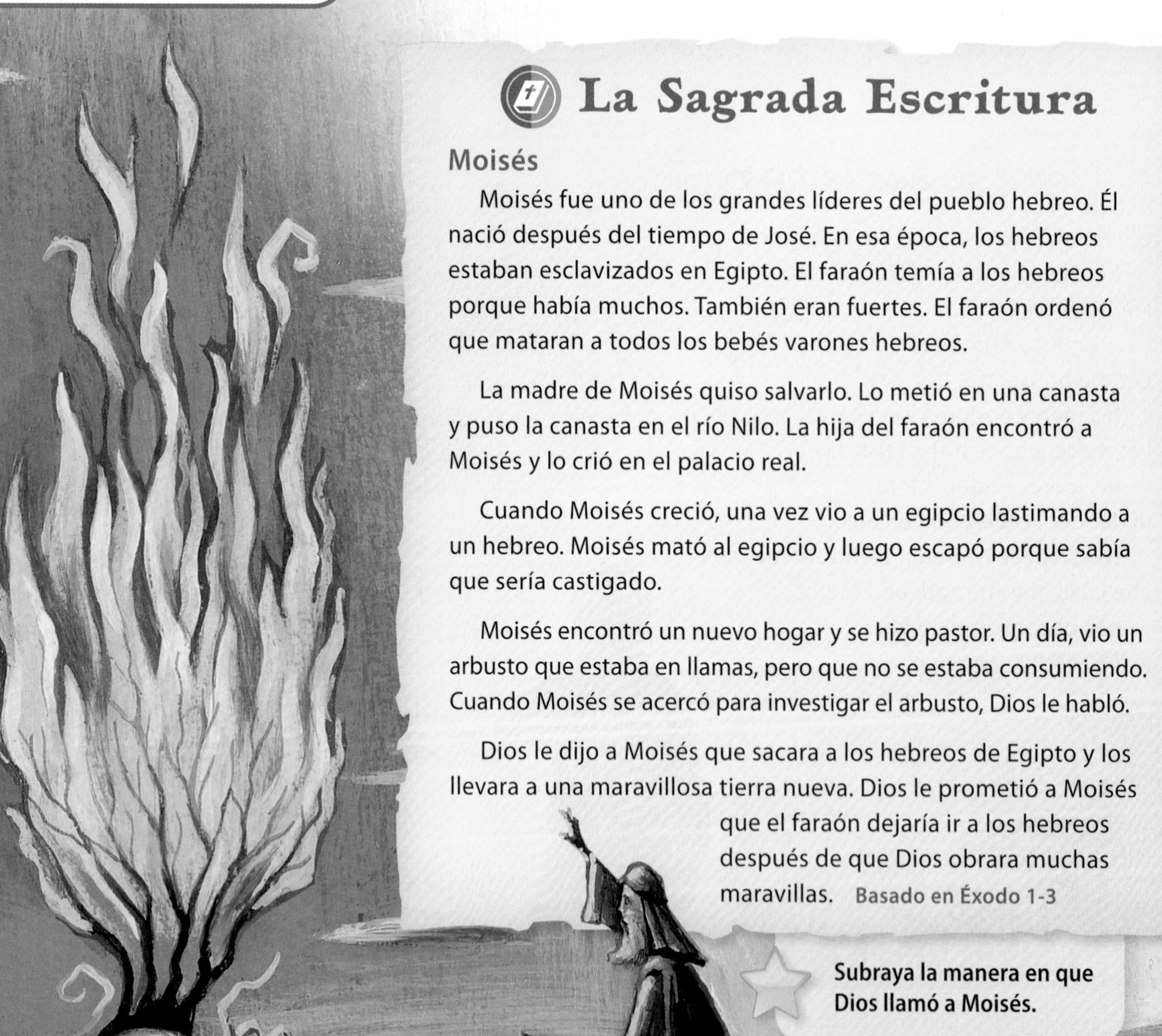

La Sagrada Escritura

Moisés

Moisés fue uno de los grandes líderes del pueblo hebreo. Él nació después del tiempo de José. En esa época, los hebreos estaban esclavizados en Egipto. El faraón temía a los hebreos porque había muchos. También eran fuertes. El faraón ordenó que mataran a todos los bebés varones hebreos.

La madre de Moisés quiso salvarlo. Lo metió en una canasta y puso la canasta en el río Nilo. La hija del faraón encontró a Moisés y lo crió en el palacio real.

Cuando Moisés creció, una vez vio a un egipcio lastimando a un hebreo. Moisés mató al egipcio y luego escapó porque sabía que sería castigado.

Moisés encontró un nuevo hogar y se hizo pastor. Un día, vio un arbusto que estaba en llamas, pero que no se estaba consumiendo. Cuando Moisés se acercó para investigar el arbusto, Dios le habló.

Dios le dijo a Moisés que sacara a los hebreos de Egipto y los llevara a una maravillosa tierra nueva. Dios le prometió a Moisés que el faraón dejaría ir a los hebreos después de que Dios obrara muchas maravillas. Basado en Éxodo 1-3

Subraya la manera en que Dios llamó a Moisés.

God Delivers His People

How is Moses an instrument of God's action?

God calls ordinary people to accomplish extraordinary things. From biblical times to the present, God has called people where they are to do his work. Moses was one of these people. Through him, you can see God's saving power at work. Through Moses, God delivered the Israelites from slavery to freedom. This was the beginning of the Isrealites' journey, called the **Exodus**.

Catholic Faith Words

Exodus the Israelites' journey from slavery in Egypt to freedom in the Promised Land, accomplished and directed by God

Scripture

Moses

Moses was one of the great leaders of the Hebrew people. He was born after the time of Joseph. The Hebrews were slaves in Egypt then. The pharaoh feared the Hebrews because there were so many of them. They were also strong. The pharaoh ordered every Hebrew baby boy born to be killed.

Moses' mother wanted to save him. She put him in a basket and floated the basket on the Nile River. The pharaoh's daughter found Moses and raised him in the royal palace.

When Moses was grown, he saw an Egyptian hurting a Hebrew. Moses killed the Egyptian, and then he ran away because he knew he would be punished.

Moses found a new home and became a shepherd. One day, he saw a bush that was on fire, but it was not being consumed. As Moses drew close to investigate the bush, God spoke to him.

God told Moses to lead the Hebrews out of Egypt to a wonderful new land. God promised Moses that the pharaoh would send the Hebrews away after God worked many wonders.

Based on Exodus 1—3

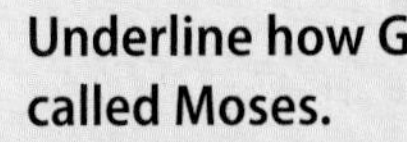

Underline how God called Moses.

El Éxodo

Cuando Moisés fue hombre, Dios lo envió ante el faraón para exigir la libertad de los hebreos. Moisés hizo lo que Dios le pidió, pero el faraón se negó a escuchar. Entonces, Dios envió nueve plagas a los egipcios. Cuando el faraón se siguió negando, Dios envió una décima plaga, el ángel de la muerte, para que matara a todos los niños primogénitos egipcios. Finalmente, el faraón dejó que los israelitas se fueran. Dejaron Egipto para ir a la Tierra Prometida.

Basado en Éxodo 7, 1–11, 10. 12, 29

Comparte tu fe

Reflexiona Recuerda lo que ya sabes acerca de la manera en que Dios llamó a Moisés. ¿Qué cualidades tenía Moisés que lo ayudaron a responder el llamado de Dios?

____

____

Comparte En un grupo pequeño, lean y comenten Éxodo 3, 1-22. ¿Qué te sorprende acerca del llamado de Dios? Si fueras Moisés, ¿qué te hubiera parecido más difícil?

The Exodus

When Moses was a man, God sent him to the pharaoh to demand freedom for the Hebrews. Moses did as God asked, but the pharaoh refused to listen. God then sent nine plagues to the Egyptians. When the pharaoh still refused, God sent a tenth plague, the angel of death, to kill all of the firstborn Egyptian sons. Pharaoh finally let the Israelites go. They left Egypt to go to the Promised Land.

Based on Exodus 7:1—11:10, 12:29

Share Your Faith

Reflect Recall what you already know about how God called Moses. What qualities did Moses have that helped him answer God's call?

____

____

Share In a small group, read and discuss Exodus 3:1–22. What surprises you about God's call? What would you find most difficult if you were Moses?

Comidas del memorial

¿Cuál es el significado de la comida de la Pascua judía y de la Última Cena?

En la Biblia, leíste acerca de que los israelitas y sus descendientes, más tarde llamados judíos, celebraban importantes acontecimientos con comidas. Dos de estas comidas tienen un significado muy especial para nosotros. En el Antiguo Testamento, Dios pide al pueblo judío que recuerde el Éxodo celebrando la comida de la Pascua judía. En el Nuevo Testamento, Jesús dice a sus seguidores que se reúnan en su memoria y que lo recuerden partiendo el pan.

La comida de la Pascua judía

Antes de que Dios enviara la plaga final, le dio a Moisés instrucciones especiales para el pueblo de Israel. Cada familia tenía que matar y comer un cordero, y cubrir el marco de la puerta de la casa con la sangre del cordero. El ángel de la muerte pasaría por alto las casas marcadas con la sangre, perdonando a los primogénitos de los israelitas. La última noche en Egipto, las personas tenían que comer rápidamente, preparando pan sin levadura para ahorrar tiempo.

Esta noche grande y terrible se conoce como la **Pascua judía** del Señor porque fue la noche en que la muerte pasó por alto las casas de los israelitas. Sería recordada como un nuevo comienzo para el pueblo.

Desde ese momento, los israelitas, o judíos, han hecho una comida especial llamada Séder Pascual para recordar, tener presente y celebrar el poder salvador de Dios. La comida se celebra alrededor de preguntas y respuestas rituales sobre la liberación de los israelitas de la esclavitud en Egipto.

➔ **¿De qué manera la comida de la Pascua judía ayuda a las personas a recordar el Éxodo?**

➔ **Explica a un compañero por qué los judíos siguen celebrando la Pascua hoy.**

Jóvenes leen una Hagadá, texto de oraciones y narraciones antes de celebrar la comida festiva en un Séder Pascual. La comida incluye *matzá* (pan sin levadura), *maror* (hierbas amargas), y *jaroset* (una mezcla de manzanas, frutos secos y vino).

Memorial Meals

What is the meaning of the Passover meal and the Last Supper?

In the Bible, you read about the Israelites and their descendants, later called Jews, celebrating important events with meals. Two of these meals have very special meaning for us. In the Old Testament, God commands the Jewish people to remember the Exodus by celebrating the Passover meal. In the New Testament, Jesus tells his followers to gather in his memory and remember him in the breaking of bread.

The Passover Meal

Before God sent the final plague, he gave Moses special instructions for the people of Israel. Each family was to kill and eat a lamb and cover the door frame of the home with the lamb's blood. The angel of death would pass over the houses marked with blood, sparing the firstborn sons of the Israelites. On that last night in Egypt, the people had to eat quickly, making bread without yeast to save time.

This great and terrible night is known as the **Passover** of the Lord because it was the night that death passed over the houses of the Israelites. It would be remembered as a new beginning for the people.

Since that time, the Israelites, or Jewish people, have eaten a special meal called the Passover Seder to remember, make present, and celebrate God's saving power. The meal is celebrated around ritual questions and answers about the story of the Israelites' deliverance from slavery in Egypt.

- ➔ **How does the Passover meal help people remember the Exodus?**
- ➔ **Explain to a partner why Passover is still celebrated by Jews today.**

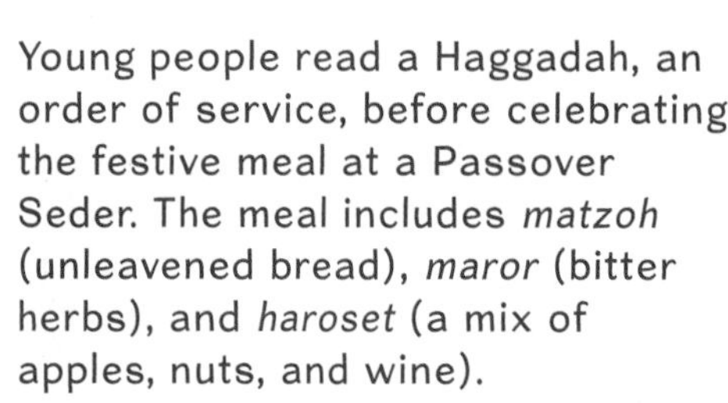

Young people read a Haggadah, an order of service, before celebrating the festive meal at a Passover Seder. The meal includes *matzoh* (unleavened bread), *maror* (bitter herbs), and *haroset* (a mix of apples, nuts, and wine).

Jesús salva

Dios hizo una alianza con Moisés y con los israelitas, un acuerdo de que sería su Dios y de que ellos serían su pueblo. Cuando Dios envió a su Hijo, hizo una nueva alianza con todas las personas para siempre. Esta alianza pide el mismo tipo de fidelidad que la alianza previa prometida. Por la gracia del Espíritu Santo, participas en esta alianza cada vez que tomas parte de los Sacramentos de la Iglesia o haces buenas elecciones. Como Jesús cumplió la voluntad de Dios incluso en la muerte, es nuestro **Salvador**. La obra salvadora de Dios se realiza completamente en Jesús.

Como los otros judíos de su tiempo, Jesús celebró el poder salvador de Dios en la comida de la Pascua judía. Cuando Jesús bendijo el pan y el vino en la Última Cena (ver Mateo 26, 26-30), les dijo a los Apóstoles que el pan y el vino eran un signo de la alianza nueva entre Dios y su pueblo. El pan y el vino se convirtieron en el Cuerpo y la Sangre de Cristo.

Las acciones de Jesús en la comida de la Pascua judía marcan la alianza nueva producida por la Muerte y la Resurrección de Jesús, ofreciendo la salvación a todas las personas fieles. El sacrificio nuevo y la comida sagrada, celebrados por primera vez en la Última Cena, es la Eucaristía, que se sigue celebrando hoy.

Palabras católicas

Pascua judía el día sagrado judío que celebra que Dios guió a los israelitas para liberarlos de la esclavitud en Egipto

Salvador un título de Jesús, quien fue enviado al mundo para salvar a todas las personas perdidas por el pecado, y para guiarlas de regreso a Dios Padre

Practica tu fe

Comparar comidas rituales Describe cada uno de los siguientes eventos. ¿Qué sucedió en cada una? ¿Qué celebraba o recordaba cada una?

Pascua judía

____

____

Última Cena

____

____

Discuta una manera en que la Última Cena se relaciona con la celebración de la Misa hoy.

Al final de la Plegaria eucarística, el sacerdote reza la doxología final, que comienza con "Por Cristo, con Él y en Él".

Jesus Saves

God made a covenant with Moses and the Israelites, an agreement that he would be their God and that they would be his People. When God sent his Son, he made a new covenant with all people forever. This covenant calls for the same kind of faithfulness that the earlier covenant promised. By the grace of the Holy Spirit, you participate in this covenant every time you take part in the Church's Sacraments or make good choices. Because Jesus did God's will even in death, he is our **Savior**. God's saving work is completely fulfilled in Jesus.

Like the other Jews of his time, Jesus celebrated God's saving power at a Passover meal. As Jesus blessed bread and wine at the Last Supper (see Matthew 26:26–30), he told the Apostles that the bread and wine were a sign of the new covenant between God and his People. The bread and wine became Christ's Body and Blood.

The actions of Jesus at the Passover meal mark the new covenant brought about by Jesus' Death and Resurrection, offering salvation to all faithful people. The new sacrifice and holy meal, first celebrated at the Last Supper, is the Eucharist, which is still celebrated today.

Catholic Faith Words

Passover the Jewish holy day that celebrates God's leading the Israelites out of slavery in Egypt

Savior a title for Jesus, who came into the world to save all people who were lost through sin and to lead them back to God the Father

Connect Your Faith

Compare Ritual Meals Describe each event in your own words. What happened at each? What was each celebrating or remembering?

Passover

____

____

Last Supper

____

____

Discuss one way the Last Supper connects with the celebration of the Mass today.

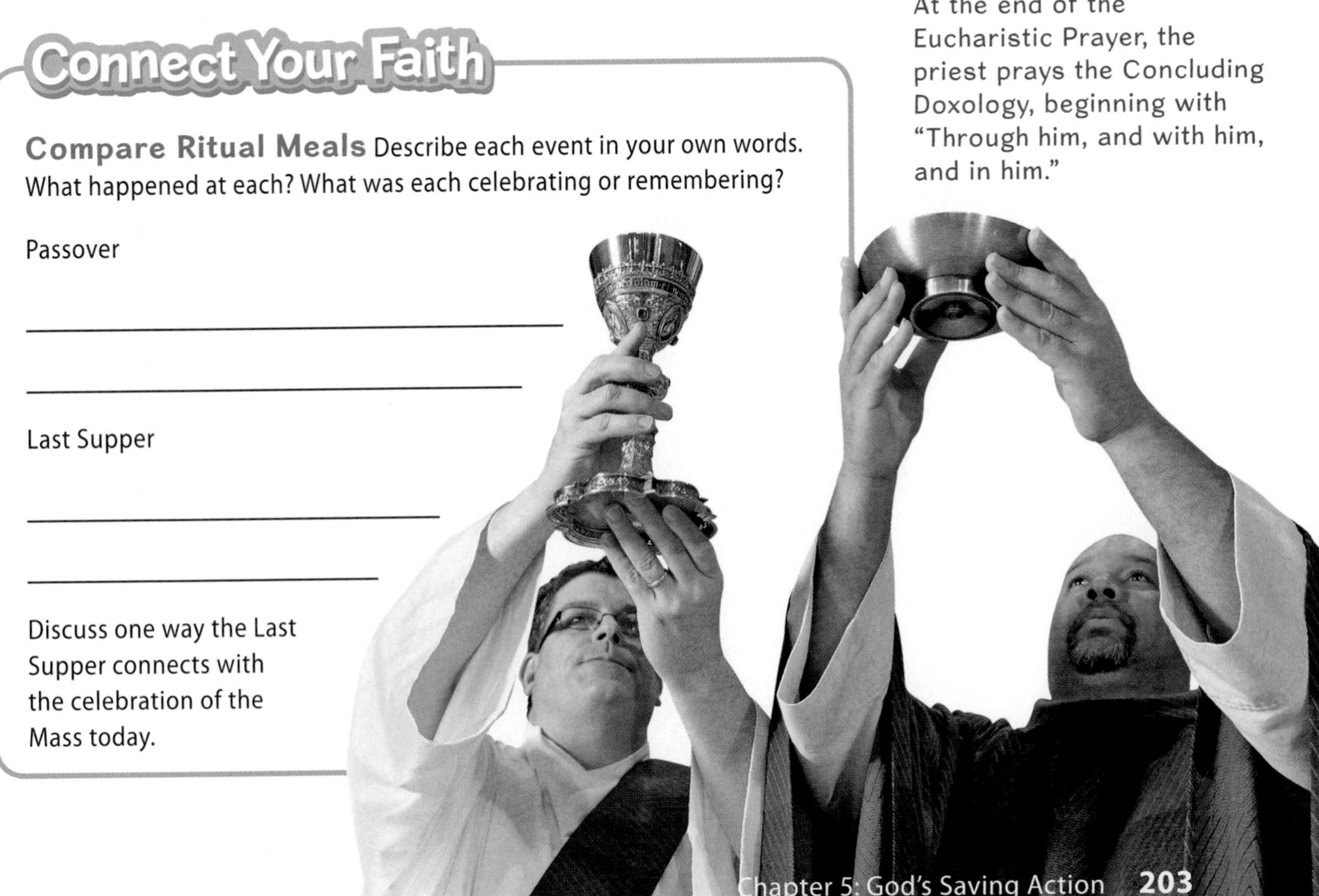

At the end of the Eucharistic Prayer, the priest prays the Concluding Doxology, beginning with "Through him, and with him, and in him."

Nuestra vida católica

¿De qué maneras ves a Dios protegiéndote del mal?

Considera las siguientes sugerencias para proteger tu vida y la vida de los demás. Usa las palabras de la lista para completar las oraciones.

La acción salvadora de Dios es necesaria para salvar a los humanos del poder del mal. Dios llama a su pueblo para que coopere con el Espíritu Santo para proteger su propia vida y la de los demás del pecado y la destrucción que causa.

Acciones que protegen

Lista de palabras

- libertad
- Penitencia
- Eucaristía

1. Permanece cerca de Dios mediante la participación en la ______________________ dominical.
2. Mantente enfocado en Dios, y sé consciente de su presencia amorosa en tu vida. Confía en que Él te lleva a la seguridad.
3. Haz del Sacramento de la ______________________ y de la Reconciliación una parte regular de tu vida de fe.
4. Evita situaciones en las que te veas tentado a mentir, robar, engañar, desobedecer reglas o lastimar a los demás.
5. Elige sabiamente a tus amigos. Los buenos amigos te ayudarán a ir hacia la ______________________.
6. Ora con frecuencia. La oración es una herramienta poderosa y un vínculo directo con Dios. En la oración, escuchas a Dios y Él te escucha.

Our Catholic Life

In what ways do you see God protecting you from evil?

Consider the following suggestions for protecting your life and the lives of others. Use the words in the list to complete the sentences.

God's saving action is needed to save humans from the power of evil. God calls his People to cooperate with the Holy Spirit in protecting their own lives and those of others from sin and the destruction it causes.

Actions that Protect

Word List

freedom

Penance

Eucharist

1. Stay close to God by participating in the Sunday ________________.
2. Keep your focus on God, and be aware of his loving presence in your life. Trust that he is leading you to safety.
3. Make the Sacrament of ________________ and Reconciliation a regular part of your faith life.
4. Avoid situations in which you are tempted to lie, steal, cheat, disobey rules, or hurt others.
5. Choose your friends wisely. Good friends will help lead you toward

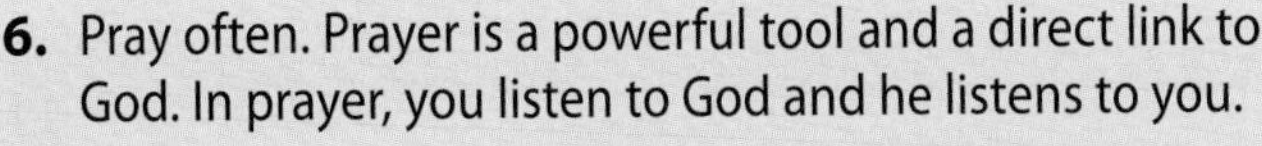

________________.
6. Pray often. Prayer is a powerful tool and a direct link to God. In prayer, you listen to God and he listens to you.

Gente de fe

Santa Teresa Benedicta de la Cruz, 1891–1942

9 de agosto

Edith Stein nació en Alemania en una familia judía. Ella creció celebrando las festividades judías, como la Pascua judía. Edith se convirtió al catolicismo a los treinta años e ingresó en un convento. Tomó el nombre religioso de Hermana Teresa Benedicta de la Cruz. Durante la Segunda Guerra Mundial, se trasladó a Holanda. En Holanda, los nazis empezaron a perseguir a los judíos. Edith fue arrestada y enviada al campo de exterminio de Auschwitz, donde fue ejecutada. Aun cuando se hizo católica, nunca olvidó las lecciones que aprendió de su madre judía acerca de la alianza que Dios hizo con nosotros.

Comenta: ¿Qué te ayuda a permanecer fiel?

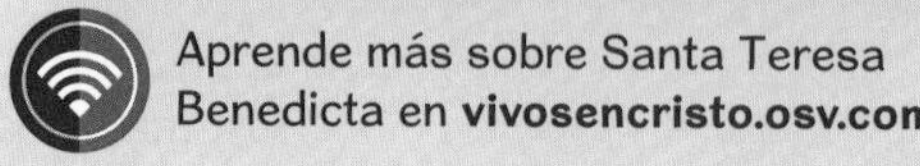

Aprende más sobre Santa Teresa Benedicta en **vivosencristo.osv.com**

Vive tu fe

Elige tres palabras para describir en qué parte de tu propio viaje de vida estás ahora. ¿De qué manera puedes confiar más en Dios para que te dirija y te guíe?

__________ __________ __________

Dibuja o escribe dentro de la pantalla del GPS una manera en que puedes pedir más apoyo y dirección de la familia o la Iglesia esta semana.

People of Faith

Saint Teresa Benedicta of the Cross, 1891–1942

August 9

Edith Stein was born in Germany to a Jewish family. She grew up celebrating Jewish holidays, such as Passover. Edith became a Catholic in her thirties and entered a convent. She took the religious name Sister Teresa Benedicta of the Cross. During World War II, she moved to the Netherlands. In the Netherlands, the Nazis began persecuting Jews. Edith was arrested and sent to the death camp at Auschwitz, where she was executed. Even though she became a Catholic, she never forgot the lessons she learned from her Jewish mother about the covenant God made with us.

Discuss: What helps you to remain faithful?

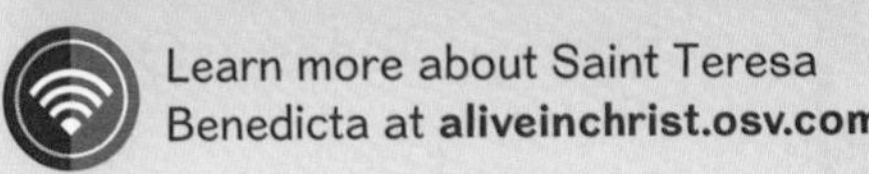

Learn more about Saint Teresa
Benedicta at aliveinchrist.osv.com

Live Your Faith

Choose three words to describe where you are now on your own journey in life. How can you rely more on God to direct and guide you?

________________ ________________ ________________

Draw or write inside the GPS screen one way you can ask for more support and direction from family or the Church this week.

 Oremos

Oración de alabanza

Reúnanse y comiencen con la Señal de la Cruz.

Líder: Cuando Moisés y los israelitas fueron salvados de los egipcios, respondieron con una canción. Que su canción sea nuestra canción.

Lector 1: Cantaré a Yavé, que se hizo famoso;
arrojó en el mar al caballo y su jinete.
¡Yavé, mi fortaleza!,
a él le cantaré, él fue mi salvación.

Todos: ¡Que Yavé reine eternamente!

Lector 2: Guiaste con amor al pueblo que rescataste, lo llevaste con poder a tu santa morada. Tú lo llevarás y lo plantarás en el monte que es tuyo, el lugar en que habitas, oh Yavé; el Santuario del Señor, obra de tus manos.

Todos: ¡Que Yavé reine eternamente! **Exodus 15:1–2, 13, 17–18**

 Canten "El Señor Nos Invita"

El Señor nos invita junto a su mesa.
Como hermanos venimos para la cena.
Como hermanas venimos para la cena.
Haya paz y alegría que hoy es su fiesta.

Let Us Pray

Prayer of Praise

Gather and begin with the Sign of the Cross.

Leader: When Moses and the Israelites were saved from the Egyptians, they responded in song. May their song be our song.

Reader 1: I will sing to the LORD, for he is gloriously triumphant;
horse and chariot he has cast into the sea.
My strength and my refuge is the LORD,
and he has become my savior.

All: The Lord shall reign forever and ever.

Reader 2: In your love you led the people you redeemed;
in your strength you guided them to your holy dwelling.
You brought them in, you planted them
on the mountain that is your own—
The place you made the base of your throne, LORD,
the sanctuary, LORD, your hands established.

All: The Lord shall reign forever and ever. **Exodus 15:1–2, 13, 17–18**

Sing "Go Down, Moses"

Refrain: Go down, Moses, Way down in Egypt's land;
tell old Pharaoh: Let my people go.

FAMILIA + FE

VIVIR Y APRENDER JUNTOS

SUS HIJOS APRENDIERON >>>

Este capítulo explica cómo Dios llama a personas ordinarias a lograr cosas extraordinarias y describe el Éxodo, el viaje de los israelitas desde su esclavitud en Egipto hacia su libertad.

La Sagrada Escritura

Lean **Salmo 118, 1–5, 14** como una oración conmemorativa, agradecimiento y alabanza.

Lo que creemos

- Dios rescata a los hebreos de la esclavitud en Egipto y envía a Su Hijo a salvar a todos del poder del pecado y la muerte eterna.
- La Pascua judía y la Eucaristía celebran las acciones salvadoras de Dios.

Para aprender más, vayan al *Catecismo de la Iglesia Católica* 1150–1151, 1339–1340 en **usccb.org**.

Gente de fe

Esta semana, su hijo aprendió acerca de Santa Teresa Benedicta de la Cruz, una judía conversa que fue ejecutada en Auschwitz.

LOS NIÑOS DE ESTA EDAD >>>

Cómo comprenden la acción salvadora de Dios A veces, incluso para los adultos es difícil comprender cómo el sacrificio de Jesús era necesario y fue suficiente para la salvación de los humanos. Debido a su creciente independencia, es posible que su hijo sea susceptible de tener una visión de la salvación basada en actos (p. ej., Me salvaré si hago suficientes cosas buenas). Los niños de esta edad piensan en la identidad, y podrían basar sus esfuerzos para vivir una vida cristiana dependiendo de que se sientan capaces de hacerlo. Su hijo necesita saber que la gracia que recibimos, a través de la acción salvadora de Dios en Cristo, nos da el poder de hacer la voluntad de Dios.

CONSIDEREMOS ESTO >>>

Piensen en palabras que usamos que tienen diferentes significados, como partir, forma *y* fuego.

Fe es otra palabra que tiene diferentes significados. Como católicos, sabemos que "Dios se da a conocer a sí mismo por medio de la Revelación tanto para darnos algo como para que surja de nosotros una respuesta. Ambas de estas cosas, este don de Dios y nuestra respuesta a su Revelación, son llamadas *fe*. Por la fe, somos capaces de someter nuestras mentes y corazones a Dios, de confiar en su voluntad y de seguir la dirección que Él nos da" (*CCEUA, p. 39*).

HABLEMOS >>>

- Pidan a su hijo que les hable de la relación entre la Última Cena y la Misa.
- Hablen de comidas características que comparten en familia en los días festivos de la Iglesia o en ocasiones especiales. ¿Cómo dan gracias a Dios en esos momentos?

OREMOS >>>

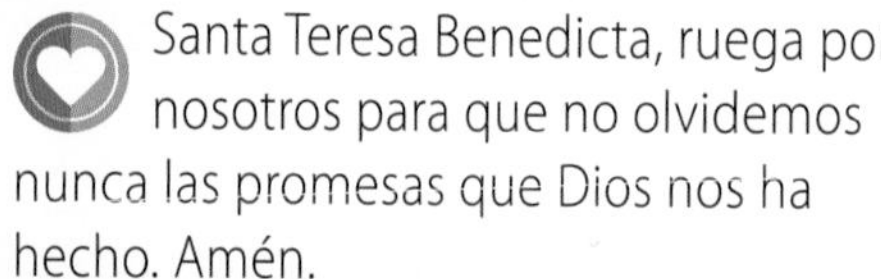

Santa Teresa Benedicta, ruega por nosotros para que no olvidemos nunca las promesas que Dios nos ha hecho. Amén.

Visiten **vivosencristo.osv.com** para encontrar un glosario multimedia de Palabras católicas, lecturas dominicales, y recursos de Santos y tiempos festivos.

FAMILY+FAITH
LIVING AND LEARNING TOGETHER

YOUR CHILD LEARNED >>>

This chapter explains how God calls ordinary people to accomplish extraordinary things, and describes the Exodus as the Israelites' journey from slavery in Egypt to freedom.

Scripture

Read **Psalm 118:1–5, 14** as a prayer of remembrance, thanks, and praise.

Catholics Believe

- God rescued the Hebrews from slavery in Egypt and sent his Son to save all people from the power of sin and everlasting death.
- The Passover and the Eucharist celebrate God's saving actions.

To learn more, go to the *Catechism of the Catholic Church #1150–1151, 1339–1340* at **usccb.org**.

People of Faith

This week, your child learned about Saint Teresa Benedicta of the Cross, a Jewish convert who was executed at Auschwitz.

CHILDREN AT THIS AGE >>>

How They Understand God's Saving Action It's hard sometimes even for adults to understand how Jesus' sacrifice was necessary and sufficient for the salvation of humans. Because of his or her emerging independence, your child might be vulnerable to a works-based view of salvation (i.e., I am saved if I do enough good things). Children this age are thinking about identity, and might base their efforts to live the Christian life on whether or not they feel they can do it. Your child needs to know that the grace given to us through God's saving action in Christ empowers us to do God's will.

CONSIDER THIS >>>

Think of some words we use that have multiple meanings, such as break, shape, *and* fire.

Faith is another word that has multiple meanings. As Catholics, we know that "God makes himself known to us through Revelation in order both to give us something and to draw a response from us. Both this gift of God and our response to his Revelation are called *faith*. By faith, we are able to give our minds and hearts to God, to trust in his will, and to follow the direction he gives us" *(USCCA, p. 37)*.

LET'S TALK >>>

- Ask your child to tell you about the relationship between the Last Supper and the Mass.
- Talk about special meals your family shares on Church feast days or special occasions. How do you thank God during those times?

LET'S PRAY >>>

Saint Teresa Benedicta, pray for us that we may never forget the promises God has made to us. Amen.

For a multimedia glossary of Catholic Faith Words, Sunday readings, seasonal and Saint resources, and chapter activities go to **aliveinchrist.osv.com**.

Capítulo 5 Repaso

A Trabaja con palabras **Rellena el círculo que está junto a la respuesta correcta.**

1. ¿A quién envió Dios para que guiara a su pueblo fuera de Egipto?
   - ○ **Jesús**
   - ○ **Moisés**
   - ○ **el faraón**

2. ¿Cómo se llama el viaje de los israelitas de la esclavitud a la libertad?
   - ○ **las diez plagas**
   - ○ **la ira del faraón**
   - ○ **el Éxodo**

3. ¿Qué celebran la Pascua judía y la Eucaristía?
   - ○ **la acción salvadora de Dios**
   - ○ **La bendición del agua por parte de Dios**
   - ○ **alimento del Cielo**

4. ¿Cuándo se celebró la Última Cena?
   - ○ **en la comida del rey**
   - ○ **en la comida de la Pascua judía**
   - ○ **en la comida del Éxodo**

5. ¿Cuál es el sacrificio nuevo y la comida sagrada que Jesús celebró?
   - ○ **el séder**
   - ○ **un sacrificio**
   - ○ **la Eucaristía**

B Confirma lo que aprendiste
Encierra Verdadero en un círculo si el enunciado es verdadero, y encierra Falso en un círculo si el enunciado es falso. Corrige cualquier enunciado falso.

6. Las acciones de Jesús en la comida de la Pascua judía marcaron una alianza nueva de salvación. **Verdadero/Falso**

   ____

   ____

7. Dios envió doce plagas a los egipcios. **Verdadero/Falso**

   ____

   ____

8. Una manera de preservar tu vida es seguir siendo independiente y no confiar en nadie. **Verdadero/Falso**

   ____

   ____

9. Dios llevó a los hebreos de la esclavitud a la libertad durante la noche de la Pascua judía. **Verdadero/Falso**

   ____

   ____

10. En la Última Cena, Jesús bendijo el pan y el agua. **Verdadero/Falso**

   ____

   ____

Chapter 5 Review

A Work with Words Fill in the circle next to the correct answer.

1. Whom did God send to lead his people out of Egypt?
   - ◯ Jesus
   - ◯ Moses
   - ◯ the pharoah

2. What is the Israelites' journey from slavery to freedom called?
   - ◯ the ten plagues
   - ◯ the pharoah's wrath
   - ◯ the Exodus

3. What do Passover and Eucharist celebrate?
   - ◯ God's saving action
   - ◯ God's blessed water
   - ◯ food from Heaven

4. When was the Last Supper celebrated?
   - ◯ at the king's meal
   - ◯ at the Passover meal
   - ◯ at the Exodus meal

5. What is the new sacrifice and holy meal that Jesus celebrated?
   - ◯ the Seder
   - ◯ a sacrifice
   - ◯ the Eucharist

B Check Understanding Circle True if a statement is true, and circle False if a statement is false. Correct any false statements.

6. The actions of Jesus at the Passover meal marked a new covenant of salvation. **True/False**

   ____

   ____

7. God sent twelve plagues to the Egyptians. **True/False**

   ____

   ____

8. One way to preserve your life is to remain independent and trust no one. **True/False**

   ____

   ____

9. God delivered the Hebrews from slavery to freedom on the night of Passover. **True/False**

   ____

   ____

10. At the Last Supper, Jesus blessed bread and water. **True/False**

   ____

   ____

Vivir la Alianza

Oremos

Líder: Enséñanos, oh Dios, a seguir tus Mandamientos.
Ayúdanos a crecer para amar a los demás tanto como Tú nos amas.

"Dichosos los que sin yerro andan
el camino y caminan según la ley del Señor.
Dichosos los que observan sus testimonios
y lo buscan de todo corazón." **Salmo 119, 1-2**

Todos: Enséñanos, oh Dios, a seguir tus Mandamientos.
Ayúdanos a crecer para amar a los demás tanto como Tú nos amas.
Amén.

La Sagrada Escritura

[Jesús dijo:] "No crean que he venido a suprimir la Ley o los Profetas. He venido, no para deshacer cosa alguna, sino para llevarla a la forma perfecta. En verdad les digo: mientras dure el cielo y la tierra, no pasará una letra o una coma de la Ley hasta que todo se realice. Por tanto, el que ignore el último de esos mandamientos y enseñe a los demás a hacer lo mismo, será el más pequeño en el Reino de los Cielos. En cambio el que los cumpla y los enseñe, será grande en el Reino de los Cielos." **Mateo 5, 17-19**

¿Qué piensas?

- ¿Por qué los cristianos siguen los Diez Mandamientos dados a Israel?
- ¿Cuál es la "Nueva Ley" de Jesús?

Living the Covenant

Let Us Pray

Leader: Teach us, O God, to follow your Commandments.
Help us grow to love others as much as you love us.

"Blessed those whose way is blameless,
who walk by the law of the LORD.
Blessed those who keep his testimonies,
who seek him with all their heart." **Psalm 119:1–2**

All: Teach us, O God, to follow your Commandments.
Help us grow to love others as much as you love us.
Amen.

Scripture

[Jesus said,] "Do not think that I have come to abolish the law or the prophets. I have come not to abolish but to fulfill. Amen, I say to you, until heaven and earth pass away, not the smallest letter or the smallest part of a letter will pass from the law, until all things have taken place. Therefore, whoever breaks one of the least of these commandments and teaches others to do so will be called least in the kingdom of heaven. But whoever obeys and teaches these commandments will be called greatest in the kingdom of heaven." **Matthew 5:17–19**

What Do You Wonder?

- Why do Christians follow the Ten Commandments given to Israel?
- What is the "New Law" of Jesus?

La presencia fiel de Dios

¿Qué les dio Dios a los israelitas cuando les entregó los Diez Mandamientos?

Una regla importante de las relaciones amorosas y perdurables es la fidelidad, o "presencia fiel". Dios prometió a los hebreos que Él sería su Dios fiel y que los protegería siempre. También pidió a los hebreos que fueran fieles y obedientes a su alianza y a sus leyes.

Los Diez Mandamientos

Cuando los israelitas viajaban por el desierto, el alimento empezó a escasear. ¡Las personas se quejaban a Moisés diciendo que hubiera sido mejor permanecer como esclavos en Egipto que morir de hambre en el desierto! Dios respondió proveyendo codornices y un alimento especial llamado maná. (Ver Éxodo 16, 1-11.)

La Sagrada Escritura

Las codornices y el maná

Yavé habló a Moisés diciendo: "He oído las quejas de mi pueblo. Diles: por la tarde comerán carne y por la mañana se saciarán de pan; así sabrán que yo soy Yavé, el Dios de ustedes."

Aquella misma tarde llegaron codornices, que cubrieron el campamento. Y, por la mañana, en torno al campamento, había una capa de rocío. Al evaporarse el rocío, apareció sobre el suelo del desierto una cosa menuda, como granos, parecida a la escarcha... Moisés les dijo: "Este es el pan que Yavé les da para comer."

Éxodo 16, 11-15

Cuando el agua se agotó, las personas se quejaron otra vez. Entonces Dios le ordenó a Moisés que golpeara una roca, y el agua surgió. Incluso después de estos milagros, el pueblo de Israel siguió quejándose. (Ver Éxodo 17, 1-7.)

God's Faithful Presence

What did God give the Israelites when he gave them the Ten Commandments?

An important rule of loving and lasting relationships is fidelity, or "faithful presence." God promised the Hebrews that he would be their faithful God and would protect them always. He also asked the Hebrews to be faithful and obedient to his covenant and to his laws.

The Ten Commandments

As the Israelites traveled through the desert, food began to run out. The people complained to Moses that it would have been better to remain as slaves in Egypt than to die of hunger in the desert! God responded by providing quail and a special food called manna. (See Exodus 16:1–11.)

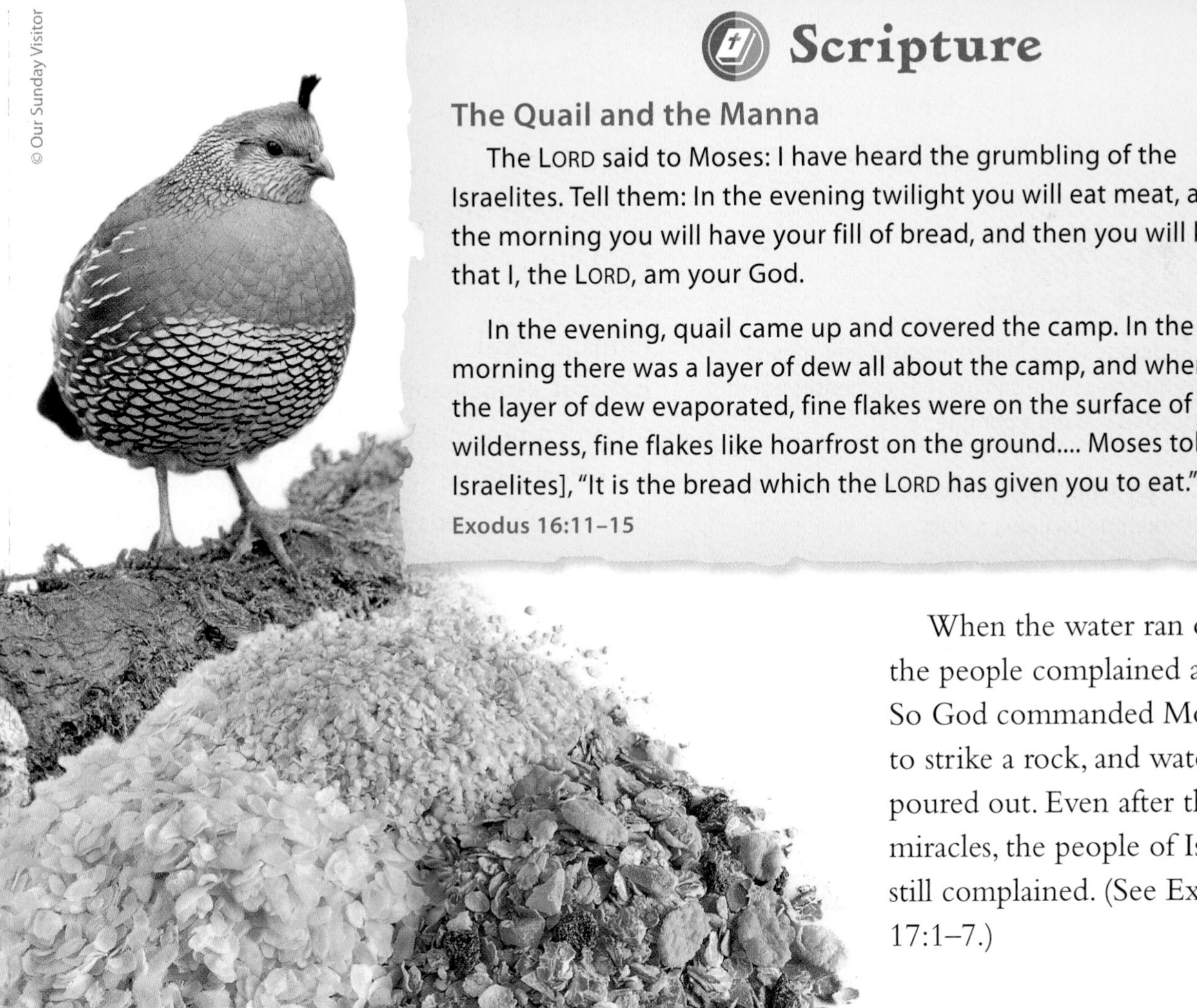

Scripture

The Quail and the Manna

The LORD said to Moses: I have heard the grumbling of the Israelites. Tell them: In the evening twilight you will eat meat, and in the morning you will have your fill of bread, and then you will know that I, the LORD, am your God.

In the evening, quail came up and covered the camp. In the morning there was a layer of dew all about the camp, and when the layer of dew evaporated, fine flakes were on the surface of the wilderness, fine flakes like hoarfrost on the ground.... Moses told [the Israelites], "It is the bread which the LORD has given you to eat."

Exodus 16:11–15

When the water ran out, the people complained again. So God commanded Moses to strike a rock, and water poured out. Even after these miracles, the people of Israel still complained. (See Exodus 17:1–7.)

Palabras católicas

Decálogo otro nombre para los Diez Mandamientos; el resumen de leyes que Dios le dio a Moisés en el Monte Sinaí. Nos dicen qué se debe hacer para vivir según la alianza con Dios.

ley moral natural reglas sobre bondad que están escritas en nuestro corazón y que es natural seguirlas. Sin embargo, nuestra percepción de la ley natural puede ser empañada por el Pecado Original.

Dios quería que los israelitas fueran un pueblo santo que comprendiera su relación amorosa con toda la creación. Cuando el pueblo llegó al monte Sinaí, el Señor le habló a Moisés en la cima de la montaña y le dio la ley de la alianza. La piedra angular de la ley que Dios dio a Moisés son los Diez Mandamientos. (Ver Éxodo 19, 1–20, 17.)

Las leyes de Dios

Dios sabía que sus leyes alimentarían a los israelitas aún más que el maná y las codornices. Sabía que sus leyes fortalecerían sus relaciones. Los Diez Mandamientos aparecen en la Biblia en el Libro del Éxodo y en el Libro del Deuteronomio. Los Diez Mandamientos también se llaman **Decálogo**, que significa "diez palabras".

Los Mandamientos reflejan el corazón de la alianza. Los tres primeros mandamientos dicen cómo honrar y respetar a Dios y su santidad. Los otros siete mandamientos ayudan a las personas a respetarse unas a otras por amor a Dios. Por ejemplo, el Quinto Mandamiento nos enseña a respetar la vida de todas las personas debido a nuestra dignidad humana compartida, que proviene de ser creados a imagen de Dios.

Los Mandamientos fueron revelados por Dios, pero también expresan la ley básica que está escrita en el corazón humano. Esa ley, llamada **ley moral natural**, es inalterable porque descansa en un orden presente en toda la creación. La ley moral natural se basa en la ley eterna de Dios y te ayuda a saber lo que está bien y lo que está mal.

Dios también dio a su pueblo otras reglas, que están contenidas en la Tora, o los primeros cinco libros de la Biblia. *Tora* significa "ley" o "doctrina". Contiene los relatos que nos cuentan cómo quiere Dios que las personas vivan y que sean fieles a Él.

Comparte tu fe

Reflexiona Repasa los Diez Mandamientos (ver página 630). Elige los dos que crees que son los más exigentes para las personas de tu edad y explica por qué.

Comparte Con un compañero, comenta tus ideas y cómo cada Mandamiento nos llama a vivir.

God wanted the Israelites to be a holy people who would understand his loving relationship with all creation. When the people reached Mount Sinai, the Lord spoke to Moses at the top of the mountain and gave him the law of the covenant. The cornerstone of the law that God gave to Moses is the Ten Commandments. (See Exodus 19:1—20:17.)

God's Laws

God knew that his laws would nourish the Israelites even more than the manna and the quail. He knew that his laws would strengthen their relationships. The Ten Commandments appear in the Bible in both the Book of Exodus and the Book of Deuteronomy. The Ten Commandments are also called the **Decalogue**, which means "ten words."

The Commandments reflect the heart of the covenant. The first three Commandments tell how to honor and respect God and his holiness. The other seven Commandments help people respect one another out of love for God. For example, the Fifth Commandment teaches us to respect the lives of all people because of our shared human dignity that comes from being created in God's image.

The Commandments were revealed by God, but they also express the basic law that is written in the human heart. That law, called the **natural moral law**, is unchangeable because it rests on an order that is present in all creation. The natural moral law is based on God's eternal law and helps you know what is good and what is evil.

God also gave his People other rules, which are contained in the Torah, or the first five books of the Bible. *Torah* means "law" or "doctrine." It contains stories that tell how God wants people to live and be faithful to him.

Catholic Faith Words

Decalogue another name for the Ten Commandments; the summary of laws that God gave to Moses on Mount Sinai. They tell us what must be done to live by God's covenant.

natural moral law rules about goodness that are written in our hearts and are natural to follow. However, our awareness of natural law can be clouded by Original Sin.

Share Your Faith

Reflect Review the Ten Commandments (see page 631). Choose two you think are most challenging for people your age and explain why.

Share With a partner, discuss your ideas and how each Commandment calls us to live.

La Nueva Ley de Jesús

¿Cómo se relacionan los Diez Mandamientos con la enseñanza de Jesús?

Aun después de que Moisés recibiera de Dios los Diez Mandamientos, a veces el pueblo de Israel elegía desobedecerlo. Pero su alianza con Dios ayudó a los israelitas a crecer como pueblo mientras deambularon por el desierto durante cuarenta años, antes de entrar en la Tierra Prometida. A través de la alianza nueva, todas las personas fieles tienen prometido un lugar en el **Reino de Dios**.

Palabras católicas

Reino de Dios reinado de Dios de paz, justicia y amor que existe en el Cielo, pero que no ha alcanzado su plenitud en la Tierra

Mandamiento Nuevo el mandato de Jesús a sus discípulos a amarse los unos a los otros como Él nos ha amado

La enseñanza de Jesús

Jesús respetaba los Diez Mandamientos y los usaba como punto de partida para su propia enseñanza. Cuando le preguntaron qué mandamiento era el más importante, Jesús se refería a dos mandamientos: "Amarás al Señor tu Dios con todo tu corazón, con toda tu alma y con toda tu mente" y "Amarás a tu prójimo como a ti mismo" (**Mateo 22, 37. 39**). A estos dos mandamientos juntos, se les llama el Gran Mandamiento. Jesús dijo que estas dos leyes incluyen a todos los demás mandamientos. Más tarde, en la Última Cena, Jesús lavó los pies de sus discípulos y les dijo: "Les doy un mandamiento nuevo: que se amen los unos a los otros. Ustedes deben amarse unos a otros como yo los he amado" (**Juan 13, 34**). Todos sabrían que ellos eran sus discípulos si se amaban los unos a los otros.

Jesus' New Law

How do the Ten Commandments relate to the teaching of Jesus?

Even after Moses received the Ten Commandments from God, the people of Israel sometimes chose to disobey God. But their covenant with God helped the Israelites grow as a people as they wandered in the desert for forty years before crossing into the Promised Land. Through the new covenant, all faithful people are promised a place in the **Kingdom of God**.

The Teaching of Jesus

Jesus respected the Ten Commandments and used them as a starting point for his own teaching. When asked about which Commandment was the greatest, Jesus referred to two Commandments, "You shall love the Lord, your God, with all your heart, with all your soul, and with all your mind" and "You shall love your neighbor as yourself" (Matthew 22:37, 39). Together, these two Commandments are called the Great Commandment. Jesus said these two laws included all other Commandments. Later, at the Last Supper, Jesus washed his disciples' feet and told them, "I give you a new commandment: love one another. As I have loved you, so you also should love one another" (John 13:34). Everyone would know they were his disciples if they loved one another.

Catholic Faith Words

Kingdom of God God's rule of peace, justice, and love that exists in Heaven, but has not yet come in its fullness on Earth

New Commandment Jesus' command for his disciples to love one another as he has loved us

Para aquellos que son fieles al **Mandamiento Nuevo** de Jesús, Dios promete la vida y la felicidad eternas con Él en el Cielo. El Espíritu Santo fue enviado para ayudarte a creer en Jesús y vivir fielmente según su Mandamiento Nuevo.

➔ **¿Qué tienen en común los Diez Mandamientos, el Gran Mandamiento y el Mandamiento Nuevo?**

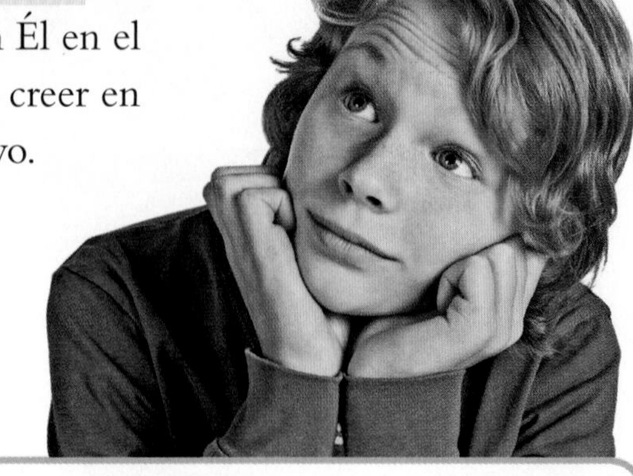

Practica tu fe

Relaciones con los mandamientos Relaciona las palabras de Jesús, el Hijo de Dios, con algunas de las "diez palabras" de Dios. Luego describe las semejanzas y las diferencias que ves.

El Decálogo	Las palabras de Jesús
Yo soy el Señor, tu Dios. No tendrás otros dioses fuera de mí.	Pero yo les digo: ¡No juren! (Mateo 5, 34).
No tomarás en vano el nombre de Dios.	Amarás al Señor tu Dios con todo tu corazón, con toda tu alma y con toda tu mente (Mateo 22, 37).
Recordarás santificar el día del Señor.	No son sus posesiones las que le dan vida (Lucas 12, 15).
No atestiguarás en falso contra tu prójimo.	Pero el que hace la verdad va a la luz, para que se vea que sus obras han sido hechas en Dios (Juan 3, 21).
No codiciarás los bienes de tu prójimo.	El sábado ha sido hecho para el hombre, y no el hombre para el sábado (Marcos 2, 27).

Semejanzas	Diferencias
______________________	______________________
______________________	______________________
______________________	______________________
______________________	______________________

For those who are faithful to Jesus' **New Commandment**, God promises everlasting life and happiness with him in Heaven. The Holy Spirit was sent to help you believe in Jesus and faithfully live by his New Commandment.

➔ **What do the Ten Commandments, the Great Commandment, and the New Commandment all have in common?**

Connect Your Faith

Commandment Connections Match the words of Jesus, the Son of God, with some of God's "ten words." Then describe the similarities and differences you see.

The Decalogue	The Words of Jesus
I am the Lord, your God. You shall not have strange gods before me.	But I say to you, do not swear at all (Matthew 5:34).
You shall not take the name of the Lord in vain.	You shall love the Lord, your God, with all your heart, with all your soul, and with all your mind (Matthew 22:37).
Remember to keep holy the Lord's Day.	One's life does not consist of possessions (Luke 12:15).
You shall not bear false witness against your neighbor.	But whoever lives the truth comes to the light, so that his works may be clearly seen as done in God (John 3:21).
You shall not covet your neighbor's goods.	The sabbath was made for man, not man for the sabbath (Mark 2:27).

Similarities	Differences
______________________	______________________
______________________	______________________
______________________	______________________
______________________	______________________

Nuestra vida católica

¿Cómo puedes profundizar tu amistad con Dios?

Dios se hizo amigo tuyo primero. Su amor te dio vida, te mantiene vivo y permanecerá contigo para siempre. Ser amigo cercano de Dios implica serle fiel. Fe, obediencia, respeto y confianza son maneras de responder a la amistad de Dios y vivir los tres primeros mandamientos.

En los siguientes espacios, describe cómo usarías estas formas para vivir los Mandamientos.

Los tres primeros mandamientos	
Fe	Tu fe está fundada en tu relación con Dios. También se te pide que tengas fe en una Persona Divina, Jesucristo. Él te da un juramento de confiabilidad absoluta. A través del Espíritu Santo, Él será tu compañero en cada minuto de tu vida y más allá en una nueva vida.
Obediencia	Dios Padre, Dios Hijo y Dios Espíritu Santo te prometen compañerismo, cuidado y vida eterna. A cambio, le das a Dios tu amor, tu alabanza y tu obediencia. Tratas de comprender qué espera Jesús de ti todos los días. Luego continúas tu camino haciendo lo correcto. ________________
Respeto	Respetas a Dios poniéndolo en primer lugar en tu vida, siguiendo sus leyes, haciendo de Él una prioridad, participando de la Misa y otros Sacramentos, y dándole tiempo en oración. También respetas al Dios que creó a todas las personas, respetando la dignidad humana de todos. Respondes a Jesús al amar a los demás. ________________
Confianza	Estás invitado a tener una profunda amistad con Dios. Puedes apoyarte en Él como te apoyarías contra una roca sólida. Si confías verdaderamente en Él, no te decepcionará. ________________

Our Catholic Life

How can you deepen your friendship with God?

God befriended you first. His love brought you into existence, keeps you alive, and remains with you forever. Being a close friend of God involves being faithful to him. Faith, obedience, respect, and trust are ways to respond to God's friendship and live out the first three Commandments.

In the spaces below, describe how you would use these ways to live out the Commandments.

The First Three Commandments	
Faith	Your faith is built on your relationship with God. You are asked to have faith in a Divine Person, Jesus Christ. He gives you a pledge of absolute reliability. Through the Holy Spirit, he will be your companion through every minute of your life and into a new life beyond.
Obedience	God the Father, God the Son, and God the Holy Spirit promise you companionship, care, and eternal life. In return, you give God your love, praise, and obedience. You try to understand what Jesus asks of you every day. Then you follow through by doing the right thing. ______________________
Respect	You respect God by putting him first in your life, following his laws, making him a priority, participating in Mass and other Sacraments, and giving him time in prayer. You also respect the God who created everyone by respecting the human dignity of everyone. You respond to Jesus by loving others. ______________________
Trust	You are invited to have a deep friendship with God. You can lean on him as you would lean against a solid rock. If you truly trust him, he will not let you down. ______________________

Gente de fe

17 de noviembre

Santa Hilda de Whitby, 614–680

Santa Hilda de Whitby fue una princesa que vivía en Inglaterra. La mitad de su vida la vivió en la corte real. Cuando tenía treinta y tres años, decidió dedicar el resto de su vida a Dios. Se hizo monja y, más tarde, fundó su propio monasterio en Whitby. Como conocía la importancia de estudiar la Biblia, todos los que se unían a su monasterio tenían que leer la Sagrada Escritura. Quería que leyeran la Biblia todos los días. También animaba a sus seguidores a estudiar latín. Debido a que valoraba la educación de niños y niñas, se ha convertido en la patrona de muchas escuelas en todo el mundo.

Comenta: ¿Cuáles son algunas de las maneras en que los Mandamientos te han guiado en tu vida?

Aprende más sobre Santa Hilda en **vivosencristo.osv.com**

Elige un mandamiento que concentrarás en seguir todos los días de esta semana. Escribe, en el pergamino, una frase o un lema corto que diga cómo obedecer este mandamiento.

People of Faith

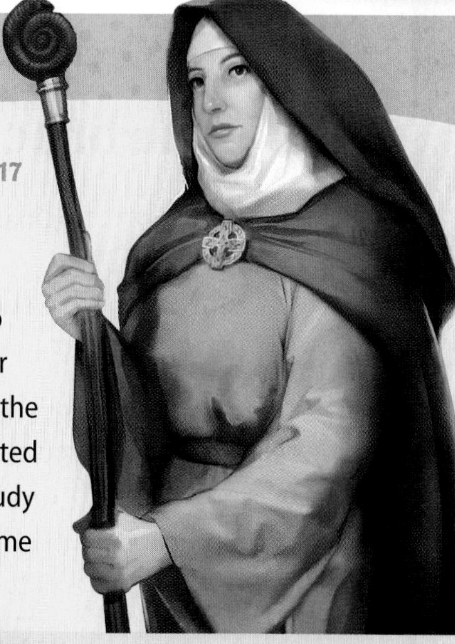

November 17

Saint Hilda of Whitby, 614–680

Saint Hilda of Whitby was a princess who lived in England. For half of her life, she lived at the royal court. When she was thirty-three, she decided to devote the rest of her life to God. She became a nun and later founded her own monastery at Whitby. Because she knew the importance of studying the Bible, everyone who joined her monastery had to read Scripture. She wanted them to read the Bible every day. She also encouraged her followers to study Latin. Because she valued education for both boys and girls, she has become the patron of many schools all over the world.

Discuss: What are some ways the Commandments have guided you in your life?

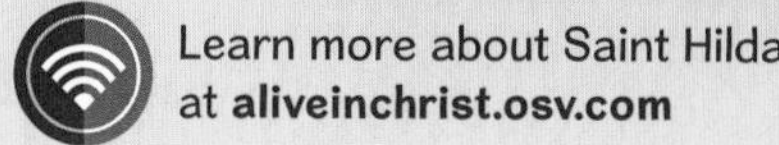

Learn more about Saint Hilda
at **aliveinchrist.osv.com**

Live Your Faith

Choose one Commandment that you will focus on following every day this week. Write a short phrase or motto on the scroll that tells how to obey this Commandment.

Oremos

Celebración de la Palabra

Reúnanse y comiencen con la Señal de la Cruz.

Líder: Los Diez Mandamientos, el Gran Mandamiento y el Mandamiento Nuevo de Jesús nos ayudan a ser fieles a Dios, a nosotros mismos y a los demás. Imaginen que estamos reunidos con Jesús y los Apóstoles en la Última Cena. Escuchemos y reflexionemos sobre las palabras de Jesús.

Lector: Lectura del Evangelio según Juan.

Lean Juan 15, 11-17.

Palabra del Señor.

Todos: Gloria a ti, Señor Jesús.

Líder: Volvemos nuestro corazón y nuestra mente a Dios y le pedimos que bendiga a aquellos que nos aman y a aquellos a los que amamos.

Recen en voz alta sus oraciones, una a una. Después de cada una, respondan:

Todos: Señor, oye la oración de tus fieles.

Líder: Oremos.

Inclinen la cabeza mientras el líder ora.

Todos: Amén.

Canten "Guíame, Señor"

Guíame, Señor, en mi caminar.
Tú me has consagrado,
seré profeta de los pueblos.
Envíame, Señor, adonde quieras Tú,
iré y proclamaré tu Palabra que da vida.

Let Us Pray

Celebration of the Word

Gather and begin with the Sign of the Cross.

Leader: The Ten Commandments, the Great Commandment, and Jesus' New Commandment help us be faithful to God, ourselves, and others. Imagine that we are gathered with Jesus and the Apostles at the Last Supper. Listen to and reflect on Jesus' words to us.

Reader: A reading from the holy Gospel according to John.

Read John 15:11–17.

The Gospel of the Lord.

All: Praise to you, Lord Jesus Christ.

Leader: We turn our hearts and minds to God and ask him to bless those who love us and those whom we love.

Pray aloud your prayers one by one. After each, respond:

All: Lord, hear the prayer of your faithful ones.

Leader: Let us pray.

Bow your heads as the leader prays.

All: Amen.

Sing "Love Has Come"

Word of God, enthroned,
dwell in us forevermore.
Love has come to show the way.
Hallelujah, peace be with us.
Love has come to show the way.

FAMILIA + FE

VIVIR Y APRENDER JUNTOS

SUS HIJOS APRENDIERON >>>

Este capítulo enseña que los Diez Mandamientos son leyes hechas para fortalecer la relación entre Dios y su Pueblo, y explica cómo se relaciona con ellos el Nuevo Mandamiento de Jesús.

La Palabra de Dios

Lean **Mateo 5, 17–19** para aprender qué enseña Jesús de los Mandamientos de Dios.

Lo que creemos

- Los Diez Mandamientos te ayudan a mantenerte cerca de Dios y en relación correcta con los demás.
- Los Diez Mandamientos son las leyes de la alianza de Dios con los israelitas, que con Jesús fue revelada en su plenitud.

Para aprender más, vayan al *Catecismo de la Iglesia Católica* 1949–1953, 1961–1966 en **usccb.org**.

Gente de fe

Esta semana, su hijo aprendió acerca de Santa Hilda de Whitby, conocida por valorar la educación y promover el estudio de la Sagrada Escritura.

LOS NIÑOS DE ESTA EDAD >>>

Cómo comprenden los Diez Mandamientos de Dios

Debido a que están aprendiendo a ser más independiente y a sentirse mayor, es posible que su hijo tenga un cierto escepticismo hacia las reglas. Puede ser útil comprender que recibimos las leyes de Dios para que nos ayuden a ser lo mejor posible, para hallar felicidad en ser y hacer exactamente aquello para lo que fuimos hechos.

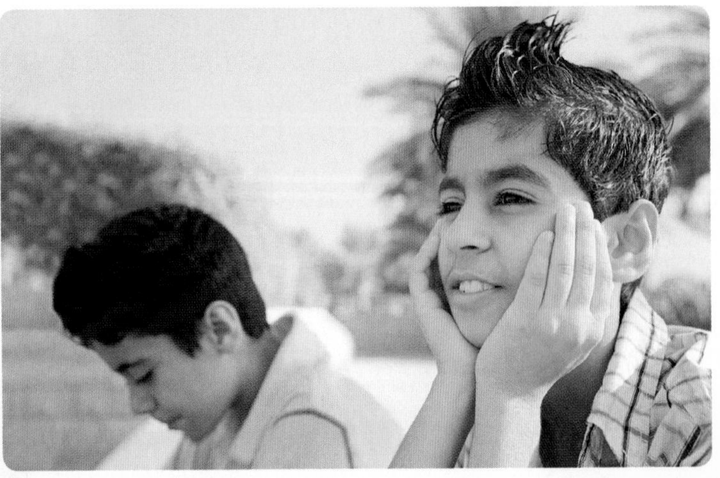

CONSIDEREMOS ESTO >>>

¿Cuál es la diferencia entre un profesional de la medicina que hace lo que sea necesario y otro cuyas acciones vienen del corazón de la compasión?

La mayoría podemos pensar en alguna vez en que la compasión de un profesional de la medicina nos ayudó a aliviar una molestia. Como Jesús era compasivo, sabía que no era suficiente seguir los Mandamientos sin un corazón lleno de amor. Jesús trajo un nuevo mandamiento centrado en el amor. Como católicos, sabemos que "en Cristo hemos sido llamados a una Nueva Alianza y a una Ley Nueva que realiza y perfecciona la Ley Antigua. También estamos invitados a experimentar el amor de Dios por nosotros y a responder amando a Dios y a nuestro prójimo" (*CCEUA, p. 346*).

HABLEMOS >>>

- Pidan a su hijo que les hable de los Diez Mandamientos.
- Describan juntos cómo luce una familia cuando todos siguen el Nuevo Mandamiento de Jesús de amarnos los unos a los otros como Él nos ha amado.

OREMOS >>>

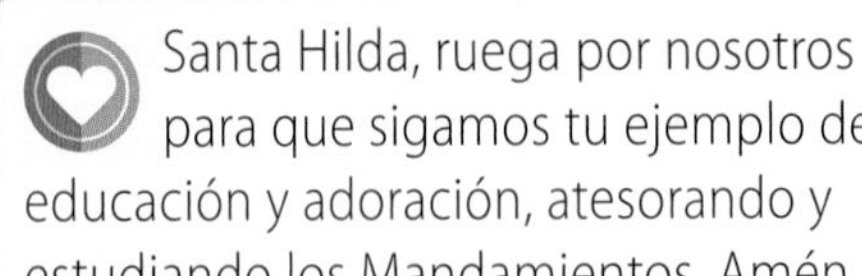

Santa Hilda, ruega por nosotros para que sigamos tu ejemplo de educación y adoración, atesorando y estudiando los Mandamientos. Amén.

Visiten **vivosencristo.osv.com** para encontrar más recursos y actividades.

FAMILY+FAITH

LIVING AND LEARNING TOGETHER

YOUR CHILD LEARNED >>>

This chapter teaches the Ten Commandments are laws meant to strengthen the relationship between God and his People, and explains Jesus' New Commandment in relationship to them.

Scripture

Read **Matthew 5:17–19** to find out what Jesus teaches about God's Commandments.

Catholics Believe

- The Ten Commandments help you stay close to God and in right relationship with others.
- The Ten Commandments are the laws of God's covenant with the Israelites, which was revealed in its fullness in Jesus.

To learn more, go to the *Catechism of the Catholic Church #1949–1953, 1961–1966* at **usccb.org**.

People of Faith

This week, your child learned about Saint Hilda of Whitby, who was known for valuing education and promoting the study of Scripture.

CHILDREN AT THIS AGE >>>

How They Understand God's Commandments Because they are learning to be more independent and feeling more grown up, your child might approach rules with a certain bit of skepticism. It can help to understand that God's laws are given to us as a way to help us be the best that we can be—to find happiness in being and doing exactly what we were made for.

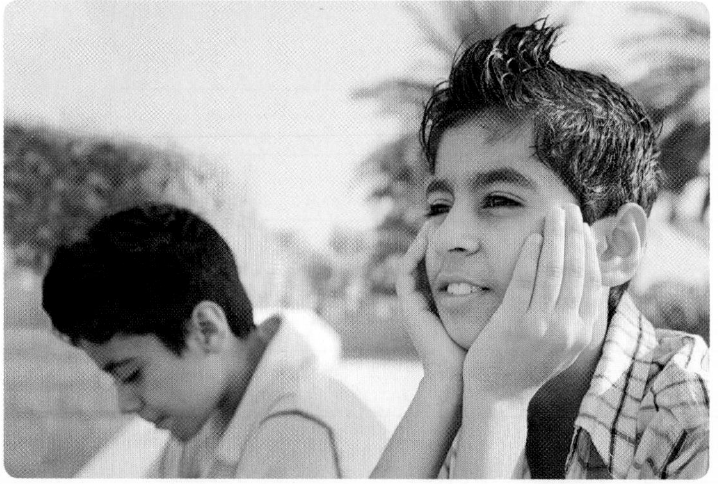

CONSIDER THIS >>>

What is the difference between a medical professional who does what is necessary and one whose actions come from the heart of compassion?

Most of us can think of a time when the compassion of a medical professional helped ease our discomfort. Because Jesus had compassion, he knew that following the Commandments without a heart of love was not enough. Jesus brought a new law centered on love. As Catholics, we know that "in Christ we have been called to a New Covenant and a New Law that fulfills and perfects the Old Law. We also are invited to experience God's love for us and to return that love to God and to our neighbor" *(USCCA, p. 325)*.

LET'S TALK >>>

- Ask your child to tell you about the Ten Commandments.
- Together, describe what family life looks like when everyone follows Jesus' New Commandment to love one another as he has loved us.

LET'S PRAY >>>

Saint Hilda, pray for us that we may follow your example of education and worship by treasuring and studying the Commandments. Amen.

Visit **aliveinchrist.osv.com** for additional resources and activities.

Capítulo 6 Repaso

A **Trabaja con palabras** **Completa cada enunciado.**

1. A los Diez Mandamientos también se les llama ______________________ que significa "diez palabras".
2. Los israelitas llamaban ______________________ a los cinco primeros libros de la Biblia.
3. Dios te pide tu fe, tu ______________________, tu respeto y tu confianza.
4. La ley básica escrita en tu corazón se llama ______________________.
5. El Mandamiento Nuevo que Jesús dio a sus seguidores es "____________________________________."

B **Confirma lo que aprendiste** **Escribe un breve resumen del capítulo, que incluya los cinco términos del Vocabulario.**

6–10. ____________________________________

Vocabulario

- fidelidad
- Tora
- Decálogo
- Mandamiento Nuevo de Jesús
- ley moral natural

Chapter 6 Review

A Work with Words **Complete each statement.**

1. The Ten Commandments are also called the ______________ which means "ten words."
2. The Israelites called the first five books of the Bible the ______________.
3. God asks you for your faith, ______________, respect, and trust.
4. The basic law written in your heart is called the ______________.
5. The New Commandment that Jesus gave to his followers is "______________."

B Check Understanding **Write a brief summary of the chapter that includes the five terms from the Word Bank.**

Word Bank

- fidelity
- Torah
- Decalogue
- Jesus' New Commandment
- natural moral law

6–10. ______________

Repaso de la Unidad

A **Trabaja con palabras** Completa los siguientes enunciados.

1. Las leyes que Dios dio por primera vez a Moisés se llaman ______________, o Diez Mandamientos.

2. El día sagrado judío que celebra que Dios guió a los israelitas para liberarlos de la esclavitud en Egipto se llama ________________.

3. La ______________ es la Virtud Teologal que nos hace posible creer en Dios y en las cosas que nos ha revelado.

4. Durante la ______________, Jesús convirtió el pan y el vino en su Cuerpo y su Sangre.

5. Alcanzado y dirigido por Dios, el ______________ es el viaje de los israelitas de la esclavitud en Egipto a la libertad en la Tierra Prometida.

B **Confirma lo que aprendiste** Une cada descripción de la Columna A con el nombre correcto de la Columna B.

Columna A	Columna B
6. criado en un palacio en Egipto	José
7. se rió cuando le prometieron un hijo	Moisés
8. interpretaba los sueños	Jacob
9. tuvo doce hijos	Jesús
10. enseñó una nueva ley de amor	Saray

Unit Review

A Work with Words **Complete the following statements.**

1. The laws that God first gave to Moses are called the ______________, or the Ten Commandments.

2. The Jewish holy day that celebrates God's leading the Israelites out of slavery in Egypt is called ______________.

3. ______________ is the Theological Virtue that makes it possible for us to believe in God and the things he has revealed to us.

4. During the ______________, Jesus turned the bread and wine into his Body and Blood.

5. Directed and accomplished by God, the ______________ is the Israelites' journey from slavery in Egypt to freedom in the Promised Land.

B Check Understanding **Match each description in Column A with the correct name in Column B.**

Column A	Column B
6. raised in a palace in Egypt	Joseph
7. laughed when promised a son	Moses
8. interpreted dreams	Jacob
9. had twelve sons	Jesus
10. taught a new law of love	Sarai

Repaso de la Unidad

Fill in the circle of the choice that best completes each sentence.

11. Rellena el círculo de la opción que mejor completa cada oración. ______.
    - ○ **Misa**
    - ○ **Eucaristía**
    - ○ **Pascua judía**
    - ○ **Gran Festín**

12. La ley moral natural se basa en ______.
    - ○ **el corazón humano**
    - ○ **las Sagradas Escrituras**
    - ○ **la ley eterna de Dios**
    - ○ **el sentido común**

13. Jesús enseñó que el sábado fue hecho para ______.
    - ○ **el hombre**
    - ○ **todas las criaturas**
    - ○ **Dios**
    - ○ **los sacerdotes**

14. El nombre Israel significa ______.
    - ○ **"el que ríe"**
    - ○ **"el que lucha con Dios"**
    - ○ **"el que guía"**
    - ○ **"el que ama a Dios"**

15. La noche de la Pascua judía, el pueblo de Israel comió pan sin ______.
    - ○ **agua**
    - ○ **manteca**
    - ○ **levadura**
    - ○ **cualquier otro alimento**

Unit Review

Fill in the circle of the choice that best completes each sentence.

11. The sacrifice and holy meal first shared at the Last Supper is the _____.

- ◯ **Mass**
- ◯ **Eucharist**
- ◯ **Passover**
- ◯ **Great Feast**

12. The natural moral law is based on _____.

- ◯ **the human heart**
- ◯ **the Scriptures**
- ◯ **God's eternal law**
- ◯ **common sense**

13. Jesus taught that the Sabbath was made for _____.

- ◯ **man**
- ◯ **all creatures**
- ◯ **God**
- ◯ **priests**

14. The name Israel means _____.

- ◯ **"one who laughs"**
- ◯ **"one who struggles with God"**
- ◯ **"one who leads"**
- ◯ **"one who loves God"**

15. On the night of the Passover, the people of Israel ate bread without _____.

- ◯ **water**
- ◯ **butter**
- ◯ **yeast**
- ◯ **any other food**

Repaso de la Unidad

C Relaciona **Escribe una respuesta para cada pregunta o enunciado.**

16. Menciona tres maneras en que puedes ser fiel a Dios en tu vida cotidiana.

____

____

____

17. ¿Qué podrías orar usando cada una de las cinco formas de oración?

____

____

____

____

____

18. ¿Cuáles son algunas de las cosas que puedes hacer para responder al amor de Dios?

____

____

____

19. Da un ejemplo de una ocasión en que Dios te protegió del mal. ¿Cómo lo hizo? ¿Qué aprendiste de esa experiencia?

____

____

____

20. ¿Cuál crees que sería tu reacción si Dios te llamara a servirlo lejos de tu casa, como llamó a Abrahán y a Sara?

____

____

Unit Review

C Make Connections **Write a response to each question or statement.**

16. List three ways that you can be faithful to God in your everyday life.

17. What might you pray for using each of the five forms of prayer?

18. What are some things you can do to respond to God's love?

19. Give an example of a time when God protected you from evil. How did he do so? What did you learn from that experience?

20. What do you think your reaction would be if God called you to serve him far away from home, as he called Abraham and Sarah?

UNIDAD 3

Jesucristo

Nuestra Tradición Católica

- Durante los tiempos del Antiguo Testamento, Dios eligió como líderes de su Pueblo a personas que estaban ungidas como sacerdotes, profetas o reyes. (CIC, 695)
- Los Evangelios del Nuevo Testamento proclaman que Jesús también fue ungido por Dios para ser sacerdote, profeta y rey. (CIC, 783)
- Jesucristo es el Mesías de quien hablaban los profetas y a quien Dios prometió enviar a su Pueblo. (CIC, 436)

¿Cómo te ayudan los reyes y los profetas a comprender lo que Dios espera de ti?

El profeta Elías es testigo de la gloria de Dios en el Monte Carmelo.

UNIT 3

Jesus Christ

Our Catholic Tradition

- During Old Testament times, God chose leaders for his People who were anointed as priests, or prophets, or kings. (CCC, 695)
- The Gospels in the New Testament proclaim that Jesus was also anointed by God to be priest, prophet, and king. (CCC, 783)
- Jesus Christ is the Messiah whom the prophets spoke of, and whom God promised to send to his People. (CCC, 436)

How do the kings and prophets help you to understand what God expects of you?

The prophet Elijah witnesses to God's glory on Mt. Carmel.

Los líderes del Pueblo de Dios

Oremos

Líder: Dios grande y misericordioso, sé nuestro líder. Guíanos siempre hacia ti.

"Les pondré pastores según mi corazón, que lo alimenten con inteligencia y prudencia".

Jeremías 3, 15

Todos: Pastoréanos, oh, Dios. Somos los corderos de tus pastos. Guíanos y nosotros te seguiremos. Amén.

La Sagrada Escritura

El Señor es mi pastor:
nada me falta;
en verdes pastos él me hace reposar.
A las aguas de descanso me conduce,
y reconforta mi alma.
Por el camino del bueno me dirige,
por amor de su nombre.
... con aceites perfumas mi cabeza
y rellenas mi copa.
Irán conmigo la dicha y tu favor
mientras dure mi vida,
mi mansión será la casa del Señor
por largos, largos días. Salmo 23

¿Qué piensas?

- ¿Por qué eligió Dio a un pastor como David para que fuera rey?
- ¿Por qué Jesús es llamado el Buen Pastor si Él no era pastor?

Leaders for God's People

Let Us Pray

Leader: Great and gracious God, be our leader. Lead us always to you.

"I will appoint for you shepherds after my own heart,
who will shepherd you wisely and prudently."

Jeremiah 3:15

All: Shepherd us, O God. We are the sheep of your pasture. Lead and we will follow. Amen.

Scripture

The LORD is my shepherd;
there is nothing I lack.
In green pastures he makes me lie down;
to still waters he leads me;
he restores my soul.
He guides me along right paths
for the sake of his name....

You anoint my head with oil;
my cup overflows.
Indeed, goodness and mercy will pursue me
all the days of my life;
I will dwell in the house of the LORD
for endless days. **Psalm 23**

What Do You Wonder?

- Why did God choose a shepherd like David to be king?
- Why is Jesus called the Good Shepherd when he was not a shepherd?

Un nuevo líder

¿Cómo tuvo Israel su primer rey?

Los buenos líderes son guías que dirigen, urgen a ser cuidadosos cuando es necesario y manejan los cambios. Los buenos líderes se ganan tu confianza y hacen que quieras seguirlos. Moisés tenía muchas de las cualidades de un gran líder, pero murió justo antes de que los israelitas entraran en la Tierra Prometida. ¿Quién sería su nuevo líder?

Palabras católicas

ungir usar el óleo (aceite) para marcar a alguien elegido para un propósito especial. En tiempos bíblicos, los sacerdotes, los reyes y a veces los profetas eran ungidos como un signo del favor de Dios.

El equipo investigador de la Biblia

La señora Gómez le pidió a la clase que leyera los libros de Josué, Jueces, Samuel y Reyes, y que dijeran quién sucedió a Moisés como líder.

—¡Yo sé! —dijo Miguel—. Cuando Moisés murió, Josué guió a los israelitas a Canaán. Dios eligió a Josué porque era un buen líder militar y confiaba en Dios. Miguel explicó que bajo el mando de Josué, el pueblo luchó contra las tribus de Canaán y las vencieron. Después de la muerte de Josué, se eligieron otros héroes para que guiaran a las tribus.

El período de los jueces

—Aquí es donde yo sigo —dijo Christina—. Estos héroes eran llamados jueces. Gedeón y Jefté eran líderes militares. Otros jueces, como Samuel y Débora, eran profetas.

Completa la siguiente tabla con los nombres de dos jueces más que encuentres en el Libro de los Jueces, en el Antiguo Testamento.

Los jueces	
Gedeón	Débora
Jefté	______
Samuel	______

A New Leader

How did Israel get its first king?

Good leaders are guides who give direction, urge caution when necessary, and manage change. Good leaders earn your trust and make you want to follow them. Moses had many of the qualities of a strong leader, but he died just before the Israelites entered the Promised Land. Who would be their new leader?

Catholic Faith Words

anoint to use oil to mark someone as chosen for a special purpose. In biblical times, the priests, the kings, and sometimes the prophets were anointed as a sign of God's favor.

The Bible Research Team

Ms. Gomez asked her class to read through the Books of Joshua, Judges, Samuel, and Kings, and to tell who followed Moses as leader.

"I know!" said Miguel. "After Moses died, Joshua led the Israelites into Canaan. God chose Joshua because he was a good military leader and he trusted God." Miguel explained that under Joshua, the people fought the tribes of Canaan and defeated them. After Joshua's death, other heroes were chosen to lead the tribes.

The Period of Judges

"That's where I pick up," Christina said. "These heroes were called judges. Gideon and Jephthah were military leaders. Other judges, such as Samuel and Deborah, were prophets."

Fill in the chart below with the names of two more judges you find in the Book of Judges in the Old Testament.

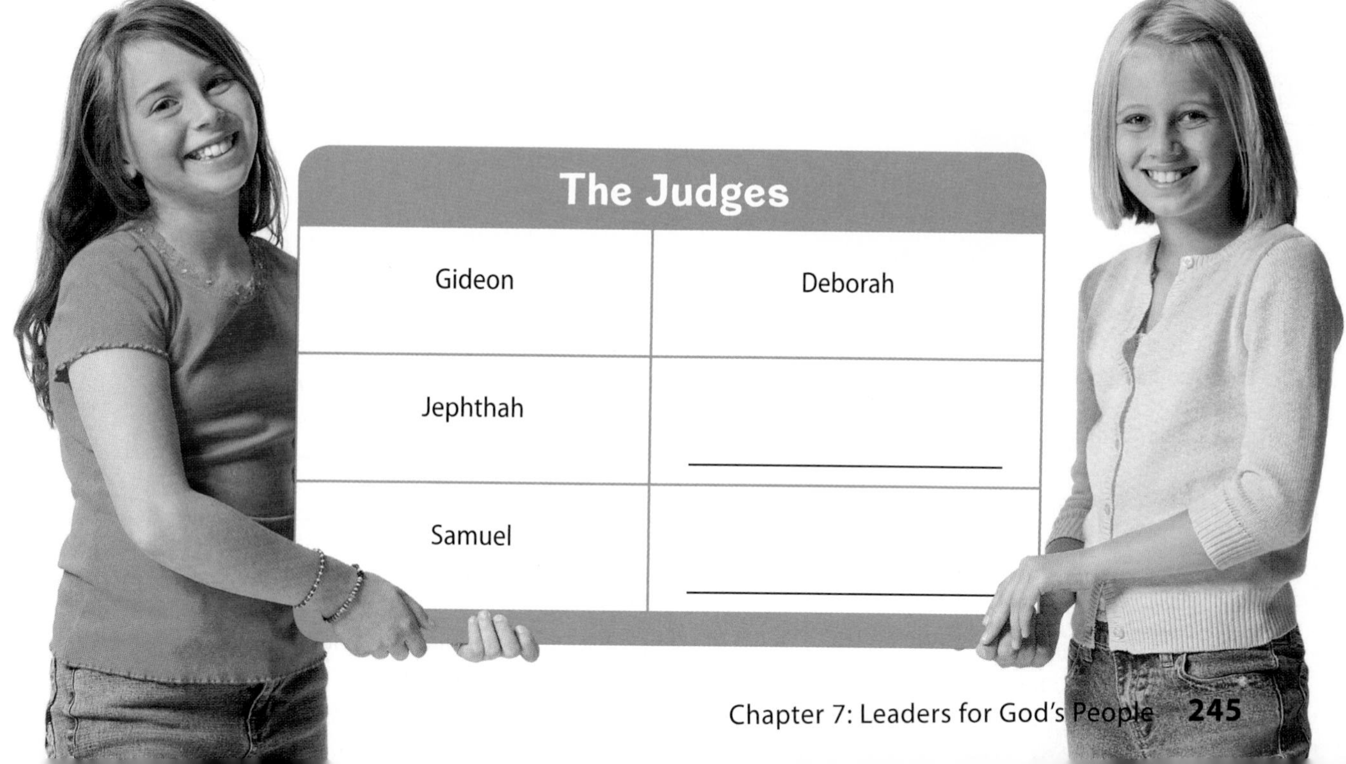

The Judges	
Gideon	Deborah
Jephthah	______
Samuel	______

Débora

Gedeón

Jefté

Gisela continuó: —Israel no estaba gobernada por un poder humano, sino por Dios únicamente. Pero el pueblo de Israel no siempre estaba feliz con esto. Ellos querían un rey humano.

El primer rey de Israel

Rafael añadió: —El último juez de Israel, el profeta Samuel, pensó que los israelitas eran muy tontos al rechazar a Dios como su único rey. Samuel le advirtió al pueblo que el rey que ellos querían tendría poder sobre ellos. Pero sabía que Dios le daría a su Pueblo la libertad de descubrirlo por sí mismo.

—Entonces —dijo Jose—, Dios envió a Samuel a **ungir** con óleo a Saúl como el primer rey de Israel. Esta unción indicó que Dios eligió a Saúl para que fuera rey. Saúl era fuerte, alto y muy guapo. Parecía ser la clase de rey que el pueblo de Israel estaba buscando.

—¿Fue Saúl un buen rey? —preguntó la señora Gómez.

—Saúl se convirtió en un gran líder militar —dijo Sofia—. Pero no siempre obedecía los mandamientos de Dios y pronto sus ejércitos empezaron a ser vencidos. Saúl se enojó y perdió su popularidad con el pueblo.

—¿Qué ocurrió después? —preguntó la maestra.

—Dios le dijo a Samuel que buscara a otra persona para ungirlo como rey —respondió Sofia—.Creo que aquí es donde terminamos nuestra investigación.

➔ **¿Quién fue el primer rey de Israel?**

➔ **¿Cómo fue elegido?**

Comparte tu fe

Comparte Con otros dos estudiantes, comenta por qué los israelitas seguían a sus líderes.

Jueces 4, 1-16 (Débora) ______

Jueces 6, 1-24 (Gedeón) ______

Jueces 11, 11-28 (Jefté) ______

Comparte Con otros dos estudiantes, comenta por qué los israelitas seguían a sus líderes.

Gisela continued. "Israel wasn't governed by human power, but by God alone. But the people of Israel were not always happy about this. They wanted a human king."

Israel's First King

Rafael added, "The last judge of Israel, the prophet Samuel, thought that the Israelites were very foolish to reject God as their only king. Samuel warned the people that the king they wanted would have power over them. But he knew that God would give his People the freedom to find out for themselves."

"So," said Jose, "God sent Samuel to **anoint** Saul with oil as the first king of Israel. This anointing showed that God chose Saul to be king. Saul was strong, tall, and very handsome. He seemed to be the sort of king that the people of Israel were looking for."

"Was Saul a good king?" Ms. Gomez asked.

"Saul became a great military leader," said Sofia. "But he didn't always obey God's commands, and soon his armies began to be defeated. Saul became angry and lost his popularity with the people."

"Then what happened?" the teacher asked.

"God told Samuel to find someone new to anoint as king," replied Sofia. "I think that's where we ended our research."

➜ **Who was Israel's first king?**

➜ **How was he selected?**

Deborah

Gideon

Jephthah

Share Your Faith

Reflect Look up one of the following passages. Then write the qualities of the leader you read about.

Judges 4:1–16 (Deborah) ______________________

Judges 6:1–24 (Gideon) ______________________

Judges 11:11–28 (Jephthah) ______________________

Share With two other students, discuss why the Israelites followed their leaders.

Linaje de reyes

¿Por qué Jesús es llamado Hijo de David?

Dios envió a Samuel a Belén para buscar un rey que reemplazara a Saúl. Esta es la historia de cómo fue elegido el nuevo rey.

El Rey David

Los siete hijos mayores de Jesé eran impresionantes, pero Samuel los rechazó a todos. Dios le había dicho que no juzgara por las apariencias.

El hijo menor de Jesé, David, era un humilde pastor y poeta que tocaba la cítara. Jesé pensaba que David era demasiado joven para ser elegido rey, pero Samuel pidió verlo de todos modos. Cuando el muchacho llegó, Dios le dijo a Samuel que David debía ser el rey.

La Sagrada Escritura

Samuel unge a David

Tomó Samuel el cuerno de aceite y lo ungió en medio de sus hermanos. Y el espíritu de Yavé permaneció sobre David desde aquel día. **1 Samuel 16, 13**

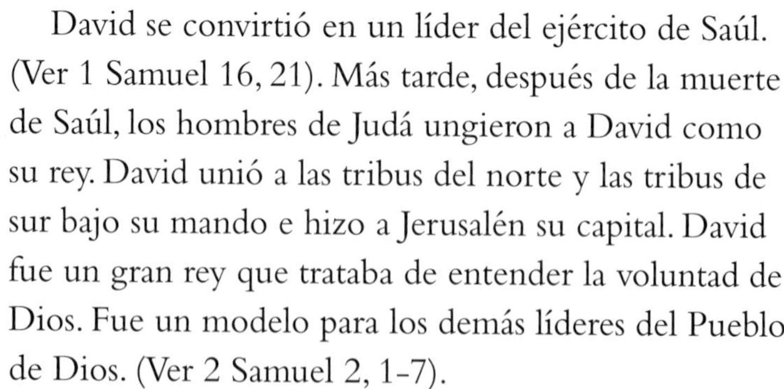

David se convirtió en un líder del ejército de Saúl. (Ver 1 Samuel 16, 21). Más tarde, después de la muerte de Saúl, los hombres de Judá ungieron a David como su rey. David unió a las tribus del norte y las tribus de sur bajo su mando e hizo a Jerusalén su capital. David fue un gran rey que trataba de entender la voluntad de Dios. Fue un modelo para los demás líderes del Pueblo de Dios. (Ver 2 Samuel 2, 1-7).

Gracias a la fidelidad de David, Dios renovó la alianza con él. Dios prometió establecer un linaje de gobernantes que empezaría con David. Algún día, alguien de la casa de David se sentaría en el trono real para siempre. (Ver 2 Samuel 7, 8-17).

A Line of Kings

Why is Jesus called the Son of David?

God sent Samuel to Bethlehem to look for a king who would replace Saul. Here is the story of how the new king was chosen.

King David

Jesse's seven oldest sons were impressive, but Samuel rejected them all. God had told him not to judge from appearances.

Jesse's youngest son, David, was a humble shepherd, poet, and harp player. Jesse thought David was too young to be chosen as king, but Samuel asked to see him anyway. When the boy arrived, God told Samuel that David was the one who would be king.

Samuel Anoints David

Then Samuel, with the horn of oil in hand, anointed him in the midst of his brothers, and from that day on, the spirit of the LORD rushed upon David. 1 Samuel 16:13

David became a leader in Saul's army. (See 1 Samuel 16:21.) Later, after the death of Saul, the men of Judah anointed David as their king. David united the northern and southern tribes under his rule and made Jerusalem their capital. David was a great king who tried to understand God's will. He was a model for other leaders of God's People. (See 2 Samuel 2:1–7.)

Because of David's faithfulness, God renewed the covenant with him. God promised to establish a line of rulers that would start with David. One day, someone from David's house would sit on the royal throne forever. (See 2 Samuel 7:8–17.)

Palabras católicas

Cristo un título de Jesús, el Ungido por Dios como Mesías

salmos poemas e himnos que fueron usados por primera vez en la liturgia de los israelitas. En el presente, los salmos también se rezan y se cantan en la oración pública de la Iglesia.

Jesús, Hijo de David

Mil años después de que David gobernara, Jesús nació y cumplió las promesas hechas a David. Los cristianos proclaman que Jesús es el Rey de Reyes y que su reinado durará para siempre.

Jesús se parecía a David de muchas maneras, aunque David pecaba y Jesús estaba libre de pecado. José, el padre adoptivo de Jesús, era descendiente de David. Jesús nació en Belén, donde David había vivido cuando Dios lo llamó a través de Samuel. Como David, Jesús fue un pastor del Pueblo de Dios y se llamó a sí mismo el Buen Pastor.

Tanto David como Jesús fueron ungidos. De hecho, el título **Cristo** significa "el ungido". Dios Padre ungió a su Hijo con el Espíritu Santo para que fuera profeta, sacerdote y rey. Ambos, David y Jesús, fueron grandes reyes, pero solo Jesús es rey para toda la eternidad.

Hombres de oración

Tanto David como Jesús fueron hombres de oración. A David se le atribuye la autoría de algunos de los **salmos** que cantas hoy en el Salmo Responsorial durante la Liturgia de la Palabra en la Misa. Este salmo se llama responsorial, porque la asamblea canta una respuesta después de cada verso. Jesús oraba con frecuencia a su Padre y enseñó a sus seguidores a orar. El Padre Nuestro que Jesús enseñó es una de las primera oraciones que todos los cristianos aprenden hoy.

Practica tu fe

Identificar cualidades de liderazgo ¿Qué cualidades de los buenos líderes tenían en común David y Jesús?

____

____

¿Qué cualidades ves en ti mismo? ¿Cuáles te gustaría fortalecer? ¿Por qué es importante tener buenos líderes católicos?

____

____

Jesus, Son of David

A thousand years after David ruled, Jesus was born and fulfilled the promises made to David. Christians proclaim Jesus is the King of Kings, and that his reign will last forever.

Jesus was like David in many ways, although David sinned and Jesus was without sin. Jesus' foster father, Joseph, was a descendant of David. Jesus was born in Bethlehem, where David had lived when God called him through Samuel. Like David, Jesus was a shepherd to God's People and called himself the Good Shepherd.

Both David and Jesus were anointed. In fact, the title **Christ** means "anointed one." God the Father anointed his Son with the Holy Spirit to be prophet, priest, and king. Both David and Jesus were great kings, but only Jesus is king for all eternity.

Catholic Faith Words

Christ a title for Jesus, the One anointed by God as Messiah

psalms poems and hymns that were first used in the liturgy of the Israelites. Today, the psalms are also prayed and sung in the public prayer of the Church.

Men of Prayer

Both David and Jesus were men of prayer. David is credited with writing some of the **psalms** you sing today in the Responsorial Psalm during the Liturgy of the Word at Mass. This psalm is called responsorial because the assembly sings a response after each verse. Jesus prayed often to his Father and taught his followers how to pray. The Lord's Prayer that Jesus taught is one of the first prayers all Christians learn today.

Connect Your Faith

Identify Leadership Qualities What qualities of good leaders did David and Jesus have in common?

____

____

Which qualities do you see in yourself? Which would you like to strengthen? Why is it important to have strong Catholic leaders?

____

____

Nuestra vida católica

¿Cómo celebra la Iglesia a Jesús como Rey todo el año?

Los católicos de todas partes piensan en Jesucristo como su rey y su líder. La realeza de Jesús es tan importante que la Iglesia celebra la fiesta de Cristo Rey el último domingo del año litúrgico, justo antes del inicio del Adviento.

Honrar a Cristo como Rey

Se diseñó una bandera para honrar a Cristo Rey. El diseño consiste en un paño azul con una estrella dorada, un paño rojo con una cruz dorada y un paño blanco con una corona dorada. Estos símbolos representan el nacimiento, la Muerte, la Resurrección y la realeza de Cristo.

Todos debemos seguir el ejemplo de Cristo Rey. Como súbdito del Rey (alguien que está bajo su autoridad), puedes seguir su ejemplo con tus actitudes, tus palabras y tus acciones al vivir de acuerdo con sus enseñanzas durante todo el año. Jesús nos muestra el camino hacia la felicidad verdadera y nos dice cuál es la manera de vivir en el Reino de Dios hoy y siempre.

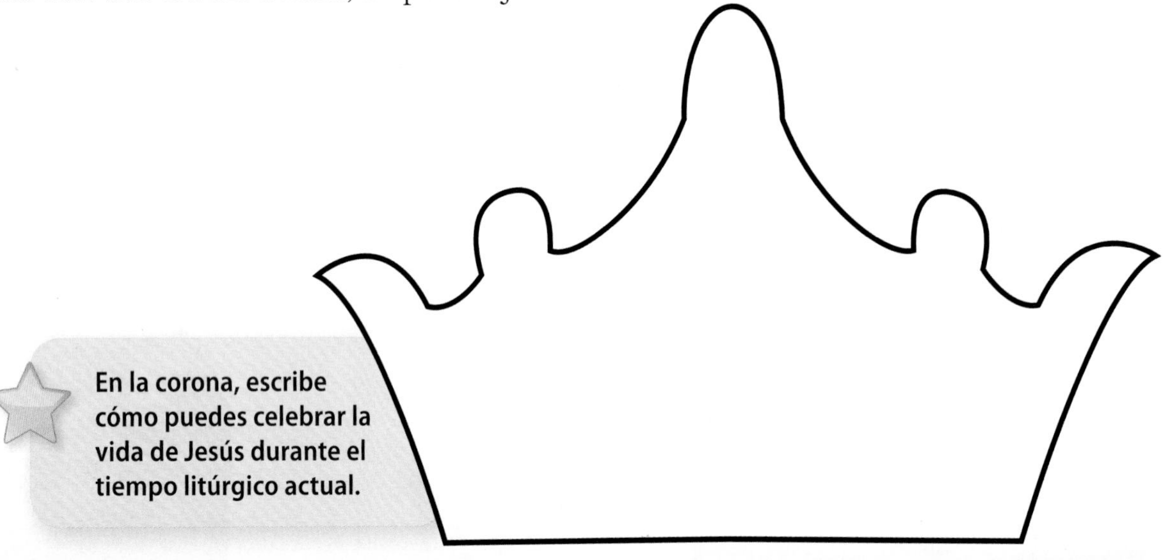

En la corona, escribe cómo puedes celebrar la vida de Jesús durante el tiempo litúrgico actual.

El año litúrgico

Adviento los cuatro domingos de Adviento antes del inicio del tiempo de Navidad	**Triduo** son el Jueves Santo, el Viernes Santo y el Sábado Santo
Navidad incluye el Día de Navidad, la Fiesta de la Sagrada Familia y la Fiesta de la Epifanía	**Pentecostés** ocurre cincuenta días después de la Pascua
Tiempo Ordinario I los domingos que hay entre la Epifanía y el Miércoles de Ceniza	**Pascua** abarca el Domingo de Pascua, del segundo al séptimo Domingo de Pascua y el Domingo de Pentecostés
Cuaresma abarca el Miércoles de Ceniza, los cinco domingos de Cuaresma y el Domingo de Pasión (o de Ramos)	**Tiempo Ordinario II** los domingos que hay entre Pentecostés y el primer domingo de Adviento

Our Catholic Life

How does the Church celebrate Jesus as King all year long?

Catholics everywhere think of Jesus Christ as their king and leader. Jesus' kingship is so important that the Church celebrates the feast of Christ the King on the last Sunday of the liturgical year, just before Advent begins.

Honoring Christ as King

A flag has been designed to honor Christ the King. The design includes a blue panel with a gold star, a red panel with a gold cross, and a white panel with a gold crown. These symbols represent Christ's birth, Death, Resurrection, and kingship.

We all need to follow the example of Christ the King. As one of the King's subjects (one who is under his authority), you can follow his example in your attitudes, words, and actions by living according to his teachings all year long. Jesus shows us the way to true happiness and tells us the way to live in God's Kingdom now and always.

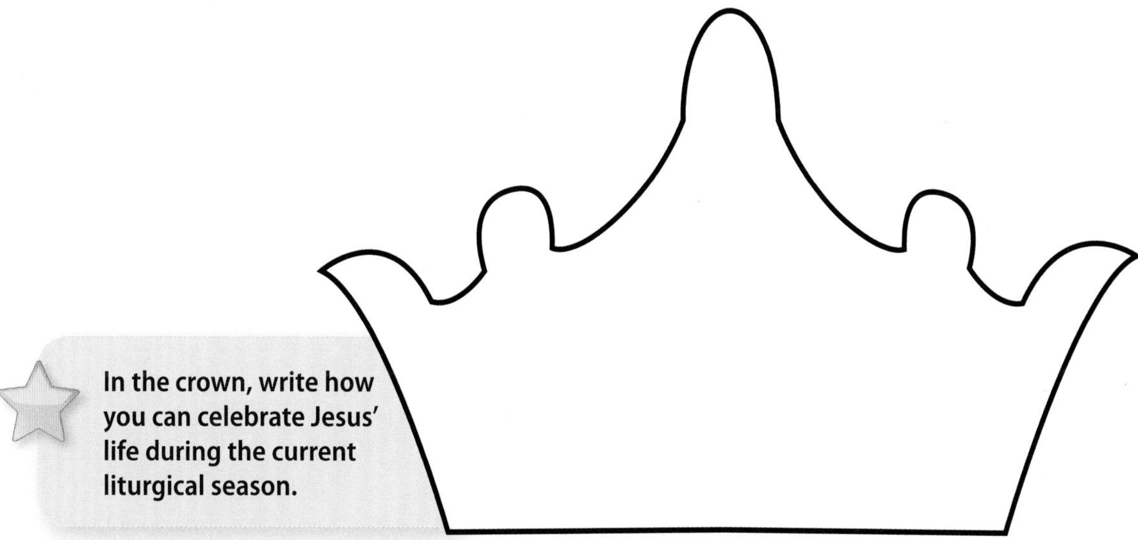

In the crown, write how you can celebrate Jesus' life during the current liturgical season.

The Liturgical Year	
Advent the four Sundays of Advent before the Christmas season begins	**Triduum** includes Holy Thursday, Good Friday, and Holy Saturday
Christmas includes Christmas Day, the Feast of the Holy Family, and the Feast of Epiphany	**Pentecost** occurs fifty days after Easter
Ordinary Time I the Sundays between Epiphany and Ash Wednesday	**Easter** includes Easter Sunday, the second through seventh Sundays of Easter, and Pentecost Sunday
Lent includes Ash Wednesday, the five Sundays of Lent, and Passion (or Palm) Sunday	**Ordinary Time II** the Sundays between Pentecost and the first Sunday of Advent

Gente de fe

25 de agosto

San Luis IX de Francia, 1214–1270

Jesús es el Rey de Reyes, pero todavía hay reyes terrenales que gobiernan países. Un rey que fue ambas cosas, un buen gobernante y un hombre santo, fue el Rey Luis IX de Francia. El Rey Luis creía que él era el "lugarteniente de Dios en la Tierra". Esto significa que se sentía responsable de gobernar como él pensaba que Jesús gobernaría. Una de las cosas que hizo fue enviar soldados a la Tierra Santa para tratar de proteger los lugares donde Jesús vivió y murió. Él entregó una gran cantidad de dinero a los pobres y construyó una hermosa iglesia para honrar a Dios.

Comenta: Cuando eres líder, ¿cómo debes actuar?

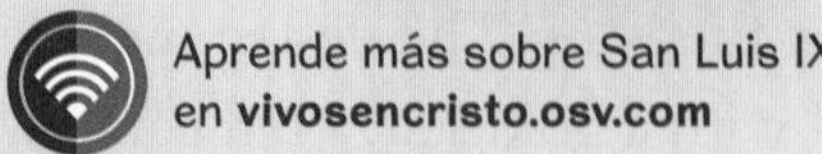

Aprende más sobre San Luis IX en **vivosencristo.osv.com**

Vive tu fe

Diseña un anuncio para buscar ayuda En todas las épocas, Dios necesita mujeres y hombres sabios que guíen a su Pueblo. Diseña un anuncio para buscar ayuda y hacer que los demás sepan qué cualidades debe reunir una persona para ser un buen líder hoy.

People of Faith

August 25

Saint Louis IX of France, 1214–1270

Jesus is the King of Kings, but earthly kings still rule countries. One king who was both a good ruler and a holy man was King Louis IX of France. King Louis believed that he was the "lieutenant of God on Earth." This meant that he felt responsible for ruling the way he thought Jesus would rule. Among the things he did was to send soldiers to the Holy Land to try to protect the places where Jesus lived and died. He gave a great deal of money to the poor and built a beautiful church to honor God.

Discuss: When you are a leader, how should you act?

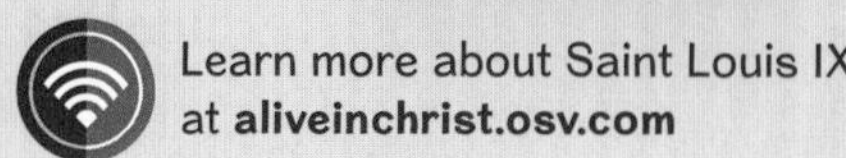

Learn more about Saint Louis IX
at **aliveinchrist.osv.com**

Live Your Faith

Design a Help Wanted Ad God needs wise men and women to lead his People in every age. Design a Help Wanted ad to let others know what qualities a person must have to be a good leader today.

Oremos

Oración salmódica de alabanza

Esta oración salmódica del Antiguo Testamento nos ayuda a reflexionar sobre las maravillas y las obras de Dios, y a alabarlas con gratitud.

Reúnanse y comiencen con la Señal de la Cruz.

Líder: Nos reunimos con gratitud, admiración y amor, en el conocimiento de que estamos en presencia de Dios.

Lado 1: Den gracias al Señor, porque él es bueno, porque su amor perdura para siempre.

Lado 2: Den gracias al que es Dios de los dioses, porque su amor perdura para siempre.

Lector 1: A Dios, el único que ha hecho maravillas,
al que con sabiduría hizo los cielos,
porque su amor perdura para siempre.
Al que puso la tierra sobre las aguas,
al que creó las grandes luminarias,
porque su amor perdura para siempre.

Todos: Den gracias al Señor, porque él bueno, porque su amor perdura para siempre.

Lector 2: A Dios, que sacó a Israel de Egipto
con mano fuerte y brazo levantado,
porque su amor perdura para siempre.

Todos: Den gracias al Señor, porque él es bueno, porque su amor perdura para siempre. **Basado en el Salmo 136**

Canten "Gracias, Señor"

 Let Us Pray

Psalm Prayer of Praise

This psalm prayer from the Old Testament helps us reflect on and gratefully praise God's wonders and works.

Gather and begin with the Sign of the Cross.

Leader: In gratitude, awe and love, we gather, knowing we are in God's presence.

Side 1: Give thanks to the LORD, for God is good. God's love endures forever.

Side 2: Give thanks to God of gods. God's love endures forever.

Reader 1: To God who alone does great wonders,
who by his understanding made the heavens,
his love endures forever.
Who spread out the earth upon the waters,
who made the great lights—
his love endures forever.

All: Give thanks to the LORD, for God is good. God's love endures forever.

Reader 2: To God who brought Israel out from Egypt
with a mighty hand and outstretched arm;
his love endures forever.
To him who led his people through the wilderness;
and gave them land as an inheritance,
his love endures forever.

All: Give thanks to the LORD, for God is good. God's love endures forever. **Based on Psalm 136**

 Sing "Give Thanks to the Lord"

FAMILIA + FE

VIVIR Y APRENDER JUNTOS

SUS HIJOS APRENDIERON >>>

Este capítulo examina el pedido de los israelitas de un rey terrenal, describe la unción como una manera de marcar a alguien como el elegido de Dios para un propósito especial y muestra cómo Jesús es el Ungido, nuestro Rey de Reyes.

La Sagrada Escritura

Lean **Salmo 23** para aprender por qué se describe al Señor como un pastor.

Lo que creemos

- En los tiempos del Antiguo Testamento, Dios eligió a líderes como Saúl y David, que eran reyes ungidos.
- Dios Padre ungió a su Hijo Jesús con el Espíritu Santo para que fuera profeta, sacerdote y rey.

Para aprender más, vayan al *Catecismo de la Iglesia Católica* 60–64, 218–220, 695 en **usccb.org**.

Gente de fe

Esta semana, su hijo aprendió acerca del Rey Luis IX de Francia. Ferviente defensor de la fe, San Luis patrocinó dos Cruzadas a la Tierra Santa.

LOS NIÑOS DE ESTA EDAD >>>

Cómo comprenden el liderazgo Muchos niños quieren ser líderes. Su hijo tiene edad suficiente para reconocer las responsabilidades, además de los privilegios, que tiene el liderazgo. Los niños de esta edad pueden notar la hipocresía y las imperfecciones en los líderes. Por eso es importante que sepan que los líderes de la Iglesia, como el resto de las personas, son imperfectos; pero que el Espíritu Santo ayuda a guiar a nuestros líderes en la Iglesia para que sigamos fieles a la voluntad de Dios en asuntos importantes de fe y moral.

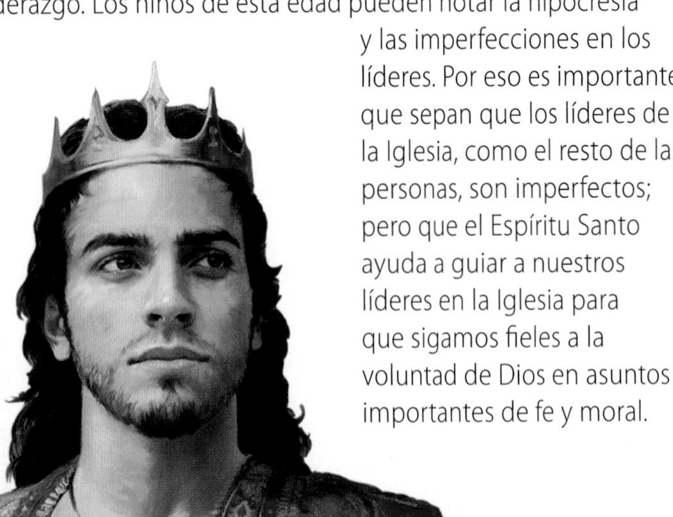

CONSIDEREMOS ESTO >>>

¿Alguna vez han pensado que fueron elegidos por Dios para ser padres de su hijo?

Dios les da la gracia de educar a sus hijos en la fe. Como católicos, sabemos que "[l]os padres de familia son los primeros educadores en la fe. Junto a los padres… todos los miembros de la familia tienen una intervención activa en orden a la educación de los miembros más jóvenes… La familia ha sido definida como una 'Iglesia doméstica', [LG 11; cf. AA 11; FC 49] lo que significa que en cada familia cristiana deben reflejarse los diversos aspectos o funciones de la vida de la Iglesia entera: misión, catequesis, testimonio, oración…. La familia, en efecto, al igual que la Iglesia, 'es un espacio donde el Evangelio es transmitido y desde donde éste se irradia' [EN 71]" (*DGC, 255*).

HABLEMOS >>>

- Pidan a su hijo que les diga lo que tienen en común el Rey David y Jesús.
- Hablen acerca de líderes en su parroquia, jóvenes y adultos, que son buenos ejemplos para la comunidad.

OREMOS >>>

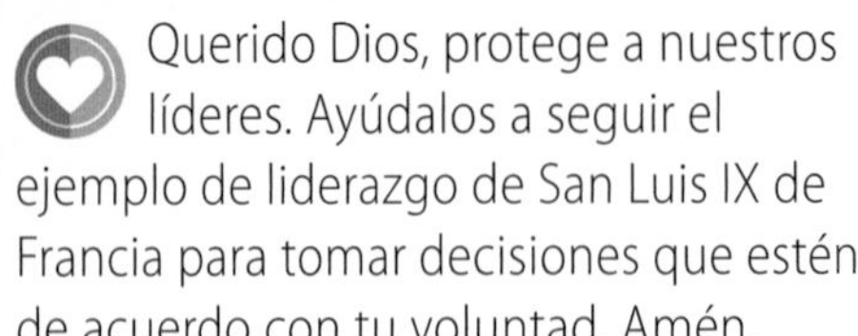

Querido Dios, protege a nuestros líderes. Ayúdalos a seguir el ejemplo de liderazgo de San Luis IX de Francia para tomar decisiones que estén de acuerdo con tu voluntad. Amén.

Visiten **vivosencristo.osv.com** para encontrar mas recursos y actividades.

FAMILY+FAITH

LIVING AND LEARNING TOGETHER

YOUR CHILD LEARNED >>>

This chapter examines the Israelites' request for an earthly king, describes anointing to mark someone as chosen by God for a special purpose, and shows how Jesus is the Anointed One, our King of Kings.

Scripture

Read **Psalm 23** to find out why the Lord is described as a shepherd.

Catholics Believe

- In Old Testament times, God chose leaders like Saul and David, who were anointed kings.
- God the Father anointed his Son Jesus with the Holy Spirit to be prophet, priest, and king.

To learn more, go to the *Catechism of the Catholic Church* #60–64, 218–220, 695 at **usccb.org**.

People of Faith

This week, your child learned about King Louis IX of France. A zealous defender of the faith, Saint Louis sponsored two Crusades to the Holy Land.

CHILDREN AT THIS AGE >>>

How They Understand Leadership Many children want to be leaders. Your child is old enough to recognize the responsibilities that go with leadership in addition to the privileges. Children this age also can spot hypocrisy and imperfections in leaders. For this reason, it is important that they know that Church leaders, just like all people, are imperfect, but that the Holy Spirit helps to guide our leaders in the Church so that we will stay true to God's will in important matters of faith and morals.

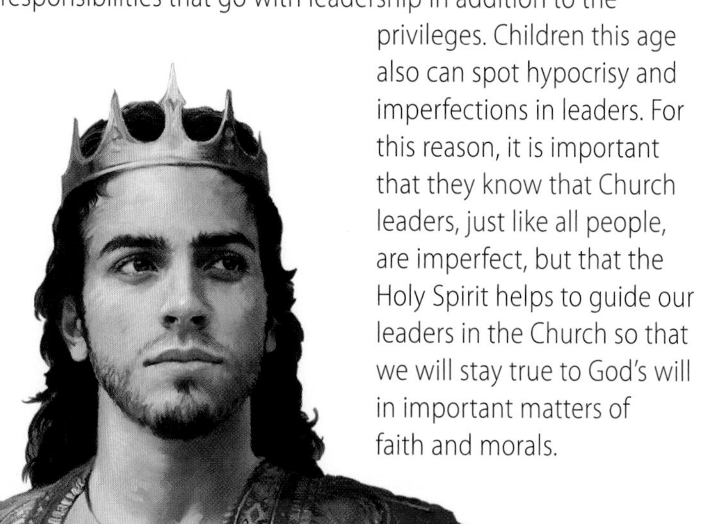

CONSIDER THIS >>>

Have you ever considered that you were chosen by God to parent your child?

God gives you the grace to raise children in faith. As Catholics, we know that "parents are the primary educators in the faith. Together with them ... all members of the family play [a] part in the education of the younger members.... The family is defined as a 'domestic Church,' [Cf. LG 11; cf. AA 11; FC 49] that is, in every Christian family the different aspects and functions of the life of the entire Church may be reflected: mission; catechesis; witness; prayer etc. Indeed in the same way as the Church, the family 'is a place where the Gospel is transmitted and from which is extends' [EN 71]" *(GDC, 255).*

LET'S TALK >>>

- Ask your child to tell you what King David and Jesus have in common.
- Talk about leaders, both youth and adults, in your parish who set good examples for the community.

LET'S PRAY >>>

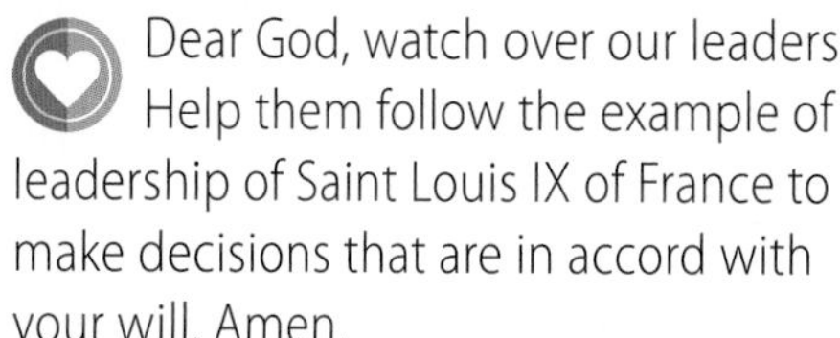

Dear God, watch over our leaders. Help them follow the example of leadership of Saint Louis IX of France to make decisions that are in accord with your will. Amen.

Visit **aliveinchrist.osv.com** for additional resources and activities.

Capítulo 7 Repaso

Trabaja con palabras **Completa cada oración con el término correcto del Vocabulario.**

Vocabulario			
Belén	Josué	salmos	Espíritu
para siempre	Samuel	"el ungido"	Jesús
bueno	Jueces	Jerusalén	pobres

1. Después de la muerte de Moisés, ____________________ guió al pueblo de Israel hasta la Tierra Prometida de Canaán.
2. En la época de los ____________________, Israel era una nación gobernada por Dios únicamente.
3. Los cristianos creen que ____________________ cumplió las promesas hechas a David.
4. El último juez de Israel fue ____________________. Él ungió a Saúl y a David como reyes de Israel.
5. El lugar de nacimiento de David y de Jesús fue ______________.
6. Muchas de las oraciones cantadas de la Biblia se llaman ____________________.
7. La palabra Cristo significa ____________________.
8. "Bienaventurados los ____________________ de espíritu, porque de ellos es el Reino de los cielos".
9. Dios le prometió a David que alguien de su casa se sentaría en el trono ____________________.
10. Después de que Samuel ungió a David, el ____________________ del Señor permaneció con David.

Chapter 7 Review

Work with Words **Complete each sentence with the correct term from the Word Bank.**

Word Bank

Bethlehem	Joshua	psalms	Spirit
forever	Samuel	"anointed one"	Jesus
good	Judges	Jerusalem	poor

1. After the death of Moses, ____________________ led the people of Israel into the Promised Land of Canaan.
2. At the time of the ____________________, Israel was a nation ruled by God alone.
3. Christians believe that ____________________ fulfilled the promises made to David.
4. The last judge of Israel was ____________________. He anointed both Saul and David as kings of Israel.
5. The birthplace of both David and Jesus was ____________________.
6. Many sung prayers in the Bible are called ____________________.
7. The word Christ means ____________________.
8. "Blessed are the ____________________ in spirit, for theirs is the kingdom of heaven."
9. God promised David that someone from his house would sit on the throne ____________________.
10. After Samuel anointed David, the ____________________ of the Lord was with David.

La sabiduría de Dios

Oremos

Líder: Enséñanos tu sabiduría, oh, Señor.

"Porque Yavé da la sabiduría,
de su boca salen el saber
y la verdad". **Proverbios 2, 6**

Todos: Dios que todo lo sabes, aumenta nuestra confianza en ti, porque ese es el comienzo de la sabiduría. Amén.

La Sagrada Escritura

[Salomón rogó a Dios:] "Dame, pues, la sabiduría y el entendimiento para que pueda conducir a este pueblo ..." Yavé dijo a Salomón: "Ya que éste es tu deseo y no has pedido riquezas ni bienes, ni gloria ni la muerte de tus enemigos, ni tampoco has pedido larga vida, sino que me has pedido la sabiduría y el entendimiento para gobernar a mi pueblo, del cual te he hecho rey, por eso desde ahora te doy sabiduría y entendimiento... " **2 Crónicas 1, 10-12**

¿Qué piensas?

- ¿Qué puede ayudarte a hacer la sabiduría?
- ¿Por qué podemos llamar a Jesús la sabiduría de Dios?

The Wisdom of God

Let Us Pray

Leader: Teach us your wisdom, O Lord.

"The LORD gives wisdom,
from his mouth come knowledge and
understanding." Proverbs 2:6

All: All-knowing God, increase our trust in you, for such is the beginning of wisdom. Amen.

Scripture

[Solomon prayed to God]: "Give me, therefore, wisdom and knowledge to govern this people..." God then replied to Solomon: Because this has been your wish—you did not ask for riches, treasures, and glory, or the life of those who hate you, or even for a long life for yourself, but you have asked for wisdom and knowledge in order to rule my people over whom I have made you king—wisdom and knowledge are given you. 2 Chronicles 1:10–12

What Do You Wonder?

- What can wisdom help you do?
- Why can we call Jesus the wisdom of God?

Dios da sabiduría

¿Qué es la sabiduría?

Dios es la fuente de toda sabiduría. La **sabiduría** es un don de Dios que nos ayuda a comprender su propósito y su plan para nuestra vida. La sabiduría nos ayuda a saber qué nos hará verdaderamente felices. Esta es la historia de una Santa que mostró sabiduría.

Palabras católicas

sabiduría un don de Dios que nos ayuda a ver su propósito y su plan para nuestra vida. La sabiduría nos lleva a ver las cosas como Dios las ve para que podamos vivir una vida santa.

Subraya lo que Santa Hildegarda pensaba que era la mejor manera de honrar a Dios.

Santa Hildegarda de Bingen

Santa Hildegarda es un ejemplo de alguien que usaba la sabiduría de manera correcta: para glorificar a Dios. De muy jovencita, Hildegarda empezó a tener visiones de luz. Estas visiones la ayudaron a comprender la Sagrada Escritura y otros textos sagrados. Una voz le dijo que compartiera estas percepciones, pero ella sintió que no era digna de hacerlo. Finalmente, escribió acerca de las visiones como una manera de guiar a los demás hacia Dios.

A Hildegarda le interesaban muchos temas y compartía lo que sabía de ellos. Escribió acerca de las virtudes y los pecados, la naturaleza del universo y la historia de la salvación. Estudió el uso de las plantas para hacer medicamentos y escribió dos libros de medicina para compartir lo que había aprendido.

Hildegarda pensaba que la música era la mejor manera de honrar a Dios, y que eran incluso mejor que las palabras para revelar sabiduría. Compuso más de setenta canciones y escribió una obra teatral, poesías y cartas.

Muchas personas aprendieron de los escritos y las conversaciones de Hildegarda. Ella viajó y habló con nobles, eruditos y religiosos. Animó a las personas a mostrar atención y compasión.

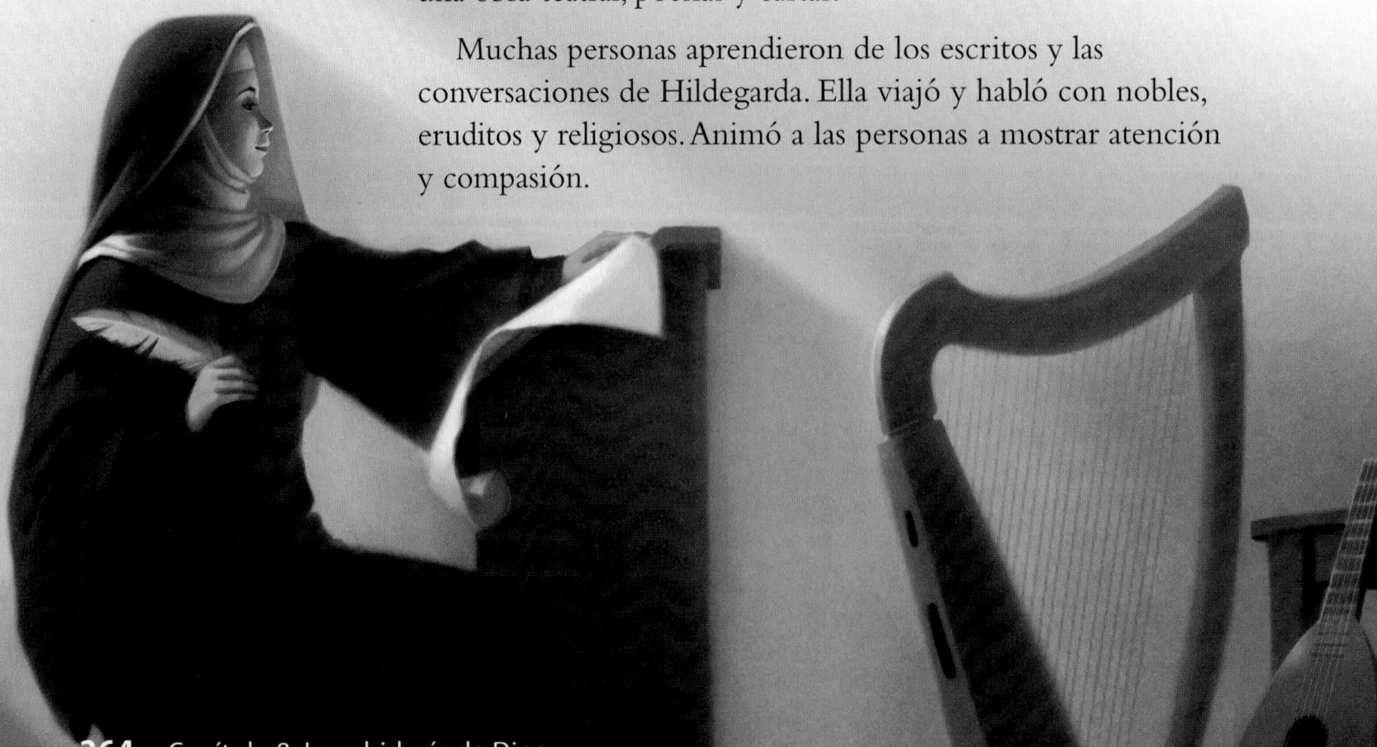

God Gives Wisdom

What is wisdom?

God is the source of all wisdom. **Wisdom** is a gift from God that helps us understand his purpose and plan for our lives. Wisdom helps us know what will make us truly happy. Here is the story of a Saint who showed wisdom.

Catholic
Faith Words

wisdom a gift from God that helps us see God's purpose and plan for our lives. Wisdom leads us to see things as God sees so that we might live holy lives.

Saint Hildegard of Bingen

Saint Hildegard is an example of a person who used wisdom in the correct way: to glorify God. When she was very young, Hildegard began having visions of light. These visions helped her understand Scripture and other holy writings. A voice told her to share these insights, but she felt unworthy to do so. Eventually, she did write about the visions as a way to lead others to God.

Underline what Saint Hildegard thought was the best way to honor God.

Hildegard was interested in many topics, and she shared her knowledge of them. She wrote about virtues and sins, the nature of the universe, and the history of salvation. She studied the use of plants for medicines and wrote two medical books to share what she had learned.

Hildegard thought music was the best way to honor God, and even better than words for revealing wisdom. She composed over seventy songs, and wrote a play, poems, and letters.

Many people learned from Hildegard's writings and her talks. She traveled and spoke to nobles, scholars, and religious people. She challenged people to show care and compassion.

Textos bíblicos sobre la sabiduría

La sabiduría era algo que el pueblo de Israel admiraba mucho. Ellos creían que si uno hacía lo correcto, prosperaría; pero si uno hacía tonterías o el mal, sufriría. Varios libros del Antiguo Testamento contienen escritos del pueblo de Israel sobre la sabiduría: Salmos, Job, Proverbios, Sirácides, Eclesiastés y Sabiduría.

Guías para la vida

Estos libros de la Biblia ofrecen guías para la vida. El Libro de los Proverbios está repleto de enseñanzas y refranes que reflejan la agudeza tradicional del pueblo de Israel. Es posible que hayas oído algunos de estos proverbios.

Encierra en un círculo los proverbio que te sean conocidos.

¿Meterse en las peleas de otro? ¡Es mejor
agarrar por las orejas a un perro que pasa! **Proverbios 26, 17**

El tonto está seguro de sus decisiones, pero
el sabio atiende a los consejos. **Proverbios 12, 15**

El rico y el pobre tienen esto en común,
que Yavé hizo a uno y a otro. **Proverbios 22, 2**

Los cabellos blancos son una corona
respetable: está al fin del camino de la justicia. **Proverbios 16, 31**

Las caras no se parecen y mucho menos
los corazones. **Proverbios 27, 19**

➔ **¿Qué proverbios han resultado ser ciertos en tu propia vida?**

Comparte tu fe

Reflexiona Piensa en alguien que conozcas y que sea sabio.

Comparte En el Libro de los Proverbios, busca uno que le quede a la persona que has elegido.

____

____

____

Luego lee el proverbio al grupo.

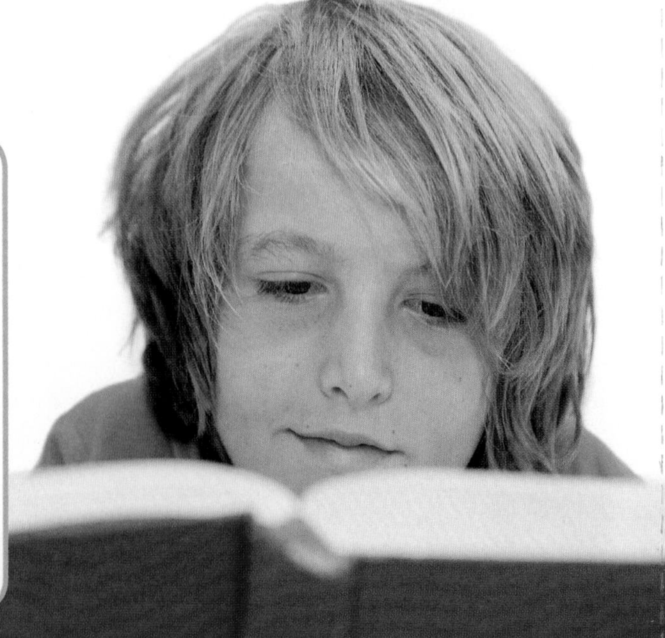

Wisdom Writing in the Bible

Wisdom was greatly admired by the people of Israel. They believed that if you did what was right, you would prosper; but if you did what was foolish or evil, you would suffer. Several books of the Old Testament contain wisdom writings of the people of Israel: Psalms, Job, Proverbs, Sirach, Ecclesiastes, and Wisdom.

Guides for Living

These books in the Bible offer guides for living. The Book of Proverbs is filled with teachings and short sayings that reflect the traditional insights of the people of Israel. You may have heard some of these proverbs.

Circle the proverbs that sound familiar to you.

Whoever meddles in the quarrel of another
is one who grabs a passing dog by the ears. **Proverbs 26:17**

The way of fools is right in their own eyes,
but those who listen to advice are the wise. **Proverbs 12:15**

Rich and poor have a common bond:
the LORD is the maker of them all. **Proverbs 22:2**

Gray hair is a crown of glory;
it is gained by a life that is just. **Proverbs 16:31**

As face mirrors face in water,
so the heart reflects the person. **Proverbs 27:19**

➔ **Which proverbs have you found to be true in your own life?**

Share Your Faith

Reflect Think of someone you know who is wise.

Share In the Book of Proverbs, find a proverb that suits the person you have chosen.

____

____

____

Then read the proverb to the group.

Los libros Sapienciales

¿Cómo mostraron Salomón y Job la sabiduría de Dios?

El Libro de la Sabiduría, llamado a menudo el Libro de Salomón, enseña de una manera diferente. Es una narración acerca de la importancia de actuar sabiamente.

Salomón, el hijo del Rey David, sucedió a su padre como rey. Salomón construyó un Templo en Jerusalén para darle al pueblo de Israel un lugar donde pudiera rendir culto al único Dios verdadero. Sin embargo, a Salomón se lo recuerda aún más por su sabiduría.

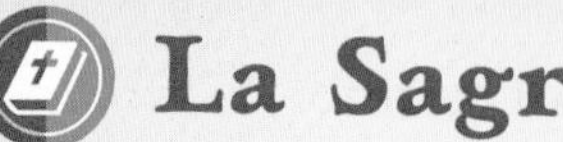

La Sagrada Escritura

El pedido de Salomón

Salomón le pidió ayuda a Dios. "Soy muy joven", dijo. "Para que pueda servirte bien, Señor, dame un espíritu atento para gobernar bien a tu pueblo y para distinguir el bien del mal".

A Dios le gustó el pedido de Salomón y respondió: "Ya que no has pedido riqueza ni poder para vencer a tus enemigos, te concederé tu pedido. Te doy sabiduría e inteligencia como nadie tuvo ni tendrá y te daré, además, riqueza, gloria y larga vida".

Basado en 1 Reyes 3, 4-14

Salomón sabía que la verdadera sabiduría proviene de algo más que de la percepción humana. Las leyes de Dios revelaron su propósito y su plan. Cumplir las leyes de Dios lo condujo hacia la sabiduría. Gracias a su fe, Salomón supo que la verdadera sabiduría humana es una participación en la propia sabiduría y la bondad de Dios.

➔ **¿Qué le pidió Salomón a Dios?**

➔ **¿Qué dones deben pedir los líderes de hoy?**

1 Reyes 6-8 describe la construcción del Templo del Rey Salomón para Dios. Al inaugurarlo, Salomón dijo: "... he construido esta Casa para el Nombre de Yavé" (1 Reyes 8, 20).

The Wisdom Books

How is God's wisdom shown by Solomon and Job?

The Book of Wisdom, often called the Book of Solomon, teaches in a different way. It is a narrative about the importance of acting wisely.

Solomon, the son of King David, succeeded his father as king. Solomon built a Temple in Jerusalem to give the people of Israel a place where they could worship the one true God. However, Solomon is remembered even more for his wisdom.

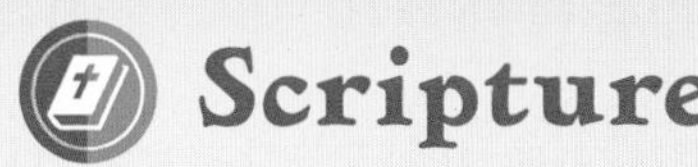

Solomon's Request

Solomon asked for God's help. "I am young," he said. "So that I may serve you well, LORD, give me an understanding heart to judge your people and to know right from wrong."

God approved Solomon's request and replied, "Because you have not asked for wealth and power over your enemies, I will grant your request. I give you the wisest heart that has ever been or will ever be, and I will give you wealth, honor, and long life besides." **Based on 1 Kings 3:4–14**

Solomon knew that true wisdom comes from more than human insight. God's laws revealed his purpose and plan. Observing God's laws led to wisdom. Because of his faith, Solomon knew that true human wisdom is a participation in God's own wisdom and goodness.

➔ **What did Solomon ask of God?**

➔ **What gifts should leaders ask for today?**

1 Kings 6–8 describes the building of King Solomon's Temple to God. At its dedication, Solomon said, "I have built this house for the name of the LORD, the God of Israel" (1 Kings 8:20).

Otra manera de ver

El Libro de la Sabiduría y el Libro de los Proverbios transmiten ante todo la sabiduría tradicional. Otros libros, como el Libro de Job, desafían las creencias populares. Job estaba deprimido. Era un hombre muy bueno, pero sufría. Algunos amigos le dijeron que sus problemas debían ser su castigo por haber contrariado a Dios. Pero Job sabía que era bueno y exigió hablar con Dios directamente.

Dios le habló a Job. Revelando toda su fuerza creadora y su poder, le recordó a Job quién es Dios. Un Job aterrorizado respondió de esta manera:

La Sagrada Escritura

El relato de Job

Reconozco que lo puedes todo,
y que eres capaz de realizar todos tus proyectos.

Hablé sin inteligencia de las cosas que no conocía,
de cosas extraordinarias, superiores a mí.

Yo te conocía solo de oídas;
pero ahora te han visto mis ojos.

Por esto, retiro mis palabras
y hago penitencia sobre el polvo y la ceniza.

Dios les dijo a los amigos de Job que estaban equivocados en lo que le habían dicho a Job. Le devolvió a Job su salud y su prosperidad.

Basado en Job 42, 2-6

- **¿Qué está ocurriendo en esta obra de arte?**
- **¿Qué te indica la postura de Job acerca de su actitud hacia Dios?**

Practica tu fe

Aprender de la experiencia Hazle un resumen del relato de Job a un compañero. Di qué pueden aprender de la experiencia de Job.

A New Way of Seeing

The Books of Wisdom and Proverbs primarily hand down traditional wisdom. Other books, like the Book of Job, challenge popular beliefs. Job was depressed. He was a very good man, yet he was suffering. Some friends told him that his troubles must be his punishment for displeasing God. But Job knew that he was good and demanded to talk to God directly.

God spoke to Job. Revealing all of his creative power and might, he reminded Job of who God is. A terrified Job responded this way:

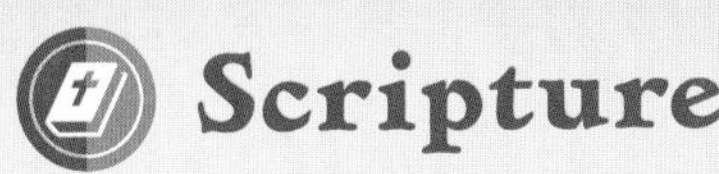

The Story of Job

I know that you can do all things,
 and that no purpose of yours can be hindered....

I have spoken but did not understand;
 things too marvelous for me, which I did not know....

By hearsay I had heard of you,
 but now my eye has seen you.

Therefore I disown what I have said,
 and repent in dust and ashes.

God told Job's friends that they were wrong in what they told Job. He restored Job's health and his prosperity. **Based on Job 42:2–6**

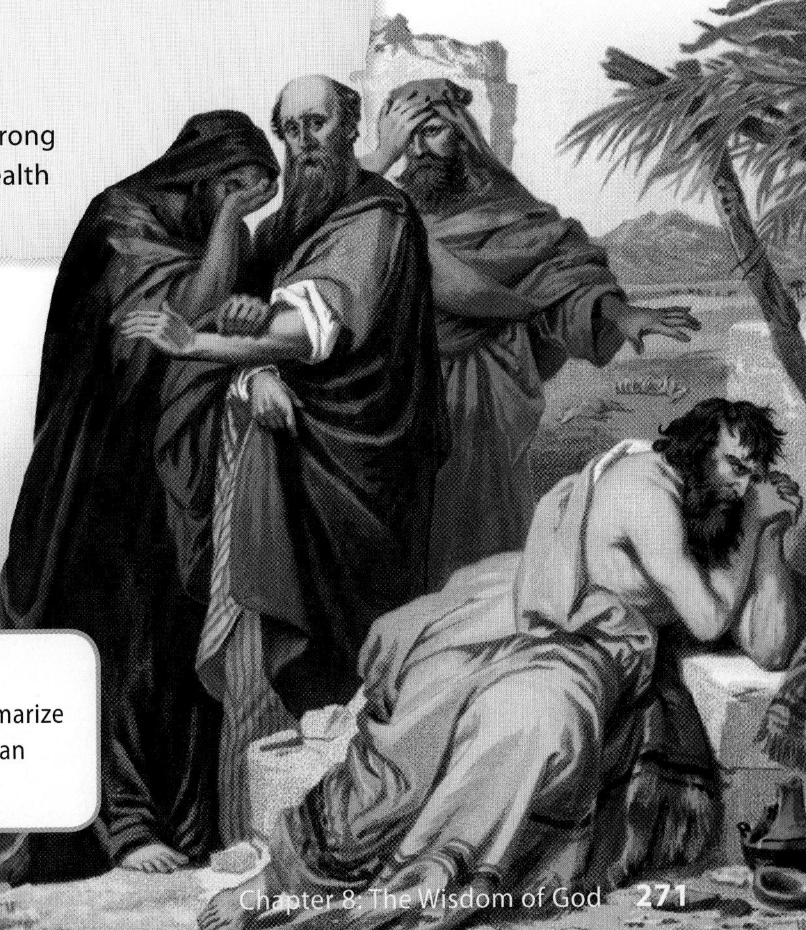

- **What is happening in this artwork?**
- **What does Job's posture tell you about his attitude toward God?**

Connect Your Faith

Learning from Experience Summarize the story of Job to a partner. Tell what you can learn from Job's experience.

Nuestra vida católica

¿Cómo puedes tomar decisiones sabias?

Cuando tomas decisiones importantes, necesitas sabiduría. Antes de tomar esas decisiones importante, dedica un tiempo a buscar la sabiduría de Dios en lo que vas a hacer.

Estos son unos pasos sencillos que puedes seguir como ayuda para tomar decisiones sabias.

1. Busca un lugar donde puedas orar sin distracciones.
2. Ora al Espíritu Santo para que te dé sabiduría y la capacidad de descubrir la voluntad de Dios.
3. Hazte las siguientes preguntas:
   - ¿Estoy eligiendo entre dos cosas o entre muchas?
   - ¿Cómo me ayudará cada decisión a confiar en Dios y a obedecer sus leyes?
   - ¿Cómo cada decisión me haría más difícil confiar en Dios y obedecer sus leyes?
4. Trata de recordar un pasaje de la Biblia en el cual tuvo que tomarse una decisión parecida. Piensa en lo que ocurrió en el pasaje.
   - ¿Qué pasaje elegiste?

     ____

     ____
   - ¿Cómo terminó el pasaje?

     ____

     ____
5. Si todavía no estás seguro de la decisión que debes tomar, comenta la situación con un adulto de confianza, como uno de tus padres o un pariente, un sacerdote o un ministro de la parroquia, o un maestro.
6. Después de tomar tu decisión, sigue orando para que el Espíritu Santo te guíe.

Contesta las pregunta de arriba en los espacios en blanco.

Our Catholic Life

How can you make wise decisions?

You need wisdom when you make important decisions. Before making those important decisions, take time to look for God's wisdom in what you are going to do.

Here are some simple steps you can follow to help you make wise decisions.

1. Find a place where you can pray without distractions.
2. Pray to the Holy Spirit for wisdom and the ability to discover God's will.
3. Ask yourself the following questions:
   - Am I choosing between two things or among many things?
   - How would each decision help me trust God and obey his laws?
   - How would each decision make it harder for me to trust God and obey his laws?
4. Try to remember a Bible passage in which a similar decision had to be made. Think about what happened in the passage.
   - What passage did you choose?

     ____

     ____

   - How did the passage end?

     ____

     ____

5. If you are still not sure of the choice you should make, discuss the situation with a trusted adult, such as a parent or relative, a priest or parish minister, or a teacher.
6. After making your decision, continue to pray for guidance from the Holy Spirit.

Answer the questions above in the spaces provided.

Gente de fe

28 de enero

Santo Tomás de Aquino, 1225–1274

Cuando Santo Tomás de Aquino era estudiante en la Universidad de París, en Francia, los demás estudiantes lo llamaban "el buey mudo", porque era corpulento y no hablaba mucho. Sin embargo, Tomás terminó siendo uno de los hombres más inteligentes y más sabios de la historia de la Iglesia. Escribió un estudio en tres partes de las enseñanzas católicas llamado la *Summa Theologiae.* Él creía que nos hacemos sabios por las cosas que aprendemos, pero también a través de nuestra fe en Dios. Santo Tomás fue además profesor universitario y asesor del Papa. Todavía hoy, las personas estudian sus escritos y sus enseñanzas.

Comenta: ¿Qué te ayuda a hacerte sabio?

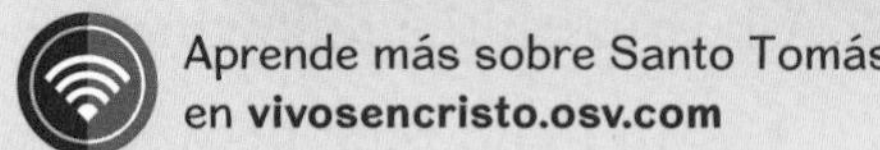
Aprende más sobre Santo Tomás en **vivosencristo.osv.com**

Vive tu fe

Lee Santiago 3, 13-18. Este pasaje describe la verdadera sabiduría que proviene de Dios. En el siguiente acertijo, ordena las letras de cada palabra clave. Toma las letras que aparecen encerradas en un círculo y forma con ellas el mensaje final.

ALENL ED

LIAINGUENCD

OMSEATD

ASENUB ROSAB

FCIAPAÍC

RENROMPCED

S _ _ _ _ _ _ _ _   C _ _ _ S _ _ _ _

People of Faith

January 28

Saint Thomas Aquinas, 1225–1274

When Saint Thomas Aquinas was a student at the University of Paris in France, the other students called him "the dumb ox" because he was big and didn't talk much. But Thomas ended up being one of the smartest and wisest men in the history of the Church. He wrote a three-part study of Catholic teaching called the *Summa Theologica.* He believed we become wise by the things we learn, but also through our faith in God. Saint Thomas also was a university teacher and a consultant to the Pope. Even today, people study his writings and teaching.

Discuss: What helps you to become wise?

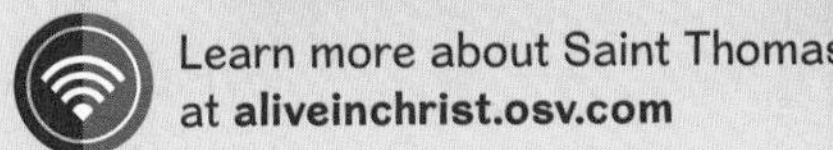

Learn more about Saint Thomas at **aliveinchrist.osv.com**

Live Your Faith

Read James 3:13–18. This passage describes true wisdom that comes from God. In the puzzle below, unscramble each of the clue words. Take the letters that appear in the circle boxes and unscramble them for the final message.

Clue words	Answer boxes
LULF FO MYRCE	☐☐◯☐ ☐☐ ☐☐☐☐◯
NEELTG	☐☐☐☐☐◯
DOOG TUSRIF	☐☐☐◯ ☐☐☐◯☐◯
LEACEAPEB	☐☐☐☐☐◯☐☐◯
MANTOPCIL	☐◯◯☐☐☐☐◯☐

H ☐ ☐ V ☐ ☐ ☐ ☐ W ☐ ☐ ☐ ☐ ☐

 Oremos

Oración de alabanza

Reúnanse y comiencen con la Señal de la Cruz.

Líder: Señor, abre nuestros labios.

Todos: Y nuestra boca
proclamará tu alabanza.

Lector: Lectura del
Libro del Eclesiastés.

Lean Eclesiastés 3, 1-8.

Palabra de Dios.

Todos: Te alabamos, Señor.

Líder: Oremos.

Inclinen la cabeza
mientras el líder ora.

Todos: Amén.

Canten "Gloria Trinitario"

Al Dios Santo,
Uno y Trino: ¡Gloria!
En el cielo y en la tierra:
¡Gloria! ¡Gloria!

Let Us Pray

Prayer of Praise

Gather and begin with the Sign of the Cross.

Leader: Lord, open our lips.

All: And our mouths will
proclaim your praise.

Reader: A reading from the
Book of Ecclesiastes.

Read Ecclesiastes 3:1–8.

The word of the Lord.

All: Thanks be to God.

Leader: Let us pray.

Bow your heads as the
leader prays.

All: Amen.

Sing "Holy Spirit"

Holy Spirit,
come into our lives.
Holy Spirit,
make us truly wise.

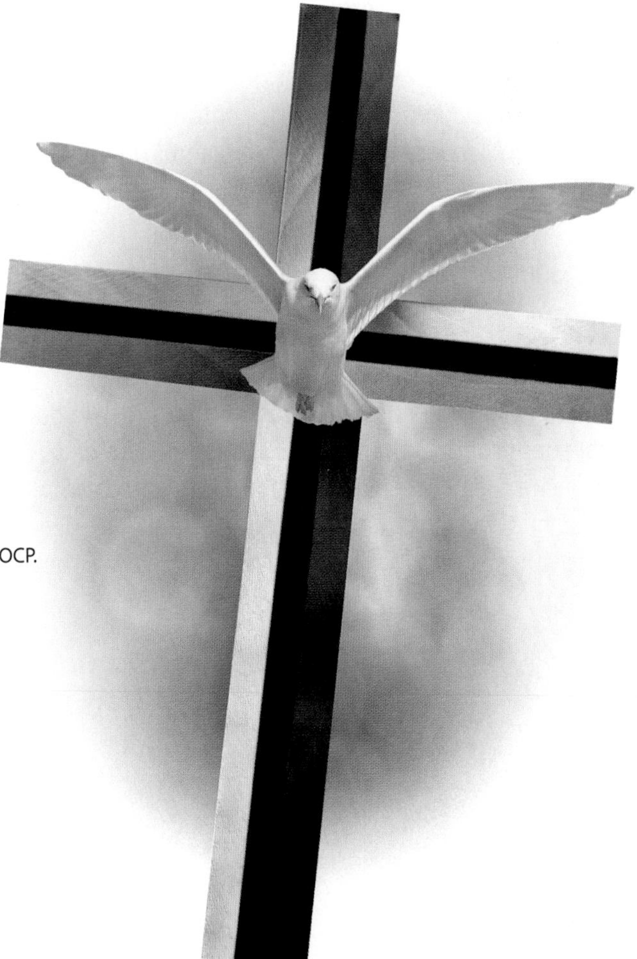

FAMILIA + FE

VIVIR Y APRENDER JUNTOS

SUS HIJOS APRENDIERON >>>

Este capítulo define la sabiduría como un don de Dios que nos ayuda a entender el propósito y el plan para nuestra vida, y explica cómo los libros Sapienciales de la Biblia ofrecen una guía de vida.

La Sagrada Escritura

Lean **2 Crónicas 1, 10–12** para saber lo que Salomón le pidió a Dios que le diera.

Lo que creemos

- La tradición de sabiduría en la Biblia enseña que la verdadera sabiduría proviene de confiar en Dios y de obedecer su ley.
- Jesús es la sabiduría de Dios que en todas las épocas han buscado los sabios.

Para aprender más, vayan al *Catecismo de la Iglesia Católica* 156–158, 215–217 en **usccb.org**.

Gente de fe

Esta semana, su hijo aprendió acerca de Santo Tomás de Aquino. Tomás ha sido uno de los hombres más brillantes que haya existido: su estudio de las enseñanzas católicas, la *Summa Theologiae*, todavía tiene vigencia.

LOS NIÑOS DE ESTA EDAD >>>

Cómo comprenden la sabiduría de Dios Su hijo está desarrollando la habilidad de involucrarse con el proceso de reflexionar sobre conductas posibles. Esto es derivado de su creciente destreza en el área del pensamiento abstracto. Sin embargo, su hijo podría seguir necesitando ayuda para idear alternativas y pensar en todos los pro y contra cuando sopese decisiones.

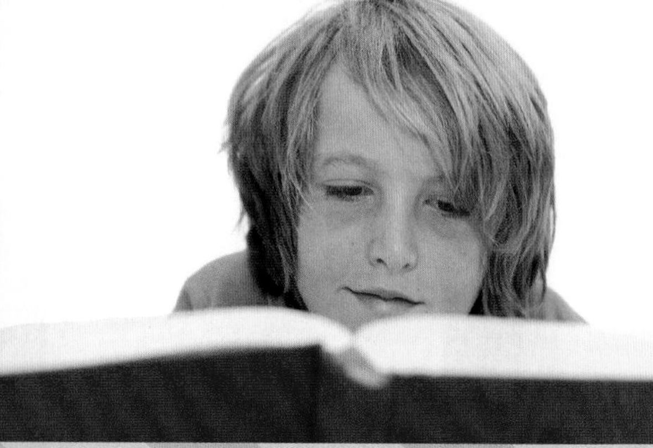

CONSIDEREMOS ESTO >>>

¿Cuál es la diferencia entre sabio e inteligente?

La mayoría de nosotros conoce a alguien que es un "ratón de biblioteca" pero que no parece ser sabio. La sabiduría es un Don del Espíritu Santo. Como católicos, sabemos que "nos hace capaces de ver el mundo desde el punto de vista de Dios, lo cual nos ayuda a comprender el objetivo y plan de Dios. Nos da la visión de la historia a largo alcance, examinando el presente teniendo en cuenta el pasado y el misterio del futuro. Nos salva de la ilusión de que el espíritu de los tiempos es nuestro único guía" (*CCEUA, p. 221*).

HABLEMOS >>>

- Pidan a su hijo que les hable de la sabiduría de Salomón.
- Comenten juntos sobre una ocasión en que un familiar realmente necesitó sabiduría. ¿Qué hizo?

OREMOS >>>

Querido Dios, danos la habilidad de aprender con rapidez y facilidad, como Santo Tomás de Aquino. Amén.

Visiten **vivosencristo.osv.com** para encontrar un glosario multimedia de Palabras católicas, lecturas dominicales, y recursos de Santos y tiempos festivos.

FAMILY+FAITH

LIVING AND LEARNING TOGETHER

YOUR CHILD LEARNED >>>

This chapter defines wisdom as a gift from God that helps us understand the purpose and plan for our life, and explains how the Wisdom books in the Bible offer a guide for living.

Scripture

Read **2 Chronicles 1:10–12** to find out what Solomon asked God to give him.

Catholics Believe

- The wisdom tradition in the Bible teaches that true wisdom comes from trusting God and obeying his law.
- Jesus is the wisdom of God, sought in every age by those who are wise.

To learn more, go to the *Catechism of the Catholic Church* #156–158, 215–217 at **usccb.org**.

People of Faith

This week, you child learned about Saint Thomas Aquinas. One of the most brilliant men who ever lived, Thomas' study of Catholic teaching, the *Summa Theologica*, is still read today.

CHILDREN AT THIS AGE >>>

How They Understand God's Wisdom Your child is growing in his or her ability to engage in a process of reflection on possible courses of action. This is a by-product of his or her growing skills in the area of abstract reasoning. Your child still might, however, need support in brainstorming alternatives and thinking of all the pros and cons when weighing decisions.

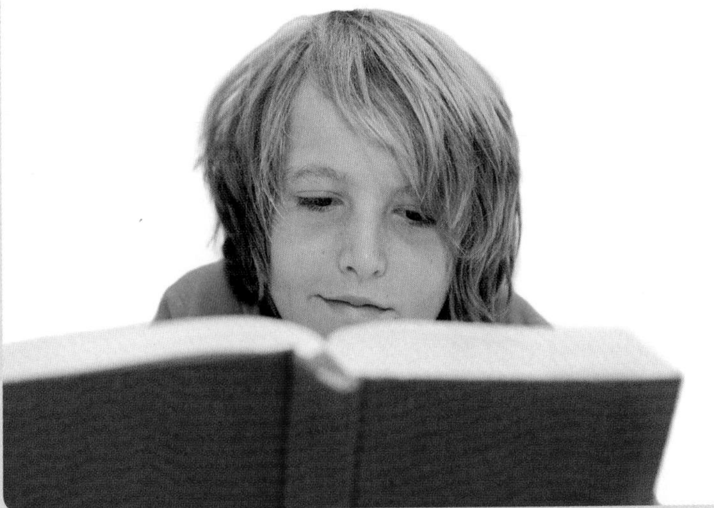

CONSIDER THIS >>>

What is the difference between wise and smart?

Most of us know someone who is "book smart" but does not seem to be wise. Wisdom is a Gift of the Holy Spirit. As Catholics, we know wisdom "enables us to see the world from God's viewpoint, which can help us come to grasp with the purpose and plan of God. It grants us the long-range view of history, examining the present in light of the past and the mystery of the future. It saves us from the illusion that the spirit of the times is our only guide" *(USCCA, p. 208)*.

LET'S TALK >>>

- Ask your child to tell you about the wisdom of Solomon.
- Together discuss a time when someone in the family really needed wisdom. What did he or she do?

LET'S PRAY >>>

Dear God, give us the ability to learn quickly and easily as Saint Thomas Aquinas did. Amen.

For a multimedia glossary of Catholic Faith Words, Sunday readings, seasonal and Saint resources, and chapter activities go to **aliveinchrist.osv.com**.

Capítulo 8 Repaso

A **Trabaja con palabras** **Une cada descripción de la Columna A con el término correcto de la Columna B.**

Columna A	Columna B
1. Un hombre muy bueno que sufría	Dios
2. Un hombre muy sabio	Libro de la Sabiduría
3. Un libro sapiencial	Libro del Eclesiastés
4. Devolvió a Job su prosperidad	Job
5. Llamado también Libro de Salomón	Salomón

B **Confirma lo que aprendiste** **Rellena el círculo que está junto a la respuesta correcta.**

6. La tradición de la sabiduría en la Biblia se encuentra especialmente en los libros _____.
   - ○ **proféticos**
   - ○ **sapienciales**
   - ○ **históricos**
   - ○ **poéticos**

7. La _____ es inútil sin confianza reverente en Dios y respeto por su ley.
   - ○ **confesión**
   - ○ **sabiduría humana**
   - ○ **buena acción**
   - ○ **oración**

8. Uno de los mejores ejemplos de una persona sabia en el Antiguo Testamento es _____.
   - ○ **Sansón**
   - ○ **Faraón**
   - ○ **Salomón**
   - ○ **Esaú**

9. El Libro _____ es un ejemplo de literatura sapiencial.
   - ○ **de los Proverbios**
   - ○ **de Miqueas**
   - ○ **del Génesis**
   - ○ **del Éxodo**

10. La mejor manera Jesús nos mostró la sabiduría de Dios es a través de su vida, su Muerte y _____.
    - ○ **sus buenas acciones**
    - ○ **su buen ejemplo**
    - ○ **sus oraciones**
    - ○ **su Resurrección**

Chapter 8 Review

A **Work with Words** **Match each description in Column A with the correct term in Column B.**

Column A	Column B
1. A very good man who suffered	God
2. A very wise man	Book of Wisdom
3. A wisdom book	Book of Ecclesiastes
4. Restored Job's prosperity	Job
5. Also called Book of Solomon	Solomon

B **Check Understanding** **Fill in the circle next to the correct answer.**

6. The wisdom tradition in the Bible is contained primarily in the _____ books.

- ○ **prophetic**
- ○ **wisdom**
- ○ **historical**
- ○ **poetical**

7. _____ is useless without a reverent trust in God and respect for his law.

- ○ **Fasting**
- ○ **Human wisdom**
- ○ **A good deed**
- ○ **Prayer**

8. One of the greatest examples of a wise person in the Old Testament is _____.

- ○ **Samson**
- ○ **Pharaoh**
- ○ **Solomon**
- ○ **Esau**

9. The Book of _____ is an example of wisdom literature.

- ○ **Proverbs**
- ○ **Micah**
- ○ **Genesis**
- ○ **Exodus**

10. The greatest way Jesus showed us God's wisdom is through his life, Death, and _____.

- ○ **good deeds**
- ○ **good example**
- ○ **prayers**
- ○ **Resurrection**

Una promesa profética

Oremos

Líder: Con gran misericordia, el Señor cumple sus promesas; el Señor cumple todas las profecías.

"Que vengan a mí, Señor, tu gracia y tu salvación,
conforme a tu palabra".

Salmo 119, 41

Todos: Envía, oh, Señor, la Promesa de las Edades para que habite en nuestros corazones y para que así la creación toda regrese a ti. Amén.

La Sagrada Escritura

El Señor, pues, les dará esta señal: La joven está embarazada y da a luz un varón a quien le pone el nombre de Emmanuel, es decir: Dios con nosotros. Lo llaman Consejero admirable, Dios fuerte, Padre que no muere, príncipe de la Paz. El imperio crece con él y la prosperidad no tiene límites, para el trono de David y para su reino: Él lo establece y lo afianza por el derecho y la justicia, desde ahora y para siempre. Sí, así será, por el amor celoso del Señor de los ejércitos. **Isaías 7, 14; 9, 5-6**

¿Qué piensas?

- ¿Por qué Dios envió profetas al Pueblo Elegido?
- ¿Necesitamos profetas todavía? ¿Cómo puedes actuar como un profeta?

Prophetic Promise

Let Us Pray

Leader: With great mercy, the Lord keeps promises; the Lord fulfills all prophecies.

"Let your mercy come to me, LORD,
salvation in accord with your promise."
Psalm 119:41

All: Send, O Lord, the Promise of Ages to dwell as guest-in-our-hearts and so to draw all creation home to you. Amen.

Scripture

The Lord himself will give you a sign; the young woman, pregnant and about to bear a son, shall name him Emmanuel. They name him Wonder-Counselor, God-Hero, Father-Forever, Prince of Peace. His dominion is vast and forever peaceful, Upon David's throne, and over his kingdom, which he confirms and sustains By judgment and justice, both now and forever. The zeal of the LORD of hosts will do this! **Isaiah 7:14; 9:5b–6**

What Do You Wonder?

- Why did God send prophets to the Chosen People?
- Do we still need prophets? How can you act as a prophet?

Los mensajeros de Dios

¿Qué mensaje llevaban los profetas al pueblo?

Que a uno lo escuchen y lo entiendan es un don. Cuando uno de tus padres, un maestro o un amigo presta atención a lo que tienes que decir, sabes que te valoran. Cuando alguien no te escucha, puede ser una gran dificultad. A partir de la época de los reyes de Israel, Dios llamó a ciertas personas para que hablaran al pueblo con la verdad y lo convocaran para volver a Dios. Estas personas eran llamadas profetas. Un **profeta** les recuerda a las personas que hay que ser fieles a la alianza.

Una persona de la corte real podría haber escrito, después de la muerte de Salomón, una carta como esta.

Palabras católicas

profeta un mensajero de Dios que habla con la verdad y llama a las personas a seguir las leyes de la alianza de Dios y a actuar con justicia

exilio la época en la que Judea, el reino del sur, fue conquistada por los babilonios (586 a. de C.). Esto resultó en que el pueblo de Judea fuera enviado a Babilonia, lejos de su tierra.

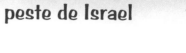

La peste de Israel

Querido primo Abi:

Han estado sucediendo tantas cosas aquí, en la corte real. El reino se ha dividido en dos, con Israel en el norte y Judea en el sur. Pero la gran novedad son los profetas.

Desde que el reino se dividió, ha habido muchos profetas falsos. Hablan por dinero o para su beneficio personal. Y los profetas de la corte solo tratan de complacer a sus reyes.

Sin embargo, recientemente apareció en Israel un profeta de nombre Elías. Ha advertido que vendrán años de sequía. El Rey Ajab llamó a Elías "la peste de Israel". Pero Elías le contestó que la verdadera peste de Israel eran el Rey Ajab y su casa, porque él y su familia adoraban ídolos.

Lo que dice Elías es cierto. La gente y los gobernantes están apartándose de Dios. Espero que pronto el pueblo escuche a Elías.

Tu primo que te quiere,
Hanani

Subraya por qué el Rey Ajab es la verdadera peste de Israel.

God's Messengers

What message did the prophets bring to the people?

To be heard and understood is a gift. When a parent, teacher, or friend pays attention to what you have to say, you know that you are valued. When someone will not listen to you, it can be very difficult. Beginning around the time of the kings of Israel, God called certain people to speak the truth to the people and to summon them back to God. These people were called prophets. A **prophet** reminds people to be faithful to the covenant.

One person at the royal court, writing after the death of Solomon, might have written a letter like this one.

Catholic Faith Words

prophet a messenger from God who speaks the truth and calls the people to follow the laws of God's covenant and act with justice

exile the time when Judah, the southern kingdom, was conquered by the Babylonians (586 B.C.). As a result, the people of Judah were sent into Babylon, away from their homeland.

The Disturber of Israel

Dear Cousin Abi,

So much has been happening here at the royal court. The kingdom has split in two, with Israel in the north and Judah in the south. But the big news is about prophets.

Since the kingdom has been divided, there have been many false prophets. They speak for money or personal gain. And the court prophets just try to please their kings.

Recently, however, a prophet named Elijah appeared in Israel. He has warned of years of drought to come. King Ahab called Elijah "the disturber of Israel." But Elijah replied that the true disturber of Israel is King Ahab's own household, because his family members worship idols.

What Elijah says is true. The people and rulers are turning away from God. I hope people listen to Elijah soon.

Your loving cousin,
Hanani

Underline why King Ahab is the true disturber of Israel.

Arrepentimiento y restitución

El pueblo no escuchó a Elías. Dios siguió enviando profetas, pero las personas no cambiaban su actitud. Jerusalén cayó bajo el dominio de los babilonios en el 586 a. de C. Muchas personas de Judea fueron enviadas a un **exilio** lejano.

El profeta Ezequiel vio el exilio del pueblo de Israel como un correctivo de Dios por haber obrado mal. En una profecía llamada la Visión de los huesos secos, Ezequiel describió el panorama del exilio y de lo que vendría después de él. El pueblo entendió que la profecía significaba que Dios los restituiría a su tierra.

¿Quiénes somos?

Profetas del norte

- Amós criticó a los que tenían fortuna por ignorar a los pobres.
- Oseas llamó infiel al pueblo de Israel, porque tenían otros dioses.
- Miqueas exhortó al pueblo a que abandonara su comportamiento pecaminoso y volviera a Dios.
- A pesar de todas las advertencias, el pueblo no se arrepintió y los asirios conquistaron Israel, el reino del norte, en el 721 a. de C.

Los grandes profetas del sur

- Las profecías de Isaías predijeron un castigo para el reino.
- Jeremías predijo destrucción si el pueblo no se arrepentía.

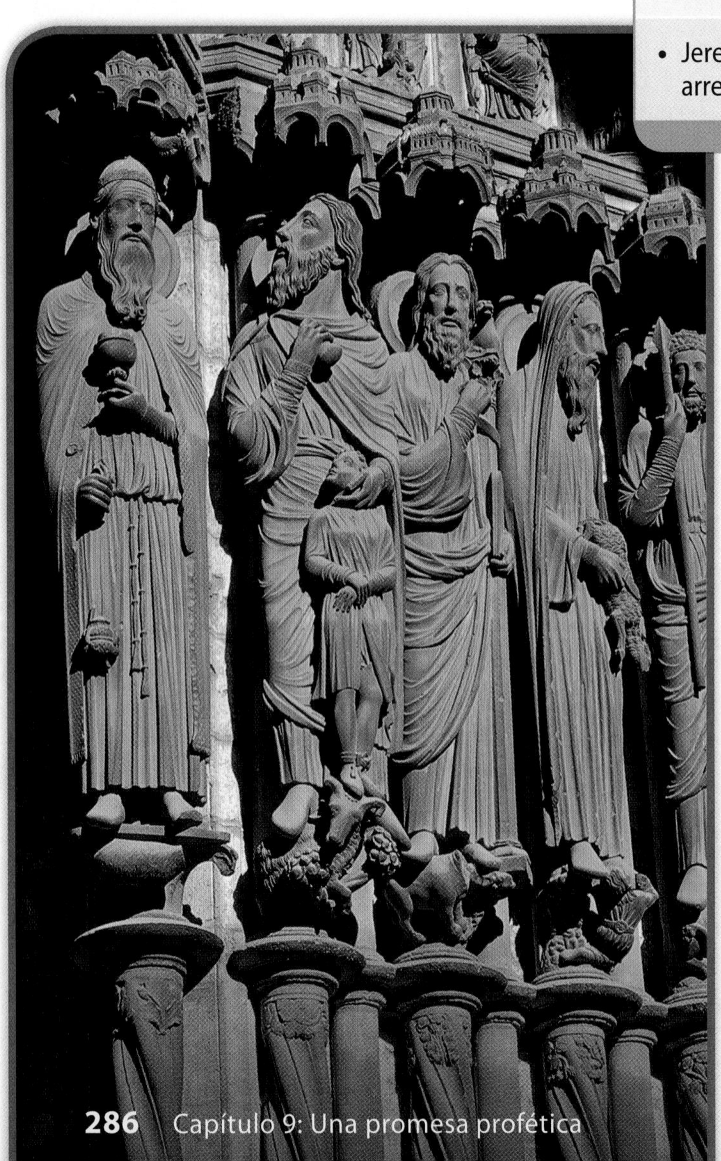

Comparte tu fe

Reflexiona Lee uno de los siguientes pasajes y piensa qué quiso decir el profeta.

Isaías 3, 1-8
Oseas 12, 1-4
Jeremías 19, 10-11
Amós 8, 4-12
Ezequiel 37, 1-14
Miqueas 3, 9-12, 6, 8

Comparte Representa lo que significa el mensaje de uno de estos profetas para tu vida o para nuestro mundo en la actualidad.

Melquisedec, Abram y Moisés aparecen en el portal norte de la catedral de Chartres, en Francia.

Repentance and Restoration

The people did not listen to Elijah. God continued to send prophets, but the people still did not change their ways. Jerusalem fell to the Babylonians in 586 B.C. Many of the people of Judah were sent into **exile** far away.

The prophet Ezekiel saw the exile of the people of Israel as God's correction of their wrongdoings. In a prophecy called the Vision of the Dry Bones, Ezekiel shared a picture of the exile and what would come after it. The people understood the prophecy to mean that God would restore them to their land.

Who Are We?

Prophets in the north

- Amos criticized those who were wealthy for ignoring those who were poor.
- Hosea called the people of Israel unfaithful because they had other gods.
- Micah urged people to turn from their sinful ways back to God.
- Despite all the warnings, the people did not repent, and the Assyrians conquered Israel, the northern kingdom, in 721 B.C.

The great prophets in the south

- Isaiah's prophecies predicted punishment for the kingdom.
- Jeremiah predicted destruction if the people did not repent.

Share Your Faith

Reflect Read one of the passages below, and think about what the prophet means.

Isaiah 3:1–8
Hosea 12:1–4
Jeremiah 19:10–11
Amos 8:4–12
Ezekiel 37:1–14
Micah 3:9–12, 6:8

Share Act out what the message of one of these prophets is for your life or our world today.

Melchizedek, Abraham, and Moses are featured on the north portal of Chartres Cathedral in France.

Mensaje de un Mesías

¿Quién es el Mesías prometido?

Los profetas siguieron hablando al pueblo con la verdad, incluso después de que los israelitas regresaran a su tierra natal. Muchos de los mensajes proféticos le decían al pueblo que Dios enviaría a un **Mesías**, el ungido por Dios o el elegido, para salvarlo. Los cristianos creen que estas profecías de un Mesías se refieren a Jesús.

Palabras católicas

Mesías el prometido que guiaría al Pueblo de Dios. La palabra mesías significa "ungido por Dios" o "el elegido de Dios". Jesús es el Mesías.

Encarnación el misterio en el cual el Hijo de Dios se hizo hombre para salvar a todas las personas

La Sagrada Escritura

El Elegido

Porque un niño nos ha nacido, un hijo se nos ha dado; le ponen en el hombro el distintivo del rey.

Y proclaman su nombre: "Consejero admirable, Dios fuerte, Padre que no muere, príncipe de la Paz."

Isaías 9, 5

Salta, llena de gozo, oh hija de Sión,
lanza gritos de alegría, hija de Jerusalén.

Pues tu rey viene hacia ti;
él es santo y victorioso,

humilde, y va montado sobre un burro,
sobre el hijo pequeño de una burra.

Zacarías 9, 9

Subraya las semejanzas y encierra en un círculo las diferencias entre estas dos profecías.

El nacimiento y la vida de Jesús cumplieron las profecías de la llegada de un Mesías a los israelitas.

Message of a Messiah

Who is the promised Messiah?

The prophets continued to speak to the people even after the Israelites returned to their homeland. Many of the prophetic messages told the people that God would send a **Messiah**, God's anointed or chosen one, to save them. Christians believe that these prophecies of a Messiah tell about Jesus.

Catholic Faith Words

Messiah the promised one who would lead God's People. The word Messiah means "God's anointed," or "God's chosen one." Jesus is the Messiah.

Incarnation the mystery that the Son of God took on human nature in order to save all people

Scripture

The Chosen One

For a child is born to us, a son is given us;
upon his shoulder dominion rests.

They name him Wonder-Counselor, God-Hero,
Father-Forever, Prince of Peace.

Isaiah 9:5

Exult greatly, O daughter Zion!
Shout for joy, O daughter Jerusalem!

Behold: your king is coming to you,
a just savior is he,

Humble, and riding on a donkey,
on a colt, the foal of a donkey.

Zechariah 9:9

Underline the similarities and circle the differences between these two prophecies.

The birth and life of Jesus fulfilled the prophecies of a Messiah coming to the Israelites.

Jesús, el Cristo

Escuchamos estas lecturas de la Misa durante el Adviento, cuando nos preparamos para celebrar la **Encarnación**. Durante el tiempo de Navidad, recordamos el significado del nombre de Jesús "Dios salva". Jesús puede salvarnos porque Él es Dios y hombre, Divino y humano. Él comparte nuestra humanidad en todas las cosas, excepto el pecado.

Cuando Jesús comenzó a enseñar y a curar, muchos creyeron que era el prometido. Jesús es llamado *Cristo*, palabra que significa "el ungido" o "Mesías". Con el tiempo, sus seguidores llegaron a comprender también que Jesús era el Hijo de Dios. A través de Jesús y en el Espíritu Santo, todas las personas comparten la promesa de la vida eterna que hizo Dios.

Dios todavía necesita mensajeros que llamen a las personas a ser fieles y a apartarse del mal. Estos son los relatos acerca de dos mensajeros.

San Pablo

San Pablo fue uno de los seguidores de Jesús que viajó y habló a las personas acerca de Jesús. Cuando se iba de un lugar, le escribía cartas a las personas de ahí. Las cartas enseñaban a los nuevos cristianos más acerca de Jesús, cómo seguirlo y maneras de vivir en el amor y la gracia de Dios. Hoy, los mensajes de Pablo todavía nos hablan de la Palabra de Dios. Leemos de sus cartas durante muchas Misas.

Dorothy Day

Dorothy Day se hizo católica a los treinta años. Junto con su consejero espiritual, Peter Maurin, fundó el Movimiento del Trabajador Católico. Inauguró comedores de beneficencia para los desamparados. Hasta su muerte, en 1980, optó por vivir en la pobreza y fue testigo del mensaje de Jesús de amar a todos los pobres y sin hogar. Dorothy Day pidió "una revolución del corazón... que debe empezar con cada uno de nosotros".

➔ **¿Qué cualidades tenían en común San Pablo y Dorothy Day?**

Dorothy Day

Practica tu fe

Encuentra el mensaje Escribe dos palabras para describir el mensaje de cada persona.

San Pablo ______________________________

Dorothy Day ______________________________

¿Quién de tu comunidad ha compartido un mensaje parecido? Cuéntale a un compañero cómo has respondido tú a uno de estos mensajes.

Jesus the Christ

We hear these readings at Mass during Advent when we prepare to celebrate the **Incarnation**. During the Christmas season, we remember the meaning of Jesus' name: "God saves." Jesus can save us because he is both God and man, Divine and human. He shares our humanity in all things except sin.

When Jesus began teaching and healing, many believed that he was the promised one. Jesus is called *Christ*, a word meaning "anointed one" or "Messiah." In time, his followers also came to understand that Jesus was the Son of God. Through Jesus and in the Holy Spirit, all people share in God's promise of eternal life.

God still needs messengers to call people to be faithful and turn away from evil. Here are stories about two messengers.

Saint Paul

Saint Paul was one of Jesus' followers who traveled and told people about Jesus. When he left a place, he would write letters to the people there. The letters taught the new Christians more about Jesus, how to follow him, and ways to live in love and God's grace. Paul's messages still speak God's Word to us today. We read from his letters during many Masses.

Dorothy Day

When Dorothy Day was thirty, she became a Catholic. Together with her spiritual adviser, Peter Maurin, she founded the Catholic Worker movement. She started soup kitchens for those who were homeless. Until her death in 1980, she chose to live in poverty and was a witness to Jesus' message of love for all who are poor and homeless. Dorothy Day called for "a revolution of the heart... which must start with each one of us."

➔ **What qualities did Saint Paul and Dorothy Day have in common?**

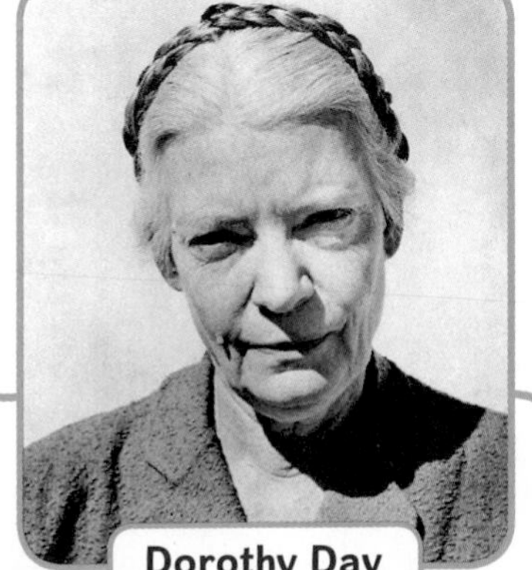
Dorothy Day

Connect Your Faith

Find the Message Write two words that describe each person's message.

Saint Paul ______________________________

Dorothy Day ______________________________

Who in your community has shared a similar message?
Tell a partner how you have responded to one of these messages.

Nuestra vida católica

¿Qué hace falta para mantenerse firme como hicieron los profetas de la Biblia?

Los profetas de la Biblia les dieron a las personas los mensajes que Dios quería que escucharan. De este modo, ayudaban a que la gente conociera la voluntad de Dios. Sin embargo, a veces, Dios llamaba a los profetas a dar mensajes que las personas no querían oír: ¡Dejen de herir a los demás! ¡Ayuden a los pobres! ¡Arrepiéntanse de sus pecados y cumplan las leyes de Dios!

Los profetas debían defender aquello en lo que creían, y tú también debes hacerlo. Quizá un día tengas que defender a alguien que esté siendo molestado o maltratado. Puede ser que tengas que decidir si dejarte llevar por la corriente o seguir tus propias ideas. Igual que los profetas, es posible que te rechacen o que se burlen de ti. Practicar buenas acciones te ayudará a prepararte para defender el bien cuando llegue el momento.

Pasos para mantenerse firme

1. **CONOCE AQUELLO EN LO QUE CREES** Aprende la Palabra de Dios y síguela. Dios te da sabiduría y el conocimiento de lo que es correcto y verdadero.

   "Vivan orando y suplicando. Oren en todo tiempo según les inspire el Espíritu. Velen en común y perseveren en sus oraciones sin desanimarse nunca, intercediendo en favor de todos los santos, sus hermanos. Rueguen también por mí, para que, al hablar, se me den palabras y no me falte el coraje para dar a conocer el misterio del Evangelio… " (**Efesios 6, 18-19**).

2. **ORA POR LA AYUDA DE DIOS** Pídele a Dios que te ayude a mantenerte firme cuando te veas presionado a ceder.

   "Humíllense, pues, bajo la poderosa mano de Dios, para que, llegado el momento, él los levante. Depositen en él todas sus preocupaciones, pues él cuida de ustedes" (**1 Pedro 5, 6-7**).

3. **CONFÍA EN DIOS** Ten fe en que Dios te dará fortaleza y te ayudará a decir las palabras correctas en el momento adecuado.

   "El principio del saber es temer al Señor, es sabio de verdad el que así vive, su alabanza perdura para siempre" (**Salmo 111, 10**).

4. **TEN LA ACTITUD APROPIADA** Sigue el ejemplo de los profetas y de Jesús, todos los cuales exhiben la actitud de la humildad.

   "Cuando sean arrestados no se preocupen por lo que van a decir, ni cómo han de hablar. Llegado ese momento, se les comunicará lo que tengan que decir. Pues no serán ustedes los que hablarán, sino el Espíritu de su Padre el que hablará en ustedes" (**Mateo 10, 19-20**).

Our Catholic Life

What does it take to stand strong as the prophets in the Bible did?

The prophets in the Bible gave the people the messages God wanted them to hear. In this way, they helped people know God's will. However, sometimes he called prophets to deliver messages that the people did not want to hear: Stop hurting others! Help those who are poor! Repent of your sins and follow God's laws!

The prophets had to stand up for what they believed, and so do you. Perhaps one day you will have to stand up for someone who is being teased or mistreated. You may have to decide whether to go along with the crowd or go your own way. Like the prophets, you might be rejected or made fun of. Practicing right actions will help you prepare to stand up for what is right when the time comes.

Steps to Standing Strong

1. **KNOW WHAT YOU BELIEVE** Learn God's Word and follow it. He gives you wisdom and the knowledge of what is right and true.

   "With all prayer and supplication, pray at every opportunity in the Spirit. To that end, be watchful with all perseverance and supplication for all the holy ones and also for me, that speech may be given me to open my mouth to make known with boldness the mystery of the gospel" (**Ephesians 6:18–19**).

2. **PRAY FOR GOD'S HELP** Ask God to help you stand strong when you are pressured to give in.

   "So humble yourselves under the mighty hand of God, that he may exalt you in due time. Cast all your worries upon him because he cares for you" (**1 Peter 5:6–7**).

3. **TRUST GOD** Have faith that God will give you strength and help you say the right words at the right time.

   "The fear of the Lord is the beginning of wisdom; prudent are all who practice it. His praise endures forever" (**Psalm 111:10**).

4. **HAVE THE PROPER ATTITUDE** Follow the example of the prophets and of Jesus, all of whom displayed the attitude of humility.

   "Do not worry about how you are to speak or what you are to say. You will be given at that moment what you are to say. For it will not be you who speak but the Spirit of your Father speaking through you" (**Matthew 10:19–20**).

Gente de fe

13 de mayo

Beata Jacinta Marto, 1910–1920

La Beata Jacinta Marto fue una profeta moderna. María se les apareció a Jacinta, a su hermano Francisco y a su prima Lucía dos Santos en Fátima, Portugal. María les dio un mensaje de Jesús y les pidió que le dijeran al mundo que se arrepintiera y obedeciera las leyes de Dios. También les dijo a los niños que rezaran el Rosario y que hicieran sacrificios, como renunciar a su comida. Jacinta obedeció de buen grado. Sin embargo, las autoridades de la ciudad, le dijeron que dejara de hablar de las cosas que María había dicho. Aunque la amenazaban, ella no perdió su valentía y continuó difundiendo el mensaje.

Comenta: ¿Cómo obedeces las leyes de Dios?

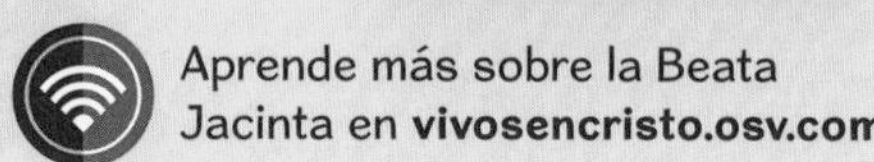

Aprende más sobre la Beata Jacinta en **vivosencristo.osv.com**

Vive tu fe

Lee el Cántico de María en Lucas 1, 46-55. Escribe tu propio poema tomando como modelo el cántico de María. En tu poesía, describe algo que Dios Padre, el Hijo y el Espíritu Santo estén logrando en tu vida y en el mundo que te rodea.

People of Faith

May 13

Blessed Jacinta Marto, 1910–1920

Blessed Jacinta Marto was a modern-day prophet. Mary appeared to Jacinta, her brother Francisco, and their cousin Lúcia dos Santos at Fátima, Portugal. Mary gave them a message from Jesus, asking them to tell the world to repent and obey God's laws. She also told the children to say the Rosary and make sacrifices like giving up their lunches. Jacinta obeyed happily. Town officials, however, told Jacinta to stop speaking about the things that Mary had said. Even though she was threatened, she remained brave and continued to spread the message.

Discuss: How do you obey God's laws?

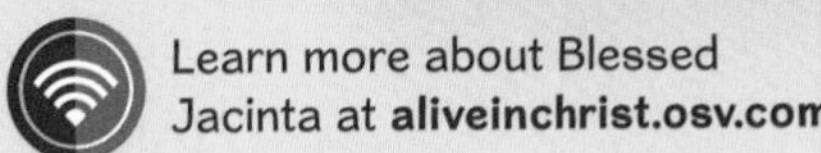

Learn more about Blessed Jacinta at **aliveinchrist.osv.com**

Live Your Faith

Read the Canticle of Mary in Luke 1:46–55. Write your own poem, modeling it on Mary's canticle. In your poem, describe one thing that God the Father, the Son, and the Holy Spirit are accomplishing in your life and in the world around you.

Oremos

Oración de reflexión

Una oración de reflexión te permite recordar las cosas que has aprendido y pensar en cómo las palabras y las acciones de Jesús te afectan a ti y a la forma en que vives cada día. La oración de reflexión nos ayuda a calmar el cuerpo y la mente, y a abrir el corazón a la presencia de Dios.

Reúnanse y comiencen con la Señal de la Cruz.

Líder: Hoy nos reunimos en agradecimiento. Hemos aprendido acerca de la obra de Jesús, el Mesías, el Prometido, como nos dice Isaías.

Lean Isaías 9, 5.

Palabra de Dios.

Todos: Te alabamos, Señor.

Líder: Durante este momento de oración, descansemos en el amor de Dios, agradecidos al Padre por haber enviado a su Hijo, Jesús, el más grande de los profetas.

Reflexionen sobre el pasaje de la Sagrada Escritura. Tomen conciencia de cuánto los ama Dios y presten atención a lo que significa para ustedes Jesús, el don de Dios.

Líder: Mientras agradecidos terminamos estos momentos de oración reflexiva, fieles a la recomendación del Salvador y siguiendo su divina enseñanza, nos atrevemos a decir:

Todos: Padre nuestro, que estás en el cielo...

 Let Us Pray

Prayer of Reflection

A prayer of reflection allows you to remember the things you have learned and consider how Jesus' words and actions affect you and the way you live each day. Reflective prayer helps us to quiet our bodies and minds and open our hearts to God's presence.

Gather and begin with the Sign of the Cross.

Leader: We gather today in thanks. We've learned about the work of Jesus the Messiah, the Promised One as Isaiah tells us.

Read Isaiah 9:5.

The word of the Lord.

All: Thanks be to God.

Leader: During this prayer time, let us rest in God's love, grateful to the Father for sending his Son, Jesus, the greatest of the prophets.

Reflect on the Scripture passage. Be aware of how much God loves you, and listen for what his gift of Jesus means to you.

Leader: As we gratefully end these moments of reflective prayer, and at the Savior's command and formed by divine teaching, we dare to say:

All: Our Father, who art in heaven....

FAMILIA + FE

VIVIR Y APRENDER JUNTOS

SUS HIJOS APRENDIERON >>>

Este capítulo enseña que Jesús es el Mesías, el prometido de Dios, e identifica a los profetas como mensajeros de Dios, que hablan con la verdad y llaman a las personas a ser justas, y quienes siguen siendo necesarios hoy.

La Sagrada Escritura

Lean **Isaías 7, 14; 9, 5b–6** para aprender qué tenía que decir el profeta Isaías acerca de Emmanuel.

Lo que creemos

- Los profetas son mensajeros de Dios que hablan con la verdad y llaman a las personas a seguir las leyes de la alianza de Dios y a actuar con justicia.
- Entendemos que Jesús es el Mesías que describen los profetas del Antiguo Testamento.

Para aprender más, vayan al *Catecismo de la Iglesia Católica* 709–714, 2581–2584 en **usccb.org**.

Gente de fe

Esta semana, su hijo aprendió acerca de la Beata Jacinta Marto, una de los tres niños a quienes María se les apareció en Fátima. Jacinta es recordada por su felicidad y su obediencia a Dios.

LOS NIÑOS DE ESTA EDAD >>>

Cómo comprenden a los profetas Dado que tienen mayor habilidad para comprender las diversas épocas de la Sagrada Escritura, los niños de esta edad podrían pensar que los profetas son personas que adivinaban el futuro. Esto es una parte de lo que hacían los profetas, pero la profecía significa más que esto: es compartir la Palabra de Dios con los demás. Comprender esto puede ayudar a su hijo a interiorizar y a vivir nuestra unción en el Bautismo para compartir la misión de Cristo como "sacerdote, profeta y rey".

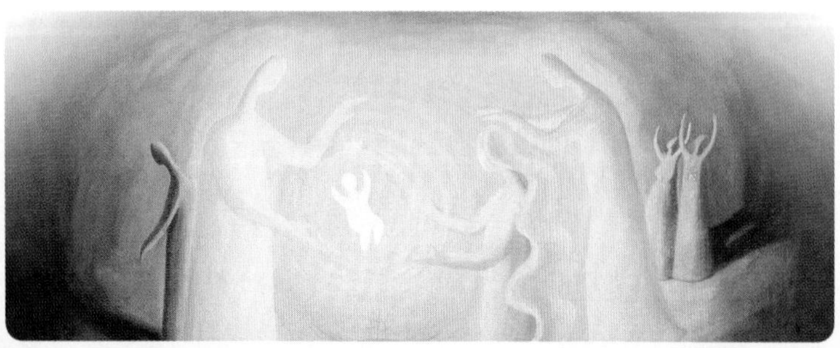

CONSIDEREMOS ESTO >>>

¿Alguna vez han tratado de golpear un clavo con algo que no sea un martillo?

La vida es más sencilla cuando usamos las cosas con el propósito para el que fueron hechas. Los profetas advirtieron contra la infidelidad (los que no viven de acuerdo con su propósito). Como católicos, sabemos que "aunque [Dios] es totalmente diferente, oculto, glorioso y maravilloso, Él se comunica con nosotros por medio de la creación y se revela a sí mismo mediante los profetas y, sobre todo, en Jesucristo, con quien nos encontramos en la Iglesia, especialmente en las Escrituras y en los sacramentos. De estas muchas formas, Dios habla a nuestros corazones donde podemos acoger su amorosa presencia" (*CCEUA, p. 55*).

HABLEMOS >>>

- Pidan a su hijo que les explique por qué Dios envió profetas a su Pueblo.
- Comenten algunos de los mensajes de los profetas bíblicos y cómo aplican a su familia actualmente.

OREMOS >>>

Querido Dios, ayúdanos a estar felices de seguir el ejemplo de la Venerable Jacinta y a obedecer las leyes de Dios.

Visiten **vivosencristo.osv.com** para encontrar un glosario multimedia de Palabras católicas, lecturas dominicales, y recursos de Santos y tiempos festivos.

FAMILY+FAITH

LIVING AND LEARNING TOGETHER

YOUR CHILD LEARNED >>>

This chapter teaches that Jesus is the Messiah, God's promised one, and identifies prophets as messengers from God who speak the truth and call people to justice, and who are still needed today.

Scripture

Read **Isaiah 7:14; 9:5b–6** to find out what the prophet Isaiah had to say about Emmanuel.

Catholics Believe

- Prophets are messengers from God who speak the truth and call the people to follow the laws of God's covenant and act with justice
- We understand that Jesus is the Messiah described by the Old Testament prophets.

To learn more, go to the *Catechism of the Catholic Church* #709–714, 2581–2584 at **usccb.org**.

People of Faith

This week, your child learned about Blessed Jacinta Marto, one of the three children to whom Mary appeared at Fátima. Jacinta is remembered for her happiness and obedience to God.

CHILDREN AT THIS AGE >>>

How They Understand the Prophets Because they have grown in their ability to understand the various eras in Scripture, children this age might think of prophets as people who foresaw the future. This is a part of what prophets did, but prophecy means more than this; it is sharing God's Word with others. Understanding this can help your child begin to grasp and live out our anointing at Baptism to share in Christ's mission as "priest, prophet, and king."

CONSIDER THIS >>>

Have you ever tried to pound a nail with something other than a hammer?

Life is easier when we use things for their created purpose. The prophets warned against unfaithfulness (people living not according to their purpose). As Catholics, we know that "though God is totally other, hidden, glorious, and wondrous, he communicates himself to us through creation and reveals himself through the prophets and above all in Jesus Christ, whom we meet in the Church, especially in Scripture and the Sacraments. In these many ways, God speaks to our hearts where we may welcome his loving presence" *(USCCA, p. 51)*.

LET'S TALK >>>

- Ask your child to tell you about why God sent prophets to his People.
- Discuss some of the messages of the biblical prophets and how they apply to your family today.

LET'S PRAY >>>

Dear God, help us to be happy to follow the example of Blessed Jacinta and obey God's laws.

For a multimedia glossary of Catholic Faith Words, Sunday readings, seasonal and Saint resources, and chapter activities go to **aliveinchrist.osv.com**.

Capítulo 9 Repaso

A Trabaja con palabras **Rellena el círculo que está junto a la respuesta correcta.**

1. El Rey Ajab llamó a _____ "la peste de Israel".
   - ◯ Elías
   - ◯ Isaías
   - ◯ Jeremías
   - ◯ Oseas

2. Cuando los israelitas fueron llevados a Babilonia, vivieron en _____.
   - ◯ Egipto
   - ◯ Asiria
   - ◯ Palestina
   - ◯ el exilio

3. Los _____ comunicaban la verdad de Dios y llamaban a cumplir su ley.
   - ◯ extranjeros
   - ◯ profetas
   - ◯ reyes
   - ◯ cananeos

4. Muchos de los profetas bíblicos hablaron de la venida de _____, una persona ungida, o elegida, por Dios.
   - ◯ un hombre
   - ◯ una mujer
   - ◯ una misionera
   - ◯ un Mesías

5. _____ no es uno de los pasos para defender aquello en lo que crees.
   - ◯ Conocer aquello en lo que crees
   - ◯ Orar por la ayuda de Dios
   - ◯ Confiar solo en tu propio conocimiento
   - ◯ Tener la actitud apropiada

B Confirma lo que aprendiste **Completa cada enunciado.**

6. ____________________ escribió cartas para enseñarle a las personas a vivir una buena vida.
7. El nombre ____________________ significa "Dios salva".
8. Los asirios conquistaron ____________________ en el 721 a. de C.
9. ____________________ profetizó castigos para el reino del norte.
10. La ____________________ es el misterio del Hijo de Dios hecho hombre para salvar a todas las personas.

Chapter 9 Review

A **Work with Words** **Fill in the circle with the correct answer.**

1. King Ahab called _____ the "disturber of Israel."
   - ◯ Elijah
   - ◯ Isaiah
   - ◯ Jeremiah
   - ◯ Hosea

2. When the Israelites were taken to Babylon, they were living in _____.
   - ◯ Egypt
   - ◯ Assyria
   - ◯ Palestine
   - ◯ exile

3. The _____ communicated God's truth and call people to follow his law.
   - ◯ foreigners
   - ◯ prophets
   - ◯ kings
   - ◯ Canaanites

4. Many of the biblical prophets told of the coming of a _____, the one anointed, or chosen, by God.
   - ◯ man
   - ◯ woman
   - ◯ missionary
   - ◯ Messiah

5. _____ is not one of the steps to standing up for what you believe.
   - ◯ Knowing what you believe
   - ◯ Praying for God's help
   - ◯ Trusting only your own understanding
   - ◯ Having the proper attitude

B **Check Understanding** **Complete each statement.**

6. ____________________ wrote letters telling people how to live good lives.
7. The name ____________________ means "God saves."
8. The Assyrians conquered ____________________ in 721 B.C.
9. ____________________ prophesied punishment for the Northern Kingdom.
10. The ____________________ is the mystery that the Son of God took on human nature in order to save all people.

Repaso de la Unidad

A Trabajo con palabras Ordena las letras de cada palabra clave. Copia las letras de las casillas numeradas en las casillas vacías que tienen el mismo número. A continuación, utilice la frase que has ordenado en una frase sobre los profetas bíblicos.

1. LESAMU
2

2. ESALÍ

5

3. AISASÍ
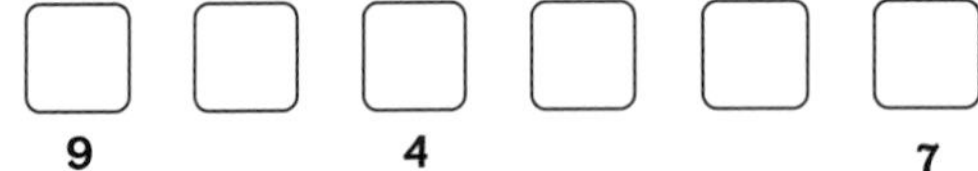
9 4 7

4. AMJEÍSER
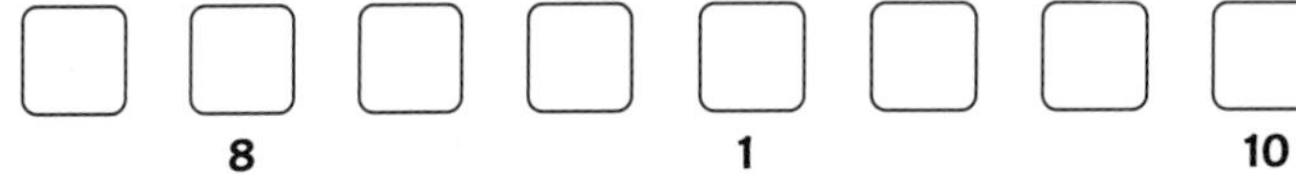
8 1 10

5. RZASAÍCA

6 3

A Work with Words Unscramble each of the clue words. Copy the letters in the numbered cells to the empty cells with the same number. Then use the phrase you have unscrambled in a sentence about the biblical prophets.

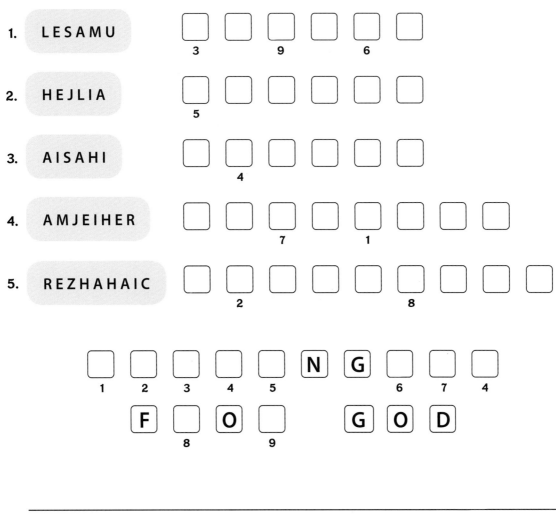

1. LESAMU

3 9 6

2. HEJLIA

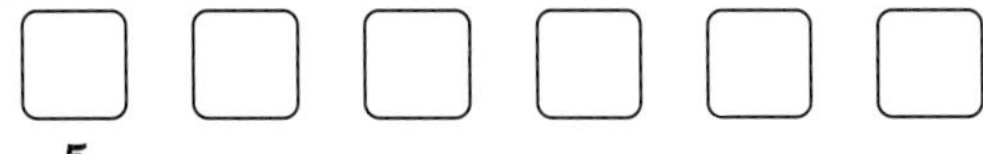

5

3. AISAHI

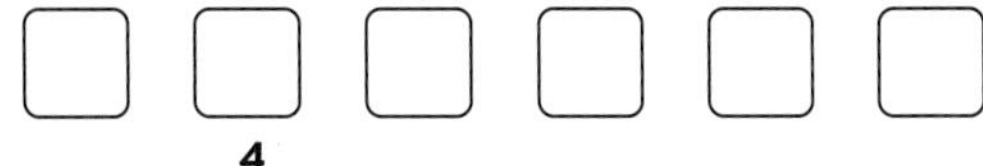

4

4. AMJEIHER

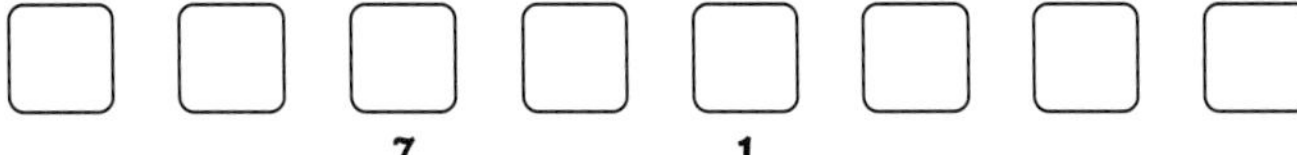

7 1

5. REZHAHAIC

2 8

N G

1 2 3 4 5 6 7 4

F O G O D

8 9

Repaso de la Unidad

B **Confirma lo que aprendiste** **Une cada descripción de la Columna A con la palabra correcta de la Columna B.**

Columna A	Columna B
6. Comprensión del propósito y el plan de Dios	profeta
7. Marcar con óleo para mostrar que alguien es elegido para un propósito especial	Mesías
8. Un mensajero de Dios para el pueblo	salmo
9. Poema o himno para adorar a Dios	sabiduría
10. Título que significa "ungido por Dios"	ungir

Completa cada oración con el término correcto del Vocabulario.

Vocabulario

San Pablo	Elías	Dorothy Day
Samuel	David	Isaías

11. ____________________ escribió cartas a las primeras comunidades cristianas acerca de vivir en el amor y en la gracia de Dios.

12. ____________________ fue una de las fundadoras del Movimiento de Trabajadores Católicos.

13. ____________________ fue el segundo rey de Israel.

14. El profeta que ungió a los dos primeros reyes de Israel fue ____________________.

15. ____________________ fue el profeta a quien llamaron "la peste de Israel".

B **Check Understanding** **Match each description in Column A with the correct word in Column B.**

Column A	Column B
6. An understanding of God's purpose and plan	prophet
7. To mark with oil to show someone is chosen for a special purpose	Messiah
8. A messenger from God to the people	psalm
9. Poem or hymn used for worshipping God	wisdom
10. Title meaning "God's anointed"	anoint

Complete each sentence with the correct term from the Word Bank.

Word Bank		
Saint Paul	Elijah	Dorothy Day
Samuel	David	Isaiah

11. ________________ wrote letters to early Christian communities about living in love and God's grace.

12. ________________ was a founder of the Catholic Worker movement.

13. ________________ was the second king of Israel.

14. The prophet who anointed the first two kings of Israel was ________________.

15. ________________ was the prophet who was called "the disturber of Israel."

Repaso de la Unidad

C Relaciona **Escribe una respuesta para cada pregunta o enunciado.**

16. Elige tu proverbio preferido y describe qué significa para ti.

17. ¿Cómo crees que practicar buenas acciones te ayudará a prepararte para defender el bien?

18. ¿De qué manera conocer la Palabra de Dios te ayuda a tomar decisiones sabias?

19. Elije un profeta y explica cómo su mensaje nos habla en la actualidad.

20. Describe una ocasión en la que te hayas sentido como Job. ¿Cómo te ayudó la sabiduría de Dios?

C Make Connections **Write a response to each question or statement.**

16. Choose your favorite proverb and describe what it means to you.

17. How do you think practicing right actions will help you prepare to stand up for what is right?

18. How can knowing God's Word help you make wise decisions?

19. Choose a prophet and explain how his message speaks to us today.

20. Describe a time when you felt like Job. How did God's wisdom help you?

UNIDAD 4

La Iglesia

Nuestra Tradición Católica

- Jesús fundó la Iglesia y la edificó sobre Pedro y los Apóstoles. (CIC, 857)
- La misión y la obra de la Iglesia tienen sus raíces en el Evangelio, la Buena Nueva del Reino de Dios y su amor salvador. (CIC, 768)
- Jesús envió al Espíritu Santo para dar vida a la Iglesia y ayudarnos a difundir la Buena Nueva. (CIC, 798)
- Todos los miembros de la Iglesia compartimos el Evangelio con los demás y, juntos, nos acercamos más al Dios Triuno. (CIC, 738)

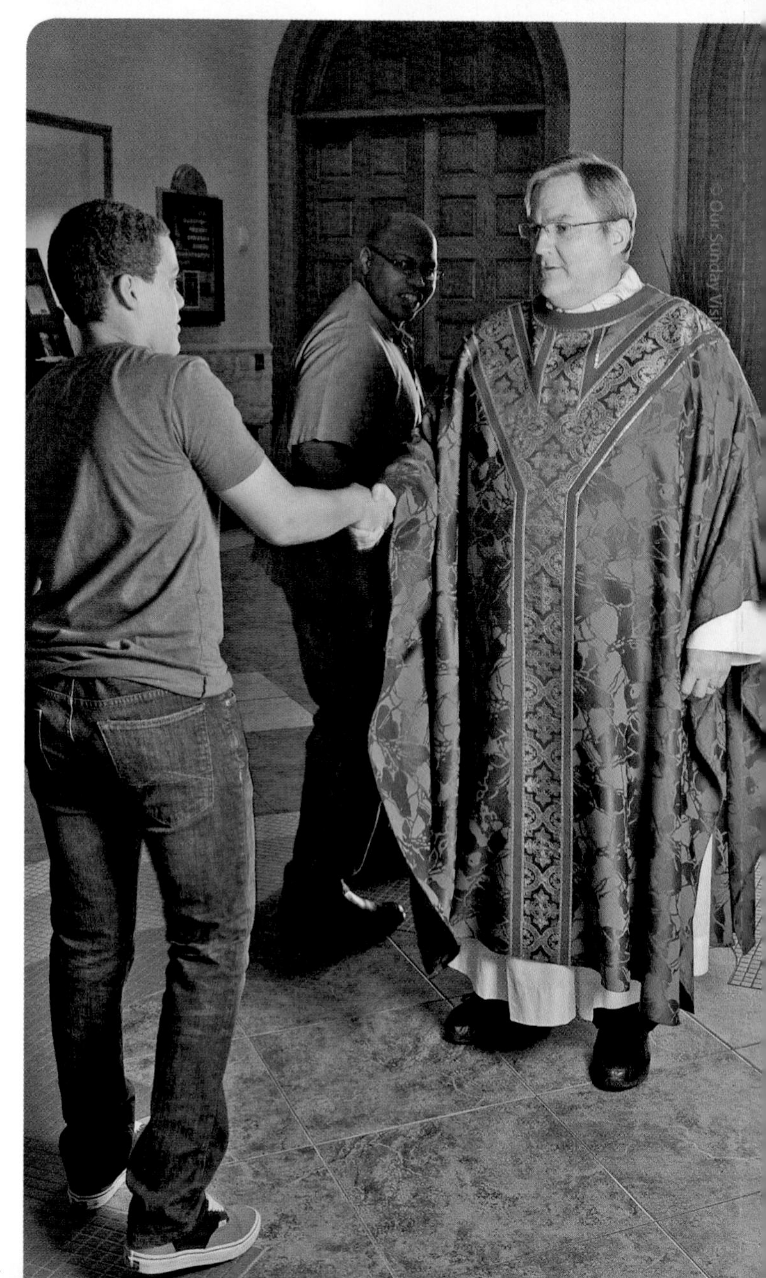

¿Cómo continúa el Espíritu Santo a guiar a la Iglesia y cómo te ayuda a ser un testigo del Evangelio?

The Church

Our Catholic Tradition

- Jesus founded the Church and built it on Peter and the Apostles. (CCC, 857)
- The Church's mission and work is rooted in the Gospel, the Good News of God's Kingdom and his saving love. (CCC, 768)
- Jesus sent the Holy Spirit to give life to the Church and help us spread the Good News. (CCC, 798)
- All Church members share the Gospel with others, and together we become closer to the Triune God. (CCC, 738)

How does the Holy Spirit continue to guide the Church and help you be a witness for the Gospel?

El mensaje del Evangelio

Oremos

Líder: Dios, Padre nuestro, te damos gracias por la Buena Nueva de nuestra salvación.

"Qué bien venidos,
por los montes, los pasos del que
trae buenas noticias,
que anuncia la paz, que trae la felicidad,
que anuncia la salvación
y que dice a Sión:
'¡Ya reina tu Dios!'" Isaías 52, 7

Todos: Dios amoroso, ábrenos los oídos, la mente y el corazón para que oigamos la Buena Nueva. Amén.

La Sagrada Escritura

"Hijo, ¿por qué nos has hecho esto?", dijo María a Jesús. "Tu padre y yo hemos estado muy angustiados mientras te buscábamos."

"¿Y por qué me buscaban?", preguntó Jesús. "¿No saben que yo debo estar donde mi Padre?"

Jesús regresó a Nazaret con su familia y fue obediente. Creció en edad, en sabiduría y en favor.
Based on Luke 2:41–52

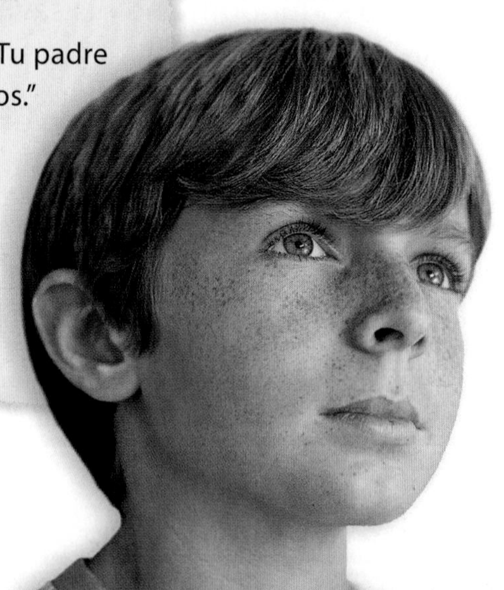

¿Qué piensas?

- ¿Cuál es el "Evangelio" de Jesús, su Buena Nueva?
- ¿Cómo se difundió la Buena Nueva y cómo puedes ayudar tú a seguir difundiéndola?

The Gospel Message

Let Us Pray

Leader: God our Father, we give you thanks for the Good News of our salvation.

"How beautiful upon the
mountains are the feet of
the one bringing good news,
Announcing peace, bearing good
news, announcing salvation, saying to
Zion, 'Your God is King!'" **Isaiah 52:7**

All: Loving God, open our ears, our minds, and our hearts to hear the Good News. Amen.

Scripture

"Son, why have you done this to us?" Mary said to Jesus. "Your father and I have been looking for you with great anxiety."

"Why were you looking for me?" Jesus asked. "Did you not know that I must be in my Father's house?"

Jesus returned with his family to Nazareth and was obedient. He grew in age, wisdom, and favor.
Based on Luke 2:41–52

What Do You Wonder?

- What is Jesus' "Gospel," his Good News?
- How did the Good News spread, and how can you help it continue to spread?

Jesús es la Buena Nueva

¿Qué Buena Nueva compartió Jesús?

Jesús comenzó a compartir su mensaje como un fiel niño judío que conocía la historia de fe de los hebreos. Como cuenta el relato de la Sagrada Escritura acerca del joven Jesús en el Templo, Él ya comprendía que tenía un papel exclusivo que desempeñar. En el Templo, se pasaba el tiempo escuchando a los maestros y haciendo preguntas.

Transcurrieron muchos años antes de que Jesús, ya como un hombre adulto, empezara su ministerio público proclamando que "El tiempo se ha cumplido, el Reino de Dios está cerca. Cambien sus caminos y crean en la Buena Nueva" (**Marcos 1, 15**).

Un día, Jesús sería revelado a todos sus seguidores como el **Redentor** que daría su vida por todos y salvar a la raza humana de la esclavitud del pecado.

➜ **¿Cómo podía Jesús saber tan pronto quién era y cuál sería su papel?**

Palabras católicas

Redentor un título de Jesús, dado que, por su Muerte en la Cruz, Él "rescató" al género humano de la esclavitud del pecado

Sabbat el séptimo día de la semana en el calendario judío. Todavía hoy los judíos lo observan como un día de descanso, oración y culto.

Jesus Is the Good News

What Good News did Jesus share?

Jesus began to share his message as a faithful Jewish boy who knew the Hebrew story of faith. As the Scripture account of Jesus in the Temple as a young boy tells, he already understood that he had a unique role to play. In the Temple, he spent time listening to the teachers and asking questions.

Many years passed before Jesus, now a grown man, began his public ministry, proclaiming that "This is the time of fulfillment. The kingdom of God is at hand. Repent, and believe in the gospel" (Mark 1:15).

One day, Jesus would be revealed to all of his followers as the **Redeemer** who would give his life for all and save the human race from the slavery of sin.

➔ **How could Jesus know so early who he was and what his role would be?**

Catholic Faith Words

Redeemer a title for Jesus, because by his Death on the Cross, he "bought back" the human race from the slavery of sin

Sabbath the seventh day of the week in the Jewish calendar. It is still observed by Jews as a day of rest, prayer, and worship.

Poco después de haber empezado su ministerio público, Jesús fue a la sinagoga de Nazaret en el **Sabbat**, un día de descanso, oración y culto, a leer la Sagrada Escritura y a rendir culto a Dios.

La Sagrada Escritura

El Ungido

Este Sabbat, invitaron a Jesús a leer del libro del profeta Isaías. Leyó acerca del prometido, del ungido de Dios.

"El Espíritu del Señor está sobre mí.
Él me ha ungido
para llevar buenas nuevas a los pobres,
para anunciar la libertad a los cautivos
y a los ciegos que pronto van a ver,
para despedir libres a los oprimidos
y proclamar el año de gracia del Señor".

Después de leer, Jesús dijo: "Hoy les llegan noticias de cómo se cumplen estas palabras proféticas".

Todos se quedaban maravillados. "¡Pensar que es el hijo de José!", decían.

Basado en Lucas 4, 16-22

1. **Subraya lo que Jesús decía que Dios lo había enviado a hacer.**
2. **Explica cuál de estas cosas te parece más difícil.**

Comparte tu fe

Reflexiona Imagina que eres una de las personas que estaban en la sinagoga escuchando a Jesús.

Comparte Con un compañero, inventa un final del relato que diga lo que te parece que hizo la gente en respuesta al anuncio de Jesús.

____

____

____

____

Luego lee Lucas 4, 28-30 para ver lo que ocurrió en realidad.

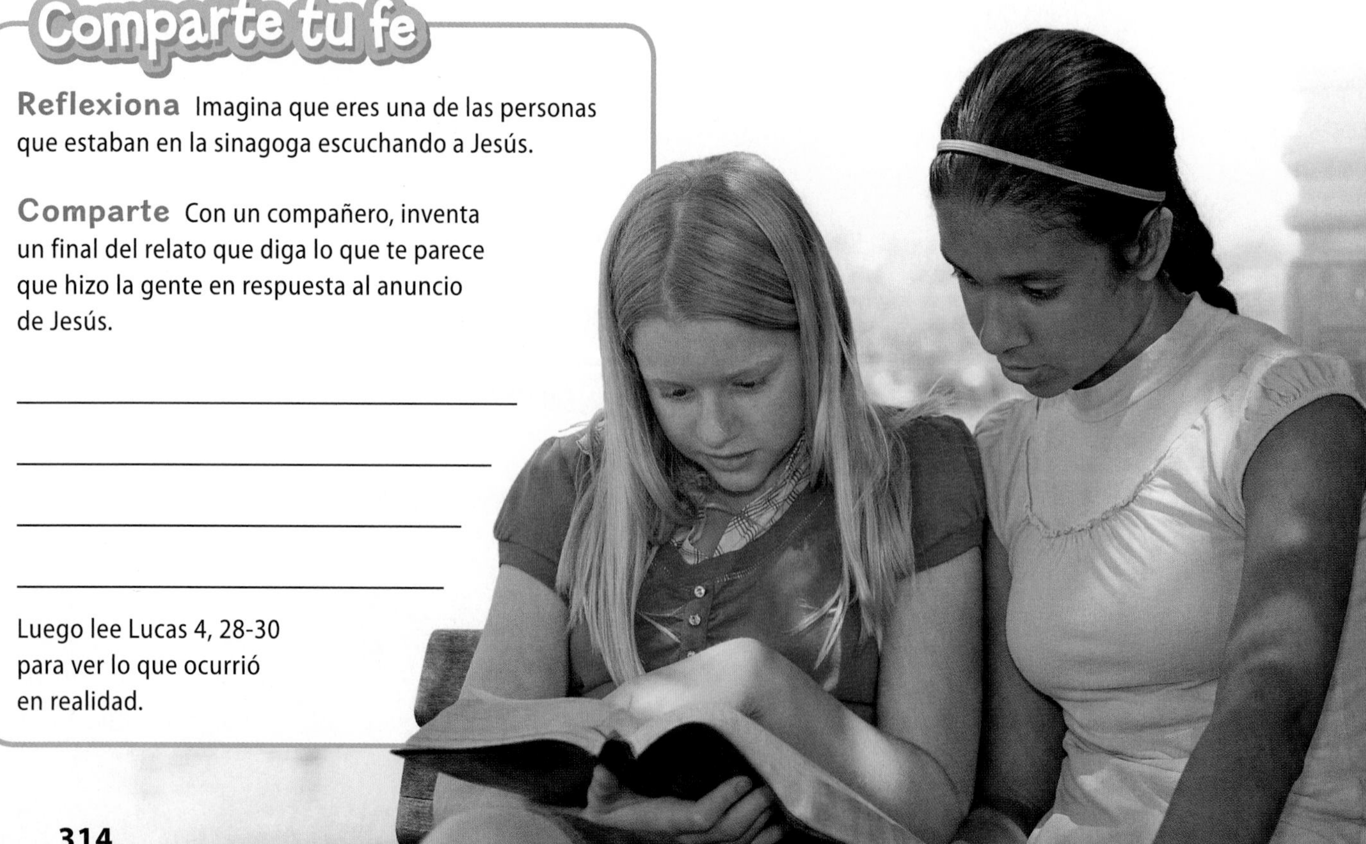

Not long after he began his public ministry, Jesus went to the synagogue in Nazareth on the **Sabbath**, a day of rest, prayer, and worship, to read Scripture and to worship God.

Scripture

The Anointed One

On this Sabbath, Jesus was invited to read from the scroll of the prophet Isaiah. He read about the promised one, God's anointed.

"The Spirit of the Lord is upon me,
because he has anointed me
to bring glad tidings to the poor.
He has sent me to proclaim liberty to captives
and recovery of sight to the blind,
to let the oppressed go free,
and to proclaim a year acceptable to the Lord."

After reading, Jesus said, "Today this scripture passage is fulfilled in your hearing."

Everyone was amazed. "Isn't this the son of Joseph?" they asked.

Based on Luke 4:16–22

1. **Underline what Jesus said God had sent him to do.**
2. **Explain which of these things sounds hardest to you.**

Share Your Faith

Reflect Imagine that you are one of the people in the synagogue, listening to Jesus.

Share With a partner, make up an ending for the story that tells what you think the people did in response to Jesus' announcement.

____

____

____

____

Then read Luke 4:28–30 to find out what really happened.

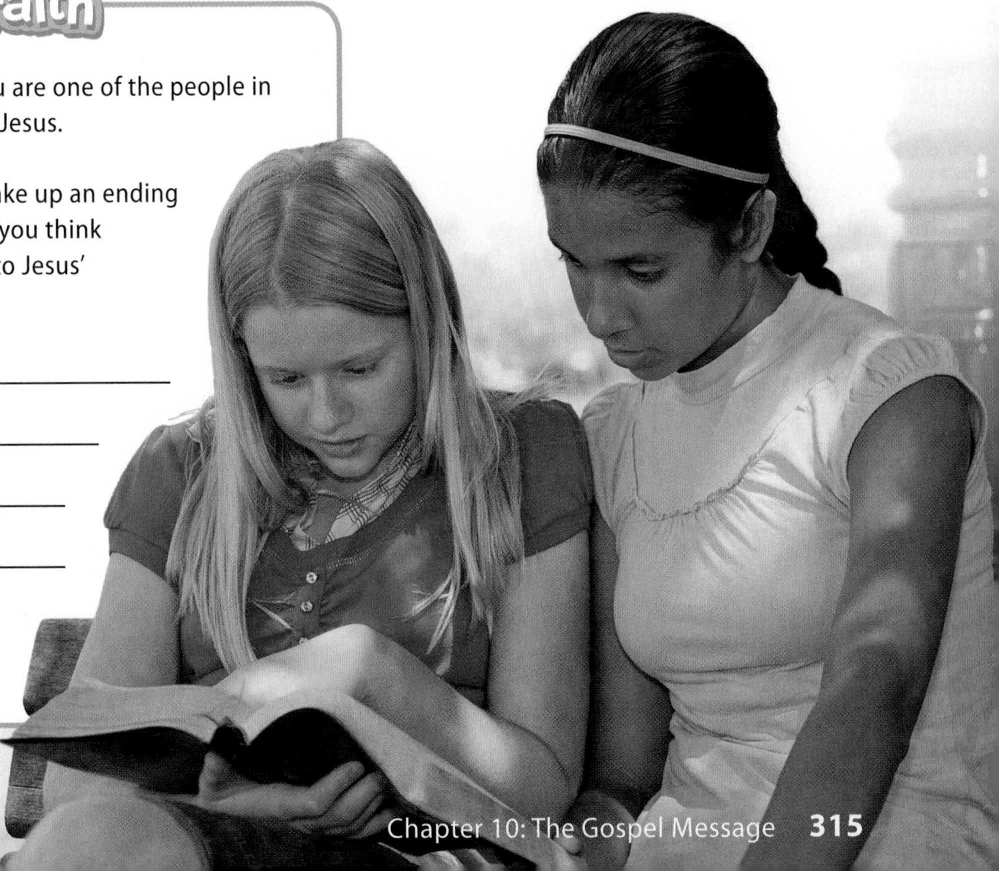

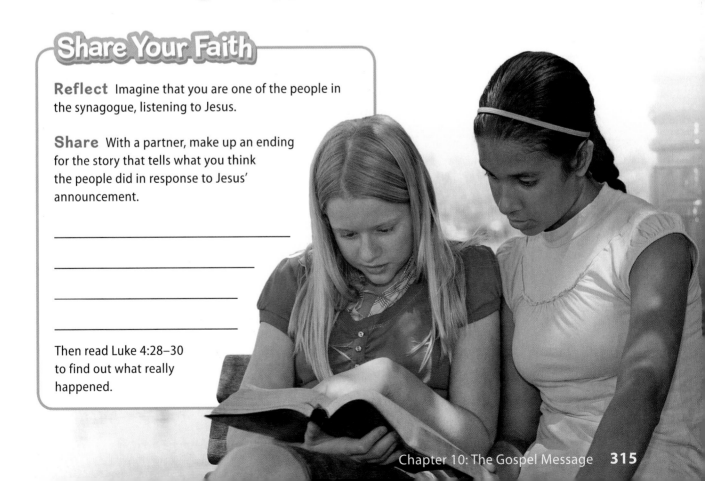

Los Evangelios

¿Cómo se difundió la Buena Nueva de Jesús después de su Ascensión?

No existían periodistas ni historiadores que tomaran notas cuando Jesús vivió en la Tierra. Las palabras que Jesús dijo y los acontecimientos de su vida se transmitieron por tradición oral, de boca en boca.

Después de la Muerte y la Resurrección de Jesús, los Apóstoles y los demás seguidores de Jesús le contaron a la gente lo que ellos habían experimentado. Sus relatos se escribieron un tiempo después y se trasformaron en el **Evangelio**. La palabra *evangelio* significa "Buena Nueva". Los Evangelios forman parte del **Nuevo Testamento** de la Biblia. Son el cimiento de la fe de la Iglesia.

Palabras católicas

Evangelio una palabra que significa "Buena Nueva" o "buena noticia". El mensaje del Evangelio es la Buena Nueva del Reino de Dios y su amor salvador.

Nuevo Testamento la segunda parte de la Biblia, acerca de la vida y las enseñanzas de Jesús, sus seguidores y la Iglesia primitiva

Iglesia la comunidad de todas las personas bautizadas que creen en Dios y siguen a Jesús. La palabra se usa con frecuencia para la Iglesia Católica porque remonta nuestros orígenes al tiempo de los Apóstoles.

El Evangelio según Mateo ▶ es el primero del Nuevo Testamento. Fue escrito después del año 72 d. de C. y su nombre es por el Apóstol Mateo, un ex cobrador de impuestos. Este Evangelio se escribió para los cristianos judíos y comienza con una lista de los antepasados de Jesús. Contiene muchos relatos de curación y parábolas.

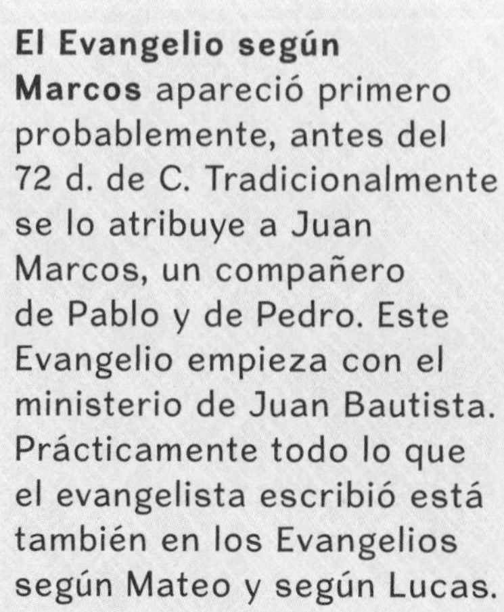

◀ **El Evangelio según Marcos** apareció primero probablemente, antes del 72 d. de C. Tradicionalmente se lo atribuye a Juan Marcos, un compañero de Pablo y de Pedro. Este Evangelio empieza con el ministerio de Juan Bautista. Prácticamente todo lo que el evangelista escribió está también en los Evangelios según Mateo y según Lucas.

The Gospels

How did Jesus' Good News spread after his Ascension?

There were no reporters or historians taking notes when Jesus lived on Earth. The words Jesus spoke and the events of his life were handed down through oral tradition, by word of mouth.

After Jesus' Death and Resurrection, the Apostles and other followers of Jesus told people what they had experienced. Their stories were written down after a time and became the **Gospel**. The word *gospel* means "Good News." The Gospels are part of the **New Testament** of the Bible. They are the foundation of the Church's faith.

Catholic Faith Words

Gospel a word that means "Good News." The Gospel message is the Good News of God's Kingdom and his saving love.

New Testament the second part of the Bible, about the life and teaching of Jesus, his followers, and the early Church

Church the community of all baptized people who believe in God and follow Jesus. The word is often used for the Catholic Church because we trace our origins back to the Apostles.

◀ **The Gospel according to Matthew** comes first in the New Testament. It was written after A.D. 72 and it is named for the Apostle Matthew, a former tax collector. This Gospel was written for Jewish Christians, and begins with a list of Jesus' ancestors. It includes many stories of healing and parables.

The Gospel according to Mark probably came first, before A.D. 72. It is traditionally attributed to John Mark, a companion of Paul and Peter. This Gospel starts with the ministry of John the Baptist. Almost all of what the evangelist wrote is also in the Gospels according to Matthew and Luke. ▶

La Iglesia y los Evangelios

Después de la Muerte y la Resurrección de Jesús, el Espíritu Santo impulsó a los Apóstoles y a los demás seguidores de Jesús a anunciar la Buena Nueva al mundo. Ellos proclamaron que Jesús es el Hijo del Dios vivo. Por su Misterio Pascual, se nos otorga el don de la nueva vida. El entusiasmo de los seguidores de Jesús hizo que mucha gente se les uniera en la creencia en Jesús. Empezaron a surgir comunidades de oración y de culto, y así la **Iglesia** creció.

Con el tiempo, se han ido usando muchos nombres e imágenes para describir a la Iglesia.

- La Iglesia es una **asamblea**, o reunión, de todos quienes creen en la Buena Nueva de Jesús.
- La Iglesia es el **Sacramento** de la salvación. Proclama y vive el Evangelio en el mundo. La Iglesia es el signo y el instrumento en Cristo de la comunión de Dios y los humanos. Es un signo visible y eficaz del amor de Dios por el mundo.
- La Iglesia es el **Cuerpo de Cristo**. Cristo es la cabeza del cuerpo. A través del Espíritu Santo y de sus acciones en los Sacramentos, Cristo establece la comunidad de creyentes como su propio Cuerpo. Todos los miembros tratan de imitar a Jesús cuando continúan su obra en el mundo.

Practica tu fe

Describe la Iglesia
Busca los siguientes pasajes bíblicos: Juan 10, 1-11; Juan 15, 1-10; y Apocalipsis 21, 2-3. En una hoja aparte, escribe una descripción de la imagen de la Iglesia que da cada pasaje, y luego diseña una de las imágenes.

El Evangelio según Lucas también fue escrito después del 72 d. de C. El autor fue posiblemente un compañero de Pablo. Escribió para los cristianos que no eran judio y empezó su Evangelio con el anuncio del nacimiento de Jesús. Más de la mitad de este Evangelio es exclusivo de los otros Evangelios.

El Evangelio según Juan fue escrito a finales del siglo I d. de C. El autor, probablemente un discípulo del Apóstol Juan, escribió para una comunidad de creyentes, posiblemente de Asia Menor. Este Evangelio empieza antes de la creación del mundo. Se diferencia de los otros tres porque buena parte de su contenido no se encuentra en ningún otro lado.

The Church and the Gospels

After Jesus' Death and Resurrection, the Holy Spirit moved the Apostles and other followers of Jesus to announce the Good News to the world. They proclaimed that Jesus is the Son of the living God. By his Paschal Mystery, we are offered the gift of new life. The enthusiasm of Jesus' followers led many people to join them in believing in Jesus. Communities of prayer and worship started to emerge, and so the **Church** grew.

Connect Your Faith

Describe the Church Look up the following Bible passages: John 10:1-11, John 15:1-10, and Revelation 21:2-3. On a separate sheet of paper, write a description of the image of the Church in each message, and then design one of the images.

Over time, many names and images have been used to describe the Church.

- The Church is a worldwide **assembly**, or convocation, of all those who believe in the Good News of Jesus.
- The Church is the **Sacrament** of salvation. She proclaims and lives the Gospel in the world. The Church is the sign and instrument in Christ of the communion of God and humans. She is a visible and effective sign of God's love for the world.
- The Church is the **Body of Christ**. Christ is the head of the body. Through the Spirit and his actions in the Sacraments, Christ establishes the community of believers as his own Body. All members try to imitate Jesus as they continue his work of in the world.

The Gospel according to John was ▶ written near the end of the first century A.D. The author, probably a disciple of the Apostle John, wrote to a community of believers, probably in Asia Minor. This Gospel stands apart from the other three because so much of its content is not found anywhere else.

◀ **The Gospel according to Luke** was also written after A.D. 72. The author was probably a companion of Paul. He wrote for Christians who were not Jewish, and he started his Gospel with the announcement of Jesus' birth. More than half of this Gospel is unique and from the other Gospels.

Nuestra vida católica

¿Cómo vivir el amor demuestra la Buena Nueva de Jesús?

Vivir la Buena Nueva implica amar a los demás. Podrías pararte en un corredor de una escuela y hablarles a los demás acerca de Jesús, o podrías crear un sitio web y anunciar la Buena Nueva desde ahí. Pero una de las mejores maneras de compartir la Buena Nueva de Jesús es amar y cuidar a las personas como Él las ama y las cuida.

Cómo vivir el amor

1 Corintios 13, 4-8 da una excelente descripción de lo que es el amor. Cada descripción es en realidad algo que puedes hacer o ser.

1. **Encierra en un círculo las descripciones del amor con las que mejor te identificas.**
2. **Subraya las descripciones del amor en las cuales necesitas crecer.**

Búscalo

El amor **es paciente.**

muestra comprensión.
no tiene celos.
no aparenta.
no se infla.
no actúa con bajeza.
no busca su propio interés.
no se deja llevar por la ira.
olvida lo malo.
no se alegra de lo injusto.
se goza en la verdad.
perdura a pesar de todo.
lo cree todo.
lo espera todo.
lo soporta todo.
nunca pasará.

Our Catholic Life

How does living in love demonstrate the Good News of Jesus?

Living the Good News involves loving others. You could stand in a school hallway and tell others about Jesus, or you could set up a website and announce the Good News from there. But one of the best ways to share the Good News of Jesus is to love and care about people as he loves and cares about them.

How to Live Love

1 Corinthians 13:4–8 gives an excellent description of what love is. Each description is actually something you can do or be.

1. **Circle the descriptions of love that best describe you.**
2. **Underline the descriptions of love in which you need to grow.**

Search It

Love **is patient.**

is kind.
is not jealous.
is not pompous.
is not inflated.
is not rude.
does not seek its own interests.
is not quick-tempered.
does not brood over injury.
does not rejoice over wrongdoing.
rejoices with the truth.
bears all things.
believes all things.
hopes all things.
endures all things.
never fails.

Gente de fe

5 de enero

San Juan Neumann, 1811–1860

San Juan Neumann sabía que su vocación era ser sacerdote. Sin embargo, no pudo ordenarse en su país natal, la República Checa. Por eso vino a Estados Unidos. Poco después de llegar, se ordenó sacerdote. Lo enviaron a servir a los inmigrantes europeos, principalmente alemanes, en Nueva York. San Juan sintió un profundo llamado por el que se incorporó en la Orden de los Redentoristas y fundó muchas escuelas. Más adelante, lo nombraron obispo de Filadelfia. Alentó a las órdenes religiosas a establecerse en la zona. Además, construyó numerosas parroquias nuevas y empezó la construcción de una catedral.

Comenta: ¿Cómo respondes al llamado de servir a los demás que te hace Dios?

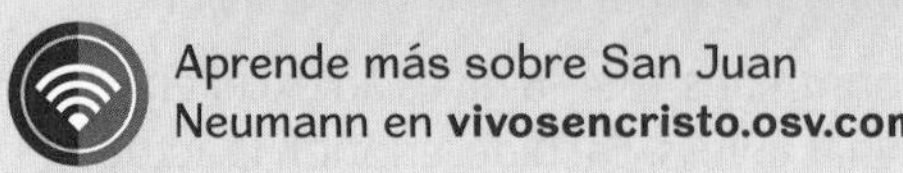

Aprende más sobre San Juan Neumann en **vivosencristo.osv.com**

La Iglesia y tú Crea una imagen de la Iglesia actual que muestre cómo vives como miembro del Cuerpo de Cristo.

People of Faith

Saint John Neumann, 1811–1860

January 5

Saint John Neumann knew his vocation was to become a priest. However, he couldn't be ordained in his native country of the Czech Republic. So he came to the United States. Soon after his arrival, he was ordained a priest. He was sent to serve European immigrants, mostly Germans, in New York. Feeling a deeper call, he joined the Redemptorist Order and established many schools. Later, Saint John was named bishop of Philadelphia. He encouraged religious orders to settle in the area. He also built a number of new parishes and began building a cathedral.

Discuss: How do you respond to God's call to serve others?

Learn more about Saint John Neumann at **aliveinchrist.osv.com**

The Church and You Create an image of the Church today that shows how you live as a member of the Body of Christ.

Oremos

Oración de intercesión

Esta oración sigue el formato de la Oración de los fieles, de la Misa. Venimos ante Dios en la confianza de que Él velará por las necesidades de los demás.

Reúnanse y empiecen con la Señal de la Cruz.

Líder: Nos reunimos sabiendo que nuestro Dios nos ama y nos escucha. Confiamos a Dios nuestras necesidades y las necesidades de todo el mundo.

Lector 1: Dios de las edades, te pedimos que guíes a todos los líderes para que busquen tu verdad.

Todos: Te rogamos Señor.

Lector 2: Dios de los que sufren, escúchanos, te lo pedimos. Consuela a tu pueblo, consérvanos junto a ti.

Todos: Te rogamos Señor.

Lector 3: Dios de los que buscan, escúchanos, te lo pedimos. Guíanos fuera del peligro y condúcenos a casa.

Todos: Te rogamos Señor.

Lector 4: Dios de los angustiados, escúchanos, te lo pedimos. Nútrenos y cura nuestro corazón.

Todos: Te rogamos Señor.

Lector 5: Dios de todos los pueblos, une a todas las naciones y danos la paz.

Todos: Te rogamos Señor.

Líder: Padre amado, sabemos que estás con nosotros siempre. Envía tu Espíritu a fortalecernos para que vivamos según la Buena Nueva de tu Hijo.

Todos: Amén.

Canten "Cristo Esta Conmigo"

Let Us Pray

Prayer of Intercession

This prayer follows the format of the Prayer of the Faithful, from the Mass. We come before God, trusting he will care for the needs of others.

Gather and begin with the Sign of the Cross.

Leader: We gather, knowing our God loves us and hears us. We entrust to God our needs and the needs of all the world.

Reader 1: God of the ages, we look to you to guide all leaders to seek your truth.

All: Hear our prayer.

Reader 2: God of the suffering, hear us, we pray. Comfort your people, hold us to you.

All: Hear our prayer.

Reader 3: God of the searching, hear us, we pray. Guide us in safety and lead us home.

All: Hear our prayer.

Reader 4: God of the broken, hear us, we pray. Nourish our hungers and heal our hearts.

All: Hear our prayer.

Reader 5: God of all people, unite all nations and bring us peace.

All: Hear our prayer.

Leader: Loving Father, we know you are with us always. Send your Spirit to strengthen us to live out your Son's Good News.

All: Amen.

Sing "Hear Our Prayer"

FAMILIA + FE

VIVIR Y APRENDER JUNTOS

SUS HIJOS APRENDIERON >>>

Este capítulo recuerda algunas imágenes que describen la Iglesia, presenta los cuatro Evangelios y examina maneras en que Jesús compartió la Buena Nueva de la salvación.

La Sagrada Escritura

Lean **Marcos 1, 15** para aprender sobre el importante anuncio de Jesús.

Lo que creemos

- Se llama Buena Nueva de Jesús a los Evangelios porque proclaman su vida y sus enseñanzas.
- La Iglesia los interpreta a través de la Tradición y son la fuente de nuestras creencias.

Para aprender más, vayan al *Catecismo de la Iglesia Católica* 109–119, 124–127 en **usccb.org**.

Gente de fe

Esta semana, su hijo aprendió acerca de San Juan Neumann. Su lema era: "Haz todo para mayor gloria de Dios".

LOS NIÑOS DE ESTA EDAD >>>

Cómo comprenden el Evangelio Es posible que su niño recuerde que hay una lectura del Evangelio durante la Misa, pero que no le haya prestado mucha atención al pasaje hasta ahora. Es posible que también necesite algo de guía para vivir el Evangelio en su vida diaria. Sin embargo, el creciente desarrollo de su pensamiento abstracto podría permitirle ver mejor las conexiones entre los principios que profesamos como católicos y los actos que realizamos en nuestras comunidades y escuelas.

CONSIDEREMOS ESTO >>>

¿Creen que ver un comercial repetidas veces influye sobre lo que piensan de ese producto?

Cuando leemos o escuchamos algo muchas veces, llegamos a aprenderlo de memoria. Se vuelve parte de nosotros. Puede tener influencia sobre nuestras motivaciones y acciones. Como católicos, sabemos que "si queremos conocer a Jesús, tendríamos que conocer la Sagrada Escritura. Esto es ciertamente verdadero en el caso de los Evangelios de Mateo, Marcos, Lucas y Juan, los cuales fueron escritos 'para que ustedes crean que Jesús es el Mesías, el Hijo de Dios, y para que, creyendo, tengan vida en su nombre (Juan 20, 31)'" (*CCEUA, p. 85*).

HABLEMOS >>>

- Pída a su hijo que nombre los cuatro Evangelios y diga por qué son importantes para la Iglesia.
- Comenten lo que consideran más importante en el mensaje de Jesús y cómo han compartido eso con los demás con palabras y hechos.

OREMOS >>>

San Juan Neumann, ruega por nosotros para que lo hagamos todo para mayor gloria de Dios. Amén.

Visiten **vivosencristo.osv.com** para encontrar un glosario multimedia de Palabras católicas, lecturas dominicales, y recursos de Santos y tiempos festivos.

FAMILY+FAITH

LIVING AND LEARNING TOGETHER

YOUR CHILD LEARNED >>>

This chapter recalls some of the images that describe the Church, presents the four Gospels, and examines the ways in which Jesus shared the Good News of salvation.

Scripture

Read **Mark 1:15** to find out about the important announcement Jesus makes.

Catholics Believe

- The Gospels are called the Good News of Jesus because they proclaim his life and teachings.
- They are interpreted by the Church through Tradition and are the source of our belief.

To learn more, go to the *Catechism of the Catholic Church* #109–119, 124–127 at **usccb.org**.

People of Faith

This week, your child learned about Saint John Neumann, who emigrated from the Czech Republic to the United States, and who served European immigrants as a priest.

CHILDREN AT THIS AGE >>>

How They Understand the Gospel Your child may recall that there is a Gospel reading at Mass, but might not have paid a great deal of attention to the passages up until now. He or she might also need some guidance on living the Gospel in everyday life. However, their emerging abstract reasoning skills might make it easier to see the connections between the principles we profess as Catholics and the actions we take in our communities and schools.

CONSIDER THIS >>>

Do you think seeing a commercial repeatedly influences what you think about that product?

When we read or hear something repeatedly, we come to know it by heart. It becomes part of us. It can influence our motivations and our actions. As Catholics, we know that "if we want to know Jesus, we should know the Scripture. This is certainly true about the Gospels… which were written 'that you may [come to] believe that Jesus is the Messiah, the Son of God, and that through this belief you may have life in his name' (John 20:31)" *(USCCA, p. 79)*.

LET'S TALK >>>

- Ask your child to name the four Gospels and tell why they are important to the Church.
- Share what is most important to you in Jesus' message, and how you have shared that with others by words and actions.

LET'S PRAY >>>

Saint John, pray for us that we may respond to God as he calls us to serve him and other people. Amen.

For a multimedia glossary of Catholic Faith Words, Sunday readings, seasonal and Saint resources, and chapter activities go to **aliveinchrist.osv.com**.

Capítulo 10 Repaso

A **Trabaja con palabras** **Rellena el círculo de la respuesta correcta.**

1. _____ es un título de Jesús, dado que, por su muerte, Él "rescató" al género humano de la esclavitud del pecado.
   - ○ **Rabino**
   - ○ **Redentor**
   - ○ **Encarnado**
   - ○ **Supremo Sacerdote**

2. Al leer del libro de Isaías, Jesús anunció que Él era el _____.
   - ○ **ungido por Dios**
   - ○ **gobernante que Dios designó para Israel**
   - ○ **sacerdote de Dios para el Templo**
   - ○ **amigo de Dios**

3. Hay _____ Evangelios en el Nuevo Testamento la segunda parte de la Biblia.
   - ○ **cinco**
   - ○ **siete**
   - ○ **tres**
   - ○ **cuatro**

4. La Iglesia es _____ mundial.
   - ○ **un edificio**
   - ○ **una asamblea**
   - ○ **un gobierno**
   - ○ **un país**

5. Una imagen de la Iglesia con Cristo como su cabeza es _____.
   - ○ **la asamblea**
   - ○ **los Sacramentos**
   - ○ **el Cuerpo de Cristo**
   - ○ **un olivo**

B **Confirma lo que aprendiste**
Encierra en un círculo la palabra que mejor completa la oración.

6. La Iglesia es un signo visible del (**amor, poder**) de Dios por el mundo.

7. Jesús vino a establecer (**la creación, el Reino**) de Dios para todas las personas.

8. Jesús fue a la sinagoga de (**Nazaret, Jericó**) a leer la Sagrada Escritura y a rendir culto a Dios.

9. Cuando Jesús era niño, Él y su familia fueron a Jerusalén a la fiesta de (**la Pascua judía, Pentecostés**).

10. La palabra (**Redentor, Evangelio**) significa "Buena Nueva".

Chapter 10 Review

A Work with Words **Fill in the circle next to the correct answer.**

1. _____ is a title for Jesus because by his death he "bought back" the human race from the slavery of sin.
   - ◯ **Rabbi**
   - ◯ **Redeemer**
   - ◯ **Incarnate One**
   - ◯ **High priest**

2. Reading from the scroll of Isaiah, Jesus announced that he was _____.
   - ◯ **God's anointed**
   - ◯ **God's ruler of Israel**
   - ◯ **God's priest for the Temple**
   - ◯ **God's friend**

3. There are _____ Gospels in the New Testament, the second part of the Bible.
   - ◯ **five**
   - ◯ **seven**
   - ◯ **three**
   - ◯ **four**

4. The Church is a worldwide _____.
   - ◯ **building**
   - ◯ **assembly**
   - ◯ **government**
   - ◯ **country**

5. An image of the Church with Christ as her head is the _____.
   - ◯ **assembly**
   - ◯ **Sacraments**
   - ◯ **Body of Christ**
   - ◯ **olive tree**

B Check Understanding **Circle the word that best completes the sentence.**

6. The Church is a visible sign of God's (**love, power**) for the world.

7. Jesus came to establish God's (**creation, Kingdom**) for all people.

8. Jesus went to the synagogue in (**Nazareth, Jericho**) to read the Scriptures and worship God.

9. When Jesus was a young boy, he and his family went to Jerusalem for the feast of (**Passover, Pentecost**).

10. The word (**Redeemer, Gospel**) means "Good News."

La Iglesia primitiva

Oremos

Líder: Renuévanos en tu Espíritu, oh, Señor.

"Si envías tu espíritu, son creados
y así renuevas la faz de la tierra". **Salmo 104, 30**

Todos: Oh, Espíritu Santo, inspíranos; inflámanos con tu amor; ayúdanos a abrazar la misión de compartir la Buena Nueva. Amén.

La Sagrada Escritura

Jesús se acercó y les habló [a sus discípulos] así: "Me ha sido dada toda autoridad en el Cielo y en la tierra. Vayan, pues, y hagan que todos los pueblos sean mis discípulos. Bautícenlos en el Nombre del Padre y del Hijo y del Espíritu Santo, y enséñenles a cumplir todo lo que yo les he encomendado a ustedes. Yo estoy con ustedes todos los días hasta el fin de la historia." **Mateo 28, 18-20**

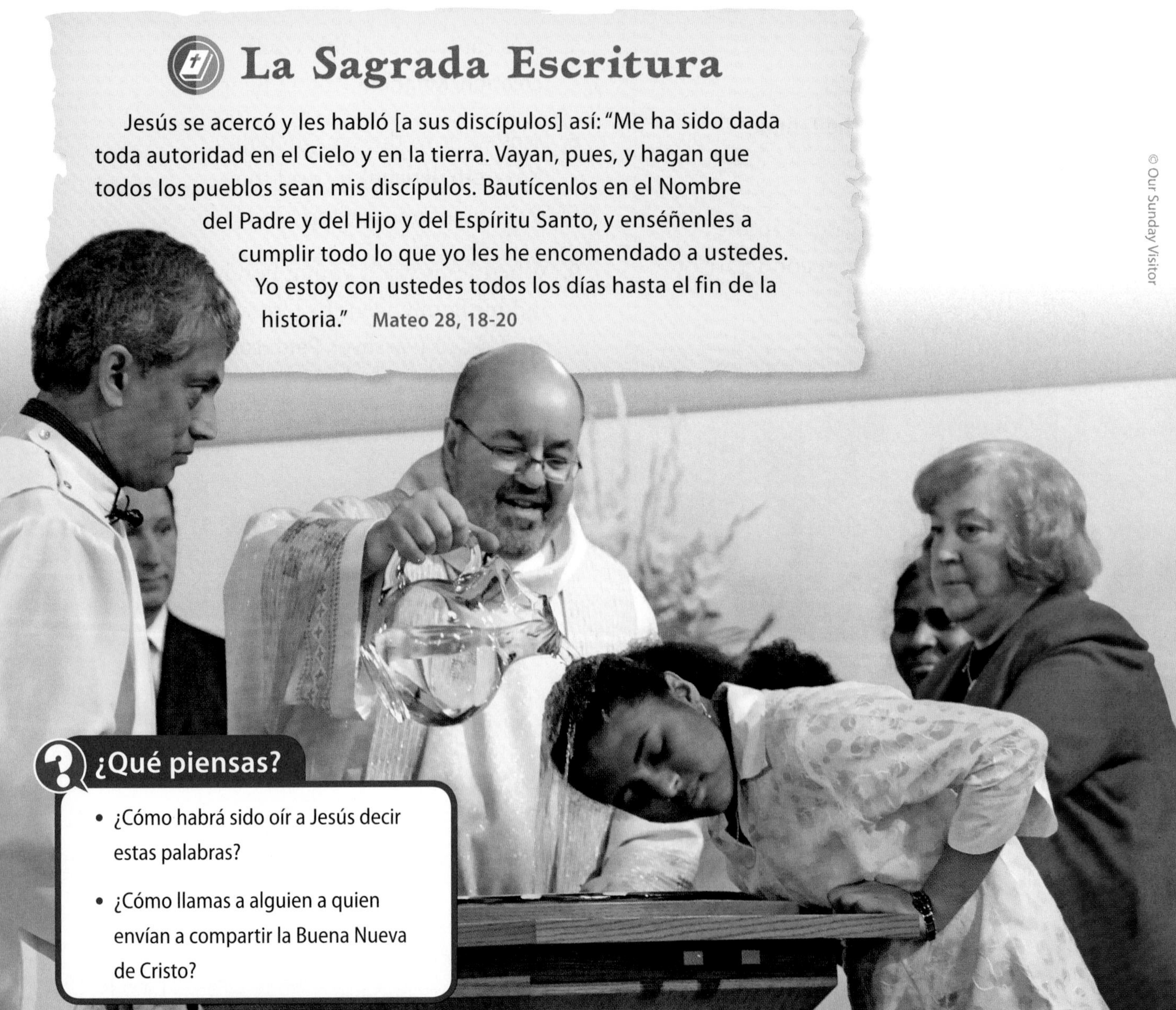

¿Qué piensas?

- ¿Cómo habrá sido oír a Jesús decir estas palabras?
- ¿Cómo llamas a alguien a quien envían a compartir la Buena Nueva de Cristo?

The Early Church

Let Us Pray

Leader: Renew us in your Spirit, O Lord.

"Send forth your spirit, they are created
and you renew the face of the earth." **Psalm 104:30**

All: O Holy Spirit, inspire us; enflame us with your love; help us embrace the mission of sharing the Good News. Amen.

Scripture

Then Jesus approached and said to [his disciples], "All power in heaven and on earth has been given to me. Go, therefore, and make disciples of all nations, baptizing them in the name of the Father, and of the Son, and of the holy Spirit, teaching them to observe all that I have commanded you. And behold, I am with you always, until the end of the age." **Matthew 28:18–20**

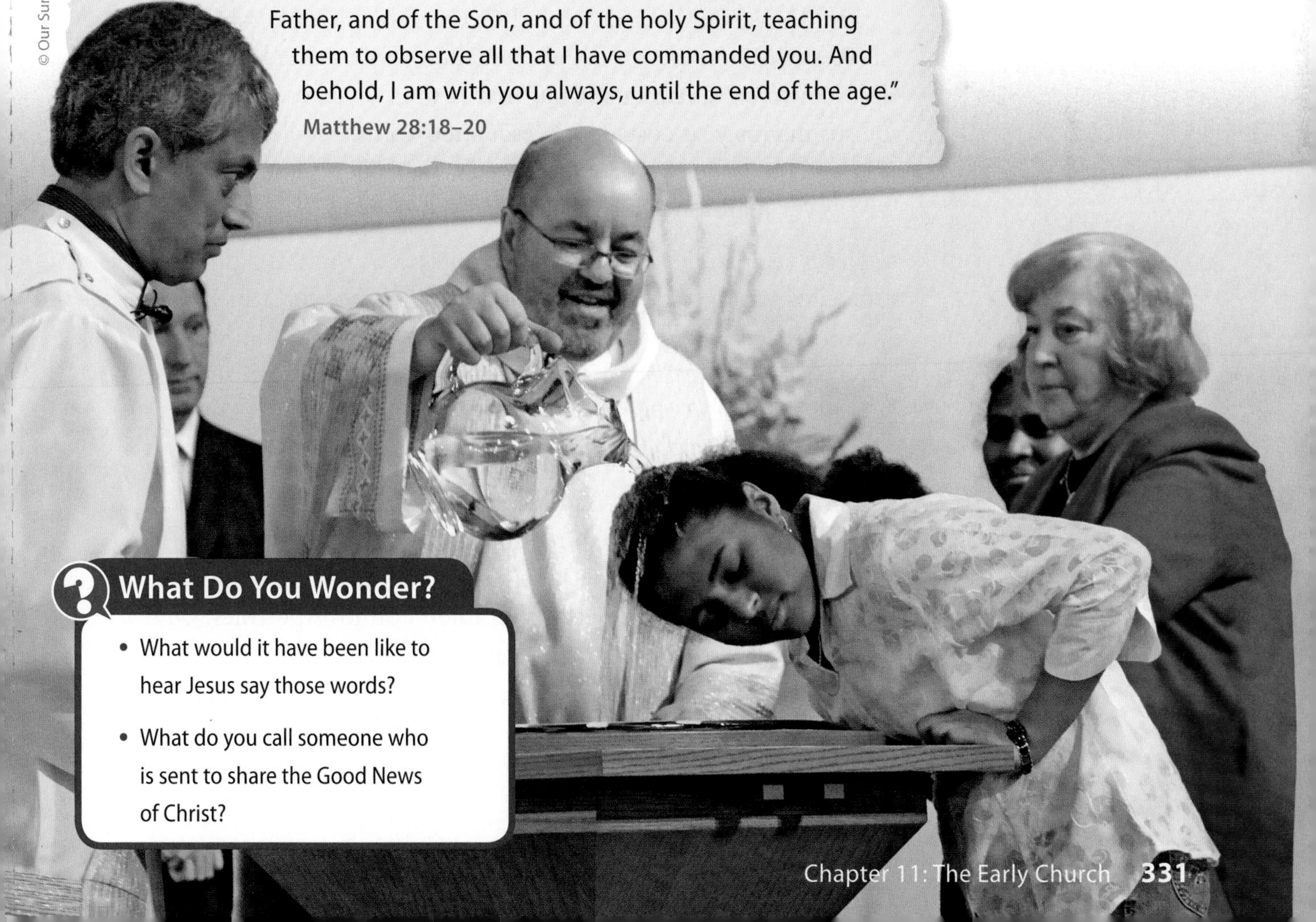

What Do You Wonder?

- What would it have been like to hear Jesus say those words?
- What do you call someone who is sent to share the Good News of Christ?

El Jesús Resucitado y el Espíritu Santo

¿Qué pasó después de que Jesús murió?

Después de que Jesús murió, los Apóstoles no sabían qué hacer. Además, a uno de ellos, Tomás, se le estaba haciendo difícil creer que Jesús había resucitado de entre los muertos. Los otros Apóstoles habían hablado con el Cristo Resucitado y sabían que su Resurrección era un hecho verdadero. Solamente hasta que Jesús entró en la habitación sin usar la puerta y mostró las heridas de sus manos y su costado, el "escéptico Tomás" se llenó de fe y se dio cuenta de que verdaderamente Jesús había resucitado y estaba vivo. (Ver Juan 20, 24-29.)

Jesús se apareció a los Apóstoles en otra ocasión. Les dijo que ellos serían testigos suyos hasta los extremos de la Tierra y prometió enviarles al Espíritu Santo, una de las tres Personas Divinas de la **Santísima Trinidad**. Luego, desapareció de repente. Ascendió al Cielo con su Padre. (Ver Hechos 1, 1-12.)

Luego de la Ascensión de Jesús, los Apóstoles permanecieron en Jerusalén como Jesús les había indicado. Mientras esperaban, eligieron a Matías para que reemplazara a Judas. Matías había estado con Jesús desde que Juan bautizó a Jesús en el río Jordán. María, la madre de Jesús, estaba también con los Apóstoles. Oraba con ellos y les daba esperanza. (Ver Hechos 1, 13-26.)

→ **¿Qué te parece que sentían los Apóstoles después de la muerte de Jesús?**

→ **¿Qué les daba esperanza?**

Palabras católicas

Santísima Trinidad el misterio de un Dios en tres Personas Divinas: Padre, Hijo y Espíritu Santo

The Risen Jesus and the Holy Spirit

What happened after Jesus died?

The Apostles did not know what to do after Jesus died. In addition, one of them, Thomas, had a difficult time believing that Jesus had been raised from the dead. The other Apostles had spoken to the Risen Christ and knew his Resurrection to be a true event. It was not until Jesus entered the room without using a door and showed the wounds in his hands and side that "doubting Thomas" came to a fuller faith and realized that Jesus had truly been raised and was alive. (See John 20:24–29.)

Jesus appeared to the Apostles on another occasion. He told them that they would be his witnesses to the ends of the Earth, and promised to send the Holy Spirit, one of the three Divine Persons in the **Holy Trinity**. Then suddenly, Jesus was gone. He ascended to his Father in Heaven. (See Acts 1:1–12.)

After Jesus' Ascension, the Apostles remained in Jerusalem as Jesus had told them to. While they waited, they elected Matthias to replace Judas. Matthias had been with Jesus ever since John had baptized Jesus in the Jordan River. Mary, Jesus' mother, was also with the Apostles. She prayed with them and gave them hope. (See Acts 1:13–26.)

➔ **What do you think the Apostles felt after Jesus' death?**

➔ **What gave them hope?**

Catholic Faith Words

Holy Trinity the mystery of one God in three Divine Persons: Father, Son, and Holy Spirit

La Sagrada Escritura

La venida del Espíritu Santo

Cuando llegó el día de Pentecostés, estaban todos reunidos en el mismo lugar. De repente vino del cielo un ruido, como el de una violenta ráfaga de viento, que llenó toda la casa donde estaban, y aparecieron unas lenguas como de fuego que se repartieron y fueron posándose sobre cada uno de ellos. Todos quedaron llenos del Espíritu Santo y comenzaron a hablar en otras lenguas, según el Espíritu les concedía que se expresaran.

Estaban de paso en Jerusalén judíos piadosos, llegados de todas las naciones que hay bajo el cielo. Y entre el gentío que acudió al oír aquel ruido, cada uno los oía hablar en su propia lengua. Todos quedaron muy desconcertados y se decían, llenos de estupor y admiración: "Pero éstos ¿no son todos galileos? ¡Y miren cómo hablan! Cada uno de nosotros les oímos en nuestra propia lengua nativa". **Hechos 2, 1-8**

Resalta el efecto que tuvo el Espíritu Santo sobre los Apóstoles.

Reflexiona Imagina que estás con los discípulos en Pentecostés. ¿Qué opinas al respecto?

Comparte Con un compañero, anota dos dones que hoy el mundo necesite del Espíritu Santo para mejorar la comunicación entre grupos diferentes.

__________________________ __________________________

En el espacio de abajo, escribe una breve oración de petición por uno de esos dones.

____

____

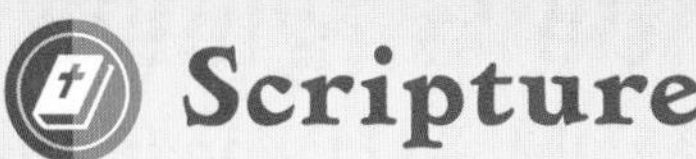

Scripture

The Coming of the Spirit

When the time for Pentecost was fulfilled, they were all in one place together. And suddenly there came from the sky a noise like a strong driving wind, and it filled the entire house in which they were. Then there appeared to them tongues as of fire, which parted and came to rest on each one of them. And they were filled with the holy Spirit and began to speak in different tongues, as the Spirit enabled them to proclaim.

Now there were devout Jews from every nation under heaven staying in Jerusalem. At this sound, they gathered in a large crowd, but they were confused because each one heard them speaking in his own language. They were astounded, and in amazement they asked, "Are not all these people who are speaking Galileans? Then how does each of us hear them in his own native language?" Acts 2:1–8

Highlight the effect the Holy Spirit had on the Apostles.

Share Your Faith

Reflect Imagine that you are with the disciples on Pentecost. What are your thoughts?

Share With a partner list two gifts that the world needs from the Holy Spirit today in order to make communication better between different groups.

_______________ _______________

In the space below, write a short prayer of petition for one of those gifts.

____

____

La obra de la Iglesia

¿Cómo lleva a cabo su misión la Iglesia?

Los Apóstoles estaban entusiasmados. Jesús les había dado una **misión,** la de difundir el Evangelio. Ellos no sabían lo que iba a suceder luego, pero cuando vino el Espíritu Santo, los llenó de coraje y los ayudó a saber qué decir. Aunque Jesús ya no estaba físicamente, ellos tenían su Espíritu para guiarlos e inspirarlos.

Palabras católicas

misión un trabajo o propósito. La misión de la Iglesia es anunciar la Buena Nueva del Reino de Dios.

Sucesión Apostólica el término usado para describir cómo la autoridad y el poder para dirigir y enseñar a la Iglesia se transmite de los Apóstoles a sus sucesores, los obispos

La Iglesia primitiva

La historia de la Iglesia primitiva se cuenta en los Hechos de los Apóstoles, el quinto libro del Nuevo Testamento. Ahí puedes leer cómo el Espíritu Santo transformó al Apóstol Pedro, un humilde pescador, en un líder poderoso. Jesús había llamado a Pedro a ser uno de sus primeros discípulos. La autoridad especial que Jesús le otorgó a Pedro puso a este Apóstol en un lugar prominente entre los primeros líderes de la Iglesia.

A diferencia de Pedro, Pablo no había sido discípulo de Jesús cuando Jesús vivía físicamente en la Tierra. En el camino a Damasco, Pablo conoció al Cristo Resucitado y oyó la voz de Jesús. Se hizo cristiano y luego misionero. Los misioneros son personas que se consagran a llevar la Buena Nueva a los demás. Porque a Pablo lo eligió Jesús y porque había conocido al Señor Resucitado, se lo llama Apóstol. En tres viajes por Asia Menor y por Grecia, Pablo proclamó el Evangelio a judíos y no judíos.

➔ **Comenta en qué se parece la misión de la Iglesia actual a la misión de la Iglesia primitiva.**

El Apóstol Pedro fue el primer Papa de la Iglesia.

The Church's Work

How does the Church carry out her mission?

The Apostles were excited. Jesus had given them a **mission** to spread the Gospel. Even though they had not known what would happen next, the Holy Spirit had filled them with courage and helped them to know what to say. Although Jesus wasn't physically present, they had his Spirit to guide and inspire them.

Catholic Faith Words

mission a job or purpose. The Church's mission is to announce the Good News of God's Kingdom.

Apostolic Succession the term used to describe how the authority and power to lead and teach the Church is passed down from the Apostles to their successors, the bishops

The Early Church

The story of the early Church is told in the Acts of the Apostles, the fifth book of the New Testament. Here you read how the Spirit transformed the Apostle Peter, a humble fisherman, into a powerful leader. Jesus had called Peter to be one of his first disciples. The special authority that Jesus gave to Peter made this Apostle first among the early leaders in the Church.

Unlike Peter, Paul was not a disciple of Jesus during the time when Jesus physically lived on Earth. On the road to Damascus, Paul met the Risen Christ and heard the voice of Jesus. He became a Christian and then a missionary. Missionaries are people who devote themselves to bringing the Good News to other people. Because Paul was chosen by Jesus and had met the Risen Lord, he is called an Apostle. On three journeys through Asia Minor and Greece, Paul proclaimed the Gospel to Jews and non-Jews.

➔ **Discuss how the mission of the Church today is similar to the mission of the early Church.**

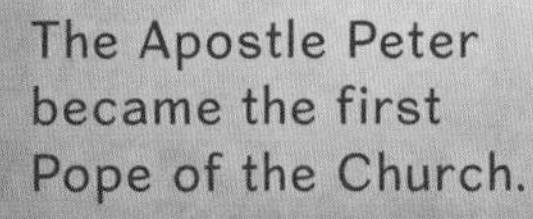

The Apostle Peter became the first Pope of the Church.

Líderes y mártires

Muchos líderes poderosos, incluidos los emperadores romanos, temieron la difusión de la Buena Nueva y vieron a la emergente Iglesia cristiana como una amenaza para su poder y su influencia. Cuando los cristianos se negaban a renunciar a su creencia en Jesús, a menudo los ejecutaban por defender aquello en lo que creían. Llamados mártires, sufrieron la muerte en testimonio de su fe en Jesús. Pedro y Pablo fueron mártires.

Papa San Pío X, pontificado 1903-1914

La Iglesia en la actualidad

Igual que los primeros cristianos, los católicos de hoy se bautizan y se reúnen para la Eucaristía. También oran por los enfermos, animan a la confesión de los pecados y fomentan los matrimonios fieles. Algunos hasta sacrifican su vida como testimonio de Jesús, como hacían los primeros cristianos.

La Iglesia está edificada sobre el cimiento perdurable de los Apóstoles. La **Sucesión Apostólica** significa que los obispos, en línea de sucesión directa de los Apóstoles, reciben la autoridad y el poder de Jesús para conducir la Iglesia y enseñarle. Por lo tanto, los obispos, unidos al Papa, participan en la misión de los Apóstoles. Entre los obispos, el primero es el Papa, quien es el sucesor de Pedro y la cabeza visible de la Iglesia.

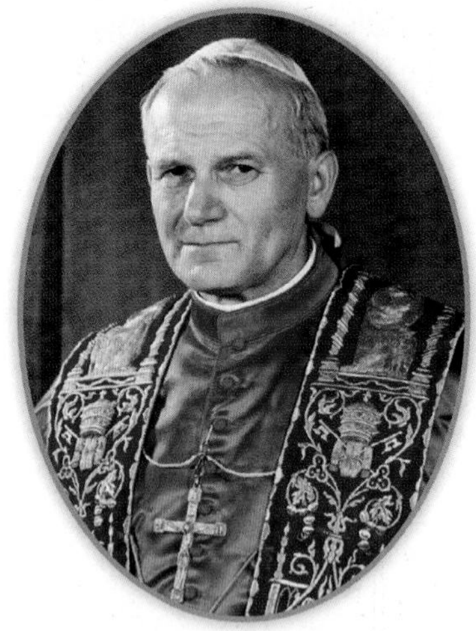

Papa San Juan Pablo II, pontificado 1978-2005

Papa Benedicto XVI, pontificado 2005-2013

Papa Francisco, pontificado 2013-presente

Practica tu fe

Menciona semejanzas Menciona tres aspectos en los que se parecen la Iglesia primitiva y la Iglesia actual.

____

____

____

____

____

____

____

____

Leaders and Martyrs

Many powerful leaders, including Roman emperors, feared the spread of the Good News and saw the emerging Christian Church as a threat to their power and influence. When Christians refused to renounce their belief in Jesus, they were often executed for standing up for their beliefs. Called martyrs, they suffered death in witness to their faith in Jesus. Both Peter and Paul were martyred.

Pope Saint Pius X, reigned 1903–1914

The Church Today

Like the early Christians, Catholics today are baptized, and they gather for the Eucharist. They also pray over those who are sick, encourage the confession of sin, and promote faithful marriages. Some even sacrifice their lives as witnesses for Jesus, just as the early Christians did.

The Church is built on the lasting foundation of the Apostles. **Apostolic Succession** means that the bishops, in a direct line of succession from the Apostles, receive the authority and power of Jesus to lead and teach the Church. Therefore, bishops, united with the Pope, share in the mission of the Apostles. The first among the bishops is the Pope, who is Peter's successor and the visible head of the Church.

Pope Saint John Paul II, reigned 1978–2005

Connect Your Faith
Name Similarities Name three ways the early Church was like the Church today.

Pope Francis, reigned 2013–present

Pope Benedict XVI, reigned 2005–2013

Nuestra vida católica

¿Cómo puedes ser un buen testigo de Jesús?

Los testigos son personas a quienes se llama a testificar acerca de algo que saben, o de algo que han visto o que han oído. Seguramente has visto programas de televisión o películas donde se llama a testigos para que den evidencia o información en un juicio.

De la misma manera, Dios te llama a testificar sobre su creencia en Jesús. Quiere decir que, como seguidor de Jesús y miembro de la Iglesia Católica, estás llamado a ser testigo de Jesús en lo que haces y dices en tu vida diaria. Estos son unos consejos útiles.

En el espacio en blanco, cuenta cómo puedes usar estas ideas para ser un testigo fiel de Jesús.

Sé un buen testigo

Sé fiel. Sigue el ejemplo de los mártires y de los Santos, quienes fueron fieles y leales a Jesús. Estos héroes de la fe mantuvieron firme su compromiso con Él, fueron fieles a sus palabras y confiables en sus acciones.	
Recuerda que Jesús es leal a ti. Habrá momentos en que se pondrá a prueba tu fe en Jesús. En esas ocasiones, quizás sea más fácil robar, engañar, haraganear y traicionar a Jesús que ser leal a Él. Ahí es cuando tienes que recordarte a ti mismo que Jesús es el amigo más leal que tienes en el mundo.	
Permanece en contacto con Jesús. Es difícil ser amigo de alguien con quien casi nunca hablas. Y es difícil ser testigo de Jesús si rara vez hablas con Él o apenas si dedicas tiempo a escuchar al Espíritu Santo. Acostúmbrate a leer la Biblia y a orar todos los días.	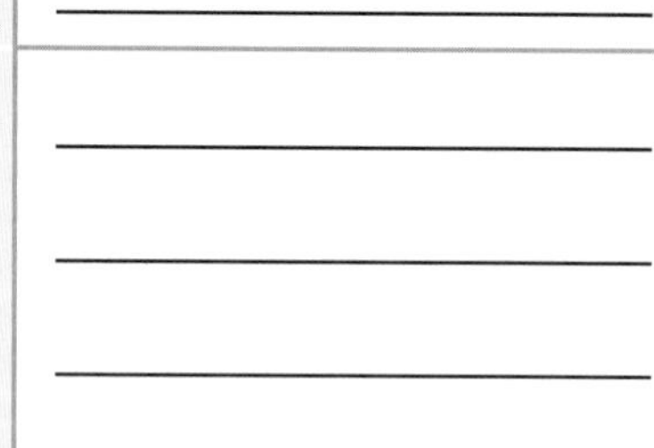

Our Catholic Life

How can you be a good witness for Jesus?

Witnesses are people who are called to testify about something they know or something they have seen or heard. You may have seen television shows or movies in which witnesses are called to provide evidence or information in a trial.

In the same way, God calls you to testify to your belief in Jesus. This means that as a follower of Jesus and as a member of the Catholic Church, you are called to be Jesus' witness in what you do and say in your daily life. Here is some helpful advice.

In the space provided, tell how you can use these ideas to be a faithful witness for Jesus.

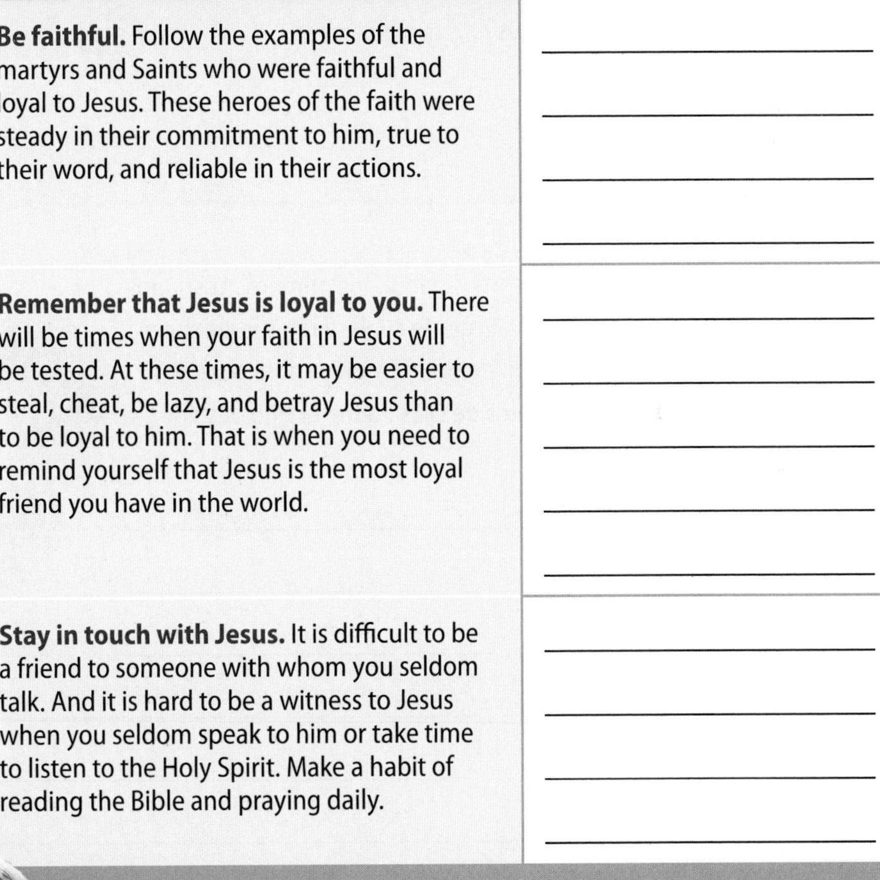

Be a Good Witness

Be faithful. Follow the examples of the martyrs and Saints who were faithful and loyal to Jesus. These heroes of the faith were steady in their commitment to him, true to their word, and reliable in their actions.	____________________ ____________________ ____________________ ____________________
Remember that Jesus is loyal to you. There will be times when your faith in Jesus will be tested. At these times, it may be easier to steal, cheat, be lazy, and betray Jesus than to be loyal to him. That is when you need to remind yourself that Jesus is the most loyal friend you have in the world.	____________________ ____________________ ____________________ ____________________ ____________________
Stay in touch with Jesus. It is difficult to be a friend to someone with whom you seldom talk. And it is hard to be a witness to Jesus when you seldom speak to him or take time to listen to the Holy Spirit. Make a habit of reading the Bible and praying daily.	____________________ ____________________ ____________________ ____________________

Gente de fe

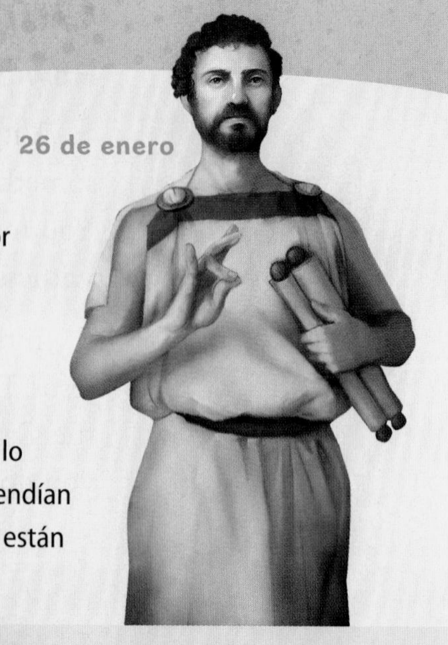

26 de enero

San Timoteo, 17–80

San Timoteo viajaba con San Pablo, ayudando a difundir la cristiandad por Asia Menor y por Grecia. Su historia se cuenta en el Libro de los Hechos. Probablemente su madre y su abuela también fueron cristianas, porque Pablo dice que eran piadosas y fieles. Es posible que la primera vez que Timoteo oyó acerca de Jesús haya sido de ellas. Pablo dice que Timoteo conocía la Biblia muy bien. Llegó a ser obispo de una ciudad de Turquía y lo apedrearon hasta matarlo cuando intentó detener a unas personas que rendían culto a un ídolo. San Pablo le escribió dos cartas a San Timoteo, las cuales están en el Nuevo Testamento.

Comenta: ¿Quién te habló de Jesús por primera vez?

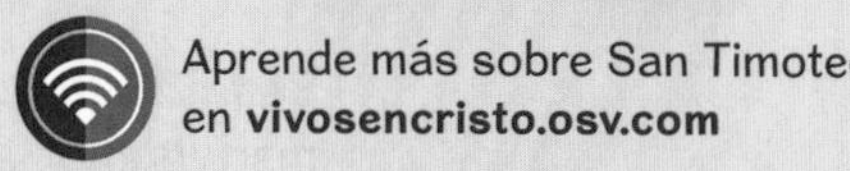

Aprende más sobre San Timoteo en **vivosencristo.osv.com**

Vive tu fe

Escribe aquello en lo que crees Cuando los primeros cristianos daban testimonio de su fe, le contaban a la gente cuáles eran sus creencias. En una tarjeta, declaración un enunciado de tu fe. Empieza por llenar los espacios de abajo con tus creencias acerca de Dios Padre; el Hijo, Jesús; el Espíritu Santo y la Iglesia.

Dios Padre ______________________________

____

____

Dios Hijo ______________________________

____

Dios Espíritu Santo ______________________________

____

la Iglesia ______________________________

____

De las ideas de arriba, escribe en tu tarjeta una declaración resumida. Luego decóralo con símbolos de tu fe en Jesús.

People of Faith

January 26

Saint Timothy, 17–80

Saint Timothy traveled with Saint Paul, helping spread Christianity through Asia Minor and Greece. His story is told in the Book of Acts. His mother and grandmother probably were Christians as well, since Paul says they were pious and faithful. Timothy may have first heard about Jesus from them. Paul says that Timothy knew the Bible very well. He became a bishop in a city in Turkey and was stoned to death when he tried to stop some people from worshipping an idol. Saint Paul wrote two letters to Saint Timothy, which are in the New Testament.

Discuss: Who first told you about Jesus?

Learn more about Saint Timothy at **aliveinchrist.osv.com**

Live Your Faith

Write What You Believe When the early Christians witnessed to their faith, they told people what they believed. On a card, write a statement of your faith. Start by filling in the spaces below with what you believe about God the Father, Jesus the Son, the Holy Spirit, and the Church.

God the Father ______________________________

____

____

God the Son ______________________________

____

God the Holy Spirit ______________________________

____

the Church ______________________________

____

From the above ideas, write a summary statement on your card. Then decorate it with symbols of your faith in Jesus.

 Oremos

Oración de petición

Reúnanse y empiecen con la Señal de la Cruz.

Líder: Espíritu de Dios, ven en ayuda nuestra.

Todos: Señor, apresúrate a ayudarnos.

Reader: Lean Juan 14, 23-27.

Lado 1: ¡Ven, Espíritu Santo, llena los corazones de tus fieles, y enciende en ellos el fuego de tu amor.

Lado 2: Envía tu Espíritu Creador y serán creadas todas las cosas y renovarás la faz de la Tierra.

Lado 1: Oh Dios, que has instruido los corazones de tus fieles con la luz del Espíritu Santo;

Lado 2: concédenos que sintamos rectamente con el mismo Espíritu y gocemos siempre de su divino consuelo.

Todos: Por Nuestro Señor Jesucristo. Amén.

Líder: Oremos.

Inclinen la cabeza mientras el líder ora.

Todos: Amén.

Canten "Ven, Llena Mi Vida"

Ven, llena mi vida, Señor.
Ven, llena mi vida, Jesús.
Ven, llénala con tu poder;
ven, llena mi vida, Señor.

Let Us Pray

Prayer of Petition

Gather and begin with the Sign of the Cross.

Leader: Spirit of God, come to our assistance.

All: Lord, make haste to help us.

Reader: Read John 14:23–27.

Side 1: Come, Holy Spirit, fill the hearts of your faithful, and kindle in us the fire of your love.

Side 2: Send forth your Spirit and we shall be created, and you will renew the face of the Earth.

Side 1: Lord, by the light of the Holy Spirit, you have taught the hearts of the faithful.

Side 2: In the same Spirit, help us choose what is right and always rejoice in your consolation.

All: We ask this through Christ our Lord. Amen.

Leader: Let us pray.

Bow your heads as the leader prays.

All: Amen.

Sing "Spirit, Come Down"

Spirit, Spirit, Spirit,
come down from Heaven.
Spirit, Spirit,
and seal us with your love.

FAMILIA + FE

VIVIR Y APRENDER JUNTOS

SUS HIJOS APRENDIERON >>>

Este capítulo trata sobre Pentecostés y la historia de la Iglesia primitiva relatada en Hechos de los Apóstoles.

La Sagrada Escritura

Lean **Hechos de los Apóstoles 2, 1–4** para aprender qué ocurrió en Pentecostés.

Lo que creemos

- Jesús fundó la Iglesia a través de su vida y sus enseñanzas. Él envió al Espíritu Santo para ayudar a la Iglesia a cumplir su misión.
- El Espíritu Santo continúa dando vida a la Iglesia hoy en día.

Para aprender más, vayan al *Catecismo de la Iglesia Católica* 763–768, 849–854 en **usccb.org**.

Gente de fe

Esta semana, su hijo aprendió acerca de San Timoteo. Él viajó con San Pablo y sirvió como obispo en Turquía. Vivió su vida como testigo de su fe en Jesús.

LOS NIÑOS DE ESTA EDAD >>>

Cómo comprenden la historia de la Iglesia Tal vez su hijo todavía no sabe mucho acerca de la historia de la Iglesia. Este es un excelente momento para comenzar a aprender, pues los niños de esta edad ya tienen un concepto más claro de los diversos períodos históricos. Ver a la Iglesia a través de la historia puede ayudar a fortalecer la identidad propia de un niño de esta edad en desarrollo en este momento, a medida que se identifica como católico.

CONSIDEREMOS ESTO >>>

¿Qué necesidad tenemos de un buen líder para lograr una meta?

Un buen liderazgo nos ayuda a ser mejores y a lograr más cosas de lo que podemos imaginar. Antes de que Jesús ascendiera al Cielo, Él sabía que los Apóstoles necesitarían un guía que les ayudara a liderar. Él prometió enviar al Espíritu Santo. Como católicos, sabemos que "comenzando con el don del Espíritu Santo en Pentecostés, los discípulos se convirtieron en dinámicos misioneros. Llenó a esos discípulos con el don de la fortaleza para que así nada los detuviese de proclamar el amor de Cristo por toda la gente" (*CCEUA, p. 111*).

HABLEMOS >>>

- Pída a su hijo qué describa lo que sucedió en Pentecostés, la venida del Espíritu Santo, y cómo comenzó la Iglesia.
- Comenten una ocasión en que alguien compartió abiertamente su fe y el impacto que eso tuvo en ustedes.

OREMOS >>>

San Timoteo, ruega por nosotros para que enseñemos al mundo acerca de Dios como tú lo hiciste. Amén.

Visiten **vivosencristo.osv.com** para encontrar un glosario multimedia de Palabras católicas, lecturas dominicales, y recursos de Santos y tiempos festivos.

FAMILY+FAITH
LIVING AND LEARNING TOGETHER

YOUR CHILD LEARNED >>>

This chapter is about the appearances of the Risen Jesus, Pentecost, and the story of the early Church told in the Acts of the Apostles.

Scripture

Read the **Acts of the Apostles 2:1–4** to find out what happened on Pentecost.

Catholics Believe

- Jesus founded the Church through his life and teachings. He sent the Holy Spirit to help the Church fulfill her mission.
- The Holy Spirit continues to animate the Church today.

To learn more, go to the *Catechism of the Catholic Church* #763–768, 849–854 at **usccb.org**.

People of Faith

This week, your child learned about Saint Timothy. He traveled with Saint Paul and served as a bishop in Turkey. He lived his life as a witness to his faith in Jesus.

CHILDREN AT THIS AGE >>>

How They Understand Church History Your child might not yet know a lot about the history of the Church. This is a great time to start learning about it, since children this age have a clearer concept of various time periods. Seeing the Church throughout history can also help to strengthen the identity of a child this age, which is in development at this time, as he or she identifies with being Catholic.

CONSIDER THIS >>>

How necessary is a good leader in achieving a goal?

Good leadership helps us to become and achieve more than we can imagine. Before Jesus ascended into Heaven, he knew the Apostles would need a guide to help them lead. He promised to send the HolySpirit. As Catholics, we know that "beginning with the gift of the Spirit at Pentecost, the disciples became dynamic missionaries. He filled those disciples with the gift of courage so that nothing stopped them from proclaiming the love of Christ for all people" *(USCCA, p. 103)*.

LET'S TALK >>>

- Ask your child to describe what happened at Pentecost, the coming of the Holy Spirit, and how the Church began.
- Share about a time when someone shared their faith openly and what impact that had on you.

LET'S PRAY >>>

Saint Timothy, pray for us that we teach the world about Jesus as you did. Amen.

For a multimedia glossary of Catholic Faith Words, Sunday readings, seasonal and Saint resources, and chapter activities go to **aliveinchrist.osv.com**.

Capítulo 11 Repaso

A Trabaja con palabras **Encierra Verdadero en un círculo, si el enunciado es verdadero, y Falso, si el enunciado es falso. Corrige los enunciados falsos.**

1. El Papa es la cabeza invisible de la Iglesia. **Verdadero/Falso**

   ____

   ____

2. El primer líder que Jesús eligió para sus discípulos fue Pedro. **Verdadero/Falso**

   ____

   ____

3. Un misionero es alguien enviado a proclamar la Buena Nueva de Jesús. **Verdadero/Falso**

   ____

   ____

4. El relato sobre la primera generación de la Iglesia se cuenta en los Hechos de los Apóstoles. **Verdadero/Falso**

   ____

   ____

5. Un rabino es alguien que sufre la muerte por ser testigo de su fe. **Verdadero/Falso**

   ____

   ____

B Confirma lo que aprendiste **Rellena el círculo que está junto a la respuesta correcta.**

6. Los cristianos del siglo I participaban en el Bautismo y en _____.
   - ○ **la Eucaristía**
   - ○ **sacrificios**
   - ○ **el diezmo**
   - ○ **las guerras santas**

7. Los _____ son los sucesores de los Apóstoles.
   - ○ **diáconos**
   - ○ **sacerdotes**
   - ○ **misioneros**
   - ○ **Papas y los obispos**

8. A Pablo, a quien Jesús eligió y quien conoció al Señor Resucitado, lo llaman _____.
   - ○ **discípulo**
   - ○ **Apóstol**
   - ○ **seguidor**
   - ○ **Papa**

9. El día de _____, los Apóstoles hablaron en lenguas diferentes.
   - ○ **la Pascua judía**
   - ○ **el Sabbat**
   - ○ **Pentecostés**
   - ○ **la Expiación**

10. A _____ le resultaba difícil creer en la Resurrección.
    - ○ **Tomás**
    - ○ **Juan**
    - ○ **Mateo**
    - ○ **Pedro**

Chapter 11 Review

A Work with Words **Circle True if a statement is true, and circle False if a statement is false. Correct any false statements.**

1. The Pope is the invisible head of the Church. **True/False**

____

____

2. The first leader Jesus chose for his disciples was Peter. **True/False**

____

____

3. A missionary is one sent to proclaim the Good News of Jesus. **True/False**

____

____

4. The story of the first generation of the Church is told in the Acts of the Apostles. **True/False**

____

____

5. A rabbi is one who suffers death as a witness to his or her faith. **True/False**

____

____

B Check Understanding **Fill in the circle next to the correct answer.**

6. Christians of the first century participated in Baptism and _____.
   - ◯ the Eucharist
   - ◯ sacrifices
   - ◯ tithing
   - ◯ holy wars

7. The _____ are the successors of the Apostles.
   - ◯ deacon
   - ◯ priest
   - ◯ missionary
   - ◯ Pope and bishops

8. Paul, chosen by Jesus and knowing the Risen Lord, is called _____.
   - ◯ a disciple
   - ◯ an Apostle
   - ◯ a follower
   - ◯ the Pope

9. On the day of _____, the Apostles spoke in different languages.
   - ◯ Passover
   - ◯ the Sabbath
   - ◯ Pentecost
   - ◯ Atonement

10. _____ found it difficult to believe in the Resurrection.
    - ◯ Thomas
    - ◯ John
    - ◯ Matthew
    - ◯ Peter

CAPÍTULO 12

El Cuerpo de Cristo

Oremos

Líder: Tú eres nuestro pastor, oh, Dios;
nosotros, el rebaño que cuidas.

"Pues él es nuestro Dios
y nosotros el pueblo que él pastorea,
el rebaño bajo su mano..." **Salmo 95, 7**

Todos: Dios misericordioso, consérvanos uno en el amor, santos de corazón, abiertos a todo y unidos en la fe. Amén.

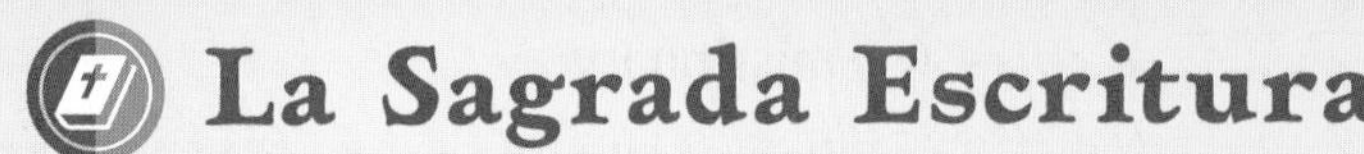

La Sagrada Escritura

Acudían asiduamente a la enseñanza de los apóstoles, a la convivencia, a la fracción del pan y a las oraciones. Toda la gente sentía un santo temor, ya que los prodigios y señales milagrosas se multiplicaban por medio de los apóstoles. Todos los que habían creído vivían unidos; compartían todo cuanto tenían.

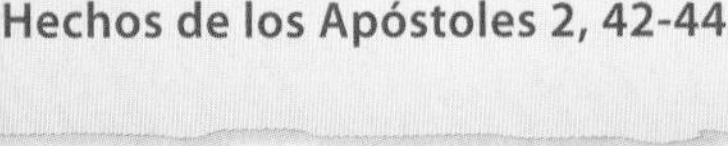

Hechos de los Apóstoles 2, 42-44

¿Qué piensas?

- ¿Se sienten allegadas entre sí las personas de tu parroquia?
- ¿Cómo se comunicaban los discípulos con las comunidades de la Iglesia primitiva.

The Body of Christ

Let Us Pray

Leader: You are our shepherd, O God;
we are the flock you tend.

"For he is our God,
we are the people he shepherds,
the sheep in his hands." Psalm 95:7

All: Gracious God, keep us one in love, holy at heart, open to all, and united in faith. Amen.

Scripture

They devoted themselves to the teaching of the apostles and to the communal life, to the breaking of the bread and to the prayers. Awe came upon everyone, and many wonders and signs were done through the apostles. All who believed were together and had all things in common. Acts of the Apostles 2:42–44

What Do You Wonder?

- Do the people in your parish feel like they are close?
- How did the disciples communicate with the early Church communities?

Mantenerse en contacto

¿Cómo se comparte el mensaje de Dios?

Las personas siempre han necesitado comunicarse. Con los años, han compartido ideas y enseñanzas de muchas maneras. En la actualidad, la Iglesia tiene muchos recursos para comunicar las verdades de Dios.

Palabras católicas

Epístolas cartas escritas por Pablo y muchos otros Apóstoles a las nuevas comunidades cristianas que establecieron. Hay veintiuna cartas en el Nuevo Testamento.

Compartir hoy la Palabra de Dios

El mensaje de Dios a nosotros no ha cambiado con el paso de los siglos. Sin embargo, las maneras en que lo recibimos y lo compartimos, sí.

Actualmente, la Iglesia alienta a obispos, sacerdotes y otras personas a usar la tecnología moderna para llevar a cabo su obra. En Estados Unidos, prácticamente todas las parroquias, las órdenes religiosas y las diócesis tienen un sitio web que comparte información importante con el Pueblo de Dios. Blogs, videos y demás formas de los medios de comunicación social también pueden cumplir un papel positivo en la enseñanza y la información de los católicos. Después de la dimisión del Papa Benedicto XVI en 2013, millones de personas de todo el mundo esperaban noticias del Cónclave Papal y la elección de un nuevo Papa. Las redes de comunicación social informaron rápidamente la elección del Papa Francisco y compartieron sus primeros mensajes con los fieles católicos.

Aunque la Iglesia apoya la tecnología, todavía es importante reconocer las formas de enseñanza tradicionales, como las homilías y la interacción personal. El mensaje básico, lo que el Papa Benedicto XVI llamó "la solicitud amorosa de Dios en Cristo por nosotros", debe presentarse fielmente. Esto le dará un "alma" a Internet y será un uso adecuado de los medios de comunicación social.

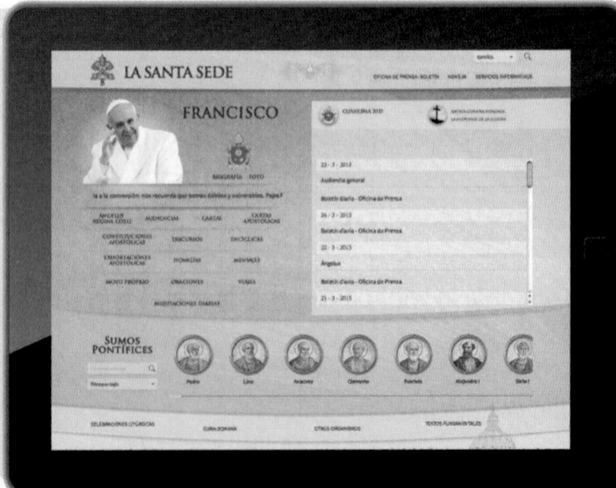

Keeping in Touch

How is God's message shared?

People have always needed to communicate. Over the years, they have shared thoughts and instructions in many fashions. Today, the Church uses many ways to communicate God's truths.

Catholic Faith Words

Epistles letters written by Paul and several of the other Apostles to new Christian communities that they established. There are twenty-one letters in the New Testament.

Sharing God's Word Today

God's message to us has not changed over the centuries. However, the ways we receive and share it have.

Today, the Church encourages bishops, priests, and others to use modern information technology to do her work. In the United States, almost every parish, religious order, and diocese has a website that shares vital information with God's People. Blogs, videos, and other forms of social media can also play a positive role in instructing and informing Catholics. After the resignation of Pope Benedict XVI in 2013, millions around the world waited for news of the Papal Conclave and the election of a new Pope. Social media networks were quick to report the election of Pope Francis and share his first messages to the Catholic faithful.

Even though the Church supports technology, it is still important to recognize traditional ways of teaching, such as sermons and personal interaction. The basic message, what Pope Benedict XVI called "God's loving care for all people in Christ," should be presented faithfully. This will give a "soul" to the Internet and be a fitting use for social media.

Un vendedor de la plaza San Pedro, en el Vaticano, sostiene un periódico que anuncia la elección del Papa Francisco.

Cartas del Nuevo Testamento

En la Iglesia primitiva, hace dos mil años, la comunicación a larga distancia era muy diferente de lo que es en la actualidad. Hasta el siglo XX, la gente se comunicaba fundamentalmente por carta. Quizás sea difícil imaginar un mundo sin televisión, Internet ni teléfonos celulares. Pero tus bisabuelos esperaban meses hasta que llegaran cartas de otros países para tener noticias de su familia.

Los Apóstoles y muchos discípulos hacían largos viajes para difundir la Palabra de Jesús y formaban muchas comunidades cristianas. Cuando continuaban el viaje, muchos de ellos les escribían cartas, o **Epistles**, ta los grupos nuevos. Dios hablaba a través de estas cartas y muchas de ellas ahora forman parte del Nuevo Testamento. Las cartas de Pablo, de Pedro, de Santiago, de Juan y de Judas Tadeo cuentan la historia de cómo los Apóstoles y otras personas sembraron las semillas de la cristiandad.

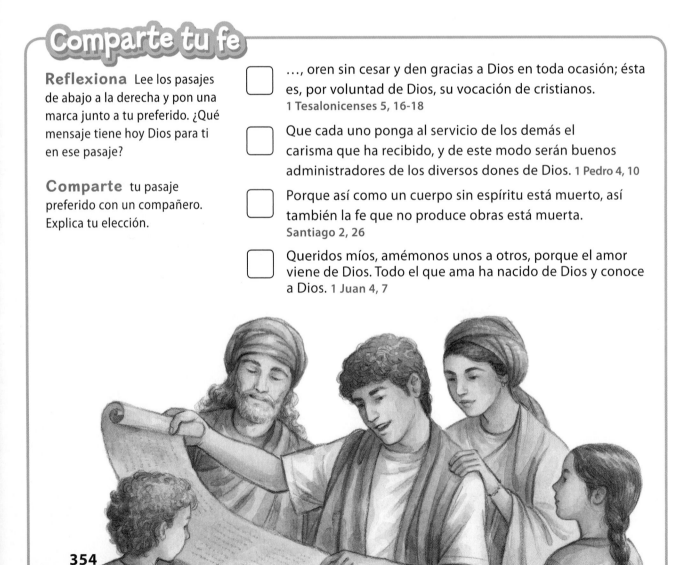

Comparte tu fe

Reflexiona Lee los pasajes de abajo a la derecha y pon una marca junto a tu preferido. ¿Qué mensaje tiene hoy Dios para ti en ese pasaje?

Comparte tu pasaje preferido con un compañero. Explica tu elección.

- ☐ ..., oren sin cesar y den gracias a Dios en toda ocasión; ésta es, por voluntad de Dios, su vocación de cristianos. **1 Tesalonicenses 5, 16-18**
- ☐ Que cada uno ponga al servicio de los demás el carisma que ha recibido, y de este modo serán buenos administradores de los diversos dones de Dios. **1 Pedro 4, 10**
- ☐ Porque así como un cuerpo sin espíritu está muerto, así también la fe que no produce obras está muerta. **Santiago 2, 26**
- ☐ Queridos míos, amémonos unos a otros, porque el amor viene de Dios. Todo el que ama ha nacido de Dios y conoce a Dios. **1 Juan 4, 7**

Letters of the New Testament

In the early Church two thousand years ago, communicating long distance was much different from the way it is now. Until the 1900s, people communicated primarily by letter. It may be difficult to imagine a world without television, Internet, or cell phones. But your great-grandparents waited months for letters to arrive from other countries to hear news of their families.

The Apostles and many disciples took long journeys to spread the Word of Jesus, and they started many new Christian communities. When they moved on, many of them wrote letters, or **Epistles**, to the new groups. God spoke through these letters, and many of them are now part of the New Testament. The letters of Paul, Peter, James, John, and Jude tell the story of how the Apostles and others planted the seeds of Christianity.

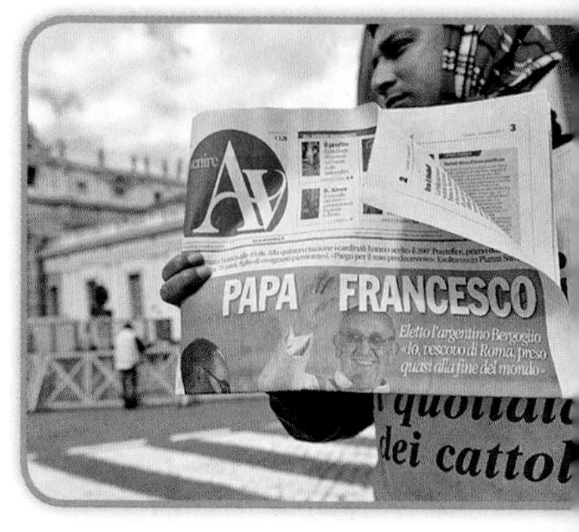

A seller in St. Peter's Square at the Vatican holds a newspaper announcing the election of Pope Francis.

Share Your Faith

Reflect Read these passages to the right and put a checkmark by your favorite. What message does God have for you in that passage today?

Share your favorite passage with a partner. Explain your choice.

- ☐ Pray without ceasing … give thanks, for this is the will of God for you in Christ Jesus. **1 Thessalonians 5:16–18**
- ☐ As each one has received a gift, use it to serve one another as good stewards of God's varied grace. **1 Peter 4:10**
- ☐ For just as a body without a spirit is dead, so also faith without works is dead. **James 2:26**
- ☐ Let us love one another, because love is of God; everyone who loves is begotten by God and knows God. **1 John 4:7**

Atributos de la Iglesia

¿Qué significan los Atributos de la Iglesia?

La Iglesia es la comunidad de todos los bautizados que creen en Dios y siguen a Jesús. Las Cartas del Nuevo Testamento indican que la Iglesia es una, santa, católica y apostólica. Estas cuatro características distintivas son los **Atributos de la Iglesia** que han identificado a la Iglesia desde su inicio. Has oído estos Atributos cuando profesas el Credo de Nicea en la Misa: "Creo en la Iglesia, que es una, santa, católica y apostólica".

1. **Subraya la vez que oímos los Atributos de la Iglesia.**
2. **Explica con tus palabras lo que significa ser una.**

Una

Pablo enseñó que los fieles son como las numerosas partes de un cuerpo, con Jesús como la cabeza. Cada parte depende de las demás para funcionar bien juntas. Pablo está diciéndote que, aunque las personas somos diferentes, todos podemos trabajar juntos en unidad como el **Cuerpo de Cristo**. De hecho, la Iglesia se compone de muchas personas diferentes de todo el mundo que reconocen a un Señor, confiesan una fe y celebran un Bautismo.

La Sagrada Escritura dice...

Una	Santa	Católica	Apostólica
"Las partes del cuerpo son muchas, pero el cuerpo es uno; por muchas que sean las partes, todas forman un solo cuerpo. Así también Cristo". **1 Corintios 12, 12**	"¿No saben que son templo de Dios y que el Espíritu de Dios habita en ustedes?" **1 Corintios 3, 16**	"Dios *colocó todo bajo sus pies* [de Cristo], y lo constituyó Cabeza de la Iglesia. Ella es su cuerpo y en ella despliega su plenitud el que lo llena todo en todos". **Efesios 1, 22-23**	"Así, pues, ya no son extranjeros ni huéspedes, sino ciudadanos de la ciudad de los santos; ustedes son de la casa de Dios. Están cimentados en el edificio cuyas bases son los apóstoles y profetas, y cuya piedra angular es Cristo Jesús". **Efesios 2, 19-20**

Marks of the Church

What do the Marks of the Church mean?

The Church is the community of all baptized people who believe in God and follow Jesus. The Letters of the New Testament show that the Church is one, holy, catholic, and apostolic. These four distinguishing characteristics are the **Marks of the Church** that have identified the Church from her beginning. You hear these Marks when you profess the Nicene Creed at Mass: "I believe in one, holy, catholic and apostolic Church."

One

Paul taught that the faithful are like many parts of one body, with Jesus as the head. Each part relies on the other parts to work well together. Paul is telling you that even though people are different, we all can work together in unity as the **Body of Christ**. In fact, the Church is made up of many different people from all over the world who acknowledge one Lord, confess one faith, and celebrate one Baptism.

1. **Underline one time we hear the Marks of the Church.**
2. **Explain in your own words what it means to be one.**

What Scripture Says...

One	Holy	Catholic	Apostolic
"As a body is one though it has many parts, and all the parts of the body, though many, are one body, so also Christ." **1 Corinthians 12:12**	"Do you not know that you are the temple of God, and that the Spirit of God dwells in you?" **1 Corinthians 3:16**	"And [God] put all things beneath [Christ's] feet and gave him as head over all things to the church, which is his body, the fullness of the one who fills all things in every way." **Ephesians 1:22–23**	"So then you are no longer strangers and sojourners, but you are fellow citizens with the holy ones and members of the household of God, built upon the foundation of the apostles and prophets, with Christ Jesus himself as the capstone." **Ephesians 2:19–20**

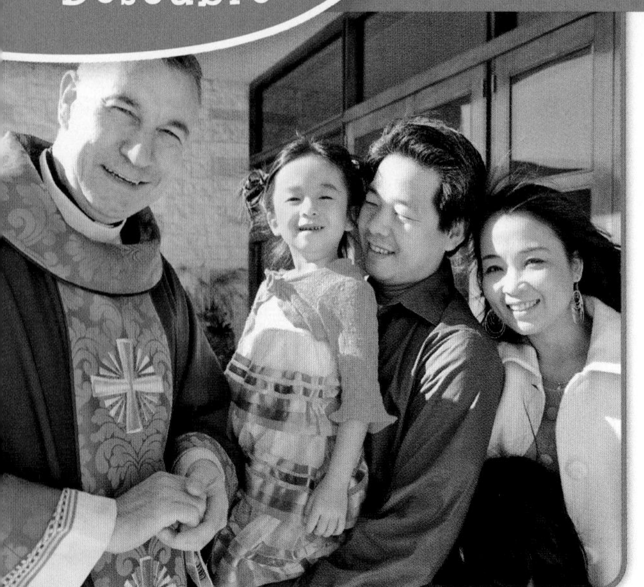

Santa

La Iglesia es santa porque la distinguen Dios y sus propósitos, y Dios es santo. Cristo renunció a sí mismo para hacer santa a la Iglesia y le dio el don del Espíritu Santo para otorgarle vida. El Espíritu Santo llena el Cuerpo de Cristo, y así da vida a la Iglesia y une a sus miembros. Por eso a la Iglesia se la llama Templo del Espíritu Santo. La presencia del Espíritu de Dios en cada persona no quiere decir que los miembros de la Iglesia no son pecadores. Los miembros pueden evitar el pecado con la ayuda del Espíritu Santo, que habita dentro de ellos, o, si pecan, pueden aceptar el perdón divino del que disponen a través de la Iglesia.

Palabras católicas

Atributos de la Iglesia las características esenciales que distinguen la Iglesia de Cristo y su misión: una, santa, católica y apostólica

Cuerpo de Cristo un nombre para la Iglesia, de la que Cristo es la cabeza. Todas las personas bautizadas son el cuerpo.

Católica

La palabra *católico* significa "que contiene la totalidad" o "universal". La Iglesia es católica, porque, a través de Cristo, proclama la plenitud de la fe y proporciona todo lo que necesitas para la salvación. Su misión es para todas las personas del mundo.

Apostólica

La Iglesia es apostólica, porque su autoridad para enseñar proviene directamente de Jesús y sus Apóstoles elegidos. Los obispos de la Iglesia son sucesores directos de los Apóstoles.

Practica tu fe

Una carta a Pablo Lee 1 Tesalonicenses 5, 12-22. Imagina que Pablo le ha escrito a tu grupo uno de los mensajes de este pasaje. Abajo, contéstale y cuéntale cómo el grupo ha cumplido sus pedidos.

Querido Pablo,

____

____

____

____

Tu amigo,

Holy

The Church is holy because she is set apart for God and his purposes, and God is holy. Christ gave himself up to make the Church holy and gave the gift of the Holy Spirit to give her life. The Spirit fills the Body of Christ, giving the Church life and uniting her members. Thus the Church is called the Temple of the Holy Spirit. The presence of God's Spirit in each person doesn't mean that members of the Church are not sinners. Members can avoid sin with the help of the Holy Spirit who dwells within them or, if they sin, can accept the divine forgiveness available through the Church.

Catholic

The word *catholic* means "containing the whole," or "universal." The Church is catholic because through Christ she proclaims the fullness of faith and provides everything you need for salvation. Her mission is to all people of the world.

Apostolic

The Church is apostolic because the teaching authority of the Church comes directly from Jesus and his chosen Apostles. The bishops of the Church are direct successors of the Apostles.

Catholic Faith Words

Marks of the Church the essential characteristics that distinguish Christ's Church and her mission: one, holy, catholic, and apostolic

Body of Christ a name for the Church of which Christ is the head. All the baptized are members of the body.

Connect Your Faith

A Letter to Paul Read 1 Thessalonians 5:12–22. Imagine that Paul has written one of the messages in this passage to your group. Answer him below, and tell him how the group has been following his requests.

Dear Paul,

____

____

____

____

Your friend,

Nuestra vida católica

¿Cómo viven los miembros de la Iglesia de acuerdo con su fe?

A menudo se describe a la Iglesia como el Cuerpo de Cristo. La Iglesia vive en Cristo y por Cristo. Puedes considerar la Iglesia como un cuerpo grande que tiene muchas iglesias locales en todo el mundo. Puedes considerar la Iglesia también como individuos que trabajan todos juntos para hacer que el cuerpo funcione. Tú eres uno de esos individuos. Tú eres las manos, la boca, los oídos y los pies de Jesús en el mundo.

La Iglesia cobra vida verdaderamente cuando los miembros como tú están viviendo su fe. Las cartas del Nuevo Testamento ofrecen unos buenos consejos a los miembros de la Iglesia.

1. **En la tabla de abajo, une el consejo con su explicación.**
2. **Dibuja una estrella junto al consejo que más necesitas en este momento.**

Consejo del Nuevo Testamento

Bienaventuranzas	Significado
Ámense unos a otros	Esta es una manera importante en la que la Iglesia expresa su fe y vive de acuerdo con ella.
Rinde culto a Dios	Ponte la armadura de Dios y lucha contra el mal. Esta es la protección de Dios para defenderte del mal y del pecado.
Usa tus dones para con los demás	Jesús dijo que todos sabrían que somos sus discípulos si hacemos esto unos por otros.
Sé fuerte y valiente en tu fe	Dios te ha dado estas cosas y pretende que las uses para ayudar a los demás. Para hacerlo, primero debes pensar en ti mismo como un hijo de Dios bueno, valioso y amado. Luego puedes mirar a tu alrededor y ver que estás rodeado de otros hijos de Dios.

Our Catholic Life

How do the members of the Church live out their faith?

The Church is often described as the Body of Christ. The Church lives in Christ and for Christ. You can view the Church as one large body with many local churches all over the world. You can also view the Church as individuals, all working together to make the body function. You are one of these individuals. You are the hands, mouth, ears, and feet of Jesus in the world.

The Church truly comes alive when members like you are living their faith. The New Testament letters offer some good advice to Church members.

1. **Match the advice with its explanation in the chart below.**
2. **Draw a star next to the piece of advice you most need right now.**

Advice from the New Testament

Beatitudes	Meaning
Love one another	This is one important way in which the Church expresses and lives out her faith.
Worship God	Put on the armor of God to fight against evil. This is God's protection for you against evil and sin.
Use your gifts for others	Jesus said that everyone would know we are his disciples if we do this for one another.
Be strong and courageous in your faith	God has given you these things, and he intends that you use them to help others. To do this, you must first think of yourself as a good, valuable, and beloved child of God. Then you can look around and see that you are surrounded by other children of God.

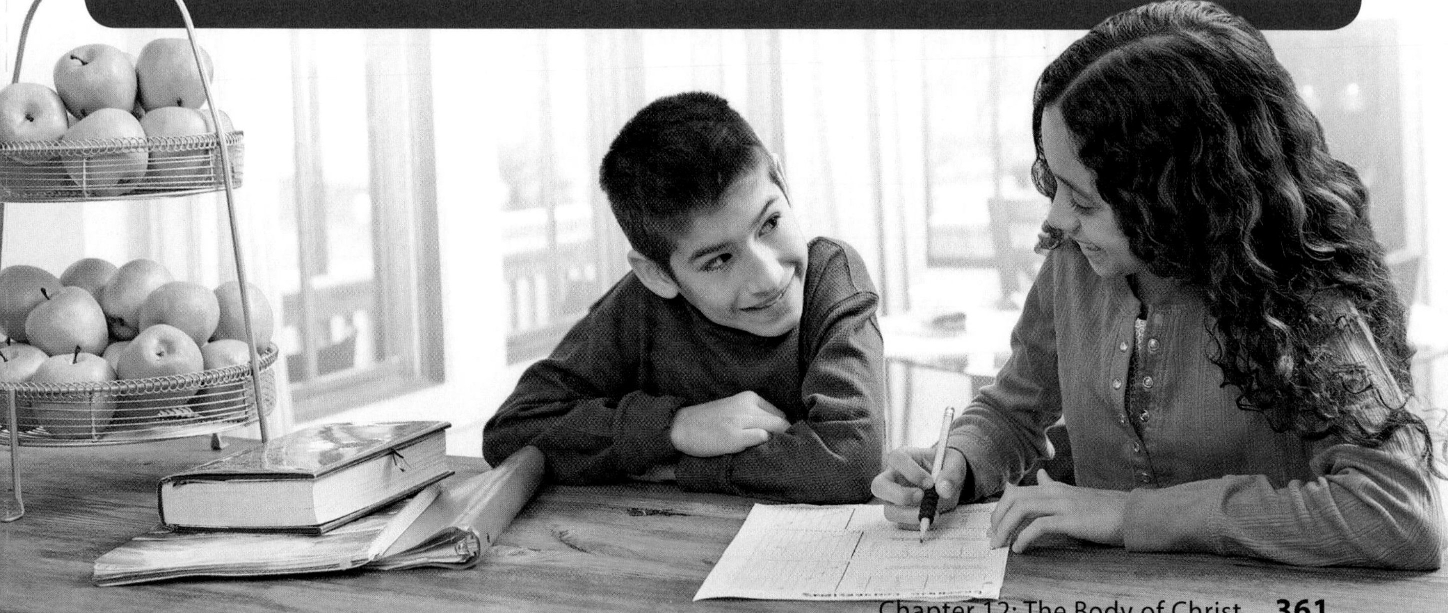

Gente de fe

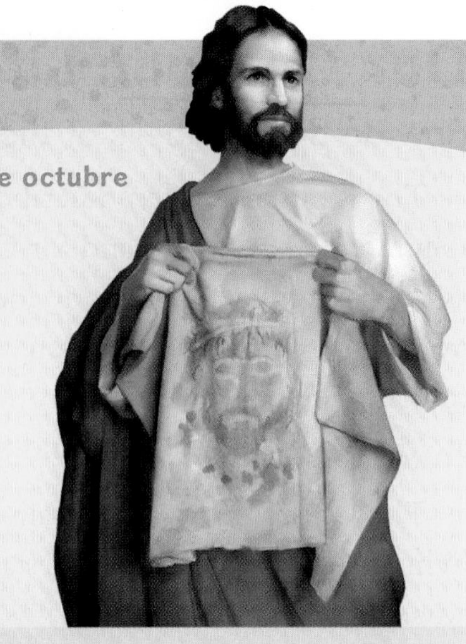

28 de octubre

San Judas Tadeo, siglo I

San Judas escribió una Epístola en la Biblia. Él se llama a sí mismo "servidor de Jesucristo y hermano de Santiago". Sabemos que su hermano era un pariente de Jesús, posiblemente un primo, así que también San Judas Tadeo era uno de los primos de Jesús. En su carta, nos dice que tengamos cuidado de los que mienten y que la Iglesia es una comunidad de personas. El quiere que cumplamos los deseos de Jesús, así como haría un servidor por su amo.

Comenta: ¿Cómo cumples los deseos de Jesús?

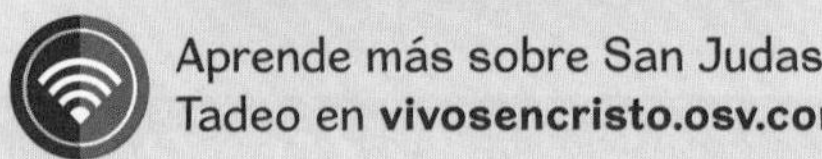

Aprende más sobre San Judas Tadeo en **vivosencristo.osv.com**

Vive tu fe

Considera Romanos 12, 9-21 te dice cómo puedes actuar hacia los demás y edificar la Iglesia como hizo Jesús. Ordena las letras de las palabras para completar las descripciones del amor.

1. Que el amor sea **S O R E N I C** ________________.
2. **B A C R Z E N O R A** ________________ el mal.
3. Procuren todo lo **O B E U N** ________________.
4. Que entre ustedes el amor **N R E T A R O F** ____________ sea verdadero cariño.
5. Y que haya **O R T E P S E** ________________ mutuo.
6. Compartan con los hermanos **I S E N E O C D A S T** ____________.
7. Sepan **E O C R A G** ________________ a los que están de paso.
8. **E R L A G E S N É** ________________ con los que están **G E R A S L E** ________________.
9. **E L R O L N** ________________ con los que **N A L O R L** ________________.
10. No busquen **S G N A R E Z D A** ________________.

Responde ¿Qué actitudes o qué acciones te parecen más difíciles que otras? Elige una en la cual centrarte esta semana.

People of Faith

October 28

Saint Jude, First Century

Saint Jude wrote one Epistle in the Bible. He calls himself a "slave of Jesus Christ and a brother of James." We know that his brother was a relative of Jesus, maybe a cousin, so Saint Jude was one of Jesus' cousins, too. In his letter, he tells us to be careful of people who lie. He also reminds us that the Church is a community of people. But most of all, he wants us to do whatever Jesus wants, just like a slave would do for a master.

Discuss: How do you do what Jesus would want?

Learn more about Saint Jude at **aliveinchrist.osv.com**

Live Your Faith

Consider Romans 12:9–21 tells you how you can act as Jesus did toward others and build up the Church. Unscramble the words to complete descriptions of love.

1. Let love be **S E R E N I C** ________________.
2. **T H E A** ________________ what is evil.
3. Hold on to what is **O D G O** ________________.
4. Love one another with **L A U T M U** ________________ affection.
5. Show **R H O O N** ________________ to one another.
6. Contribute to the **D S E N E** ________________ of others.
7. Exercise **T Y I S O H T A L I P** ________________.
8. **J R E E C I O** ________________ with those who **E J C I E R O** ________________.
9. **E P W E** ________________ with those who **P W E E** ________________.
10. Do not be **T G H A H U Y** ________________

Respond Which attitudes or actions do you find harder than others? Choose one to focus on this week.

Oremos

Promesas bautismales

Reúnanse y empiecen con la Señal de la Cruz.

Líder: Juntos como una comunidad, estamos llamados a una fe.

Lector: Lectura de la Carta a los Efesios.

Lean Efesios 4, 1-6.

Palabra de Dios.

Todos: Te alabamos, Señor.

Líder: Renovemos la fe de nuestro Bautismo.
¿Crees en Dios Padre?

Todos: Sí, creo.

Líder: ¿Crees en Jesucristo, su único Hijo?

Todos: Sí, creo.

Líder: ¿Crees en el Espíritu Santo, Señor y dador de vida?

Todos: Sí, creo.

Líder: Oremos.

Inclinen la cabeza
mientras el líder ora.

Todos: Amén.

Canten "Creo, Señor"

Let Us Pray

Baptismal Promises

Gather and begin with the Sign of the Cross.

Leader: Joined together as one community, we are called to one faith.

Reader: A reading from the Letter to the Ephesians.

Read Ephesians 4:1–6.

The word of the Lord.

All: Thanks be to God.

Leader: Let us renew the faith of our Baptism.
Do you believe in God the Father?

All: I do.

Leader: Do you believe in Jesus Christ, his only Son?

All: I do.

Leader: Do you believe in the Holy Spirit, the Lord and giver of life?

All: I do.

Leader: Let us pray.

Bow your heads
as the leader prays.

All: Amen.

Sing "Yes, Lord,
I Believe/Sí Señor Yo Creo"

FAMILIA + FE
VIVIR Y APRENDER JUNTOS

SUS HIJOS APRENDIERON >>>

Este capítulo identifica y explica los Atributos de la Iglesia y reflexiona sobre pasajes de las Epístolas acerca de la comunidad cristiana primitiva.

La Sagrada Escritura

 Lean **Hechos de los Apóstoles 2, 42–44** para aprender sobre la comunidad cristiana primitiva.

Lo que creemos

- La Iglesia es una, santa, católica y apostólica.
- La Iglesia es una comunidad de personas, unidas en la fe, que obran juntas para compartir el Evangelio y acercarse más a Dios.

Para aprender más, vayan al *Catecismo de la Iglesia Católica* 811–813, 830–831 en **usccb.org**.

Gente de fe

Esta semana, su hijo aprendió acerca de San Judas Tadeo, quien fue seguidor de Jesús y uno de sus primos.

LOS NIÑOS DE ESTA EDAD >>>

Cómo comprenden la comunidad de la Iglesia A esta edad, su hijo es más capaz de participar en la comunidad parroquial extendida. Puedes participar en la liturgia (en el coro, como monaguillo, dando la bienvenida, etc.) o ayudar en un proyecto de servicio. Los niños de esta edad aún tienden a asociar la comunidad con su grupo de compañeros. Por lo tanto, es importante que su hijo fomente amistades en la parroquia por medio de actividades escolares o, en parroquias más pequeñas que no tienen grupos de jóvenes de escuela intermedia, con actividades organizadas entre las familias.

CONSIDEREMOS ESTO >>>

¿En quién confían para recibir apoyo y ánimo en sus tiempos difíciles?

Cuando nos hallamos en dificultades, con frecuencia anhelamos que alguien nos dé la respuesta, que nos diga lo que es correcto o lo que necesitamos para sobrevivir. Como católicos, buscamos a la Iglesia para que nos enseñe cuál es el plan de Dios. "La Iglesia está construida sobre los cimientos de los Apóstoles, quienes fueron elegidos por Cristo mismo, y a cuya cabeza puso a Pedro. Toda la comunidad de cristianos recibió la proclamación del Evangelio de los Apóstoles, y es por esto que la Iglesia en su totalidad es llamada "apóstolica" (*CCEUA, p. 143*).

HABLEMOS >>>

- Pídan a su hijo que les diga dos cosas acerca de las cartas del Nuevo Testamento.
- Comenten qué consejo sería más beneficioso para su familia en este momento.

OREMOS >>>

 Querido Dios, danos tu gracia para que podamos servirte fielmente como San Judas Tadeo. Amén.

 Visiten **vivosencristo.osv.com** para encontrar un glosario multimedia de Palabras católicas, lecturas dominicales, y recursos de Santos y tiempos festivos.

FAMILY+FAITH

LIVING AND LEARNING TOGETHER

YOUR CHILD LEARNED >>>

This chapter identifies and explains the Marks of the Church and reflects on passages from the Epistles about the early Christian community.

Scripture

Read **Acts of the Apostles 2:42–44** to find out about the early Church community.

Catholics Believe

- The Church is one, holy, catholic, and apostolic.
- The Church is a community of people, united in faith, working together to share the Gospel and become closer to God.

To learn more, go to the *Catechism of the Catholic Church* #811–813, 830–831 at **usccb.org**.

People of Faith

This week, your child learned about Saint Jude, who was both Jesus' follower and one of his cousins.

CHILDREN AT THIS AGE >>>

How They Understand the Church Community At this age, your child is more able to participate in the larger parish community. He or she can assist in the liturgy (as a choir member, altar server, greeter, etc.) or help with a service project. Still, children this age are most likely to associate the community with their group of peers. Therefore, it is important that your child foster friendships in the parish through middle school activities or, in smaller parishes with no middle school youth group, through arranged activities between families.

CONSIDER THIS >>>

Whom do you rely on to support and encourage you in challenging times?

When we find ourselves struggling we often long for someone to give us an answer, someone who can tell us what is right or what we need to survive. As Catholics, we look to the Church to teach us what God intends. "The Church is built upon the foundation of the Apostles, who were chosen by Christ himself, and at whose head he placed Peter. The entire community of Christians received the Apostles' proclamation of the Gospel, and so the Church in her entirety is called 'apostolic'" *(USCCA, p. 132)*.

LET'S TALK >>>

- Ask your child to tell you two things about the New Testament letters.
- Discuss what advice your family can benefit from most right now.

LET'S PRAY >>>

Dear God, give us your grace so that we can serve you faithfully like Saint Jude. Amen.

For a multimedia glossary of Catholic Faith Words, Sunday readings, seasonal and Saint resources, and chapter activities go to **aliveinchrist.osv.com**.

Capítulo 12 Repaso

A **Trabaja con palabras** **Completa cada oración con el término correcto del Vocabulario. No se usarán todos los términos.**

Vocabulario

apostólica	cartas	fe	comunidades
creencias	Cristo	santa	amor
universal	Espíritu	salvación	locales

1. Los cuatro Atributos de la Iglesia indican que es una, santa, católica y ____________________.
2. Pablo enseñó que los fieles son como las numerosas partes de un cuerpo, con ________________ como la cabeza.
3. La palabra *católico* significa ________________.
4. Las ____________________ del Nuevo Testamento se escribieron para decirles a las comunidades cristianas cómo debían seguir a Jesús.
5. Un credo es un enunciado de las ____________________.
6. Amémonos unos a otros, porque el "____________ viene de Dios".
7. La presencia del Espíritu Santo y el amor de Cristo hacen ______________ a la Iglesia.
8. A través de Cristo, la Iglesia proclama la plenitud de la _______.
9. "¿No saben que son templo de Dios y que el ____________________ de Dios habita en ustedes?"
10. Los Apóstoles y muchos discípulos difundieron la Palabra de Jesús y formaron muchas ____________________ Jesús.

Chapter 12 Review

Work with Words **Complete each sentence with the correct term from the Word Bank. Not all terms will be used.**

Word Bank			
apostolic	letters	faith	communities
belief	Christ	holy	love
universal	Spirit	salvation	local

1. The four Marks of the Church indicate that it is one, holy, catholic, and ____________________.
2. Paul taught that the faithful are like many parts of one body, with ____________________ as the head.
3. The word *catholic* means ____________________.
4. New Testament ____________________ were written to tell Christian communities how to follow Jesus.
5. A creed is a statement of ____________________.
6. Let us love one another, because "____________________ is of God."
7. The presence of the Holy Spirit and the love of Christ make the Church ____________________.
8. Through Christ, the Church proclaims the fullness of ____________________.
9. "Do you not know that you are the temple of God, and that the ____________________ of God dwells in you?"
10. The Apostles and many disciples spread the Word of Jesus and started new Christian ____________________.

UNIDAD 4

Repaso de la Unidad

A **Trabaja con palabras** **Rellena el círculo de la opción que mejor completa la oración.**

1. Una carta del Nuevo Testamento que haya escrito Pablo u otro Apóstol se llama ______.
   - ○ **epístola**
   - ○ **salmo**
   - ○ **Evangelio**

2. Los cuatro Atributos de la Iglesia son una, ______, católica y apostólica.
   - ○ **amorosa**
   - ○ **santa**
   - ○ **justa**

3. El ______ es el séptimo día de la semana en el calendario judío.
   - ○ **domingo**
   - ○ **Sabbat**
   - ○ **Purim**

4. Un enunciado formal de aquello en lo que se cree se llama ______.
   - ○ **testimonio**
   - ○ **testigo**
   - ○ **credo**

5. El sucesor de Pedro y la cabeza visible de la Iglesia es el ______.
   - ○ **Papa**
   - ○ **discípulo**
   - ○ **sacerdote**

6. El Evangelio que empieza con la creación del mundo es ______.
   - ○ **el Evangelio según Marcos**
   - ○ **el Evangelio según Lucas**
   - ○ **el Evangelio según Juan**

7. El Nuevo Testamento trata sobre la historia de Jesús, de sus seguidores y de ______.
   - ○ **los últimos días**
   - ○ **la Iglesia primitiva**
   - ○ **la ciencia**

8. Una imagen que no se usa para describir a la Iglesia es la de ______.
   - ○ **un carro romano**
   - ○ **el Cuerpo de Cristo**
   - ○ **un Sacramento**

9. Pablo iba por el camino a ______ cuando se encontró con el Cristo Resucitado.
   - ○ **Jerusalén**
   - ○ **Damasco**
   - ○ **Nazaret**

10. La frase "la fe que no produce obras está muerta" se encuentra en ______.
    - ○ **La Primera Carta de Juan**
    - ○ **La Primera Carta de Pedro**
    - ○ **La Carta de Santiago**

Unit Review

A Work with Words **Fill in the circle of the choice that best completes the sentence.**

1. A letter in the New Testament written by Paul or another Apostle is called ______.
   - ◯ an Epistle
   - ◯ a psalm
   - ◯ a Gospel

2. The four Marks of the Church are one, ______, catholic, and apostolic.
   - ◯ loving
   - ◯ holy
   - ◯ righteous

3. ______ is the seventh day of the week in the Jewish calendar.
   - ◯ Sunday
   - ◯ The Sabbath
   - ◯ Purim

4. A formal statement of what is believed is called a ______.
   - ◯ testimony
   - ◯ witness
   - ◯ creed

5. Peter's successor and visible head of the Church is the ______.
   - ◯ Pope
   - ◯ disciple
   - ◯ priest

6. The Gospel that begins with the creation of the world is ______.
   - ◯ the Gospel according to Mark
   - ◯ the Gospel according to Luke
   - ◯ the Gospel according to John

7. The New Testament is about the story of Jesus, his followers, and ______.
   - ◯ the last days
   - ◯ the early Church
   - ◯ science

8. The one image that is not used to describe the Church is ______.
   - ◯ a chariot
   - ◯ the Body of Christ
   - ◯ a Sacrament

9. Paul was on the road to ______ when he met the Risen Christ.
   - ◯ Jerusalem
   - ◯ Damascus
   - ◯ Nazareth

10. The phrase "faith without works is dead" is found in ______.
    - ◯ The First Letter of John
    - ◯ The First Letter of Peter
    - ◯ The Letter of James

Repaso de la Unidad

B **Confirma lo que aprendiste** **Une cada descripción de la Columna A con el término correcto de la Columna B.**

Columna A	Columna B
11. Profeta cuyas palabras Jesús leyó en la sinagoga de Nazaret	Matías
12. Parte de la Biblia que contiene los Evangelios	universal
13. Apóstol que reemplazó a Judas	Isaías
14. Día en que el Espíritu Santo vino a los Apóstoles	Pentecostés
15. Significado de la palabra católica	Nuevo Testamento

C **Relaciona** **Escribe una respuesta a cada pregunta o enunciado.**

16. ¿Qué dones te ha dado Dios que puedes usar para ayudar a los demás?

____

____

____

____

____

____

17. ¿Qué puedes hacer para ser un testigo fiel de Jesús y cumplir con la misión de la Iglesia?

____

____

____

____

____

____

B **Check Understanding** **Match each description in Column A with the correct term in Column B.**

Column A	Column B
11. Prophet whose words Jesus read in the synagogue at Nazareth	Matthias
12. Part of the Bible that includes the Gospels	universal
13. Apostle who replaced Judas	Isaiah
14. Day the Holy Spirit came to the Apostles	Pentecost
15. Meaning of the word catholic	New Testament

C **Make Connections** **Write a response to each question or statement.**

16. What gifts has God given you that you can use to help others?

____

____

____

____

____

____

17. What can you do to be a faithful witness for Jesus and fulfill the Church's mission?

____

____

____

____

____

____

Repaso de la Unidad

18. ¿Qué te parece que significa la frase de la Sagrada Escritura "el amor nunca pasará"?

19. ¿Qué ilustración o qué imagen usarías para describir la Iglesia? ¿Por qué?

20. Describe con tus palabras uno de los Atributos de la Iglesia.

18. What do you think the Scripture phrase "love never fails" means?

19. What picture or image would you use to describe the Church? Why?

20. Describe one of the four Marks of the Church in your own words.

UNIDAD 5

Moralidad

Nuestra Tradición Católica

- La moralidad católica se arraiga en el Gran Mandamiento, el Mandamiento Nuevo de Jesús y las Bienaventuranzas. (CIC, 1984, 2055)
- Nuestra conciencia nos ayuda a saber lo que está bien y lo que está mal y cuándo hemos pecado o sido injustos. (CIC, 1778)
- En el Sacramento de la Penitencia y de la Reconciliación, el perdón de Dios se da a través de la Iglesia a aquellos que tienen sincero arrepentimiento y confiesan sus pecados. (CIC, 1422)

¿Cómo los Diez Mandamientos y los Preceptos de la Iglesia te ayudan a vivir una vida moral?

UNIT 5

Morality

Our Catholic Tradition

- Catholic morality is rooted in the Great Commandment, Jesus' New Commandment, and the Beatitudes. (CCC, 1984, 2055)
- Our conscience helps us to know what is right and wrong, and to know when we have sinned or been unjust. (CCC, 1778)
- In the Sacrament of Penance and Reconciliation God's forgiveness is given through the Church to those who have sincere sorrow and confess their sins. (CCC, 1422)

How do the Ten Commandments and the Precepts of the Church help you to live a moral life?

El Gran Mandamiento

Oremos

Líder: Dios amoroso, ayúdame a amarte y seguir tu ley.

"La ley del Señor es perfecta,
es remedio para el alma...
Las ordenanzas del Señor son rectas
y para el corazón son alegría." **Salmo 19, 8a. 9a**

Todos: Dios amoroso, ayúdame a amarte y seguir tu ley.

La Sagrada Escritura

Un escriba le preguntó a Jesús: "¿Qué mandamiento es el primero de todos?". Jesús le contestó: "El primer mandamiento es: 'Escucha, Israel: El Señor nuestro Dios es un único Señor. *Amarás al Señor tu Dios con todo tu corazón, con toda tu alma, con toda tu inteligencia y con todas tus fuerzas.* Y después viene este otro: Amarás a tu prójimo como a ti mismo. No hay ningún mandamiento más importante que estos." **Marcos 12, 28-31**

¿Qué piensas?

- ¿Cómo se ve cuando alguien ama a Dios con todo su corazón, su mente y sus fuerzas?
- ¿Por qué a veces es tan difícil amar al prójimo?

The Great Commandment

Let Us Pray

Leader: Loving God, help me to cherish and follow your law.

"The law of the LORD is perfect,
refreshing the soul.
The precepts of the LORD are right,
rejoicing the heart." Psalm 19:8a, 9a

All: Loving God, help me to cherish and follow your law.

Scripture

[A scribe asked Jesus], "Which is the first of all the commandments?" Jesus replied, "The first is this: 'Hear, O Israel! The Lord our God is Lord alone! You shall love the Lord your God with all your heart, with all your soul, with all your mind, and with all your strength.' The second is this: 'You shall love your neighbor as yourself.' There is no other commandment greater than these." Mark 12:28–31

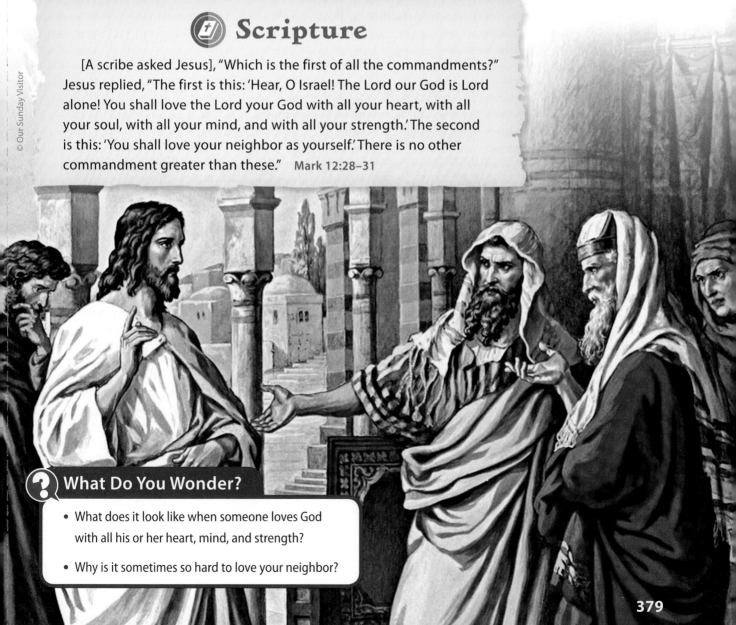

What Do You Wonder?

- What does it look like when someone loves God with all his or her heart, mind, and strength?
- Why is it sometimes so hard to love your neighbor?

Efesios 2, 19-22 nos dice que somos "ciudadanos... de la casa de Dios... en [Jesús] se ajustan los diversos elementos, y la construcción se eleva hasta formar un templo santo en el Señor."

Antigua Ley y Nueva Ley

¿Qué es la Nueva Ley?

Los cristianos comprenden que la Ley del Antiguo Testamento es el primer paso y una preparación para la Nueva Ley que será revelada por medio de Jesús. La Antigua Ley se resume en los Diez Mandamientos. Es necesario seguir estos Mandamientos porque son la Palabra de Dios y perdurarán por siempre.

Los grandes profetas de Israel, como Isaías y Jeremías, trataron de hacer retornar al pueblo a la sabiduría de la Ley de Dios y recordarles la alianza de amor de Dios con ellos. Dios reveló por medio de los profetas que vendría un nuevo día en el que se cumpliría la Ley. Así es como habló Dios a través del profeta Jeremías.

La Sagrada Escritura

La Alianza

"Esta es la alianza que yo pactaré con Israel en los días que están por llegar, dice Yavé: pondré mi Ley en su interior, la escribiré en sus corazones, y yo seré su Dios y ellos serán mi pueblo. Ya no tendrán que enseñarle a su compañero, o a su hermano, diciéndoles: 'Conozcan a Yavé.' Pues me conocerán todos, del más grande al más chico, dice Yavé; yo entonces habré perdonado su culpa, y no me acordaré más de su pecado." Jeremías 31, 33-34

Subraya la ley que Dios ha escrito en nuestro corazón.

Jeremías

Ephesians 2:19–22 tells us that we are "citizens... in the household of God... through [Jesus] the structure is held together; In him you are built into a dwelling place of God in the Spirit."

Old Law and New Law

What is the New Law?

Christians understand the Law of the Old Testament as the first step and a preparation for the New Law to be revealed by Jesus. The Old Law is summed up in the Ten Commandments. These Commandments are necessary to follow because they are the Word of God, and they will endure forever.

The great prophets of Israel, such as Isaiah and Jeremiah, tried to call the people back to the wisdom of God's Law and remind them of God's covenant of love with them. God revealed through the prophets that a new day would come when the Law would be fulfilled. This is how God spoke through the prophet Jeremiah.

Scripture

The Covenant

"But this is the covenant I will make with the house of Israel after those days—[says] the LORD. I will place my law within them, and write it upon their hearts; I will be their God, and they shall be my people. They will no longer teach their friends and relatives, 'Know the LORD!' Everyone, from least to greatest, shall know me—[says] the LORD—for I will forgive their iniquity and no longer remember their sin."
Jeremiah 31:33–34

Underline the law God has written in our hearts.

Jeremiah

La Ley realizada

El pueblo de Israel siguió la Ley de Moisés, que contenía los Diez Mandamientos y otras reglas. Cuando Jesús llegó, interpretó la Ley de una manera nueva.

Palabras católicas

Transfiguración la revelación de Jesús en la gloria a los Apóstoles Pedro, Santiago y Juan

La Sagrada Escritura

La Transfiguración de Jesús

Un día, Jesús invitó a Pedro, a Santiago y a Juan a orar con él en un monte alto. Mientras oraba, Jesús de pronto se volvió brillante como el sol. Moisés y Elías se aparecieron y le hablaron. Una voz desde el Cielo dijo: "¡Este es mi Hijo, el Amado; éste es mi Elegido, escúchenlo!". Los discípulos se asustaron, pero Jesús los calmó. Basado en Mateo 17, 1-8

Este suceso se conoce como la **Transfiguración**, en la que Jesús se reveló en la gloria de los apóstoles Pedro, Santiago y Juan como el cumplimiento de la Ley, representada por Moisés, y de los profetas, representados por Elías. Dios también demostró que le había dado autoridad a su Hijo, y que las palabras de Jesús son la verdad por siempre.

➜ **¿Cómo hubieras reaccionado si hubieras estado allí ese día?**

Comparte tu fe

Reflexiona La Ley enseñó al pueblo judío cómo debía vivir en relación correcta con Dios. Los cristianos creen que Jesús es el ejemplo perfecto de esto. ¿Cómo vives ahora en una relación correcta con Dios? ¿Qué podrías hacer de manera diferente?

____

____

____

Comparte Comenta con un compañero momentos que sean difíciles de vivir según la Ley.

The Law Fulfilled

The people of Israel followed the Law of Moses, which included the Ten Commandments and other regulations. When Jesus came, he interpreted the Law in a new way.

Catholic Faith Words

Transfiguration the revelation of Jesus in glory to the Apostles Peter, James, and John

Scripture

The Transfiguration of Jesus

One day, Jesus invited Peter, James, and John to pray with him on a high mountain. While Jesus prayed, he suddenly became radiant with light. Moses and Elijah appeared and spoke with him. A voice from heaven said, "This is my beloved Son, with whom I am well pleased; listen to him." The disciples were frightened, but Jesus reassured them. **Based on Matthew 17:1–8**

This event is known as the **Transfiguration**, in which Jesus was revealed in glory to the Apostles Peter, James, and John as the fulfillment of the Law, represented by Moses, and of the prophets, represented by Elijah. God also showed that he had given his Son authority and that Jesus' words are true forever.

➔ **How would you have reacted if you had been there that day?**

Share Your Faith

Reflect The Law taught the Jewish people how to live in right relationship with God. Christians believe that Jesus is the perfect example of this. How are you living in right relationship with God right now? What could you be doing differently?

____

____

____

Share Discuss with a partner some times when it is difficult to live by the Law.

Jesús nos enseña

¿Cómo te llama Jesús a vivir?

Palabras católicas

moralidad vivir en una correcta relación con Dios, contigo mismo y con los demás. Es poner en práctica tus creencias.

Bienaventuranzas enseñanzas de Jesús que muestran el camino a la felicidad verdadera y explican cómo vivir en el Reino de Dios ahora y siempre

caridad la Virtud Teologal de amor. Nos lleva a amar a Dios por sobre todas las cosas y a nuestro prójimo como a nosotros mismos, por el amor de Dios.

Preceptos de la Iglesia algunos de los requisitos mínimos dados por los líderes de la Iglesia para profundizar nuestra relación con Dios y con la Iglesia

Subraya las bases de las enseñanzas de Jesús.

Una vez los fariseos preguntaron a Jesús qué Mandamiento era el más grande. Jesús les dio una respuesta sencilla. Su respuesta combina dos enseñanzas que están en la Antigua Ley.

La Sagrada Escritura

El Gran Mandamiento

"Amarás al Señor tu Dios con todo tu corazón, con toda tu alma y con toda tu mente. Este es el gran mandamiento, el primero. Pero hay otro muy parecido: Amarás a tu prójimo como a ti mismo. Toda la Ley y los Profetas se fundamentan en estos dos mandamientos". **Mateo 22, 37-40**

Este se conoce como el Gran Mandamiento. Jesús dijo a sus seguidores que él no venía a cambiar la Ley de Moisés, sino a cumplirla. Sus palabras y la autoridad con la que hablaba provocaban mucho interés. La **moralidad** católica, que nos enseña a vivir en una relación correcta con Dios, con nosotros mismos y los demás, se remonta al Gran Mandamiento, a su Sermón de la montaña y a su Mandamiento Nuevo para amar como él ama.

Las enseñanzas de Jesús acerca de vivir en y para el Reino de Dios se denominan Bienaventuranzas. Las **Bienaventuranzas** son más que leyes, son un llamado a una forma santa de vida, una señal del Reino de Dios y una fuente de esperanza. (Ver Mateo 5, 3-12.)

Libertad para amar

Así como generalmente sucede hoy, muchas personas en la época de Jesús comparaban la felicidad con tener una vida sin problemas, con seguridad y riqueza. Jesús te llama a una forma de felicidad más grande que cualquier otra que te pueden brindar las cosas materiales. Para ayudarte a seguir este camino, el Espíritu Santo te concede un corazón voluntarioso, autodisciplina, fortaleza para orar y la valentía de mantener tus ojos enfocados en Dios.

Jesus Teaches

How does Jesus call you to live?

The Pharisees once asked Jesus which Commandment was the greatest. Jesus responded with a simple answer. His reply combines two teachings found in the Old Law.

Scripture

The Greatest Commandment

"You shall love the Lord, your God, with all your heart, with all your soul, and with all your mind. This is the greatest and the first commandment. The second is like it: You shall love your neighbor as yourself. The whole law and the prophets depend on these two commandments." Matthew 22:37–40

This is known as the Great Commandment. Jesus told his followers that he did not come to change the Law of Moses, but to fulfill it. His words and the authority with which he spoke stirred up a great deal of interest. Catholic **morality**, which teaches us to live in a right relationship with God, ourselves, and others, is rooted in the Great Commandment, his Sermon on the Mount, and his New Commandment to love as he loves.

Jesus' teachings about living in and for God's Kingdom are called the **Beatitudes**. The Beatitudes are more than laws; they are a call to a holy way of life, a sign of God's Kingdom, and a source of hope. (See Matthew 5:3–12.)

Freedom to Love

As often happens today, many people in Jesus' day equated happiness with trouble-free lives, security, and wealth. Jesus calls you to a form of happiness that is greater than any happiness that material things can give. To help you follow this path, the Holy Spirit empowers you with a willing heart, self-discipline, strength to pray, and the courage to keep your eyes focused on God.

Catholic Faith Words

morality living in right relationship with God, yourself, and others. It is putting your beliefs into action.

Beatitudes teachings of Jesus that show the way to true happiness and tell the way to live in God's Kingdom now and always

charity the Theological Virtue of love. It directs us to love God above all things and our neighbor as ourselves, for the love of God.

Precepts of the Church some of the minimum requirements given by Church leaders for deepening your relationship with God and the Church

Underline the foundation of Jesus' teachings.

Jesús trae una ley de libertad. Te libera para amar a Dios y a los demás, para vivir el Gran Mandamiento. La virtud de la **caridad** es un don del Espíritu Santo, que te dispone a vivir con amor hacia todos. La caridad te permite mostrar el amor de Dios a quienes más lo necesitan: los niños, los pobres y los necesitados, y hasta tus enemigos. La caridad es el único modo de vida de un cristiano.

Los preceptos de la Iglesia

La Iglesia te ofrece una guía para vivir una vida moral. Los **Preceptos de la Iglesia**, por ejemplo, describen obligaciones importantes de los católicos. Los Preceptos están arraigados en el amor de Cristo. Pueden ayudarte a crecer en tu amor por Dios y el prójimo. Los Preceptos están listados en la página 634 de la sección Nuestra Tradición Católica de tu libro.

Con la práctica de vivir las Bienaventuranzas y fortalecerte a través del don de la caridad del Espíritu Santo, vivirás los Preceptos por amor más que por un sentido del deber.

Practica tu fe

Cuenta acerca de una persona parecida a Cristo Piensa en una persona que sea buen ejemplo de vida de un verdadero cristiano. Haz un mapa de palabras que mencione las cualidades de esta persona que sean como las de Cristo.

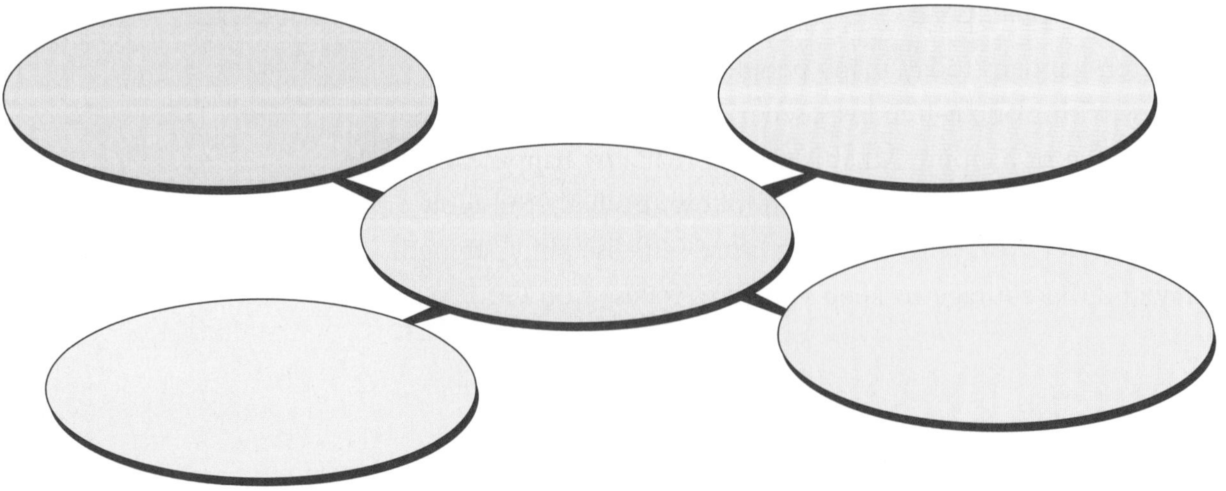

Jesus brings a law of freedom. It sets you free to love God and others—to live the Great Commandment. The virtue of **charity** is a gift of the Holy Spirit, prompting you to live with love toward all. Charity allows you to show God's love to those who need it most—children, those who are poor and in need, and even your enemies. Charity is the only way of life for a Christian.

The Church's Precepts

The Church offers you guidance for living a moral life. The **Precepts of the Church**, for example, describe some important duties of Catholics. The Precepts are rooted in the love of Christ. They can help you grow in your love of God and neighbor. The Precepts are listed on page 635 in the Our Catholic Tradition section of your book.

As you practice living the Beatitudes and strengthening yourself through the Spirit's gift of charity, you will live the Precepts out of love, rather than from a sense of duty.

Connect Your Faith

Tell About a Christ-like Person Think of a person who is a good example of the life of a true Christian. Create a word map telling all the Christ-like qualities of this person.

Nuestra vida católica

¿Qué significa guardar el Gran Mandamiento?

Jesús quiere que ames a Dios en primer lugar y que luego ames a tu prójimo como a ti mismo. Dijo que la Ley y los profetas descansan en estos dos Mandamientos.

A continuación encontrarás algunas maneras de guardar el Gran Mandamiento.

Agrega tus propias ideas a las listas.

Amas a Dios al...

- ser fiel a las leyes de Dios.
- participar en la Misa.
- orar a menudo.
- cuidar de la creación.
- amar al prójimo como a ti mismo.
- ____________________

Amas al prójimo al...

- respetar y cuidar a los miembros de tu familia.
- ser buen amigo de tus amigos.
- amar a tus enemigos y orar por ellos.
- mostrar compasión o preocupación por los problemas de los demás.
- ser amable, paciente, gentil y humilde.
- actuar con justicia.
- perdonar a quienes te lastiman.
- ____________________

Te amas a ti mismo al...

- cuidar tu cuerpo.
- educar tu mente.
- practicar la virtud de caridad.
- mantener tu corazón y tu espíritu libre para amar.
- evitar el tabaco y las drogas ilegales.
- ____________________

Our Catholic Life

What does it mean to keep the Great Commandment?

Jesus wants you to love God first and then to love your neighbor as you love yourself. He said that the Law and the prophets rest on these two Commandments.

Here are some ways to keep the Great Commandment.

Add your own ideas to the lists.

You can love God by ...

- being faithful to God's laws.
- participating at Mass.
- praying often.
- caring for creation.
- loving your neighbor as you love yourself.
- ___________________________

You can love yourself by ...

- taking care of your body.
- educating your mind.
- practicing the virtue of chastity.
- keeping your heart and spirit free to love.
- avoiding tobacco products and illegal drugs.
- ___________________________

You can love your neighbor by ...

- respecting and caring for members of your family.
- being a good friend to others.
- loving your enemies and praying for them.
- showing compassion or concern for others' troubles.
- being kind, patient, gentle, and humble.
- acting justly.
- forgiving when you are hurt.
- ___________________________

Gente de fe

Beato Pier Giorgio Frassati, 1901-1925

El Beato Pier Giorgio Frassati fue un joven italiano que amaba la vida al aire libre, a sus amigos y divertirse. Pero también se comprometió profundamente con las obras de caridad. Daba el dinero de su pasaje en tren a los pobres y, después, corría a casa para llegar a tiempo para la cena. Incluso llegó a darle su abrigo a los mendigos. Vivió toda su vida siguiendo el Gran Mandamiento. A los veinticuatro años, contrajo polio y murió. En su funeral, fueron a orar cientos de personas a las que había ayudado. El Papa San Juan Pablo II lo llamó "el hombre de las Bienaventuranzas".

Comenta: ¿Qué Bienaventuranza te resulta la más fácil de vivir?

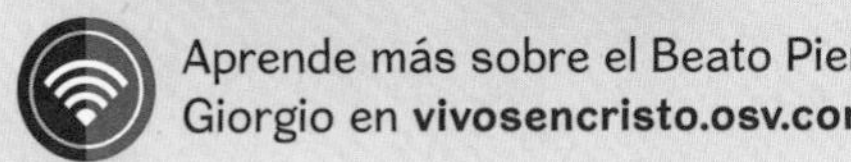

Aprende más sobre el Beato Pier Giorgio en **vivosencristo.osv.com**

Vive tu fe

Cuenta lo que significa la moralidad católica cuando se trata de tu relación:

con Dios

____

____

____

____

contigo mismo

____

____

____

____

con los demás

____

____

____

____

People of Faith

July 4

Blessed Pier Giorgio Frassati, 1901–1925

Blessed Pier Giorgio Frassati was a young Italian who loved the outdoors, his friends, and having fun. But he also was deeply involved in works of charity. He would give his train money to the poor and then have to run home in time for dinner. Sometimes he even gave his coat to beggars. He lived his whole life following the Great Commandment. When he was only twenty-four, he contracted polio and died. At his funeral, hundreds of people he had helped came to pray. Pope Saint John Paul II called him "a man of the Beatitudes."

Discuss: What Beatitude do you find the easiest to live?

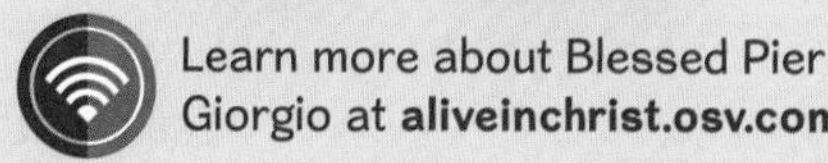

Learn more about Blessed Pier Giorgio at **aliveinchrist.osv.com**

Live Your Faith

Tell what Catholic morality means when it comes to your relationship with:

God

____

____

____

____

Yourself

____

____

____

____

Others

____

____

____

____

Oremos

Lectio Divina

Esta antigua oración de la Iglesia es una lenta oración de la Sagrada Escritura, en la que prestamos atención a lo que el Espíritu Santo quiere que oigamos.

Reúnanse y comiencen con la Señal de la Cruz.

Líder: Ven, Espíritu Santo. Abre nuestros oídos;

Todos: abre nuestras mentes; abre nuestros corazones;
abre nuestras manos.

Basado en Marcos 8, 22-25

Lean Mateo 17, 1-8
Primera Reflexión
Lean Mateo 17, 1-8
Segunda Reflexión
Lean Mateo 17, 1-8
Tercera Reflexión

Líder: Fieles a la recomendación del Salvador
y siguiendo su divina enseñanza,
nos animamos a decir:

Todos: Padre Nuestro,
que estás en el Cielo...

Canten "Abre Mis Ojos"

Abre mis ojos,
que quiero ver como tú.
Abre mis ojos,
ayúdame a ver.

Abre mis oídos,
que quiero oír como tú.
Abre mis oídos,
ayúdame a oír.

Let Us Pray

Lectio Divina

This ancient prayer of the Church is a slow praying of the Scriptures, in which we listen for what the Holy Spirit wants us to hear.

Gather and begin with the Sign of the Cross.

Leader: Come Holy Spirit. Open our ears;

All: open our minds; open our hearts; open our hands.

Based on Mark 8:22–25

Read Matthew 17:1–8
First Reflection
Read Matthew 17:1–8
Second Reflection
Read Matthew 17:1–8
Third Reflection

Leader: At the Savior's command
and formed by divine teaching,
we dare to say:

All: Our Father,
who art in heaven ...

Sing "Open My Eyes"

Open my eyes, Lord.
Help me to see your face.
Open my eyes, Lord.
Help me to see.

FAMILIA + FE

VIVIR Y APRENDER JUNTOS

SUS HIJOS APRENDIERON >>>

Este capítulo explica el Gran Mandamiento con relación a los Diez Mandamientos y la Nueva Ley de Jesús, y explora cómo los Preceptos de la Iglesia guían a los fieles.

La Sagrada Escritura

Lean **Marcos 12, 28–31** para aprender cuál es el primero de todos los Mandamientos según Jesús.

Lo que creemos

- Jesús trae una Nueva Ley de amor y libertad enraizada en el Gran Mandamiento y los Diez Mandamientos.
- Las Bienaventuranzas y los Preceptos de la Iglesia ayudan a los fieles a vivir una vida santa y de servicio.

Para aprender más, vayan al *Catecismo de la Iglesia Católica* 1716–1729, 1970–1974, 2041–2043, 2055 en **usccb.org**.

Gente de fe

Esta semana, su hijo aprendió acerca del Beato Pier Giorgio Frassati, un joven estudiante italiano cuya vida motivó al Papa San Juan Pablo II a llamarlo "el hombre de las Bienaventuranzas".

LOS NIÑOS DE ESTA EDAD >>>

Cómo comprenden el Gran Mandamiento El Gran Mandamiento de Jesús es comprensible para su hijo, quien puede ver cómo todos los demás Mandamientos caben dentro de estas categorías más grandes. En un tiempo en que un niño de esta edad considera a veces que las reglas sofocan su independencia, el Gran Mandamiento puede ser una clave útil para animarlo a razonar críticamente y a hacer una autorreflexión sobre asuntos morales.

CONSIDEREMOS ESTO >>>

¿Qué los hace dignos de ser amados?

¿Les cuesta responder a esa pregunta? Saber por qué somos dignos de ser amados puede parecer algo vanidoso. Sin embargo, saber que somos hijos amados de Dios es el verdadero fundamento de nuestra fe. Ustedes fueron creados por el Amor, en amor. ¿Cómo pudieran ser más amados? Como católicos, sabemos que "la vida humana, como una profunda unidad de las dimensiones física y espiritual, es sagrada. Es distinta de todas las demás formas de vida, ya que ella sola está marcada con la imagen misma de su Creador" (*CCEUA, p. 328*).

HABLEMOS >>>

- Pídan a su hijo que explique el Gran Mandamiento.
- Piensen en un asunto moral que hayan compartido recientemente con su hijo. ¿Cómo puede el Gran Mandamiento ayudar a comentarlo?

OREMOS >>>

Beato Pier Giorgio, ayúdanos a vivir el Gran Mandamiento en nuestra vida, así como tú lo hiciste en la tuya. Amén.

Visiten **vivosencristo.osv.com** para encontrar un glosario multimedia de Palabras católicas, lecturas dominicales, y recursos de Santos y tiempos festivos.

FAMILY + FAITH

LIVING AND LEARNING TOGETHER

YOUR CHILD LEARNED >>>

This chapter explains the Great Commandment in relationship to the Ten Commandments and Jesus' New Law, and explores how the Precepts of the Church guide the faithful.

Scripture

 Read **Mark 12:28–31** to find out what Jesus says is the first of all Commandments.

Catholics Believe

- Jesus brings a New Law of love and freedom rooted in the Great Commandment and Ten Commandments.
- The Beatitudes and the Precepts of the Church help the faithful live holy and dutiful lives.

To learn more, go to the *Catechism of the Catholic Church* #1716–1729, 1970–1974, 2041–2043, 2055 at **usccb.org**.

People of Faith

This week, your child learned about Blessed Pier Giorgio Frassati, a young Italian student whose life prompted Pope Saint John Paul II to call him "a man of the Beatitudes."

CHILDREN AT THIS AGE >>>

How They Understand the Great Commandment

The Great Commandment of Jesus makes sense to your child, who is capable of seeing how all of the other Commandments fit into these larger categories. At a time when rules are sometimes seen by a child this age as stifling his or her independence, the Great Commandment can be a useful shorthand to encourage critical thinking and self-reflection on moral issues.

CONSIDER THIS >>>

What makes you lovable?

Do you find it hard to answer that question? Knowing why we are lovable might seem to fly in the face of humility. Yet, knowing ourselves as a beloved child of God is the very core of our faith. You were created by love, in love. How could you be more loved? As Catholics, we know that "human life, as a profound unity of physical and spiritual dimensions, is sacred. It is distinct from all other forms of life, since it alone is imprinted with the very image of its Creator" (*USCCA, p. 310*).

LET'S TALK >>>

- Ask your child to explain the Great Commandment.
- Think of a moral issue you have recently discussed with your child. How can the Great Commandment aid in the discussion?

LET'S PRAY >>>

 Blessed Pier Giorgio, help us to live the Great Commandment in our lives as you did in yours. Amen.

 For a multimedia glossary of Catholic Faith Words, Sunday readings, seasonal and Saint resources, and chapter activities go to **aliveinchrist.osv.com**.

Capítulo 13 Repaso

A **Trabaja con palabras** **Encierra Verdadero en un círculo si el enunciado es cierto y Falso si el enunciado no lo es. Corrige todos los enunciados falsos.**

1. Jesús dijo que debes amar a tus enemigos y orar por los que te odian. **Verdadero/Falso**

   ____

2. Autoridad católica tiene sus raíces en el Gran Mandamiento. **Verdadero/Falso**

   ____

3. Las Bienaventuranzas son más que leyes, son un llamado a una forma de vida y una fuente de esperanza en momentos difíciles. **Verdadero/Falso**

   ____

4. El Sermón de la montaña es la revelación de Jesús en la gloria a los Apóstoles Pedro, Santiago y Juan. **Verdadero/Falso**

   ____

5. Los Preceptos de la Iglesia son enseñanzas para hacerte crecer en el amor a Dios y al prójimo. **Verdadero/Falso**

   ____

B **Confirma lo que aprendiste** **Lee Mateo 5, 3-10. Haz una lista de cinco grupos de personas que son felices, según las Bienaventuranzas. Explica lo que significa cada Bienaventuranza que escribiste y da un ejemplo de cómo la vives hoy.**

6. ______________________________

   ____

7. ______________________________

   ____

8. ______________________________

   ____

9. ______________________________

   ____

10. ______________________________

    ____

Chapter 13 Review

A Work with Words Circle True if a statement is true, and circle False if a statement is false. Correct any false statements.

1. Jesus said to love your enemies and pray for those who hate you. **True/False**

 ____

2. Catholic authority is rooted in the Great Commandment. **True/False**

 ____

3. The Beatitudes are more than laws; they are a call to a way of life and a source of hope in difficult times. **True/False**

 ____

4. The Sermon on the Mount is the revelation of Jesus in glory to the Apostles Peter, James, and John. **True/False**

 ____

5. The Precepts of the Church are teachings meant to help you grow in the love of God and neighbor. **True/False**

 ____

B Check Understanding Read Matthew 5:3–10. List five of the groups of people who are blessed, according to the Beatitudes. Explain what each Beatitude you've listed means, and give an example of how you can live it today.

6. ______________________________

7. ______________________________

8. ______________________________

9. ______________________________

10. ______________________________

Justicia y paz

Oremos

Líder: Señor Dios, ayúdanos a trabajar por la justicia para que todas las personas puedan vivir en paz.

"El Señor obra en justicia y a los oprimidos
les da lo que es debido". **Salmo 103, 6**

Todos: Señor Dios, ayúdanos a trabajar por la justicia para que todas las personas puedan vivir en paz. Amén.

La Sagrada Escritura

... aprendan a hacer el bien. Busquen la justicia, den sus derechos al oprimido, hagan justicia al huérfano y defiendan a la viuda. **Isaías 1, 17**

¿Qué piensas?

- ¿Cuál es la diferencia entre lo que es igual y lo que es justo?
- ¿Por qué trabajar por la justicia se relaciona con la paz y con los que trabajan por la paz?

Justice and Peace

Let Us Pray

Leader: Lord God, help us work hard for justice so that all people may live in peace.

"The Lord does righteous deeds,
brings justice to all the oppressed." Psalm 103:6

All: Lord God, help us work hard for justice so that all people may live in peace. Amen.

Scripture

Learn to do good. Make justice your aim: redress the wronged, hear the orphan's plea, defend the widow. Isaiah 1:17

What Do You Wonder?

- What is the difference between what's fair and what's just?
- Why is working for justice linked to peace and acting as a peacemaker?

Buscar la justicia

¿Qué significa actuar con justicia?

La búsqueda de la justicia es la respuesta a la ley moral natural, reglas sobre la bondad que son naturales de seguir y están escritas en nuestros corazones. La ley moral natural expresa la dignidad o valor intrínseco, dada por Dios a todas las personas. Cualquier cosa que nos robe esa dignidad es injusta. Los niños por nacer, los más ancianos, los miembros de la familia, los enemigos, las personas que viven en otros lugares, los pobres y hasta los delincuentes encarcelados: todos son seres humanos con una dignidad que viene de Dios.

Justicia significa dar a Dios y a los demás lo que es debido. Es una de las **virtudes** que te ayuda a crecer en el amor a Dios y al prójimo. Aprendemos acerca de las virtudes y la vida cristiana en las Bienaventuranzas, incluso acerca de la vida "justa".

La **gracia** de Dios te ayuda a vivir una vida virtuosa. Los Diez Mandamientos, las Bienaventuranzas (ver la página siguiente) y el Gran Mandamiento de amor te ayudan a entender cómo actuar con justicia. Aún así, existen quienes desobedecen la ley de Dios e ignoran el ejemplo de Jesús de amar al prójimo. En consecuencia muchas personas todavía sufren injusticias.

Seeking Justice

What does it mean to act justly?

The search for justice is a response to the natural moral law, rules about goodness that are written in our hearts and are natural to follow. The natural moral law expresses the God-given human dignity, or inner worth, of all persons. Anything that robs us of that dignity is unjust. Unborn children, the elderly, family members, enemies, people who live in other lands, people who are poor, even criminals in prison—all are humans with God-given dignity.

Justice means giving God and other people what is due to them. It is one of the **virtues** that help you grow in love for God and others. We learn about virtues and the Christian life in the Beatitudes, including "just" living.

God's **grace** helps you live a virtuous life. The Ten Commandments, the Beatitudes (see next page), and the Great Commandment of love help you understand how to act justly. Yet there are those who disobey God's law and ignore Jesus' example of loving others. As a consequence, many people still suffer injustice.

Palabras católicas

justicia dar a Dios lo que le es debido. Esta virtud también significa dar a cada persona lo que se merece por ser un hijo de Dios.

virtudes buenos hábitos espirituales que te fortalecen y te permiten hacer lo que es correcto y bueno. Se desarrollan con el tiempo por medio de la práctica y estar abiertos a la gracia de Dios.

gracia don de la propia vida y ayuda de Dios, dado libre y amorosamente, para hacer lo que Él nos llama a hacer. Es participar de la vida de la Santísima Trinidad.

La Sagrada Escritura

Las Bienaventuranzas

Felices los que tienen el espíritu del pobre,
porque de ellos es el Reino de los Cielos.
Felices los que lloran,
porque recibirán consuelo.
Felices los pacientes,
porque recibirán la tierra en herencia.
Felices los que tienen hambre y sed de justicia,
porque serán saciados.
Felices los compasivos,
porque obtendrán misericordia.
Felices los de corazón limpio,
porque verán a Dios.
Felices los que trabajan por la paz,
porque serán reconocidos como hijos de Dios.
Felices los que son perseguidos por causa del bien,
porque de ellos es el Reino de los Cielos". **Mateo 5, 3-10**

Comparte tu fe

Reflexiona Piensa acerca de una acción injusta que hayas visto o vivido. Escribe acerca de por qué fue injusta y cómo te hizo sentir.

____

____

____

Comparte Haz una lista de ideas con un compañero acerca de cuándo o por qué las acciones son injustas.

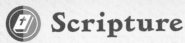

Scripture

The Beatitudes

"Blessed are the poor in spirit,
for theirs is the kingdom of heaven.
Blessed are they who mourn,
for they will be comforted.
Blessed are the meek,
for they will inherit the land.
Blessed are they who hunger and thirst for righteousness,
for they will be satisfied.
Blessed are the merciful,
for they will be shown mercy.
Blessed are the clean of heart,
for they will see God.
Blessed are the peacemakers,
for they will be called children of God.
Blessed are they who are persecuted for the sake
of righteousness, for theirs is the kingdom of
heaven." **Matthew 5:3–10**

Catholic Faith Words

justice giving God what is due him. This virtue also means giving each person what he or she is due because that person is a child of God.

virtues good spiritual habits that strengthen you and enable you to do what is right and good. They develop over time with our practice and openness to God's grace.

grace God's free, loving gift of his own life and help to do what he calls us to do. It is participation in the life of the Holy Trinity.

Share Your Faith

Reflect Think about an unjust action that you have witnessed or experienced. Write about why it was unjust and how it made you feel.

____

____

____

Share With a partner, brainstorm when or why actions are unjust.

La paz

¿Cuál es la relación entre paz y justicia?

Donde la justicia está ausente, no puede haber **paz**. Solo las personas y las naciones que viven con justicia conocerán la paz verdadera.

La Ley trataba temas de paz y justicia entre los israelitas, como pagar a tiempo los salarios a los trabajadores. Pero no todos escuchaban. Aproximadamente ocho siglos antes de Cristo, tres profetas hablaron de las personas que vivían sin justicia ni paz. A través de los profetas, Dios dijo que el pueblo pagaría las consecuencias de su pecado, pero nunca dejó de amarlos.

Palabras católicas

paz un estado de calma o armonía en el que las cosas están en su justo orden y las personas resuelven los problemas con bondad y justicia.

bien común el bien de todos, en especial el de aquellos que sean más vulnerables a ser heridos

pecado social estructuras injustas que puede ocurrir como resultado del pecado personal. El pecado de una persona hace que otras pequen y que el pecado se extienda por toda la sociedad.

Tres profetas

Oseas dijo que la mentira, el asesinato, el robo y el adulterio habían reemplazado la fidelidad y la misericordia. Sin embargo, profetizó que un día Dios sanaría a los pecadores y los amaría libremente. "Yo seré para Israel como el rocío; florecerá como una azucena..." (**Oseas 14, 6**).

Amós comentó que los débiles habían sido pisoteados; los justos, oprimidos y que el soborno era lo más común. Sin embargo, Amós también señaló que un día Dios restauraría a su pueblo, Israel, y lo retornaría a su tierra. El profeta Miqueas les recordó a las personas que el camino a la rectitud era sencillo.

Subraya las palabras del mensaje de Miqueas que dicen lo que el Señor te pide.

La Sagrada Escritura

Lo que pide el Señor

"Ya se te ha dicho, hombre, lo que es bueno y lo que el Señor te exige: tan solo que practiques la justicia, que seas amigo de la bondad y te portes humildemente con tu Dios."

Miqueas 6, 8

Esta sección de *El altar de Gante*, de Hubert y Jan van Eyck, representa al profeta Miqueas.

Peace

What is the relationship between peace and justice?

Where there is an absence of justice, there is no **peace**. Only people and nations who live in justice will know real peace.

The Law addressed issues of peace and justice among the Israelites, such as paying workers their wages on time. But not everyone listened. About eight centuries before Christ, three prophets spoke of people living without justice and peace. God said through the prophets that the people would bear the consequences of their sin, but he would never stop loving them.

Three Prophets

Hosea reported that lying, murder, stealing, and adultery had replaced fidelity and mercy. Yet he prophesied that one day God would heal the sinners and love them freely. "I will be like the dew for Israel: he will blossom like the lily…" (Hosea 14:6).

Amos observed that the weak were trampled down, that the just were oppressed, and that bribery was everywhere. Yet Amos also pointed out that one day God would restore his People, Israel, and return them to their land. The prophet Micah reminded people that the path to righteousness was simple.

Catholic Faith Words

peace a state of calm or harmony when things are in their proper order and people settle problems with kindness and justice

common good the good of everyone, with particular concern for those who might be most vulnerable to harm

social sin unjust structures that can occur as the result of personal sin. One person's sin can cause others to sin, and the sin can spread through a whole society.

Scripture

What the Lord Requires

"You have been told, O mortal, what is good, and what the LORD requires of you: Only to do justice and to love goodness, and to walk humbly with your God." Micah 6:8

Underline the words in Micah's message that state what the Lord requires of you.

This section of *The Ghent Altarpiece*, by Hubert and Jan van Eyck, depicts the prophet Micah.

Buscadores de justicia y hacedores de paz

Hoy la Iglesia continúa la obra de los profetas del Antiguo Testamento. La Iglesia te ayuda a comprender la responsabilidad que tienes de trabajar por la justicia y la paz como lo hizo Jesús. Llegamos a darnos cuenta de que cuando amamos a Dios con todo nuestro corazón, instintivamente nos acercamos con amor a los demás. Existen ciertas zonas que necesitan toda tu atención.

No darle a los demás lo que les es debido es una injusticia y va contra el **bien común**. Cuando el pecado personal conduce a comunidades o sociedades enteras a escoger semejantes opciones, el pecado crece. Esta clase de pecado se denomina **pecado social**. Racismo, sexismo y terrorismo son ejemplo de pecados sociales. Allí donde haya odio, envidia, prejuicio o división entre las personas, no hay paz verdadera. Un mundo justo es una señal del Reino de Dios.

El bien común

Vida

Tu deber como ciudadano cristiano es proteger toda vida humana y trabajar por la paz, esforzándote para remediar las injusticias que amenazan la vida humana.

Dignidad

Tu deber es trabajar con las autoridades para construir una sociedad en la que se respete la dignidad de todas las personas. Los cristianos deben trabajar para rechazar y contrarrestar el prejuicio y la discriminación.

Necesidades básicas

Tu deber es cuidar de los pobres y ver que tengan alimento adecuado, vestimenta y techo.

Practica tu fe

Escucha a los Profetas Une lo que enseña cada profeta acerca de vivir con paz y justicia.

Oseas ●	● Un día Dios recuperaría a su pueblo, Israel, y los devolvería a su tierra
Amós ●	● El camino a la rectitud es sencillo
Miqueas ●	● Un día Dios sanaría a los pecadores y los amaría libremente

Justice Seekers and Peacemakers

Today, the Church continues the work of the Old Testament prophets. The Church helps you understand the responsibility you have to work for justice and peace as Jesus did. We come to the realization that when we love God with our whole heart, we instinctively reach out in love to others. There are certain areas that need your close attention.

The failure to give others what is due them is an injustice and goes against the **common good**. When personal sin leads whole communities or societies to make such choices, the sin grows. This kind of sin can be called **social sin**. Racism, sexism, and terrorism are examples of social sins. Wherever there is hatred, envy, prejudice, or division between people, there is no real peace. A just world is a sign of the Kingdom of God.

Connect Your Faith

Listen to the Prophets Match what each prophet teaches about living with peace and justice.

Hosea •	• One day God would restore his People, Israel, and return them to their land
Amos •	• The path to righteousness is simple
Micah •	• One day God would heal the sinners and love them freely

The Common Good

Life

Your duty as a Christian citizen is to protect all human life and work for peace, striving to heal injustices that threaten human life.

Dignity

Your duty is to work with those in authority to build a society in which the dignity of all people is respected. Christians must work to reject and counteract prejudice and discrimination.

Basic needs

Your duty is to care for those who are poor and to see that they have adequate food, shelter, and clothing.

Nuestra vida católica

¿Qué significa promover la dignidad humana?

Un mundo justo es una señal del Reino de Dios. La justicia comienza cuando reconoces la dignidad, o valor intrínseco, de cada persona. Dios creó a cada uno de nosotros y tiene un plan para nuestra vida. Todos somos valiosos para él y para el prójimo. Cuando respetas y promueves la dignidad humana, honras a Dios, a cuya imagen y semejanza se crearon los seres humanos.

Pon una T al lado de lo que tú haces para respetarte a ti mismo y una D al lado de lo que haces para respetar a los demás.

T o D

- ☐ Recordar que Dios te creó a su imagen y semejanza. (Ver Génesis 1, 27.)
- ☐ Ser honesto y amable al comunicarte. (Ver Efesios 4, 25-32.)
- ☐ Apartar tiempo para hablar con Dios en oración. (Ver Sirácides 37, 15.)
- ☐ Desarrollar una visión honesta y saludable de ti mismo. (Ver Romanos 12, 3.)
- ☐ Defender los derechos de los demás. (Ver Proverbios 31, 8-9.)
- ☐ Practicar la moderación o el equilibrio en la manera que comes, te sientas, te ejercitas y descansas. (Ver 1 Timoteo 4, 7-8.)
- ☐ Evitar el estereotipo y el prejuicio. (Ver Santiago 2, 1-9.)
- ☐ Insistir en el respeto por tu cuerpo y el cuerpo de los demás. (Ver 1 Corintios 6, 19-20).

Our Catholic Life

What does it mean to promote human dignity?

A just world is a sign of the Kingdom of God. Justice begins when you recognize the dignity, or inner worth, of each person. God created each of us, and he has a plan for our lives. We are all valuable to him and each other. When you respect and promote human dignity, you honor God, in whose image and likeness humans are created.

Mark a Y next to what you can do to respect yourself, and an O next to what you can do to respect others.

Y or O

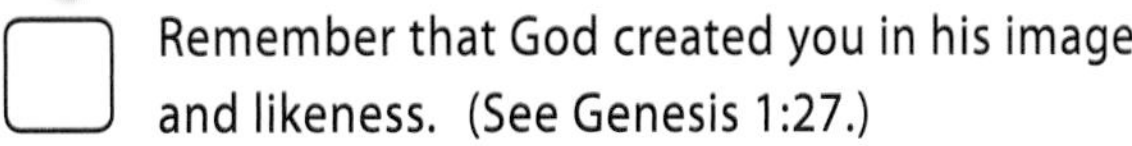

- [ ] Remember that God created you in his image and likeness. (See Genesis 1:27.)
- [ ] Be honest and kind in your communications. (See Ephesians 4:25, 32.)

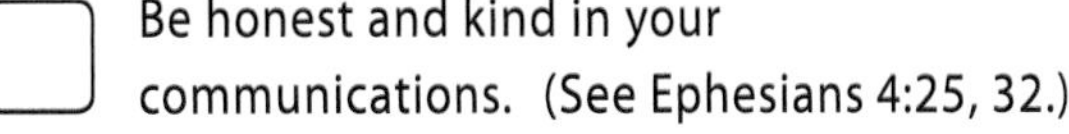

- [ ] Make time to talk with God in prayer. (See Sirach 37:15.)
- [ ] Develop an honest, healthy view of yourself. (See Romans 12:3.)
- [ ] Stand up for the rights of others. (See Proverbs 31:8–9.)
- [ ] Practice moderation, or balance, in the way you eat, dress, exercise, and rest. (See 1 Timothy 4:7–8.)
- [ ] Avoid stereotyping and prejudice. (See James 2:1–9.)
- [ ] Insist on respect for your body and the bodies of others. (See 1 Corinthians 6:19–20.)

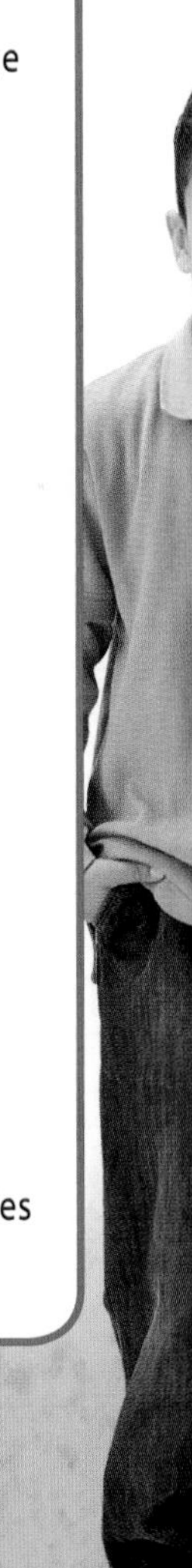

Gente de fe

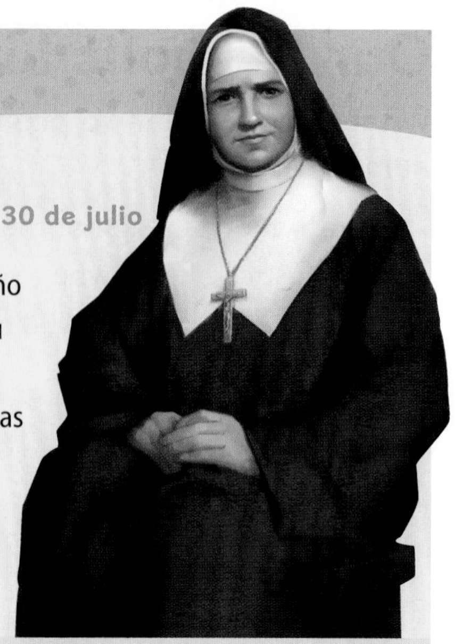

Beata María Vicenta, 1867–1949

30 de julio

La Beata María Vicenta nació en México. Se la conoció por su devoción al Niño Jesús. Después de recuperarse de una enfermedad grave, decidió dedicar su vida a Dios, ayudando a los pobres y enfermos. Supo que todas las personas tienen un valor intrínseco que debe respetarse. Para hacerlo, fundó las Siervas de la Santísima Trinidad y de los Pobres. Las Siervas cuidaron de los heridos durante la Revolución Mexicana y abrieron diecisiete hospitales, clínicas y guarderías infantiles. La Beata María y sus hermanas trabajaron para crear una sociedad en la que la dignidad de todos fuera importante.

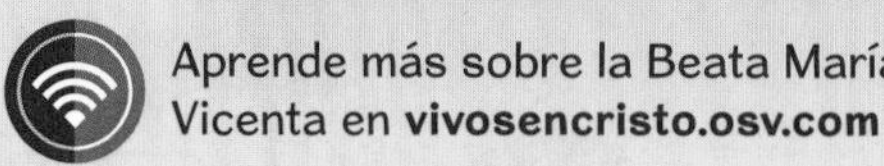

Comenta: ¿Cómo muestras que valoras la dignidad de cada persona que conoces?

Aprende más sobre la Beata María Vicenta en **vivosencristo.osv.com**

Vive tu fe

Piensa en la persona que elegiste para el mapa de palabras de la actividad de la página 386. Recuerda algunas acciones específicas de esta persona.

____

____

Escribe una manera en la que tratarás de seguir el ejemplo de esa persona esta semana.

____

____

____

____

____

____

____

____

____

____

People of Faith

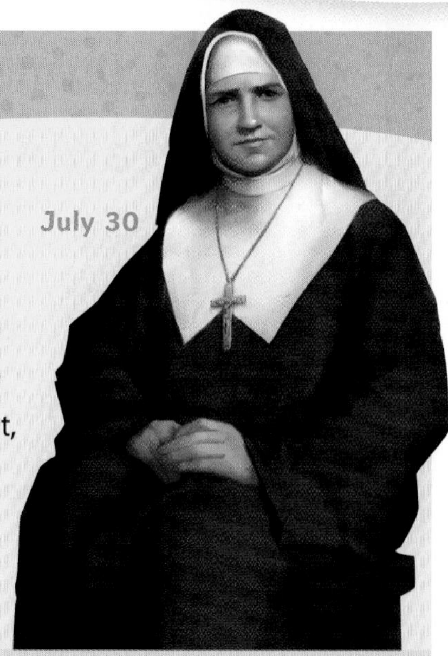

Blessed Maria Vicenta, 1867–1949

July 30

Blessed Maria Vicenta was born in Mexico. She was known for her devotion to the Infant Jesus. After she recovered from a serious illness, she decided to dedicate her life to God by helping those who were poor and sick. She knew that every person has an inner worth that must be respected. To help do that, she founded the Servants of the Holy Trinity and the Poor. The Servants cared for the wounded during the Mexican Revolution and opened seventeen hospitals, clinics, and nurseries. Blessed Maria and her sisters worked to create a society in which the dignity of all was important.

Discuss: How do you show that you value the dignity of each person you meet?

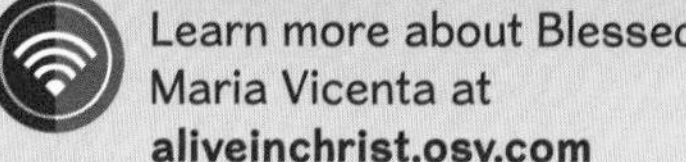

Learn more about Blessed Maria Vicenta at **aliveinchrist.osv.com**

Live Your Faith

Think of the person whom you chose for your word map in the activity on page 387. Recall some specific actions of this person.

____

____

Write one way you will try to follow that person's example this week.

____

____

____

____

____

____

____

____

____

____

Oremos

Letanía de justicia y paz

Esta oración de letanía nos ayuda a expresar nuestras oraciones de intercesión, pidiendo la ayuda de Dios para que nos haga sus instrumentos para traer la paz y la justicia a todo el mundo.

Reúnanse y comiencen con la Señal de la Cruz.

Líder: Dios, Padre nuestro, nos has llamado como una familia para cuidar el uno del otro, para vivir en paz y para preocuparnos por el prójimo porque somos uno.

Lado 1: Jesús, amigo de los pobres,

Todos: ayúdanos a traer justicia al mundo.

Lado 2: Espíritu Santo, que nos permites hacer lo que parece imposible,

Todos: ayúdanos a darle paz al mundo.

Lado 1: Jesús, Heraldo de la Buena Nueva,

Todos: ayúdanos a traer justicia al mundo.

Lado 2: Espíritu Santo, que nos das confianza,

Todos: ayúdanos a darle paz al mundo.

Lado 1: Jesús, que dijiste sí al Padre,

Todos: ayúdanos a traer justicia al mundo.

Lado 2: Espíritu Santo, fuente de toda unidad,

Todos: ayúdanos a darle paz al mundo.

Líder: ¿Por qué situaciones particulares en nuestra localidad, en nuestro mundo, podemos orar hoy por que haya paz y justicia?

Todos: Ayúdanos a darle paz al mundo. Amén.

Canten "El Reino de la Vida "

Let Us Pray

Litany of Justice and Peace

This litany prayer helps us to voice our prayers of intercession, asking God's help to make us his instruments of bringing peace and justice to all the world.

Gather and begin with the Sign of the Cross.

Leader: God our Father, you have called us as one family to care for one another, to live in peace, and to be concerned for each other because we are one.

Side 1: Jesus, friend of the poor,

All: help us to bring justice to the world.

Side 2: Holy Spirit, who enables us to do what seems impossible,

All: help us bear peace to the world.

Side 1: Jesus, Herald of the Good News,

All: help us to bring justice to the world.

Side 2: Holy Spirit, who gives us confidence,

All: help us bear peace to the world.

Side 1: Jesus, who said yes to the Father,

All: help us to bring justice to the world.

Side 2: Holy Spirit, source of all unity,

All: help us bear peace to the world.

Leader: For what particular situations in our local area, in our world, can we pray today for peace and justice?

All: Help us bear peace to the world. Amen.

Sing "Raise Your Voice for Justice"

FAMILIA + FE

VIVIR Y APRENDER JUNTOS

SUS HIJOS APRENDIERON >>>

Este capítulo explora las virtudes de paz y justicia y el bien común, y explica el pecado social, la dignidad humana y la ley moral natural.

La Sagrada Escritura

Lean **Isaías 1, 17** para aprender qué significa ser justo y aprender a hacer el bien.

Lo que creemos

- La gracia de Dios hace posible que vivamos una vida de virtud, respetando la dignidad humana de todos.
- La justicia es darle a Dios y a los demás lo que les corresponde. Cuando la justicia está ausente, la paz no es posible.

Para aprender más, vayan al *Catecismo de la Iglesia Católica* #1807, 1939–1942, 2304–2306 en **usccb.org**.

Gente de fe

Esta semana su hijo aprendió acerca de la Beata María Vicenta, quien cuidó a los heridos durante la Revolución Mexicana.

LOS NIÑOS DE ESTA EDAD >>>

Cómo comprenden la justicia La perspectiva social de su hijo es todavía algo limitada. Lo que es justo y correcto en asuntos relativos a ellos mismos a veces está limitado por lo que ellos quieren para esa situación. Sin embargo, cuando los niños de esta edad se apartan de esto y ven los grandes problemas de la sociedad y del mundo en general, tienen un fuerte sentido de la justicia y desean hacer algo para que el mundo sea mejor.

CONSIDEREMOS ESTO >>>

¿Cuándo han visto o leído algo que los haya hecho preguntarse: "Cómo pudimos dejar que ocurriera eso"?

Cuando las comunidades permiten que ocurra el pecado, el resultado puede ser horrible. Racismo, sexismo, terrorismo y falta de respeto por la vida humana son ejemplos de lo que puede suceder cuando las personas no evitan o participan en lo que pueden parecer cosas sin importancia. Como católicos, sabemos que "los pecados provocan situaciones sociales e instituciones contrarias a la bondad divina. Las 'estructuras del pecado' son expresión y efecto de los pecados personales. Inducen a sus víctimas a cometer a su vez el mal. En un sentido analógico constituyen un 'pecado social' (Cf JUAN PABLO II, exh. ap. *Reconciliatio et poenitentia*, 16)" (*CIC, 1869*).

HABLEMOS >>>

- Pidan a su hijo que comparta un mensaje importante de los profetas.
- Hablen con su hijo de lo que significa tratar a las personas con dignidad.

OREMOS >>>

Dios misericordioso, ayúdanos a seguir el ejemplo de la Beata María Vicenta, contribuyendo a respetar la dignidad de todas las personas que conocemos. Amén.

Visiten **vivosencristo.osv.com** para encontrar más recursos y actividades.

FAMILY+FAITH

LIVING AND LEARNING TOGETHER

YOUR CHILD LEARNED >>>

This chapter explores the virtues of peace and justice and the common good, and explains social sin, human dignity, and natural moral law.

Scripture

Read **Isaiah 1:17** to find out what it means to be just and to learn to do good.

Catholics Believe

- God's grace makes it possible for us to live a life of virtue, respecting the human dignity of all.
- Justice is giving what is due to God and others. Where justice is absent, peace is not possible.

To learn more, go to the *Catechism of the Catholic Church* #1807, 1939–1942, 2304–2306 at **usccb.org**.

People of Faith

This week your child learned about Blessed Maria Vicenta, who cared for the wounded of the Mexican Revolution.

CHILDREN AT THIS AGE >>>

How They Understand Justice The social perspective of your child is still somewhat limited. What is fair and just in matters concerning himself or herself can sometimes be limited to what he or she wants in the situation. Still, when children this age step back from this to view larger issues in society and in the world as a whole, they have a strong sense of justice and a desire to do what they can to make the world a better place.

CONSIDER THIS >>>

When have you seen or read something that made you ask, "How can we have let that happen?"

When communities allow sin to happen, the result can be horrendous. Racism, sexism, terrorism, and lack of respect for human life are all examples of what can happen when people look away or participate in what may seem small ways. As Catholics, we know that "sins give rise to social situations and institutions that are contrary to the divine goodness. 'Structures of sin' are the expression and effect of personal sins. They lead their victims to do evil in their turn. In an analogous sense, they constitute a 'social sin' (John Paul II, *RP* 16)" (*CCC, 1869*).

LET'S TALK >>>

- Ask your child to share one important message of the prophets.
- Talk with your child about what it means to treat people with dignity.

LET'S PRAY >>>

Merciful God, help us follow the example of Blessed Maria Vicenta by doing our part to respect the dignity of everyone we meet. Amen.

Visit **aliveinchrist.osv.com** for additional resources and activities.

Capítulo 14 Repaso

A **Trabaja con palabras** **Completa cada oración con el término correcto.**

1. Donde la justicia está ausente, no hay ________________ completa.
2. La búsqueda de justicia es la respuesta a la ________________ que Dios escribe en nuestros corazones.
3. El profeta ________________ llamó al pueblo a hacer lo correcto, amar la bondad y caminar humildemente con Dios.
4. ________________ significa dar a Dios y a los demás lo que les es debido.
5. Las ________________ son hábitos de bondad que te ayuda a crecer en el amor a Dios y a los demás.

B **Confirma lo que aprendiste** **Usa los términos del Vocabulario para escribir un resumen del capítulo.**

Vocabulario

- dignidad humana
- justicia
- paz
- pecado social
- gracia

6–10. ____

____

____

____

____

____

____

____

____

____

____

____

____

Chapter 14 Review

A Work with Words **Complete each sentence with the correct term.**

1. Where there is an absence of justice, there is not full ____________________.

2. The search for justice is a response to the ____________________ God places in all humans.

3. The prophet ____________________ called on the people to do the right thing, love goodness, and walk humbly with God.

4. ____________________ means giving God and people what is due to them.

5. ____________________ are habits of goodness that help you grow in love of God and others.

B Check Understanding **Use the terms from the Word Bank to write a summary of the chapter.**

Word Bank

- human dignity
- justice
- peace
- social sin
- grace

6–10. ____

____

____

____

____

____

____

____

____

____

____

____

____

El pecado y el perdón

Oremos

Líder: Dios de misericordia, gracias por tu perdón y tu amor.

"Bendice, alma mía, al Señor..,
El perdona todas tus ofensas...
te corona de amor y de ternura".

Salmo 103, 2a. 3a. 4b

Todos: Dios de misericordia, gracias por tu perdón y tu amor. Ayúdame a ser tan compasivo y grande de corazón como tú. Amén.

La Sagrada Escritura

Entonces Pedro se acercó con esta pregunta: "Señor, ¿cuántas veces tengo que perdonar las ofensas de mi hermano? ¿Hasta siete veces?" Jesús le contestó: "No te digo siete, sino setenta y siete veces." **Mateo 18, 21-22**

¿Qué piensas?

- ¿Estaba hablando en serio Jesús acerca de perdonar a todos siempre?
- ¿Cómo sabes que Jesús perdona tus pecados?

Sin and Forgiveness

Let Us Pray

Leader: God of mercy, thank you for your forgiveness and love.

"Bless the LORD, my soul;
Who pardons all your sins,
and crowns you with mercy and compassion." **Psalm 103:2a, 3a, 4b**

All: God of mercy, thank you for your forgiveness and love. Help me become as compassionate and big-hearted as you. Amen.

Scripture

Peter approaching [Jesus] asked him, "Lord, if my brother sins against me, how often must I forgive him? As many as seven times?" Jesus answered, "I say to you, not seven times but seventy-seven times." **Matthew 18:21–22**

What Do You Wonder?

- Was Jesus serious about forgiving everyone all the time?
- How do you know that Jesus forgives your sins?

Tu relación con Dios

¿Qué enseña Jesús acerca del pecado y el perdón?

Palabras católicas

pecado ofensa contra Dios, así como contra la razón, la verdad y la conciencia

pecado venial un pecado que debilita la relación de una persona con Dios, pero no la destruye

pecado mortal un pecado muy grave por el que alguien se aparta por completo de Dios.

El **pecado** es una ofensa contra Dios y interrumpe la armonía de su plan para la creación. El pecado afecta tu relación con Dios y con los demás. El pecado puede ser mortal (grave) o venial (menos grave).

Un **pecado venial** debilita, pero no destruye tu relación con Dios. El Sacramento de la Penitencia y de la Reconciliación es un medio de curación para quienes han caído en el pecado venial. Los pecados veniales de los que no te arrepientes pueden llevarte lentamente hacia la decisión de cometer pecado mortal.

El **pecado mortal** es un acto deliberado y elegido libremente. Es un pecado muy grave por el cual alguien se aparta por completo de Dios. Las condiciones de pecado mortal son las siguientes:

- Se trata de un asunto grave.
- La persona debe saber que la acción es grave y pecaminosa.
- La persona debe elegir libremente cometer el acto pecador.

La principal razón para el Sacramento de la Reconciliación es la confesión y el perdón de los pecados mortales. Sin arrepentimiento, el pecado mortal pone a una persona en peligro de ir al Infierno después de morir.

➔ **¿Cómo puede un pecado venial llevar a un pecado más grave?**

Your Relationship with God

What does Jesus teach about sin and forgiveness?

Sin is an offense against God and disrupts the harmony of his plan for creation. Sin affects your relationship with God and others. Sin can be mortal (serious) or venial (less serious).

A **venial sin** weakens but does not destroy your relationship with God. The Sacrament of Penance and Reconciliation is a means of healing for those who have fallen into venial sin. Venial sins for which you are not sorry can move you gradually toward a decision to commit mortal sin.

Mortal sin is a deliberate and freely chosen act. It is a very serious sin by which someone completely turns away from God. The conditions of mortal sin are these:

- The matter must be serious.
- The person must know that the action is serious and sinful.
- The person must freely choose to do the sinful action.

The primary reason for the Sacrament of Reconciliation is the confession and forgiveness of mortal sins. If left unrepented, mortal sin puts a person in danger of Hell after death.

➔ **How could a venial sin lead to more serious sin?**

Catholic Faith Words

sin an offense against God as well as against reason, truth, and conscience

venial sin a sin that weakens a person's relationship with God but does not destroy it

mortal sin a very serious sin by which someone turns completely away from God

La misericordia de Dios

En la parábola del que no perdonó a su compañero, Jesús enseña una lección importante acerca de la misericordia y el perdón de Dios.

La Sagrada Escritura

La parábola El que no perdonó a su compañero

Había una vez un rey que decidió arreglar cuentas con sus empleados. Un empleado le debía una gran suma. El rey ordenó que lo vendieran junto con su familia y sus posesiones como pago de la deuda. Al oír esto, el empleado le suplicó al rey que tuviera misericordia, y el rey le perdonó la deuda.

El deudor perdonado encontró luego a un compañero que le debía una suma mucho más pequeña. Le pidió que le pagara todo lo que le debía. El compañero se echó de rodillas y le rogó misericordia. En lugar de hallar misericordia, el hombre fue a la cárcel hasta que pagó su deuda.

Cuando el rey supo del incidente, le dijo al deudor perdonado: "Yo te perdoné toda la deuda cuando me lo suplicaste. ¿No debías tú tener compasión de tu compañero como yo tuve compasión de ti?" Entonces el rey mandó a prisión al deudor hasta que le pagara lo que le debía.

Jesús dijo luego a sus discípulos: "Lo mismo hará mi Padre Celestial con ustedes, a no ser que cada uno perdone de corazón a su hermano." **Basado en Mateo 18, 23-35**

Comparte tu fe

Reflexiona ¿Qué enseñó Jesús en esta parábola?

____

____

Comparte Con un compañero, haz una lista de maneras de mostrar perdón a los demás.

____

____

____

God's Mercy

In the Parable of the Unforgiving Servant, Jesus teaches an important lesson about God's mercy and forgiveness.

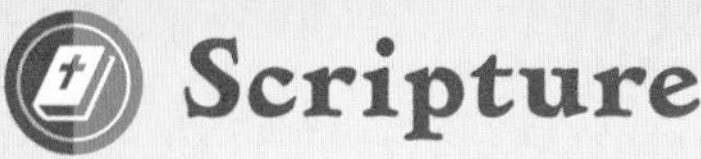

The Parable of the Unforgiving Servant

There once was a king who decided to settle accounts with his servants. One servant owed him a huge amount. The king ordered the man to be sold, along with his family and possessions, in payment of his debt. Hearing this, the servant begged the king's mercy and the king forgave him his debt.

The forgiven debtor then found a fellow servant who owed him a much smaller amount. He demanded that the other man pay everything he owed. The fellow servant fell to his knees and begged for mercy. Instead of finding mercy, the man was thrown into jail until he paid the debt.

When the king found out about the incident, he said to the forgiven debtor, "I forgave you your entire debt because you begged me to. Should you not have had pity on your fellow servant, as I had pity on you?" Then the king sent the debtor to prison until he paid back what he owed.

Jesus then said to his disciples, "So will my heavenly Father do to you, unless each of you forgives his brother from his heart."

Based on Matthew 18:23–35

Share Your Faith

Reflect What did Jesus teach in this parable?

____

____

Share With a partner, list ways to show forgiveness to others.

____

____

____

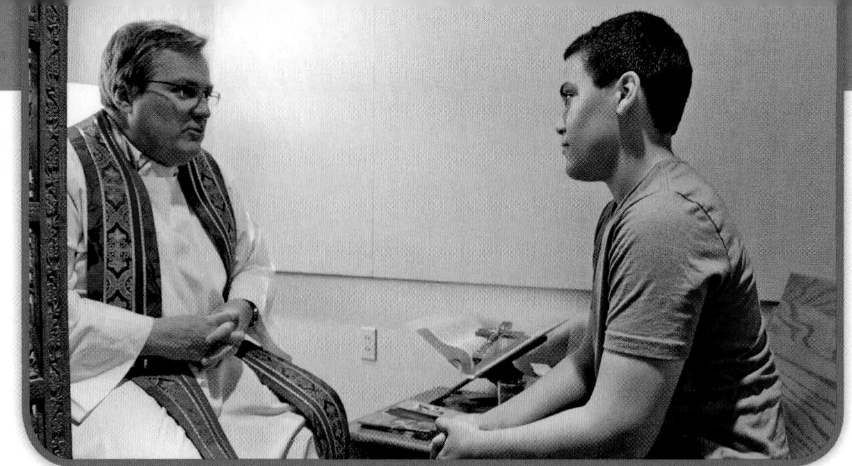

Hacer bien las cosas

¿Cómo puedes formar tu conciencia?

Dios ha escrito en tu corazón una ley interna que te ayuda a reconocer el bien y el mal. Y tu **conciencia** actúa como un sabio consejero. Tu conciencia es tu libre albedrío y tu recta razón, o sentido del bien, que trabajan para ayudarte a hacer buenas elecciones. Siempre debes obedecer el juicio cierto de una conciencia bien formada.

Tu conciencia bien formada es como una herramienta fina. Está hecha para mantenerla y usarla. La mantienes al escuchar con tu mente y tu corazón la Palabra de Dios, la enseñanza de la Iglesia, el consejo de personas sabias y la guía del Espíritu Santo.

Palabras católicas

conciencia la habilidad dada por Dios que nos ayuda a juzgar si nuestras acciones son buenas o malas. Es importante para nosotros saber las leyes de Dios para que nuestra conciencia nos ayude a tomar buenas decisiones.

sigilo sacramental la regla por la que el sacerdote no puede decir nada de lo que escucha durante la confesión

La Penitencia y la Reconciliación

Cuando pecas, la Iglesia te ofrece un camino para que experimentes el perdón de Dios a través del Sacramento de la Penitencia y de la Reconciliación. La Iglesia nos anima a ir a confesión cuando hemos cometido un pecado venial, pero debemos recibir el Sacramento cuando estamos en pecado mortal.

Celebrar el Sacramento

- Examina cuidadosamente tu conciencia y decide de qué manera has fallado en amar a Dios y al prójimo.
- Confiesa todos los pecados que hayas cometido desde tu última confesión y acepta la penitencia por tus pecados que te imponga el sacerdote.
- Reza un Acto de contrición para expresar tu arrepentimiento por haber pecado y tu intención de evitar el pecado.
- Recibe la absolución del sacerdote, que te perdona los pecados en el nombre de Dios.

Oración del Penitente

Dios mío,
me arrepiento de todo corazón de todo lo malo que hecho y de todo lo bueno que he dejado de hacer, porque pecando te he ofendido a ti, que eres el sumo bien y digno de ser amado sobre todas las cosas.
Propongo firmemente, con tu gracia, cumplir la penitencia, no volver a pecar y evitar las ocasiones de pecado.
Perdóname, Señor, por los méritos de la pasión de nuestro salvador Jesucristo.

Amén

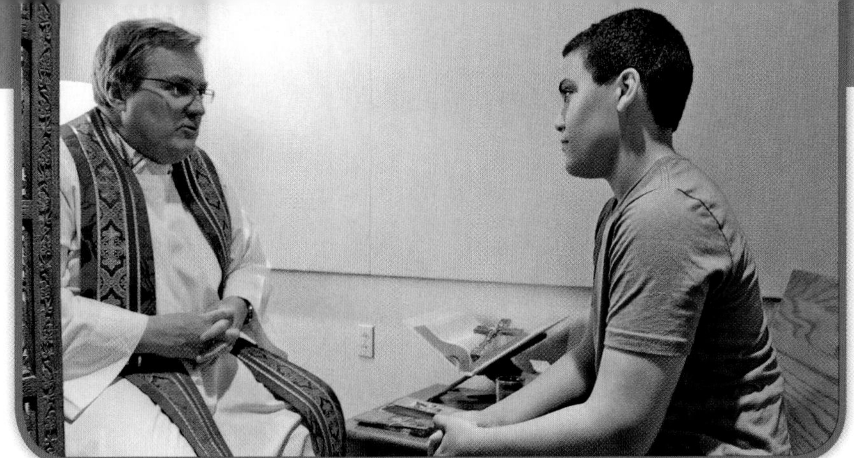

Making Things Right

How can you inform your conscience?

In your heart God has written an inner law to help you recognize good and evil. And your **conscience** acts as a wise adviser. Your conscience is your free will and right reason, or good sense, working to help you make good choices. You should always obey the certain judgment of an informed conscience.

Your informed conscience is like a fine tool. It is meant to be maintained and used. You maintain it by listening with your mind and heart to the Word of God, the teaching of the Church, the advice of wise people, and the prompting of the Holy Spirit.

Penance and Reconciliation

When you sin, the Church provides a way for you to experience God's forgiveness through the Sacrament of Penance and Reconciliation. The Church encourages us to go to confession when we've committed venial sin, but we must receive the Sacrament when in the state of mortal sin.

Catholic Faith Words

conscience the God-given ability that helps us judge whether actions are right or wrong. It is important for us to know God's laws so our conscience can help us make good decisions.

sacramental seal the rule that a priest is not to share anything he hears in confession

Celebrating the Sacrament

- Carefully examine your conscience, deciding in what ways you have failed to love God and others.
- Confess any sins you have committed since your last confession and accept a penance from the priest to make up for your sins.
- Pray an Act of Contrition to express your sorrow for sin and your intention to avoid sin.
- Receive absolution from the priest, who grants forgiveness of sin in God's name.

ACT OF CONTRITION

My God,
I am sorry for my sins with all my heart.
In choosing to do wrong and failing to do good,
I have sinned against you whom I should love above all things.
I firmly intend, with your help,
to do penance,
to sin no more,
and to avoid whatever leads me to sin.
Our Savior Jesus Christ suffered and died for us.
In his name, my God, have mercy.

Amen

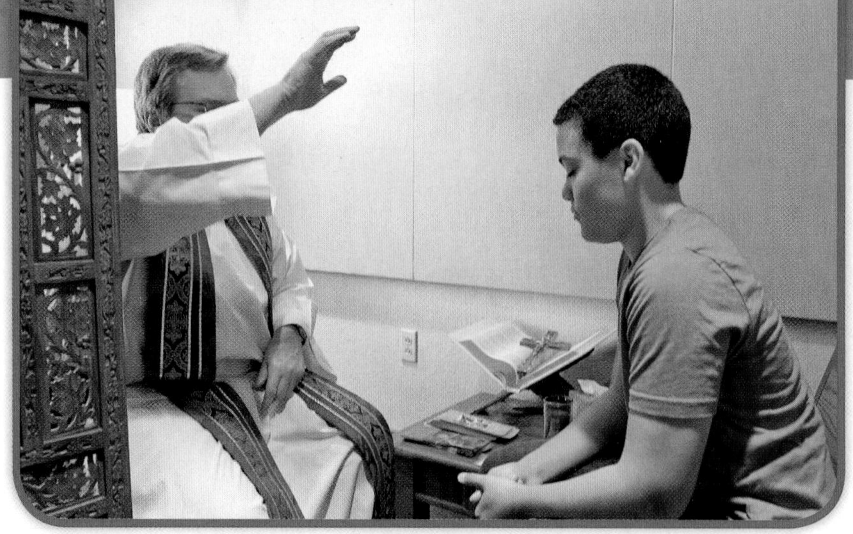

Después de haberte confesado, el sacerdote extiende su mano y te absuelve de pecado (ver página 648 para la Oración del Penitente).

Los efectos del Sacramento

El Sacramento de la Penitencia y de la Reconciliación te brinda muchos beneficios. Los efectos del Sacramento incluyen:

- Tu completa amistad con Dios es restituida, o se cura.
- Te reconcilias con la Iglesia y te liberas de la amenaza del Infierno.
- Recibes paz y fortaleza para hacer lo que es bueno y correcto.

El sacerdote nunca podrá contarle a nadie ningún pecado confesado en el Sacramento. Esto se llama **sigilo sacramental**, o sello de confesión.

Practica tu fe

Describe la Reconciliación Encierra en un círculo las palabras o frases que reflejen tu experiencia del Sacramento de la Reconciliación.

alivio

fin de lastimar

Dios

comenzar de nuevo

gracia

hacer las paces

sanar

amistad

paz

libertad

Agrega frases o palabras propias.

___

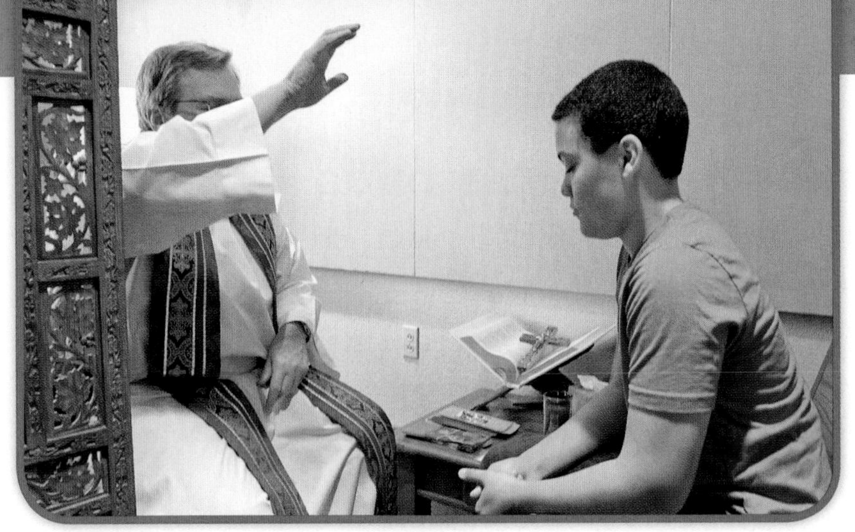

After you have confessed, the priest extends his hand and absolves you of sin (see page 649 for the Act of Contrition).

Effects of the Sacrament

The Sacrament of Penance and Reconciliation provides you with many benefits. The effects of the Sacrament include:

- Your full friendship with God is restored or healed.
- You are reconciled with the Church and freed from the threat of Hell.
- You are given peace and strength to do what is right and good.

Any sin confessed in the Sacrament can never be told to anyone by the priest. This is called the **sacramental seal**, or seal of confession.

Connect Your Faith

Describe Reconciliation Circle the words or phrases that reflect your experience of the Sacrament of Reconciliation.

relief

end of hurting

God

grace

healing

making amends

starting over

friendship

freedom

peace

Add words or phrases of your own.

___

¿Lastimarán a alguien mis decisiones?
¿Me lastimarán mis decisiones?
MAIL

Nuestra vida católica

¿Cómo puedo mantener limpia mi conciencia?

Tu conciencia es un don de Dios que te ayuda a saber la diferencia entre lo correcto y lo incorrecto. Una conciencia bien formada te ayuda a conocer la voluntad de Dios y a actuar de acuerdo con su voluntad. Si continuamente vas en contra de tu conciencia, esta se vuelve insensible a la guía y a la dirección de Dios. Por el otro lado, cuando haces tu mayor esfuerzo para formar tu conciencia y seguirla, haces buenas decisiones morales y disfrutas de la paz y la alegría que proviene de una buena conciencia.

¿Qué me dicen las Bienaventuranzas?
HOLY BIBLE

Revisa lo que estás haciendo ahora y dibuja una estrella junto a algo en lo que quieres trabajar esta semana.

Papá podría tener algunas buenas ideas.

Formar tu conciencia	
PIENSA	
Piensa en las opciones y los resultados antes de actuar.	☐ Haz una pausa para analizar tus opciones antes de elegir una.
COMPARA	
Compara tu decisión con las enseñanzas de Jesús y la Iglesia.	☐ Ten en mente el mandamiento de amar a Dios y al prójimo con todo tu corazón. ☐ Piensa en los Diez Mandamientos, las Bienaventuranzas y las enseñanzas de la Iglesia.
HABLA	
Habla acerca de tu decisión con una persona sabia.	☐ Busca el consejo de alguien en cuyo juicio puedas confiar.
ORA	
Ora al Espíritu Santo para que te ayude.	☐ Ora por la ayuda del Espíritu Santo para que tu decisión sea la correcta y para que te haga una persona más amorosa.

Ven, Espíritu Santo...

Our Catholic Life

How can I keep a clear conscience?

Your conscience is a gift from God that helps you to know the difference between right and wrong. A well-formed conscience helps you to know the will of God and act according to his will. If you continue to go against your conscience, it grows insensitive to God's guidance and direction. On the other hand, when you do your best to form your conscience and follow it, you will make good moral choices and enjoy the peace and joy that come from a good conscience.

Will my choices hurt someone?
Will my choices hurt me?
MAIL

What do the Beatitudes tell me?
HOLY BIBLE

Check off what you are doing now, and draw a star next to something you want to work on this week.

Informing Your Conscience

THINK	
Think about choices and results before you act.	☐ Pause to think through your choices before deciding on one.
COMPARE	
Compare your choice with teachings of Jesus and the Church.	☐ Call to mind the command to love God and your neighbor with all your heart. ☐ Think of the Ten Commandments, the Beatitudes, and the teachings of the Church.
TALK	
Talk about your choice with a wise person.	☐ Seek out the advice of someone whose judgment you can trust.
PRAY	
Pray to the Holy Spirit for help.	☐ Pray for the Holy Spirit's help so that your choice is the correct one and so that it makes you a more loving person.

Dad might have some good ideas.

Gente de fe

22 de febrero

Santa Margarita de Cortona, 1247-1297

En su niñez, Santa Margarita quería hacer lo que le gustaba, incluso si estaba mal o era pecado. Se fue de su casa y tuvo una mala vida durante muchos años. Un día, asesinaron a uno de sus amigos más cercanos. Santa Margarita se sintió tan conmocionada que confesó sus pecados y cambió de vida de inmediato. Vivió con las monjas en un convento, aunque nunca se hizo monja, y trabajó con los enfermos y los pobres. Santa Margarita tuvo un perro al que quiso tanto que cuando ella murió, se colocó una estatua del perro en su tumba.

Comenta: Cuando haces algo que está mal, ¿le dices a Dios que te arrepientes?

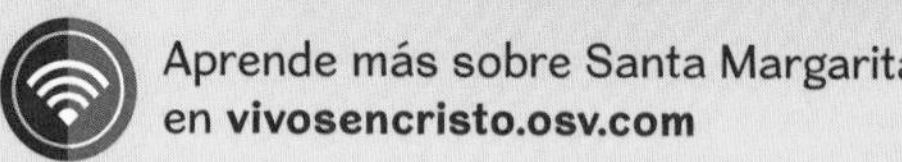

Aprende más sobre Santa Margarita en **vivosencristo.osv.com**

Vive tu fe

Representaciones acerca de la Conciencia Lee las siguientes situaciones y escribe cómo responderías a cada una.

1. Dos de tus amigos planean robar algo en una tienda mientras el empleado está ayudando a otras personas.

____

____

____

____

2. En el salón de estudios, dos compañeros empiezan a discutir y a golpearse sin que los vea el asistente.

____

____

____

____

Representa una de las situaciones en un grupo pequeño y representa una conclusión. Comenta cómo reaccionaría en cada situación una conciencia bien formada.

People of Faith

February 22

Saint Margaret of Cortona, 1247–1297

As a young girl, Saint Margaret wanted to do whatever she liked, even if it was wrong or sinful. She ran away from home and lived a very bad life for many years. Then one day, one of her closest friends was murdered. This so shocked Saint Margaret that she confessed her sins and immediately changed her life. She lived with the nuns at a convent, although she didn't become a nun, and she worked with the sick and poor. Saint Margaret had a dog that she loved so much that when she died, a statue of her dog was put on her tomb.

Discuss: When you do something wrong, do you tell God that you are sorry?

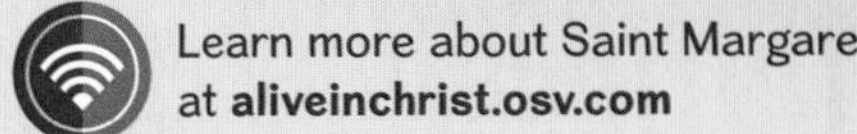

Learn more about Saint Margaret at **aliveinchrist.osv.com**

Live Your Faith

Role-Plays on Conscience Read the following situations, and write how you would respond in each.

1. Two of your friends plan to steal something at a store while the clerk is helping the others.

____

____

____

____

2. During study hall, two classmates start to argue and hit each other out of view of the study hall monitor.

____

____

____

____

____

Role-play one of the situations in a small group, and act out a conclusion. Discuss how an informed conscience would react in each situation.

Oremos

Oración a Jesús

Reúnanse y comiencen con la Señal de la Cruz.

Todos: Canten "Nueva Vida"

Una nueva vida. Tu misma vida.
Una nueva familia. Tu misma familia.
Hijos tuyos para siempre.

Ponte en posición de oración y respira profunda y tranquilamente. Ahora combina tu respiración concentrada con una antigua oración llamada Oración a Jesús.

Mientras inspiras, ora en silencio: "Señor Dios".
Mientras exhalas, ora en silencio: "Hijo de Dios vivo".
Mientras inspiras, ora en silencio: "ten piedad de mí".
Mientras exhalas, ora en silencio: "este pobre pecador".

Todos: Dios, Padre nuestro, no quieres perder a nadie por el pecado. Ayúdanos a hacer el bien y evitar el mal.
Si fallamos, guíanos hacia tu perdón
en el Sacramento de la Penitencia
y de la Reconciliación.
Te lo pedimos por Jesús,
tu Hijo, que vive y
reina contigo y con
el Espíritu Santo,
ahora y siempre.
Amén.

Let Us Pray

The Jesus Prayer

Gather and begin with the Sign of the Cross.

All: Sing "You Alone"

You alone are holy,
you alone are Lord.
You alone are worthy to be honored and adored.
Mercy you have given, kindness you have shown.
Love is you alone.

Place yourself in a position of prayer, and breathe deeply and quietly. Now combine your focused breathing with an ancient prayer called the Jesus Prayer.

As you breathe in, silently pray, "Lord Jesus Christ."
As you breathe out, silently pray, "Son of God."
As you breathe in, silently pray, "have mercy on me."
As you breathe out, silently pray, "a sinner."

All: God our Father, you do not want to lose anyone to sin.
Help us do good and avoid evil.
If we fail, guide us to your forgiveness
in the Sacrament of Penance
and Reconciliation.
We ask this through Jesus,
your Son, who lives and
reigns with you and the
Holy Spirit now and forever.
Amen.

FAMILIA + FE
VIVIR Y APRENDER JUNTOS

SUS HIJOS APRENDIERON >>>

Este capítulo examina el pecado mortal y el pecado venial, y explica la necesidad de una conciencia informada y los efectos del Sacramento de la Penitencia y de la Reconciliación.

La Sagrada Escritura

Lean **Mateo 18, 21–22** para aprender qué tiene que decir Jesús acerca del perdón.

Lo que creemos

- Tu conciencia te ayuda cuando sabes que has pecado.
- A través del Sacramento de la Reconciliación, Dios perdona los pecados y restablece nuestra amistad con Él.

Para aprender más, vayan al *Catecismo de la Iglesia Católica* 1440–1445, 1777–1782, 1849–1850 en **usccb.org**.

Gente de fe

Esta semana, su hijo aprendió acerca de Santa Margarita de Cortona, una pecadora arrepentida, que fue conocida por su obra con los pobres y por amar a su perro.

LOS NIÑOS DE ESTA EDAD >>>

Cómo comprenden el pecado y el perdón La mayoría de los niños de esta edad están listos para crecer, cuando se trata de hacerse responsables por su comportamiento y por su conducta ante los demás. Un factor que puede motivarlos es su deseo de mayor libertad e independencia. Para su hijo es importante saber que tendrá mayor libertad como una consecuencia natural de que muestre mayor responsabilidad. La capacidad de su hijo de reconocer cuando le haya hecho mal a alguien y tanto de pedir como de recibir perdón son parte importante de este proceso de madurez.

CONSIDEREMOS ESTO >>>

¿Cuánta importancia tiene para ustedes resolver algo pequeño antes de que se convierta en algo más grande?

Entendemos lo que eso significa cuando se trata del mantenimiento de nuestra casa o auto. Sin embargo, ¿con qué frecuencia aplicamos esta comprensión al pecado? Cuando cedemos a la tentación y elegimos pecar, puede ser el comienzo de un patrón que nos conduzca a un pecado más grave aún. Como católicos, sabemos que "conviene valorar los pecados según su gravedad. La distinción entre pecado mortal y venial, perceptible ya en la Escritura (Cf. 1 *Juan 5, 16-17*) se ha impuesto en la tradición de la Iglesia. La experiencia de los hombres la corroboran" (*CIC, 1854*).

HABLEMOS >>>

- Pídan a su hijo que explique qué Jesús enseñó sobre el pecado y el perdón.
- Compartan una ocasión en que tuvieron dificultades para dejar que su conciencia los guiara, pero al final lo hicieron.

OREMOS >>>

Santa Margarita, ayúdanos siempre a estar deseosos de confesar nuestros pecados y pedir el perdón de Dios. Amén.

Visiten **vivosencristo.osv.com** para encontrar un glosario multimedia de Palabras católicas, lecturas dominicales, y recursos de Santos y tiempos festivos.

FAMILY+FAITH

LIVING AND LEARNING TOGETHER

YOUR CHILD LEARNED >>>

This chapter examines mortal and venial sin and explains the need for an informed conscience and the effects of the Sacrament of Penance and Reconciliation.

Scripture

Read **Matthew 18:21–22** to find out what Jesus has to say about forgiveness.

Catholics Believe

- Your conscience helps you know when you have sinned.
- Through the Sacrament of Reconciliation, God forgives sins and restores us to his friendship.

To learn more, go to the *Catechism of the Catholic Church* #1440–1445, 1777–1782, 1849–1850 at **usccb.org**.

People of Faith

This week your child learned about Saint Margaret of Cortona, a reformed sinner, who was known for her work with the poor and for loving her dog.

CHILDREN AT THIS AGE >>>

How They Understand Sin and Forgiveness Most children this age are ready to grow when it comes to taking personal responsibility for their behavior and being accountable to others. One factor that can motivate them is their desire for new freedom and independence. It's important for your child to know that increased freedom will come naturally as he or she shows greater responsibility. Your child's ability to recognize when he or she has wronged someone and to both ask for and receive forgiveness is an important part of this process of maturity.

CONSIDER THIS >>>

How important is it to deal with something small before it turns into something bigger?

We understand what that means when it comes to our house or car maintenance. Yet, how often do we apply that understanding to sin? When we give in to temptation and choose to sin it can be the beginning of a pattern that leads us to even more grave sin. As Catholics, we know that "sins are rightly evaluated according to their gravity. The distinction between mortal and venial sin, already evident in Scripture (cf. 1 John 5:16-17), became part of the tradition of the Church. It is corroborated by human experience" (*CCC, 1854*).

LET'S TALK >>>

- Ask your child to explain what Jesus taught about sin and forgiveness.
- Share a time when you struggled to rely on your conscience as your guide but in the end did so.

LET'S PRAY >>>

Saint Margaret, help us always to be willing to confess our sins and ask for God's forgiveness. Amen.

For a multimedia glossary of Catholic Faith Words, Sunday readings, seasonal and Saint resources, and chapter activities go to **aliveinchrist.osv.com**.

Capítulo 15 Repaso

A Trabaja con palabras **Rellena el círculo que está junto a la respuesta correcta.**

1. Los actos deliberados y graves por los que una persona se aparta de Dios son _____.
   - ◯ **pecados mortales**
   - ◯ **delitos**
   - ◯ **pecados veniales**

2. Los pecados que debilitan pero no destruyen la relación de una persona con Dios son _____.
   - ◯ **pecados mortales**
   - ◯ **delitos**
   - ◯ **pecados veniales**

3. La habilidad dada por Dios que nos ayuda a juzgar si una acción es correcta o incorrecta es _____.
   - ◯ **la ley natural**
   - ◯ **la conciencia**
   - ◯ **el Sacramento**

4. El sacerdote guarda en secreto todo lo que oye en confesión a debido _____.
   - ◯ **a la alianza**
   - ◯ **al sigilo sacramental**
   - ◯ **a la unción**

5. Jesús predicó esta parábola acerca del perdón: la Parábola _____.
   - ◯ **El Buen Pastor**
   - ◯ **La semilla de mostaza**
   - ◯ **El que no perdonó a su compañero**

B Confirma lo que aprendiste

Menciona cinco efectos del Sacramento de la Penitencia y de la Reconciliación.

6. ______________________________

7. ______________________________

8. ______________________________

9. ______________________________

10. ______________________________

Chapter 15 Review

A Work with Words Fill in the circle next to the correct answer.

1. Deliberate and serious acts by which a person turns away from God are _____.
   - ◯ mortal sins
   - ◯ crimes
   - ◯ venial sins

2. Sins that weaken but do not destroy a person's relationship with God are _____.
   - ◯ mortal sins
   - ◯ crimes
   - ◯ venial sins

3. The God-given ability that helps us judge whether actions are right or wrong is _____.
   - ◯ natural law
   - ◯ conscience
   - ◯ Sacrament

4. A priest keeps secret what he hears in confession because of the _____.
   - ◯ covenant
   - ◯ sacramental seal
   - ◯ anointing

5. Jesus preached this parable about forgiveness: the Parable of the _____.
   - ◯ Good Shepherd
   - ◯ Mustard Seed
   - ◯ Unforgiving Servant

B Check Understanding Name five effects of the Sacrament of Penance and Reconciliation.

6. ______________________________

7. ______________________________

8. ______________________________

9. ______________________________

10. ______________________________

Repaso de la Unidad

A **Trabaja con palabras** **Usa las pistas para resolver el crucigrama.**

Horizontales

4. estructuras injustas de la sociedad
5. destruye la relación de una persona con Dios
7. habilidad para juzgar lo que es correcto e incorrecto
9. valor intrínseco de una persona
10. estado de calma cuando las cosas están en su justo orden

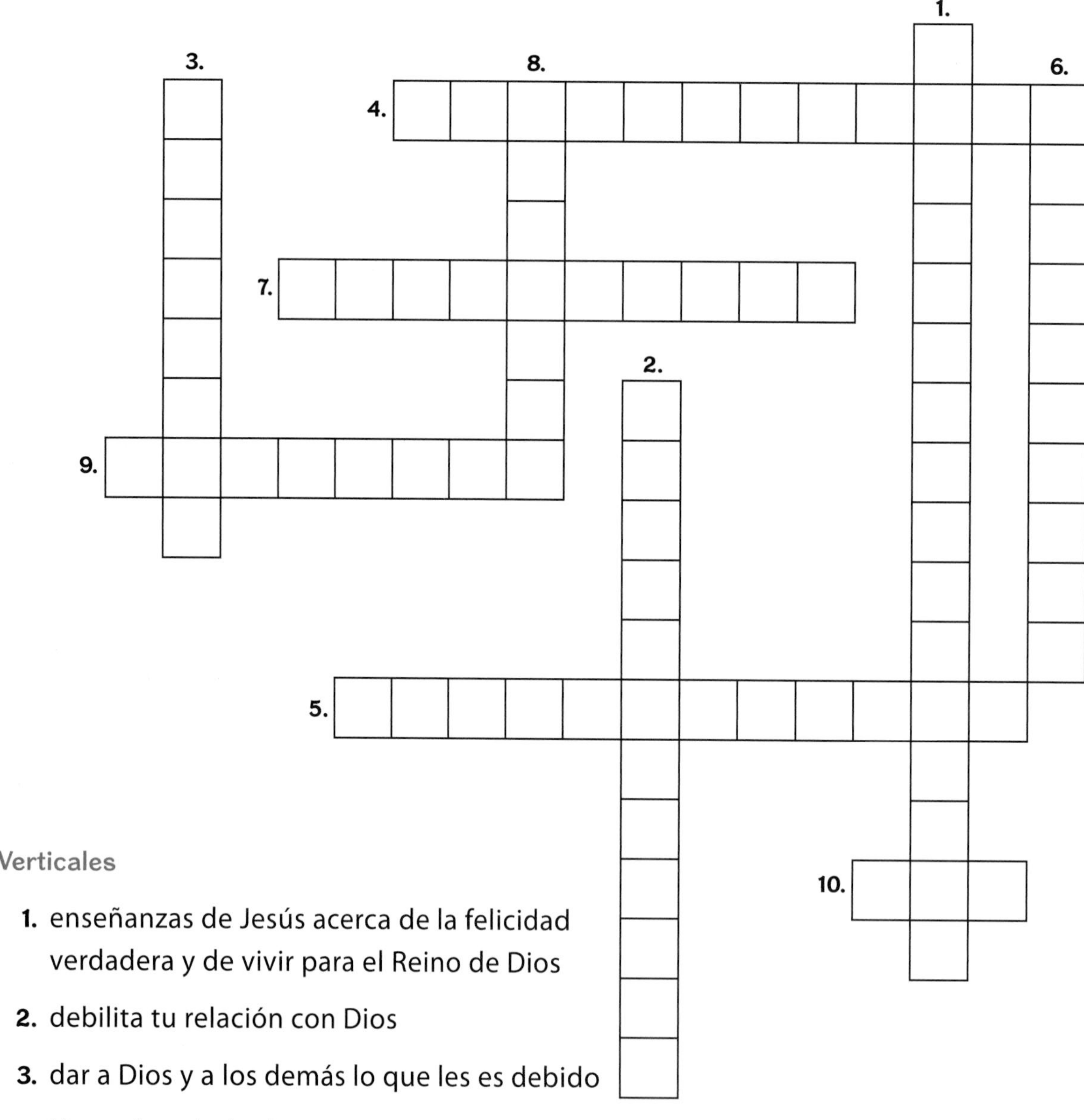

Verticales

1. enseñanzas de Jesús acerca de la felicidad verdadera y de vivir para el Reino de Dios
2. debilita tu relación con Dios
3. dar a Dios y a los demás lo que les es debido
6. Nueva Ley de Jesús
8. Don del Espíritu Santo que te dispone al amor

Work with Words

Use the clues provided to solve the puzzle.

Across

4. unjust structures in society
5. destroys a person's relationship with God
7. ability to judge right and wrong
9. inner worth of a person
10. a state of calm when things are in their proper order

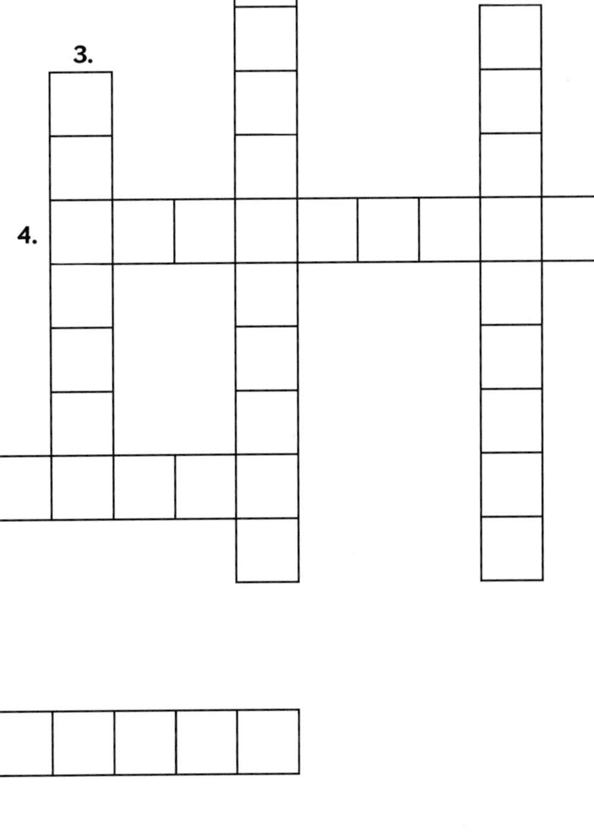

Down

1. Jesus' teachings about true happiness and living for God's Kingdom
2. weakens your relationship with God
3. giving God and others what is due to them
6. Jesus' New Law
8. Gift of the Holy Spirit prompting you to love

Repaso de la Unidad

B Confirma lo que aprendiste **Une cada descripción de la Columna A con el término correcto de la Columna B.**

Columna A	Columna B
11. La revelación de Jesús en la gloria a los Apóstoles Pedro, Santiago y Juan	Vida
12. Un don del Espíritu Santo	Preceptos de la Iglesia
13. Lo que tienes la obligación de proteger	La Transfiguración
14. El perdón y la restitución de la amistad con Dios	Caridad
15. Algunos de los requisitos mínimos creados por los líderes de la Iglesia para profundizar nuestra relación con Dios y la Iglesia	La Penitencia y la Reconciliación

C Relaciona **Escribe una respuesta para cada pregunta o enunciado.**

16. ¿Cómo describirías la justicia?

____

____

____

____

____

____

17. Explica el Gran Mandamiento con tus propias palabras.

____

____

____

____

____

B Check Understanding Match each description in Column A with the correct term in Column B.

Column A	Column B
11. The revelation of Jesus in glory to the Apostles Peter, James, and John	life
12. Gift of the Holy Spirit	Precepts of the Church
13. What you have a duty to protect	Transfiguration
14. Forgiveness and friendship with God restored	charity
15. Some of the minimum requirements given by Church leaders for deepening your relationship with God and the Church	Penance and Reconciliation

C Make Connections Write a response to each question or statement.

16. How would you describe justice?

____

____

____

____

____

____

17. In your own words, explain the Great Commandment.

____

____

____

____

____

____

Repaso de la Unidad

18. Escribe dos ejemplos de pecado venial y dos ejemplos de pecado mortal.

19. ¿Por qué saber que los seres humanos están hechos a imagen y semejanza de Dios ayuda a promover la dignidad humana?

20. ¿Qué es lo que más te ayuda en tu vida a formar tu conciencia?

18. Give two examples of a venial sin and two examples of a mortal sin.

19. How does knowing that humans are made in the image and likeness of God help promote human dignity?

20. In your life, what helps you most in informing your conscience?

UNIDAD 6

Sacramentos

Nuestra Tradición Católica

- La misión de la Iglesia es proclamar el Evangelio en palabras y acciones a todas las personas. (CIC, 849)
- Los Sacramentos de la Iniciación dan a los católicos una vida nueva y la fortaleza para cumplir su misión de amar a Dios y servir a los demás. (CIC, 1212)
- Los Sacramentos al servicio de la Comunidad—Orden Sagrado y Matrimonio—ayudan a los obispos, sacerdotes, diáconos y a los matrimonios a vivir su misión, siguiendo su vocación de servir a los demás. (CIC, 1534)

¿Cómo los Sacramentos de la Iniciación te llevan por el camino de tu vocación?

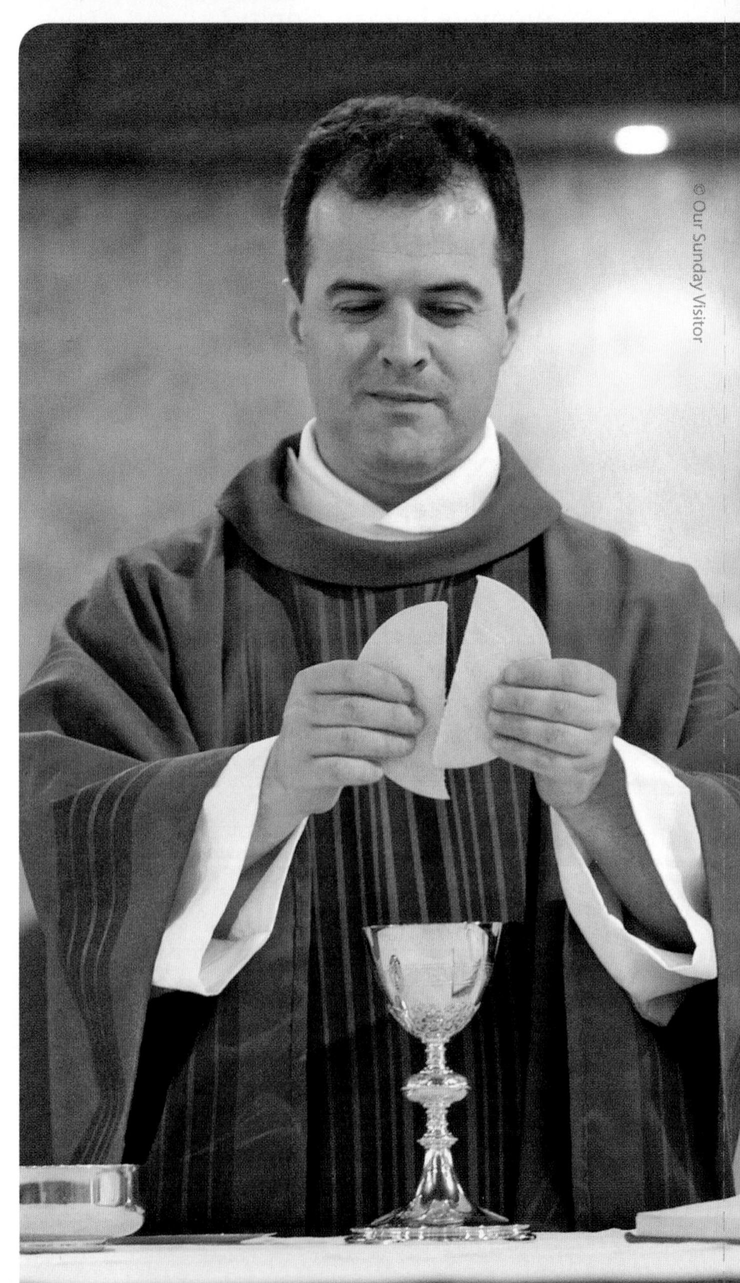

UNIT 6

Sacraments

Our Catholic Tradition

- The mission of the Church is to proclaim the Gospel in word and deed to all people. (CCC, 849)
- The Sacraments of Initiation give Catholics new life and the strength to accomplish their mission of loving God and serving others. (CCC, 1212)
- The Sacraments at the Service of Communion—Holy Orders and Matrimony—help bishops, priests, deacons, and married couples live out their mission by following their vocation of service to others. (CCC, 1534)

How do the Sacraments of Initiation set you on the path of your vocation?

Bautizados para la misión

Oremos

Líder: Nos convocas a la misión, Señor. Nos llamas por causa de tu reino, Señor.

"Tu reino es reino por todos los siglos,
y tu imperio por todas las edades.
Fiel es el Señor en todas sus palabras
y bondadoso en todas sus obras". **Salmo 145, 13**

Todos: Nos convocas a la misión, Señor. Nos llamas por causa de tu reino, Señor.

La Sagrada Escritura

Para esto han sido llamados, pues Cristo también sufrió por ustedes, dejándoles un ejemplo, y deben seguir sus huellas.
1 Pedro 2, 21

¿Qué piensas?

- ¿Cómo se relaciona el Bautismo con el matrimonio o el sacerdocio?
- ¿Cómo sabes lo que Dios quiere que hagas con tu vida?

Baptized for Mission

Let Us Pray

Leader: You summon us to mission, Lord. Call us on account of your reign.

"Your reign is a reign for all ages,
your dominion for all generations.
The LORD is trustworthy in all his words,
and loving in all his works." Psalm 145:13

All: You summon us to mission, Lord. Call us on account of your reign.

Scripture

For to this you have been called, because Christ also suffered for you, leaving you an example that you should follow in his footsteps. 1 Peter 2:21

What Do You Wonder?

- What does Baptism have to do with marriage or priesthood?
- How will you know what God wants you to do with your life?

La misión de los Apóstoles

¿Cómo cumplieron los Apóstoles la misión de Jesús?

La palabra *misión* proviene de un término en latín que significa "enviar" y abarca la idea de ser enviado a cumplir con tareas específicas. Jesús dijo a sus Apóstoles que continuaran su misión. Él cumplió su promesa y les envió al Espíritu Santo en Pentecostés. En ese momento ya estaban preparados para cumplir la misión de Jesús. Un día, Dios envió un ángel con un mensaje al Apóstol Felipe. Esta es su historia.

Palabras católicas

conversión el proceso continuo de convertirnos en las personas que Dios quiere que seamos a través del cambio y el crecimiento. Es una respuesta al amor y perdón de Dios.

La Sagrada Escritura

Felipe y el etíope

El ángel me indicó que me pusiera en camino a Jerusalén. Pronto divisé un carro, y el Espíritu Santo me dijo que lo alcanzara.

En el carro, vi a un hombre de Etiopía que estaba leyendo el libro del profeta Isaías. "¿Entiendes lo que estás leyendo?", le pregunté al hombre.

"¿Cómo lo voy a entender si no tengo quién me lo explique?", contestó el hombre mientras me hacía gestos para que subiera a su carro. Cuando me senté con él, vi que estaba leyendo un pasaje acerca del Siervo de Dios. Le expliqué que el Siervo de Dios era Jesús. Le conté al hombre la Buena Nueva de Jesús.

Llegamos a un lugar donde había agua, y el hombre exclamó: "Aquí hay agua. ¿Qué impide que yo sea bautizado?" Así que lo bauticé en el lugar. Luego el Espíritu Santo me sacó de allí. El etíope siguió su camino, alabando a Dios.

Basado en Hechos 8, 26-39

1. **Subraya lo que Felipe compartió con el etíope.**
2. **Encierra en un círculo la respuesta del etíope.**

The Apostles' Mission

How did the Apostles carry out Jesus' mission?

The word *mission* comes from a Latin word meaning "to send," and includes the idea of being sent to accomplish specific tasks. Jesus told his Apostles to continue his mission. He kept his promise and sent the Holy Spirit to them at Pentecost. Then they were ready to carry out Jesus' mission. One day, God sent an angel with a message to the Apostle Philip. This is his story.

Catholic Faith Words

conversion the continual process of becoming the people God intends us to be through change and growth. It is a response to God's love and forgiveness.

Scripture

Philip and the Ethiopian

The angel instructed me to set out walking from Jerusalem. Soon I spotted a chariot, and the Spirit told me to catch up with it.

In the chariot, I saw a man from Ethiopia who was reading from the scroll of the prophet Isaiah. "Do you understand what you are reading?" I asked the man.

"How can I, unless someone instructs me?" the man answered, gesturing to me to climb into the chariot. When I sat down with the man, I saw that he was reading a passage about the Servant of the Lord. I explained that the Servant of the Lord was Jesus. I told the man the Good News of Jesus.

When we came to a pool of water, the man cried out, "Look, there is water. What is to prevent my being baptized?" So I baptized him in the pool. Then the Spirit led me away. The Ethiopian continued on his way, praising God.

Based on Acts 8:26–39

1. **Underline what Philip shared with the Ethiopian.**
2. **Circle how the Ethiopian responded.**

La misión de Dios para ti

El relato de Felipe y el etíope da un ejemplo de la continuación de la misión de Jesús. Al igual que Felipe, estás llamado a aprovechar cualquier oportunidad de compartir la Buena Nueva. Por medio de Felipe, el etíope experimentó la **conversión**, un proceso de cambio y crecimiento. Después de ser bautizado, comenzó su propia misión, "feliz y alabando a Dios".

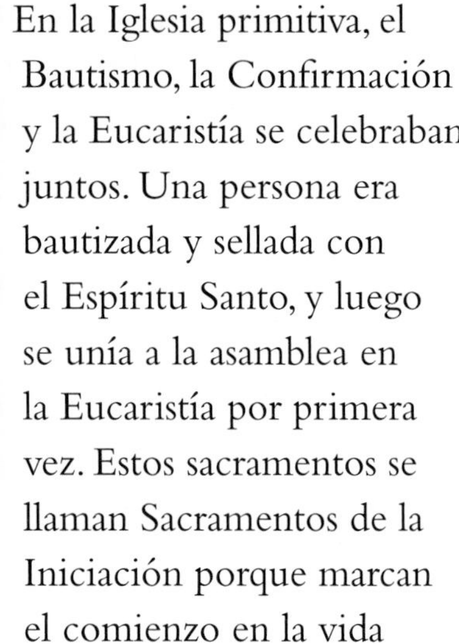

Jesús nos dio el Espíritu Santo para ayudarnos en nuestra misión. A través de la liturgia y los Sacramentos de la Iglesia, experimentas la presencia de Jesús y recibes la gracia de Dios. El Espíritu Santo está contigo en esta misión, cuyo último objetivo es la vida y la felicidad con Dios. El Reino de Dios ya está presente, pero su plenitud vendrá al final de los tiempos.

A través del Sacramento del Bautismo, nos encomendamos a Cristo y nos convertimos en miembros de su Iglesia. En la Iglesia primitiva, el Bautismo, la Confirmación y la Eucaristía se celebraban juntos. Una persona era bautizada y sellada con el Espíritu Santo, y luego se unía a la asamblea en la Eucaristía por primera vez. Estos sacramentos se llaman Sacramentos de la Iniciación porque marcan el comienzo en la vida cristiana. Celebrar juntos estos Sacramentos ha vuelto a ser norma para los adultos y para algunos niños que ingresan a la Iglesia actualmente.

La Iglesia bautiza en nombre de las tres Personas Divinas de la Santísima Trinidad. Los que son bautizados ingresan a la verdadera vida de Dios, que es amor. Todos los Sacramentos ofrecen una participación en el misterio que es Dios: Padre, Hijo y Espíritu Santo.

Comparte tu fe

Reflexiona Imagina que te han pedido que le expliques la *misión* a un amigo. ¿Qué dirías?

Comparte Usa las letras de la palabra *misión* para empezar una palabra o una frase que explique lo que le dirías a alguien acerca de nuestra fe.

M ______________________

I ______________________

S ______________________

I ______________________

Ó ______________________

N ______________________

God's Mission for You

The story of Philip and the Ethiopian offers an example of continuing Jesus' mission. Like Philip, you are called to take any opportunity to share the Good News. Through Philip, the Ethiopian experienced **conversion**, a process of change and growth. After being baptized, he began his own mission, "rejoicing and praising God."

Jesus gave us the Holy Spirit to help us on our mission. Through the liturgy and Sacraments of the Church, you experience Jesus' presence and receive God's grace. The Holy Spirit is with you on this mission, which has the ultimate goal of life and happiness with God. The Kingdom of God is already present, but its fullness will come at the end of time.

Father Son God Holy Spirit

Through the Sacrament of Baptism, we put on Christ and become members of his Church. In the early Church, Baptism, Confirmation, and Eucharist were celebrated together. A person was baptized and sealed with the Spirit, and then joined the assembly at Eucharist for the first time. These Sacraments are called the Sacraments of Initiation because they mark the entry into the Christian life. Celebrating these Sacraments together has again become the norm for adults and for some children entering the Church today.

The Church baptizes in the names of the three Divine Persons of the Holy Trinity. Those who are baptized enter into the very life of God, who is love. All of the Sacraments offer a share into the mystery that is God—Father, Son, and Holy Spirit.

Share Your Faith

Reflect Imagine that you have been asked to explain *mission* to a friend. What would you say?

Share Use the letters in the word *mission* to begin a word or phrase that explains what you would tell someone about our faith.

M ______________________

I ______________________

S ______________________

S ______________________

I ______________________

O ______________________

N ______________________

Los Sacramentos de la Iniciación

¿Cómo cumples hoy la misión de Jesús?

Palabras católicas

evangelización dar testimonio de la fe al proclamar la Buena Nueva de Cristo por medio de palabras y actos de tal manera que invite a las personas a aceptar el Evangelio

Las personas que vivían en la época de Jesús escuchaban muchos relatos acerca del agua y la vida nueva. Durante la creación, el Espíritu Santo se movía sobre las aguas. En ltiempos de Noé y el diluvio, el agua trajo un nuevo comienzo. Cuando Moisés y los israelitas cruzaron el Mar Rojo, su pasaje fue una señal de su liberación de la esclavitud.

En el Evangelio según San Marcos, Jesús comenzó su ministerio cuando Juan lo bautizó con agua. Este no era el sacramento tal como lo conoces hoy, aunque tenía algunos de los mismos elementos. Entonces, como ahora, era un signo de la conversión. Jesús se hizo bautizar por Juan para mostrar a las personas la importancia de la conversión.

El Bautismo

El Bautismo marca el comienzo de tu misión como discípulo de Jesús. Este Sacramento te da un sello permanente e irrepetible ante Cristo. El Bautismo quita el Pecado Original y todos los pecados personales y convierte a la persona en un hijo de Dios y un miembro de la Iglesia. Por el Bautismo estás llamado a la **evangelización**, que es proclamar y compartir la Buena Nueva. Estás llamado a dar testimonio de tu fe por medio de tus palabras y acciones.

➤ **¿Por qué el Bautismo es el comienzo de nuestra misión cristiana?**

La Confirmación

La Confirmación completa la gracia del Bautismo. Recibes la fortaleza para realizar tu misión de compartir la Buena Nueva en palabras y acciones. La Confirmación hace esto con una efusión de los Dones del Espíritu Santo, que te sellan o confirman en Cristo y te unen más íntimamente con Jesús y la Iglesia.

Durante el Sacramento de la Confirmación a un obispo, o a veces un sacerdote, unge la frente del candidato con el Santo Crisma.

Sacraments of Initiation

How do you carry out the mission of Jesus today?

People of Jesus' time heard many stories involving water and new life. At creation, the Spirit moved over the waters. At the time of Noah and the great flood, water brought about a new beginning. When Moses and the Israelites crossed the Red Sea, their passage was a sign of their delivery from slavery.

In the Gospel according to Mark, Jesus began his ministry by being baptized by John with water. This was not the Sacrament as you know it today, although it had some of the same elements. Then, as now, it was a sign of conversion. Jesus submitted to John's baptism to show the people the importance of conversion.

Catholic Faith Words

evangelization giving witness to the faith by proclaiming the Good News of Christ through words and deeds in a way that invites people to accept the Gospel

Baptism

Baptism marks the beginning of your mission as a disciple of Jesus. This Sacrament gives you a permanent and unrepeatable seal that marks you for Christ. Baptism takes away Original Sin and all personal sin, and makes a person a child of God and a member of the Church. You are called by your Baptism to **evangelization**, or proclaiming and sharing the Good News. You are called to give witness to your faith through your words and actions.

➔ **Why is Baptism the beginning of our Christian mission?**

Confirmation

Confirmation perfects the grace of Baptism. You are given the strength to carry out your mission of sharing the Good News in word and action. Confirmation does this by an outpouring of the Gifts of the Holy Spirit, which seals or confirms you in Christ and unites you more closely with Jesus and the Church.

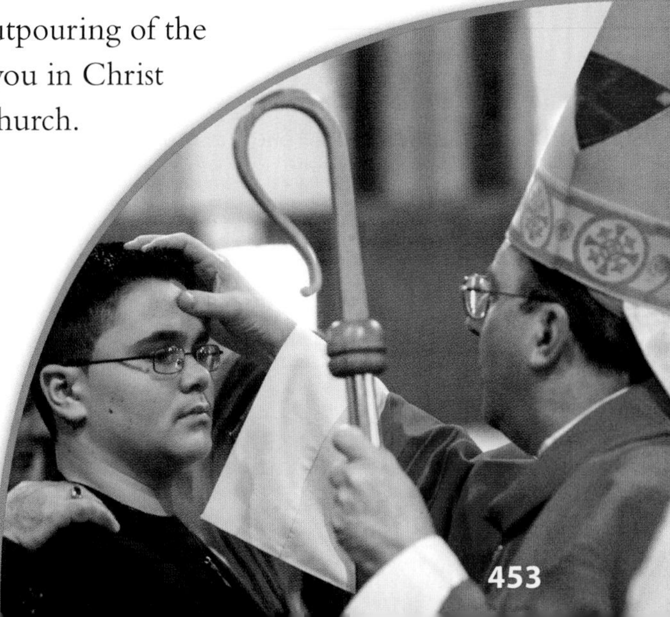

During the Sacrament of Confirmation a bishop, or sometimes a priest, anoints the candidate's forehead with Sacred Chrism.

Palabras católicas

Eucaristía el Sacramento en el que Jesús se da a sí mismo, y el pan y el vino se convierten en su Cuerpo y su Sangre

transubstanciación el proceso por el que el poder del Espíritu Santo y las palabras del sacerdote transforman el pan y el vino en el Cuerpo y la Sangre de Cristo

Presencia Real la frase usada para describir que Jesucristo está real y verdaderamente con nosotros en la Eucaristía: Cuerpo, Sangre, Alma y Divinidad

Sagrario el lugar especial en la iglesia donde se guarda el Santísimo Sacramento después de la Misa, para aquellos que están enfermos o para la Adoración Eucarística

En la Confirmación, un obispo o, a veces, un sacerdote, unge tu frente con el Santo Crisma. Esta unción se combina con la imposición de manos del obispo o del sacerdote y las palabras: "Recibe por esta señal el Don del Espíritu Santo". La Confirmación, como el Bautismo, te da una marca espiritual permanente. Por esta razón, celebras cada uno de estos Sacramentos solo una vez en tu vida.

La Eucaristía

El Sacramento final de la Iniciación es la **Eucaristía**. En la Eucaristía, recordamos, damos gracias y compartimos en la vida, Muerte y Resurrección de Jesús. En el altar, estás unido al Pueblo de Dios. Te ofreces a Dios y participas del sacrificio de Jesús. Al responder a la promesa de Jesús de que su Cuerpo y su Sangre dan vida, lo recibes en la Eucaristía. El poder del Espíritu Santo y las palabras del sacerdote transforman el pan y el vino en el Cuerpo y la Sangre de Jesús a través de la **transubstanciación**. The Bread of Life nourishes you for your mission to announce El Pan de Vida te alimenta para tu misión de anunciar la Buena Nueva y dar gloria a Dios. La Eucaristía prefigura la vida eterna en el Cielo. Los católicos muestran amor y respeto por la Presencia Real de Jesús al recibir con reverencia la Sagrada Comunión. Fuera de la Misa, honramos y respetamos la **Presencia Real** de Cristo al visitar y orar ante el Santísimo Sacramento en la iglesia. El Cuerpo de Cristo que no se ha consumido en la Misa se reserva en el **Sagrario**.

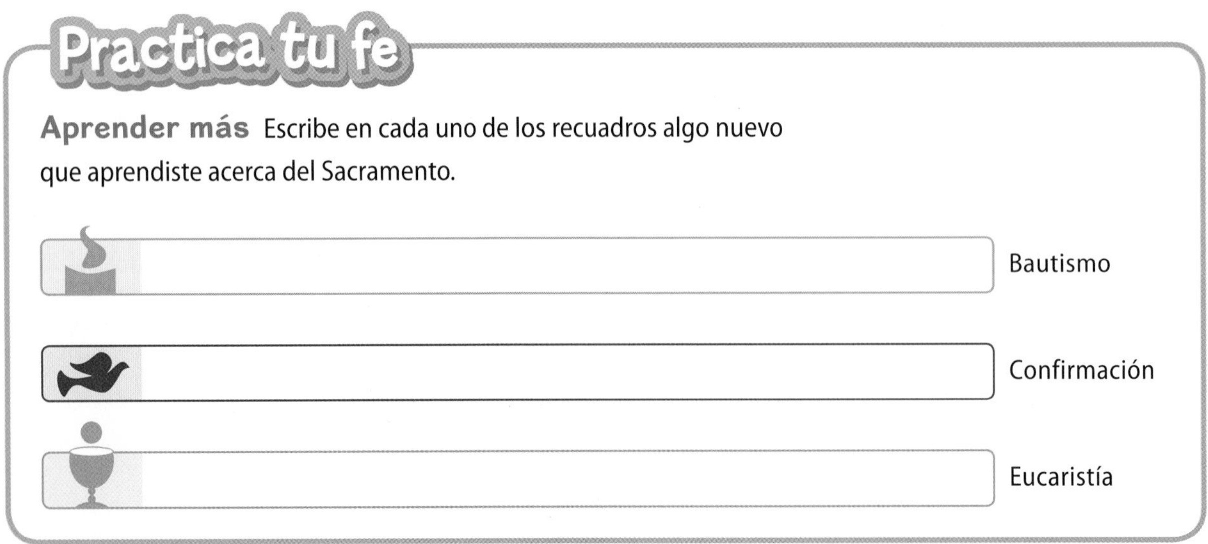

Practica tu fe
Aprender más Escribe en cada uno de los recuadros algo nuevo que aprendiste acerca del Sacramento.
Bautismo
Confirmación
Eucaristía

In Confirmation, a bishop, or sometimes a priest, anoints your forehead with Sacred Chrism. This anointing is combined with the laying on of the bishop's or priest's hand and the words, "Be sealed with the Gift of the Holy Spirit." Confirmation, like Baptism, gives you a permanent spiritual mark. For this reason, you celebrate each of these Sacraments only once in your life.

Eucharist

The final Sacrament of Initiation is the **Eucharist**. In the Eucharist, we remember, give thanks for, and share in the life, Death, and Resurrection of Jesus. At the altar, you are united with the People of God. You offer yourself to God and participate in Jesus' sacrifice. Responding to Jesus' assurance that his Body and Blood give life, you receive him in the Eucharist. The power of the Holy Spirit and the words of the priest transform the bread and wine into the Body and Blood of Jesus through **transubstantiation**. The Bread of Life nourishes you for your mission to announce the Good News and give glory to God. The Eucharist foretells eternal life in Heaven. Catholics show love and respect for the **Real Presence** of Jesus by receiving Holy Communion with reverence. Outside of Mass we honor and respect the real presence of Christ by visiting and praying before the Blessed Sacrament in church. The Body of Christ, not consumed in the Mass, is reserved in the **Tabernacle**.

Catholic Faith Words

evangelization giving witness to the faith by proclaiming the Good News of Christ through words and deeds in a way that invites people to accept the Gospel

Eucharist the Sacrament in which Jesus gives himself and the bread and wine become his Body and Blood

transubstantiation the process by which the power of the Holy Spirit and the words of the priest transform the bread and wine into the Body and Blood of Christ

Real Presence the phrase used to describe that Jesus is really and truly present in the Eucharist—Body, Blood, Soul, and Divinity

Tabernacle the special place in the church where the Blessed Sacrament is reserved after Mass for those who are ill or for Eucharistic Adoration

Connect Your Faith

Learning More In each of the boxes, write something new you learned about the Sacrament.

Baptism

Confirmation

Eucharist

Nuestra vida católica

¿Cómo puedes ser un agente del amor de Dios?

Dios te pide que seas un agente de su amor. Trabajarás con las personas y las comunidades que te rodean a diario. El objetivo de tu misión es comunicar la verdad acerca del amor de Dios. A continuación leerás cómo cumplir esa misión.

1. Aprende todo lo que puedas acerca del amor de Dios y cómo reconocerlo. Familiarízate con la historia de la salvación revelada en la Biblia. La Biblia será tu mapa y tu brújula.
2. Conoce a otras personas comprometidas en la misión. La Iglesia se reúne a diario para celebrar la Eucaristía. Si puedes, asiste a Misa un día de la semana. En la próxima Misa dominical, haz un esfuerzo especial por presentarte a las demás personas.
3. Identifica los dones y talentos que Dios te dió y las maneras como puedes usarlos para compartir el amor de Dios con los demás.

   ____

   ____
4. Trabaja cerca de tu guía, el Espíritu Santo. No puedes cumplir tu misión sin él. Órale con frecuencia porque él puede darte lo que necesitas para completar tu misión.
5. Aprende todo lo que puedas acerca de Jesús, la persona que te envía a esta misión. Jesús dio su vida para salvar a todas las personas del poder del pecado y de la muerte eterna. Él sigue activo en esta misión actual a través del Espíritu Santo.

Haz una lista con algunos de los intereses y talentos que mencionaste arriba.

Our Catholic Life

How can you be an agent of love for God?

God asks you to be an agent of his love. You will be working with the people and communities who surround you every day. The goal of your mission is to communicate the truth about God's love. Here is how to accomplish that mission.

1. Learn as much as you can about God's love and how to recognize it. Become familiar with the story of salvation revealed in the Bible. The Bible will be your map and your compass.
2. Get to know other people involved in mission. The Church gathers daily to celebrate the Eucharist. If you can, go to Mass one day during the week. At the next Sunday Mass, make a special effort to introduce yourself to others.
3. Identify your God-given gifts and talents and ways they can be used to share God's love with others.

   ____

   ____

4. Work closely with your guide, the Holy Spirit. You won't accomplish your mission without him. Pray to him frequently because he can provide what you need to complete your mission.
5. Learn as much as you can about Jesus, the person who is sending you on this mission. Jesus gave his life to save all people from the power of sin and everlasting death. He is still active in this mission today through the Holy Spirit.

List some of your interests and talents above.

Gente de fe

18 de noviembre

Santa Rosa Filipina Duchesne, 1769–1852

Rosa Duchesne vivió su llamado bautismal como hermana religiosa. Nació en Francia y cuidó de los enfermos, educó a los niños marginados y dio refugio a los sacerdotes durante la Revolución Francesa. En 1818 partió desde Francia a los Estados Unidos de América. Fundó conventos y escuelas en Missouri y Luisiana. Pero ella quería trabajar con los indígenas americanos. Finalmente, cuando ya era muy anciana, fue a la tribu Potawatomi en Sugar Creek, Kansas. La llamaron la "mujer que siempre reza" porque pasó mucho de su tiempo libre en oración.

Comenta: ¿Cómo te ayuda la oración a participar en la misión de Jesús?

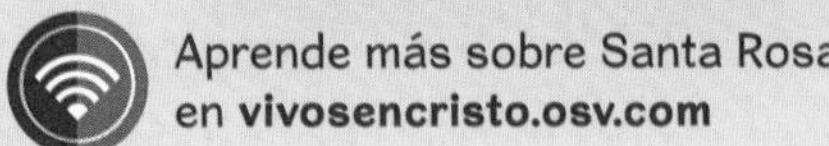

Aprende más sobre Santa Rosa en **vivosencristo.osv.com**

Vive tu fe

Elige algo que hagas bien de la lista de tus intereses y talentos y escribe o dibuja cómo usarás esta semana esa habilidad que Dios te dio, para cumplir tu misión y beneficiar a los demás.

People of Faith

November 18

Saint Rose Philippine Duchesne, 1769–1852

Rose Duchesne lived her baptismal call as a religious sister. Born in France, she cared for those who were sick, educated children who were neglected, and sheltered priests during the French Revolution. In 1818 she left France for the United States. She established convents and schools in Missouri and Louisiana. But she wanted to work with Native Americans. Finally, when she was quite old, she went to the Potawatomi tribe at Sugar Creek, Kansas. They called her "woman who prays always" because she spent so much of her free time in prayer.

Discuss: How does prayer help you participate in Jesus' mission?

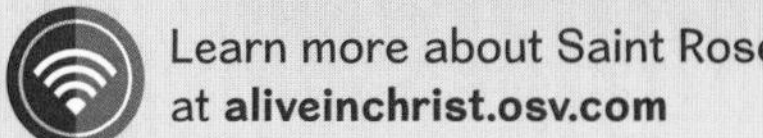

Learn more about Saint Rose at **aliveinchrist.osv.com**

Live Your Faith

Choose one thing you do well from the list you made of your interests and talents, and write or draw how you will use that God-given ability this week to accomplish your mission and to benefit others.

Oremos

Celebración de la Palabra

Reúnanse y comiencen con la Señal de la Cruz.

Líder: A través del Bautismo, la Confirmación y la Eucaristía, Jesús nos envía a una misión de evangelización. Escuchen a Jesús enviando a sus discípulos a esa misión.

Lector 1: Lectura del santo Evangelio según Lucas.

Lean Lucas 9, 1-6.

Palabra del Señor.

Todos: Gloria a ti, Señor Jesús.

Lector 2: ¡El espíritu del Señor Yavé está sobre mí!
Sepan que Yavé me ha ungido.
Me ha enviado con un buen mensaje para los humildes,
para sanar los corazones heridos,
para anunciar a los desterrados su liberación,
y a los presos su vuelta a la luz.

Lector 3: Para publicar un año feliz lleno de los favores de Yavé.
Para consolar a los que lloran. Isaías 61, 1-2

Líder: Oremos.

Inclinen la cabeza mientras el líder ora.

Todos: Amén.

Canten "Nueva Vida"

Una nueva vida. Tu misma vida.
Una nueva familia. Tu misma
familia.
Hijos tuyos para siempre. Letra y música

Let Us Pray

Celebration of the Word

Gather and begin with the Sign of the Cross.

Leader: Through Baptism, Confirmation, and Eucharist, Jesus sends us on a mission of evangelization. Listen as Jesus sends his disciples on such a mission.

Reader 1: A reading from the holy Gospel according to Luke.

Read Luke 9:1–6.

The Gospel of the Lord.

All: Praise to you, Lord Jesus Christ.

Reader 2: The spirit of the Lord GOD is upon me,
because the LORD has anointed me;
He has sent me to bring good news to the afflicted,
to bind up the brokenhearted,
To proclaim liberty to the captives,
release to the prisoners,

Reader 3: To announce a year of favor from the LORD
and a day of vindication by our God;
To comfort all who mourn. Isaiah 61:1–2

Leader: Let us pray.

Bow your heads as the leader prays.

All: Amen.

Sing "Go Make a Difference"

Go make a diff'rence.
We can make a diff'rence.
Go make a diff'rence in the world.

FAMILIA + FE

VIVIR Y APRENDER JUNTOS

SUS HIJOS APRENDIERON >>>

Este capítulo define la evangelización y explica cómo la Eucaristía nos nutre para anunciar la Buena Nueva.

La Sagrada Escritura

Lean **Pedro 2, 21** para aprender lo qué Jesús comisionó a los discípulos que hicieran.

Lo que creemos

- La misión de la Iglesia es anunciar la Buena Nueva del Reino de Dios.
- A través de los Sacramentos de la Iniciación, los católicos reciben una nueva vida y son llamados a difundir la Buena Nueva.

Para aprender más, vayan al *Catecismo de la Iglesia Católica* #1849–856, 1212–1213, 1285 en **usccb.org**.

Gente de fe

Esta semana, su hijo aprendió acerca de Santa Rosa Filipina Duchesne, llamada "mujer que siempre reza" por la tribu Potawatomi que sirvió.

LOS NIÑOS DE ESTA EDAD >>>

Cómo comprenden la misión Muchos niños de esta edad no se han considerado como "misioneros", pero la Iglesia enseña que todas las personas bautizadas están llamadas a difundir el Evangelio a los demás. Su hijo hará esto más frecuentemente con ejemplos, pero en otras ocasiones necesitará las palabras. Desarrollar estas destrezas y conectarlas con los Sacramentos de la Iniciación es una manera de fortalecer la identidad positiva de su hijo en momentos en que el desarrollo de la identidad es más importante.

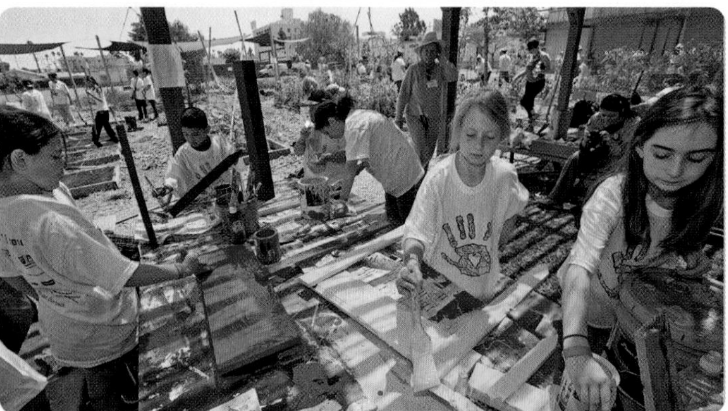

CONSIDEREMOS ESTO >>>

¿Cómo se sienten cuando presencian una acción amorosa de su hijo?

Tal vez la recompensa más grande para un padre es ver a nuestros hijos vivir según los ejemplos que les hemos dado o lo que les hemos enseñado. Como católicos, sabemos que "El pueblo de Dios también comparte del carácter profético de Cristo. Esto significa tanto enseñar como dar testimonio de la Palabra de Dios en el mundo. Un verdadero profeta, mediante enseñanzas y el buen ejemplo, lleva a otros hacia la fe. San Francisco de Asís una vez dijo: 'Prediquen siempre. Algunas veces usen palabras'" (*CCEUA, p. 128*).

HABLEMOS >>>

- Pidan a su hijo que les diga por qué los Sacramentos nos dan una misión y cómo nos ayudan a lograrla.
- Compartan con su hijo un relato del día que hizo su Primera Comunión.

OREMOS >>>

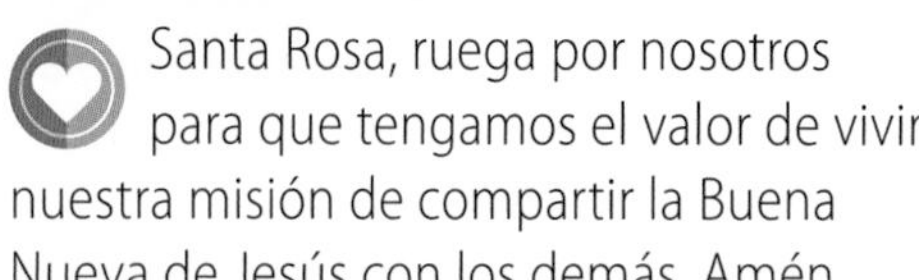

Santa Rosa, ruega por nosotros para que tengamos el valor de vivir nuestra misión de compartir la Buena Nueva de Jesús con los demás. Amén.

Visiten **vivosencristo.osv.com** para encontrar un glosario multimedia de Palabras católicas, lecturas dominicales, y recursos de Santos y tiempos festivos.

FAMILY+FAITH

LIVING AND LEARNING TOGETHER

YOUR CHILD LEARNED >>>

This chapter defines evangelization and explains how the Eucharist nourishes us to announce the Good News.

Scripture

Read **1 Peter 2:21** to find out what Jesus commissioned the disciples to do.

Catholics Believe

- The mission of the Church is to announce the Good News of God's Kingdom.
- Through the Sacraments of Initiation, Catholics are given new life and are called to spread the Good News.

To learn more, go to the *Catechism of the Catholic Church* #849–856, 1212–1213, 1285 at **usccb.org**.

People of Faith

This week, your child learned about Saint Rose Philippine Duchesne, who was called "woman who prays always" by the Potawatomi tribe she served.

CHILDREN AT THIS AGE >>>

How They Understand Mission Many children this age have not considered themselves "missionaries," but the Church teaches that all baptized persons are called to spread the Gospel to others. Your child will most often do this by example, but may at other times need the words to articulate what he or she believes and why. Developing these skills and connecting them with the Sacraments of Initiation is a way to strengthen the positive identity of your child at a time when identity development is becoming more important.

CONSIDER THIS >>>

How do you feel when you witness your child doing something loving?

Perhaps a parent's greatest reward is seeing our children live what we have been trying to teach them or model for them. As Catholics, we know that "God's people also share in Christ's role as prophet. This means both teaching and witnessing God's Word in the world. A real prophet, by teaching and good example, leads others to faith. St. Francis of Assisi once wrote, 'Preach always. Sometimes use words'" (*USCCA, p. 117*).

LET'S TALK >>>

- Ask your child to tell you how the Sacraments give us a mission and how they help us accomplish it.
- Share with your child a story from the day of their First Communion.

LET'S PRAY >>>

Saint Rose, pray for us that we may be courageous in living out our mission to share the Good News of Jesus with others. Amen.

For a multimedia glossary of Catholic Faith Words, Sunday readings, seasonal and Saint resources, and chapter activities go to **aliveinchrist.osv.com**.

Capítulo 16 Repaso

A Trabaja con palabras **Completa cada oración con el término correcto del Vocabulario.**

1. Los Sacramentos de la ____________________ son el fundamento de la vida cristiana.
2. La presencia real y verdadera de Jesús en la Eucaristía —Cuerpo, Sangre, Alma y Divinidad— se llama su ____________________ .
3. A través del Sacramento del ____________________, una persona comienza la misión como discípulo.
4. El ____________________ es óleo bendecido que se usa para la unción en los Sacramentos de Bautismo, Confirmación y Orden Sagrado.
5. Dar testimonio de tu fe al proclamar la Buena Nueva de Jesús se llama ____________________.
6. Como el Bautismo, la ____________________ da al destinatario una marca espiritual permanente.
7. La ____________________ es el anticipo de la vida eterna en el Cielo.
8. El lugar especial en la iglesia donde se guarda el Santísimo Sacramento después de la Misa para los enfermos o para la Adoración Eucarística se llama ____________________.
9. El poder del Espíritu Santo y las palabras del sacerdote transforman el pan y el vino en el Cuerpo y la Sangre de Jesús a través de la ____________________.
10. A través de los Siete ____________________ de la Iglesia, experimentamos la presencia y la gracia de Jesús.

Vocabulario

- Sagrario
- Bautismo
- evangelización
- Santo Crisma
- Confirmación
- Presencia Real
- Iniciación
- Sacramentos
- Eucaristía
- Transubstanciación

Chapter 16 Review

A **Work with Words** **Complete each sentence with the correct term from the Word Bank.**

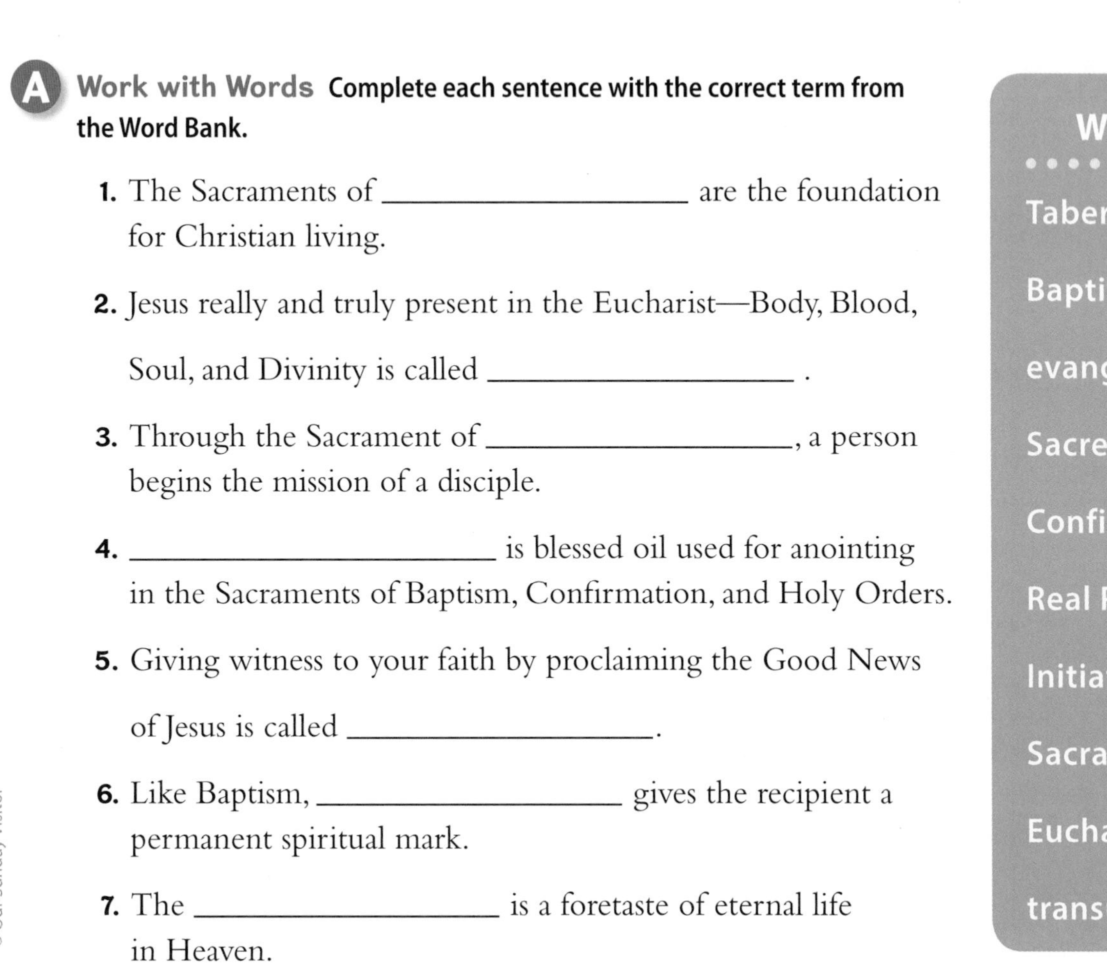

Word Bank

Tabernacle
Baptism
evangelization
Sacred Chrism
Confirmation
Real Presence
Initiation
Sacraments
Eucharist
transubstantiation

1. The Sacraments of __________ are the foundation for Christian living.
2. Jesus really and truly present in the Eucharist—Body, Blood, Soul, and Divinity is called __________ .
3. Through the Sacrament of __________, a person begins the mission of a disciple.
4. __________ is blessed oil used for anointing in the Sacraments of Baptism, Confirmation, and Holy Orders.
5. Giving witness to your faith by proclaiming the Good News of Jesus is called __________.
6. Like Baptism, __________ gives the recipient a permanent spiritual mark.
7. The __________ is a foretaste of eternal life in Heaven.
8. The special place in the church where the Blessed Sacrament is reserved for those who are ill or for Eucharistic Adoration is called the __________.
9. The power of the Holy Spirit and the words of the priest transform the bread and wine into the Body and Blood of Jesus through __________.
10. Through the Seven __________ of the Church, we experience Jesus' presence and grace.

Vidas de servicio

Oremos

Líder: Dios misericordioso, haznos tus siervos.

"Regocija el alma de tu siervo,
pues a ti, Señor, elevo mi alma". **Salmo 86, 4**

Todos: Dios Misericordioso, haznos tus siervos. Seamos Cristo el uno para el otro. Amén.

La Sagrada Escritura

Que cada uno ponga al servicio de los demás el carisma que ha recibido, y de este modo serán buenos administradores de los diversos dones de Dios. Si alguno habla, que sean palabras de Dios; si cumple algún ministerio, hágalo con el poder de Dios, para que Dios sea glorificado en todo por Cristo Jesús. A él sea la gloria y el poder por los siglos de los siglos. Amén. **1 Pedro 4, 10-11**

¿Qué piensas?

- ¿Por qué nos referimos a nuestros talentos y destrezas como si fueran dones?
- ¿Cómo le das gloria a Dios con tu vida?

Lives of Service

Let Us Pray

Leader: Gracious God, make us all your servants.

"Gladden the soul of your servant;
to you, Lord, I lift up my soul." **Psalm 86:4**

All: Gracious God, make us all your servants. May we be "Christ" to one another. Amen.

Scripture

As each one has received a gift, use it to serve one another as good stewards of God's varied grace. Whoever preaches, let it be with the words of God; whoever serves, let it be with the strength that God supplies, so that in all things God may be glorified through Jesus Christ, to whom belong glory and dominion forever and ever. Amen. **1 Peter 4:10–11**

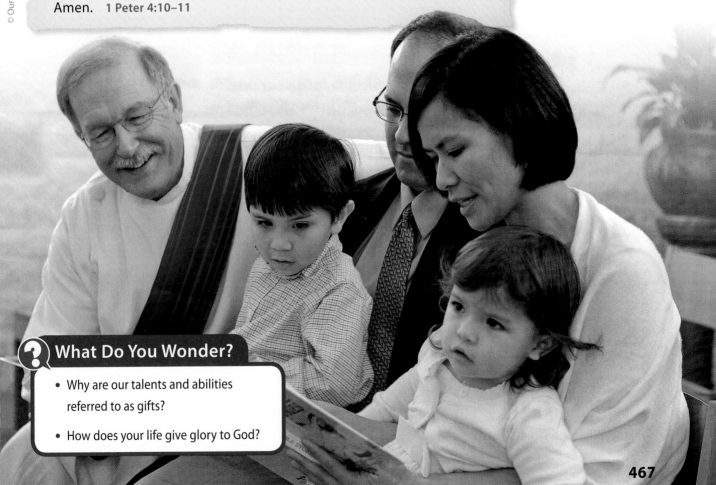

What Do You Wonder?

- Why are our talents and abilities referred to as gifts?
- How does your life give glory to God?

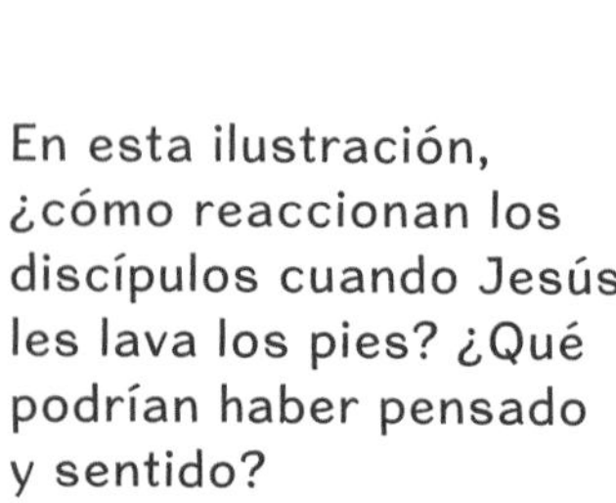

En esta ilustración, ¿cómo reaccionan los discípulos cuando Jesús les lava los pies? ¿Qué podrían haber pensado y sentido?

Llamados a servir

¿Cuál es el significado de la palabra vocación?

Servir a los demás es una parte esencial de ser una persona bautizada. Jesús le dio mucha importancia. En su Última Cena, Jesús supo que su Muerte estaba cerca. Al saber que no tendría más oportunidad de enseñar a sus discípulos antes de ser crucificado, Jesús hizo algo sorprendente.

La Sagrada Escritura

Jesús lava los pies a sus discípulos

Jesús se levantó de la mesa y hechó agua en un recipiente. Entonces se arrodilló para lavar los pies de sus discípulos. Al principio sus discípulos estaban muy sorprendidos. Cuando fue el turno de Pedro, le dijo: "Jamás me lavarás los pies".

Jesús le dijo: "Si no te lavo, no podrás tener parte conmigo".

Entonces Pedro lo miró seriamente y le dijo: "*Señor*, lávame no solo los pies, sino también las manos y la cabeza".

Luego Jesús volvió a la mesa. Preguntó a sus discípulos: "¿Comprenden lo que he hecho con ustedes?" Luego explicó: "Pues si yo, siendo el *Señor* y el Maestro, les he lavado los pies, también ustedes deben lavarse los pies unos a otros." **Basado en Juan 13, 1-15**

➔ **Explica a un compañero lo que Jesús quería que sus discípulos comprendieran cuando les lavó los pies.**

In this painting, how are the disciples reacting to Jesus washing their feet? What might they have thought and felt?

Called to Serve

What is the meaning of the word vocation?

Serving others is an essential part of being a baptized person. Jesus placed great importance on it. At his Last Supper, Jesus knew that his Death was near. Knowing that he would not have another chance to teach his disciples before he went to the Cross, Jesus did a surprising thing.

Scripture

The Washing of the Disciples' Feet

Jesus got up from the table and poured water into a basin. He then knelt to wash his disciples' feet. His disciples were very surprised at first. When it was Peter's turn, he objected by saying, "You will never wash my feet."

Jesus told him, "Unless I wash you, you will have no inheritance with me."

At this remark Peter looked serious and replied, "Master, then not only my feet, but my hands and head as well."

Then Jesus returned to his seat at the table. He asked his disciples, "Do you realize what I have done for you?" Then he explained, "If I, therefore, the master and teacher, have washed your feet, you ought to wash one another's feet." **Based on John 13:1–15**

➔ **Explain to a partner what Jesus wanted his disciples to understand when he washed their feet.**

Palabras católicas

vocación el propósito por el cual Dios nos hizo y una manera especial de responder a su llamado, ya sea como laicos (casados o solteros), miembros de una comunidad religiosa o miembros del ministerio ordenado

El costo de servir a los demás

En la época de Jesús, los pobres caminaban descalzos, y los ricos usaban sandalias. Lavar los pies de los invitados cuando llegaban a una casa era tarea de los siervos; no lo hacía el dueño de casa. Para los discípulos de Jesús fue impactante verlo hacer eso.

La acción de Jesús fue una señal de que sus discípulos necesitaban purificarse antes de que pudieran ingresar en su Reino, tal como tú fuiste purificado por el Bautismo. El lavatorio de los pies a los discípulos fue también un recordatorio de que servir a los demás no siempre sería fácil. Los discípulos tendrían que humillarse, tal como se humilló Jesús por su Pasión y Muerte. Servir a los demás implica ayudar a los demás incluso cuando sea inconveniente o difícil.

Tu vocación

Hoy, por lo general, no se les pide a los seguidores de Jesús que laven los pies a los demás, pero todos estamos llamados a amar y a servir a Dios y a nuestro prójimo. Es parte de nuestra **vocación**, el plan de Dios para nosotros y el propósito para el que nos creó.

Cuando seas mayor, puedes decidir vivir tu vocación y respondiendo al llamado de Dios a la ordenación sacerdotal, a la vida religiosa, en el matrimonio o, probablemente, a la vida comprometida de laico soltero.

Es posible que todavía no conozcas la vocación para la que Dios te está llamando. Orando, aprendiendo más acerca de Jesús y observando los dones y talentos que Dios te ha dado, descubrirás tu vocación.

Comparte tu fe

Reflexiona Recuerda la lista de talentos y dones que hiciste.

Comparte Elige una carrera o vocación en la que usarías estos talentos y para servir a Dios. Escríbelo aquí.

____

Luego escribe dos maneras como podrías servir a los demás a través de esta obra usando estos talentos y dones.

____

____

The Cost of Serving Others

In Jesus' time, people who were poor walked barefoot, and those of a higher class wore sandals. Washing the feet of guests when they entered a home was a job for servants—the owner of the house would not do it. It was shocking for Jesus' disciples to see him do such a thing.

Jesus' action was a sign that his disciples needed to be purified before they could enter his Kingdom, just as you were purified by your Baptism. The washing of the disciples' feet was also a reminder that serving others would not always be easy. The disciples would have to humble themselves, just as Jesus would be humbled by his Passion and Death. Serving others involves helping others even when it is inconvenient or difficult to do so.

Catholic Faith Words

vocation the purpose for which God made us and a particular way to answer his call, whether as a lay person (married or single), a member of a religious community, or a member of the ordained ministry

Your Vocation

Today, followers of Jesus usually are not asked to wash people's feet, but all of us are called to love and serve God and our neighbor. This is part of our **vocation**, God's plan for us and the purpose for which he made us.

When you are older, you may decide to live out your vocation by answering God's call to the ordained priesthood, to religious life, to marriage, or, perhaps, to the committed single life.

You may not yet know the vocation to which God is calling you. By praying, learning more about Jesus, and looking at the gifts and talents God has given you, you will discover your vocation.

Share Your Faith

Reflect Recall the list you made of your talents and gifts.

Share Choose a life's work that would use those talents and serve God and write it here.

____

Then write two ways that you could serve others through this work by using these talents and gifts.

____

____

Vivir el llamado

¿Cómo viven las personas su llamado bautismal?

Todos los bautizados están llamados a continuar la misión de Jesús al servir a los demás. Pero algunos son llamados al ministerio ordenado a través del Sacramento del Orden Sagrado.

El **Orden Sagrado** confiere una autoridad sagrada por medio de la imposición de manos del obispo, para servir a los fieles a través de la enseñanza, de dirigirlos en el culto y del gobierno pastoral. Los obispos, sacerdotes y diáconos comparten este Sacramento del Orden Sagrado. Los hombres ordenandos son marcados para siempre como representantes de Cristo.

Un **obispo** sirve a la Iglesia como pastor y maestro de su diócesis. Todos los obispos trabajan junto con el Papa en pos del bien de toda la Iglesia y componen el **Magisterio**, que es la autoridad educativa de la Iglesia.

Los **sacerdotes** asisten al obispo dentro de una diócesis. Como pastor de una parroquia, el sacerdote comparte la obra del obispo en la diócesis. Los sacerdotes actúan *in persona Christi*, como representante de Cristo, y preside las celebraciones de los Sacramentos de la parroquia.

Los **diáconos permanentes** son ministros ordenandos que sirven a la diócesis y a la parroquia, ayudando en los roles litúrgicos y haciendo obras de caridad. Los hombres casados pueden ser llamados a este ministerio.

La vida consagrada

Algunos sacerdotes viven en comunidades religiosas, en lo que se llama **vida consagrada**. Los miembros de estas comunidades se dedican a servir a Dios siguiendo el carisma, o gracia especial, de la comunidad y su fundador. También hay muchas comunidades de hermanas y hermanos religiosos. Los miembros de las comunidades religiosas pueden enseñar, cuidar de los enfermos, trabajar como misioneros o hacer otras buenas acciones.

Palabras católicas

Orden Sagrado el Sacramento en el que un hombre bautizado es ordenado para enseñar a los fieles, dirigir el culto divino y gobernar la Iglesia; los ministros ordenados sirven como obispos, sacerdotes y diáconos

Magisterio el oficio educativo de la Iglesia, conformado por todos los obispos en unión con el Papa El Magisterio tiene la autoridad educativa de interpretar la Palabra de Dios que se encuentra en la Sagrada Escritura y la Tradición.

vida consagrada un estado de vida en comunidad, caracterizada por los votos de pobreza, castidad y obediencia.

Living the Call

How do people live out their baptismal call?

Everyone who is baptized is called to continue the mission of Jesus by serving others. But some are called to ordained ministry through the Sacrament of Holy Orders.

Holy Orders confers a sacred power, through the laying on of hands by the bishop, for serving the faithful by teaching, leading the people in worship, and pastoral governing. Bishops, priests, and deacons all share in this Sacrament of Holy Orders. Ordained men are marked forever as Christ's representatives.

A **bishop** serves the Church as the pastor and teacher of his diocese. All the bishops work together with the Pope for the good of the whole Church and make up the **Magisterium**, or the teaching authority of the Church.

Priests assist the bishop within a diocese. As pastor of a parish, a priest shares the bishop's work in the diocese. Priests act *in persona Christi*, as a representative of Christ, and preside in celebrations of the Sacraments for the parish.

Permanent deacons are ordained ministers who serve the diocese and parish by assisting in liturgical roles and by doing works of charity. Married men can be called to this ministry.

Consecrated Life

Some priests live in religious communities in what is called **consecrated religious life**. Members of these communities dedicate themselves to serving God by following the charism, or special grace, of the community and its founder. There are also many communities of religious sisters and brothers. Members of religious communities may teach, care for the sick, work as missionaries, or do other good works.

Catholic Faith Words

Holy Orders the Sacrament in which a baptized man is ordained to teach the faithful, lead divine worship, and govern the Church; ordained ministers serve as bishops, priests, or deacons

Magisterium the teaching office of the Church, which is all of the bishops in union with the Pope. The Magisterium has the teaching authority to interpret the Word of God found in Scripture and Tradition.

consecrated religious life a state of life lived in community and characterized by the vows of poverty, chastity, and obedience

Palabras católicas

votos promesas solemnes que se hacen a Dios o ante Él

Los miembros de comunidades religiosas profesan públicamente vivir los tres **votos** o promesas sagradas que se encuentran en el corazón del Evangelio: pobreza, castidad y obediencia. Estos votos también se denominan consejos evangélicos.

Aquellos que aceptan el llamado al sacerdocio ordenado o vida consagrada eligen vidas de servicio para el beneficio del Pueblo de Dios. Como son seres humanos, pueden cometer errores. Pero son siempre dignos de respeto, debido a su dignidad humana y a su voluntad de contraer un compromiso difícil y por toda la vida al servicio del Pueblo de Dios.

Los consejos evangélicos	
Pobreza	La elección de vivir una vida sencilla y compartir las posesiones materiales en comunidad.
Castidad	La elección de mantener el correcto equilibrio del cuerpo y el espíritu en la sexualidad humana. Esta es también una virtud que requiere la integración apropiada de la sexualidad según el estado de vida propio. Para hombres y mujeres religiosos, esto significa vivir una vida célibe.
Obediencia	La oportunidad de seguir y obedecer la voluntad de Dios expresada por medio de la guía de los líderes de la comunidad, el carisma de la comunidad y la conciencia individual.

Practica tu fe

Vivir los votos Explica con tus propias palabras cómo vivir cada uno de los siguientes votos.

Pobreza ______________________________

____

____

Castidad ______________________________

____

____

Obediencia ______________________________

____

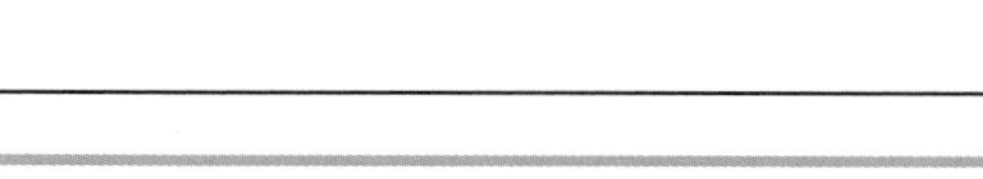

Members of religious communities profess in public to live three **vows**, or sacred promises, that are found at the heart of the Gospel—poverty, chastity, and obedience. These vows are also called the evangelical counsels.

Those who accept the call to ordained priesthood or consecrated religious life choose lives of service for the sake of God's People. Because they are human, they can make mistakes. But they are always worthy of respect, because of their human dignity and their willingness to make a difficult and lifelong commitment in service to God's People.

Catholic Faith Words

vows solemn promises that are made to or before God

The Evangelical Counsels	
Poverty	The choice to live a simple life and to share material possessions in community.
Chastity	The choice to maintain the right balance of body and spirit in human sexuality. This is also a virtue that requires the proper integration of sexuality according to one's state of life. For men and women religious, this means living a celibate life.
Obedience	The choice to follow and obey God's will as it is expressed through the guidance of the community's leaders, the charism of the community, and the individual's conscience.

Connect Your Faith

Living Vows Explain how to live each of these vows in your own words.

Poverty ______________________________

____

____

Chastity ______________________________

____

____

Obedience ______________________________

____

____

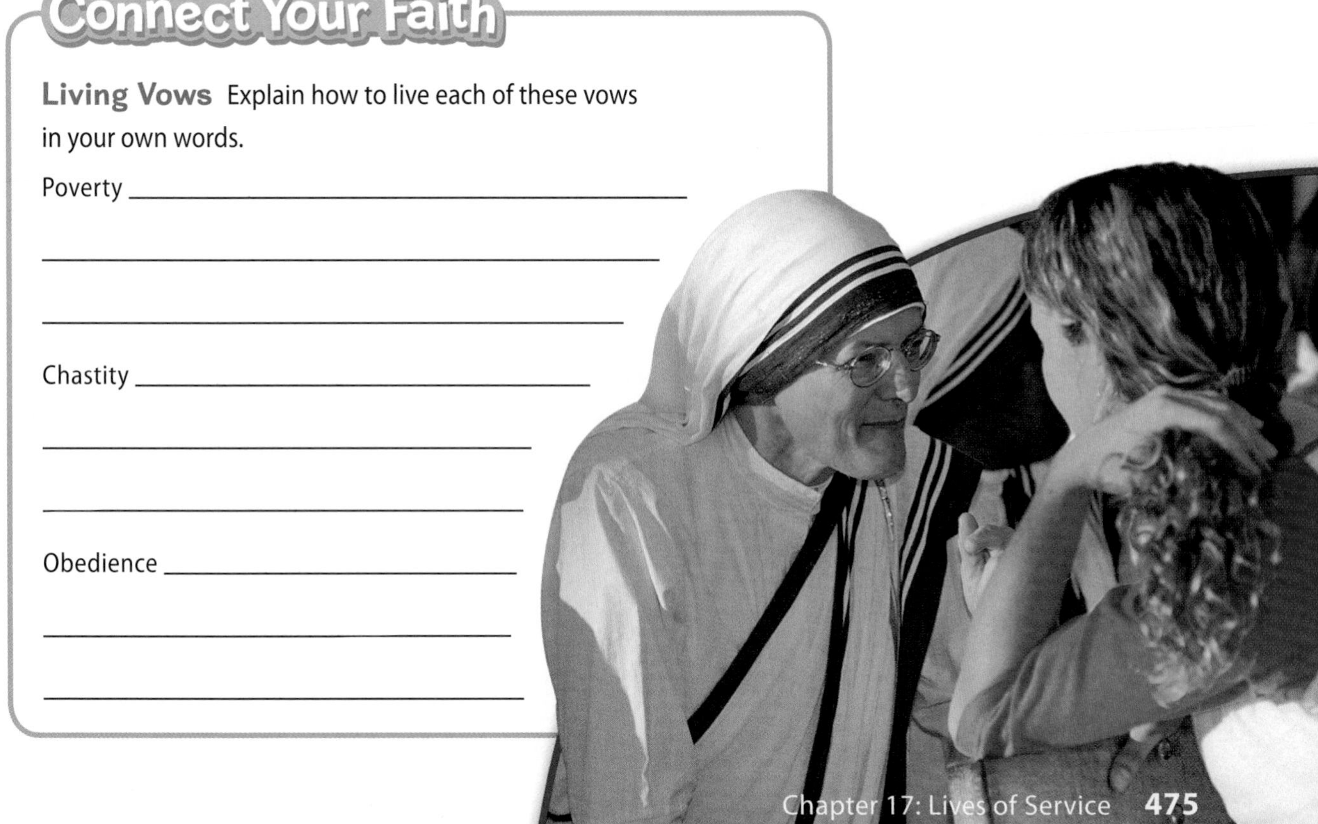

Nuestra vida católica

¿Cómo puedes seguir el ejemplo de Jesús al servir a Dios y a los demás?

Jesús enseñó a sus discípulos mucho acerca del servicio. Sus palabras pueden ayudarte hoy mientras trabajas para servir a Dios y a los demás. En los Evangelios, Jesús dice palabras de gran sabiduría. Enseña lo que significa ser un servidor.

En la segunda columna, di cómo las palabras de Jesús de cada pasaje te ayudan a servir.

La sabiduría de Jesús

"Ya no les llamo servidores, porque un servidor no sabe lo que hace su patrón. Los llamo amigos, porque les he dado a conocer todo lo que aprendí de mi Padre." Juan 15, 15	______ ______ ______
"Si alguno quiere ser el primero, que se haga el último y el servidor de todos." Marcos 9, 35	______ ______
"Porque tuve hambre y ustedes me dieron de comer; tuve sed y ustedes me dieron de beber. Fui forastero y ustedes me recibieron en su casa. Anduve sin ropas y me vistieron. Estuve enfermo y fueron a visitarme y fueron a visitarme ... cuando lo hicieron con alguno de los más pequeños de estos mis hermanos, me lo hicieron a mí." Mateo 25, 35-36. 40	______ ______ ______ ______ ______

Our Catholic Life

How can you follow the example of Jesus in serving God and others?

Jesus taught his disciples a great deal about service. His words can help you today as you work to serve God and others. In the Gospels, Jesus speaks words of great wisdom.

In the second column, tell how the words of Jesus in each passage help you serve.

The Wisdom of Jesus

"I no longer call you slaves, because a slave does not know what his master is doing. I have called you friends, because I have told you everything I have heard from my Father." John 15:15	______ ______ ______
"If anyone wishes to be first, he shall be the last of all and the servant of all." Mark 9:35	______ ______
"For I was hungry and you gave me food, I was thirsty and you gave me drink, a stranger and you welcomed me, naked and you clothed me, ill and you cared for me, in prison and you visited me . . . whatever you did for one of these least brothers of mine, you did for me." Matthew 25:35–36, 40	______ ______ ______ ______ ______

Gente de fe

31 de julio

San Ignacio de Loyola, 1491–1556

San Ignacio fue un soldado. Mientras se recuperaba de una herida, leyó un libro acerca de la vida de Cristo y decidió hacerse sacerdote. Fundó una orden de sacerdotes llamada la Sociedad de Jesús, también denominados jesuitas. San Ignacio escribió un libro llamado Ejercicios espirituales, que las personas todavía usan como manera de ayudar a los demás a experimentar el amor de Jesús. Su lema era: "Haz todo para mayor gloria de Dios". Los Jesuitas son famosos por su aprendizaje y enseñanza. Siguen difundiendo la Buena Nueva de Jesús en parroquias, escuelas y universidades.

Comenta: ¿Cómo usas tu llamado a compartir el amor de Jesús con las personas?

Aprende más sobre San Ignacio en **vivosencristo.osv.com**

Vive tu fe

Explica lo que sucede en estas imágenes. Describe cómo las personas están sirviendo a los demás. Luego nombra algo que harás esta semana para servir a los demás en tu parroquia o comunidad.

People of Faith

July 31

Saint Ignatius Loyola, 1491–1556

Saint Ignatius was a soldier. While recovering from a wound, he read a book about the life of Christ and decided to become a priest. He founded an order of priests called the Society of Jesus, also called the Jesuits. Saint Ignatius wrote a book called *Spiritual Exercises*, which people still use today as a way to help others experience Jesus' love. His motto was: "Do everything for the honor and glory of God." The Jesuits are famous for their learning and teaching. They continue to spread the Good News of Jesus in parishes, high schools, and universities.

Discuss: How do you use your call to share the love of Jesus with people?

Learn more about Saint Ignatius at **aliveinchrist.osv.com**

Live Your Faith

Explain what is happening in these images. Describe how the people are serving others. Then name one thing you will do this week to serve others in your parish or community.

 Oremos

Oración de petición

Reúnanse y comiencen con la Señal de la Cruz.

Líder: Dios Padre, bendice a todos los que te sirven a ti y a los demás.

Lector 1: Lectura de la Carta a los Hebreos.

Lean Hebreos 5, 1-6.

Palabra de Dios.

Todos: Te alabamos, Señor.

Lector 2: Te pedimos para que tus ministros crezcan en su amor por Jesús.

Todos: Te rogamos, Señor.

Lector 3: Te pedimos para que el Espíritu Santo fortalezca sus corazones e ilumine sus mentes.

Todos: Te rogamos, Señor.

Lector 4: Te pedimos que, a través de sus esfuerzos y los nuestros, tu Reino siga creciendo en el poder del Espíritu Santo.

Todos: Te rogamos, Señor.

Líder: Oremos.

Inclinen la cabeza mientras el líder ora.

Todos: Amén.

 Canten "Mi Amigo Jesús"

Yo tengo un amigo, se llama Jesús,
el que perdona mis culpas.
Yo tengo un amigo, se llama Jesús,
el que me llena de amor.

 Let Us Pray

Prayer of Petition

Gather and begin with the Sign of the Cross.

Leader: God our Father, bless all who serve you and others.

Reader 1: A reading from the Letter to the Hebrews.

Read Hebrews 5:1–6.

The word of the Lord.

All: Thanks be to God.

Reader 2: We ask that your ministers may grow to a greater love of Jesus.

All: Lord, hear our prayer.

Reader 3: We ask that the Holy Spirit may strengthen their hearts and enlighten their minds.

All: Lord, hear our prayer.

Reader 4: We ask that through their efforts and ours, in the power of the Holy Spirit, your Kingdom will continue to grow.

All: Lord, hear our prayer.

Leader: Let us pray.

Bow your heads as the leader prays.

All: Amen.

 Sing "I Will Choose Christ"

I will choose Christ,
I will choose love,
I choose to serve.
I give my heart, I give my life,
I give my all to you.

FAMILIA + FE

VIVIR Y APRENDER JUNTOS

SUS HIJOS APRENDIERON >>>

Este capítulo define la vocación como el propósito para el cual Dios nos hizo y una manera especial de responder a su llamado, y explica que el Orden Sagrado confiere un poder sagrado para servir a los fieles.

La Sagrada Escritura

Lean **1 Pedro 4, 10–11** para aprender acerca de los dones que Dios nos dio y cómo debemos usarlos.

Lo que creemos

- Todos los bautizados están llamados a seguir a Cristo sirviendo a los demás.
- Los hombres que están ordenados sirven a Dios con la prédica de la Palabra y la celebración de los Sacramentos.

Para aprender más, vayan al *Catecismo de la Iglesia Católica* #897–900, 1548–1553 en **usccb.org**.

Gente de fe

Esta semana, su hijo aprendió acerca de San Ignacio de Loyola. Su lema era: "Haz todo para mayor gloria de Dios".

LOS NIÑOS DE ESTA EDAD >>>

Cómo comprenden servir a los demás A los niños de esta edad les gusta ayudar a los demás, especialmente cuando sienten que han hecho una contribución única que nadie más pudo haber hecho. Sin embargo, su limitada capacidad para saber lo que sienten los demás puede hacer que pierdan oportunidades de servirles si nadie les señalan esas oportunidades.

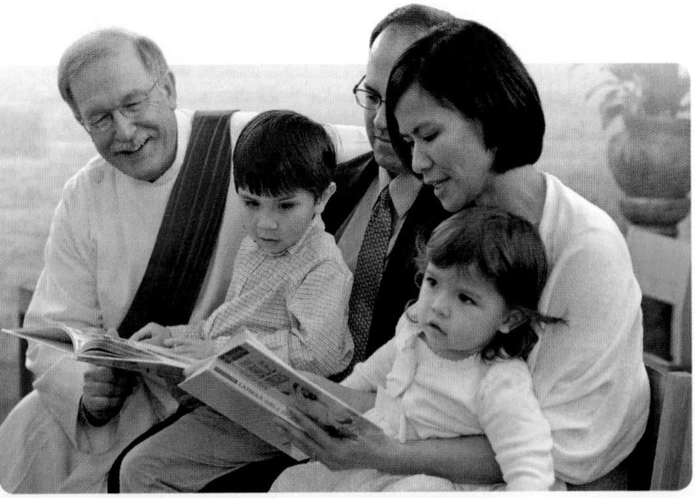

CONSIDEREMOS ESTO >>>

¿Piensan que es más difícil escuchar el llamado de Dios en el mundo actual?

A pesar del "ruido" en nuestra cultura, Dios continúa llamando a cada persona bautizada de una manera única para que responda a la invitación de Jesús al servicio. A esto lo llamamos vocación. Como católicos, sabemos que "La ordenación al sacerdocio siempre ha sido una llamada y un don de Dios. Cristo recordó a sus Apóstoles que necesitaban pedir al Señor de la cosecha que mandase trabajadores para cosechar. Aquellos que buscan el sacerdocio responden generosamente a la llamada de Dios usando las palabras del profeta: 'Aquí estoy, Señor, envíame' (Is 6:8)" (*CCEUA, p. 286*).

HABLEMOS >>>

- Pidan a su hijo que explique la palabra *vocación*.
- Compartan con su hijo una ocasión en que sintieron que Dios los estaba llamando a ustedes o a alguien de su familia para servirle a Él y a los demás.

OREMOS >>>

San Ignacio, ruega por nosotros para que lo hagamos todo para mayor gloria de Dios. Amén.

Visiten **vivosencristo.osv.com** para encontrar un glosario multimedia de Palabras católicas, lecturas dominicales, y recursos de Santos y tiempos festivos.

FAMILY+FAITH

LIVING AND LEARNING TOGETHER

YOUR CHILD LEARNED >>>

This chapter defines vocation as the purpose for which God made us and a particular way to answer his call, and explains that Holy Orders confers a sacred power for serving the faithful.

Scripture

Read **1 Peter 4:10–11** to find out about God's gifts to us and how we are intended to use them.

Catholics Believe

- All of the baptized are called to follow Christ by serving others.
- Ordained men serve God through preaching the Word and through celebrating the Sacraments.

To learn more, go to the *Catechism of the Catholic Church* #897–900, 1548–1553 at **usccb.org**.

People of Faith

This week, your child learned about Saint Ignatius of Loyola. His motto was: "Do everything for the honor and glory of God."

CHILDREN AT THIS AGE >>>

How They Understand Service to Others Children this age enjoy helping others, especially when they feel that they have made a unique contribution no one else could have made. Still, their limited ability to know what something feels like for someone else may cause them to miss opportunities to serve others if no one points out these opportunities to them.

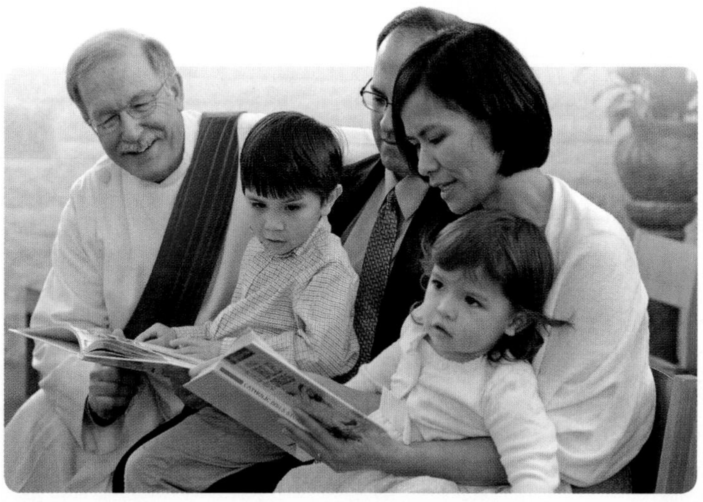

CONSIDER THIS >>>

Do you think it is more difficult to hear God's call in the world today?

Despite the "noise" of our culture, God continues to call each baptized person in a unique way to respond to Jesus' invitation to service. We call this a vocation. As Catholics, we know that "ordination to the priesthood is always a call and a gift from God. Christ reminded his Apostles that they needed to ask the Lord of the harvest to send laborers into the harvest. Those who seek the priesthood respond generously to God's call using the words of the prophet, 'Here I am, send me (Is. 6:8)'" (*USCCA, p. 269*).

LET'S TALK >>>

- Ask your child to explain the word *vocation*.
- Share with your child about a time when you felt God was calling you or your family to serve him and others.

LET'S PRAY >>>

Saint Ignatius, pray for us that we may do everything for God's honor and glory. Amen.

For a multimedia glossary of Catholic Faith Words, Sunday readings, seasonal and Saint resources, and chapter activities go to **aliveinchrist.osv.com**.

Capítulo 17 Repaso

Trabaja con palabras **Une cada descripción de la Columna A con el término correcto de la Columna B.**

Columna A	Columna B
1. Un llamado para amar y servir a Dios	Magisterio
2. Marcados para siempre como representantes de Cristo	Orden Sagrado
3. Estado de vida que generalmente se vive en una comunidad	vocación
4. La autoridad educativa de la Iglesia	vida consagrada
5. Confiere poder sagrado para servir a los fieles con la enseñanza, dirigir a las personas en el culto y ejercer el gobierno pastoral	ordenandos

B **Confirma lo que aprendiste** **Encierra Verdadero en un círculo si el enunciado es cierto y Falso si el enunciado no lo es. Corrige los enunciados falsos.**

6. Todas las personas bautizadas comparten el Sacramento del Orden Sagrado. **Verdadero/Falso**

____

7. Jesús enseñó que si alguien quiere el ser primero, debe servir a todos. **Verdadero/Falso**

____

8. Entre sus obras de servicio, los miembros de las comunidades religiosas enseñan, cuidan a los enfermos y trabajan como misioneros. **Verdadero/Falso**

____

9. En la Última Cena, Jesús enseñó a los discípulos cómo servir al mostrarles cómo preparar una comida. **Verdadero/Falso**

____

10. Los miembros de las comunidades religiosas hacen votos de pobreza, castidad y obediencia. **Verdadero/Falso**

____

Chapter 17 Review

A Work with Words **Match each description in Column A with the correct term in Column B.**

Column A	Column B
1. A call to love and serve God	Magisterium
2. Marked forever as Christ's representatives	Holy Orders
3. A state of life often lived in community	vocation
4. The teaching authority of the Church	consecrated religious life
5. Confers sacred power for serving the faithful by teaching, leading worship, and pastoral governing	ordained men

B Check Understanding **Circle True if a statement is true, and circle False if a statement is false. Correct any false statements.**

6. All baptized people share in the Sacrament of Holy Orders. **True/False**

____

7. Jesus taught that if anyone wants to be first, he or she must be a servant of all. **True/False**

____

8. Among their works of service, members of religious communities teach, care for the sick, and work as missionaries. **True/False**

____

9. At the Last Supper, Jesus taught the disciples how to serve by showing them how to prepare a meal. **True/False**

____

10. Members of religious communities take vows of poverty, chastity, and obedience. **True/False**

____

CAPÍTULO 18

Compartir el amor de Dios

Oremos

Líder: Dios de amor, ayúdanos a ser testigos de tu gran amor en el mundo.

"Pues a donde tú vayas, iré yo;
y donde tú vivas, viviré yo;
tu pueblo será mi pueblo
y tu Dios será mi Dios". **Rut 1, 16**

Todos: Dios de amor, ayúdanos a ser testigos de tu gran amor en el mundo.

La Sagrada Escritura

¿No han leído que el Creador al principio "los hizo hombre y mujer" y dijo: "El hombre dejará a su padre y a su madre y se unirá con su mujer, y serán los dos una sola carne"? De manera que ya no son dos, sino una sola carne. "Pues bien, lo que Dios ha unido, no lo separe el hombre." **Mateo 19, 4-6**

¿Qué piensas?

- ¿Qué creen los católicos que es diferente o especial acerca del matrimonio?
- ¿Cómo sabrás con quién casarte?

Sharing God's Love

Let Us Pray

Leader: God of love, help us become witnesses of your great love in the world.

"Wherever you go I will go,
  wherever you lodge I will lodge.
Your people shall be my people
  and your God, my God." **Ruth 1:16**

All: God of love, help us become witnesses of your great love in the world.

Scripture

Have you not read that from the beginning the Creator "made them male and female" and said, "For this reason a man shall leave his father and mother and be joined to his wife, and the two shall become one flesh"? So they are no longer two, but one flesh. Therefore, what God has joined together, no human being must separate. **Matthew 19:4–6**

What Do You Wonder?

- What do Catholics believe is different, or special, about marriage?
- How will you know whom to marry?

Juntos en santidad

¿Cómo es el Sacramento del matrimonio?

Los buenos matrimonios se basan en la amistad. En el Nuevo Testamento, el matrimonio es la imagen de la relación de Cristo con la Iglesia. Jesús usó imágenes de bodas en algunas de sus parábolas. También hizo su primer milagro en una boda.

La Sagrada Escritura

La boda de Caná

Tres días más tarde se celebraba una boda en Caná de Galilea, y la madre de Jesús estaba allí. También fue invitado Jesús a la boda con sus discípulos. Sucedió que se terminó el vino preparado para la boda, y se quedaron sin vino. Entonces la madre de Jesús le dijo: "No tienen vino."

Jesús le respondió: "Mujer, ¿por qué te metes en mis asuntos? Aún no ha llegado mi hora."

Su madre dijo a los sirvientes. "Hagan lo que él les diga."

Había allí seis recipientes de piedra con agua para las ceremonias de purificación judía, de unos cien litros de capacidad cada uno. Jesús les dijo: "Llenen de agua esos recipientes."

Y los llenaron hasta el borde. Después les dijo: "Saquen ahora y llévenle al mayordomo."

Y ellos se lo llevaron. Y cuando el mayordomo probó el agua convertida en vino, sin saber de dónde provenía (aunque los sirvientes que habían traído el agua sí lo sabían), el mozo llamó al novio y le dijo: "Todo el mundo sirve al principio el vino mejor, y cuando ya todos han bebido bastante, les dan el de menos calidad; pero tú has dejado el mejor vino para el final." **Juan 2, 1-10**

➔ **¿Por qué crees que Jesús hizo su primer milagro en una fiesta de bodas?**

Together in Holiness

How is marriage a Sacrament?

Good marriages are based on friendship. In the New Testament, marriage is an image of Christ's relationship with the Church. Jesus used wedding images in some of his parables. He also performed his first miracle at a wedding.

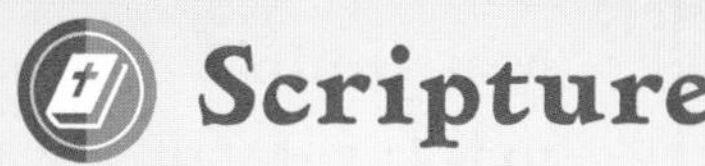

The Wedding at Cana

On the third day there was a wedding in Cana in Galilee, and the mother of Jesus was there. Jesus and his disciples were also invited to the wedding. When the wine ran short, the mother of Jesus said to him, "They have no wine."

Jesus said to her, "Woman, how does your concern affect me? My hour has not yet come."

His mother said to the servers, "Do whatever he tells you."

Now there were six stone water jars there for Jewish ceremonial washings, each holding twenty to thirty gallons. Jesus told them, "Fill the jars with water."

So they filled them to the brim. Then he told them, "Draw some out now and take it to the headwaiter."

So they took it. And when the headwaiter tasted the water that had become wine, without knowing where it came from (although the servers who had drawn the water knew), the headwaiter called the bridegroom and said to him, "Everyone serves good wine first, and then when people have drunk freely, an inferior one; but you have kept the good wine until now." John 2:1–10

➔ **Why do you think Jesus performed his first miracle at a wedding feast?**

Palabras católicas

Matrimonio el Sacramento al Servicio de la Comunidad, en el que un hombre y una mujer bautizados hacen una alianza permanente de amor con el otro y con Dios

Iglesia doméstica nombre para la familia católica porque es la comunidad de cristianos en el hogar. Dios hizo a la familia para que fuera el primer lugar donde aprendemos a amar a los demás y a seguir a Cristo.

El Matrimonio

La presencia de Jesús en la boda en Caná demostró su respeto por el matrimonio. Jesús enseñó que el matrimonio viene de Dios y no puede romperse por elecciones de los hombres. Él dijo: "Pues bien, lo que Dios ha unido, no lo separe el hombre" (Marcos 10, 9).

Debido a la enseñanza de Jesús, la Iglesia reconoce el casamiento como un Sacramento y le da el nombre de **Matrimonio**. El matrimonio es una sociedad de servicio para toda la vida con dos propósitos. Ayudar a las personas a crecer juntas en santidad y amor y crear el lugar adecuado para dar la bienvenida a los niños y educarlos en la práctica de la fe. Una familia unida se llama **Iglesia doméstica**.

El Sacramento de Servicio

El Matrimonio es un Sacramento al Servicio de la Comunidad. Las personas casadas comparten una alianza única y tienen responsabilidades especiales. El esposo y la esposa prometen vivir su vida en amorosa amistad y servicio entre sí y hacia la comunidad y estar abiertos a todos los niños que Dios les dé. Por su mutuo amor y fidelidad, construyen la íntegra comunidad de fe y se convierten en señal de salvación para todos los que son testigos de ese amor desinteresado.

Comparte tu fe

Reflexiona En un grupo pequeño genera ideas acerca de las cualidades de un matrimonio fuerte.

Comparte Elige las tres cualidades que consideras más importantes de un matrimonio fuerte. Escríbelas en tiras de papel. Trabaja con un compañero y usa las tiras para hacer una cadena de papel.

Matrimony

Jesus' presence at the wedding at Cana showed his appreciation for marriage. Jesus taught that marriage is from God and cannot be broken by human choices. He said, "What God has joined together, no human being must separate" (**Mark 10:9**).

Because of Jesus' teaching, the Church recognizes marriage as a Sacrament and gives it the name **Matrimony**. Marriage is a lifelong partnership of service with two purposes. It helps people grow together in holiness and love, and it creates the proper place for welcoming children and educating them in the practice of the faith. Together a family is called the **domestic Church**.

Catholic Faith Words

Matrimony a Sacrament at the Service of Communion in which a baptized man and a baptized woman make a permanent covenant of love with each other and with God

domestic Church a name for the Catholic family, because it is the community of Christians in the home. God made the family to be the first place we learn about loving others and following Christ.

Sacrament of Service

Matrimony is called a Sacrament at the Service of Communion. Married people share a unique covenant and have special responsibilities. A husband and wife pledge to live their lives in loving friendship and service to each other and to the community, and to be open to any children God gives them. By their mutual love and fidelity, they build up the whole community of faith and become a sign of salvation to all who witness their self-giving love.

Share Your Faith

Reflect In a small group, brainstorm the qualities of a strong marriage.

Share Choose what you consider to be the three most important qualities of a strong marriage, and write them on slips of paper. Work with a partner and use the slips of paper to create a paper chain.

El Papa Francisco describe a la familia como aquellos que "... se preocupan uno del otro... los cónyuges se protejen recíprocamente y luego, como padres, cuidan de los hijos, y con el tiempo, también los hijos se convertirán en cuidadores de sus padres".

Una Iglesia doméstica

¿Cómo es la familia una Iglesia doméstica?

Durante la visita del Papa San Juan Pablo II a los Estados Unidos de América, en 1987, habló acerca de la importancia de la familia. Dijo que la vida de la parroquia depende del compromiso y servicio de las familias. La familia es la unidad básica de la sociedad y la Iglesia. No obstante, el Papa fue muy realista al decir que algunas familias son saludables y están llenas del amor de Dios, algunas familias tienen poca energía del Espíritu Santo y algunas familias se han arruinado.

La Iglesia se preocupa por todas las familias y las asiste en el nombre de Jesús. Las familias son tan importantes que se las llama iglesias domésticas. Una Iglesia doméstica es una iglesia del hogar, una comunidad familiar de fe, esperanza y caridad. Los nuevos miembros de la Iglesia emergen de la familia y, en la familia, la fe en Jesús se alimenta primero por la palabra y el ejemplo. En su carta de 1981 sobre la familia, el Papa San Juan Pablo II dijo: "Así la familia de los bautizados, convocada como iglesia doméstica por la Palabra y por el Sacramento, llega a ser a la vez, como la gran Iglesia, maestra y madre".

➔ **¿De qué maneras una familia es una Iglesia doméstica?**

Palabras católicas

templanza es la Virtud Cardinal que nos ayuda a usar la moderación, a ser disciplinados y a tener continencia

castidad una virtud moral y un Fruto del Espíritu Santo que nos ayuda a expresar nuestra sexualidad de las maneras apropiadas según nuestro llamado en la vida. En la vida religiosa u Orden Sagrado, la castidad significa ser célibe.

modestia una virtud moral y uno de los Frutos del Espíritu Santo que nos ayuda a vestirnos, hablar y movernos de manera apropiada

Pope Francis describes families as "...caring for one another... husbands and wives first protect one another, and then, as parents, they care for their children, and children themselves, in time, protect their parents."

A Domestic Church

How is the family a domestic Church?

During Pope Saint John Paul II's visit to the United States in 1987 he spoke about the importance of families. He said that the life of the parish greatly depends on the commitment and involvement of its families. The family is the basic unit of society and of the Church. The Pope, however, was very realistic when he said that some families are healthy and filled with the love of God, some families have little energy for the Spirit, and some families have broken down altogether.

The Church has a concern for all families, and she ministers to them in the name of Jesus. Families are so important that they are called domestic Churches. A domestic Church is a church of the home, a family community of faith, hope, and charity. New members of the Church emerge from the family and, in the family, faith in Jesus is first nourished by word and example. In his 1981 letter on the family, Pope Saint John Paul II said, "The family, called together by word and Sacrament as the Church of the home, is both teacher and mother, the same as the worldwide Church."

➔ **In what ways is a family a domestic Church?**

Catholic Faith Words

temperance is the cardinal virtue that helps us use moderation, be disciplined, and have self-control

chastity a moral virtue and Fruit of the Holy Spirit that helps us express sexuality in the right ways for our call in life. In religious life or Holy Orders, chastity includes being celibate.

modesty a moral virtue and one of the Fruits of the Holy Spirit that helps us to dress, talk, and move in appropriate ways

Compartir el amor de Dios

Las familias que provienen de la unión en matrimonio están destinadas a ser señales vivientes de la fe para la Iglesia y el mundo. Con la gracia de Dios, los esposos y las esposas siguen a Cristo juntos en el amor, tal como otros pueden ser llamados al Orden Sagrado, a la vida consagrada o a la vida comprometida de laico soltero.

No importa qué vocación de amor y servicio a Dios y a los demás sigas, se te pide vivir las virtudes relacionadas con la sexualidad —**templanza**, **castidad** y **modestia**— y honrar el Noveno Mandamiento. Al hacerlo se logra la pureza de corazón con la gracia de Dios, la disciplina y la oración.

Practica tu fe

Escribe una postal Crea y escribe una postal para una pareja, un laico soltero o una hermana o hermano religioso que conozcas que sea una señal del amor de Dios por los demás. Describe el buen ejemplo que demuestra. Envía a esa persona la postal.

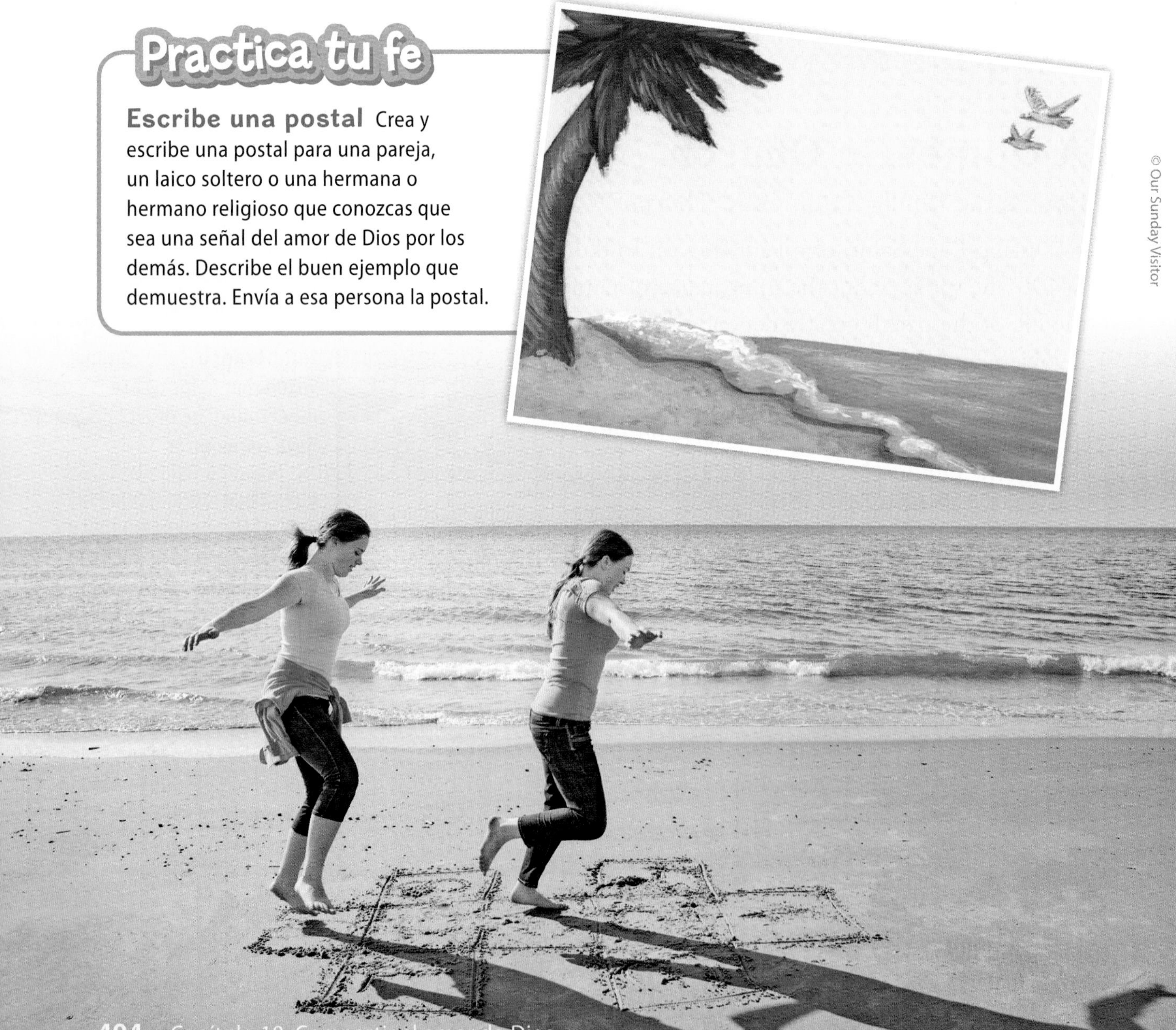

Sharing God's Love

The families that come from the union of marriage are meant to be living signs of faith for the Church and the world. With God's grace, husbands and wives follow Christ together in love, just as others may be called to do in Holy Orders, consecrated religious life, or a committed single life.

No matter what vocation of love and service to God and others you follow, you are required to live the virtues related to sexuality—**temperance**, **chastity**, and **modesty**—and to honor the Ninth Commandment. In doing so, purity of heart is achieved with God's grace, discipline, and prayer.

Connect Your Faith

Write a Postcard Design and write a postcard for a couple, a single person, or a religious brother or sister you know who is a sign of God's love to others. Describe the good example that he or she shows. Send the postcard to the person.

Nuestra vida católica

¿Cómo puedes promover la armonía dentro de tu familia?

La Carta a los Efesios fue escrita a una pequeña comunidad de fe que de muchas maneras se asemejaba a una familia. Enfrentaban desafíos que muchas familias enfrentan hoy. Las presiones externas perturbaban a la comunidad. También había enfado y peleas entre sus miembros. La armonía fue reemplazada por la confusión.

La Carta a los Efesios ofrece sabios consejos a la comunidad de la ciudad de Éfeso, consejos que puedes usar como ayuda para promover la armonía dentro de tu propia familia.

Los caminos a la armonía

"Dejen de lado la mentira; digan la verdad".	*Eliminen "todo enojo, furia, rabia, gritos y agravios".*	*"Sean amables, compasivos y misericordiosos entre sí".*	*"Vivan como hijos de luz".*	*"Honra a tu padre y a tu madre".*
Las familias que respetan la verdad y permiten a sus miembros ser ____________ son generalmente familias saludables. Trata siempre de decir la verdad.	Los agravios es el uso del lenguaje ofensivo. ____________ y el abuso dividen a la familia. Practiquen el perdón.	En la familia puede haber problemas, pero tu bondad, compasión y ____________ serán el camino para aliviarlos.	Dedica tiempo para ____________ por los miembros de tu familia. La luz de Jesús y el Espíritu Santo te ayudarán a llevar luz a la familia.	El ____________ Mandamiento es el primero en incluir una promesa. La promesa es "que te irá bien y tendrás larga vida en la tierra".

Basado en Efesios 4, 25. 31-32; 5, 8; 6, 2

Completa las palabras que faltan en la explicación. Si necesitas ayuda, lee el pasaje de Efesios en el Nuevo Testamento.

Our Catholic Life

How can you help promote harmony within your family?

The Letter to the Ephesians was written to a small community of faith that in many ways resembled a family. It faced challenges that many families face today. Outside pressures troubled the community. There was also anger and fighting among its members. Harmony was replaced by confusion.

The Letter to the Ephesians offered wise advice to the community in the city of Ephesus—advice that you can use to help promote harmony within your own family.

Ways to Harmony

"Put away falsehood; speak the truth."	*Remove "all bitterness, fury, anger, shouting, and reviling."*	*"Be kind to one another, compassionate, and forgiving."*	*"Live as children of light."*	*"Honor your father and mother."*
Families that respect the truth and allow their members to be ____________ are usually healthy families. Always try to speak the truth.	Reviling is the use of abusive language. ____________ and abuse tear families apart. Practice forgiveness.	There may be problems in your family, but your kindness, compassion, and ____________ will go a long way toward easing these problems.	Take time to ____________ for your family members. The light of Jesus and the Holy Spirit will help you bring light to the family.	The ____________ Commandment is the first to carry a promise. The promise is "that it may go well with you and that you may have a long life on earth."

Based on Ephesians 4:25, 31, 32; 5:8; 6:2

Fill in the missing words to complete the explanation. If you need some help, read the passage from Ephesians in the New Testament.

Gente de fe

San Enrique, 972–1024

San Enrique es el único rey de Alemania que se convirtió en santo. Cuando joven, pensó que podría ser sacerdote, pero Dios quiso que fuera el gobernador del Sacro Imperio Romano. Él y su esposa Cunegunda usaron su posición y poder para ayudar a tantas personas como pudieron. Dieron gran parte de su fortuna para ayudar a los pobres. San Enrique viajó por todo su reino tratando de establecer la paz. Él y Cunegunda fueron enterrados juntos en la Catedral de Bamberg, en Alemania.

Comenta: ¿Cómo trabaja tu familia por la justicia?

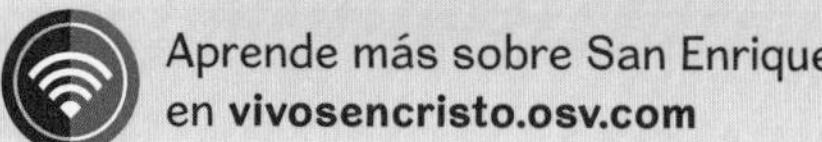
Aprende más sobre San Enrique en **vivosencristo.osv.com**

Vive tu fe

Dibuja o escribe en los círculos a continuación algunas maneras en las que el matrimonio es un servicio.

People of Faith

July 13

Saint Henry II, 972–1024

Saint Henry is the only King of Germany to become a Saint. As a young boy, he thought he might become a priest, but instead God wanted him to become the ruler of the Holy Roman Empire. He and his wife Cunegond used their position and wealth to help as many people as they could. They gave away much of their fortune to help the poor. Saint Henry traveled throughout his kingdom trying to establish peace. He and Cunegond are buried together in Bamberg Cathedral in Germany.

Discuss: How does your family work for justice?

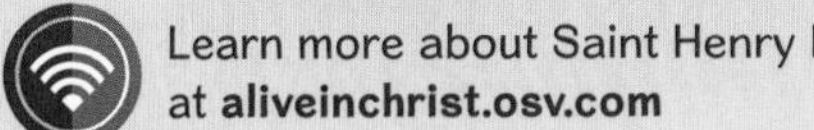

Learn more about Saint Henry II at **aliveinchrist.osv.com**

Live Your Faith

Draw or write ways in which marriage is a service in the circles below.

Oremos

Oración de bendición

Reúnanse y comiencen con la Señal de la Cruz.

Líder: Dios Padre nuestro, te pedimos tu bendición para todas las parejas casadas.

Lector 1: Que la paz de Cristo viva siempre en el corazón y en el hogar de todas las parejas casadas.

Lector 2: Que estén listos y deseosos para consolar a todos los que acudan a ellos por necesidad y que disfruten de las bendiciones prometidas a los compasivos.

Lector 3: Que sus hijos les den felicidad y que su generoso amor por los niños regrese a ellos todo el tiempo.

Lector 4: Que encuentren felicidad y satisfacción en su trabajo.

Lector 5: Que el Señor los bendiga con muchos años de felicidad compartida para que puedan disfrutar de las recompensas de una buena vida.

Líder: Oremos.

Inclinen la cabeza mientras el líder ora.

All: Amén.

Canten "Somos el Cuerpo de Cristo/We Are the Body of Christ"
Somos el cuerpo de Cristo.
We are the body of Christ.
Hemos oído el llamado;
we've answered "Yes" to the call of the Lord.

Let Us Pray

Prayer of Blessing

Gather and begin with the Sign of the Cross.

Leader: God our Father, we ask your blessing on all married couples.

Reader 1: May the peace of Christ live always in the hearts and homes of all married couples.

Reader 2: May they be ready and willing to comfort all who come to them in need, and may they enjoy the blessings promised to the compassionate.

Reader 3: May their children bring them happiness, and may their generous love for their children be returned to them over and over again.

Reader 4: May they find happiness and satisfaction in their work.

Reader 5: May the Lord bless them with many happy years together so that they may enjoy the rewards of a good life.

Leader: Let us pray.

Bow your heads as the leader prays.

All: Amen.

Sing "Somos el Cuerpo de Cristo/We Are the Body of Christ"

Somos el cuerpo de Cristo.
We are the body of Christ.
Hemos oído el llamado;
we've answered "Yes" to the call of the Lord.

FAMILIA + FE

VIVIR Y APRENDER JUNTOS

SUS HIJOS APRENDIERON >>>

Este capítulo identifica el Matrimonio como el Sacramento en el cual un hombre y una mujer bautizados hacen una alianza permanente de amarse mutuamente y a Dios, y trata la familia como la Iglesia doméstica.

La Sagrada Escritura

Lean **Mateo 19, 4–6** para aprender qué dice Jesús sobre el matrimonio.

Lo que creemos

- El matrimonio ayuda a un hombre y a una mujer a crecer en amor y en santidad y a preparar el hogar para los hijos.
- La Iglesia celebra el matrimonio a través del Sacramento del Matrimonio.

Para aprender más, vayan al *Catecismo de la Iglesia Católica* #1612–1617, 1646–1651, 2204–2206 en **usccb.org**.

Gente de fe

San Enrique, quien usó su poder para ayudar a los pobres de su reino.

LOS NIÑOS DE ESTA EDAD >>>

Cómo comprenden el matrimonio La compresión del matrimonio para un niño de esta edad tiene una fuerte relación con su experiencia del matrimonio en su hogar. Los niños con padres solteros o divorciados, o los niños de parejas cuyo matrimonio es muy conflictivo, todavía pueden aprender qué es un matrimonio saludable. Al hacer énfasis en el amor de Dios por nosotros y su deseo de que seamos felices, los adultos podemos ayudar a los niños a comprender que, incluso en la aflicción y el pecado, Dios siempre nos está urgiendo a amar como Él ama.

CONSIDEREMOS ESTO >>>

¿Están conscientes de que su hijo es el signo visible del amor invisible entre usted y su cónyuge?

Nuestra fe católica nos enseña que el amor de Dios hecho visible en su compromiso mutuo está ahora "encarnado" en su hijo. Su hijo es un signo de su participación en el proceso constante de Dios de dar vida. Como católicos, sabemos que "la aceptación gozosa de la pareja a tener hijos incluye la responsabilidad de servir como modelos del compromiso cristiano a sus hijos y ayudarlos a crecer en la sabiduría y la gracia. De esta manera, su familia se convierte en la 'iglesia doméstica'" (*CCEUA, p. 302*).

HABLEMOS >>>

- Pidan a su hijo que describa la pureza de corazón.
- Hablen de la importancia de la templanza y la práctica de las virtudes de la castidad y la modestia.

OREMOS >>>

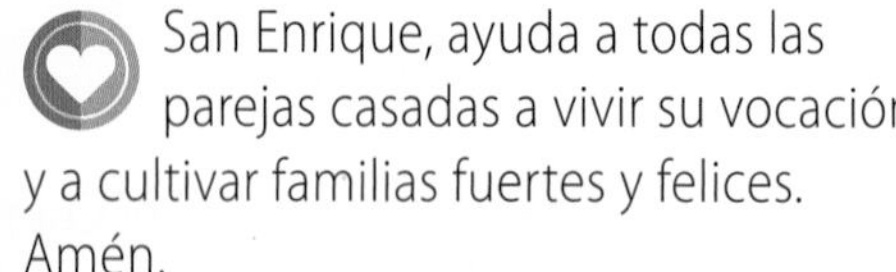

San Enrique, ayuda a todas las parejas casadas a vivir su vocación y a cultivar familias fuertes y felices. Amén.

Visiten **vivosencristo.osv.com** para encontrar un glosario multimedia de Palabras católicas, lecturas dominicales, y recursos de Santos y tiempos festivos.

FAMILY+FAITH

LIVING AND LEARNING TOGETHER

YOUR CHILD LEARNED >>>

This chapter identifies Matrimony as the Sacrament in which a baptized man and woman make a permanent covenant of love with each other and with God, and discusses the family as a domestic Church.

Scripture

Read **Matthew 19:4–6** to find out what Jesus says about marriage.

Catholics Believe

- Matrimony helps a man and woman grow in love and holiness and prepare a home for children.
- The Church celebrates marriage through the Sacrament of Matrimony.

To learn more, go to the *Catechism of the Catholic Church #1612–1617, 1646–1651, 2204–2206* at **usccb.org**.

People of Faith

This week, your child learned about Saint King Henry II, who used his power and wealth to help the poor of his kingdom.

CHILDREN AT THIS AGE >>>

How They Understand Marriage A child this age's understanding of marriage is strongly related to their experience of marriage in the home. Children with single or divorced parents or children who live with couples whose marriages involve much conflict can still learn about healthy marriage. By emphasizing God's love for us and his desire for our happiness, adults can help children understand that even in our brokenness and our sinfulness, God is always urging us to love as he loves.

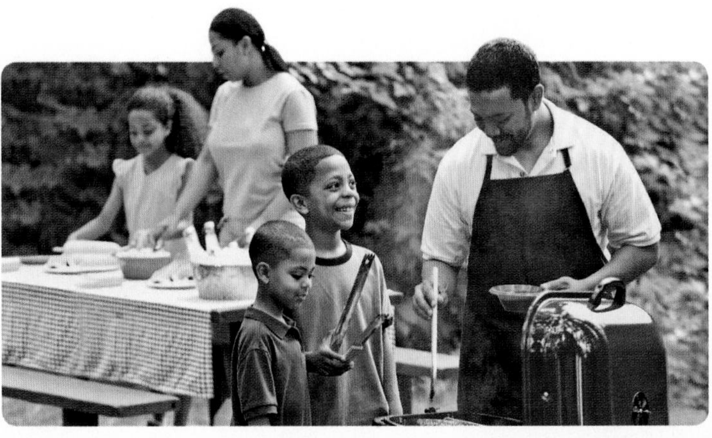

CONSIDER THIS >>>

Are you aware that your child is the visible sign of the invisible love between you and your spouse?

Our Catholic faith teaches that God's love made visible in your commitment to each other is now "enfleshed" in your child. Your child is a sign of your participation in God's ongoing process of giving life. As Catholics, we know that "the couple's joyful acceptance of children includes the responsibility to serve as models of Christian commitment for their children and helps them grow in wisdom and grace. In this way, the family becomes a 'domestic church'" *(USCCA, p. 286).*

LET'S TALK >>>

- Ask your child to describe purity of heart.
- Talk about the importance of temperance and practicing the virtues of chastity and modesty.

LET'S PRAY >>>

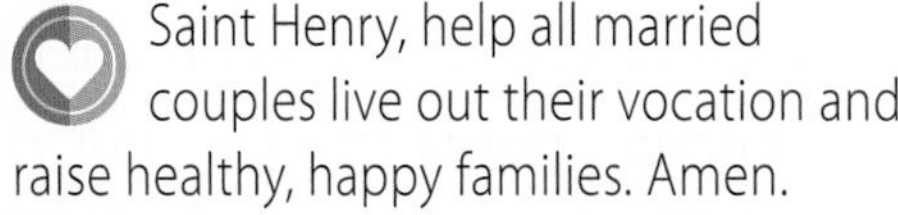

Saint Henry, help all married couples live out their vocation and raise healthy, happy families. Amen.

For a multimedia glossary of Catholic Faith Words, Sunday readings, seasonal and Saint resources, and chapter activities go to **aliveinchrist.osv.com**.

Capítulo 18 Repaso

A Trabaja con palabras **Rellena el círculo de la respuesta correcta.**

1. El primer milagro de Jesús en el Evangelio según San Juan fue _____.
   - ○ **caminar sobre el agua**
   - ○ **convertir el agua en vino**
   - ○ **la multiplicación de los panes**

2. El Sacramento que une a un hombre y a una mujer bautizados es _____.
   - ○ **el Matrimonio**
   - ○ **la Eucaristía**
   - ○ **el Orden Sagrado**

3. Los propósitos del matrimonio son ayudar a las personas a crecer en santidad y amor, y crear un lugar para dar la bienvenida a _____.
   - ○ **los extranjeros**
   - ○ **las mascotas**
   - ○ **los niños**

4. _____ dijo: "Así la familia de los bautizados, convocada como iglesia doméstica por la Palabra y por el Sacramento, llega a ser a la vez, como la gran Iglesia, maestra y madre".
   - ○ **San Pedro**
   - ○ **Jesús**
   - ○ **Papa San Juan Pablo II**

5. La unidad básica de la sociedad y la Iglesia es _____.
   - ○ **el matrimonio**
   - ○ **la familia**
   - ○ **la vida de soltero**

B Confirma lo que aprendiste

Encierra en un círculo la palabra que mejor completa la oración.

6. La virtud cardinal de **(templanza, modestia)** te ayuda a usar la moderación, a ser disciplinado y a tener continencia.

7. Para vivir en armonía, una familia debe practicar la vida como **(hijos de la oscuridad, hijos de la luz)**.

8. La Iglesia **(doméstica, extranjera)** es una iglesia del hogar.

9. La virtud moral de **(castidad, modestia)** te lleva a vestirte, hablar y moverte de manera apropiada.

10. En el Orden Sagrado, la castidad se refiere a ser **(célibe, casado)**.

Chapter 18 Review

A Work with Words Fill in the circle next to the correct answer.

1. Jesus' first miracle in the Gospel according to John was _____.
   - ◯ walking on water
   - ◯ turning water into wine
   - ◯ the multiplication of loaves

2. The Sacrament that unites a baptized man and woman is _____.
   - ◯ Matrimony
   - ◯ Eucharist
   - ◯ Holy Orders

3. The purpose of marriage is to help people grow in holiness and love and to create a place for welcoming _____.
   - ◯ strangers
   - ◯ pets
   - ◯ children

4. _____ said: "The family, called together by word and Sacrament as the Church of the home, is both teacher and mother, the same as the worldwide Church."
   - ◯ Saint Peter
   - ◯ Jesus
   - ◯ Pope Saint John Paul II

5. The basic unit of society and the Church is the _____.
   - ◯ marriage
   - ◯ family
   - ◯ single life

B Check Understanding Circle the choice that best completes each sentence.

6. The cardinal virtue of **(temperance, modesty)** helps you use moderation, be disciplined, and have self-control.

7. To live in harmony, a family should practice living as **(children of darkness, children of light)**.

8. A **(domestic, foreign)** Church is a church of the home.

9. The moral virtue of **(chastity, modesty)** leads you to dress, talk, and move in appropriate ways.

10. In Holy Orders, chastity includes being **(celibate, married)**.

UNIDAD 6

Repaso de la Unidad

A Trabaja con palabras **Completa cada oración con el término correcto del Vocabulario.**

Vocabulario			
Bautismo	misión	Matrimonio	consagrada
vocación	Sacramento	doméstica	Santo Crisma
Reconciliación	ordenados	evangelización	Magisterio

1. El llamado a amar y a servir a Dios es la ____________________.
2. Salir a compartir la Buena Nueva de Jesús y el Reino de Dios se conoce como ____________________.
3. El ____________________ es el Sacramento de Servicio por el que un hombre y una mujer hacen una alianza de amor entre sí y con Dios.
4. El ____________________ es óleo bendecido que se usa para la unción en los Sacramentos de Bautismo, Confirmación y Orden Sagrado.
5. La ____________________ es dar testimonio de fe al proclamar la Buena Nueva de Jesucristo al mundo por medio de palabras y acciones.
6. La familia es el orden que Dios creó y es tan importante que se la llama Iglesia ____________________.
7. El ministerio de obispos, sacerdotes y diáconos ____________________ incluye dirigir la celebración de los Sacramentos y gobernar a los fieles.
8. La vida religiosa ____________________ es vivir en comunidad y se caracteriza por la profesión de votos.
9. El ____________________ es la autoridad educativa de la Iglesia.
10. Los católicos se convierten en miembros de la Iglesia de Cristo por medio del ____________________.

Unit Review

A **Work with Words** **Complete each sentence with the correct term from the Word Bank.**

Word Bank

Baptism	mission	Matrimony	consecrated
vocation	Sacrament	domestic	Sacred Chrism
Reconciliation	ordained	evangelization	Magisterium

1. A call to love and serve God is a ____________________.
2. A sending forth to share the Good News of Jesus and God's Kingdom is known as a ____________________.
3. ____________________ is a Sacrament of Service in which a man and woman make a covenant of love with each other and with God.
4. ____________________ is blessed oil used for anointing in the Sacraments of Baptism, Confirmation, and Holy Orders.
5. ____________________ is giving witness to the faith by proclaiming the Good News of Jesus Christ to the world through words and deeds.
6. Families are the order God created and are so important that they are called ____________________ Churches.
7. The ____________________ ministry of bishops, priests, and deacons includes leading the celebration of the Sacraments and governing the faithful.
8. ____________________ religious life is lived in community and characterized by profession of vows.
9. The ____________________ is the teaching authority of the Church.
10. Catholics become members of Christ's Church through ____________________.

Repaso de la Unidad

B **Confirma lo que aprendiste** **Rellena el círculo que está junto a la respuesta correcta.**

11. Jesús cumple su ministerio como sacerdote, profeta y _____.

- ○ **autor**
- ○ **maestro**
- ○ **rey**
- ○ **padre**

12. ¿Cuál de estas virtudes te guía a vestirte, hablar y moverte de manera apropiada?

- ○ **fortaleza**
- ○ **modestia**
- ○ **castidad**
- ○ **paciencia**

13. En el Evangelio según San Juan, Jesús hizo su primer milagro en _____.

- ○ **Caná**
- ○ **Galilea**
- ○ **Belén**
- ○ **Betania**

14. La _____ es la virtud que te ayuda a usar la moderación en tu vida.

- ○ **Castidad**
- ○ **Templanza**
- ○ **Pureza de corazón**
- ○ **Amor**

15. Jesús se dejó bautizar por Juan para mostrar la importancia de _____.

- ○ **el agua bendita**
- ○ **los símbolos**
- ○ **Juan**
- ○ **la conversión**

B **Check Understanding** **Fill in the circle next to the correct answer.**

11. Jesus fulfills the ministry of priest, prophet, and _____.

- ◯ author
- ◯ teacher
- ◯ king
- ◯ father

12. Which one of these leads you to dress, talk, and move in appropriate ways?

- ◯ fortitude
- ◯ modesty
- ◯ chastity
- ◯ patience

13. In the Gospel according to John, Jesus performed his first miracle in _____.

- ◯ Cana
- ◯ Galilee
- ◯ Bethlehem
- ◯ Bethany

14. _____ is the virtue that helps you use moderation in your life.

- ◯ Chastity
- ◯ Temperance
- ◯ Purity of heart
- ◯ Love

15. Jesus submitted to John's baptism to show the importance of _____.

- ◯ holy water
- ◯ symbols
- ◯ John
- ◯ conversion

Repaso de la Unidad

C Relaciona **Escribe una respuesta para cada pregunta.**

16. ¿Cuáles son algunos ejemplos de diferentes misiones?

17. ¿Qué significa la Presencia Real?

18. ¿Qué quiere decir Jesús cuando dice: "Si alguno quiere ser el primero, que se haga el último y el servidor de todos"?

19. ¿Por qué es importante honrar a tu padre y a tu madre?

20. ¿Qué clase de sacrificios hacen las personas que aceptan el llamado al sacerdocio ordenado o a la vida religiosa?

C Make Connections **Write a response to each question.**

16. What are some examples of different missions?

17. What does Real Presence mean?

18. What does Jesus mean when he says "If anyone wishes to be first, he shall be the last of all and the servant of all"?

19. Why is it important to honor your father and mother?

20. What kinds of sacrifices do people who accept the call to ordained priesthood or religious life make?

UNIDAD 7

El Reino de Dios

Nuestra Tradición Católica

- Cuando celebramos la Eucaristía, estamos unidos, mediante la Comunión de los Santos, a los fieles cristianos que viven y a aquellos que murieron en Cristo. (CIC, 1370)
- La Iglesia está llamada a trabajar por la unidad de todos los cristianos y a reunir el Cuerpo de Cristo. (CIC, 820)
- Sabemos que Dios triunfará sobre el mal cuando Cristo vuelva en su gloria. (CIC, 677)

¿Cómo expresa la Comunión de los Santos el plan de Dios, su deseo para todas las personas?

UNIT 7

Kingdom of God

Our Catholic Tradition

- When we celebrate the Eucharist, we are connected through the Communion of Saints to the living Christian faithful and those who have died in Christ. (CCC, 1370)
- The Church is called to work for the unity of all Christians and to reunite the Body of Christ. (CCC, 820)
- We know that God will triumph over evil when Christ comes again in glory. (CCC, 677)

How does the Communion of Saints express God's plan, his desire for all people?

La Comunión de los Santos

Oremos

Líder: Oh Señor, ayúdanos a ser fieles a Ti y a los demás.

"Señor, los cielos celebran tus maravillas,
y tu fidelidad, la asamblea de los santos". **Salmo 89, 6**

Todos: Fiel Señor, haz que seamos uno en la comunión, firmes en la caridad, y constantes en la oración. Inclúyenos a todos en la gran asamblea de los Santos. Amén.

La Sagrada Escritura

"A quienes Dios ama y ha llamado y consagrado. Ante todo doy gracias a mi Dios, por medio de Cristo Jesús, por todos ustedes, pues su fe es alabada en el mundo entero." **Romanos 1, 7-8**

¿Qué piensas?

- ¿Cómo te ayudan los Santos del Cielo a vivir tu vida como discípulo?
- ¿Porqué oras por los demás, los vivos y los muertos?

The Communion of Saints

Let Us Pray

Leader: Help us be devoted, O Lord, to you and to one another.

"The heavens praise your marvels, LORD,
your loyalty in the assembly of the holy ones." **Psalm 89:6**

All: Faithful Lord, keep us one in communion, unfailing in charity, and constant in prayer. Include us all in the great circle of Saints. Amen.

Scripture

"To all the beloved of God … called to be holy. Grace to you and peace from God our Father and the Lord Jesus Christ. First, I give thanks to my God through Jesus Christ for all of you, because your faith is heralded throughout the world."
Romans 1:7–8

What Do You Wonder?

- How do the Saints in Heaven help you to live your life as a disciple?
- Why do you pray for others—living and dead?

La comunidad de la Iglesia

¿Qué es la Comunión de los Santos?

Palabras católicas

Comunión de los Santos cuando se refiere a personas virtuosas, la Comunión de los Santos incluye a la Iglesia peregrina en la Tierra, aquellos que son purificados en el Purgatorio y los que ya han sido bendecidos en el Cielo

Cielo la felicidad plena de vivir eternamente en la presencia de Dios

Purgatorio un estado de purificación final después de la muerte y antes de entrar al Cielo

Infierno separación eterna de Dios por una decisión de apartarse de Él y no buscar perdón

¿No es maravilloso cuando sientes que perteneces? Tanto si formas parte de un equipo deportivo, de una tropa de scouts, o de tu familia, pertenecer nos ayuda a sentirnos valorados y seguros. Una comunidad nos da un sentido de identidad, un sentido de unidad.

Los miembros de la primera comunidad cristiana estaban unidos mutuamente por lazos de fe, esperanza y caridad. Sabían que esta era la manera de vivir como lo hizo Jesús. Las cosas se compartían con generosidad y se distribuían de acuerdo a la necesidad. Esta es una descripción bíblica de la vida en la Iglesia primitiva.

La Sagrada Escritura

La vida en comunidad

Acudían asiduamente a la enseñanza de los apóstoles, a la vida en comunidad, a la fracción del pan y a las oraciones... Todos los que habían creído vivían unidos; compartían todo cuanto tenían, vendían sus bienes y propiedades y repartían después el dinero entre todos según las necesidades de cada uno. Todos los días se reunían en el Templo con entusiasmo, y partían el pan en sus casas. Compartían la comida con alegría y con gran sencillez de corazón, alababan a Dios y se ganaban la simpatía de todo el pueblo; y el Señor agregaba cada día a la comunidad a los que quería salvar. Hechos 2, 42-47

The Church Community

What is the Communion of Saints?

Isn't it great when you feel like you belong? Whether you are part of a sports team, a scout troop, or your family, belonging helps us feel valued and secure. A community gives us a sense of oneness, a sense of unity.

The members of the first Christian community were joined to one another by bonds of faith, hope, and charity. They knew this was the way to live as Jesus did. Things were generously shared and distributed according to need. Here is a biblical description of life in the early Church.

Scripture

Communal Life

They devoted themselves to the teaching of the apostles and to the communal life, to the breaking of the bread and to the prayers... All who believed were together and had all things in common; they would sell their property and possessions and divide them among all according to each one's need. Every day they devoted themselves to meeting together in the temple area and to breaking bread in their homes. They ate their meals with exultation and sincerity of heart, praising God and enjoying favor with all the people. And every day the Lord added to their number those who were being saved. Acts 2:42–47

Catholic Faith Words

Communion of Saints when referring to holy persons, the Communion of Saints includes the pilgrim Church on Earth, those being purified in Purgatory, and the blessed already in Heaven

Heaven the full joy of living eternally in God's presence

Purgatory a state of final cleansing after death and before entering into Heaven

Hell eternal separation from God because of a choice to turn away from him and not seek forgiveness

Todos los fieles

La primera comunidad de cristianos era muy pequeña, pero hoy la Iglesia ha crecido para incluir a muchos miembros en todo el mundo. Hoy, aún estás conectado con los primeros cristianos.

La misma Iglesia es a veces llamada **Comunión de los Santos**. Esta expresión primero se refiere a las cosas sagradas, la Eucaristía sobre todo, mediante la cual se representa y tiene lugar la unidad de los fieles. El término también se refiere a la comunión entre todos los fieles que viven hoy y los que han muerto y están en el **Cielo** o el **Purgatorio**. La Comunión de los Santos está unida por el amor de la Santísima Trinidad.

Al morir, algunas personas no están listas para el Cielo y la amistad eterna de Dios. Sin embargo, no han roto su relación con Dios y no deben ser separadas de Dios en el **Infierno**. Estas almas necesitan una purificación final en el Purgatorio. El Purgatorio es un estado de purificación final que ayuda al alma a prepararse para la vida con Dios. Como miembros de la Comunión de los Santos, la Iglesia anima a rezar por las almas del Purgatorio.

Dos días muy especiales que se celebran en el año litúrgico son el Día de Todos los Santos el 1 de noviembre y el Día de Todos los Fieles Difuntos el 2 de noviembre. El Día de Todos los Santos es un Día de Precepto. Honra a todos los que ahora viven con Dios en el Cielo. En el Día de Todos los Fieles Difuntos, la Iglesia ora por aquellos que han muerto en amistad con Dios pero están pasando por una purificación final antes de disfrutar la felicidad eterna con Él en el Cielo.

Subraya lo que queremos decir con Comunión de los Santos.

Comparte tu fe

Reflexiona Repasa las historias de los Gente de fe sobre los que has leído en este libro.

Comparte Con un compañero, elige a dos de estas personas y comenta las cualidades que los hicieron ser Gente de fe. Escribe algunas cualidades que te gustaría desarrollar.

____

____

San Ignacio de Loyola

All the Faithful

The first community of Christians was very small, but the Church today has grown to include many members all over the world. You are still connected today to the early Christians.

The Church itself is often referred to as a **Communion of Saints**. This expression refers first to the holy things, above all the Eucharist, by which the unity of the faithful is represented and brought about. The term also refers to the communion among all the faithful who are living today and those who have died and are in **Heaven** or **Purgatory**. The Communion of Saints is bound together by the love of the Holy Trinity.

At death, some people are not ready for Heaven and God's eternal friendship. However, they have not broken their relationship with God and are not to be separated from God in **Hell**. These souls need final purification in Purgatory. Purgatory is a state of final cleansing that helps the soul prepare for life with God.

As a member of the Communion of Saints, you are encouraged by the Church to pray for the souls in Purgatory.

Two very special days celebrated in the Church year are All Saints Day on November 1, and All Souls Day on November 2. All Saints Day is a Holy Day of Obligation. It honors all who live now with God in Heaven. On All Souls Day, the Church prays for those who have died in friendship with God but are undergoing final purification before enjoying eternal happiness with him in Heaven.

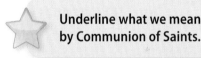

Underline what we mean by Communion of Saints.

Share Your Faith

Reflect Review the stories of the people of faith about whom you have read in this book.

Share With a partner, choose two of these people and discuss the qualities that made them people of faith. Write some qualities you would like to develop.

____

____

Saint Ignatius of Loyola

Caridad y oración

¿Qué tienen que ver la caridad y la oración con la Comunión de los Santos?

Palabras católicas

Obras de Misericordia Corporales actos que muestran que atendemos a las necesidades físicas de los demás

Obras de Misericordia Espirituales actos que satisfacen las necesidades del corazón, la mente y el alma

Una virtud que te relaciona directamente con la Comunión de los Santos y la Santísima Trinidad es la caridad. Es la Virtud Teologal mediante la cual amas a Dios por sobre todas las cosas y mediante la cual amas a los demás porque amas a Dios. Es una de las tres virtudes que se relacionan directamente con tu relación con Dios. La caridad te llama a vivir como vive la Santísima Trinidad, en perfecto amor.

En el relato de la Escritura sobre los primeros cristianos, viste el ejemplo de las personas practicando la caridad. Por caridad, usas tus propios recursos, tu tiempo, tu dinero y tus talentos, para mostrar tu amor por Dios ayudando a los necesitados. Las personas caritativas muestran la atención las necesidades físicas de los demás mediante las **Obras de Misericordia Corporales**, como alimentar a los hambrientos o visitar a los enfermos. También se ocupan de la las necesidades espirituales de los demás mediante las **Obras de Misericordia Espirituales**.

Una manera en que la Iglesia cubre las necesidades físicas y espirituales de sus miembros, es mediante el Sacramento de la Unción de los Enfermos, que forma parte del cuidado pastoral de los enfermos por parte de la Iglesia. Mediante este sacramento, los ancianos o los enfermos son ungidos por el sacerdote con el óleo de los enfermos, que ha sido bendecido por un obispo, y fortalecido por la oración y la gracia del Espíritu Santo.

La celebración de este sacramento incluye la imposición de manos por parte del sacerdote, una oración y la unción misma en las manos y en la frente de quien la recibe. El sacerdote ofrece esta oración:

Por esta santa unción,
y por su bondadosa misericordia te ayude el Señor
con la gracia del Espíritu Santo,
para que, libre de tus pecados,
te conceda la salvación y te conforte en tu enfermedad.

De Cuidado Pastoral de los Enfermos: Unción, #124

Charity and Prayer

What do charity and prayer have to do with the Communion of Saints?

One virtue that links you directly with the Communion of Saints and the Trinity is charity. It is the Theological Virtue by which you love God above all things and by which you love others because you love God. It is one of the three virtues that relate directly to your relationship with God. Charity calls you to live as the Trinity lives, in perfect love.

In the Scripture account about the first Christians, you saw an example of people practicing charity. Out of charity, you use your resources—your time, your money, and your talents—to show your love of God by helping others in need. Charitable people show care for the physical needs of others through the **Corporal Works of Mercy**, such as feeding the hungry or visiting the sick. They also show care for the spiritual needs of others by performing the **Spiritual Works of Mercy**.

One way the Church provides for the physical and spiritual needs of her members is through the Sacrament of the Anointing of the Sick, which is part of the Church's pastoral care of the sick. Through this Sacrament, an elderly or very sick person is anointed by the priest with the oil of the sick, which has been blessed by a bishop, and strengthened by prayer and the grace of the Holy Spirit.

The celebration of this Sacrament includes the laying on of hands by the priest, a prayer, and the anointing itself on the hands and forehead of the recipient. The priest offers this prayer:

> Through this holy anointing,
> may the Lord in his love and mercy help you
> with the grace of the Holy Spirit.
> May the Lord who frees you from sin
> save you and raise you up.
>
> From *Pastoral Care of the Sick: Anointing, #124*

Catholic Faith Words

Corporal Works of Mercy actions that show care for the physical needs of others

Spiritual Works of Mercy actions that address the needs of the heart, mind, and soul

Oración de intercesión

Orar por los demás es una de las Obras de Misericordia. Una oración de **intercesión**, u oración intercesora, es interceder, o colocarse entre Dios y los demás para pedirle a Dios que los ayude. Puedes orar por los que están cerca de ti; por los que están en el mundo sufriendo hambre, pobreza, enfermedad y guerra, y por quienes han muerto y aún no están con Dios en el Cielo.

Puedes orar usando tus propias palabras para pedirle ayuda a Dios para lo que tú o los demás necesiten. También puedes usar oraciones tradicionales como las letanías. Puedes orar en voz alta o en silencio, en la Misa o en un lugar tranquilo. Otras personas de la Comunión de los Santos también intercederán ante Dios por ti. Puedes pedirle a María, la Madre de Dios, y a todos los Santos, que le presenten tus oraciones a Dios.

Palabras católicas

Intercesión una forma de oración que implica rezar a Dios en nombre de otra persona; también se la conoce como oración de intercesión

Oración personal

Cada miembro de la Comunión de los Santos es importante. A medida que tu relación con Dios se fortalece, haces que toda la Comunión de los Santos se fortalezca. Una manera de crear lazos más fuertes es mediante tu oración personal.

Una forma de la oración personal es la reflexión. Cuando reflexionas acerca de Dios, usas tu mente, tu imaginación y tus emociones para escucharlo y profundizar tu fe. Por ejemplo, puedes leer la Biblia y pedirle al Espíritu Santo que te ayude a comprender lo que Dios te dice mientras reflexionas sobre el pasaje de la Sagrada Escritura. Otros pensamientos y preocupaciones podrían entrar a tu mente y distraerte de tu oración. Aléjate cuidadosamente de ellos y vuelve a Dios.

Practica tu fe

Diseña una Tarjeta de oración Haz una lista de miembros de tu familia, vivos y muertos. Luego diseña una tarjeta de oración para que te ayude a recordar orar por ellos. Llévala contigo todos los días.

Intercessory Prayer

Praying for others is one of the Works of Mercy. A prayer of **intercession**, or intercessory prayer, is interceding, or stepping between, God and others to ask God's help for them. You can pray for those who are close to you; for those around the world who suffer from hunger, poverty, disease, and war; and for those who have died and are not yet with God in Heaven.

You can pray by using your own words to ask God's help for whatever you or others need. You can also use such traditional prayers as litanies. You can pray out loud or in silence, at Mass or in a peaceful place. Others in the Communion of Saints will also intercede with God for you. You can ask Mary, the Mother of God, and all the Saints to present your prayers before God.

Catholic Faith Words

intercession a form of prayer that involves praying to God on behalf of another; also called intercessory prayer

Personal Prayer

Every member of the Communion of Saints is important. As you grow stronger in your own relationship with God, you make the whole Communion of Saints stronger. One way to create stronger bonds is through your personal prayer.

One form of personal prayer is reflection. When you reflect on God, you use your mind, imagination, and emotions to listen to him and deepen your faith. For example, you can read from the Bible and ask the Holy Spirit to help you understand what God is saying to you as you reflect on the Scripture passage. Other thoughts and worries may enter your mind and distract you from prayer. Gently turn away from them and back to God.

Connect Your Faith

Design a Prayer Card Make a list of family members, both living and dead. Then design a prayer card to remind yourself to pray for them. Keep it with you every day.

Nuestra vida católica

¿Cuáles son algunas de las maneras en las que puedes interceder por los demás?

En el espacio dado, escribe por quién o por qué orarías en cada categoría.

La oración de intercesión es orarle a Dios por las necesidades de los demás. La Biblia tiene muchos ejemplos de estas clases de oraciones. Cuando oras por los demás y sus necesidades, los sirves. Hay muchas maneras en las que puedes orar por las necesidades de los demás. Estos son unos pasos para que sigas.

Orar por los demás

Ora por personas que conozcas que necesitan la bendición de Dios.

- Recuerda a miembros de tu familia o amigos que están enfermos, preocupados o solos.
- Ten en cuenta que Jesús enseñó que debes recordar a tus enemigos cuando oras.
- ______________________________

Ora por los problemas de tu nación y del mundo.

- Pide por la paz en los países divididos por la guerra.
- Ora por quienes han sido afectados por desastres naturales.
- ______________________________

Ora por las necesidades de tu comunidad.

- Pide la bendición de Dios para los pobres y los desamparados.
- Ora por la justicia donde hay división o agitación.
- Ora por el fortalecimiento de las familias.
- ______________________________

Ofrece una oración por la Iglesia.

- Ora por los líderes de la Iglesia, para que puedan continuar siendo guiados por el Espíritu Santo.
- Pide la misericordia de Dios para los que han muerto, y también para los vivos.
- Ora por la obra de la Iglesia en todas partes.
- ______________________________

Our Catholic Life

What are some ways in which you can intercede for others?

Intercessory prayer is praying to God for the needs of others. The Bible has many examples of these kinds of prayers. When you pray for others and their needs, you serve them. There are many ways in which you can pray for the needs of others. Here are some steps to follow.

In the space provided, write who or what you would pray for in each category.

Praying for Others

Pray for people you know who are in need of God's blessing.

- Remember those among your family and friends who are sick, troubled, or lonely.
- Keep in mind Jesus' teaching that you should remember your enemies when you pray.
- ____________________

Pray for the issues of your nation and the world.

- Ask for peace in countries torn by war.
- Pray for those who have been affected by natural disasters.
- ____________________

Pray for the needs of your community.

- Ask for God's blessing on people who are poor and homeless.
- Pray for justice where there is division or unrest.
- Pray for the strengthening of families.
- ____________________

Offer a prayer for the Church.

- Pray for Church leaders, that they may continue to be guided by the Holy Spirit.
- Ask for God's mercy on those who have died, as well as on those who are living.
- Pray for the work of the Church everywhere.
- ____________________

Gente de fe

Santa María Faustina Kowalska, 1905–1938

5 de octubre

Santa María Faustina nació en Polonia. Fue la tercera de diez niños. Cuando tuvo veinte años, entró a la Congregación de Hermanas de Nuestra Señora de la Misericordia. Mientras oraba, una noche, tuvo una visión de Jesús como el "Rey de la Divina Misericordia". Él le dijo que ella debía contarle a todo el mundo que Dios era misericordioso y bueno. Hizo que pintaran un cuadro de Jesús mostrando rayos de luz rojos y blancos saliendo de su corazón. Nos dijo a todos que orásemos: "Jesús, en ti confío". A veces se la llama "Apóstol de la Divina Misericordia".

Comentar: ¿Cómo muestras tu confianza en Jesús?

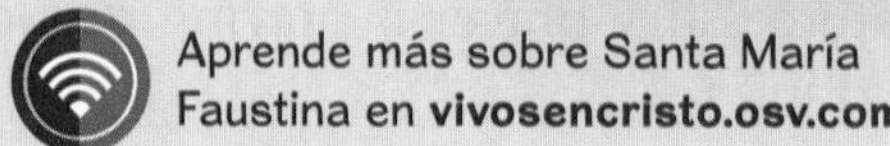

Aprende más sobre Santa María Faustina en **vivosencristo.osv.com**

Vive tu fe

Desarrolla oraciones para tu comunidad y para la Iglesia usando las sugerencias de la página anterior. Ora ambas oraciones juntas para formar una oración de intercesión.

Comunidad:

____

____

____

____

Iglesia:

____

____

____

____

____

____

____

____

People of Faith

October 5

Saint Mary Faustina Kowalska, 1905–1938

Saint Mary Faustina was born in Poland. She was the third of ten children. When she was twenty, she entered the Congregation of Sisters of Our Lady of Mercy. While praying one night, she had a vision of Jesus as the "King of Divine Mercy." He told her that she was to tell the whole world that God was merciful and kind. She had a picture of Jesus painted showing red and white rays of light coming from his heart. She told us all to pray, "Jesus, I trust in you." She is sometimes called the "Apostle of Divine Mercy."

Discuss: How do you show your trust in Jesus?

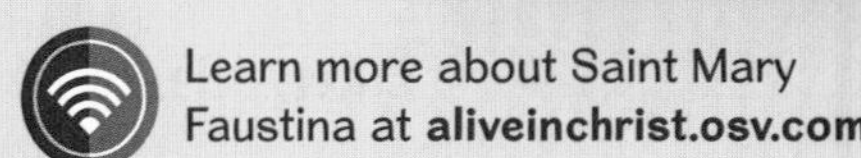

Learn more about Saint Mary Faustina at **aliveinchrist.osv.com**

Live Your Faith

Develop prayers for your community and for the Church using the suggestions from the previous page. Pray both together to form one intercessory prayer.

Community:

____

____

____

____

Church:

____

____

____

____

____

____

____

____

____

Oremos

Letanía de los Santos

Reúnanse y empiecen con la Señal de la Cruz.

Líder: Santa María, Madre de Dios,

Todos: Ruega por nosotros.

Líder: San Juan Bautista,

Todos: Ruega por nosotros.

Líder: Santa María Magdalena,

Todos: Ruega por nosotros.

Líder: San Ignacio de Antioquía,

Todos: Ruega por nosotros.

Líder: San Francisco,

Todos: Ruega por nosotros.

Líder: Santos y Santas de Dios,

Todos: Rogad por nosotros.

Líder: Por tu muerte y resurrección,

Todos: Líbranos, Señor.

Líder: Por el don del Espíritu Santo,

Todos: Líbranos, Señor.

Canten "Santos del Señor"

Let Us Pray

Litany of the Saints

Gather and begin with the Sign of the Cross.

Leader: Holy Mary, Mother of God,

All: Pray for us.

Leader: Saint John the Baptist,

All: Pray for us.

Leader: Saint Mary Magdalene,

All: Pray for us.

Leader: Saint Ignatius of Antioch,

All: Pray for us.

Leader: Saint Francis,

All: Pray for us.

Leader: All holy men and women,

All: Pray for us.

Leader: By your Death and Resurrection,

All: Lord, deliver us.

Leader: By the outpouring of the Holy Spirit,

All: Lord, deliver us.

Sing "For All the Saints"

FAMILIA + FE

VIVIR Y APRENDER JUNTOS

SUS HIJOS APRENDIERON >>>

Este capítulo explora las Obras de Misericordia, explica la oración de intercesión y de meditación, e identifica la Comunión de los Santos.

La Sagrada Escritura

Lean **Romanos 1, 7** para aprender qué dice San Pablo sobre nuestro llamado a ser Santos.

Lo que creemos

- Los miembros de la Comunión de los Santos pueden interceder por los demás.
- La Comunión de los Santos incluye a todas las personas santas, tanto vivas como fallecidas, que están unidas en la Eucaristía.

Para aprender más, vayan al *Catecismo de la Iglesia Católica* 946–948, 2634–2638 en **usccb.org**.

Gente de fe

Esta semana, su hijo aprendió acerca de Santa María Faustina Kowalska, la fundadora de la devoción a la Divina Misericordia.

LOS NIÑOS DE ESTA EDAD >>>

Cómo comprenden a los santos Los Santos pueden ser héroes importantes para los niños de esta edad, especialmente cuando se los expone a jóvenes que mostraron virtudes extraordinarias, como Santo Domingo Savio o Santa María Goretti. Una gran parte del desarrollo de la identidad de un niño de escuela intermedia depende de los modelos y mentores que el niño elija, y no hay mejor ejemplo que elegir que a los Santos. También es importante que los niños de esta edad aprendan que Dios desea que todos seamos Santos. La santidad es posible para cada persona.

CONSIDEREMOS ESTO >>>

¿Es el amor más fuerte que la muerte?

Cuando alguien que amamos muere, con frecuencia el único pensamiento que nos llega a través del dolor de la pérdida es la creencia de que ahora vive en los brazos de Dios. Todos los miembros de la Iglesia, vivos y muertos, están incluidos en la Comunión de los Santos. El acto de orar por los vivos y los muertos es una señal de conexión entre todos los creyentes. Como católicos, sabemos que "la Iglesia ayuda a aquellos que se encuentran en el Purgatorio mediante la oración y especialmente la Eucaristía en su proceso final de purificación. Ofrecer Misas por los difuntos es una forma muy poderosa de ayudarlos" (*CCEUA, p. 165*).

HABLEMOS >>>

- Pidan a su hijo que describa la Comunión de los Santos.
- Hablen de cómo su familia honra — durante todo el año y especialmente en la Solemnidad de Todos los Santos o el Día de Todos los Fieles Difuntos— a familiares y otras personas que han muerto.

OREMOS >>>

"Por Su dolorosa Pasión, ten misericordia de nosotros y del mundo entero". (Oración a la Divina Misericordia)

Visiten **vivosencristo.osv.com** para encontrar un glosario multimedia de Palabras católicas, lecturas dominicales, y recursos de Santos y tiempos festivos.

FAMILY + FAITH

LIVING AND LEARNING TOGETHER

YOUR CHILD LEARNED >>>

This chapter explores the Works of Mercy, explains intercessory prayer and reflection, and identifies the Communion of Saints.

Scripture

Read **Romans 1:7** to find out what Saint Paul says about our call to be Saints.

Catholics Believe

- Members of the Communion of Saints can intercede for others.
- The Communion of Saints includes all holy persons, both living and dead, who are united in the Eucharist.

To learn more, go to the *Catechism of the Catholic Church* #946–948, 2634–2638 at **usccb.org**.

People of Faith

This week, your child learned about Saint Mary Faustina Kowalska, the founder of the Divine Mercy devotion.

CHILDREN AT THIS AGE >>>

How They Understand the Saints Saints can be important heroes to children this age, especially when they are exposed to young people who showed extraordinary virtue, such as Saint Dominic Savio or Saint Maria Goretti. A large part of identity development for the middle school child is dependent upon the examples and mentors the child chooses, and there is no better place to turn than to the Saints. It is also important for children this age to learn that God wishes for all of us to be Saints. Holiness is possible for each person.

CONSIDER THIS >>>

Is love stronger than death?

When someone we love dies, often the only thought that gets us through the grief of loss is the belief that he or she now lives in the arms of God. All members of the Church, both living and dead, are included in the Communion of Saints. The act of praying for the living and the dead is a sign of connection among all believers. As Catholics, we know that "the Church assists those in Purgatory through prayer and especially the Eucharist in their final process of purification. Offering Masses for the deceased is a most powerful way of aiding them" *(USCCA, p. 154).*

LET'S TALK >>>

- Ask your child to describe the Communion of Saints.
- Talk about how your family honors—throughout the year and especially on All Saints Day or All Souls Day—family members and others who have died.

LET'S PRAY >>>

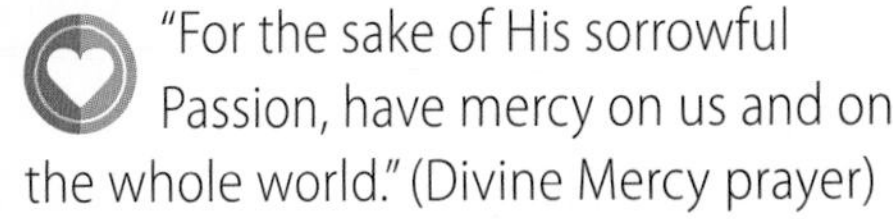

"For the sake of His sorrowful Passion, have mercy on us and on the whole world." (Divine Mercy prayer)

For a multimedia glossary of Catholic Faith Words, Sunday readings, seasonal and Saint resources, and chapter activities go to **aliveinchrist.osv.com**.

Capítulo 19 Repaso

A **Trabaja con palabras** **Completa cada enunciado.**

1. El amor por Dios y los demás se llama ____________________.

2. La ____________________ es una forma de oración en la que usas tu mente, tu imaginación y tus emociones para escuchar a Dios y profundizar tu fe.

3. El estado de limpieza final después de la muerte y antes de entrar al Cielo se llama ____________________.

4. El ____________________ es la separación eterna de Dios por una decisión de apartarse de Él y no buscar perdón

5. La gente caritativa cubre las necesidades espirituales de los demás mediante las ____.

6. Cuando pides la ayuda de Dios para los demás, ____________________ por ellos.

7. El ____________________ es la felicidad plena de vivir eternamente en la presencia de Dios.

B **Confirma lo que aprendiste** **Escribe un resumen del capítulo usando los términos del Vocabulario.**

8–10. ____

____

____

____

____

____

____

____

____

____

____

____

Vocabulario

vida en comunidad

oración de intercesión

Comunión de los Santos

primeros cristianos

Chapter 19 Review

A Work with Words **Complete each statement.**

1. Love of God and neighbor is called ________________.
2. ________________ is a form of prayer in which you use your mind, imagination, and emotions to listen to God and deepen your faith.
3. The state of final cleansing after death and before entering into Heaven is called ________________.
4. ________________ is eternal separation from God because of a choice to turn away from him and not seek forgiveness.
5. Charitable people provide for the spiritual needs of others by performing ________________________.
6. When you ask God's help for others, you ________________ for them.
7. ________________ is the full joy of living eternally in God's Presence.

B Check Understanding **Write a summary of the chapter, using the terms from the Word Bank.**

Word Bank

- communal life
- intercessory prayer
- Communion of Saints
- early Christians

8–10. ____

____

____

____

____

____

____

____

____

____

____

____

CAPÍTULO 20

La unidad cristiana

Oremos

Líder: Acércanos, oh Señor de todos nosotros, únenos en la verdad y el amor.

"Cerca está el Señor de los que le invocan, de todos los que lo invocan de verdad". **Salmo 145, 18**

Todos: Acércanos, oh Señor de todos nosotros, únenos en la verdad y el amor.

La Sagrada Escritura

Mantengan entre ustedes lazos de paz y permanezcan unidos en el mismo espíritu. Un solo cuerpo y un mismo espíritu, pues ustedes han sido llamados a una misma vocación y una misma esperanza. Un solo Señor, una sola fe, un solo bautismo, un solo Dios y Padre de todos, que está por encima de todos, que actúa por todos y está en todos. **Efesios 4, 3-6**

¿Qué piensas?

- ¿Porqué hay desunión entre los cristianos hoy en día?
- ¿Cómo ocurre esta desunión?

Christian Unity

Let Us Pray

Leader: Draw near, O Lord of all, bind us together in truth and love.

"The Lord is near to all who call upon him,
to all who call upon him in truth." Psalm 145:18

All: Draw near, O Lord of all, bind us together in truth and love.

Scripture

...preserve the unity of the spirit through the bond of peace: one body and one Spirit, as you were also called to the one hope of your call; one Lord, one faith, one baptism; one God and Father of all, who is over all and through all and in all. Ephesians 4:3–6

What Do You Wonder?

- Why is there disunity among Christians today?
- How did this disunity come about?

Unidad y división

¿Qué nos enseña Jesús sobre la unidad?

En el huerto, la noche antes de morir, Jesús oró al Padre pidiendo que sus discípulos fueran uno.

Subraya cómo describió Jesús la unidad por la que oraba.

La Sagrada Escritura

La oración de Jesús

Más tarde, en el huerto, Jesús oró... "Está llegando la hora, y ya ha llegado, en que se dispersarán cada uno por su lado y me dejarán solo. ... Ustedes encontrarán la persecución en el mundo. Pero, ánimo, yo he vencido al mundo".

Luego Jesús oró: "Padre Santo, guárdalos en ese Nombre tuyo que a mí me diste, para que sean uno como nosotros. ... No ruego solo por éstos, sino también por todos aquellos que creerán en mí por su palabra. Que todos sean uno, como tú, Padre, estás en mí y yo en ti. Que ellos también sean uno en nosotros, para que el mundo crea que tú me has enviado." **Basado en Juan 16, 32-33; 17, 11. 20-21**

Uno de los dones más preciados de la Iglesia es la unidad que proviene de Jesús. La Iglesia tiene un Señor, una fe y un Bautismo. Jesús formó a sus seguidores en un Cuerpo y le dio a ese Cuerpo vida de un Espíritu.

Unity and Division

What did Jesus teach about unity?

In the garden, on the night before he died, Jesus prayed to the Father that his disciples would be one.

Highlight how Jesus described the unity he prayed for.

Scripture

The Prayer of Jesus

Later in the garden, Jesus prayed… "Behold, the hour is coming and has arrived when each of you will be scattered to his own home and you will leave me alone.… In the world you will have trouble, but take courage, I have conquered the world."

Then Jesus prayed, "Holy Father, keep them in your name that you have given me, so that they may be one just as we are. … I pray not only for them, but also for those who will believe in me through their word, so that they may all be one, as you, Father, are in me and I in you, that they also may be in us, that the world may believe that you sent me." **Based on John 16:32–33, 17:11, 20–21**

One of the most precious gifts of the Church is the unity that comes from Jesus. The Church has one Lord, one faith, and one Baptism. Jesus formed his followers into one Body and gave that Body the life of one Spirit.

Palabras católicas

cisma una separación o división

Reforma protestante una separación religiosa de la Iglesia católica, ocurrida en el siglo XVI, que comenzó cuando Martín Lutero predicó en contra de lo que él creía eran errores de la Iglesia

La historia continúa

Antes de que la Última Cena terminara, Judas se había retirado para arreglar el arresto de Jesús. Como la historia de los israelitas, la historia de la Iglesia es una historia de héroes y santidad. Pero en el camino hay tiempos de pecado y faltas. Con el correr del tiempo, otras personas pusieron a prueba la unidad de la Iglesia. Por esta causa, Pablo escribió a los Corintios, pidiéndoles que estuvieran unidos en los mismos pensamientos y propósitos. (Ver Corintios 1, 10-13).

Más divisiones

En 1054 d. de C., un **cisma**, o división, ocurrió entre la Iglesia oriental y la Iglesia occidental. Los líderes discutieron sobre la autoridad, las prácticas de la iglesia y las enseñanzas de la Iglesia. El Gran Cisma, como se lo llamó, continúa hasta el día de hoy. Las Iglesias Ortodoxas orientales permanecen divididas de la Iglesia católica.

Alrededor del año 1500 la Iglesia católica experimentó otra separación. Un sacerdote llamado Martín Lutero denunció algunas prácticas de la Iglesia que él creía que podría confundir a los creyentes. Su acción dio lugar a la **Reforma protestante**. Lutero y muchos otros líderes y grupos cristianos se separaron de la autoridad del Papa. La unidad de la Iglesia en occidente se hizo añicos. A pesar de las mejoras, los católicos y los protestantes siguen separados hoy en día.

Comparte tu fe

Reflexiona Crea un cronograma u otro resumen visual de los eventos de la historia de la Iglesia, incluyendo las divisiones sobre las que leíste. Elige una imagen que simbolice los eventos.

Comparte Explica tu símbolo a un compañero. Luego comenta por qué piensas que la unidad era tan importante para Jesús.

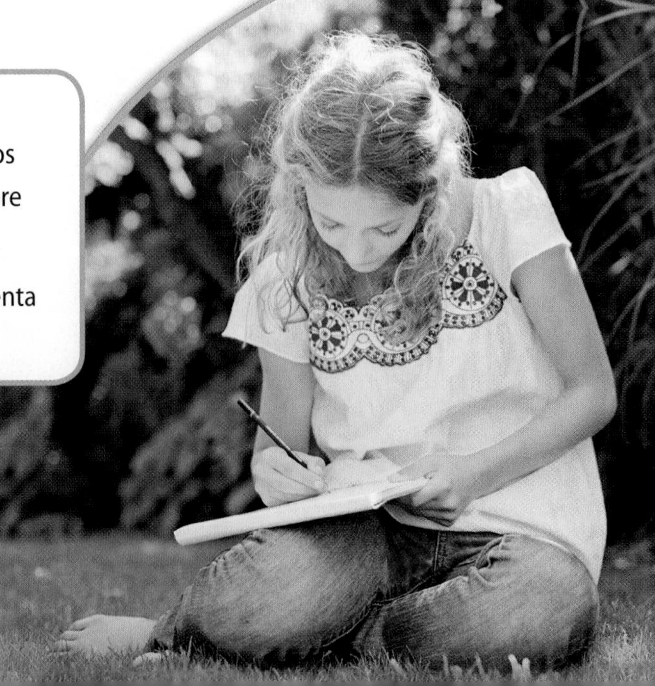

The Story Continues

Before the Last Supper was over, Judas had left to arrange for Jesus' arrest. Like the history of the Israelites, the history of the Church is a story of heroes and holiness. But there are also times of sin and failure along the way. As time went on, other people tested the unity of the Church. Because of this, Paul wrote to the Corinthians, urging them to be united in the same mind and purpose. (See 1 Corinthians 1:10–13.)

More Divisions

In A.D. 1054, a **schism**, or division, occurred between the Church in the East and the Church in the West. Leaders quarreled about authority, Church practices, and Church teaching. The Great Schism, as it was called, continues to this day. The Eastern Orthodox Churches remain divided from the Catholic Church.

In the 1500s the Catholic Church experienced another separation. A priest named Martin Luther spoke out against some practices of the Church that he believed could confuse believers. His action led to the **Protestant Reformation**. Luther and several other Christian leaders and groups separated from the authority of the Pope. The unity of the Church in the West was shattered. Despite improvements, Protestants and Catholics are still separated today.

Catholic Faith Words

schism a break or division

Protestant Reformation a sixteenth-century religious separation from the Catholic Church that began with Martin Luther's preaching against what he felt were errors in the Church

Share Your Faith

Reflect Create a timeline or other visual summary of the events in Church history, including the divisions you have read about. Choose an image that symbolizes the events.

Share Explain your symbol to a partner. Then discuss why you think unity was so important to Jesus.

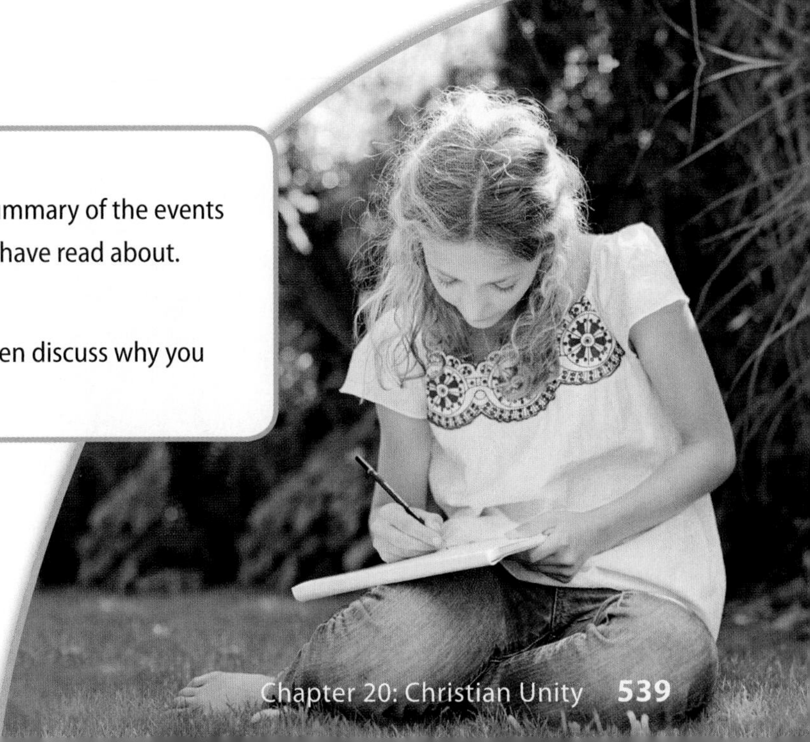

Nueva esperanza

¿Qué es el ecumenismo?

Palabras católicas

ecumenismo un esfuerzo organizado para reunir a los cristianos en cooperación con la esperanza de restaurar la unidad de la Iglesia cristiana en el futuro

Hoy hay muchas comunidades protestantes diferentes. Estas comunidades tienen su propia organización, su propio culto y sus propias creencias. Desde la Reforma protestante, estas comunidades han continuado subdividiéndose. Estas rupturas ocurrieron porque las personas no se han puesto de acuerdo sobre temas tales como la interpretación bíblica, la autoridad y el culto.

La división entre los cristianos ha sido una triste realidad por mucho tiempo. Por siglos, varios grupos ignoraron el amor y la unidad en Jesús que era su lazo como cristianos.

A principios del siglo XX, los representantes de muchos grupos cristianos se reunieron para hablar sobre cómo trabajar en armonía. Comprendiendo que habían descuidado el trabajo por la unidad Jesús, empezaron el movimiento ecuménico. La palabra **ecumenismo** proviene de una frase bíblica griega que significa "la casa completa de Dios". El propósito de este esfuerzo organizado es unir a los cristianos en un espíritu de cooperación y mirar hacia el futuro con la esperanza de restaurar la unidad entre los cristianos.

➔ **¿Cómo puedes respetar las creencias de los demás?**

New Hope

What is ecumenism?

Today there are many different Protestant communities. These communities have their own organization, worship, and set of beliefs. Since the Protestant Reformation, these communities have continued to subdivide. These splits have occurred because people have disagreed about such issues as biblical interpretation, authority, and worship.

Division among Christians has been a sad reality for a long time. For centuries various groups ignored the love and unity in Jesus that was their bond as Christians.

In the early 1900s, representatives of many Christian groups gathered to talk about working in harmony. Realizing that they had neglected working for unity in Jesus, they began the ecumenical movement. The word **ecumenism** comes from a Greek biblical phrase that means "the whole household of God." The purpose of this organized effort is to bring Christians together in a spirit of cooperation and to work together in hope to restore unity among Christians.

➔ **How can you be respectful of other people's beliefs?**

Catholic Faith Words

ecumenism an organized effort to bring Christians together in cooperation as they look forward in hope to the restoration of the unity of the Christian Church

El ecumenismo hoy

El movimiento ecuménico fue uno de los temas importantes que los obispos católicos discutieron durante el Concilio Vaticano II. Este concilio de la Iglesia tuvo lugar en Roma entre 1962 y 1965. Los obispos acordaron que la unidad entre los cristianos fue el deseo de Cristo para la Iglesia, y que las divisiones entre los cristianos no debían ignorarse.

Los obispos delinearon pasos que los cristianos podían dar para estimular el espíritu del ecumenismo. La unidad solo sería posible si los cristianos de diferentes grupos comenzaban a hablar entre sí. Los cristianos debían unirse para la oración y para actos de servicio. Las iglesias debían enfocarse en lo que las une más que en lo que las divide. Como nos dice San Pablo: "Las partes del cuerpo son muchas, pero el cuerpo es uno; por muchas que sean las partes, todas forman un solo cuerpo. Así también Cristo" (1 Corintios 12, 12).

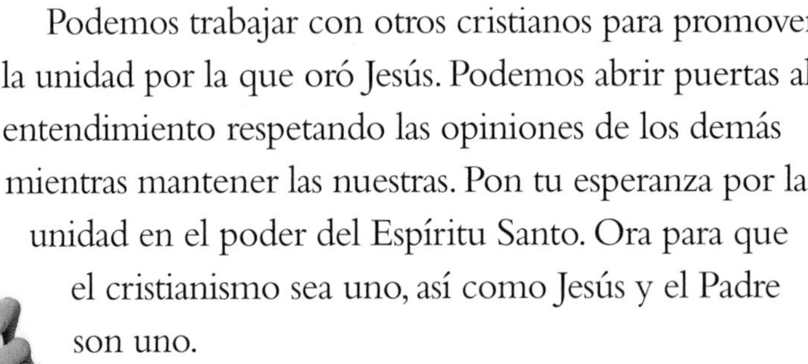

Podemos trabajar con otros cristianos para promover la unidad por la que oró Jesús. Podemos abrir puertas al entendimiento respetando las opiniones de los demás mientras mantener las nuestras. Pon tu esperanza por la unidad en el poder del Espíritu Santo. Ora para que el cristianismo sea uno, así como Jesús y el Padre son uno.

➔ **¿Cuándo y dónde los obispos católicos discutieron y delinearon pasos hacia el ecumenismo?**

Practica tu fe

Un poema por la unidad Escribe un poema sobre la unidad que te gustaría ver en la Iglesia. Usa el siguiente modelo:

Unidad

Dos adjetivos que describan unidad: ______________________________

Tres palabras que terminen en -ar, -er, -ir para describir unidad: ______________________________

Una oración breve sobre la unidad: ______________________________

Una palabra que sea sinónimo de unidad: ______________________________

Ecumenism Today

The ecumenical movement was one of the important issues Catholic bishops from around the world discussed during the Second Vatican Council. This Church council took place in Rome between 1962 and 1965. The bishops agreed that unity among Christians was Christ's desire for the Church, and that the divisions between Christians should not be ignored.

The bishops outlined steps Christians could take to encourage the spirit of ecumenism. Unity would be possible only if Christians from different groups began to talk to one another. Christians should join together for prayer and acts of service. Churches should focus on what unites them rather than on what divides them. As Saint Paul tells us, "as a body is one though it has many parts, and all the parts of the body, though many, are one body, also in Christ" (**1 Corinthians 12:12**).

We can work with other Christians to further the unity for which Jesus prayed. We can open doors to understanding by respecting the views of others while holding fast to our own. Place your hope for unity in the power of the Holy Spirit. Pray to make Christianity one, as Jesus and the Father are one.

➔ **When and where did Catholic bishops discuss and outline steps toward ecumenism?**

Connect Your Faith

A Poem for Unity Write a poem about the unity you would like to see in the Church. Use the following pattern:

Unity

Two adjectives that describe unity: ______________________

Three words with –ing endings that describe unity: ______________________

A short sentence about unity: ______________________

One word that is a synonym for unity: ______________________

Nuestra vida católica

¿Cómo puede la Iglesia trabajar para una mayor unidad entre los cristianos?

Haz una marca en las cosas que puedes hacer para trabajar para la unidad.

En el Concilio Vaticano II los obispos católicos describieron siete pasos que la Iglesia podría dar para una mayor unidad entre los cristianos. Estos son los pasos que los obispos delinearon para la Iglesia, así como también algunas acciones que podrías tomar.

Pasos hacia la unidad		
La Iglesia debe renovarse.	Mantenerse informado. Continuar aprendiendo sobre Jesús y la Iglesia.	☐
Los miembros de la Iglesia deben practicar la conversión del corazón.	Crecer en santidad. Aceptar el desafío de crecer en la fe.	☐
Todos los cristianos deben orar unidos.	Orar por la unidad con otros cristianos, incluyendo los cristianos Protestantes.	☐
Los cristianos deben conocerse como hermanos y hermanas.	Aprender cómo otros cristianos practican el culto y viven su fe.	☐
Tanto los sacerdotes como los laicos deben aprender sobre el espíritu del ecumenismo.	No asumir que todos han aprendido sobre el ecumenismo. Difundir la palabra entre la familia y los amigos.	☐
Los cristianos de diferentes comunidades deben encontrarse y hablar sobre lo que tienen en común.	Bajo la guía de tu maestro y tu párroco, invita a oradores de otras comunidades cristianas a que hablen a tu grupo sobre lo que tienen en común con los católicos.	☐
Los cristianos deben cooperar en proyectos de servicio.	Planifica un proyecto de servicio con un grupo de una comunidad protestante.	☐

Los concilios parroquiales se reúnen a discutir cómo puede ayudar una parroquia a sus miembros y a la comunidad.

Our Catholic Life

How can the Church work toward greater unity among Christians?

The Catholic bishops at the Second Vatican Council described seven steps the Church could take toward greater unity among Christians. Here are the steps the bishops outlined for the Church, as well as some actions you can take.

Check off things you can do to work toward unity.

Steps to Unity		
The Church must renew herself.	Stay informed. Continue to learn about Jesus and the Church.	☐
The members of the Church must practice conversion of heart.	Grow in holiness. Accept the challenge to grow in your faith.	☐
All Christians must pray together.	Pray for unity with other Christians, including Protestant Christians.	☐
Christians should come to know one another as brothers and sisters.	Learn how other Christians worship and live their faith.	☐
Both priests and lay people should learn about the spirit of ecumenism.	Don't assume that everyone has learned about ecumenism. Spread the word among family and friends.	☐
Christians from different communities should meet and talk about what they hold in common.	Under the guidance of your teacher and pastor, invite speakers from other Christian communities to talk with your group about what they hold in common with Catholics.	☐
Christians should cooperate in service projects.	Plan a service project with a group from a Protestant community.	☐

Parish councils meet to discuss how a parish can help its members and the community.

Gente de fe

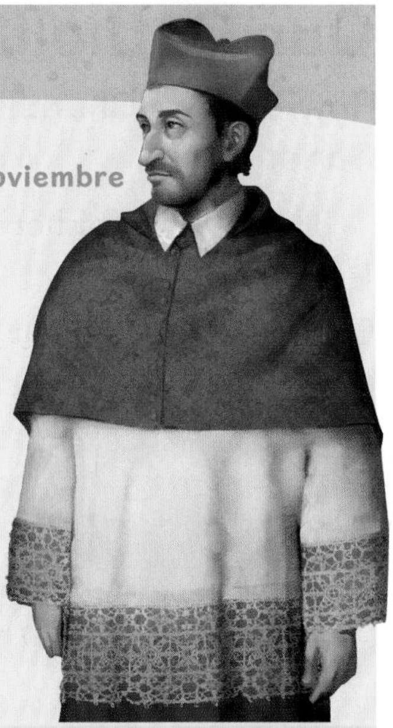

4 de noviembre

San Carlos Borromeo, 1538–1584

San Carlos nació en el seno de una familia italiana adinerada. Su tío era el Papa Pío IV. Carlos se convirtió en sacerdote, luego en obispo, y finalmente en cardenal. Trabajó duro para corregir los problemas que habían causado que los protestantes a separarse de la Iglesia. Creía que muchos de los problemas y divisiones sucedieron porque los sacerdotes necesitaban más educación. Construyó muchas escuelas para capacitar a sacerdotes para que fueran mejores maestros. También ayudó a escribir un importante catecismo explicando lo que enseña la Iglesia católica. ¡Cuando tenía tiempo libre, a San Carlos le gustaba jugar al billar!

Comenta: ¿Cómo aceptas a aquellos cuyas creencias difieren de las tuyas?

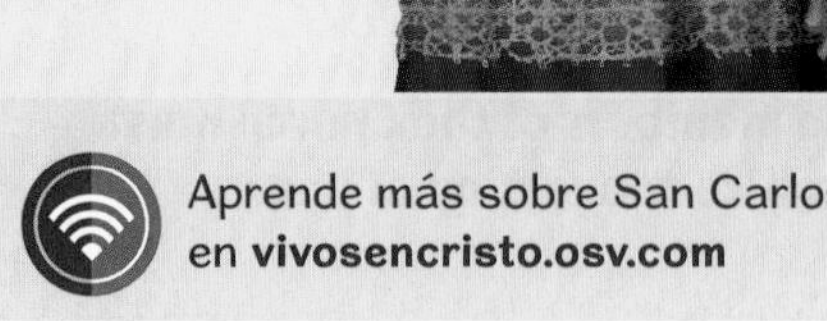

Aprende más sobre San Carlos en **vivosencristo.osv.com**

Vive tu fe

Completa los carteles indicadores con las señales de unidad cristiana que ves en tu comunidad. Escribe sobre una en la que te gustaría participar especialmente.

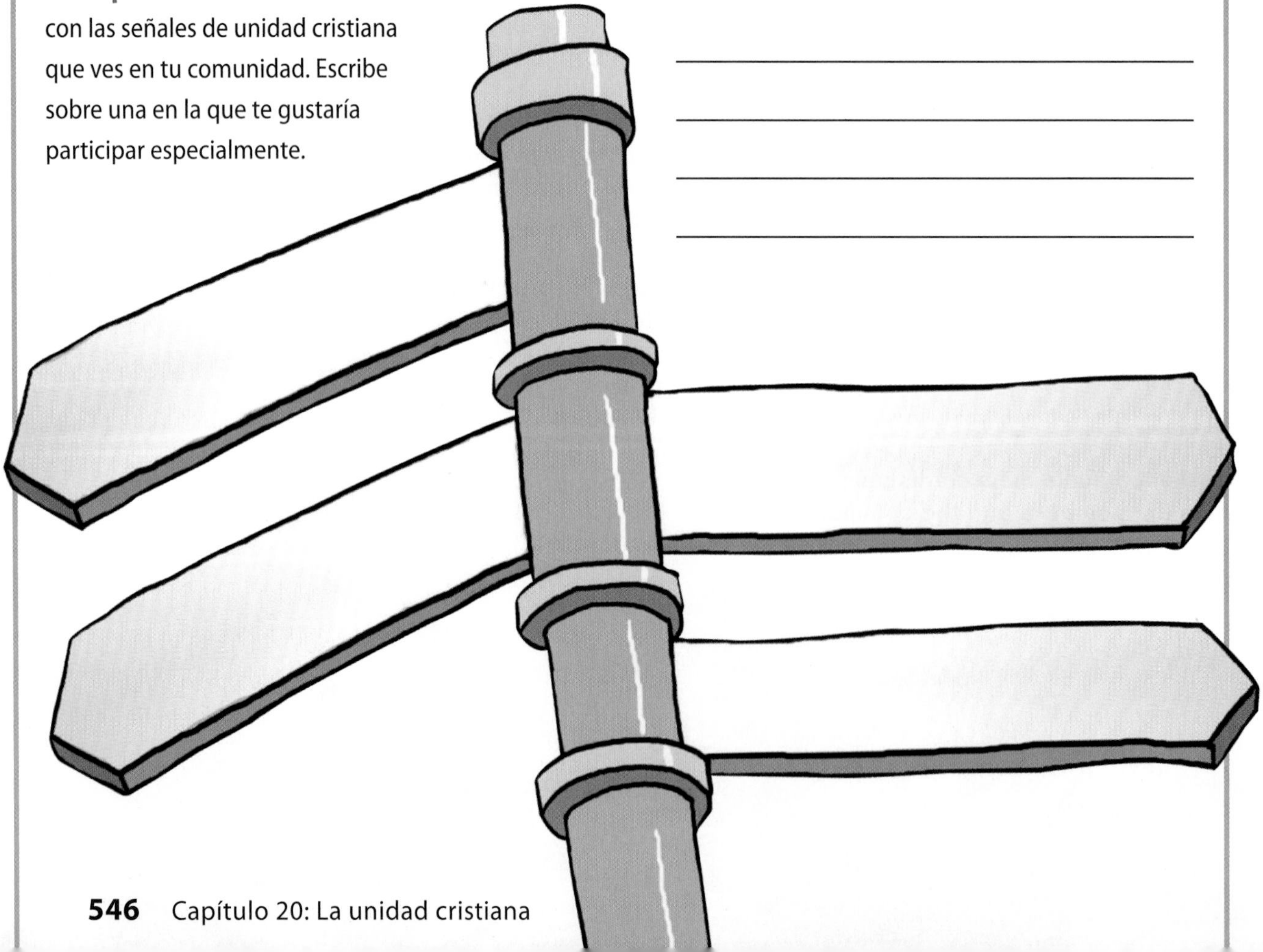

Me gustaría…

___

___

___

___

People of Faith

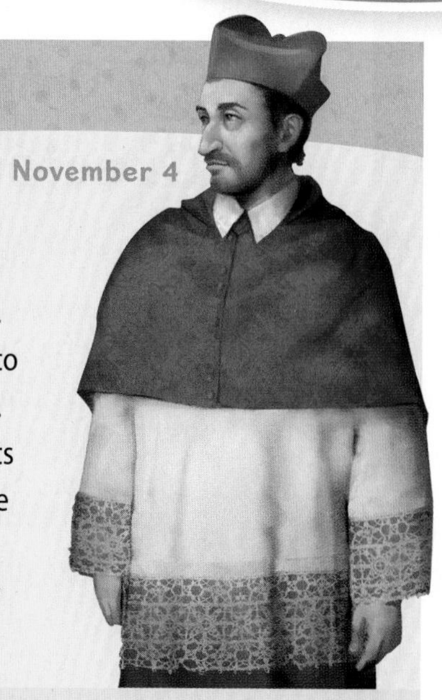

November 4

Saint Charles Borromeo, 1538–1584

Saint Charles was born into a wealthy Italian family. His uncle was Pope Pius IV. Charles became a priest, then a bishop, and finally a cardinal. He worked hard to correct the problems that had caused Protestants to separate from the Church. He believed that many of the problems and divisions happened because priests needed more education. He built many schools to train priests so they could be better teachers. He also helped write an important Catechism explaining what the Catholic Church teaches. When he had free time, Saint Charles liked to play pool!

Discuss: How do you accept those whose beliefs differ from yours?

Learn more about Saint Charles at **aliveinchrist.osv.com**

Live Your Faith

Fill in the street signs with the signs of Christian unity you see in your community. Write about one you would especially like to participate in.

I would like to...

____

____

____

____

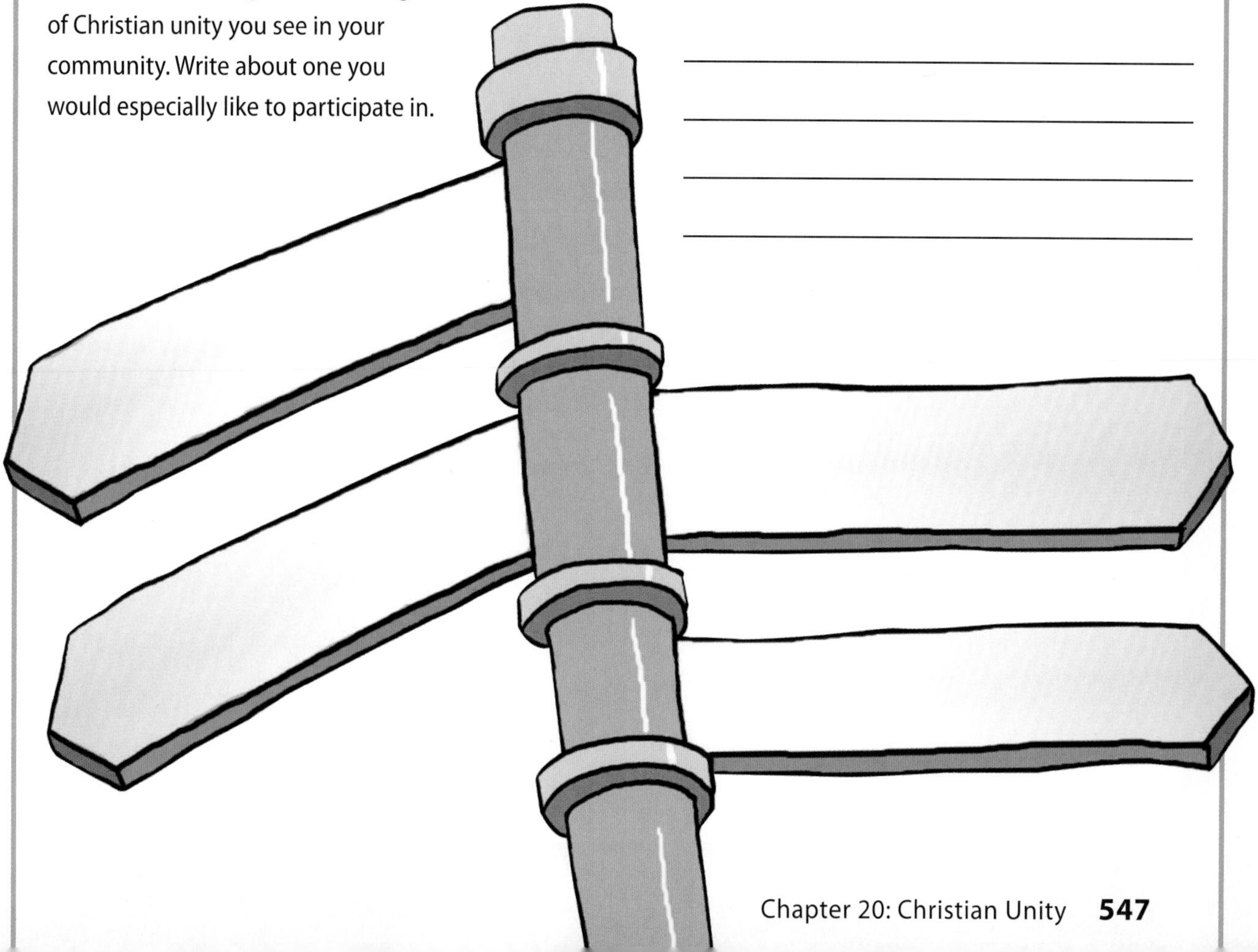

Oremos

Oración de petición

Reúnanse y empiecen con la Señal de la Cruz.

Líder: Señor, danos la fortaleza de ser dignos de la vocación que hemos recibido.

Todos: Señor, muéstranos cómo ser uno.

Líder: Danos la gracia de actuar con humildad y amabilidad, con paciencia, soportándonos unos a otros con amor.

Todos: Señor, muéstranos cómo ser uno.

Líder: Guíanos hacia la unidad y la paz.

Todos: Señor, muéstranos cómo ser uno.

Líder: Somos un cuerpo y tenemos un espíritu y somos llamados a una misma esperanza.

Todos: Señor, muéstranos cómo ser uno.

Líder: Nos has dado un solo Señor, una fe, un bautismo, un solo Dios y Padre de todos, que está por encima de todo, lo penetra todo y está en todo.

Todos: Señor, muéstranos cómo ser uno. Amén. **Basado en Efesios 4, 1-6**

Canten "Creo"

Creo, creo, eres el Cristo, el Hijo de Dios.
Creo, creo, eres nuestro Salvador.

Let Us Pray

Prayer of Petition

Gather and begin with the Sign of the Cross.

Leader: Lord, give us the strength to live in a manner worthy of the call we have received.

All: Lord, show us how to be one.

Leader: Give us the grace to act with all humility and gentleness, with patience, bearing with one another through love.

All: Lord, show us how to be one.

Leader: Guide us so that we move toward unity and peace.

All: Lord, show us how to be one.

Leader: We are one body and have one Spirit and are called together with one hope.

All: Lord, show us how to be one.

Leader: You have given us one Lord, one faith, one Baptism, one God and Father of all, who is over all things, through all things, and in all things.

All: Lord, show us how to be one. Amen. **Based on Ephesians 4:1–6**

Sing "One Spirit, One Church"

We are a pilgrim people.
We are the Church of God.
A fam'ly of believers,
disciples of the Lord.
United in one spirit,
ignited by the fire.
Still burning through the ages,
still present in our lives.

FAMILIA + FE

VIVIR Y APRENDER JUNTOS

SUS HIJOS APRENDIERON >>>

Este capítulo explora el deseo de Jesús de que haya unidad entre sus creyentes, explica el ecumenismo y examina el deseo de la Iglesia Católica de reunir al Cuerpo de Cristo.

La Sagrada Escritura

Lean **Efesios 4, 3–6** para aprender qué escribe San Pablo sobre la importancia de la unidad.

Lo que creemos

- Los católicos trabajan por la unidad de todos los cristianos, porque ese es el deseo de Dios.
- Hoy día, el movimiento ecuménico busca maneras de ayudar a todos los cristianos a trabajar por la unidad.

Para aprender más, vayan al *Catecismo de la Iglesia Católica* 813–822 en **usccb.org**.

Gente de fe

Esta semana, su hijo aprendió acerca de San Carlos Borromeo, quien es conocido por su obra para aliviar las divisiones dentro del cristianismo.

LOS NIÑOS DE ESTA EDAD >>>

Cómo comprenden la unidad cristiana Es posible que su hijo tenga amigos de la escuela, o en otras actividades, que pertenezcan a otras comunidades cristianas. Debe sentir curiosidad por qué asuntos dividen a los cristianos y qué cosas nos unen como creyentes en Jesús. Si bien nuestra capacidad para practicar el culto a veces es limitada, es importante respetarnos y reconocernos mutuamente como creyentes en Jesús y darnos todo el ánimo posible.

CONSIDEREMOS ESTO >>>

¿Como muestran respeto por las personas que piensan diferente de ustedes?

El primer paso para mostrar respeto mutuo es estar dispuestos a escuchar. Para empezar a comprender las creencias de los otros, debemos comenzar con el corazón abierto. El ecumenismo es el esfuerzo de diversas religiones por escucharse mutuamente y trabajar por la unidad de las creencias. Como católicos, comprendemos que "el ecumenismo incluye esfuerzos de rezar juntos, estudiar juntos las Sagradas Escrituras y las tradiciones de cada uno, una acción común por la justicia social y un diálogo en el que los líderes y teólogos de las diferentes iglesias y comunidades discutan en profundidad sus posiciones doctrinales y teológicas para un mayor entendimiento mutuo… la obligación de respetar la verdad es absoluta" (*CCEUA, p. 138*).

HABLEMOS >>>

- Pidan a su hijo que explique el deseo de Jesús de que todos estemos unidos.
- Hablen de cómo su familia respeta a las personas de otros credos.

OREMOS >>>

San Carlos, ruega por nosotros para que trabajemos por la unidad de todos los cristianos. Ayúdanos a aceptar a quienes tienen creencias diferentes de las nuestras. Amén.

Visiten **vivosencristo.osv.com** para encontrar más recursos y actividades.

FAMILY+FAITH

LIVING AND LEARNING TOGETHER

YOUR CHILD LEARNED >>>

This chapter explores Jesus' desire for unity among his believers, explains ecumenism and examines the Catholic Church's desire to reunite the Body of Christ.

Scripture

Read **Ephesians 4:3–6** to find out what Saint Paul writes about the importance of unity.

Catholics Believe

- Catholics work toward the unity of all Christians, because God desires it.
- Today the ecumenical movement looks for ways to help all Christians work toward unity.

To learn more, go to the *Catechism of the Catholic Church* #813–822 at **usccb.org**.

People of Faith

This week, your child learned about Saint Charles Borromeo, who is known for working to heal divisions within Christianity.

CHILDREN AT THIS AGE >>>

How They Understand Christian Unity Your child may have friends from school or other activities who belong to other Christian communities. He or she might be curious about what sorts of issues divide Christians and what things unite us as believers in Jesus. While our ability to worship together is sometimes limited, it is important to respect and recognize one another as believers in Jesus and to encourage one another to the extent possible.

CONSIDER THIS >>>

How do you show respect for people whose thinking is different from yours?

The first step in showing respect is an openness to listen. In order to understand another's beliefs we must begin with open hearts. Ecumenism is the effort of various religions to listen to one another and work toward unity of belief. As Catholics, we understand that "ecumenism includes efforts to pray together, joint study of the Scripture and of one another's traditions, common action for social justice, and dialogue in which leaders and theologians of the different churches and communities discuss in depth their doctrinal and theological positions for greater mutual understanding, and 'to work for unity in truth' (UUS, nos. 18, 29). In dialogue the obligation to respect the truth is absolute" (*USCCA, p. 128*).

LET'S TALK >>>

- Ask your child to explain Jesus' desire for us all to be united.
- Talk about how your family respects people of other faiths.

LET'S PRAY >>>

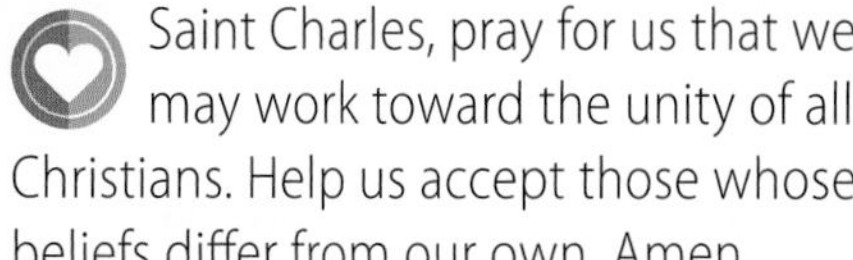

Saint Charles, pray for us that we may work toward the unity of all Christians. Help us accept those whose beliefs differ from our own. Amen.

Visit **aliveinchrist.osv.com** for additional resources and activities.

Capítulo 20 Repaso

A Trabaja con palabras **Rellena el círculo que está junto a la respuesta correcta.**

1. La oración de Jesús "que todos sean uno, como Tú, Padre, estás en mí y yo en Ti" es una oración para la _____.
   - ○ unidad
   - ○ división
   - ○ justicia

2. La ruptura que ocurrió entre las Iglesias del oriente y el occidente se llama _____.
   - ○ Gran Cisma
   - ○ Reforma protestante
   - ○ Concilio Vaticano II

3. En el siglo XVI, las palabras de Martín Lutero dieron lugar a la _____.
   - ○ Gran Cisma
   - ○ Concilio Vaticano II
   - ○ Reforma protestante

4. Desde la Reforma protestante, muchos grupos cristianos independientes, llamados _____ se han formado.
   - ○ Ecumenismo cristiano
   - ○ Comunidades cristianas
   - ○ Cismas cristianos

5. En los años 60, el ecumenismo fue uno de los temas que discutieron los obispos del mundo en el _____.
   - ○ Concilio de Trento
   - ○ Concilio Vaticano II
   - ○ Concilio Vaticano I

6. La unidad entre diferentes grupos solo es posible mediante el poder del _____.
   - ○ Espíritu Santo
   - ○ Papa
   - ○ Iglesia

7. La palabra _____ proviene de una frase bíblica griega que significa "la casa de Dios".
   - ○ unidad
   - ○ ecumenismo
   - ○ denominación

8. En la primera carta a los _____, Pablo instó a los cristianos a estar unidos en los mismos pensamientos y propósitos.
   - ○ Tesalonicenses
   - ○ Romanos
   - ○ Corintios

9. Durante el Gran Cisma, los líderes discutían sobre la _____, las prácticas de la iglesia y las enseñanzas de la Iglesia.
   - ○ autoridad
   - ○ los pobres
   - ○ propiedad

10. Jesús dijo: "Ustedes encontrarán la persecución en el _____ Pero, ánimo, yo he vencido al _____."
    - ○ Iglesia
    - ○ hogar
    - ○ mundo

Chapter 20 Review

A Work with Words **Fill in the circle next to the correct answer.**

1. Jesus' prayer that "all may be one, as you, Father, are in me and I in you," is a prayer for _____.
   - ○ unity
   - ○ division
   - ○ justice

2. The break that occurred between the Churches in the East and the West is called the _____.
   - ○ Great Schism
   - ○ Protestant Reformation
   - ○ Second Vatican Council

3. In the sixteenth century, Martin Luther's words gave rise to the _____.
   - ○ Great Schism
   - ○ Second Vatican Council
   - ○ Protestant Reformation

4. Since the Protestant Reformation, independent Christian groups called _____ have formed.
   - ○ Christian ecumenism
   - ○ Christian communities
   - ○ Christian schisms

5. In the 1960s, ecumenism was an issue discussed by bishops from around the world at the _____.
   - ○ Council of Trent
   - ○ Second Vatican Council
   - ○ First Vatican Council

6. Unity among different groups is possible only through the power of the _____.
   - ○ Holy Spirit
   - ○ Pope
   - ○ Church

7. The word _____ comes from a Greek biblical phrase that means "the whole household of God."
   - ○ unity
   - ○ ecumenism
   - ○ denomination

8. In the First Letter to the _____, Paul urged Christians to be united in the same mind and purpose.
   - ○ Thessalonians
   - ○ Romans
   - ○ Corinthians

9. During the Great Schism, leaders quarreled about _____, Church practices, and Church teaching.
   - ○ authority
   - ○ those who were poor
   - ○ property

10. Jesus said, "In the _____ you will have trouble, but take courage, I have conquered the _____."
    - ○ Church
    - ○ home
    - ○ world

Una creación nueva

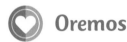

Oremos

Líder: Oh, Señor, ayúdanos a poner nuestra esperanza en Ti.

"Espero, Señor,
mi alma espera,
confío en tu palabra.
Porque junto al Señor está su bondad
y la abundancia de sus liberaciones".

Salmo 130, 5-7

Todos: Oh, Señor, ayúdanos a poner nuestra esperanza en Ti. Amén.

La Sagrada Escritura

Comportándote con santidad y devoción, esperando y ansiando la venida del día de Dios,… Más nosotros esperamos, según la promesa de Dios, cielos nuevos y una tierra nueva en que reine la justicia. … Crezcan en la gracia y en el conocimiento de nuestro Señor y Salvador Jesucristo. A Él la gloria ahora y hasta el día de la eternidad. Amén.

2 Pedro 3, 11b-12a. 13. 18

¿Qué piensas?

- ¿Al final, qué triunfará, el bien o el mal?
- Como cristiano, ¿deberías tenerle miedo a la muerte?

A New Creation

Let Us Pray

Leader: O God, help us put our hope in you.

"I wait for the LORD,
my soul waits
and I hope for his word.
For with the LORD is mercy,
with him is plenteous redemption."
Psalm 130:5, 7

All: O God, help us put our hope in you. Amen.

Scripture

Conducting yourselves in holiness and devotion, waiting for and hastening the coming of the day of God, … [A]ccording to his promise we await new heavens and a new earth in which righteousness dwells. … [G]row in grace and in the knowledge of our Lord and savior Jesus Christ. To him be glory now and to the day of eternity.
2 Peter 3:11b–12a, 13, 18

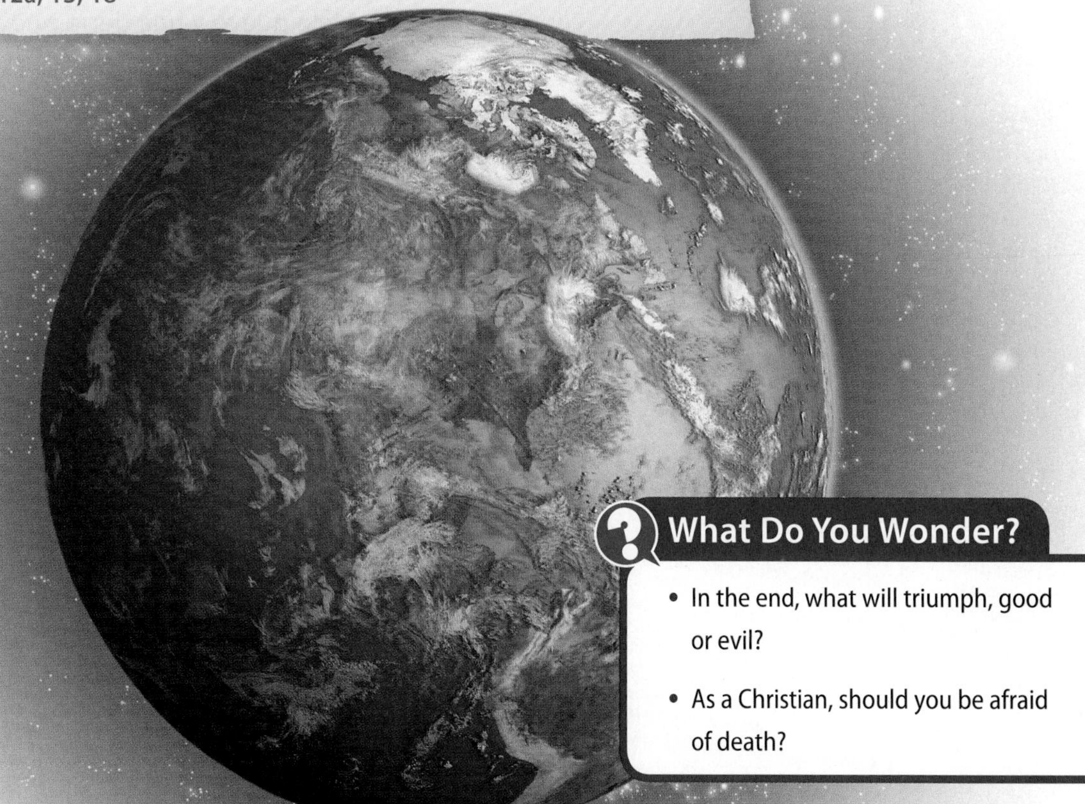

What Do You Wonder?

- In the end, what will triumph, good or evil?
- As a Christian, should you be afraid of death?

El triunfo del bien

¿De qué trata el Apocalipsis?

La victoria final del bien sobre el mal tendrá lugar cuando Cristo vuelva en su gloria. Puedes leer sobre esta victoria en el libro del Apocalipsis. Para comprender el Apocalipsis, no debes tomar las imágenes y los símbolos literalmente. Los símbolos no solo describen el fin del mundo, sino que también dan esperanza y seguridad a los cristianos.

Este libro fue escrito como una forma de **literatura apocalíptica**. La palabra *apocalíptico* se refiere a algo que es revelado, o desvelado. El Apocalipsis desvela la realidad de Dios. El autor usó símbolos y números para desvelar un mensaje a sus compañeros cristianos que estaban siendo oprimidos o perseguidos.

El mensaje es simple: Dios triunfará sobre el mal. Dará vida a todos los que han muerto por su fe. Jesús volverá y traerá un mundo nuevo en el que la paz y la justicia durarán para siempre.

Palabras católicas

literatura apocalíptica un tipo de texto que revela lo que los seres humanos no pueden ver, incluso el mundo espiritual o sucesos del futuro

Un manuscrito ilustrado del Apocalipsis.

La Sagrada Escritura

El Cielo nuevo y la Tierra nueva

Después vi un cielo nuevo y una tierra nueva, pues el primer cielo y la primera tierra habían desaparecido y el mar no existe ya. Y vi a la Ciudad Santa, la nueva Jerusalén, que bajaba del cielo, de junto a Dios, engalanada como una novia que se adorna para recibir a su esposo. Y oí una voz que clamaba desde el trono: "Esta es la morada de Dios con los hombres; *él habitará en medio de ellos; ellos serán su pueblo y él será Dios-con-ellos; él enjugará las lágrimas de sus ojos.* Ya no habrá muerte ni lamento, ni llanto ni pena, pues todo lo anterior ha pasado." **Apocalipsis 21, 1-4**

- ➜ **¿Cuál es el propósito de los símbolos e imágenes del Apocalipsis?**
- ➜ **¿Cuál es el mensaje de Dios para nosotros hoy?**

The Triumph of Good

What is the Book of Revelation about?

The ultimate victory of good over evil will take place when Christ comes in glory. You can read about this victory in the Book of Revelation. To understand Revelation, you must not take the images and symbols literally. The symbols are meant not only to describe the end of the world, but also to give hope and assurance to Christians.

This book was written as a form of **apocalyptic literature**. The word *apocalyptic* refers to something that is revealed, or unveiled. The Book of Revelation unveils the reality of God. The author used symbols and numbers to unveil a message for his fellow Christians who were being oppressed and persecuted.

The message is simple: God will triumph over evil. He will give life to all who have died for their faith. Jesus will return and bring about a new world in which peace and justice last forever.

Catholic Faith Words

apocalyptic literature a type of writing that reveals what humans cannot see, including the spiritual world or future events

Scripture

The New Heaven and the New Earth

Then I saw a new heaven and a new earth. The former heaven and the former earth had passed away, and the sea was no more. I also saw the holy city, a new Jerusalem, coming down out of heaven from God, prepared as a bride adorned for her husband. I heard a loud voice from the throne saying, "Behold, God's dwelling is with the human race. He will dwell with them and they will be his people and God himself will always be with them [as their God]. He will wipe every tear from their eyes, and there shall be no more death or mourning, wailing or pain, [for] the old order has passed away."

Revelation 21:1–4

An illuminated manuscript of the Book of Revelation.

→ What is the purpose of the symbols and images in the Book of Revelation?

→ What is God's message for us today?

La revelación del futuro

Hacia el fin del siglo I, los emperadores romanos Nerón y Domiciano ordenaron que se persiguiera a los cristianos. Muchos seguidores de Jesús se asustaron, al ver a sus amigos y familiares ser enviados a la muerte. Estos cristianos querían asegurarse de que su fidelidad sería recompensada. Ellos encontraron esa seguridad en el Apocalipsis.

El autor del Apocalipsis recibió la revelación en visiones. Alguien "como el hijo del hombre", con un rostro brillante como el sol, le habló. Él quiso decir Jesús. El autor recibió siete mensajes para siete iglesias. Los mensajes eran para la Iglesia de todas partes.

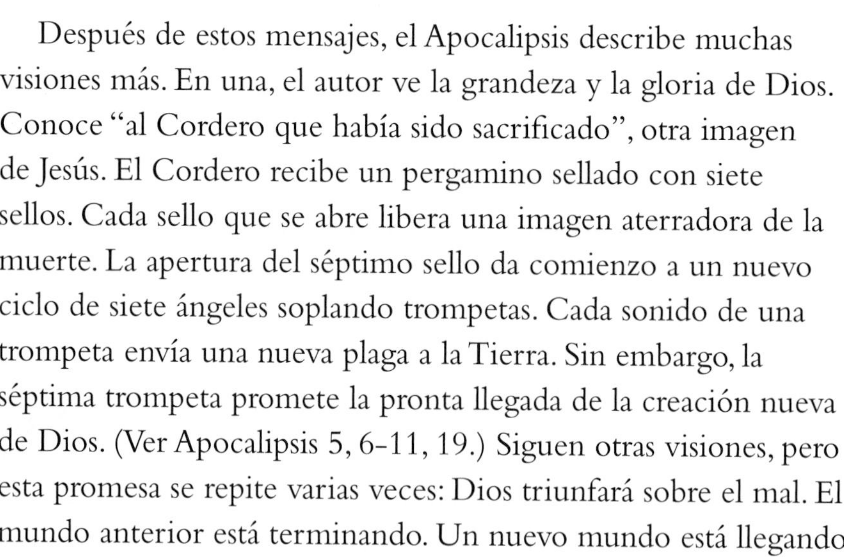

Después de estos mensajes, el Apocalipsis describe muchas visiones más. En una, el autor ve la grandeza y la gloria de Dios. Conoce "al Cordero que había sido sacrificado", otra imagen de Jesús. El Cordero recibe un pergamino sellado con siete sellos. Cada sello que se abre libera una imagen aterradora de la muerte. La apertura del séptimo sello da comienzo a un nuevo ciclo de siete ángeles soplando trompetas. Cada sonido de una trompeta envía una nueva plaga a la Tierra. Sin embargo, la séptima trompeta promete la pronta llegada de la creación nueva de Dios. (Ver Apocalipsis 5, 6-11, 19.) Siguen otras visiones, pero esta promesa se repite varias veces: Dios triunfará sobre el mal. El mundo anterior está terminando. Un nuevo mundo está llegando.

Claves del Apocalipsis

Números
4 = el mundo
6 = la imperfección
7 = la perfección o la culminación
12 = Israel o los Apóstoles
666 = la imperfección o el mal
1,000 = mucho tiempo o largo tiempo

Comparte tu fe

Reflexiona ¿Cuáles son los males que esperas que Dios derrote hoy en día?

Comparte En un grupo pequeño, ora por la victoria de Dios sobre estos males. Luego escribe un mensaje a las personas de tu edad para que mantengan la esperanza en medio de los problemas del mundo.

____

____

Unveiling the Future

Toward the end of the first century, the Roman Emperors Nero and Domitian ordered that Christians be persecuted. Many followers of Jesus grew fearful as they watched their friends and family members sent to their deaths. These Christians wanted assurance that their faithfulness would be rewarded. They found that assurance in the Book of Revelation.

The writer of Revelation received the revelation in visions. Someone "like a son of man," with a face as bright as the sun, spoke to him. He meant Jesus. The writer was given seven messages for seven churches. The messages were meant for the Church everywhere.

After these messages, Revelation describes many more visions. In one, the writer sees the greatness and glory of God. He meets "the Lamb who was slain," another image of Jesus. The Lamb is handed a scroll closed with seven seals. Each opened seal sets loose a frightening image of death. The opening of the seventh seal begins a new cycle of seven angels blowing trumpets. Each trumpet blast sends a new plague upon the Earth. The seventh trumpet, however, promises that God's new creation is coming soon. (See Revelation 5:6–11:19.) Other visions follow, but this promise is repeatedly made: God will triumph over evil. The old world is ending. A new world is coming.

Key to Revelation

Numbers
4 = the world
6 = imperfection
7 = perfection or completion
12 = Israel or the Apostles
666 = imperfection or evil
1,000 = a huge amount or a long time

Share Your Faith

Reflect What evils do you hope God will triumph over today?

Share In a small group, pray for God's victory over these evils. Then write a message to people your age about staying hopeful in the midst of the troubles of the world.

____

____

Esperanza para el futuro

¿Cuál es la creación nueva de Dios?

La **Resurrección** de Jesús es la fuente de la esperanza y el optimismo del Apocalipsis. Mediante su Resurrección, Jesús triunfó sobre la muerte y transformó la muerte en vida. Él cambió la maldición de la muerte en una bendición. Aquellos que mueran por su fe volverán a la vida de entre los muertos. El Apocalipsis les asegura a quienes lloran a los mártires que la muerte no es el final.

Porque Jesús volvió a la vida de entre los muertos, tú lo harás también. Cuando te bautizaron, volviste de la muerte del pecado a una nueva vida con Dios Padre, Hijo y Espíritu Santo. Después de morir, habiendo vivido las promesas de tu Bautismo, vivirás con Dios para siempre.

Algún día tu cuerpo morirá, así como el cuerpo de Jesús murió en la cruz. Pero tu cuerpo resucitará a una vida nueva, así como Jesús resucitó de entre los muertos. En el Antiguo Testamento, Dios reveló gradualmente la realidad de la resurrección corporal. Así que cuando Jesús resucitó de entre los muertos, sus seguidores pudieron aceptar la realidad de un Jesús que respiraba, viviente, triunfante, que volvió de la muerte en un cuerpo glorificado.

Palabras católicas

Resurrección el acto por el cual Dios Padre, a través del poder del Espíritu Santo, hace que Jesús vuelva de la Muerte a una nueva vida

Hope for the Future

What is God's new creation?

The **Resurrection** of Jesus is the source of Revelation's hope and optimism. By his Resurrection, Jesus triumphed over death and transformed death into life. He changed the curse of death into a blessing. Those who are put to death for their faith will be raised from the dead. People who mourn those martyred are reassured by the Book of Revelation that death is not the end.

Because Jesus has been raised to new life, you will be raised, too. When you were baptized, you were raised from the death of sin to a new life with God the Father, the Son, and the Holy Spirit. After you die, having lived the promises of your Baptism, you will live with God forever.

Your body will someday die, just as Jesus' body died on the Cross. But your body will be raised to new life, just as Jesus was raised from the dead. In the Old Testament, God gradually revealed the reality of bodily resurrection. So when Jesus was raised from the dead, his followers were able to accept the reality of a living, breathing, triumphant Jesus returned from the dead in a glorified body.

Catholic Faith Words

Resurrection the event of Jesus being raised from Death to new life by God the Father through the power of the Holy Spirit

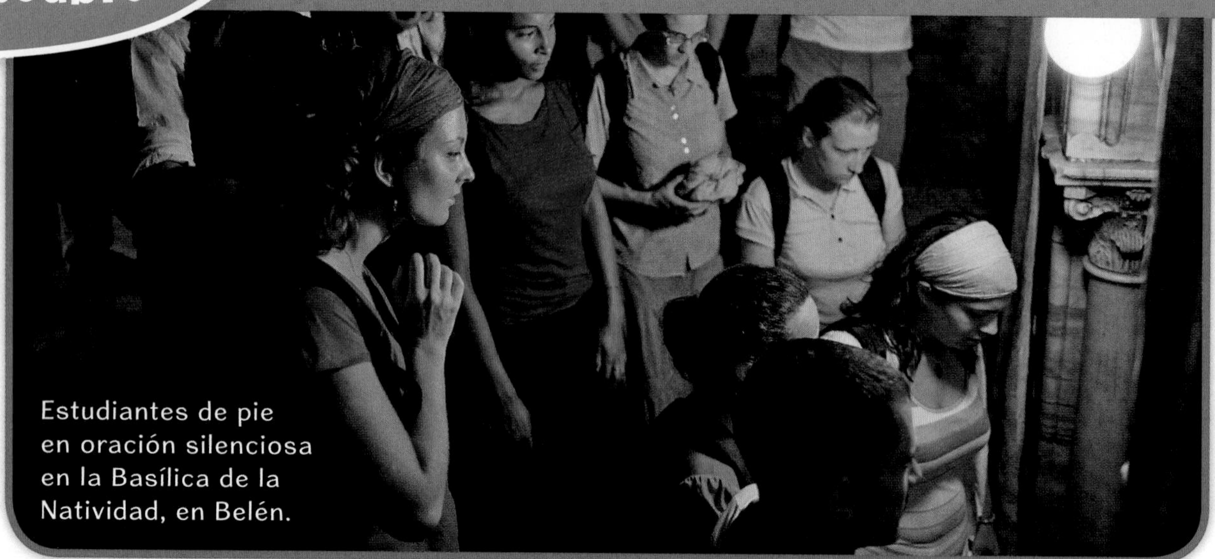
Estudiantes de pie en oración silenciosa en la Basílica de la Natividad, en Belén.

Creación nueva

La visión final del Apocalipsis es la de una **creación nueva**. Dios promete que esta creación nueva incluirá Cielos nuevos y una Tierra nueva regida por la justicia de Dios. (Ver 2 Pedro 3, 13.) El bien será recompensado y el mal será castigado. Los justos, aquellos que buscan sinceramente a Dios y responden a su gracia, reinarán con Dios para siempre.

El Reino de Dios ya ha comenzado con Jesús. Está presente en la Iglesia, el comienzo de la nueva Jerusalén, que es el comienzo del Reino de Dios en la Tierra.

La Biblia empieza con la historia de la creación en el Génesis, y termina con la historia de la creación nueva en el Apocalipsis. Estos relatos te cuentan que el mundo comenzó y terminará según los designios de Dios.

Palabras católicas

creación nueva el futuro de justicia, amor y paz prometido por Dios, en el que el bien será recompensado y el mal será castigado

Practica tu fe

La "Nueva Jerusalén" Lee Apocalipsis 21, 1-4. Con un poema o un dibujo, cuenta o muestra cómo será la "Nueva Jerusalén".

Students stand in silent prayer at the Nativity Church in Bethlehem.

New Creation

Revelation's final vision is of a **new creation**. God promises that this new creation will include new Heavens and a new Earth ruled by God's justice. (See 2 Peter 3:13.) Good will be rewarded and evil punished. The righteous, those who seek God sincerely and respond to his grace, will reign with God forever.

The Reign of God has already begun with Jesus. It is present in the Church, the beginning of the new Jerusalem, which is the beginning of the Kingdom of God on Earth.

The Bible begins with the story of creation in Genesis, and ends with the story of the new creation in Revelation. These stories tell you that the world began and will end according to God's design.

Catholic Faith Words

new creation the future of justice, love, and peace promised by God, in which good will be rewarded and evil punished

Connect Your Faith

The "New Jerusalem" Read Revelation 21:1–4. In a poem or drawing, tell or show what you think the "new Jerusalem" will look like.

Nuestra vida católica

¿Cómo puedes tener esperanza en el futuro?

La esperanza es un deseo de algo con la expectativa de obtenerlo. Puedes esperar muchas cosas, como buenas calificaciones o una amistad con una persona en particular. Sin embargo, la Virtud Teologal de la esperanza es un don de Dios mediante el cual confías en que te dará vida eterna y la gracia necesaria para obtenerla.

Para un cristiano, la gran esperanza, la que hace que todas las demás esperanzas sean posibles, es ver a Dios en el Cielo y disfrutar de la vida con Él para siempre. Estas son algunas maneras de convertirse en una persona con gran esperanza.

Ten fe

La fe hace posible que esperes algo que durará para siempre. Persevera. Mantén tus ojos puestos en Jesús. Como Él, tendrás dificultades y triunfos, tristeza y felicidad, contratiempos y victorias. "Él escogió la cruz en vez de la felicidad que se le ofrecía", y ahora está sentado a la derecha del trono de Dios. (Ver Hebreos 12, 2.)

Recuerda la amistad de Dios

En la vida y en la muerte puedes confiar verdaderamente en la amistad de Dios. "Yo sé que ni la muerte ni la vida, ..., ni el presente ni el futuro, ..., ni ninguna otra criatura podrán apartarnos del amor de Dios, manifestado en Cristo Jesús, nuestro Señor" (**Romanos 8, 38–39**).

Oren

Mantente cerca de la fuente de esperanza. La virtud de la esperanza no es algo que te das a ti mismo. Es un don que te da Dios. Mediante tu oración, Él aumenta tu fe y te hace una persona más fuerte.

Escribe una cosa por la que esperas y oras. Di cómo te ayudarán los pasos anteriores a guiar tu oración.

____

____

____

____

____

Our Catholic Life

How can you have hope for the future?

Hope is a wish for something with an expectation that you may get it. You may hope for many things, such as good grades or a friendship with a particular person. The Theological Virtue of hope, however, is a gift from God by which you trust that he will grant you eternal life and the necessary grace to obtain it.

For a Christian, the great hope, the one that makes all the other hopes possible, is that you will see God in Heaven and enjoy life with him forever. Here are some ways to become a person of great hope.

Have faith

Faith makes it possible for you to hope for something that will last forever. Persevere. Keep your eyes fixed on Jesus. Like him, you will have trials as well as successes, sadness as well as happiness, setbacks as well as victories. "For the sake of the joy that lay before him [Jesus] endured the cross," and then he took his place next to his Father in Heaven. (See Hebrews 12:2.)

Remind yourself of God's friendship

In life and death you can truly rely on God's friendship. "For I am convinced that neither death, nor life, . . . nor present things, nor future things, . . . nor any other creature will be able to separate us from the love of God in Christ Jesus our Lord" (Romans 8:38–39).

Pray

Stay close to the source of hope. The virtue of hope is not something you give yourself. It is a gift that God gives you. Through your prayer, he increases your hope and makes you a stronger person.

Write one thing for which you hope and pray. Tell how the steps above help to guide your prayer.

____

____

____

____

____

Gente de fe

27 de diciembre

San Juan Evangelista, c. 4–104

San Juan era el hijo de Zebedeo y Salomé. Fue un seguidor de San Juan Bautista y un pescador hasta que Jesús lo llamó para que fuera un Apóstol. Se unió a Jesús junto a su hermano Santiago el Mayor. San Juan estuvo con Jesús por tres años y fue el único Apóstol que se sabe que estuvo presente en la crucifixión. En ese momento, Jesús le confió el cuidado de María. Se dice que Juan es el autor del Apocalipsis, el libro final de la Biblia, así como también del Evangelio según Juan, y tres Epístolas. Fue el último de los Apóstoles en morir, y era muy anciano en ese momento.

Comenta: ¿Cómo sigues a Jesús hoy?

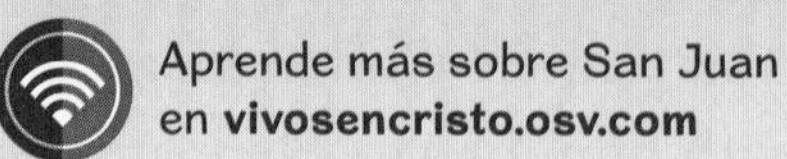

Aprende más sobre San Juan
en vivosencristo.osv.com

Vive tu fe

Elige uno o más de los símbolos que se usan en el Apocalipsis. Dibuja el símbolo aquí, creando un mensaje positivo para el mundo de hoy.

People of Faith

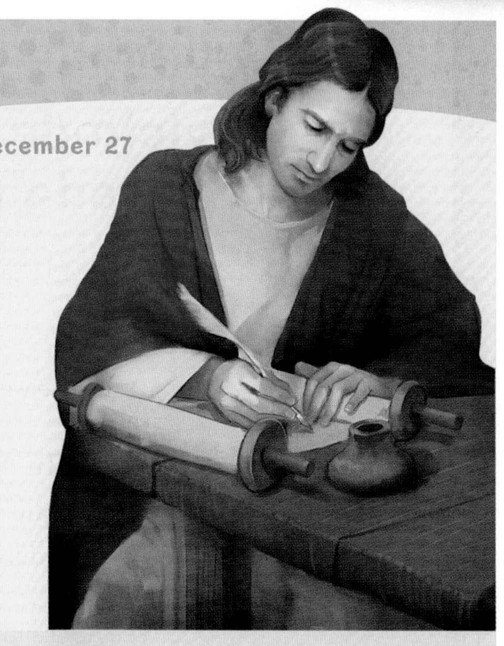

December 27

Saint John the Evangelist, c. 4–104

Saint John was the son of Zebedee and Salome. He was a follower of Saint John the Baptist and a fisherman until Jesus called him to be an Apostle. He joined Jesus with his brother James the Greater. Saint John was with Jesus for three years and was the only Apostle known to have been present at the crucifixion. At that time, Jesus placed Mary in his care. John is said to be the author of the Book of Revelation, the final book of the Bible, as well as the Gospel according to John, and three Epistles. He was the last of the Apostles to die, and was very old at that time.

Discuss: How do you follow Jesus today?

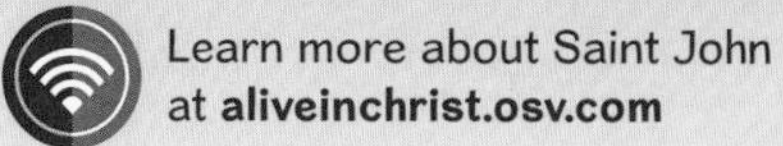

Learn more about Saint John
at aliveinchrist.osv.com

Choose one or more of the symbols used in the Book of Revelation. Draw the symbol here, creating a positive message for the world today.

Oremos

Servicio de oración reflexiva sobre la Sagrada Escritura

Mientras oramos con la Sagrada Escritura hoy, reflexionaremos sobre el sueño de Dios para nosotros.

Reúnanse y empiecen con la Señal de la Cruz.

Líder: Señor, Tú dijiste "Yo soy el Alfa y la Omega ... Aquel que Es, que era y que ha de venir, el Todopoderoso". **Apocalipsis 1, 8**

Lector: Lea Apocalipsis 21, 1-5
Palabra de Dios.

Todos: Te alabamos, Señor.

Reflexionen

Líder: El Señor destruirá la muerte y secará las lágrimas.

Lado 1: "Santo, santo, santo es el Señor Dios, el Todopoderoso,

Lado 2: el que era, es y ha de venir".

Líder: El Señor creará un Cielo nuevo y una Tierra nueva.

Lado 1: "Santo, santo, santo es el Señor Dios, el Todopoderoso,

Lado 2: el que era, es y ha de venir". **Apocalipsis 4, 8**

Todos: Canten "A Ti, Dios"

Let Us Pray

Reflective Scripture Prayer Service

As we pray with Scripture today, we will reflect on God's dream for us.

Gather and begin with the Sign of the Cross.

Leader: Lord, you said, "I am the Alpha and the Omega … the one who is and who was and who is to come, the almighty." **Revelation 1:8**

Reader: Read Revelation 21:1–5.
The Word of the Lord.

All: Thanks be to God.

Reflection

Leader: The Lord will destroy death and wipe away tears.

Side 1: "Holy, holy, holy is the Lord God almighty,

Side 2: who was, and who is, and who is to come."

Leader: The Lord will create a new Heaven and a new Earth.

Side 1: "Holy, holy, holy is the Lord God almighty,

Side 2: who was, and who is, and who is to come." **Revelation 4:8**

All: Sing "Holy God, We Praise Thy Name"

FAMILIA + FE

VIVIR Y APRENDER JUNTOS

SUS HIJOS APRENDIERON >>>

Este capítulo define la literatura apocalíptica, explica que el mundo tuvo un comienzo y tendrá un fin de acuerdo con el diseño de Dios, y explora la resurrección de la carne y la vida eterna.

La Sagrada Escritura

Lean **Pedro 3, 11b–12a** para aprender sobre un Cielo nuevo y una Tierra nueva.

Lo que creemos

- Dios triunfará sobre el mal cuando Cristo vuelva en su gloria.
- En la nueva creación, Dios recompensará la bondad y castigará el mal.

Para aprender más, vayan al *Catecismo de la Iglesia Católica* 1038–1041, 1042–1047 en **usccb.org**.

Gente de fe

Esta semana, su hijo aprendió acerca de San Juan Evangelista. Juan y su hermano Santiago fueron Apóstoles de Jesús.

LOS NIÑOS DE ESTA EDAD >>>

Cómo comprenden la nueva creación y el fin de los tiempos Puede que su hijo no piense en el fin de los tiempos con mucha frecuencia, pero los niños de esta edad suelen tener curiosidad acerca de cómo será el Cielo. Su fuerte sentido de justicia también hace que les parezca muy atractiva la idea de una recompensa final para el bien y un castigo para el mal. A medida que consideran esto, es importante que reflexionen en lo que Dios ha planeado para su vida y cómo pueden seguir fielmente Su plan y, por tanto, hallar la felicidad duradera.

CONSIDEREMOS ESTO >>>

¿Cómo se mantienen esperanzados en medio de un mal abrumador?

La vida puede presentarnos experiencias tan oscuras que se nos hace difícil aferrarnos a una esperanza. En esos momentos desesperados es cuando necesitamos poner nuestra esperanza en el nombre del Señor. A través de su Muerte y Resurrección, Jesús nos enseña la verdad más importante: no hay mal que el amor no pueda conquistar. Dios puede hacer buenas todas las cosas. Como católicos, sabemos que "Dios permite este mal moral en parte por el respecto hacia el don de la libertad con el que fueron dotados los seres creados. Pero su respuesta al mal moral es un acto de amor aún mayor, mediante el envío de su Hijo quien ofrece su vida para llevarnos de vuelta a Dios" (*CCEUA, p. 62*).

HABLEMOS >>>

- Pidan a su hijo que les hable acerca del Libro del Apocalipsis.
- Hablen de cómo su familia demuestra su creencia en que Dios triunfará sobre el mal y que el bien reinará.

OREMOS >>>

Querido San Juan, ayúdanos a siempre mantener nuestro corazón y nuestra mente enfocados en el Cielo. Amén.

Visiten **vivosencristo.osv.com** para encontrar un glosario multimedia de Palabras católicas, lecturas dominicales, y recursos de Santos y tiempos festivos.

FAMILY+FAITH

LIVING AND LEARNING TOGETHER

YOUR CHILD LEARNED >>>

This chapter defines apocalyptic literature, explains that the world began and will end according to God's design, and explores the resurrection of the body and life everlasting.

Scripture

Read **2 Peter 3:11b–12a** to find out about a new Heaven and a new Earth.

Catholics Believe

- God will triumph over evil when Christ comes again in glory.
- In the new creation, God will reward good and punish evil.

To learn more, go to the *Catechism of the Catholic Church* #1038–1041, 1042–1047 at **usccb.org**.

People of Faith

This week, your child learned about Saint John the Evangelist. John and his brother James both became Apostles of Jesus.

CHILDREN AT THIS AGE >>>

How They Understand the New Creation and the End of Time Your child may not think about the end of time very often, but children this age are often curious about what Heaven will be like. Their strong sense of justice also makes the idea of a final reward for good and punishment of evil very attractive to them. As they consider this, it is important that they reflect on what God has planned for their lives and how they can faithfully follow his plan and thus find lasting happiness.

CONSIDER THIS >>>

How do you remain hopeful in the midst of overwhelming evil?

Life can present us with experiences so filled with darkness that we struggle to hold on to hope. It is in those desperate moments that we need to put our hope in the name of the Lord. Through his Death and Resurrection Jesus teaches us the greatest truth: there is no evil that love cannot conquer. God can make all things good. As Catholics, we know that "God permits such moral evil in part out of respect for the gift of freedom with which he endowed created beings. But his response to moral evil is an even greater act of love through the sending of his Son who offers his life to bring us back to God" (*USCCA, p. 57*).

LET'S TALK >>>

- Ask your child to tell you about the Book of Revelation.
- Talk about how your family shows your belief that God will triumph over evil and good will reign.

LET'S PRAY >>>

Dear Saint John, help us always to keep our hearts and minds focused on Heaven. Amen.

For a multimedia glossary of Catholic Faith Words, Sunday readings, seasonal and Saint resources, and chapter activities go to **aliveinchrist.osv.com**.

Capítulo 21 Repaso

A **Trabaja con palabras** **Une cada descripción de la Columna A con el término correcto de la Columna B.**

Columna A	Columna B
1. Estas personas buscan a Dios sinceramente y buscan hacer Su voluntad.	Apocalíptico
2. Esta palabra significa "revelado" o "develar".	Resurrección
3. Un mensaje central de este libro es que Dios triunfará sobre el mal.	Apocalipsis
4. El caso de Jesús, habiendo resucitado de la muerte a la nueva vida por Dios el Padre a través del poder del Espíritu Santo.	los rectos
5. Esta es la visión final del Apocalipsis.	creación nueva

B **Confirma lo que aprendiste** **Completa cada enunciado.**

6. El autor del Apocalipsis dijo que la revelación le llegó en ____________________.

7. Cuando Juan escribió el Apocalipsis, estaba en la isla de ____________________.

8. La Biblia termina con la historia de la ____________________ nueva en el Apocalipsis.

9. La Virtud Teologal de la ____________________ es un don de Dios mediante el cual confías en que te dará vida eterna y la gracia necesaria para obtenerla.

10. En el Apocalipsis, el número ____________________ es un símbolo para la perfección o la culminación.

Chapter 21 Review

A **Work with Words** **Match each description in Column A with the correct term in Column B.**

Column A	Column B
1. These people sincerely seek God and seek to do his will.	apocalyptic
2. This word means "revealed" or "unveiled."	Resurrection
3. A central message of this book is that God will triumph over evil.	Revelation
4. The event of Jesus being raised from Death to new life by God the Father through the power of the Holy Spirit.	the righteous
5. This is the final vision in the Book of Revelation.	new creation

B **Check Understanding** **Complete each statement.**

6. The writer of Revelation said that the revelation came to him in ____________________.

7. When John wrote the Book of Revelation, he was on the island of ____________________.

8. The Bible ends with the story of the new ____________________ in Revelation.

9. The Theological Virtue of ____________________ is a gift from God by which you trust that he will grant you eternal life.

10. In the Book of Revelation, the number ____________________ is a symbol for perfection or completion.

Repaso de la Unidad

A **Trabaja con palabras** **Rellena el círculo que está junto a la respuesta correcta.**

1. La Comunión de los Santos incluye _____.
   - ◯ **la Iglesia peregrina en la Tierra**
   - ◯ **aquellos que son purificados en el Purgatorio**
   - ◯ **los benditos en el Cielo**
   - ◯ **todos los anteriores**

2. La acción que no forma parte del Sacramento de la Unción de los Enfermos es _____.
   - ◯ **la unción de manos y frente**
   - ◯ **el Acto de Contrición**
   - ◯ **la imposición de las manos por parte del sacerdote**
   - ◯ **oración para los ancianos o los enfermos**

3. La felicidad plena de vivir eternamente en la presencia de Dios es _____.
   - ◯ **la Comunión de los Santos**
   - ◯ **el Purgatorio**
   - ◯ **el Cielo**
   - ◯ **el Infierno**

4. Porque Jesús fue resucitado a una nueva vida en la _____.
   - ◯ **la muerte ha sido vencida**
   - ◯ **todos irán al Cielo**
   - ◯ **nadie morirá físicamente nunca más**
   - ◯ **ya no existe el mal**

5. El ecumenismo es un esfuerzo organizado para _____.
   - ◯ **poner fin al hambre en el mundo**
   - ◯ **poner fin a las guerras**
   - ◯ **unir a todos los pueblos**
   - ◯ **unir a los cristianos**

B **Confirma lo que aprendiste** **Une cada descripción de la Columna A con el término correcto de la Columna B.**

Columna A	Columna B
6. Hijo de la exhortación	Jesús
7. "He conquistado el mundo".	el Cordero
8. Arregló el arresto de Jesús	Juan
9. Escribió un libro apocalíptico	Judas
10. Abrió un pergamino sellado con siete sellos	Bernabé

Unit Review

A Work with Words **Fill in the circle next to the correct answer.**

1. The Communion of Saints includes _____.
   - ◯ the pilgrim Church on Earth
   - ◯ those being purified in Purgatory
   - ◯ the blessed in Heaven
   - ◯ all of these

2. The action that is not part of the Sacrament of the Anointing of the Sick is _____.
   - ◯ anointing of hands and forehead
   - ◯ Act of Contrition
   - ◯ priest's laying on of hands
   - ◯ prayer for elderly or ill person

3. The full joy of living eternally in God's presence is _____.
   - ◯ Communion of Saints
   - ◯ Purgatory
   - ◯ Heaven
   - ◯ Hell

4. Because Jesus was raised to new life in the Resurrection _____.
   - ◯ death has been defeated
   - ◯ everyone will go to Heaven
   - ◯ no one will physically die again
   - ◯ evil no longer exists

5. Ecumenism is an organized effort to _____.
   - ◯ stop world hunger
   - ◯ end all wars
   - ◯ bring all peoples together
   - ◯ bring Christians together

B Check Understanding **Match each description in Column A with the correct term in Column B.**

Column A	Column B
6. Son of encouragement	Jesus
7. "I have conquered the world."	the Lamb
8. Arranged for Jesus' arrest	John
9. Wrote an apocalyptic book	Judas
10. Opens a scroll with seven seals	Barnabas

UNIDAD 7

Repaso de la Unidad

Completa cada oración con la palabra correcta del Vocabulario.

Vocabulario

- purificación
- Reforma
- apocalíptica
- Comunión
- creación

11. El Apocalipsis presenta la promesa de una _______________ nueva.

12. La literatura _______________ incluye un mensaje que es revelado o develado.

13. Las acciones de Martín Lutero llevaron a la _______________ protestante.

14. A menudo se llama a la Iglesia la _______________ de los Santos.

15. El Purgatorio es un estado de _______________ final después de la muerte y antes del Cielo.

C Relaciona **Escribe respuestas breves a estas preguntas.**

16. ¿Cómo describirías las Obras de Misericordia?

____

____

____

____

____

17. ¿Cuáles son algunas maneras en las que los demás pueden orar por ti?

____

____

____

____

____

Complete each sentence with the correct word from the Word Bank.

Word Bank

purification

Reformation

apocalyptic

Communion

creation

11. The Book of Revelation presents the promise of a new

_______________.

12. Literature that is _______________ includes a message that is revealed or unveiled.

13. Martin Luther's actions led to the Protestant

_______________.

14. The Church is often referred to as the _______________ of Saints.

15. Purgatory is a state of final _______________ after death and before Heaven.

C **Make Connections** **Write brief responses to these questions.**

16. How would you describe the Works of Mercy?

____

____

____

____

____

17. What are some ways in which others can pray for you?

____

____

____

____

____

Repaso de la Unidad

18. ¿Qué esperas del Cielo?

19. ¿Por qué crees que Dios puede superar todos los males?

20. ¿Cómo te ayuda la reflexión al orar?

18. What do you look forward to in Heaven?

19. Why do you think God is able to overcome all evil?

20. How is reflection helpful to you in prayer?

Vive tu fe

Enseñanza Social Católica

La vida y la dignidad de la persona humana

En la Sagrada Escritura Dios nos dice: "Antes de formarte en el seno de tu madre, ya te conocía" (Jeremías 1, 5). Dios nos creó a cada uno de nosotros. Cada persona es única e irrepetible. Dios tiene un plan especial para cada vida. Él sabe para qué nos hizo.

Porque Dios nos hizo a cada uno de nosotros, debemos tratar a todas las personas con dignidad. Cada vida es valiosa para Dios. Debemos cuidar los cuerpos y las mentes que Dios nos dio y usarlos para hacer cosas buenas. Debemos ser amables con los demás y resolver problemas de forma pacífica en vez de pelear. Si vemos que alguien es acosado, molestado o irrespetado, necesitamos defenderlo y buscar ayuda de un adulto si fuera necesario. Debemos ayudar a proteger a los demás porque cada vida es importante para Dios.

Life and Dignity of the Human Person

In Scripture God tells us, "Before I formed you in the womb I knew you" (Jeremiah 1:5). God created each one of us. Every person is unique and unrepeatable. God has a special plan for each of our lives. He knows what he made us to be.

Because God made each of us, we should treat each person with dignity. Every life is valuable to God. We should take care of the bodies and minds God gave us and use them to do good things. We should be kind toward others and solve problems peacefully instead of fighting. If we see someone else being bullied, teased, or disrespected, we need to speak up and get help from an adult if necessary. We should help to protect others because every life is important to God.

La vida y la dignidad

Es importante respetar la vida y la dignidad de cada persona. Porque todos los humanos son creados a imagen de Dios, todos tienen valor e importancia, incluyendo a los niños no nacidos, los ancianos, y aquellos que luchan con enfermedades que ponen en riesgo sus vidas o que las debilitan.

El quinto Mandamiento nos dice "No matarás". La Iglesia católica siempre ha sido clara sobre proteger la vida humana desde el momento de la concepción hasta la muerte natural.

La Iglesia nos llama para darle protección especial a los niños no nacidos, quienes están entre los más vulnerables e inocentes. El aborto, la interrupción deliberada de un embarazo asesinando a un niño no nacido, es un pecado grave contra el quinto Mandamiento.

A través de la oración y la acción, la Iglesia llama a los gobiernos a que protejan el derecho a la vida de todos los seres humanos, tanto de los no nacidos como de los enfermos terminales y los ancianos. Y ella ofrece oración, guía y muchos tipos de apoyo a aquellos individuos que enfrentan desafíos difíciles en estas áreas.

Lo que es verdad sobre los niños no nacidos también es verdad sobre las personas enfermas o con discapacidades graves. El valor y la dignidad de cada vida humana es una enseñanza básica de la Iglesia católica.

¿Qué acciones realizas para mostrar que respetas la dignidad de otras personas?

Dignidad y acción

Sobre cada línea, usa la letra dada para empezar una frase o una oración para describir por qué la vida humana es tan importante y cómo podemos protegerla.

V ______________________________

I ______________________________

D ______________________________

A ______________________________

Life and Dignity

It is important to respect the life and dignity of each person. Because all humans are created in the image of God, everyone has value and worth, including the unborn, the aged, and those who struggle with life-threatening or debilitating illnesses.

The Fifth Commandment tells us "You shall not kill." The Catholic Church has always been clear about protecting human life from the moment of conception to natural death.

The Church calls us to provide special protection to the unborn, who are among the most vulnerable and innocent. Abortion, the deliberate termination of a pregnancy by killing an unborn child, is a grave sin against the Fifth Commandment.

Through prayer and action, the Church calls governments to protect the right to life of all human beings, the unborn as well as the terminally ill and aged. And she provides prayer, guidance, and many types of support to those individuals facing difficult challenges in these areas.

What is true of the unborn is also true of persons who are sick, or who have serious disabilities. The value and dignity of every human life is a basic teaching of the Catholic Church.

What actions do you perform to show that you respect the dignity of other people?

Dignity and Action

On each line, use the letter given to begin a phrase or sentence to describe why human life is so important and how we can protect it.

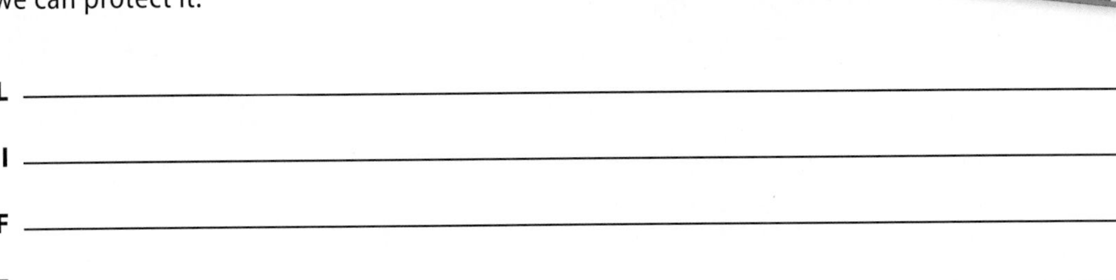

L ____________________

I ____________________

F ____________________

E ____________________

El llamado a la familia, la comunidad y la participación

Desde el comienzo mismo, Dios creó a las personas para que se relacionen entre sí. La Sagrada Escritura nos dice: "Dijo Yavé Dios: 'No es bueno que el hombre esté solo. Le daré, pues, un ser semejante para que lo ayude'" (Génesis 2, 18). Dios nos dio comunidades para que pudiéramos cuidarnos unos a otros.

La familia es un tipo de comunidad muy especial. Nuestra Iglesia nos enseña que la familia es la "escuela de santidad" y la "Iglesia doméstica". Estos nombres reflejan la enseñanza católica de que es en la familia donde aprendemos quién es Dios y cómo vivir una vida cristiana. Es el primer lugar donde aprendemos a vivir en comunidad. La familia es donde aprendemos a amar a los demás.

Live Your Faith
Catholic Social Teaching

Call to Family, Community, and Participation

From the very beginning, God made people to be in relationship with one another. Scripture tells us, "The LORD God said: It is not good for the man to be alone. I will make a helper suited to him" (Genesis 2:18). God gave us communities so that we could take care of one another.

The family is a very special type of community. Our Church teaches that the family is the "school of holiness" and the "domestic Church." These names reflect the Catholic teaching that the family is where we learn who God is and how to live a Christian life. It is the first place where we learn what it means to live in a community. The family is where we learn how to love others.

El llamado a la comunidad

Para algunas personas, su única meta en la vida es estar pendientes sí mismos. Arguyen que no tienen la obligación de preocuparse por los problemas de los demás. Se jactan de que no necesitan la ayuda de nadie para arreglárselas.

Esta no es la manera como Dios quiere que se viva la vida humana. Él planeó que nacieras dentro de una comunidad, la familia. Es allí donde conociste por primera vez la fe y los valores que te sostendrán durante tu vida. Dios también te trae la salvación como miembro de una comunidad más grande: la Iglesia.

Las comunidades como la familia, la Iglesia y el país donde vives, son muy valiosas. Estas comunidades forman una estructura que te permitirá llevar una buena vida. Sin embargo, a cambio tienes la obligación de participar activamente en estas instituciones. Necesitas aceptar responsabilidades dentro de tu familia, la Iglesia y tu país.

Familias y sociedad

En un grupo pequeño, comenta algunas maneras en las que las familias ayudan a la sociedad. Piensa sobre tu familia o una familia que conozcas y lo que hacen por su parroquia, comunidades, escuelas y lugares de trabajo. Completa la siguiente tabla y luego comparte tus ideas con el grupo más grande.

Participación	
Nombre de la FAMILIA	______________________
Qué hacen por su PARROQUIA	______________________
Qué hacen por su COMUNIDAD	______________________
Qué hacen por su ESCUELA O LUGAR DE TRABAJO	______________________

Call to Community

For some people, their only goal in life is to look out for themselves. They argue that they have no obligation to worry about anyone else's problems. They brag that they do not need anyone's help to get by.

This is not the way God intended human life to be lived. He planned for you to be born into a community, the family. It is there that you were first introduced to the faith and values that will sustain you through life. God also brings you salvation as a member of a larger community—the Church.

Communities like the family, the Church, and the country you live in are precious. These communities form a framework that will enable you to lead a good life. In return, though, you have a duty to participate actively in these institutions. You need to accept responsibilities within your family, the Church, and your country.

Families and Society

In a small group, discuss some ways that families help society. Think about your family or one you know and what they do for their parish, communities, schools, and places of work. Fill in the chart below and then share your ideas with the larger group.

Involvement	
Name of FAMILY	
What they do for their PARISH	
What they do for their COMMUNITY	
What they do for their SCHOOL OR WORKPLACE	

Los derechos y las responsabilidades de la persona humana

Porque Dios creó a cada persona, cada una tiene derechos y responsabilidades. Los derechos son las libertades o cosas que cada persona necesita y debería tener. Las responsabilidades son nuestras obligaciones, o las cosas que debemos hacer.

Jesús nos dice: "Amarás a tu prójimo como a ti mismo" (Marcos 12, 31). El *Catecismo* enseña: "El respeto de la persona humana considera al prójimo como 'otro yo'" (*CIC*, 1944). Respetamos los derechos que provienen de su dignidad como seres humanos. Todos tienen derecho a comida, refugio, vestimenta, descanso y el derecho de ver a un médico si lo necesitan. También tenemos la responsabilidad de tratar bien a los demás y de trabajar juntos para el bien de todos.

Una enfermera católica y bebés recién nacidos en el hospital de Nazaret, Israel.

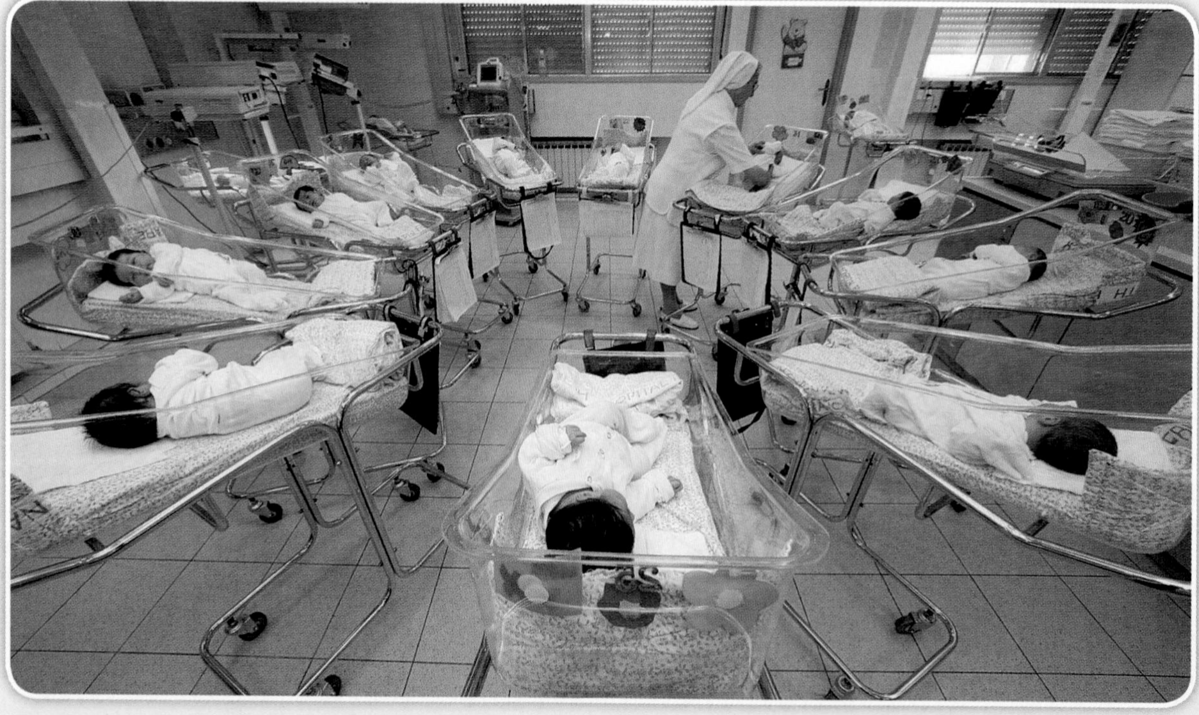

Live Your Faith

Catholic Social Teaching

Rights and Responsibilities of the Human Person

Because God made every person, everyone has rights and responsibilities. Rights are the freedoms or things every person needs and should have. Responsibilities are our duties, or the things we must do.

Jesus tells us to "love your neighbor as yourself" (**Mark 12:31**). The *Catechism* teaches that "respect for the human person considers the other 'another self'" (*CCC*, 1944). We respect the rights that come from their dignity as human beings. Everyone has a right to food, shelter, clothing, rest, and the right to see a doctor if they need one. We also have a responsibility to treat others well and work together for the good of everyone.

Catholic nurse and newborn babies in Nazareth Hospital, Israel.

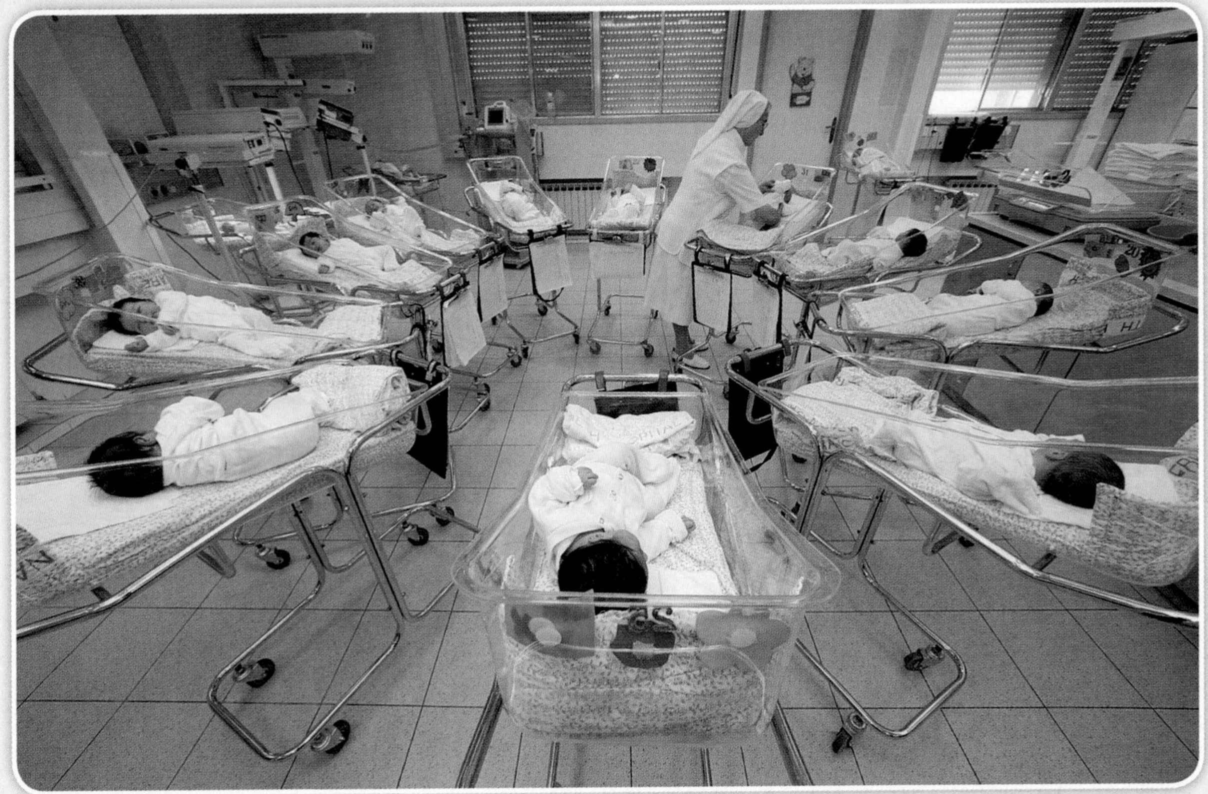

Derechos y responsabilidades

Los católicos están llamados a apoyar los derechos y responsabilidades de todas las personas. Al hacer esto, se mantiene el respeto y la dignidad de cada persona. Es responsabilidad de todos tender una mano a los demás y ayudar a los necesitados.

Los pobres enfrentan a menudo hambre y frío. Pero hay muchas otras cosas sobre la pobreza que hacen la vida difícil. Los pobres se preocupan porque no tienen dinero suficiente para cubrir todas sus necesidades. Es difícil para ellos sentirse seguros.

Una de las enseñanzas básicas de la Iglesia es que las personas tienen derecho a una vida decente: a comida, vestimenta, vivienda, educación y atención médica. También tienen el derecho a un trabajo, lo que les da independencia, seguridad y respeto por sí mismos.

Todas las personas comparten la responsabilidad de cuidar que todos tengan estas cosas, y todos tenemos la responsabilidad de proveernos de estas cosas nosotros mismos.

¿De qué manera están unidos los derechos humanos y las responsabilidades humanas?

Conoce tus derechos

En la siguiente sopa de letras, halla cuatro palabras que expresen nuestros derechos y responsabilidades humanos. Escribe las palabras en los renglones junto a la sopa de letras.

X	J	N	I	M	F	Z	C
F	R	E	S	P	E	T	O
N	V	G	E	F	J	Q	M
T	R	A	B	A	J	O	I
G	K	W	O	R	K	O	D
V	I	V	I	E	N	D	A

____

____

____

____

Rights and Responsibilities

Catholics are called to support the rights and responsibilities of all people. By doing so, the respect and dignity of every person is maintained. It is everyone's responsibility to reach out to others and to help those who are in need.

Those who are poor often face hunger and cold. But there are many other things about being poor that make life difficult. People who are poor worry about not having enough money to meet all their needs. It is difficult for them to feel secure.

One of the basic teachings of the Church is that people have a right to a decent life—to food, clothing, housing, education, and medical care. They also have the right to a job, which provides independence, security, and self-respect.

All people share the responsibility of seeing to it that everyone is provided with these things, and we all have a responsibility to provide these things for ourselves.

How are human rights and human responsibilities linked?

Know Your Rights

In the puzzle below, find four words that tell about our human rights and responsibilities. Write the words on the lines next to the puzzle.

X	J	N	I	M	F	Z	W
F	R	E	S	P	E	C	T
N	V	G	E	F	J	Q	P
D	K	J	C	N	O	G	R
G	K	W	O	R	K	O	J
H	O	U	S	I	N	G	D

____

____

____

____

Vive tu fe

Enseñanza Social Católica

La opción por los pobres e indefensos

En la Sagrada Escritura, Jesús dice: "cuando lo hicieron con alguno de los más pequeños de estos mis hermanos, me lo hicieron a mí" (Mateo 25, 40). Lo que hayamos hecho por los pobres o los necesitados, también lo hicimos por Él, y lo que no hayamos hecho, no lo hicimos por Jesús. Esto significa que debemos tratar a los necesitados de la misma manera en que trataríamos al mismo Jesús.

Santa Rosa de Lima dijo: "Cuando servimos a los pobres y a los enfermos, servimos a Jesús". Nuestra Iglesia nos enseña que debemos amar y cuidar especialmente a los pobres, y poner sus necesidades en primer lugar. Esto se llama *opción preferencial por los pobres*. El *Catecismo* enseña que "Dios bendice a los que ayudan a los pobres y reprueba a los que se niegan a hacerlo... Jesucristo reconocerá a sus elegidos en lo que hayan hecho por los pobres" (*CIC*, 2443).

El Papa Francisco lava los pies de mujeres como parte de los servicios del Jueves Santo.

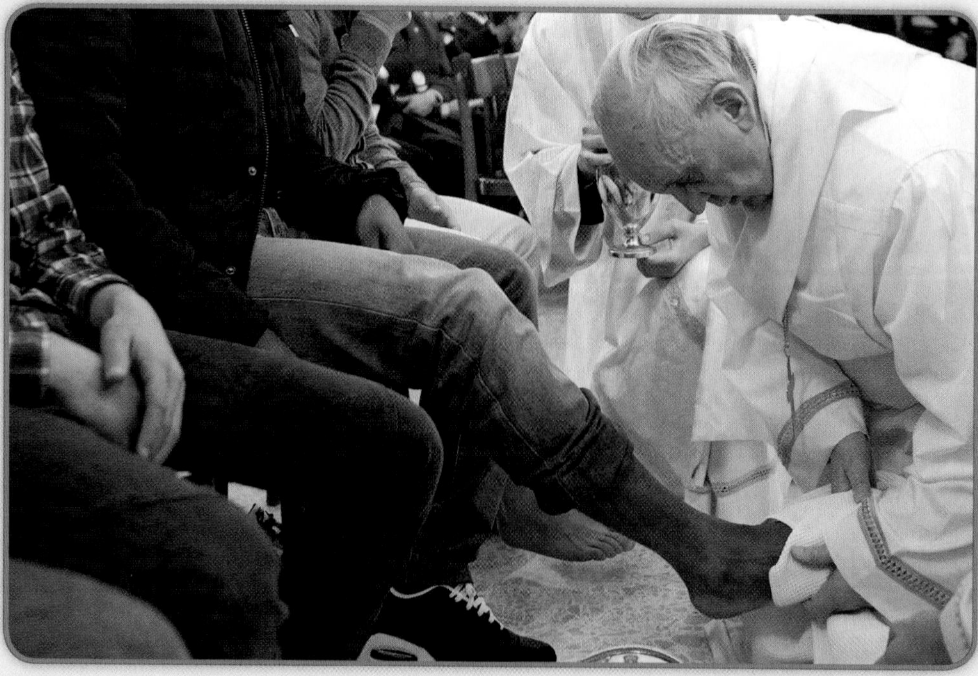

Live Your Faith
Catholic Social Teaching

Option for the Poor and Vulnerable

In Scripture, Jesus says "whatever you did for one of these least brothers of mine, you did for me" (Matthew 25:40). Whatever we have done for people who are poor or needy, we have also done for him, and what we have not done for them, we haven't done for Jesus. This means we should treat people in need the same way we would treat Jesus himself.

Saint Rose of Lima said, "When we serve the poor and the sick, we serve Jesus." Our Church teaches that we should have special love and care for those who are poor and put their needs first. This is called the preferential option for the poor. The *Catechism* teaches that "God blesses those who come to the aid of the poor and rebukes those who turn away from them … It is by what they have done for the poor that Jesus Christ will recognize his chosen ones" (*CCC*, 2443).

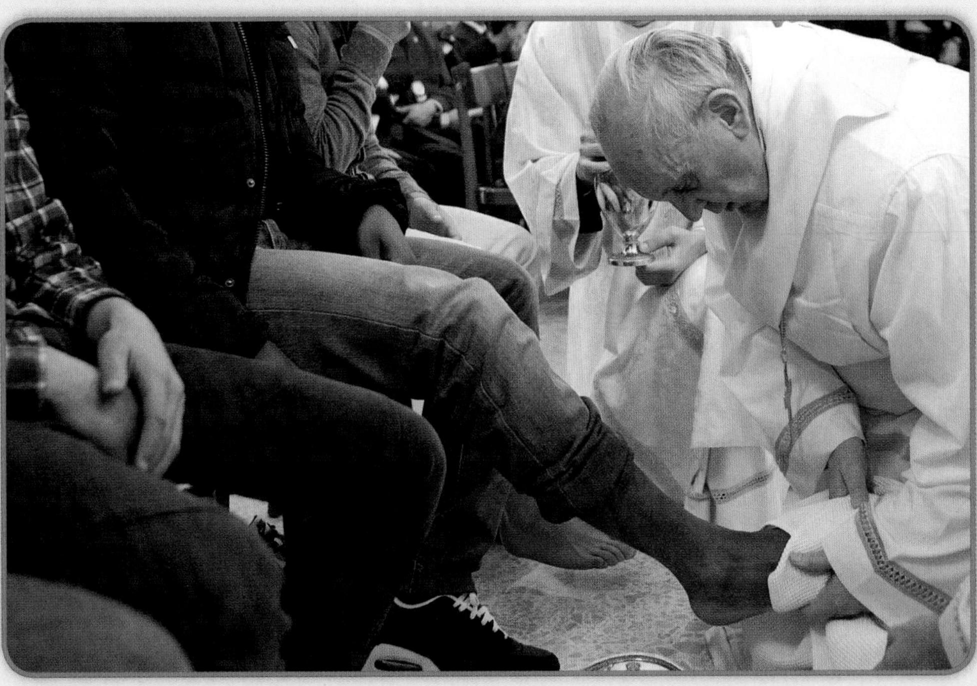

Pope Francis washes the feet of women as part of services on Holy Thursday.

La opción por los pobres

Jesús desafió las creencias de su sociedad cuando les dijo a los pobres que eran bienaventurados. Su amor por los indefensos sorprendió y ofendió a las personas ricas y "respetables".

Cada discípulo de Jesús está llamado a amar y servir a los pobres. Como cristiano, estás llamado a examinar tu propia vida con regularidad para ver si realmente debes tener todo lo que te tienta comprar. Al negarte alguna de estas cosas innecesarias, puedes ayudar a las personas que necesitan tu ayuda desesperadamente.

El mundo de hoy es un mundo de extremos. Existe una enorme riqueza en muchos países. Sin embargo, hay una extrema pobreza en otros. La Iglesia insiste en que esta situación no es moralmente aceptable. Los Papas recientes han enseñado que los países ricos tienen la misma clase de responsabilidad hacia los países pobres que la que tienen las personas ricas hacia los pobres.

¿Qué pueden hacer los estadounidenses para aliviar la pobreza en otras partes del mundo?

Haz un plan

Con tu grupo, ideen formas de recaudar dinero para ayudar a los necesitados de tu comunidad. Considera a las personas o los grupos que puedes ayudar, y de qué manera. Usa estas preguntas para que te ayuden a pensar.

1. ¿Con qué programa o servicio podemos trabajar?

   ____

2. ¿Qué eventos para recaudar fondos podemos hacer?

   ____

3. ¿Qué servicios o artículos podemos vender?

   ____

4. ¿Qué cantidad podemos aspirar a recaudar?

   ____

Option for the Poor

Jesus challenged the beliefs of his society when he told those who were poor that they were blessed. His love for those who were disadvantaged both amazed and offended the rich and "respectable" people.

Every disciple of Jesus is called to love and serve those who are poor. As a Christian, you are called to examine your own life regularly to see whether you really must have everything you are tempted to buy. By denying yourself a few of these unnecessary things, you can assist people who desperately need your help.

Today's world is one of extremes. Tremendous wealth exists in many countries. However, extreme poverty exists in others. The Church insists that this situation is not morally acceptable. Recent Popes have taught that rich countries have the same kind of responsibility to poor countries that people who are wealthy have to those who are poor.

What things can Americans do to relieve poverty elsewhere in the world?

Make a Plan

Brainstorm with your group some ideas about how you can raise money to help people in need in your community. Consider the people or groups that you can help, and how. Use these questions to help you brainstorm.

1. What program or service can we get involved in?

   ____

2. What are some fundraisers we can do?

   ____

3. What services or items can we sell?

   ____

4. What is the amount we can hope to raise?

   ____

Vive tu fe

Enseñanza Social Católica

La dignidad del trabajo y los derechos de los trabajadores

Todos los adultos tienen el derecho y la responsabilidad de trabajar. El trabajo ayuda a las personas a ganar dinero para comprar comida y otras necesidades. También ayuda a darle sentido a sus vidas al cooperar con la creación de Dios. Todos deben tener acceso a un trabajo productivo, ya sea dentro o fuera de sus hogares.

La Sagrada Escritura y la Tradición Católica enseñan que los trabajadores merecen ser tratados con justicia por sus empleadores. La Sagrada Escritura nos dice "No explotarás al jornalero humilde y pobre" (**Deuteronomio 24, 14**). Los trabajadores tienen derecho a un salario justo por su trabajo (ver Levítico 19, 13; Deuteronomio 24, 15). Cuando hay un conflicto entre los trabajadores y los empleadores, los trabajadores tienen el derecho de unirse y expresar sus opiniones. Los trabajadores y sus empleadores deben tratarse mutuamente con respeto y resolver conflictos de manera pacífica.

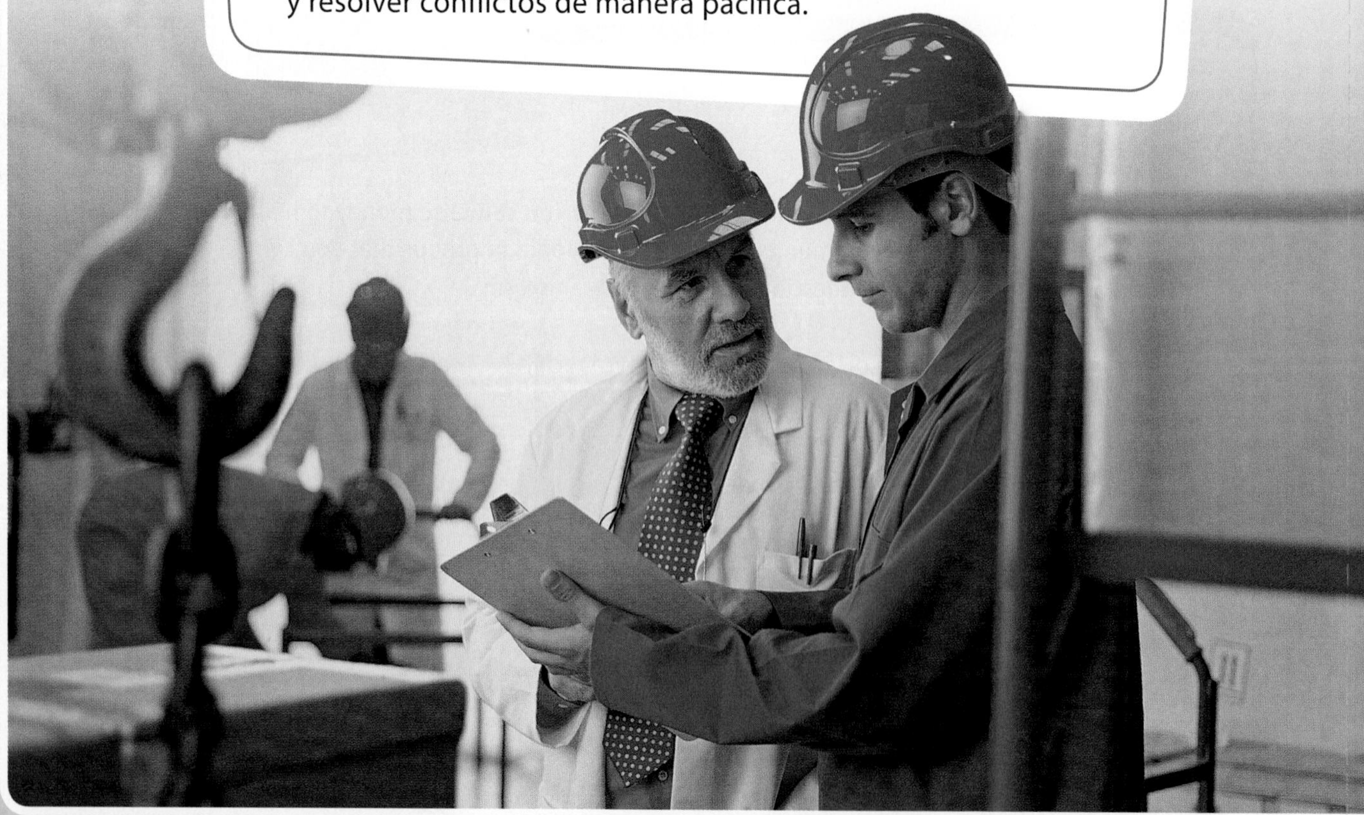

Live Your Faith

Catholic Social Teaching

The Dignity of Work and Rights of Workers

All adults have a right and responsibility to work. Work helps people earn money to buy food and other necessities. It also helps to give their lives meaning as they cooperate with God's creation. Everyone should have access to meaningful work, whether that work is within or outside the home.

Scripture and Catholic Tradition teach that workers deserve to be treated with justice by their employers. Scripture tells us that "you shall not exploit a poor and needy hired servant" (Deuteronomy 24:14). Workers have a right to a fair wage for their work (see Leviticus 19:13; Deuteronomy 24:15). When there is a conflict between workers and employers, workers have a right to get together and express their opinions. Workers and their employers should treat one another with respect and solve conflicts peacefully.

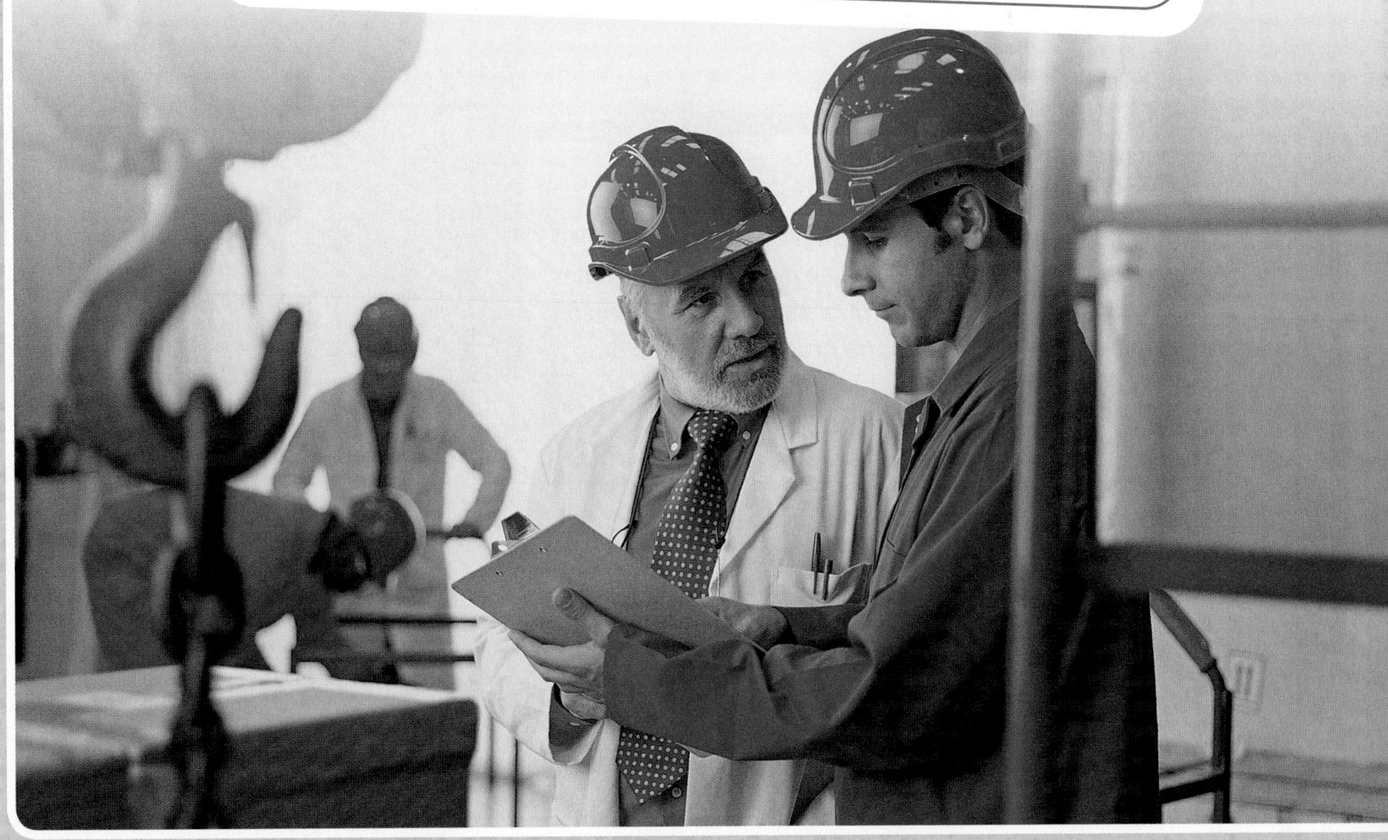

La dignidad del trabajo

El trabajo no es solo una forma de ganar dinero. Con su labor, los humanos están en sociedad con Dios en su trabajo creador. El trabajo produce orden, utilidad y belleza. El trabajo que hacen las personas debe realzar su dignidad.

A veces, los empleadores privan a los trabajadores de su dignidad. Muchas veces, los individuos no pueden negociar su paga o sus horas de trabajo. Es posible que sean forzados a trabajar en condiciones que ponen su salud en peligro. Por esta causa algunos trabajadores forman sindicatos. Los sindicatos negocian con los empleadores en nombre de todos los trabajadores de una fábrica en particular o incluso de toda una industria. La solidaridad en un sindicato permite a los trabajadores pedirle a sus empresas que paguen salarios decentes, mantengan condiciones laborales seguras y les den tiempo libre a sus empleados para que puedan estar con sus familias. Durante el siglo pasado, la Iglesia católica del mundo ha apoyado el derecho de los trabajadores a formar sindicatos porque estas organizaciones son una fuerza poderosa para ayudar a los trabajadores a recibir los beneficios necesarios para vivir con dignidad.

¿Cuáles son algunas cosas que hacen que trabajar sea agradable y placentero para los adultos?

Investiga una ocupación

Elige un tipo de trabajo para investigar. Escribe un resumen de tus hallazgos, explicando de qué manera el trabajo de las personas en esta ocupación es valioso para la sociedad. Informa lo que aprendiste a otro grupo, a un grupo de padres o a tu parroquia local.

The Dignity of Work

Work is not just a means of earning money. Through their labor, humans are in partnership with God in his work of creation. Work produces order, usefulness, and beauty. The work that people do should enhance their dignity.

Sometimes a worker is deprived of his or her dignity by an employer. Individuals are often unable to negotiate their pay or working hours. They may be forced to work under conditions that endanger their health. This is why some workers form labor unions. Unions bargain with employers on behalf of all the workers in a particular factory or even in an entire industry. Solidarity in a labor union allows workers to ask that companies pay decent wages, maintain safe conditions at work, and give employees time off to be with their families.

For the past century, the Catholic Church throughout the world has supported the right of workers to form unions because these organizations are a powerful force to help workers receive the benefits necessary to live in dignity.

What are some things that make working enjoyable and pleasant for adults?

Research an Occupation

Choose one type of work to research. Write a summary of your findings, explaining how the work done by people in this occupation is valuable to society. Report what you have learned to another group, to a group of parents, or to your local parish.

Vive tu fe

Enseñanza Social Católica

La solidaridad de la familia humana

Nuestro mundo incluye a personas de diferentes naciones, razas, culturas, creencias y niveles económicos. Pero Dios nos creó a cada uno de nosotros. Somos una familia humana. De hecho, la Sagrada Escritura nos dice que las diferencias que vemos entre nosotros y los demás no son importantes para Dios (ver Romanos 2, 11). Dios nos llama a todos a ser sus hijos.

Porque Dios creó a todas las personas, tenemos la obligación de tratar a todos con amor, bondad y justicia. En Las Bienaventuranzas, Jesús dice: "Felices los que trabajan por la paz porque serán reconocidos como hijos de Dios" (Mateo 5, 9). Trabajar por la justicia entre las personas nos ayudará a vivir en paz con los demás.

Live Your Faith
Catholic Social Teaching

Solidarity of the Human Family

Our world includes people of different nations, races, cultures, beliefs, and economic levels. But God created each one of us. We are one human family. In fact, Scripture tells us that the differences that we see between ourselves and others are not important to God (see Romans 2:11). God calls everyone to be his children.

Because God created all people, we have an obligation to treat everyone with love, kindness, and justice. In the Beatitudes, Jesus says, "blessed are the peacemakers, for they will be called children of God" (Matthew 5:9). Working for justice between people will help us to live in peace with one another.

Solidaridad

La palabra *católico* proviene de dos palabras griegas que significan "a través del todo", o "universal". Cuando los primeros cristianos describieron su iglesia como la Iglesia católica, querían decir que la Iglesia se había extendido por todo el mundo y había unido a personas de todas las razas y culturas.

La solidaridad es la unidad que proviene de reconocer que toda la humanidad es una familia. Es una virtud que los católicos están llamados a practicar para vivir a la altura del significado de su nombre. Solidaridad significa reconocer que todos los hombres y mujeres son hermanos y hermanas, sin importar el idioma que hablen, o la vestimenta que usen. Cuando las personas de cualquier lugar sufren injusticias, te sientes herido. Cuando las personas sufren, aunque estén del otro lado del globo, reconoces tu responsabilidad de ayudarlos.

Lo que sucede en el mundo de hoy afecta a las personas en todas partes. Gracias a los aviones, la televisión e Internet, ningún lugar está realmente tan lejos de otro. Puedes enterarte del sufrimiento de las personas de muchos lugares diferentes y ofrecerles ayuda real. Al hacer esto, muestras tu solidaridad con toda la comunidad humana.

¿Cuáles son algunas cosas que harían que el mundo fuera más solidario?

Haz un cartel

Diseña un cartel usando palabras e imágenes para ilustrar cómo podríamos tener una relación solidaria con un grupo de necesitados en alguna otra parte del mundo. Por ejemplo, si una región ha tenido un desastre natural recientemente, ¿cómo puede tu comunidad ayudarlos a obtener ayuda? Escribe abajo algunas notas sobre tu diseño y el mensaje que quieres compartir.

____

____

____

Solidarity

The word *catholic* comes from two Greek words that mean "according to the whole." When the early Christians described their church as the Catholic Church, they meant that the Church extended throughout the world and united people of every race and culture.

Solidarity is the unity that comes from recognizing that all of humanity is one family. It is a virtue that Catholics are called to practice in order to live up to the meaning of their name. Solidarity means recognizing that all men and women are brothers and sisters, whatever language they speak, or clothes they wear. When people anywhere experience injustice, you feel hurt. When people are suffering, even if it is on the other side of the globe, you recognize a responsibility to help them.

What happens in the world today affects people everywhere. Thanks to airplanes, television, and the Internet, no place is really that far away from any other. You can learn about the suffering of people in many different places and offer them real help. In doing so, you can show solidarity with the whole human community.

> **What are some things that would bring greater solidarity to the world?**

Draw a Poster

Using words and pictures, design a poster illustrating how we might have a relationship of solidarity with a group of people who are in need somewhere else in the world. For example, if an area has recently experienced a natural disaster, how can your community help them get aid? Write some notes about your design and the message you want to share below.

___

___

___

Vive tu fe

Enseñanza Social Católica

El cuidado de la creación de Dios

Cuando Dios creó el mundo —los animales, las plantas y todas las cosas naturales— vio todo lo que había hecho y dijo que era "muy bueno" (Génesis 1, 31). Dios hizo a las personas administradoras con autoridad "sobre los peces del mar, sobre las aves del cielo y sobre todo ser viviente que se mueve sobre la tierra" (Genesis 1:28). Eso significa que los seres humanos tienen la responsabilidad especial de cuidar toda la creación de Dios.

La Tradición Católica nos enseña que Dios creó la Tierra y todos los seres vivos para el bien común: el bien de todos. Dios nos pide que cuidemos el ambiente y todos los seres vivos, para que puedan disfrutarse por todos hoy y en las generaciones futuras. El *Catecismo* nos enseña que debemos ser amables con los animales, porque ellos le dan gloria a Dios solo por ser lo que son.

Live Your Faith
Catholic Social Teaching

Care for God's Creation

When God created the world—the animals, plants, and all natural things—he looked upon what he had made and called it "very good" (Genesis 1:31). God made people the stewards of the "fish of the sea, the birds of the air, and all the living things that crawl on the earth" (Genesis 1:28). That means humans have a special responsibility to care for all of God's creation.

Catholic Tradition teaches us that God created the Earth and all living things for the common good—the good of everyone. God asks us to take care of the environment and all living things, so that they can be enjoyed by everyone today and in future generations. The *Catechism* teaches us that we owe animals kindness, because they give glory to God just by being what they were made to be.

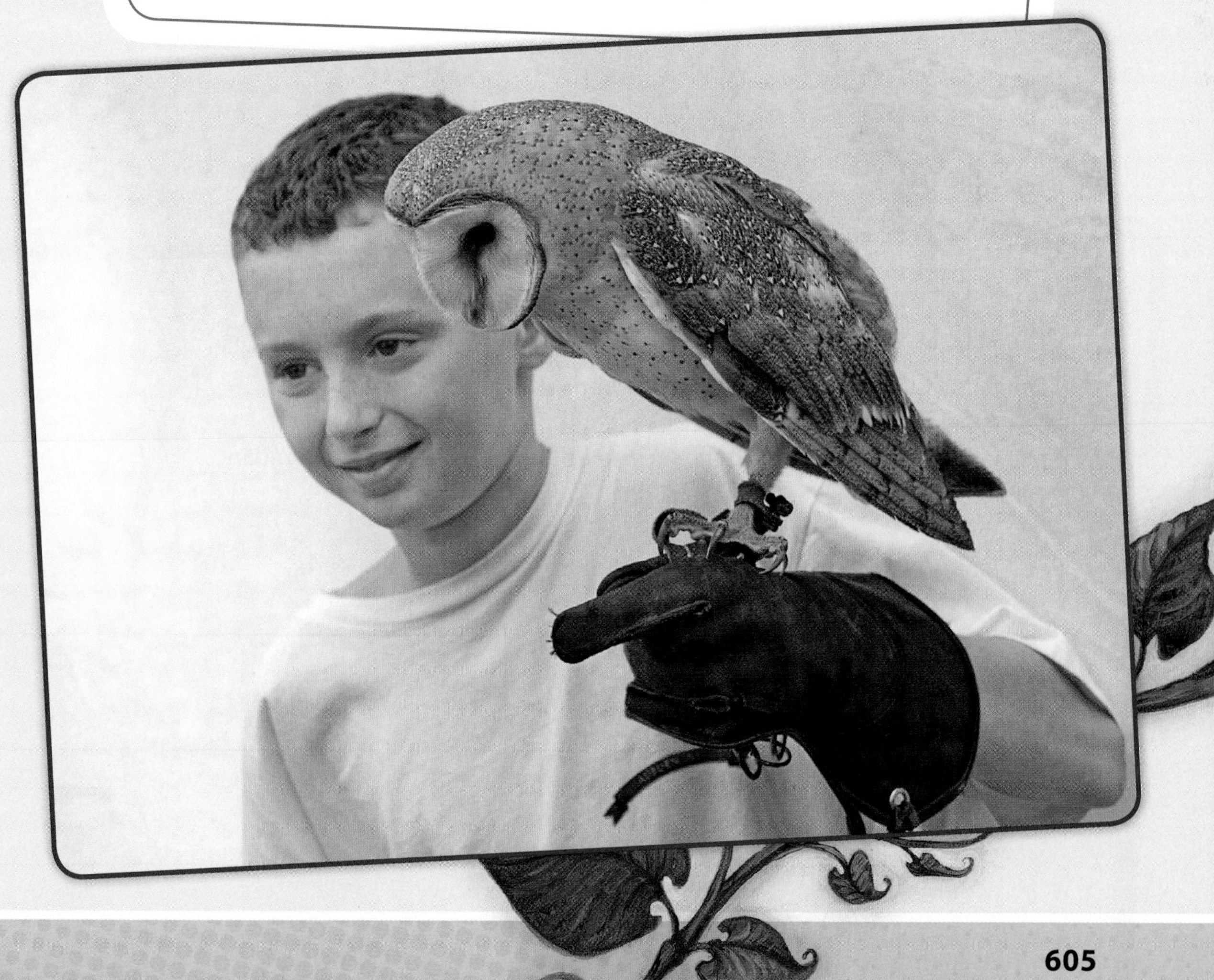

El cuidado de la creación

Como todas las cosas bellas sobre la Tierra, las flores son un regalo de Dios el Creador. La gratitud hacia Él es una respuesta apropiada a su belleza. Como administrador de Dios, puedes ayudar a cuidar esta belleza natural. Al plantar jardines, los humanos cooperan con Dios para hacer que el mundo sea más hermoso. De esta manera, actuamos como buenos guardianes de la creación.

Dios ha ofrecido todos los recursos que los humanos necesitan para llevar vidas de abundancia y comodidad: el aire que respiran y el agua que beben, el suelo y las plantas que crecen en él, los minerales debajo de la tierra, los animales, pájaros, insectos y peces. Él quiere que los humanos muestren su agradecimiento por todos estos recursos usándolos con sabiduría y asegurándose de que sigan disponibles para las generaciones futuras.

» **¿Porqué es necesario que los humanos cooperen con Dios para preservar los variados recursos de la Tierra?**

Planea un proyecto para el vecindario

Comenta las maneras en que tu grupo podría desarrollar un proyecto de mejoras para el vecindario. Decidan juntos un proyecto que el grupo pueda planear y completar. Escribe tus notas abajo. Luego crea un calendario para tu proyecto.

1. Tareas específicas que es necesario hacer para este proyecto:

____

2. Equipo requerido para hacer el proyecto:

____

3. Tarea específica asignada a ti:

____

Care for Creation

Like all the beautiful things on Earth, flowers are a gift from God the Creator. Gratitude to him is an appropriate response to their beauty. As one of God's stewards, you can help care for this natural beauty. By planting gardens, humans cooperate with God in making the world more beautiful. In this way, we act as good caretakers of creation.

God has provided all the resources that allow humans to lead rich and comfortable lives: the air they breathe and the water they drink, the soil and the plants that grow in it, the minerals under the ground, the animals, birds, insects, and fish. He wants humans to show their thankfulness for all of these resources by using them wisely and ensuring that they remain available for future generations.

> **Why is it necessary for humans to cooperate with God to preserve Earth's varied resources?**

Plan a Neighborhood Project

Discuss how your group can carry out a neighborhood improvement project. Together, decide on one project that the group can plan and complete. Write your notes below. Then create a calendar for your project.

1. Specific tasks that need to be done for this project:

   ____

2. Equipment required to do the project:

   ____

3. Specific task assigned to you:

   ____

La Sagrada Escritura

Las Biblias católicas

Las Biblias católicas tienen siete libros del Antiguo Testamento o partes de libros que no están incluidas en otras Biblias cristianas. Cuando estos libros están en una Biblia protestante, usualmente se llaman Libros Apócrifos o Deuterocanónicos. La palabra *apócrifo* proviene de un término griego que significa "oculto".

Los libros apócrifos no se hallan en la Biblia hebrea actual, pero sí estaban incluidos en un canon judío primitivo que contenía escritos griegos. Los reformadores protestantes de siglos posteriores no aceptaron estos libros. Entre las traducciones católicas de la Biblia se encuentran La Biblia Latinoamérica y la Biblia de Jerusalén. Algunas traducciones, como Dios Habla Hoy, son aceptadas por católicos y protestantes.

Cómo comprender mejor la Sagrada Escritura

Dios es el autor de la Sagrada Escritura. Pero Él se sirvió de seres humanos y los inspiró para que escribieran el contenido de la Biblia para transmitir la verdad salvadora que Él quería que conociéramos.

Los católicos comprenden que la Biblia es un libro religioso y no un relato testimonial de acontecimientos históricos. Por esta razón, los católicos leen la Sagrada Escritura teniendo en cuenta el contexto en el cual escribían los autores humanos. Ellos escribían para una época y un lugar particulares, y para un grupo de personas en particular. También usaron géneros literarios particulares.

Debes confiar siempre en la guía del Espíritu Santo y de la Iglesia para que te ayuden a comprender la Palabra de Dios en la Sagrada Escritura.

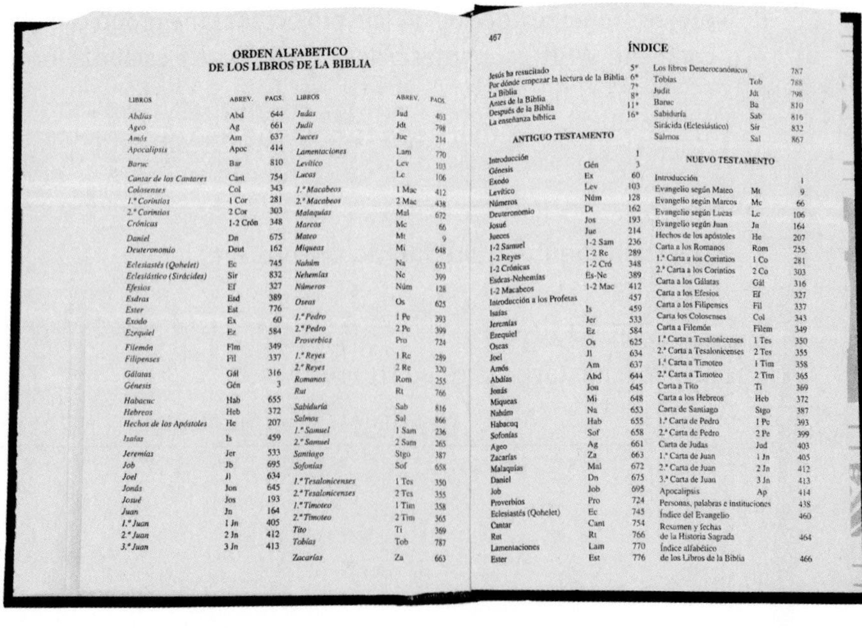

Scripture

Catholic Bibles

Catholic Bibles have seven Old Testament books or parts of books not included in other Christian Bibles. When these books are included in a Protestant Bible, they are usually called the Apocrypha or Deutero-canonical Books. The word *apocrypha* comes from a Greek word that means "hidden things."

The apocryphal books are not found in the present Hebrew Bible but were included in an early Jewish canon that included Greek writings. Protestant Reformers of later centuries did not accept these books. Catholic translations of the Bible include The New American Bible Revised Edition and The New Jerusalem Bible. Some translations, such as The New Revised Standard Version, are accepted by Catholics and Protestants.

How to Better Understand Scripture

God is the author of Sacred Scripture. But he used human authors and inspired them to write the contents of the Bible to convey the saving truth he wanted us to know.

Catholics understand the Bible is a religious book and not an eyewitness account of historical events. For this reason, Catholics read Scripture while taking into account the context in which the human authors were writing. They were writing for a particular time and place and for a particular group of people. They were also using particular literary forms.

You should always rely on the guidance of the Holy Spirit and the Church to help you understand the Word of God in Scripture.

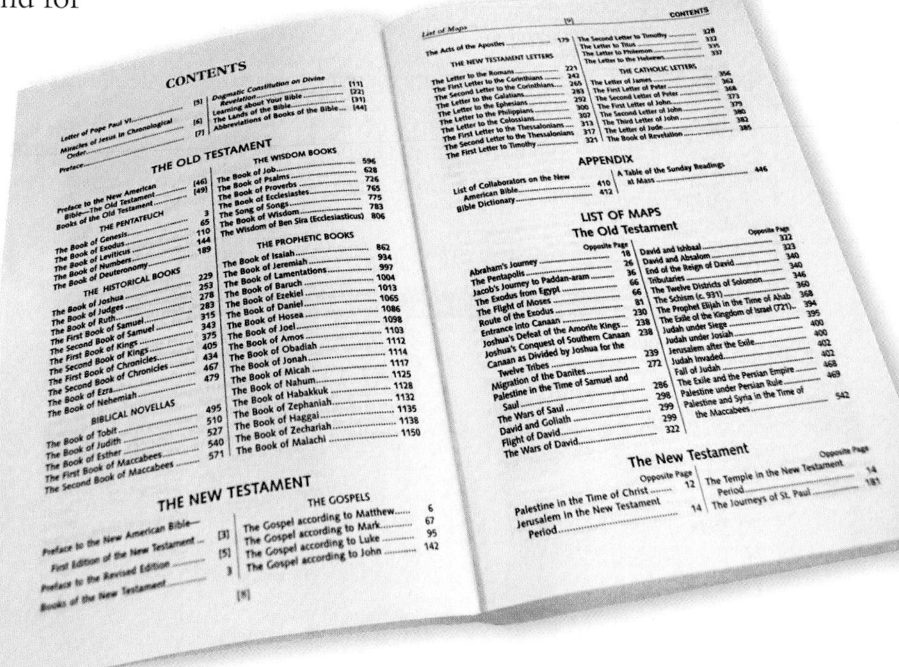

CONTENTS

Letter of Pope Paul VI [5]
Miracles of Jesus in Chronological Order [6]
Preface [7]
Dogmatic Constitution on Divine Revelation [11]
Learning about Your Bible [22]
The Lands of the Bible [31]
Abbreviations of Books of the Bible [44]

THE OLD TESTAMENT

Preface to the New American Bible—The Old Testament [46]
Books of the Old Testament [49]

THE PENTATEUCH

The Book of Genesis 3
The Book of Exodus 65
The Book of Leviticus 110
The Book of Numbers 144
The Book of Deuteronomy 189

THE HISTORICAL BOOKS

The Book of Joshua 229
The Book of Judges 253
The Book of Ruth 278
The First Book of Samuel 283
The Second Book of Samuel 315
The First Book of Kings 343
The Second Book of Kings 375
The First Book of Chronicles 405
The Second Book of Chronicles 434
The Book of Ezra 467
The Book of Nehemiah 479

BIBLICAL NOVELLAS

The Book of Tobit 495
The Book of Judith 510
The Book of Esther 527
The First Book of Maccabees 540
The Second Book of Maccabees 571

THE WISDOM BOOKS

The Book of Job 596
The Book of Psalms 628
The Book of Proverbs 726
The Book of Ecclesiastes 765
The Song of Songs 775
The Book of Wisdom 783
The Wisdom of Ben Sira (Ecclesiasticus) 806

THE PROPHETIC BOOKS

The Book of Isaiah 862
The Book of Jeremiah 934
The Book of Lamentations 997
The Book of Baruch 1004
The Book of Ezekiel 1013
The Book of Daniel 1065
The Book of Hosea 1086
The Book of Joel 1098
The Book of Amos 1103
The Book of Obadiah 1112
The Book of Jonah 1114
The Book of Micah 1117
The Book of Nahum 1125
The Book of Habakkuk 1128
The Book of Zephaniah 1132
The Book of Haggai 1135
The Book of Zechariah 1138
The Book of Malachi 1150

THE NEW TESTAMENT

Preface to the New American Bible—First Edition of the New Testament [3]
Preface to the Revised Edition [5]
Books of the New Testament 3

THE GOSPELS

The Gospel according to Matthew 6
The Gospel according to Mark 67
The Gospel according to Luke 95
The Gospel according to John 142

[8]

List of Maps [9] CONTENTS

The Acts of the Apostles 179

THE NEW TESTAMENT LETTERS

The Letter to the Romans 221
The First Letter to the Corinthians 242
The Second Letter to the Corinthians 265
The Letter to the Galatians 283
The Letter to the Ephesians 292
The Letter to the Philippians 300
The Letter to the Colossians 307
The First Letter to the Thessalonians 313
The Second Letter to the Thessalonians 317
The First Letter to Timothy 321
The Second Letter to Timothy 328
The Letter to Titus 332
The Letter to Philemon 335
The Letter to the Hebrews 337

THE CATHOLIC LETTERS

The Letter of James 356
The First Letter of Peter 362
The Second Letter of Peter 368
The First Letter of John 373
The Second Letter of John 379
The Third Letter of John 380
The Letter of Jude 382
The Book of Revelation 385

APPENDIX

List of Collaborators on the New American Bible 410
Bible Dictionary 412
A Table of the Sunday Readings at Mass 446

LIST OF MAPS

The Old Testament

Opposite Page

Abraham's Journey 18
The Pentapolis 26
Jacob's Journey to Paddan-aram 36
The Exodus from Egypt 66
The Flight of Moses 66
Route of the Exodus 81
Entrance into Canaan 230
Joshua's Defeat of the Amorite Kings 238
Joshua's Conquest of Southern Canaan 238
Canaan as Divided by Joshua for the Twelve Tribes 239
Migration of the Danites 272
Palestine in the Time of Samuel and Saul 286
The Wars of Saul 298
David and Goliath 299
Flight of David 299
The Wars of David 322
David and Ishbaal 322
David and Absalom 323
End of the Reign of David 340
Tributaries 340
The Twelve Districts of Solomon 346
The Schism (c. 931) 360
The Prophet Elijah in the Time of Ahab 368
The Exile of the Kingdom of Israel (721) 394
Judah under Siege 395
Judah under Josiah 400
Jerusalem after the Exile 400
Judah Invaded 402
Fall of Judah 402
The Exile and the Persian Empire 468
Palestine under Persian Rule 469
Palestine and Syria in the Time of the Maccabees 542

The New Testament

Opposite Page

Palestine in the Time of Christ 12
Jerusalem in the New Testament Period 14
The Temple in the New Testament Period 14
The Journeys of St. Paul 181

La formación de los Evangelios

Los Evangelios según Mateo, Marcos, Lucas y Juan anuncian la Buena Nueva de Jesús a los cristianos de hoy. Estos libros se formaron en tres etapas:

1. La vida y la enseñanza de Jesús

La vida y la enseñanza de Jesús proclamaron en su totalidad la Buena Nueva del Reino de Dios.

2. La tradición oral

Después de la Resurrección, los Apóstoles predicaron la Buena Nueva. Luego los primeros cristianos transmitieron lo que Jesús predicaba. Ellos contaron una y otra vez las enseñanzas de Jesús y el relato de su vida, Muerte, Resurrección y Ascensión.

3. Los Evangelios escritos

Los relatos, las enseñanzas y los dichos de Jesús fueron recopilados y escritos en los Evangelios según Mateo, Marcos, Lucas (los Evangelios sinópticos, o similares) y Juan.

Títulos de Jesús en la Sagrada Escritura

Los seguidores de Jesús le daban varios nombres. Estos nombres mostraban la comprensión de las personas acerca de quién era Jesús.

Cristo	significa "el ungido" en idioma griego.
Jesús	el nombre judío común de Jesús; significa "Dios salva".
Señor	se emplea para reconocer la divinidad de Jesús.
Mesías	palabra hebrea para "el ungido"; el Mesías cumple la esperanza judía.
Rabino	significa "maestro".

Gospel Formation

The Gospels according to Matthew, Mark, Luke, and John announce the Good News of Jesus to Christians today. These books were formed in three stages:

1. The life and teaching of Jesus

Jesus' whole life and teaching proclaimed the Good News of God's Kingdom.

2. Oral tradition

After the Resurrection, the Apostles preached the Good News. Then the early Christians passed on what Jesus preached. They told and retold the teachings of Jesus and the story of his life, Death, Resurrection, and Ascension.

3. The written Gospels

The stories, teachings, and sayings of Jesus were collected and written in the Gospels according to Matthew, Mark, Luke (the synoptic, or similar, Gospels), and John.

Titles of Jesus in Scripture

Jesus' followers used several different names for him. These names showed people's understanding of who Jesus was.

Christ	means "the anointed one" in the Greek language.
Jesus	Jesus' common Jewish name; it means "God saves."
Lord	is used to acknowledge Jesus' divinity.
Messiah	the Hebrew word for "the anointed one;" the Messiah fulfills Jewish hope.
Rabbi	means "teacher."

María en la Biblia

- Lucas 1, 30: El Ángel Gabriel visita a María para anunciarle el favor de Dios.
- Lucas 1, 39-40: María visita a Isabel para ayudarla durante su embarazo.
- Lucas 2, 1-7: María va con José a Belén, donde da a luz a Jesús.
- Mateo 2, 11: Los Reyes Magos visitan a Jesús y a María.
- Mateo 2, 13. 20: María, José y Jesús huyen a Egipto y luego regresan a Nazaret.
- Lucas 2, 33-35: María y José llevan al niño Jesús al Templo para presentarlo.
- Lucas 2, 41-47: María y José encuentran al joven Jesús enseñando en el Templo.
- Juan 2, 1-5: María está presente en la boda de Caná.
- Mateo 12, 47-49, Marcos 3, 31-34, Lucas 8, 19-21: María llega para hablar con Jesús mientras Él enseña a sus discípulos.
- Juan 19, 25: María está presente al pie de la Cruz de Jesús.
- Hechos 1, 14: María está en la habitación superior con la primera comunidad de Jerusalén.

El Rosario y la Sagrada Escritura

Los primeros cristianos usaban cuentas o hilos anudados para llevar la cuenta de las oraciones. También se utilizaron salterios o libros utilizando escenas bíblicas dedicadas a Jesús o María. El Rosario que conocemos hoy se desarrolló a partir de estas dos prácticas. Mientras se reza cada decena de las cuentas, se piensa en un misterio de la vida de Jesús o de María.

Los Misterios del Rosario

Misterios Gozosos

La encarnación del Hijo de Dios
La visitación de Nuestra Señora a su prima Santa Isabel
El nacimiento del Hijo de Dios
La presentación de Jesús en el templo
El Niño Jesús perdido y hallado en el templo

Misterios Luminosos

El Bautismo de Jesús en el Jordán
La autorrevelación de Jesús en las bodas de Caná
El anuncio del Reino de Dios invitando a la conversión
La Transfiguración
La Institución de la Eucaristía

Misterios Dolorosos

La oración de Jesús en el huerto
La flagelación del Señor
La coronación de espinas
Jesús con la Cruz a cuestas camino del Calvario
La Crucifixión y Muerte de Nuestro Señor

Misterios Gloriosos

La Resurrección del Hijo de Dios
La Ascensión del Señor a los cielos
La venida del Espíritu Santo sobre los Apóstoles
La Asunción de Nuestra Señora a los cielos
La coronación de la Santísima Virgen como Reina de cielos y tierra

Mary in the Bible

- Luke 1:30: The Angel Gabriel visits Mary to announce her favor with God.
- Luke 1:39–40: Mary visits Elizabeth to help her during her pregnancy.
- Luke 2:1–7: Mary goes with Joseph to Bethlehem, where she gives birth to Jesus.
- Matthew 2:11: The Magi visit Jesus with Mary.
- Matthew 2:13, 20: Mary, Joseph, and Jesus flee to Egypt and then return to Nazareth.
- Luke 2:33–35: Mary and Joseph take the child Jesus to the Temple for presentation.
- Luke 2:41–47: Mary and Joseph find the boy Jesus teaching in the Temple.
- John 2:1–5: Mary is present at the wedding at Cana.
- Matthew 12:47–49, Mark 3:31–34, Luke 8:19–21: Mary comes to speak to Jesus when he is teaching his disciples.
- John 19:25: Mary is present at the foot of Jesus' Cross.
- Acts 1:14: Mary is in the upper room with the first community in Jerusalem.

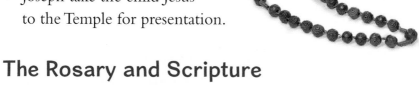

The Rosary and Scripture

Early Christians used beads or knotted strings to keep count of prayers. Psalters or books using biblical scenes dedicated to Jesus or Mary were also used. The Rosary we know today developed from both of these practices.

The Mysteries of the Rosary

The Joyful Mysteries
The Annunciation
The Visitation
The Nativity
The Presentation in the Temple
The Finding in the Temple

The Luminous Mysteries
The Baptism of Jesus
The Wedding at Cana
The Proclamation of the Kingdom
The Transfiguration
The Institution of the Eucharist

The Sorrowful Mysteries
The Agony in the Garden
The Scourging at the Pillar
The Crowning with Thorns
The Carrying of the Cross
The Crucifixion and Death

The Glorious Mysteries
The Resurrection
The Ascension
The Descent of the Holy Spirit
The Assumption of Mary
The Coronation of Mary in Heaven

El Credo

Un credo es un resumen de la fe cristiana. La palabra *credo* significa "creo". Hay dos credos principales en la Iglesia: el Credo de los Apóstoles y el Credo de Nicea.

Credo de los Apóstoles

Este es uno de los credos más antiguos de la Iglesia. Es un resumen de las doctrinas cristianas enseñadas desde los tiempos de los Apóstoles. Este credo se usa en la celebración del Bautismo y con frecuencia se usa en la Misa durante el Tiempo de Pascua y en las Misas con niños. Este credo es parte del Rosario.

Creo en Dios, Padre todopoderoso,
Creador del cielo y de la tierra.
Creo en Jesucristo, su único Hijo,
nuestro Señor,

En las palabras que siguen, hasta
María Virgen, *todos se inclinan.*

que fue concebido por obra y gracia
del Espíritu Santo,
nació de santa María Virgen,
padeció bajo el poder de Poncio Pilato,
fue crucificado, muerto y sepultado,
descendió a los infiernos,
al tercer día resucitó de entre los muertos,
subió a los cielos
y está sentado a la derecha de Dios, Padre
todopoderoso.
Desde allí ha de venir a juzgar a vivos y
muertos.
Creo en el Espíritu Santo,
la santa Iglesia católica,
la comunión de los santos,
el perdón de los pecados,
la resurrección de la carne
y la vida eterna.
Amén.

Creed

A creed is a summary of the Christian faith. The word *creed* means "I believe." There are two main creeds in the Church: the Apostles' Creed and the Nicene Creed.

Apostles' Creed

This is one of the Church's oldest creeds. It is a summary of Christian beliefs taught since the time of the Apostles. This creed is used in the celebration of Baptism and is often used at Mass during the Season of Easter and in Masses with children. This creed is part of the Rosary.

I believe in God,
the Father almighty,
Creator of heaven and earth,
and in Jesus Christ, his only Son, our Lord,

At the words that follow, up to and including the Virgin Mary, *all bow.*

who was conceived by the Holy Spirit,
born of the Virgin Mary,
suffered under Pontius Pilate,
was crucified, died and was buried;
he descended into hell;
on the third day he rose again from the dead;
he ascended into heaven,
and is seated at the right hand
of God the Father almighty;
from there he will come to judge
the living and the dead.
I believe in the Holy Spirit,
the holy catholic Church,
the communion of saints,
the forgiveness of sins,
the resurrection of the body,
and life everlasting. Amen.

Credo de Nicea

Este credo, que se reza en la Misa, fue escrito hace más de dos mil años por los líderes de la Iglesia que se reunieron en una ciudad llamada Nicea. Es un resumen de las doctrinas básicas acerca de Dios Padre, Dios Hijo y Dios Espíritu Santo, y de otras enseñanzas de la Iglesia.

Creo en un solo Dios,
Padre Todopoderoso, Creador del cielo y
de la tierra,
de todo lo visible y lo invisible.

Creo en un solo Señor, Jesucristo, Hijo
único de Dios,
nacido del Padre antes de todos los
siglos:
Dios de Dios, Luz de Luz,
Dios verdadero de Dios verdadero,
engendrado, no creado,
de la misma naturaleza del Padre,
por quien todo fue hecho;
que por nosotros, los hombres,
y por nuestra salvación bajó del cielo,

En las palabras que siguen, hasta se hizo hombre, *todos se inclinan.*

y por obra del Espíritu Santo
se encarnó de María, la Virgen, y se hizo
hombre;
y por nuestra causa fue crucificado
en tiempos de Poncio Pilato;
padeció y fue sepultado,
y resucitó al tercer día, según las
Escrituras,
y subió al cielo, y está sentado a la
derecha del Padre;
y de nuevo vendrá con gloria
para juzgar a vivos y muertos,
y su reino no tendrá fin.
Creo en el Espíritu Santo, Señor y dador
de vida,
que procede del Padre y del Hijo,
que con el Padre y el Hijo
recibe una misma adoración y gloria,
y que habló por los profetas.
Creo en la Iglesia,
que es una, santa, católica y apostólica.
Confieso que hay un solo bautismo
para el perdón de los pecados.
Espero la resurrección de los muertos
y la vida del mundo futuro.
Amén.

Nicene Creed

This creed which is prayed at Mass was written over a thousand years ago by leaders of the Church who met at a city named Nicaea. It is a summary of basic beliefs about God the Father, God the Son, and God the Holy Spirit, the Church, and other teachings.

I believe in one God,
the Father almighty,
maker of heaven and earth,
of all things visible and invisible.

I believe in one Lord Jesus Christ,
the Only Begotten Son of God,
born of the Father before all ages.
God from God, Light from Light,
true God from true God,
begotten, not made, consubstantial
with the Father;
through him all things were made.
For us men and for our salvation
he came down from heaven,

At the words that follow up to and including and became man, *all bow.*

and by the Holy Spirit was incarnate
of the Virgin Mary,
and became man.

For our sake he was crucified under
Pontius Pilate,
he suffered death and was buried,
and rose again on the third day
in accordance with the Scriptures.
He ascended into heaven
and is seated at the right hand of
the Father.
He will come again in glory
to judge the living and the dead
and his kingdom will have no end.

I believe in the Holy Spirit, the Lord,
the giver of life,
who proceeds from the Father and
the Son,
who with the Father and the Son is
adored and glorified,
who has spoken through the prophets.

I believe in one, holy, catholic and
apostolic Church.
I confess one Baptism for the
forgiveness of sins
and I look forward to the resurrection
of the dead
and the life of the world to come.
Amen.

Los atributos de la Iglesia

La Iglesia Católica es la Iglesia fundada por Cristo y sus Apóstoles. Los cuatro atributos, o características esenciales, que distinguen a la Iglesia de Cristo y su misión, son: una, santa, católica y apostólica. Estos atributos se mencionan en el Credo de Nicea.

Una

Una significa que todos los miembros están unidos en el Cuerpo de Cristo y reciben la vida de un solo Espíritu. Reconocen un solo Señor, una sola fe, un solo Bautismo.

Santa

Santa significa que la Iglesia se centra en Dios. Es Cristo quien, por su sacrificio, hace santa a la Iglesia.

Católica

Católica significa universal. La Iglesia tiene la plenitud de la fe y es el medio de salvación para todos. La Iglesia es para todos los tiempos y para todas las personas.

Apostólica

Apostólica significa que la Iglesia está construida sobre el fundamento de los Apóstoles. Enseña la doctrina de Jesús como ha sido transmitida a través de los Apóstoles y sus sucesores, el Papa y los obispos.

La misión de la Iglesia

La misión de la Iglesia es proclamar y extender el Reino de Dios en el mundo. Ella continúa la misión, o la obra, de Cristo a través del Espíritu Santo, según el plan de Dios hasta que Jesús de nuevo venga con gloria. Esta obra es realizada por todos los católicos: clero, laicos y religiosos.

El ecumenismo es un movimiento que busca la unidad de todas las iglesias cristianas. La palabra *ecumenismo* proviene de una frase bíblica griega que significa "toda la casa de Dios".

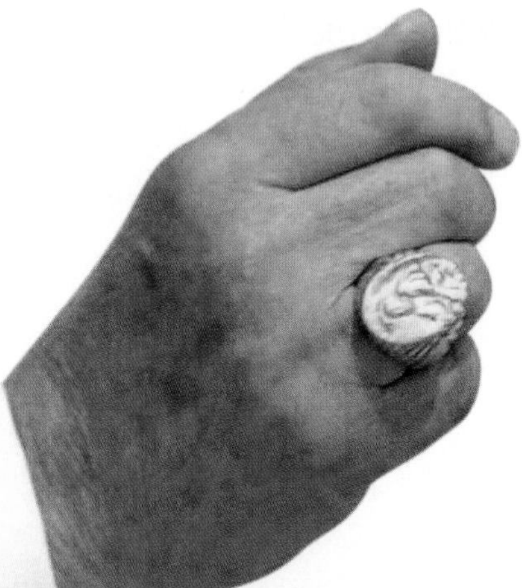

Cuando se elige a un Papa, se le da un anillo que tiene una imagen de San Pedro pescando. Esto le recuerda al Papa que debe ser el líder del Pueblo de Dios como lo fue Pedro.

Marks of the Church

The Catholic Church is the Church founded by Christ and his Apostles. There are four marks, or essential characteristics, that distinguish Christ's Church and her mission: one, holy, catholic, and apostolic. These marks are mentioned in the Nicene Creed.

One

One means all the members are united as the Body of Christ, given life by the one Spirit. They acknowledge one Lord, one faith, one Baptism.

Catholic

Catholic means universal. The Church has the fullness of faith and is the means of salvation for all. The Church is for all times and all people.

Holy

Holy means the Church is centered in God. It is Christ who, by his sacrifice, makes the Church holy.

Apostolic

Apostolic means the Church is built on the foundation of the Apostles. It teaches the doctrine of Jesus as it has been handed down through the Apostles and their successors, the Pope and bishops.

The Church's Mission

The Church's mission is to proclaim and further God's Reign in the world. She continues the mission, or work, of Christ through the Holy Spirit, according to God's plan until Jesus comes again in glory. This work is done by all Catholics—clergy, laity, and religious.

Ecumenism is a movement that seeks to bring about the unity of all Christian churches. The word *ecumenism* comes from a scriptural phrase in Greek that means "the whole household of God."

When a Pope is elected, he is given a ring with a figure of Saint Peter fishing on it. This reminds the Pope that he is to be a leader of God's People as Peter was.

La vida después de la muerte

Al final del Credo de Nicea, profesamos: "Espero la resurrección de los muertos y la vida del mundo futuro". La Iglesia a veces se refiere a la enseñanza de este tema como las Realidades Últimas.

El Juicio Particular es el juicio que se hace en el momento de la muerte de una persona. En este juicio, el alma es recompensada con la bendición del Cielo, después de un tiempo de purificación, o condenada al Infierno.

- El Cielo es el estado de felicidad con Dios para siempre. El alma de los justos experimenta la felicidad plena de vivir en la presencia de Dios para siempre.
- La purificación final (el Purgatorio) es un período después de la muerte para los que están en amistad con Dios, pero necesitan una purificación para estar con Él en el Cielo. Es un estado de purificación final después de la muerte y antes de entrar al Cielo.
- El Infierno es el estado de separación eterna de Dios por una decisión de apartarse de Él y no buscar perdón.

El Juicio Final también es llamado Juicio Universal. Esto se refiere al triunfo final de Dios sobre el mal que ocurrirá al final de los tiempos, cuando Cristo regrese y juzgue a todos los vivos y muertos. Entonces, todos veremos y entenderemos por completo el plan de Dios para la creación.

El Cielo nuevo y la Tierra nueva es el Reino de Dios (o nueva Jerusalén) que vendrá en su plenitud al final de los tiempos.

Santos del pasado

Los padres de la Iglesia

Los padres apostólicos fueron escritores cristianos de los siglos I y II que nos dan información acerca de la Iglesia cristiana primitiva. Se los llama apostólicos porque se cree que tuvieron conexión histórica con los Apóstoles. Los Santos Clemente, Ignacio de Antioquía y Policarpo —el autor de la Epístola de Bernabé y de la Didaché, las cuales incluyen diversas enseñanzas importantes de la Iglesia primitiva— son considerados padres apostólicos. Los Santos Atanasio, Basilio, Gregorio de Nazianzus, Juan Crisóstomo, Ambrosio, Agustín, Gregorio, Jerónimo, Justino Mártir, Ireneo y Cipriano son llamados padres de la Iglesia debido a sus importantes escritos y enseñanzas.

Life after Death

At the end of the Nicene Creed we profess, "and I look forward to the resurrection of the dead and the life of the world to come." The Church sometimes refers to teaching about this topic as the Last Things.

The Particular Judgment is the judgment made at the moment of a person's death. At this judgment the soul is rewarded with the blessings of Heaven, given a time of purification, or condemned to Hell.

- Heaven is the state of being happy with God forever. The souls of the just experience the full joy of living in God's presence forever.
- The final purification (Purgatory) is a time after death for those who are in God's friendship but need to be purified to be with him in Heaven. It is a state of final cleansing after death and before entering into Heaven.
- Hell is the state of eternal separation from God because of a choice to turn away from him and not seek forgiveness.

The Last Judgment is also called the General Judgment. This refers to God's final triumph over evil that will occur at the end of time when Christ returns and judges all the living and the dead. Then, all will fully see and understand God's plan for creation.

The new Heaven and new Earth is the Kingdom of God (or new Jerusalem) that will come in its fullness at the end of time.

Holy People from the Past

Fathers of the Church

Apostolic fathers were first- and second-century Christian writers who give us information about the early Christian Church. They are called apostolic because it is believed they had a historical connection to the Apostles. Saints Clement, Ignatius of Antioch, and Polycarp, the author of The Epistle of Barnabas and the Didache, which includes several important teachings of the early Church, are considered apostolic fathers. Saints Athanasius, Basil, Gregory of Nazianzus, John Chrysostom, Ambrose, Augustine, Gregory, Jerome, Justin Martyr, Irenaeus, and Cyprian are called fathers of the Church because of some of their great writings and teachings.

Los Santos

Los Santos son personas muy virtuosas que dedicaron su vida a Dios, hicieron su obra en la Tierra y ahora están con Él en el Cielo. Un Santo es un héroe de la Iglesia. La Iglesia aplica un proceso llamado canonización para declarar Santa a una persona.

Los pasos de la canonización

Una persona o un grupo de personas se acerca a su obispo para sugerir un candidato para su beatificación. Un comité crea un informe sobre el candidato y lo envía a la Congregación para las Causas de los Santos.

1. La Congregación investiga al candidato para comprobar que haya practicado la virtud. Cuando el Papa acepta el informe de la Congregación, el candidato es designado como "venerable", o "siervo de Dios".
2. El segundo proceso es una investigación muy extensa sobre la vida del candidato. Un "promotor de la causa" es autorizado a examinar la vida, las virtudes, los escritos, la reputación para la santidad y los milagros registrados de la persona. Como regla, se le debe atribuir un milagro a la intercesión del candidato con Dios. El candidato venerable es entonces "beatificado" por el Papa. Se designa "beata" a la persona.
3. La canonización es el anuncio solemne del Papa cuando declara Santo al candidato. Esta declaración exige un milagro más.

San José es el patrono, entre otras cosas, de la Iglesia Universal, de los trabajadores, de los padres, de la paz, del hogar feliz y de la caridad con los pobres. Su día festivo es el 19 de marzo. Para los sicilianos, esta solemnidad es la oportunidad de practicar la hospitalidad. La tradición abarca invitar a la mesa a todos los que llamen a la puerta. En el centro de la mesa se coloca una estatua de San José, rodeada de flores y velas. Un sacerdote bendice la comida. Todos los alimentos que llevan los invitados se ofrecen a los pobres.

Saints

Saints are very holy people who committed their lives to God, did his work on Earth, and are now with him in Heaven. A Saint is a hero of the Church. The Church uses a process called canonization to declare a person a Saint.

Steps of Canonization

A person or group of people approach their bishop to suggest a candidate for sainthood. A committee creates a report on the candidate and sends it to the Congregation for the Causes of Saints.

1. The Congregation researches the candidate to verify that he or she practiced virtue. When the Pope accepts the Congregation's report, the candidate is termed "venerable," or "servant of God."
2. The second process is a very lengthy research of the life of the candidate. A "promoter of the cause" is authorized to examine the person's life, virtues, writings, reputation for holiness, and reported miracles. As a rule one miracle must be credited to the candidate's intercession with God. The venerable candidate is then "beatified" by the Pope. The person is designated as "blessed."
3. Canonization is the solemn declaration by the Pope that the candidate is a Saint. This declaration requires one more miracle.

Saint Joseph is the patron, among other things, of the Universal Church, workers, fathers, peace, a happy home, and charity to people who are poor. His feast day is March 19. For Sicilians this feast is the occasion for hospitality. The tradition includes inviting to the table all who come to the door. A statue of Saint Joseph, surrounded by flowers and candles, is placed on the table as a centerpiece. A priest blesses the food. Any food brought by guests is offered to people who are poor.

El año litúrgico

En América Latina, es común que en la iglesia se recree la Última Cena durante el Triduo. El sacerdote y doce hombres —vestidos como Jesús y los discípulos— representan o dramatizan la Última Cena como está registrada en el Evangelio.

El año litúrgico es el ciclo anual de los tiempos y días festivos de la Iglesia que celebran el Misterio Pascual de Cristo. Comienza el Primer Domingo de Adviento y termina con la Solemnidad de Cristo Rey, el último Domingo del Tiempo Ordinario. Esta fiesta honra el reinado de Jesús sobre todo el Cielo y la Tierra. Afirma la realeza mesiánica de Cristo, que entregó su vida a través de su Muerte en la Cruz.

Tiempo Ordinario es el nombre que se les da a las treinta y tres o treinta y cuatro semanas del año que no pertenecen a los Tiempos de Adviento, Navidad, Cuaresma y Pascua. El término *ordinario* proviene del latín *ordinis*, que significa "número". Los Domingos del Tiempo Ordinario están numerados en forma consecutiva. Se dividen en dos grupos. El primer grupo marca el tiempo comprendido entre Navidad y Cuaresma. El segundo grupo marca el tiempo comprendido entre Pascua y Adviento. El Tiempo Ordinario celebra la plenitud del misterio cristiano. Las lecturas de la Sagrada Escritura para este tiempo tratan acerca de las palabras y las acciones de Jesús en su vida pública. Llaman a los miembros de la Iglesia a ser discípulos. El color litúrgico para el Tiempo Ordinario es el verde.

Los días de precepto

Los católicos tienen la obligación de asistir a Misa los domingos, a menos que una razón grave les impida hacerlo. Los católicos también deben asistir a Misa durante ciertas festividades. En Estados Unidos, los Días de Precepto son los siguientes:

- María, Madre de Dios (1 de enero)
- la Ascensión del Señor (cuarenta días después de Pascua o el domingo más cercano al término del período de cuarenta días)
- la Asunción de María (15 de agosto)
- Solemnidad de Todos los Santos (1 de noviembre)
- la Inmaculada Concepción de María (8 de diciembre)
- Navidad (25 de diciembre)

The Liturgical Year

It is common in Latin America for the Last Supper to be reenacted in church during Triduum. The priest and twelve men—dressed as Jesus and the disciples—dramatize or act out the Last Supper as recorded in the Gospel.

The liturgical year is the Church's annual cycle of seasons and feasts that celebrates Christ's Paschal Mystery. It begins on the First Sunday of Advent and ends on the feast of Christ the King, the last Sunday of Ordinary Time. This feast honors Jesus' reign over all of Heaven and Earth. It affirms the messianic kingship of Christ who gave his life through his Death on the Cross.

Ordinary Time is the name given to the thirty-three or thirty-four weeks during the year apart from the Seasons of Advent, Christmas, Lent, and Easter. The term ordinary comes from the Latin word *ordinis*, which means "number." The Sundays of Ordinary Time are numbered consecutively. They are divided into two groups. The first group marks the time between Christmas and Lent. The second group marks the time between Easter and Advent. Ordinary Time celebrates the fullness of the Christian mystery. The Scripture readings for this time are about the words and actions of Jesus in his public life. They call members of the Church to discipleship. The liturgical color for Ordinary Time is green.

Holy Days of Obligation

Catholics are required to attend Mass on Sunday unless a serious reason prevents them from doing so. Catholics also must go to Mass on certain holy days. In the United States the Holy Days of Obligation are the feasts of:

- Mary the Mother of God (January 1)
- the Ascension of the Lord (forty days after Easter or the Sunday nearest the end of the forty-day period)
- the Assumption of Mary (August 15)
- All Saints Day (November 1)
- the Immaculate Conception of Mary (December 8)
- Christmas (December 25)

Ordinario de la Misa

Ritos iniciales

Canto de entrada
Saludo
Rito para la bendición y aspersión del agua
Acto penitencial
Señor, ten piedad (*Kyrie)*
Gloria
Colecta

Liturgia de la Palabra

Primera lectura
Salmo responsorial
Segunda lectura
Aclamación del Evangelio
Diálogo del Evangelio
Lectura del Evangelio
Homilía
Profesión de fe
Oración de los fieles

Liturgia Eucarística

Preparación de los dones
Invitación a orar
Oración sobre las ofrendas
Plegaria Eucarística
Diálogo del Prefacio
Prefacio
Aclamación del Prefacio
Consagración
Misterio de la Fe
Doxología final

Rito de la Comunión

Padre Nuestro
Rito de la paz
Cordero de Dios
Invitación a la Comunión
Comunión
Oración después de la Comunión

Rito de conclusión

Saludo
Bendición
Despedida

Order of Mass

Introductory Rites

Entrance Chant
Greeting
Rite for the Blessing and Sprinkling of Water
Penitential Act
Kyrie
Gloria
Collect

Liturgy of the Word

First Reading
Responsorial Psalm
Second Reading
Gospel Acclamation
Dialogue at the Gospel
Gospel Reading
Homily
Profession of Faith
Prayer of the Faithful

Liturgy of the Eucharist

Preparation of the Gifts
Invitation to Prayer
Prayer over the Offerings
Eucharistic Prayer
Preface Dialogue
Preface
Preface Acclamation
Consecration
Mystery of Faith
Concluding Doxology

Communion Rite

The Lord's Prayer
Sign of Peace
Lamb of God
Invitation to Communion
Communion
Prayer After Communion

Concluding Rites

Greeting
Blessing
Dismissal

Las devociones

Las devociones son oraciones especiales que honran a Dios, a María o a los Santos. Una devoción popular que honra a Jesús es la visita al Santísimo Sacramento. El Rosario es una devoción para honrar a María. Las devociones ayudan a las personas a recordar que deben orar aparte de la Misa.

Algunas prácticas devocionales comunes entre los católicos latinoamericanos incluyen novenas, peregrinaciones, encendiendo velas, el uso de escapularios o medallas religiosas, el uso de agua bendita para bendecir el hogar o coches, y muchos otros. Estas prácticas devocionales generalmente se utilizan en el hogar con la familia o en grupos pequeños.

La novena

Una novena es una devoción privada. La palabra novena proviene del latín *novem*, que significa "nueve". Una novena es una oración en honor de una de las tres Personas de la Santísima Trinidad, de la Santísima Virgen María o de uno de los Santos, que se repite durante nueve días, nueve semanas o nueve meses por una intención especial.

Devotions

Devotions are special prayers that honor God, Mary, or the Saints. Visits to the Blessed Sacrament are a popular devotion to honor Jesus. The Rosary is a devotion to honor Mary. Devotions help people remember to pray outside of the Mass.

Some devotional practices that are common among Catholics of Latin American heritage include novenas, pilgrimages, lighting candles, wearing scapulars or religious medals, the use of holy water to bless the home or cars, and many others. These devotional practices are generally conducted in the home as a family or in small groups.

Novena

A novena is a private devotion. The word novena comes from the Latin word *novem*, which means "nine." A novena is a prayer in honor of one of the three Persons of the Holy Trinity, the Blessed Virgin Mary, or one of the Saints that is repeated over the course of nine days, weeks, or months for a special intention.

La ley moral

Existen cuatro expresiones de la ley moral:

1. La ley divina es el plan de la sabiduría de Dios para dirigir todas las actividades humanas hacia el bien.
2. La ley moral natural es la ley que está escrita en tu corazón y que te ayuda a distinguir lo que es bueno y lo que es malo.
3. La ley revelada es la ley que se revela en el Antiguo y en el Nuevo Testamento.
4. Las leyes civiles y eclesiásticas están establecidas por las naciones y por la Iglesia para promover el bien común y para guiar las decisiones de cada persona.

El Gran Mandamiento

"Amarás al Señor tu Dios con todo tu corazón, con toda tu alma, con todas tus fuerzas y con toda tu mente; y amarás a tu prójimo como a ti mismo." **Lucas 10, 27**

"Y tú amarás a Yavé, tu Dios, con todo tu corazón, con toda tu alma y con todas tus fuerzas." **Deuteronomio 6, 5**

"... amarás a tu prójimo como a ti mismo..." **Levítico 19, 18**

Los Diez Mandamientos

Ver **Éxodo 20, 1-17**

1. Yo soy Yavé, tu Dios: no tendrás otros dioses fuera de mí.
2. No tomes en vano el nombre de Yavé, tu Dios.
3. Acuérdate del día del Sábado, para santificarlo.
4. Respeta a tu padre y a tu madre.
5. No mates.
6. No cometas adulterio.
7. No robes.
8. No atestigües en falso contra tu prójimo.
9. No codicies la mujer de tu prójimo.
10. No codicies nada de lo que pertenece a tu prójimo.

Moral Law

There are four expressions of moral law:

1. Divine law is the plan of God's wisdom to direct all human activity to good.
2. Natural moral law is the law that is written in your heart that helps you know what is good and what is evil.
3. Revealed law is law as it is revealed in the Old and New Testaments.
4. Civil and Church laws are established by nations and by the Church to promote the common good and to guide the decisions of each person.

The Great Commandment

"You shall love the Lord, your God, with all your heart, with all your being, with all your strength, and with all your mind, and your neighbor as yourself." **Luke 10:27**

"You shall love the Lord, your God, with your whole heart, and with your whole being, and with your whole strength." **Deuteronomy 6:5**

"You shall love your neighbor as yourself." **Leviticus 19:18**

The Ten Commandments

See **Exodus 20:1–17**

1. I am the Lord your God. You shall not have strange gods before me.
2. You shall not take the name of the Lord your God in vain.
3. Remember to keep holy the Lord's Day.
4. Honor your father and your mother.
5. You shall not kill.
6. You shall not commit adultery.
7. You shall not steal.
8. You shall not bear false witness against your neighbor.
9. You shall not covet your neighbor's wife.
10. You shall not covet your neighbor's goods.

Las Bienaventuranzas

Las Bienaventuranzas son enseñanzas de Jesús que muestran el camino a la felicidad verdadera y dicen cómo vivir en el Reino de Dios ahora y siempre. Son promesas de bendiciones que Jesús hizo a los fieles que siguen su ejemplo. Ellas encaminan el corazón humano para que encuentre la felicidad que solo se encuentra en Dios. Ellas enseñan acerca del Reino de Dios y la participación en la vida eterna a la que todos estamos llamados.

Las Bienaventuranzas de Jesús están registradas tanto en el Evangelio según Mateo como en el Evangelio según Lucas. El siguiente es el relato de Lucas. El Evangelio de Mateo se encuentra en la página 402.

Felices ustedes los pobres,
   porque de ustedes es el Reino de Dios.
Felices ustedes los que ahora tienen hambre,
   porque serán saciados.
Felices ustedes los que lloran,
   porque reirán.
Felices ustedes si los hombres los odian,
   los expulsan, los insultan
   y los consideran unos delincuentes
   a causa del Hijo del Hombre.
Alégrense en ese momento y llénense de gozo, porque les espera una recompensa grande en el cielo.

Lucas 6, 20-23

The Beatitudes

The Beatitudes are teachings of Jesus that show the way to true happiness and tell the way to live in God's Kingdom now and always. They are promises of blessing made by Jesus to those who faithfully follow his example. They give direction to the human heart for finding the happiness that can be found in God alone. They teach about God's Kingdom and the participation in eternal life to which all are called.

Jesus' Beatitudes are recorded in both the Gospel according to Matthew and the Gospel according to Luke. The Lucan account appears on this page. The account from Matthew's Gospel can be found on page 403.

Blessed are you who are poor,
for the kingdom of God is yours.
Blessed are you who are now hungry,
for you will be satisfied.
Blessed are you who are now weeping,
for you will laugh.
Blessed are you when people hate you,
and when they exclude and insult you,
and denounce your name as evil
on account of the Son of Man.
Rejoice and leap for joy on that day! Behold, your reward will be great in heaven.

Luke 6:20–23

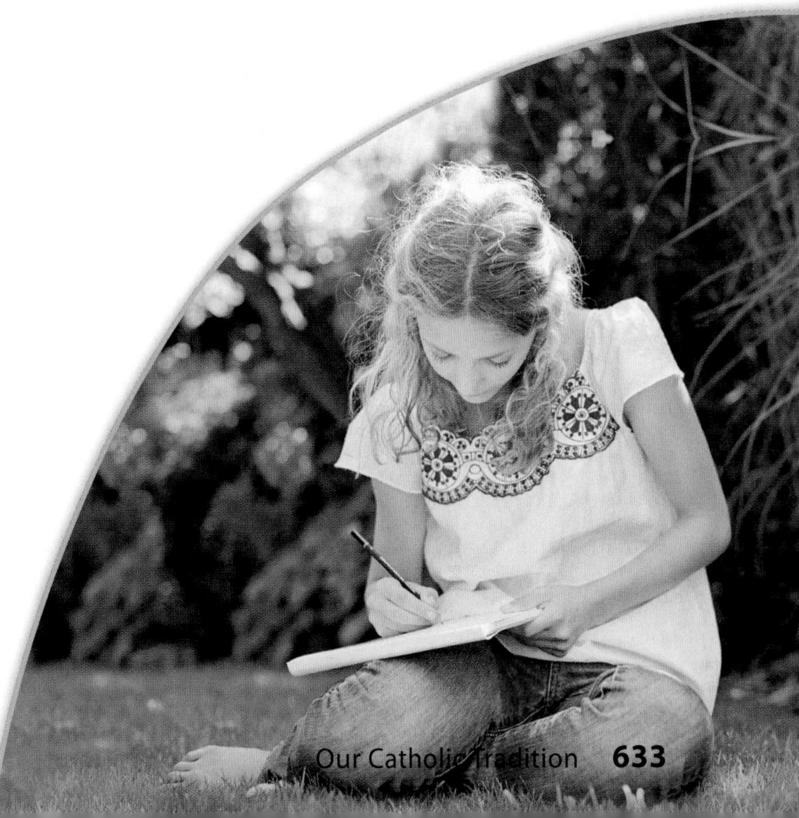

Los Preceptos de la Iglesia

Los Preceptos de la Iglesia son leyes que mencionan acciones específicas que todos los católicos están obligados a realizar.

1. Participar en la Misa los domingos y los días de precepto. Guardar estos días para santificarlos y evitar realizar trabajos innecesarios.
2. Celebrar el Sacramento de la Reconciliación al menos una vez al año si se cometió un pecado grave.
3. Recibir la Sagrada Comunión al menos una vez al año durante el tiempo de Pascua.
4. Hacer ayuno o abstinencia los días de penitencia.
5. Dar tu tiempo, tus dones y tu dinero para apoyar a la Iglesia.

Pecado y vicio

El pecado es un pensamiento, palabra, acto u omisión deliberados que van en contra de la ley de Dios.

Es la elección de desobedecer a Dios. Es una elección deliberada, no un error ni un accidente.

El pecado puede ser original o personal. El Pecado Original es el pecado cometido por los primeros seres humanos, que llevó a la condición pecaminosa del género humano. Todos los seres humanos nacen con el Pecado Original. Y debido a esto, todos están inclinados a cometer pecados personales, que eligen individualmente. Estos pecados pueden ser mortales o veniales.

Los pecados mortales destruyen tu relación con Dios. Para que un pecado sea mortal, deben cumplirse tres condiciones: Debe tratarse de un asunto grave. Debes comprender lo que vas a hacer (reflexión suficiente). Debes estar totalmente de acuerdo con hacerlo (pleno consentimiento del acto).

Los pecados veniales dañan tu relación con Dios, pero no la destruyen. Entre los efectos de los pecados veniales está la disminución del amor de Dios en tu corazón y el debilitamiento del poder de resistirse al pecado. Existen siete vicios que la Iglesia llama pecados capitales. También se los conoce como los siete pecados mortales. Son tendencias de la persona a caer en el pecado. Los siete pecados capitales son soberbia, avaricia (deseo), lujuria, ira, gula, envidia y pereza.

Precepts of the Church

The Precepts of the Church are laws that name specific actions that all Catholics are obligated to carry out.

1. Take part in the Mass on Sundays and holy days. Keep these days holy and avoid unnecessary work.
2. Celebrate the Sacrament of Reconciliation at least once a year if there is serious sin.
3. Receive Holy Communion at least once a year during Easter time.
4. Fast and/or abstain on days of penance.
5. Give your time, gifts, and money to support the Church.

Sin and Vice

Sin is a deliberate thought, word, deed, or omission contrary to the law of God.

It is a choice to disobey God. It is a deliberate choice, not a mistake or an accident.

Sin is original or personal. Original Sin is the sin committed by the first humans, which led to the sinful condition of the human race. All humans are born with Original Sin. And because of it, all people are inclined to commit personal sins which are personally chosen. These sins are either mortal or venial.

Mortal sin breaks your relationship with God. For a sin to be mortal, three conditions must be present: It must be a serious matter. You must understand what you are going to do (sufficient reflection). You must fully agree to do it (full consent of the act).

Venial sin hurts your relationship with God without breaking it. The effects of venial sin include a lessening of the love of God in your heart and a weakening of the power to resist sin. There are seven vices that the Church calls capital sins. They are also called the seven deadly sins. They are tendencies in a person that can lead to sin. The seven capital sins are pride, covetousness (desire), lust, anger, gluttony, envy, and sloth.

La gracia y la virtud

La gracia es el don que Dios nos concede, libre y amorosamente, de su propia vida y su ayuda para hacer lo que Él nos llama a hacer. Es participar de la vida de la Santísima Trinidad.

La gracia actual es el don que Dios te da para hacer el bien y evitar el mal. La gracia santificante es participar en la vida de Dios.

Virtudes Teologales

Fe (ver Romanos 1, 17)
Esperanza (ver Tito 3, 6-7)
Caridad (Amor) (ver Juan 15, 9)

Virtudes Cardinales

Prudencia
Justicia
Fortaleza
Templanza

Dones del Espíritu Santo

Ver Isaías 11, 2-3

Sabiduría
Buen juicio (Consejo)
Entendimiento
Valor (Fortaleza)
Ciencia
Reverencia (Piedad)
Admiración y veneración (Temor de Dios)

Frutos del Espíritu Santo

Ver Gálatas 5, 22–23

Caridad
Longanimidad
Fe
Alegría
Bondad
Modestia
Paz
Benignidad
Dominio de sí mismo
Paciencia
Mansedumbre
Castidad

Obras de Misericordia Espirituales

Corregir al que yerra Advertir a los que se han apartado de Dios y del prójimo a través del pecado.

Enseñar al que no sabe Corregir los malentendidos y los prejuicios basados en la ignorancia y el miedo.

Dar buen consejo al que lo necesita Dar consejo espiritual a los que dudan de su fe, de sí mismos o de su relación con los demás.

Consolar al triste Mostrar empatía con los que están solos, afligidos o perturbados.

Sufrir con paciencia los defectos de los demás Responder al mal recibido sin causar más mal ni sufrimiento.

Perdonar las injurias Perdonar las injurias para que no provoquen amargura ni resentimiento.

Rogar a Dios por vivos y difuntos Unirse en la oración con los vivos y con los que están en el Cielo y en el Purgatorio.

Grace and Virtue

Grace is God's free, loving gift of his own life and help to do what God calls us to do. It is participation in the life of the Holy Trinity.

Actual grace is the gift God gives you to do good and avoid evil. Sanctifying grace is a sharing in the life of God.

Theological Virtues

Faith (see Romans 1:17)
Hope (see Titus 3:6–7)
Charity (Love) (see John 15:9)

Cardinal Virtues

Prudence
Justice
Fortitude
Temperance

Gifts of the Holy Spirit

See Isaiah 11:2–3

Wisdom
Right judgment (Counsel)
Understanding
Courage (Fortitude)
Knowledge
Reverence (Piety)
Wonder and awe (Fear of the Lord)

Fruits of the Holy Spirit

See Galatians 5:22–23

Charity
Kindness
Faithfulness
Joy
Goodness
Modesty
Peace
Generosity
Self-control
Patience
Gentleness
Chastity

Spiritual Works of Mercy

Warn the sinner Caution those who are being led away from God and neighbor through sin.

Teach the ignorant Correct misunderstandings and prejudices based on ignorance and fear.

Counsel the doubtful Give spiritual advice to those who doubt their faith, themselves, or their relationships with others.

Comfort the sorrowful Show empathy to those who are lonely, grieving, and alienated.

Bear wrongs patiently Respond to the evil that is done to you in a way that doesn't cause more evil and suffering.

Forgive all injuries Forgive injuries so that they don't lead you toward bitterness and resentment.

Pray for the living and the dead Unite through prayer with the living and those in Heaven and Purgatory.

La dignidad humana

La dignidad humana es el valor que cada persona tiene porque está hecha a imagen de Dios. Todos tenemos la misma dignidad, todos somos dignos de respeto y de amor. Como consecuencia de nuestra dignidad humana común, las personas tenemos derechos básicos, como el derecho a la vida, a la alimentación, a la vestimenta y al techo. Ningún gobierno ni grupo social debe dejar de reconocer estos derechos. Estos derechos incluyen la protección a los niños que no han nacido, a los ancianos, a los enfermos y a los prisioneros.

Justicia y paz

La justicia es una virtud cardinal. Es el hábito y la práctica de darle a Dios lo que le es debido. También significa darle a cada persona lo que se merece porque es un hijo de Dios.

La justicia social es parte de esta virtud cardinal. Es la parte que urge a los individuos a buscar el bien común de todo el grupo en vez de buscar solo su bien individual.

La paz es un estado de calma o armonía en el que las cosas están en su justo orden y las personas resuelven los problemas con bondad y justicia. En la tradición católica, la paz no es solo la ausencia de conflictos. Es el resultado de relaciones justas con Dios y con el prójimo.

El bien común

El bien común se refiere al bien de todos, con especial atención por los más vulnerables a ser heridos. Esto es, todas las condiciones que permiten a las personas convertirse en lo que Dios quiere que sean. El bien común abarca la paz, el desarrollo de los grupos humanos y el respeto por todas las personas. Estas condiciones varían de sociedad en sociedad, razón por la cual la Iglesia no recomienda ningún sistema político o económico de un país en particular. La Iglesia evalúa cada sistema teniendo en cuenta si este ofrece condiciones para la realización humana.

Human Dignity

Human dignity is the worth each person has because he or she is made in the image of God. We are all equal in dignity, each and every one of us worthy of respect and love. Because of our common human dignity, people have basic human rights, such as the right to life, food, clothing, and shelter. No government or social group should fail to recognize those rights. These rights include the protection of the unborn, the elderly, the ill, and even those in prison.

Justice and Peace

Justice is a cardinal virtue. It is the habit and practice of giving God what is due him. It also means to give each person what he or she is due because that person is a child of God.

Social justice is a part of this cardinal virtue. It is the part that urges individuals to seek the common good of the whole group rather than just his or her individual good.

Peace is a state of calm and harmony when things are in their proper order and people settle problems with kindness and justice. In the Catholic tradition, peace is not just the absence of conflict. It is the result of right relationships with God and with your neighbor.

Common Good

The common good refers to the good of everyone, with particular concern for those who might be most vulnerable to harm. It means all the conditions that allow people to become who God wants them to become. The common good includes peace, development of groups of people, and respect for every person. These conditions vary from society to society, which is why the Church does not recommend any one country's political or economic system. The Church evaluates each system on the basis of whether or not it provides the conditions for human fulfillment.

Oraciones tradicionales

Estas son las oraciones básicas que todo católico debe conocer. El latín es el idioma universal oficial de la Iglesia. Como miembros de la Iglesia Católica, por lo general rezamos en el idioma que hablamos, pero a veces rezamos en latín, el lenguaje común de la Iglesia.

Señal de la cruz

En el nombre del Padre
y del Hijo
y del Espíritu Santo.
Amén.

Signum Crucis

In nómine Patris
et Fílii
et Spíritus Sancti.
Amen.

Padre Nuestro

Padre nuestro, que estás en el cielo,
santificado sea tu Nombre;
venga a nosotros tu reino;
hágase tu voluntad en la tierra como en el cielo.
Danos hoy nuestro pan de cada día;
perdona nuestras ofensas,
como también nosotros perdonamos
a los que nos ofenden;
no nos dejes caer en la tentación,
y líbranos del mal.
Amén.

Pater Noster

Pater noster qui es in cælis:
santificétur Nomen Tuum;
advéniat Regnum Tuum;
fiat volúntas Tua,
sicut in cælo, et in terra.
Panem nostrum
cotidiánum da nobis hódie;
et dimítte nobis débita nostra,
sicut et nos
dimíttus debitóribus nostris;
et ne nos indúcas in tentatiónem;
sed líbera nos a Malo.

Gloria al Padre

Gloria al Padre
y al Hijo
y al Espíritu Santo.
Como era en el principio,
ahora y siempre,
por los siglos de los siglos.
Amén.

Gloria Patri

Gloria Patri
et Fílio
et Spíritui Sancto.
Sicut erat in princípio,
et nunc et semper
et in sæcula
sæculorem.
Amen.

Basic Prayers

These are essential prayers that every Catholic should know. Latin is the official, universal language of the Church. As members of the Catholic Church, we usually pray in the language that we speak, but we sometimes pray in Latin, the common language of the Church.

Sign of the Cross

In the name of the Father,
and of the Son,
and of the Holy Spirit.
Amen.

Signum Crucis

In nómine Patris
et Fílii
et Spíritus Sancti.
Amen.

The Lord's Prayer

Our Father, who art in heaven,
hallowed be thy name;
thy kingdom come,
thy will be done
on earth as it is in heaven.
Give us this day our daily bread,
and forgive us our trespasses,
as we forgive those who trespass
against us;
and lead us not into temptation,
but deliver us from evil. Amen.

Pater Noster

Pater noster qui es in cælis:
santificétur Nomen Tuum;
advéniat Regnum Tuum;
fiat volúntas Tua,
sicut in cælo, et in terra.
Panem nostrum
cotidiánum da nobis hódie;
et dimítte nobis débita nostra,
sicut et nos
dimittimus debitóribus nostris;
et ne nos indúcas in tentatiónem;
sed líbera nos a Malo.

Glory Be

Glory be to the Father
and to the Son
and to the Holy Spirit,
as it was in the beginning
is now, and ever shall be
world without end. Amen.

Gloria Patri

Gloria Patri
et Fílio
et Spíritui Sancto.
Sicut erat in princípio,
et nunc et semper
et in sæcula
sæculorem.
Amen.

Elementos del Padre Nuestro

El Padre Nuestro está formado por las siguientes partes: alabanza, esperanza, petición y el deseo de bondad (alejarnos de las pruebas y del mal).

El Padrenuestro (según las Escrituras)

Padre nuestro, que estás en el Cielo,
santificado sea tu Nombre,
venga tu Reino,
hágase tu voluntad
así en la tierra como en el Cielo.
Danos hoy el pan que nos corresponde;
y perdona nuestras deudas,
como también nosotros perdonamos a
nuestros deudores;
y no nos dejes caer en la tentación,
sino líbranos del Maligno. **Mateo 6, 9-13**

Las siete peticiones del Padre Nuestro

Lo que decimos	Lo que queremos decir
Santificado sea tu Nombre.	Que tu nombre sea santo.
Venga tu reino. Hágase tu voluntad así en la tierra como en el Cielo.	Las primeras tres peticiones son más teológicas. Nos dirigen hacia la gloria del Padre y son para el Padre (su nombre, su Reino, su voluntad), y ya están respondidas en el sacrificio de Jesús.
Danos hoy el pan de cada día.	Danos lo que necesitamos, especialmente en la Eucaristía.
Y perdona nuestras deudas, como también nosotros perdonamos a nuestros deudores.	Perdona nuestros pecados, como nosotros perdonamos a quienes pecan contra nosotros.
Y no nos dejes caer en la tentación, sino líbranos del Maligno.	Las últimas cuatro peticiones le piden a Dios que mejore nuestra situación humana. Con ella, ponemos nuestras debilidades y nuestra pobreza de espíritu en sus manos. Obtenemos fuerzas y riqueza de espíritu en su gracia (danos, perdónanos, no nos dejes caer, líbranos).

Elements of the Lord's Prayer

The Lord's Prayer is made up of the following parts: praise, hope, petition, and a desire for goodness.

The Lord's Prayer (Scriptural)

Our Father in Heaven,
hallowed be your name,
your kingdom come,
your will be done,
on earth as in heaven.
Give us today our daily bread;
and forgive us our debts,
as we forgive our debtors;
and do not subject us to the final test,
but deliver us from the evil one.

Matthew 6:9–13

The Seven Petitions of the Lord's Prayer

What We Say	What We Mean
Hallowed be thy name.	May your name be held holy.
Thy Kingdom come. Thy will be done on earth as it is in Heaven.	The first three petitions are more theological. They draw us toward the Father's glory, are for God's sake (thy name, thy Kingdom, thy will), and are already answered in Jesus' sacrifice.
Give us this day our daily bread.	Give us what we need, most especially in the Eucharist.
Forgive us our trespasses, as we forgive those who trespass against us.	Forgive us of our sins, as we will forgive those who sin against us.
Lead us not into temptation. Deliver us from evil.	The last four petitions ask God for improvement in our human situation. With them we put our weaknesses and our poverty of spirit in his hands. We gain strength and richness of spirit in his grace (give us, forgive us, lead us not, deliver us).

Ave María

Dios te salve, María, llena eres de gracia;
el Señor es contigo.
Bendita Tú eres entre todas las mujeres,
y bendito es el fruto de tu vientre, Jesús.
Santa María, Madre de Dios,
ruega por nosotros, pecadores,
ahora y en la hora de nuestra muerte.
Amén.

Ave Maria

Ave, María, grátia plena,
Dóminus tecum.
Benedícta tu in muliéribus,
et benedíctus fructus ventris
tui, Iesus.
Sancta María, Mater Dei,
ora pro nobis peccatóribus,
nunc et in hora mortis nostræ.
Amen.

Ángelus

El Ángelus es una oración que honra la Encarnación. Recibe su nombre por la primera palabra de la versión en latín de la oración: *Angelus Domini nuntiavit Maria,* "El Ángel del Señor anunció a María". Se reza tres veces al día: en la mañana, al mediodía y al atardecer, cuando suena la campana del Ángelus. Como se muestra, a cada respuesta, le sigue el rezo de un Ave María.

V. El Ángel del Señor anunció a María.
R. Y concibió por obra y gracia del
Espíritu Santo.
Dios te salve, María…
V. He aquí la esclava del Señor.
R. Hágase en mí según tu palabra.
Dios te salve, María…
V. Y el Verbo de Dios se hizo carne.
R. Y habitó entre nosotros.
Dios te salve, María…
V. Ruega por nosotros, Santa Madre
de Dios
R. Para que seamos dignos de alcanzar
las promesas de Jesucristo.
Oremos.
Infunde, Señor,
tu gracia en nuestras almas,
para que, los que hemos conocido, por
el anuncio del Ángel,
la Encarnación de tu Hijo, Jesucristo,
lleguemos por los Méritos de su Pasión
y su Cruz, a la gloria de la Resurrección.
Por Jesucristo Nuestro Señor.
R. Amén.

The Hail Mary

Hail, Mary, full of grace,
the Lord is with thee.
Blessed art thou among women
and blessed is the fruit of thy womb,
Jesus.
Holy Mary, Mother of God,
pray for us sinners,
now and at the hour of our death.
Amen.

Ave Maria

Ave, María, grátia plena,
Dóminus tecum.
Benedícta tu in muliéribus,
et benedíctus fructus ventris
tui, Iesus.
Sancta María, Mater Dei,
ora pro nobis peccatóribus,
nunc et in hora mortis nostræ.
Amen.

Angelus

The *Angelus* is a prayer honoring the Incarnation. It is given its name by the first word of the Latin version of the prayer: *Angelus Domini nuntiavit Maria,* "The angel of the Lord declared unto Mary." It is recited three times each day—morning, noon, and evening, at the sound of the Angelus bell. Each response, where shown, is followed by reciting the Hail Mary.

V. The angel spoke God's message to Mary,
R. and she conceived of the Holy Spirit.
Hail, Mary …
V. "I am the lowly servant of the Lord:
R. let it be done to me according to your word."
Hail, Mary …
V. And the Word became flesh,
R. and lived among us.
Hail, Mary …
V. Pray for us, holy Mother of God,
R. that we may become worthy of the promises of Christ.
Let us pray.
Lord,
fill our hearts with your grace:
once, through the message of an angel
you revealed to us the Incarnation of your Son;
now, through his suffering and death
lead us to the glory of his Resurrection.
We ask this through Christ our Lord.
Amen.

Oraciones de la Liturgia

Benedictus (Cántico de Zacarías)

Este himno se canta durante la Liturgia de las Horas, *Oración de la Mañana.*

Bendito sea el Señor, Dios de Israel,
porque ha visitado y redimido a su pueblo,

suscitándonos una fuerza de salvación
en la casa de David, su siervo,

según lo había predicho desde antiguo
por boca de sus santos Profetas.
Es la salvación que nos libra de nuestros
enemigos

y de la mano de todos los que nos odian;
realizando la misericordia que tuvo con
nuestros padres,

recordando su santa alianza
y el juramento que juró a nuestro padre
Abrahán.
Para concedernos que, libres de temor,
arrancados de la mano de los enemigos,
le sirvamos con santidad y justicia,
en su presencia, todos nuestros días.

Basado en Lucas 1, 68-75

Magnificat (Cántico de María)

Este himno se canta durante la Liturgia de las Horas, *Oración de la Noche.*

Proclama mi alma la grandeza del Señor,
se alegra mi espíritu en Dios, mi Salvador;
porque ha mirado la humillación de su
esclava.
Desde ahora me felicitarán todas las
generaciones,
porque el Poderoso ha hecho obras
grandes por mí:
su nombre es santo,
y su misericordia llega a sus fieles
de generación en generación.
Él hace proezas con su brazo:
dispersa a los soberbios de corazón,
derriba del trono a los poderosos
y enaltece a los humildes,
a los hambrientos los colma de bienes
y a los ricos los despide vacíos.

Auxilia a Israel, su siervo,
acordándose de la misericordia
—como lo había prometido a
nuestros padres—
en favor de Abrahán y su
descendencia por siempre.
Gloria al Padre, y al Hijo, y al
Espíritu Santo.

Como era en el principio, ahora
y siempre,
por los siglos de los siglos. Amén.

Basado en Lucas 1, 46-55

Prayers from the Liturgy

The Canticle of Zechariah

This hymn is sung during the Liturgy of the Hours, Morning Prayer.

Blessed be the Lord, the God of Israel;
he has come to his people and set them free.

He has raised up for us a mighty savior,
born of the house of his servant David.

Through his holy prophets he promised of old
that he would save us from our enemies,
from the hands of all who hate us.

He promised to show mercy to our fathers
and to remember his holy covenant.

This was the oath he swore to our father Abraham:
to set us free from the hands of our enemies,
free to worship him without fear,
holy and righteous in his sight
all the days of our life.

Based on Luke 1:68–75

The Magnificat (Mary's Canticle)

This hymn is sung during the Liturgy of the Hours, Evening Prayer.

My soul proclaims the greatness of the Lord,
my spirit rejoices in God my Savior;
for he has looked with favor on his lowly servant.
From this day all generations will call me blessed:
the Almighty has done great things for me,
and holy is his Name.
He has mercy on those who fear him
in every generation.
He has shown the strength of his arm,
he has scattered the proud in their conceit.
He has cast down the mighty from their thrones,
and has lifted up the lowly.
He has filled the hungry with good things,
and the rich he has sent away empty.
He has come to the help of his servant Israel
for he has remembered his promise of mercy,
the promise he made to our fathers,
to Abraham and his children for ever.

Based on Luke 1:46–55

Oración del Penitente

Dios mío,
me arrepiento de todo corazón
de todo lo malo que hecho
y de todo lo bueno que he dejado de hacer,
porque pecando te he ofendido a ti,
que eres el sumo bien
y digno de ser amado sobre todas las cosas.
Propongo firmemente,
con tu gracia,
cumplir la penitencia,
no volver a pecar
y evitar las ocasiones de pecado.
Perdóname, Señor,
por los méritos de la pasión
de nuestro salvador Jesucristo.

Oración de Jesús

Señor Dios,
Hijo de Dios vivo,
ten piedad de mí,
este pobre pecador.

Invocación al Espíritu Santo

V. Ven, Espíritu Santo, llena los corazones de tus fieles,
R. y enciende en ellos el fuego de tu amor.
V. Envía tu Espíritu Creador y serán creadas todas las cosas
R. y renovarás la faz de la tierra.

El Descanso Eterno

Dales, Señor, el descanso eterno
y brille para ellos la luz perpetua.

Act of Contrition

My God,
I am sorry for my sins with all my heart.
In choosing to do wrong
and failing to do good,
I have sinned against you
whom I should love above all things.
I firmly intend, with your help,
to do penance,
to sin no more,
and to avoid whatever leads me to sin.
Our Savior Jesus Christ
suffered and died for us.
In his name, my God, have mercy.

Jesus Prayer

Lord Jesus Christ, Son of God, have mercy on me, a sinner.

Prayer to the Holy Spirit

V. Come Holy Spirit, fill the hearts of
your faithful.
R. And kindle in them the fire of your love.
V. Send forth your Spirit and they shall be created.
R. And you will renew the face of the earth.

Eternal Rest

Eternal rest grant to them, O Lord,
and let perpetual light shine upon them.

Oraciones familiares y personales

Oración por la protección de Dios y presencia de Cristo

En este día que comienza
ruego que la fuerza de Dios me aliente,
el poder de Dios me sostenga,
la sabiduría de Dios me guíe.
Que los ojos de Dios miren delante de mí,
el oído de Dios me escuche,
la palabra de Dios hable por mí.
Que la mano de Dios me proteja,
el sendero de Dios delante de mí,
el escudo de Dios me proteja,
la hostia de Dios me salve.
Que Dios me proteja hoy.
El escudo de San Patricio

Oración de la noche

Te adoro, Dios mío, y te doy gracias por haberme creado, por haberme hecho cristiano y cuidado de mí en el día de hoy. Te amo con todo mi corazón y me arrepiento de haber pecado contra Tí, porque Tú eres Amor infinito e infinita Bondad. Protégeme mientras descanso y haz que tu Amor siempre esté conmigo. Amén.

Acto de fe

Dios mío, porque eres verdad infalible, creo firmemente todo aquello que has revelado y la Santa Iglesia nos propone para creer.

Creo expresamente en ti, único Dios verdadero en tres Personas iguales y distintas, Padre, Hijo y Espíritu Santo.

Y creo en Jesucristo, Hijo de Dios, que se encarnó, murió y resucitó por nosotros, el cual nos dará a cada uno, según los méritos, el premio o el castigo eterno.

Conforme a esta fe quiero vivir siempre. Señor, acrecienta mi fe.

Acto de esperanza

Señor Dios mío, espero por tu gracia la remisión de todos mis pecados; y después de esta vida, alcanzar la eterna felicidad, porque tú lo prometiste que eres infinitamente poderoso, fiel, benigno y lleno de misericordia. Quiero vivir y morir en esta esperanza. Amén.

Acto de caridad

Dios mío, te amo sobre todas las cosas y al prójimo por ti, porque Tú eres el infinito, sumo y perfecto Bien, digno de todo amor. En esta caridad quiero vivir y morir.

Personal and Family Prayers

Morning Prayer

I arise today
through God's strength to pilot me,
God's might to uphold me,
God's wisdom to guide me,
God's eye to look before me,
God's ear to hear me,
God's hand to guard me,
God's way to lie before me,
God's shield to protect me,
God's hosts to save me from the
snares of the devil.
Saint Patrick's Breastplate

Evening Prayer

Lord, from the rising of the sun to its setting your name is worthy of all praise. Let our prayer come like incense before you. May the lifting up of our hands be as an evening sacrifice acceptable to you, Lord our God. Amen.

Act of Faith

O God, we firmly believe that you are one God in three Divine Persons, Father, Son, and Holy Spirit; we believe that your Divine Son became man and died for our sins, and that he will come to judge the living and the dead. We believe these and all the truths that the holy Catholic Church teaches because you have revealed them, and you can neither deceive nor be deceived.

Act of Hope

O God, relying on your almighty power and your endless mercy and promises, we hope to gain pardon for our sins, the help of your grace, and life everlasting, through the saving actions of Jesus Christ, our Lord and Redeemer.

Act of Love

O God, we love you above all things, with our whole heart and soul, because you are all good and worthy of all love. We love our neighbor as ourselves for the love of you. We forgive all who have injured us and ask pardon of all whom we have injured.

Prácticas devocionales

Existen muchas oraciones y prácticas de devoción a María. Una de las más reverenciadas es el Rosario.

Cómo rezar el Rosario

1. Haz la Señal de la Cruz y di el Credo de los Apóstoles.
2. Reza un Padre Nuestro.
3. Reza tres Ave Marías.
4. Reza un Gloria al Padre.
5. Di el primer misterio; luego reza un Padre Nuestro.
6. Reza diez Ave Marías mientras meditas sobre el misterio.
7. Reza un Gloria al Padre.
8. Di el segundo misterio; luego reza un Padre Nuestro. Repite los pasos 6 y 7, y continúa con el tercer, cuarto y quinto misterios de la misma forma.
9. Reza el Salve Regina.

Salve Regina

Dios te salve, Reina y Madre de misericordia,
vida, dulzura y esperanza nuestra;
Dios te salve.
A ti llamamos los desterrados hijos de Eva;
a ti suspiramos, gimiendo y llorando
en este valle de lágrimas.
Ea, pues, Señora, abogada nuestra,
vuelve a nosotros esos tus ojos misericordiosos;
y después de este destierro, muéstranos a Jesús,
fruto bendito de tu vientre.
¡Oh, clementísima, oh piadosa, oh dulce Virgen María!

La Coronilla de la Divina Misericordia

1. Comienza con la Señal de la Cruz.
2. Reza el Padre Nuestro.
3. Reza el Ave María.
4. Di el Credo de los Apóstoles.
5. Luego reza sobre la cuenta grande antes de cada decena del rosario:

Padre Eterno,
te ofrezco el Cuerpo, la Sangre,
el Alma y la Divinidad
de Tu Amadísimo Hijo,
Nuestro Señor Jesucristo,
para el perdón de nuestros
pecados y los del mundo entero.

6. Sobre las cuentas pequeñas de cada decena, di:

Por Su dolorosa Pasión, ten misericordia de nosotros y del mundo entero.

7. Luego repite tres veces:

Santo Dios,
Santo Fuerte,
Santo Inmortal,
ten piedad de nosotros
y del mundo entero.

Devotional Practices

There are many prayers and practices of devotion to Mary. One of the most revered is the Rosary.

How to Pray the Rosary

1. Pray the Sign of the Cross and say the Apostles' Creed.
2. Pray the Lord's Prayer.
3. Pray three Hail Marys.
4. Pray the Glory Be.
5. Say the first mystery; then pray the Lord's Prayer.
6. Pray ten Hail Marys while meditating on the mystery.
7. Pray the Glory Be.
8. Say the second mystery; then pray the Lord's Prayer. Repeat 6 and 7 and continue with the third, fourth, and fifth mysteries in the same manner.
9. Pray the Hail, Holy Queen.

Hail, Holy Queen

Hail, Holy Queen, Mother of mercy,
hail, our life, our sweetness, and our hope.
To you we cry, the children of Eve;
to you we send up our sighs,
mourning and weeping in this land of exile.
Turn, then, most gracious advocate,
your eyes of mercy toward us;
lead us home at last
and show us the blessed fruit of your womb,
Jesus:
O clement, O loving, O sweet Virgin Mary.

The Chaplet of Divine Mercy

1. Begin with the Sign of the Cross.
2. Pray the Our Father.
3. Pray the Hail Mary.
4. Say the Apostles' Creed.
5. Then pray on the large bead before each decade on the rosary:

Eternal Father,
I offer you the Body and Blood,
Soul and Divinity,
of Your Dearly Beloved Son,
Our Lord, Jesus Christ,
in atonement for our sins
and those of the whole world.

6. On the small beads of each decade say:

For the sake of his sorrowful Passion,
have mercy on us and on the whole world.

7. Then say three times:

Holy God,
Holy Mighty One,
Holy Immortal One,
have mercy on us
and on the whole world.

El Vía Crucis

Primera Estación: Jesús es condenado a muerte. Juan 3, 16
"¡Así amó Dios al mundo! Le dio al Hijo Único, para que quien cree en él no se pierda, sino que tenga vida eterna".

Segunda Estación: Jesús con la Cruz a cuestas. Lucas 9, 23
"También Jesús decía a toda la gente: 'Si alguno quiere seguirme, que se niegue a sí mismo, que cargue con su cruz de cada día y que me siga'".

Tercera Estación: Jesús cae por primera vez. Isaías 53, 6
"Todos andábamos como ovejas errantes, cada cual seguía su propio camino, y Yavé descargó sobre él la culpa de todos nosotros."

Cuarta Estación: Jesús encuentra a su Madre. Lamentaciones 1, 12
"Todos ustedes que pasan por el camino, miren y observen si hay dolor semejante al que me atormenta..."

Quinta Estación: El Cirineo ayuda a Jesús a llevar la Cruz. Mateo 25, 40
"El Rey responderá: 'En verdad les digo que, cuando lo hicieron con alguno de los más pequeños de estos mis hermanos, me lo hicieron a mí.'"

Sexta Estación: La Verónica enjuga el rostro de Jesús. Juan 14, 9
"... 'El que me ve a mí ve al Padre'..."

Séptima Estación: Jesús cae por segunda vez. Mateo 11, 28
"Vengan a mí los que van cansados, llevando pesadas cargas, y yo los aliviaré".

Octava Estación: Jesús encuentra a las mujeres de Jerusalén que lloran por él. Lucas 23, 28
"Jesús, volviéndose hacia ellas, les dijo: 'Hijas de Jerusalén, no lloren por mí. Lloren más bien por ustedes mismas y por sus hijos...'"

Novena Estación: Jesús cae por segunda vez bajo el peso de la cruz. Lucas 14, 11
"Porque el que se ensalza será humillado y el que se humilla será ensalzado".

Décima Estación: Jesús es despojado de sus vestiduras. Lucas 14, 33
"Esto vale para ustedes: el que no renuncia a todo lo que tiene, no podrá ser discípulo mío".

Undécima Estación: Jesús es clavado en la Cruz. Juan 6, 38
"... porque yo he bajado del cielo, no para hacer mi voluntad, sino la voluntad del que me ha enviado".

Duodécima Estación: Jesús muere en la Cruz. Filipenses 2, 7-8
"... tomando la condición de servidor, y se hizo semejante a los hombres. Y encontrándose en la condición humana, se rebajó a sí mismo haciéndose obediente hasta la muerte, y muerte en una cruz".

Decimotercera Estación: Jesús es bajado de la Cruz y entregado a su Madre. Lucas 24, 26
"¿No tenía que ser así y que el Mesías padeciera para entrar en su gloria?"

Decimocuarta Estación: Jesús es colocado en el sepulcro. Juan 12, 24
"En verdad les digo: Si el grano de trigo no cae en tierra y muere, queda solo; pero si muere, da mucho fruto".

The Way of the Cross

The First Station: Jesus is condemned to death. **John 3:16**
"For God so loved the world that he gave his only Son, so that everyone who believes in him might not perish but might have eternal life."

The Second Station: Jesus bears his Cross. **Luke 9:23**
"Then he said to all, 'If anyone wishes to come after me, he must deny himself and take up his cross daily and follow me.'"

The Third Station: Jesus falls the first time. **Isaiah 53:6**
"We had all gone astray like sheep, all following our own way; but the LORD laid upon him the guilt of us all."

The Fourth Station: Jesus meets his Mother. **Lamentations 1:12**
"Come, all who pass by the way, pay attention and see if there is any pain like my pain…"

The Fifth Station: Simon of Cyrene helps Jesus carry his Cross. **Matthew 25:40**
"And the king will say to them in reply, 'Amen, I say to you, whatever you did for one of the least brothers of mine, you did for me.'"

The Sixth Station: Veronica wipes the face of Jesus. **John 14:9**
"… 'Whoever has seen me has seen the Father'…"

The Seventh Station: Jesus falls a second time. **Matthew 11:28**
"Come to me, all you who labor and are burdened, and I will give you rest."

The Eighth Station: Jesus meets the women of Jerusalem. **Luke 23:28**
"Jesus turned to them and said, 'Daughters of Jerusalem, do not weep for me; weep instead for yourselves and for your children.'"

The Ninth Station: Jesus falls a third time. **Luke 14:11**
"For everyone who exalts himself will be humbled, but the one who humbles himself will be exalted."

The Tenth Station: Jesus is stripped of his garments. **Luke 14:33**
"In the same way, every one of you who does not renounce all his possessions cannot be my disciple."

The Eleventh Station: Jesus is nailed to the Cross. **John 6:38**
"Because I came down from heaven not to do my own will but the will of the one who sent me."

The Twelfth Station: Jesus dies on the Cross. **Philippians 2:7–8**
"…And found human in appearance, he humbled himself, becoming obedient to death, even death on a cross."

The Thirteenth Station: Jesus is taken down from the Cross. **Luke 24:26**
"Was it not necessary that the Messiah should suffer these things and enter into his glory?"

The Fourteenth Station: Jesus is placed in the tomb. **John 12:24**
"Amen, Amen, I say to you, unless a grain of wheat falls to the ground and dies, it remains just a grain of wheat; but if it dies, it produces much fruit."

Palabras católicas

alianza una promesa o acuerdo sagrado entre Dios y los seres humanos **(150)**

alma la parte espiritual del ser humano, que vive para siempre **(128)**

Antiguo Testamento la primera parte de la Biblia, acerca de la relación de Dios con el pueblo hebreo antes del nacimiento de Jesús. Incluye las leyes, la historia y los relatos del pueblo de Dios. **(128)**

Atributos de la Iglesia las características esenciales que distinguen la Iglesia de Cristo y su misión: una, santa, católica y apostólica **(358)**

bien común el bien de todos, en especial el de aquellos que sean más vulnerables a ser heridos **(404)**

Bienaventuranzas enseñanzas de Jesús que muestran el camino a la felicidad verdadera y explican cómo vivir en el Reino de Dios ahora y siempre **(384)**

caridad la Virtud Teologal del amor. Nos lleva a amar a Dios por sobre todas las cosas y a nuestro prójimo como a nosotros mismos, por el amor de Dios. **(384)**

castidad una virtud moral y un Fruto del Espíritu Santo que nos ayuda a expresar nuestra sexualidad de las maneras apropiadas según nuestro llamado en la vida. En la vida religiosa u Orden Sagrado, la castidad significa ser célibe. **(492)**

Cielo la felicidad plena de vivir eternamente en la presencia de Dios **(516)**

cisma una separación o división **(538)**

Comunión de los Santos cuando se refiere a personas virtuosas, la Comunión de los Santos incluye a la Iglesia peregrina en la Tierra, aquellos que son purificados en el Purgatorio y los que ya han sido bendecidos en el Cielo **(516)**

conciencia la habilidad dada por Dios que nos ayuda a juzgar si una acción es correcta o incorrecta. Es importante para nosotros saber las leyes de Dios para que nuestra conciencia nos ayude a tomar buenas decisiones. **(424)**

conversión el proceso continuo de convertirnos en las personas que Dios quiere que seamos a través del cambio y el crecimiento. Es una respuesta al amor y perdón de Dios. **(448)**

creación nueva el futuro de justicia, amor y paz prometido por Dios, en el que el bien será recompensado y el mal será castigado **(562)**

Cristo un título de Jesús, el Ungido por Dios como Mesías **(250)**

Cuerpo de Cristo un nombre para la Iglesia, en que Cristo es la cabeza y todas las personas bautizadas son el cuerpo. **(358)**

Decálogo otro nombre para los Diez Mandamientos; el resumen de leyes que Dios le dio a Moisés en el Monte Sinaí. Nos dicen qué se debe hacer para vivir según la alianza con Dios. **(218)**

dignidad humana el valor que cada persona tiene porque está hecha a imagen de Dios **(128)**

ecumenismo un esfuerzo organizado para reunir a los cristianos en cooperación en la búsqueda esperanzada por restaurar la unidad de la Iglesia cristiana **(540)**

Encarnación el misterio en el que el Hijo de Dios se hizo hombre para salvar a todas las personas **(288)**

Epístolas cartas escritas por Pablo y muchos otros Apóstoles a las nuevas comunidades cristianas que establecieron. Hay veintiuna cartas en el Nuevo Testamento. **(352)**

Eucaristía el Sacramento en el que Jesús se da a sí mismo, y el pan y el vino se convierten en su Cuerpo y su Sangre **(454)**

Evangelio una palabra que significa "Buena Nueva" o "buena noticia". El mensaje del Evangelio es la Buena Nueva del Reino de Dios y su amor salvador. **(316)**

evangelización dar testimonio de la fe al proclamar la Buena Nueva de Jesús al mundo, a través de palabras y acciones, de una manera que invite a las personas a aceptar el Evangelio **(452)**

exilio la época en la que Judea, el reino del sur, fue conquistada por los babilonios (586 a. de C.). Esto resultó en que el pueblo de Judea fuera enviado a Babilonia, lejos de su tierra. **(284)**

Éxodo el viaje de los israelitas, alcanzado y dirigido por Dios, de la esclavitud en Egipto a la libertad de la Tierra Prometida **(196)**

fe la Virtud Teologal que hace posible que creamos en Dios y las cosas que Él nos ha revelado. La fe nos lleva a obedecer a Dios. Es tanto un don de Él como algo que elegimos. **(180)**

fidelidad la lealtad y determinación que Dios muestra a todos los seres humanos, incluso cuando pecan. Dios nunca retira su amistad. **(150)**

gracia el don de la propia vida y ayuda de Dios, dado libre y amorosamente, para hacer lo que Él nos llama a hacer. Es participar de la vida de la Santísima Trinidad. **(402)**

Iglesia la comunidad de todas las personas bautizadas que creen en Dios y siguen a Jesús. La palabra se usa con frecuencia para la Iglesia Católica porque remonta nuestros orígenes al tiempo de los Apóstoles. **(316)**

Iglesia doméstica un nombre para la familia católica, porque es la comunidad de cristianos en el hogar. Dios hizo a la familia para que fuera el primer lugar donde aprendemos a amar a los demás y a seguir a Cristo. **(490)**

Infierno separación eterna de Dios por una decisión de apartarse de Él y no buscar perdón **(516)**

intercesión una forma de oración que implica rezar a Dios en nombre de otra persona; también se la conoce como oración de intercesión **(522)**

justicia darle a Dios lo que le es debido. Esta virtud también significa darle a cada persona lo que se merece porque es un hijo de Dios. **(402)**

ley moral natural reglas sobre bondad que están escritas en nuestro corazón y que es natural seguirlas. Sin embargo, nuestra percepción de la ley natural puede ser empañada por el Pecado Original. **(218)**

literatura apocalíptica un tipo de texto que revela lo que los seres humanos no pueden ver, incluido el mundo espiritual o sucesos del futuro **(556)**

Magisterio el oficio educativo de la Iglesia, que está conformado por todos los obispos en unión con el Papa. El Magisterio tiene la autoridad educativa de interpretar la Palabra de Dios que se encuentra en la Sagrada Escritura y la Tradición. **(472)**

Mandamiento Nuevo el mandato de Jesús a sus discípulos a amarse los unos a los otros como Él nos ha amado **(220)**

Matrimonio el Sacramento al Servicio de la Comunidad, en el que un hombre y una mujer bautizados hacen una alianza permanente de amor con el otro y con Dios **(490)**

Mesías el prometido que guiaría al Pueblo de Dios. La palabra mesías significa "ungido por Dios" o " el elegido de Dios". Jesús es el Mesías. **(288)**

misión un trabajo o propósito. La misión de la Iglesia es anunciar la Buena Nueva del Reino de Dios **(336)**

modestia una virtud moral y uno de los Frutos del Espíritu Santo que nos ayuda a vestirnos, hablar y movernos de manera apropiada **(492)**

moralidad vivir en una relación correcta con Dios, contigo mismo y con los demás. Es poner en práctica tus creencias. **(384)**

nuevo Adán un título de Jesús. Por su obediencia al Padre y su disposición a entregar su vida, Jesús reparó la desobediencia de Adán, venció el pecado y nos trajo vida eterna. **(152)**

Nuevo Testamento la segunda parte de la Biblia, acerca de la vida y las enseñanzas de Jesús, sus seguidores y la Iglesia primitiva **(316)**

Obras de Misericordia Corporales actos que muestran que atendemos a las necesidades físicas de los demás **(520)**

Obras de Misericordia Espirituales actos que satisfacen las necesidades del corazón, la mente y el alma **(520)**

Orden Sagrado el Sacramento en el que un hombre bautizado es ordenado para enseñar a los fieles, dirigir el culto divino y gobernar la Iglesia; los ministros ordenados sirven como obispos, sacerdotes y diáconos **(472)**

Pascua judía el día sagrado judío que celebra que Dios guió a los israelitas para liberarlos de la esclavitud en Egipto **(202)**

paz un estado de calma o armonía en el que las cosas están en su justo orden y las personas resuelven los problemas con bondad y justicia **(404)**

pecado una ofensa contra Dios así como contra la razón, la verdad y la conciencia **(420)**

pecado mortal un pecado muy grave por el que alguien se aparta completamente de Dios **(420)**

Pecado Original el pecado de nuestros primeros padres, Adán y Eva, que llevó a la condición pecadora del género humano desde sus principios **(152)**

pecado social estructuras injustas que pueden ocurrir como resultado del pecado personal. El pecado de una persona hace que otras pequen y que el pecado se extienda por toda la sociedad. **(404)**

pecado venial un pecado que debilita la relación de la persona con Dios, pero que no la destruye **(420)**

Preceptos de la Iglesia algunos de los requisitos mínimos dados por los líderes de la Iglesia para profundizar nuestra relación con Dios y con la Iglesia **(384)**

Presencia Real la frase usada para describir que Jesucristo está real y verdaderamente con nosotros en la Eucaristía: Cuerpo, Sangre, Alma y Divinidad **(454)**

profeta un mensajero de Dios que habla con la verdad y llama a las personas a seguir las leyes de la alianza de Dios y a actuar con justicia **(284)**

providencia el cuidado amoroso de Dios por todas las cosas; la voluntad de Dios y su plan para la creación **(134)**

Purgatorio un estado de purificación final después de la muerte y antes de entrar al Cielo **(516)**

Redentor un título de Jesús, dado que, por su Muerte en la Cruz Él "rescató" al género humano de la esclavitud del pecado **(312)**

Reforma protestante una separación religiosa de la Iglesia católica, ocurrida en el siglo XVI, que comenzó cuando Martín Lutero predicó en contra de lo que él creía eran errores de la Iglesia **(538)**

Reino de Dios reinado de Dios de paz, justicia y amor que existe en el Cielo, pero que no ha alcanzado su plenitud en la Tierra **(220)**

Resurrección el acto por el cual Dios Padre, a través del poder del Espíritu Santo, hace que Jesús regrese de la muerte a una nueva vida **(560)**

Revelación Divina el proceso por el que Dios se da a conocer a sí mismo. Las fuentes principales de Revelación Divina son la Sagrada Escritura y la Sagrada Tradición. **(110)**

Sabbat el séptimo día de la semana en el calendario judío. Todavía hoy los judíos lo observan como un día de descanso, oración y culto. **(312)**

sabiduría un don de Dios que nos ayuda a ver su propósito y su plan para nuestra vida. La sabiduría nos lleva a ver las cosas como Dios las ve para que podamos vivir una vida santa. **(264)**

Sagrada Escritura la Palabra de Dios inspirada por Él y escrita por seres humanos que actuaron bajo la inspiración y la guía del Espíritu Santo; otro nombre para la Biblia **(10, 110)**

Sagrada Tradición la Palabra de Dios a la Iglesia, salvaguardada por los Apóstoles y sus sucesores, los obispos, y transmitida verbalmente a las futuras generaciones, en los Credos, Sacramentos y otras enseñanzas **(110)**

Sagrario el lugar especial en la iglesia donde se guarda el Santísimo Sacramento después de la Misa, para aquellos que están enfermos o para la Adoración Eucarística **(454)**

salmos poemas e himnos que fueron usados por primera vez en la liturgia de los israelitas. En el presente, los salmos también se rezan y se cantan en la oración pública de la Iglesia. **(250)**

salvación la acción amorosa de Dios de perdonar los pecados y de restaurar la amistad con Él, realizada a través de Jesús **(6, 180)**

Salvador un título de Jesús, quien fue enviado al mundo para salvar a todas las personas perdidas por el pecado, y para guiarlas de regreso a Dios Padre **(202)**

santidad original el estado de bondad que la humanidad disfrutó antes de que nuestros primeros padres, Adán y Eva, eligieran pecar contra Dios **(134)**

Santísima Trinidad el misterio de un Dios en tres Personas Divinas: Padre, Hijo y Espíritu Santo **(332)**

Siete Sacramentos signos eficaces de la vida de Dios, instituidos por Cristo y entregados a la Iglesia. En la celebración de cada Sacramento, hay signos visibles y acciones Divinas que otorgan gracia y permiten que participemos de la obra de Dios. **(180)**

sigilo sacramental la regla por la que el sacerdote no puede decir nada de lo que escucha durante la confesión **(424)**

Sucesión Apostólica el término usado para describir cómo la autoridad y el poder para dirigir y enseñar a la Iglesia se transmite de los Apóstoles a sus sucesores, los obispos **(336)**

Templanza es la Virtud Cardinal que nos ayuda a usar la moderación, a ser disciplinados y a tener continencia **(492)**

tentación una atracción hacia el pecado, aquellas acciones u omisiones que van en contra de la recta razón y en contra de la ley de Dios **(152)**

Transfiguración la revelación de Jesús en la gloria a los Apóstoles Pedro, Santiago y Juan **(382)**

transubstanciación el proceso por el que el poder del Espíritu Santo y las palabras del sacerdote transforman el pan y el vino en el Cuerpo y la Sangre de Jesús **(454)**

ungir usar el óleo (aceite) para marcar a alguien según un propósito especial. En los tiempos bíblicos, los sacerdotes, los reyes y a veces hasta los profetas eran ungidos como un signo del favor de Dios. **(244)**

vida consagrada un estado de vida en comunidad, caracterizada por los votos de pobreza, castidad y obediencia **(472)**

virtudes buenos hábitos espirituales que te fortalecen y te ayudan a hacer lo que es correcto y bueno. Se desarrollan con el tiempo por medio de la práctica y estar abiertos a la gracia de Dios. **(402)**

vocación el propósito por el cual Dios nos hizo y una manera especial de responder a su llamado, ya sea como laicos (casados o solteros), miembros de una comunidad religiosa o miembros del ministerio ordenado **(470)**

votos promesas solemnes que se hacen a Dios o ante Él **(474)**

Catholic **Faith Words**

anoint to use oil to mark someone as chosen for a special purpose. In biblical times, the priests, the kings, and sometimes the prophets were anointed as a sign of God's favor. **(245)**

apocalyptic literature a type of writing that reveals what humans cannot see, including the spiritual world or future events **(557)**

Apostolic Succession the term used to describe how the authority and power to lead and teach the Church is passed down from the Apostles to their successors, the bishops **(337)**

Beatitudes teachings of Jesus that show the way to true happiness and tell the way to live in God's Kingdom now and always **(385)**

Body of Christ a name for the Church of which Christ is the head. All the baptized are members of the body. **(359)**

charity the Theological Virtue of love. It directs us to love God above all things and our neighbor as ourselves, for the love of God **(385)**

chastity a moral virtue and Fruit of the Holy Spirit that helps us express our sexuality in the right ways for our call in life. In religious life or Holy Orders, chastity includes being celibate. **(493)**

Christ a title for Jesus, the One anointed by God as Messiah **(251)**

Church the community of all baptized people who believe in God and follow Jesus. The word is often used for the Catholic Church because we trace our origins back to the Apostles. **(317)**

common good the good of everyone, with particular concern for those who might be most vulnerable to harm **(405)**

Communion of Saints when referring to holy persons, the Communion of Saints includes the pilgrim Church on Earth, those being purified in Purgatory, and the blessed already in Heaven **(517)**

conscience the God-given ability that helps us judge whether actions are right or wrong. It is important for us to know God's laws so our conscience can help us make good decisions. **(425)**

consecrated religious life a state of life lived in community and characterized by the vows of poverty, chastity, and obedience **(473)**

conversion the continual process of becoming the people God intends us to be through change and growth. It is a response to God's love and forgiveness. **(449)**

Corporal Works of Mercy actions that show care for the physical needs of others **(521)**

covenant a sacred promise or agreement between God and humans **(151)**

Decalogue another name for the Ten Commandments; the summary of laws that God gave to Moses on Mount Sinai. They tell us what must be done to live by God's covenant. **(219)**

Divine Revelation the process by which God makes himself known. The chief sources of Divine Revelation are Sacred Scripture and Sacred Tradition. **(111)**

domestic Church a name for the Catholic family, because it is the community of Christians in the home. God made the family to be the first place we learn about loving others and following Christ. **(491)**

ecumenism an organized effort to bring Christians together in cooperation as they look forward in hope to the restoration of the unity of the Christian Church **(541)**

Epistles letters written by Paul and several of the other Apostles to new Christian communities that they established. There are twenty-one letters in the New Testament. **(353)**

Eucharist the Sacrament in which Jesus gives himself and the bread and wine become his Body and Blood **(455)**

evangelization giving witness to the faith by proclaiming the Good News of Christ through words and deeds in a way that invites people to accept the Gospel **(453)**

exile the time when Judah, the southern kingdom, was conquered by the Babylonians (586 B.C.). As a result, the people of Judah were sent into Babylon, away from their homeland. **(285)**

Exodus the Israelites' journey from slavery in Egypt to freedom in the Promised Land, accomplished and directed by God **(197)**

faith the Theological Virtue that makes it possible for us to believe in God and the things that he has revealed to us. Faith leads us to obey him. It is both a gift from him and something we choose. **(181)**

faithfulness the loyalty and steadfastness that God shows to all humans, even when they sin. God's offer of friendship is never withdrawn. **(151)**

Gospel a word that means "Good News." The Gospel message is the Good News of God's Kingdom and his saving love. **(317)**

grace God's free, loving gift of his own life and help to do what he calls us to do. It is participation in the life of the Holy Trinity. **(403)**

Heaven the full joy of living eternally in God's presence **(517)**

Hell eternal separation from God because of a choice to turn away from him and not seek forgiveness **(517)**

Holy Orders the Sacrament in which a baptized man is ordained to teach the faithful, lead divine worship, and govern the Church; ordained ministers serve as bishops, priests, or deacons **(473)**

Holy Trinity the mystery of one God in three Divine Persons: Father, Son, and Holy Spirit **(333)**

human dignity the worth each person has because he or she is made in the image of God **(129)**

Incarnation the mystery that the Son of God took on a human nature in order to save all people **(289)**

intercession a form of prayer that involves praying to God on behalf of another; also called intercessory prayer **(523)**

justice giving God what is due him. This virtue also means giving each person what he or she is due because that person is a child of God. **(403)**

Kingdom of God God's rule of peace, justice, and love that exists in Heaven, but has not yet come in its fullness on Earth **(221)**

Magisterium the teaching office of the Church, which is all of the bishops in union with the Pope. The Magisterium has the teaching authority to interpret the Word of God found in Sacred Scripture and Tradition. **(473)**

Marks of the Church the essential characteristics that distinguish Christ's Church and her mission: one, holy, catholic, and apostolic **(359)**

Matrimony a Sacrament at the Service of Communion in which a baptized man and a baptized woman make a permanent covenant of love with each other and with God **(491)**

Messiah the promised one who would lead God's People. The word *Messiah* means "God's anointed," or "God's chosen one." Jesus is the Messiah. **(289)**

mission a job or purpose. The Church's mission is to announce the Good News of God's Kingdom. **(337)**

modesty a moral virtue and one of the Fruits of the Holy Spirit that helps us to dress, talk, and move in appropriate ways **(493)**

morality living in right relationship with God, yourself, and others. It is putting your beliefs into action. **(385)**

mortal sin a very serious sin by which someone turns completely away from God **(421)**

natural moral law rules about goodness that are written in our hearts and are natural to follow. However, our awareness of natural law can be clouded by Original Sin. **(219)**

new Adam a title for Jesus. By his obedience to the Father, and willingness to give his life, Jesus made amends for Adam's disobedience, overcame sin, and brought us eternal life. **(153)**

New Commandment Jesus' command for his disciples to love one another as he has loved us **(221)**

new creation the future of justice, love, and peace promised by God, in which good will be rewarded and evil punished **(563)**

New Testament the second part of the Bible, about the life and teaching of Jesus, his followers, and the early Church **(317)**

Old Testament the first part of the Bible, about God's relationship with the Hebrew people before Jesus was born. It includes the laws, history, and stories of God's People. **(129)**

Original Holiness the state of goodness that humanity enjoyed before our first parents, Adam and Eve, chose to sin against God **(135)**

Original Sin the sin of our first parents, Adam and Eve, which led to the sinful condition of the human race from its beginning **(153)**

Passover the Jewish holy day that celebrates God's leading the Israelites out of slavery in Egypt **(203)**

peace a state of calm or harmony when things are in their proper order and people settle problems with kindness and justice **(405)**

Precepts of the Church some of the minimum requirements given by Church leaders for deepening our relationship with God and the Church **(385)**

prophet a messenger from God who speaks the truth and calls the people to follow the laws of God's covenant and act with justice **(285)**

Protestant Reformation a sixteenth-century religious separation from the Catholic Church that began with Martin Luther's preaching against what he felt were errors in the Church **(539)**

providence God's loving care for all things; God's will and plan for creation **(135)**

psalms poems and hymns that were first used in the liturgy of the Israelites. Today, the psalms are also prayed and sung in the public prayer of the Church. **(251)**

Purgatory a state of final cleansing after death and before entering into Heaven **(517)**

Real Presence the phrase used to describe that Jesus is really and truly present in the Eucharist—Body, Blood, Soul, and Divinity **(455)**

Redeemer a title for Jesus, because by his Death on the Cross, he "bought back" the human race from the slavery of sin **(313)**

Resurrection the event of Jesus being raised from death to new life by God the Father through the power of the Holy Spirit **(561)**

Sabbath the seventh day of the week in the Jewish calendar. It is still observed by Jews as a day of rest, prayer and worship. **(313)**

sacramental seal the rule that a priest is not to share anything he hears in confession **(425)**

Sacred Scripture the Word of God written by humans acting under the Holy Spirit's inspiration and guidance; another name for the Bible **(11, 111)**

Sacred Tradition God's Word to the Church, safeguarded by the Apostles and their successors, the bishops, and handed down verbally—in her Creeds, Sacraments, and other teachings—to future generations **(111)**

salvation the loving action of God's forgiveness of sins and the restoration of friendship with him brought by Jesus **(7, 181)**

Savior a title for Jesus, who came into the world to save all people who were lost through sin and to lead them back to God the Father **(203)**

schism a break or division **(539)**

Seven Sacraments effective signs of God's life, instituted by Christ and given to the Church. In the celebration of each Sacrament, there are visible signs and Divine actions that give grace and allow us to share in God's work. **(181)**

sin an offense against God as well as against reason, truth, and conscience **(421)**

social sin unjust structures that can occur as the result of personal sin. One person's sin can cause others to sin, and the sin can spread through a whole society. **(405)**

soul the spiritual part of a human that lives forever **(129)**

Spiritual Works of Mercy actions that address the needs of the heart, mind, and soul **(521)**

Tabernacle the special place in the church where the Blessed Sacrament is reserved after Mass for those who are ill or for Eucharistic Adoration **(455)**

temperance is the cardinal virtue that helps us use moderation, be disciplined, and have self-control **(493)**

temptation an attraction to sin, those actions and omissions that go against right reason and against God's law **(153)**

Transfiguration the revelation of Jesus in glory to the Apostles Peter, James, and John **(383)**

transubstantiation the process by which the power of the Holy Spirit and the words of the priest transform the bread and wine into the Body and Blood of Christ **(455)**

venial sin a sin that weakens a person's relationship with God but does not destroy it **(421)**

virtues good spiritual habits that strengthen you and enable you to do what is right and good. They develop over time with our practice and openness to God's grace. **(403)**

vocation the purpose for which God made us and a particular way to answer his call, whether as a lay person (married or single), a member of a religious community, or a member of the ordained ministry **(471)**

vows solemn promises that are made to or before God **(475)**

wisdom a gift from God that helps us see God's purpose and plan for our lives. Wisdom leads us to see things as God sees so that we might live holy lives. **(265)**

Índice

Los números en negrita indican las páginas donde se definen los términos.

H – I

U – Z

Index

Boldfaced numbers refer to pages on which terms are defined.

H – I

K – L

Index

Q – R

S

U – Z

Photo Credits:

v, xi © Bill & Peggy Wittman; **vii, xiii** © Neil Setchfield/The Art Archive at Art Resource, NY; **ix, xv** © The Crosiers/Gene Plaisted, OSC; **2, 3** © Steve Chenn/Corbis; **4, 5** (bg) © Photos.com/PhotoObjects.net/Thinkstock; **4, 5** (inset) © Map of the Holy Land (coloured engraving), Danckerts, Theodorus (1663-1727)/Vorontsov Palace, Crimea, Ukraine,Giraudon/The Bridgeman Art Library; **6, 7** (t) © Pascal Deloche/Godong/Corbis; **6, 7** (b) © Laura Doss/Corbis; **10, 11** (t) © The Crosiers/Gene Plaisted, OSC; **10, 11** (c) © Plan of Ephesus and its Environs, from 'The Imperial Bible Dictionary', published by Blackie & Son, c.1880s (litho), Falkener, Edward (1814-96)/Private Collection/Ken Welsh/The Bridgeman Art Library; **10, 11** (b) © MBI/Alamy; **12, 13** © Kevin Dodge/Corbis; **14, 15** (bg) © Image Copyright Joan Kerrigan, 2012 Used under license from Shutterstock.com; **14, 15** (inset) © iStockphoto.com/Joseph C. Justice Jr.; **18, 19** © Jorge Fernandez/Alamy; **22, 23** © Tim MacPherson/cultura/Corbis; **26, 27** © Image Copyright Philip Meyer, 2012 Used under license from Shutterstock.com; **28, 29** © Jorge Fernandez/Alamy; **30, 31** © Beau Lark/Corbis; **34, 35** © Bill & Peggy Wittman; **36, 37** © Image Copyright Philip Meyer, 2012 Used under license from Shutterstock.com; **38, 39** © Image Copyright Philip Meyer, 2012 Used under license from Shutterstock.com; **42, 43** © Bill & Peggy Wittman; **44, 45** (bl) © Bill & Peggy Wittman; **44, 45** (br) © Bill & Peggy Wittman; **46, 47** © Image Copyright Philip Meyer, 2012 Used under license from Shutterstock.com; **48, 49** © Bill & Peggy Wittman; **50, 51** © imagebroker.net./SuperStock; **54, 55** © Bill & Peggy Wittman; **56, 57** © Image Copyright Philip Meyer, 2012 Used under license from Shutterstock.com; **58, 59** © Image Copyright Philip Meyer, 2012 Used under license from Shutterstock.com; **60, 61** © imagebroker.net./SuperStock; **62, 63** © Bill & Peggy Wittman; **64-67** © Hemera Technologies/PhotoObjects.net/Thinkstock; **68, 69** © Image Copyright Philip Meyer, 2012 Used under license from Shutterstock.com; **70, 71** © Image Copyright Philip Meyer, 2012 Used under license from Shutterstock.com; **74, 75** © The Crosiers/Gene Plaisted, OSC; **78, 79** © Image Copyright Philip Meyer, 2012 Used under license from Shutterstock.com; **80, 81** © The Crosiers/Gene Plaisted, OSC; **82, 83** © Paul Burns/cultura/Corbis; **86, 87** © Image Copyright Philip Meyer, 2012 Used under license from Shutterstock.com; **88, 89** © Paul Burns/cultura/Corbis; **90, 91** © Domino/Digital Vision/Gettyimages; **92, 93** (t) © Bill & Peggy Wittman; **92, 93** (b) © The Crosiers/Gene Plaisted, OSC; **96, 97** © Image Copyright Philip Meyer, 2012 Used under license from Shutterstock.com; **98, 99** © Image Copyright Philip Meyer, 2012 Used under license from Shutterstock.com; **100, 101** © Domino/Digital Vision/Gettyimages; **104, 105** (c) © Kevin Dodge/Corbis; **104, 105** (b) © AP Photo/L'Osservatore Romano, ho; **106, 107** © redbrickstock.com/Alamy; 108, 109 © Marilyn Angel Wynn/Nativestock Pictures/Corbis; **110, 111** © Design Pics Inc./Alamy; **112** ©Paulinas; **113** © Sheila Shamel; **116, 117** © Myrleen Pearson/Alamy; **118, 119** © Mark Edward Atkinson/Blend Images/Corbis; **120, 121** © Image Copyright Joan Kerrigan, 2012 Used under license from Shutterstock.com; **122, 123** © Design Pics Inc./Alamy; **126, 127** © Exactostock/SuperStock; **128, 129** © Jose Luis Pelaez, Inc./Blend Images/Corbis; **130, 131** © The World's First Morning. 1961 (w/c on paper), Hadjikyriakos-Ghikas, Nikos (1906-94)/Benaki Museum/Athens/Greece/Bridgeman Art Library; **132, 133** © Shannon Fagan/Corbis; **134, 135** © Phillippe Lissak/Photononstop/Getty Images; **136, 137** © Brachat, Oliver/the food passionates/Corbis; **140, 141** (bg) © Image Copyright Joan Kerrigan, 2012 Used under license from Shutterstock.com; **140, 141** (inset) © Our Sunday Visitor; **142, 143** © Exactostock/SuperStock; **146, 147** © iStockphoto/Thinkstock; **152, 153** © Erik Isakson/Tetra Images/Corbis; **154, 155** © Our Sunday Visitor; **156, 157** (l) © Blend Images/Superstock; **156, 157** (cr) © iStockphoto/Thinkstock; **156, 157** (br) © iStockphoto/Thinkstock; **158, 159** © Our Sunday Visitor; **160, 161** © Image Copyright Joan Kerrigan, 2012 Used under license from Shutterstock.com; **162, 163** © Our Sunday Visitor; **172, 173** (c) © Kharbine-Tapabor/The Art Archive at Art Resource, NY; **172, 173** (b) © Blake Kent/Design Pics/Corbis; **174, 175** © Exactostock/SuperStock; **180, 181** © PhotoStock-Isreal/Alamy; **182, 183** © Martin Barraud/OJO Images/Getty Images; **184, 185** © Our Sunday Visitor; **186, 187** © Jason Horowitz/Corbis; **188, 189** (bg) © Image Copyright Joan Kerrigan, 2012 Used under license from Shutterstock.com; **188, 189** (inset) © The Good Shepherd (oil on canvas), Champaigne, Philippe de (1602-74)/Musee des Beaux-Arts, Lille, France/ Giraudon/The Bridgeman Art Library; **190, 191** © Martin Barraud/OJO Images/Getty Images; **194, 195** © Skip Brown/National Geographic/Getty Images; **200, 201** © Chen Leopold/Photostock/Isreal/Alamy; **202, 203** © Our Sunday Visitor; **204, 205** © Blue Jean Images/Corbis; **206, 207** © West End 61/SuperStock; **208, 209** (bg) © Image Copyright Joan Kerrigan, 2012 Used under license from Shutterstock.com; **208, 209** (inset) © Theo Allofs/Corbis; **210, 211** © Our Sunday Visitor; **214, 215** © Gianni Dagli Orti/The Art Archive at Art Resource, NY; **216, 217** (l) © Tim Zurowski/All Canada Photos/Corbis; **216, 217** (r) © Hemera/Thinkstock; **218, 219** © Image Source/Corbis; **220, 221** © P. Deliss/Godong/Corbis; **222, 223** © Norbert Schaefer/Corbis; **224, 225** © Ryan McVay/Lifesize/Thinkstock; **228, 229** © Image Copyright Joan Kerrigan, 2012 Used under license from Shutterstock.com; **230, 231** © Image Source/Corbis; **240, 241** (c) © Clarence Holmes/age fotostock/SuperStock; **240, 241** (b) © Providence Collection/Licensed From Goodsalt.com; **242, 243** © Ocean/Corbis; **244, 245** Rubberball/Alamy; **246, 247** (t) © The Crosiers/Gene Plaisted, OSC; **246, 247** (c) © Providence Collection/Licensed From Goodsalt.com; **246, 247** (b) © Jephthah: Greeted by his Daughter at Mizpath, Quellinus, Erasmus (1607-78)/Private Collection/Photo © Christie's Images/The Bridgeman Art Library; **248, 249** © Lars Justinen/Licensed From Goodsalt.com; **250, 251** © Neil Setchfield/The Art Archive at Art Resource, NY; **256, 257** © Image Copyright Joan Kerrigan, 2012 Used under license from Shutterstock.com; **266, 267** © MANDY GODBEHEAR/Alamy; **268, 269** © King Solomon holding the temple, 1890 (Stained glass), Burne-Jones, Sir Edward Coley (1833-98)/Leigh, Staffordshire, UK/Ann S. Dean, Brighton/The Bridgeman Art Library; **270, 271** © Job and his friends, English School, (20th century)/Private collection/Look and Learn/The Bridgeman Art Library; **272, 273** © Wessel du Plooy (Destonian)/Alamy; **276, 277** (bg) © Image Copyright Joan Kerrigan, 2012 Used under license from Shutterstock.com; **276, 277** (inset) © Hemera/Thinkstock; **278, 279** © MANDY GODBEHEAR/Alamy; **282, 283** (bg) © Scala/Art Resource, NY; **282, 283** (fg) © SuperStock; **284, 285** © Image Asset Management Ltd./SuperStock; **286, 287** © Dean Conger/Corbis; **288, 289** © Ain Vares/Licensed From Goodsalt.com; **290, 291** (t) © Tom Grill/Corbis; **290, 291** (b) © Associated Press; **292, 293** © Digital Vision/Thinkstock; **296, 297** (bg) © Image Copyright Joan Kerrigan, 2012 Used under license from Shutterstock.com; **296, 297** (inset) © iStockphoto.com/Thinkstock; **298, 299** © Ain Vares/Licensed From Goodsalt.com; **308, 309** (c) © Destinations/Corbis; **308, 309** (b) © Our Sunday Visitor; **310, 311** (t) © 12 year old Jesus in the temple 1851 (Pastel and Gousche on paper) Menzel, Adolph Friedrich Erdmann Von (1815-1905)/Hamburger Kunsthalle, Hamburg Germany/Bridgeman Art Library; **310, 311** (b) © Fancy Collection/Superstock; **314, 315** © Myrleen Pearson/Alamy; **316, 317** (bl) © Our Sunday Visitor; **316, 317** (br) © Our Sunday Visitor; **318, 319** (bl) © Our Sunday Visitor; **318, 319** (br) © Our Sunday Visitor; **320, 321** © Rubberball/Getty Images; **324, 325** © Image Copyright Joan Kerrigan, 2012 Used under license from Shutterstock.com; **330, 331** © Bill & Peggy Wittman; **332, 333** © The incredulity of St. Thomas, 1602-03 Oil on canvas, Caravaggio, Michelangelo Merisi da (1571-1610)/Schloss Sanssouci, Potsdam Brandenburg, Germany/Alinari/The Bridgeman Art Library; **334, 335** © Francis G. Mayer/Corbis; **338, 339** (tr) © Hulton-Deutsch Collection/Corbis; **338, 339** (cr) © Bettman/Corbis; **338, 339** (bl) © AP Photo/Dmitry Lovetsky; **338, 339** (br) © Alessandra Benedetti/Corbis; **340, 341** © Edvard March/Corbis; **342, 343** © Art Directors & TRIP/Alamy; **344, 345** (bg) © Image Copyright Joan Kerrigan, 2012 Used under license from Shutterstock.com; **344, 345** (inset) © Janet Hyun/Licensed From Goodsalt.com; **346, 347** (bl) © Hulton-Deutsch Collection/Corbis; **346, 347** (br) © AP Photo/Dmitry Lovetsky; **350, 351** © JLP/Jose L. Pelaez/Corbis; **352, 353** (l) © Westend61 GmbH/Alamy; **352, 353** (r) © Courtesy of Department of Telecommunications, Vatican; **354, 355** © JOHANNES EISELE/AFP/Getty Images; **356, 357** © Bill & Peggy Wittman; **358, 359** © Our Sunday Visitor; **360, 361** © Steve Hix/Somos Images/Corbis; **364, 365** (bg) © Image Copyright Joan Kerrigan, 2012 Used under license from Shutterstock.com; **364, 365** (inset) © TOPICMedia/H. Heine/Alamy; **366, 367** © JLP/Jose L. Pelaez/Corbis; **376, 377** (c) © Bill & Peggy Wittman; **376, 377** (b) © Myrleen Pearson/PhotoEdit; **378, 379** © Standard Publishing/Licensed From Goodsalt.com; **380, 381** (t) © Mark Hunt/Huntstock/Corbis; **380, 381** (b) © The Crosiers/Gene Plaisted, OSC; **382, 383** © Scala/Art Resource, NY; **386, 387** © Our Sunday Visitor; **388, 389** © blickwinkel/Alamy; **392, 393** (bg) © Image Copyright Joan Kerrigan, 2012 Used under license from Shutterstock.com; **392, 393** (inset) © Our Sunday Visitor; **394, 395** © iStockphoto.com/Dori OConnell; **398, 399** © Robin Nelson/PhotoEdit; **404, 405** © Prophet Micah from the exterior of the right wing of the Ghent altarpiece, 1432. (Oil on panel) Eyck Hubert (c. 1370-1426) & Jan van (1390-1441)/St. Bavo Cathedral, Ghent, Belgium/Lukas - Art in Flanders VZW/Photo: Hugo Maertens/The Bridgeman Art Library; **406, 407** iStockphoto.com/Jani Bryson; **408, 409** © Blend Images/Alamy; **412, 413** © Image Copyright Joan Kerrigan, 2012 Used under license from Shutterstock.com; **414, 415** © Golden Pixels LLC/Alamy; **418, 419** (t) © The Crosiers/Gene Plaisted, OSC; **418, 419** (b) © Our Sunday Visitor; **420, 421** © David Young -Wolff/PhotoEdit; **424, 425** © Our Sunday Visitor; **426, 427** © Our Sunday Visitor; **432, 433** (bg) © Image Copyright Joan Kerrigan, 2012 Used under license from Shutterstock.com; **432, 433** (inset) © Sheila Shamel; **434, 435** © David Young -Wolff/PhotoEdit; **444, 445** (c) © Beau Lark/Corbis; **444, 445** (b) © Bill & Peggy Wittman; **446, 447** © Bill & Peggy Wittman; **448, 449** © Hemera/Thinkstock; **452, 453** © Bill & Peggy Wittman; **456, 457** © Jeff Greenberg/PhotoEdit; **460, 461** (bg) © Image Copyright Joan Kerrigan, 2012 Used under license from Shutterstock.com; **460, 461** (inset) © Bill & Peggy Wittman; **462, 463** © Ambient Images Inc./SuperStock; **466, 467** © Our Sunday Visitor; **468, 469** © Gianni Dagli Orti/The Art Archive at Art Resource, NY; **470, 471** © Floresco Productions/Cultura/Getty Images; **472, 473** © Bill & Peggy Wittman; **474, 475** © Bill & Peggy Wittman; **476, 477** © SW Productions/Design Pics/Corbis; **480, 481** (bg) © Image Copyright Joan Kerrigan, 2012 Used under license from Shutterstock.com; **480, 481** (inset) © Tony Anderson/Corbis; **482, 483** © Our Sunday Visitor; **486, 487** © Anderson Ross/Blend Images/Corbis; **490, 491** (bg) © Bill & Peggy Wittman; **490, 491** (fg) © Hemera/Thinkstock; **492, 493** © Design Pics/SuperStock; **494, 495** © Anouk de Maar/cultura/Corbis; **496, 497** © Don Hammond/Design Pics/Corbis; **500, 501** (bg) © Image Copyright Joan Kerrigan, 2012 Used under license from Shutterstock.com; **500, 501** (inset) © Bill & Peggy Wittman; **502, 503** © Anderson Ross/Blend Images/Corbis; **512, 513** (c) © Enigma/Alamy; **512, 513** (b) © The Crosiers/Gene Plaisted, OSC; **514, 515** © Bill & Peggy Wittman; **516, 517** © Design Pics Inc./Alamy; **518, 519** © Hilary Morgan/Alamy; **520, 521** © Comstock/Thinkstock; **522, 523** © INTERFOTO/Alamy; **524, 525** © Bill & Peggy Wittman; **528, 529** (bg) © Image Copyright Joan Kerrigan, 2012 Used under license from Shutterstock.com; **528, 529** (inset) © Blue Lantern Studio/Corbis; © **530, 531** Design Pics Inc./Alamy; © **534, 535** Henrik Sorenson/The Image Bank/Getty Images; **538, 539** © OJO Images Ltd/Alamy; **540, 541** © Miguel Medina/AFP/Getty Images; **542, 543** (l) © Vladimir Wrangel/Alamy; **542, 543** (r) © Our Sunday Visitor; **544, 545** © Bill & Peggy Wittman; **548, 549** © Image Copyright Joan Kerrigan, 2012 Used under license from Shutterstock.com; **550, 551** © Henrik Sorenson/The Image Bank/Getty Images; **554, 555** © Denis Scott/Corbis; **556, 557** © St. John watches the angels turn the sea into blood, from the Lambeth Apocalypse c. 1260 (vellum), English School, (13th century)/Lambeth Palace Library, London, UK/The Bridgeman Art Library; **560, 561** © Ain Vares/Licensed From Goodsalt.com; **562, 563** © Antoine Gyori/AGP/Corbis; **564, 565** © Corbis RF Best/Alamy; **566, 567** © Holger Winkler/Corbis; **568, 569** (bg) © Image Copyright Joan Kerrigan, 2012 Used under license from Shutterstock.com; **568, 569** (inset) © Bill & Peggy Wittman; **570, 571** © Antoine Gyori/AGP/Corbis; **580, 581** © KidStock/Blend Images/Gettyimages; **582, 583** © Photo by Alex Wong/Getty Images; **584, 585** © Our Sunday Visitor; **586, 587** © Derek Trask/Photolibrary/Getty Images; **588, 589** © P Deliss/Godong/Corbis; **590, 591** © Image Copyright Peter Baxter, 2012 Used under license from Shutterstock.com; **592, 593** © Osservatore Romano/Reuters; **594, 595** © Sean Sprague/The Image Works; **596, 597** © Ocean/Corbis; **598, 599** © George Doyle/Stockbyte/Thinkstock; **600, 601** © Photononstop/SuperStock; **602, 603** © Bill & Peggy Wittman; **604, 605** © Syracuse Newspapers/D Lassman/The Image Works; **608** ©Paulinas; **609** © Sheila Shamel; **610, 611** (t) © Arte & Immagini srl/CORBIS; **610, 611** (b) © Lars Justinen/Licensed From Goodsalt.com; **612, 613** © Claudia Rehm/Westend61/Corbis; **614, 615** (bg) © Bill & Peggy Wittman; **614, 615** (inset) © SuperStock/Glowimages; **618, 619** © Eric Vandeville/Gamma-Rapho via Getty images; **620, 621** © The Crosiers/Gene Plaisted, OSC; **622, 623** (t) © The Crosiers/Gene Plaisted, OSC; **622, 623** (c) ©The Crosiers/Gene Plaisted, OSC; **622, 623** (b) © The Crosiers/Gene Plaisted, OSC; **624, 625** (t) © Andres Aguirre/LatinContent/Getty Images; **624, 625** (b) © Ain Vares/Licensed From Goodsalt.com; **636, 637** © The Crosiers/Gene Plaisted, OSC; **638, 639** © AP Photo/Gregorio Borgia; **640, 641** © Myrleen Pearson/PhotoEdit; **644, 645** © Ocean/Corbis; **648, 649** © Image Copyright Zvonimir Atletic, 2012 Used under license from Shutterstock.com

Acknowledgements

Los pasajes de la traducción española del *Catecismo Católico de los Estados Unidos para Adultos* © 2007 Libreria Editrice Vaticana. Todos los derechos reservados. El licenciatario exclusive en los Estados Unidos es la Conferencia de Obispos Católicos de los Estados Unidos, Washington, D.C. y todas las solicitudes del *Catecismo Católico de los Estados Unidos para Adultos* deben ser dirigidas a la Conferencia de Obispos Católicos de los Estados Unidos.

Excerpts from the *General Directory for Catechesis*, Congregation for the Clergy. © 1997, United States Catholic Conference, Inc. --Libreria Editrice Vaticana.

Extractos del *Directorio General para la Catequesis*, Congregación para el Clero © 1997, Conferencia de Obispos Católicos de los Estados Unidos — Libreria Editrice Vaticana.

Quotations from papal and other Vatican documents are from www.vatican.va copyright © 2013 by Libreria Editrice Vaticana. Las citas de los documentos papales, El Vía Crucis y otros generados por el Vaticano son disponibles en vatican.va y copyright © Libreria Editrice Vaticana.

Music selections copyright John Burland, used with permission, and produced in partnership with Ovation Music Services, P.O. Box 402 Earlwood NSW 2206, Australia. Please refer to songs for specific copyright dates and information.

Music selections copyrighted or administered by OCP Publications are used with permission of OCP Publications, 5536 NE Hassalo, Portland, OR 97213. Please refer to songs for specific copyright dates and information.

Allelu! Growing and Celebrating with Jesus ® *Music CD* © Our Sunday Visitor, Inc. Music written and produced by Sweetwater Productions. All rights of the owners of these works are reserved.